入試イベント

オープンスクール
7.13 sat

入試説明会
第1回
9.28 sat

第2回
10.19 sat

第3回
11.16 sat

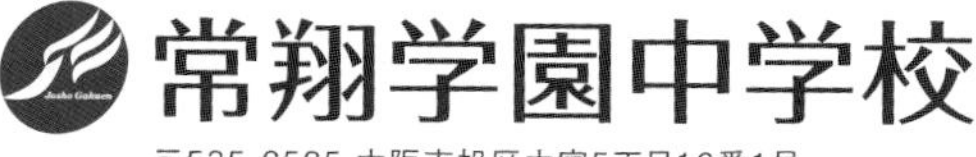
常翔学園中学校
〒535-8585 大阪市旭区大宮5丁目16番1号

学園内大学
大阪工業大学 | 摂南大学 | 広島国際大学

UENOMIYA

U + you

上宮学園中学校

入試説明会 対象／児童・保護者

第1回 9/7(土) 14:00-16:00

第2回 10/5(土) 14:00-16:00

第3回 11/3(日) 文化の日 10:00-12:00

第4回 11/23(土) 勤労感謝の日 10:00-12:00

校内見学会 対象／児童・保護者

第1回 6/15(土) 10:30-12:30

第2回 9/21(土) 10:30-12:30

プレテスト 対象／小学校6年生

第1回 11/3(日) 文化の日 9:00-12:00

第2回 11/23(土) 勤労感謝の日 9:00-12:00

U + you

上宮高等学校

入試説明会 対象／生徒・保護者

第1回 9/28(土) 14:30-16:30

第2回 10/19(土) 14:30-16:30

第3回 11/16(土) 14:30-16:30

第4回 12/14(土) 14:30-16:30

※すべてのイベントにおいて事前のご予約が必要です。 ※ご予約の詳細につきましてはホームページをご覧く

※本校に駐車場はございません。ご来校の際は公共交通機関をご利用ください。

学校法人 上宮学園

上宮学園中学校・上宮高等学校

〒543-0037 大阪市天王寺区上之宮町9番36号 TEL:06-6771-5701(代表) FAX:06-6771-4678 https://www.uenomiya.ed.jp/

まなざしをこころざしへ

新キャンパス完成

学校説明会・授業体験会・入試説明会

学校説明会 6/29（土）　授業体験会 8/3（土）

入試説明会 9/7（土）・10/5（土）

プレテスト

11/2（土）

解説会 11/10（日）

入試説明会等のイベントにつきましては、開催日程や内容が変更になる場合がございます。ホームページでご確認のうえ、事前にお申し込みください。

本校ホームページは
こちら

受験生応援サイトは
こちら

本校へのご来校はスクールバスをご利用いただけます。JR「茨木」、阪急「茨木市」「千里中央」「北千里」「石橋阪大前」各駅より発車

関西大倉中学校

〒567-0052 大阪府茨木市室山 2-14-1
TEL 072-643-6321　FAX 072-643-8375

NEXT STAGE GLOBALIZATION

建国中学校が変わります!

詳しくはホームページを
ご覧ください（2024年5月頃公開）

韓国系インターナショナルスクール

建国中学校

入試イベント

学校説明会

6.29 土　7.27 土　10:30-12:00

オープンスクール

8.24 土　10.20 日　10:30-14:00

個別相談会

11月～12月 ※要予約。詳細はホームページにて公開致します。

●プレテストについて●
本年度よりプレテストは実施いたしません。
過去問は本校より郵送させていただきますので、
右のQRコードからご請求ください。

建国中学校 https://www.keonguk.ac.jp

お申し込み、
詳細はコチラから

〒558-0032 大阪市住吉区遠里小野 2-3-13　TEL. 06-6691-1231　FAX. 06-6606-4808　info@keonguk.ac.jp

● JR阪和線［杉本町駅］下車 徒歩7分　●南海高野線［我孫子前駅］下車 徒歩7分　●大阪シティバス 64・65系統［山之内1丁目］停留所 下車すぐ

Imagine Your Goals!

Konko Osaka

あなたのゴールを想像しよう。

2025年度入試 オープンスクール＆プレテスト＆学校説明会

オープンスクール＆学校説明会

5/19㊐ 部活動参加体験
サッカー、剣道、吹奏楽、テニス、美術、バスケットボール など

7/14㊐ 授業体験
理科実験／英会話

8/24㊏ プレテスト対策会
解法のポイント解説や作文の書き方解説 など

プレテスト＆学校説明会

9/22㊗㊐

11/3㊗㊐

11/23㊗㊏

学習特待生制度

◆ Ⅰ型特待生
（授業料全額＋入学金全額免除）

◆ Ⅱ型特待生
（授業料半額＋入学金全額免除）

◆ Ⅲ型特待生
（入学金全額免除）

※詳しくは入試広報部までお問い合わせください。

イベントのお申し込みはこちらから

学校法人 関西金光学園

金光大阪中学校

〒569-0002 高槻市東上牧一丁目3番1号

阪急京都線 上牧駅下車（徒歩4分）（準急・普通停車）

TEL:072-669-5211

https://www.kohs.ed.jp/

金光大阪 検索

受験情報を発信しています！

本校公式
Instagramはこちら

本校公式
LINEはこちら

※上記日程以外でもご希望の方には校内見学や部活動見学、受験相談など個別に対応いたします。（要事前予約）

Manners
Makes
Man

3年後の選択
君の可能性がひろがる

四條畷学園中学校
2025年度入試 説明会

※下記日程はすべて2024年です。

学校見学会 体験授業	学校・入試説明会 プレテスト①	学校・入試説明会 プレテスト②	入試説明会 入試対策会
8/31(土) 14:00~	10/12(土) 9:30~	11/9(土) 9:30~	12/7(土) 14:00~

※上記以外にもオープンスクール(授業見学・クラブ体験等)やオンライン相談会を予定しております。
ホームページよりお申し込みください。

四條畷学園中学校

四條畷学園中学校「入試ナビ」
お申し込みはこちらから

資料請求・お問い合わせは TEL 072-876-2120(直通) https://jh.shijonawate-gakuen.ac.jp
〒574-0001 大阪府大東市学園町6番45号 ■JR学研都市線・四条畷駅下車(東出口方面) ■京阪バス四条畷駅・近鉄バス四条畷下車

試説明会

校見学会

四天王寺中学校 へ行けばわかる！

本校のことをもっと知るために、学校説明会や入試説明会に参加しませんか？

いずれも事前申込制

保護者・児童対象 **学校説明会**

2024.7.13,14
SAT　SUN

※ 14:00 ～　本校にて

小 5,6 年生
保護者・児童対象 **入試説明会**

2024.11.9,16
SAT　SAT

※ 14:30 ～　本校にて

保護者・児童対象 **学校見学会**

2024.10.19 SAT

※ 午前実施　本校にて

学校行事も
見学可能！

女性保護者 対象 **体育祭見学**

2024.6.19 WED

詳細は、5 月中旬 本校 HP をご覧ください。

児童および
女性保護者 対象 **文化祭見学**

2024.9.14,15
SAT　SUN

詳細は、7 月中旬 本校 HP をご覧ください。

今後の状況により、中止や内容変更が発生する可能性があります。

四天王寺中学校 Shitennoji Junior High School

〒543-0051　大阪市天王寺区四天王寺 1-11-73　Tel:06-6772-6201　Fax:06-6773-4113

安心、尊敬、信頼される次世代のリーダーへ

2024年度 国公立大学合格者数
東京大学5名(現役5名) 京都大学35名(現役23名)
など総計195名(現役135名)
うち医学部医学科31名(現役23名)
※上記外、防衛医科大学校医学科1名(現役1名)合格

中学校入試説明会

９月２１日(土) 対象：小学６年生とその保護者 ご案内・お申込み ７月下旬

１１月１６日(土) 対象：小学４～６年生とその保護者 ご案内・お申込み １０月中旬

中学校入試プレテスト

１１月　９日(土) 対象：小学６年生 ご案内・お申込み １０月１日(火)

文化芸術の日

９月　７日(土) 対象：小学生とその保護者 ご案内・お申込み ７月下旬

いずれもホームページから事前申込が必要です

清風南海中学校 清風南海高等学校

〒592-0014 大阪府高石市綾園５丁目７番６４号
TEL.(072)261-7761 FAX.(072)265-1762

清風南海学園ホームページ
https://www.seifunankai.ac.jp/

帝塚山学院中学校高等学校

Tezukayama gakuin Junior & Senior High School

帝塚山学院 中学校 高等学校

〒558-0053 大阪市住吉区帝塚山中3丁目10番51号
https://www.tezukayama.ac.jp/cyu_kou/
TEL.06-6672-1151

入試イベントの最新情報はホームページをご覧ください

NEW
難関大合格をめざす
理数探究コースS
誕生!!

自分でデザインする

MINO-JIYU GAKUEN
JUNIOR HIGH SCHOOL

Event schedule 〈イベントスケジュール〉

5/18(土) 授業見学会	9/22(日) チア体験会②
6/22(土) オープンキャンパス①	10/ 5(土) 入試説明会
7/ 7(日) 学校説明会／チア体験会①	10/26(土) プレテスト①
7/20(土) サイエンスフェスタ＆グローバルチャレンジ	11/16(土) オープンキャンパス③／チア体験会③
8/24(土) オープンキャンパス②	11/30(土) プレテスト②／入試説明会

※行事予定は変更になる場合があります。実施内容の詳細は必ずホームページでご確認ください。

箕面自由学園中学校

〒560-0056 大阪府豊中市宮山町4丁目21番1号
TEL.06-6852-8110(代)
https://mino-jiyu.ed.jp/jhs/

2024年度
募集行事な

本を読め、友と交われ、汗をかけ

啓明学院は、生徒を一人も見放さず一人も見落とさず、
世界中の課題に挑むグローバルリーダーを育てます。

学校説明会（要申込み）
第1回　9月　28日（土）
第2回　10月　5日（土）
第3回　11月　30日（土）
いずれも時間は9：30〜11：00

関西学院大学継続
啓明学院中学校
KEIMEI GAKUIN JUNIOR HIGH SCHOOL

654-0131 神戸市須磨区横尾9丁目5番1　TEL 078-741-1501　https://www.keimei.ed.jp

いつの日かあなたが
燈台の光として輝く人になりますように

オープンスクール	学校説明会	入試説明会	賢明見学 Day 毎月実施
7/6 ㊏	8/24 ㊏	10/5 ㊏ 10/26 ㊏	詳しくはホームページをご覧ください。
9：30 ～ 12：00	9：30 ～ 11：30	9：30 ～ 11：30	

賢明女子学院中学校

〒670-0012　姫路市本町 68　TEL 079-223-8456

ホームページ　Instagram

入試説明会

●中学校
[第1回] 6/22(土) 14:00～16:00 [会場]甲南中学校
[第2回] 9/7(土) 14:00～16:00 [会場]甲南中学校
[第3回] 11/2(土) 14:00～16:00 [会場]甲南中学校
[第4回] 12/7(土) 14:00～15:30 [会場]甲南大学岡本キャンパス

●高等学校
11/2(土) 10:00～12:00 [会場]甲南高等学校

公開行事

※イベントへのご参加は[要予約]です。事前に本校Webサイトよりお申し込みください。

●中学校
●高等学校
体育祭 5/31(金) 中/9:00～ 高/13:00～
文化祭 9/29(日) 10:00～15:00

甲南高等学校・中学校

〒659-0096 兵庫県芦屋市山手町31-3 TEL.0797-31-0551(代) https://www.konan.ed.jp

清く 正しく 優しく 強く
KONAN GIRLS'
Junior & Senior High School

未来へつながる、たしかな私。

これから出会う多くの分岐点。
どの道が正解なのか誰にもわからない。
けれど、自分を信じて進む強さがあれば
分岐点で立ち尽くしても、未来を切り拓いていける。

2025年度 入試 それぞれご参加をご希望の際は事前にご予約ください。

学校説明会【会場】本校(上履きをお持ちください)

第1回	第2回	第3回
6/16(日)	9/21(土)	11/17(日)
※午前開催	※午後開催	※午前開催

小6限定個別相談会【会場】本校(上履きをお持ちください)
11/30(土) ※午後開催

オンライン説明会 ※随時開催予定

甲南女子中学校・高等学校キャラクター WAKOちゃん

各種イベントのご予約はこちらから!

説明会に関する新着情報、イベントのお申し込み、入試に関わる情報はコチラをご覧ください▶▶

KONAN GIRLS' JUNIOR & SENIOR HIGH SCHOOL

甲南女子中学校
甲南女子高等学校

◆併設大学 | 甲南女子大学 | 甲南女子大学大学院

〒658-0001 兵庫県神戸市東灘区森北町5-6-1/Tel.078-411-2531(代表)
公式HPはこちら(http://www.konan-gs.ed.jp/)▶

お詫びと訂正

『私立中学校へ行こう 2025 関西版（2024 年 6 月 1 日発行)』におきまして本文中に誤りがありましたので、下記の通り訂正いたします。読者の皆様ならびに、関係者の皆さまにご迷惑をお掛けしましたことをお詫び申し上げます。

2024 年 6 月 14 日
株式会社大阪朝日広告社

6 ページの「中学受験の基礎知識」の小見出し

【誤】2024 年度入試は 1 月 13 日統一日程

【正】2025 年度入試は 1 月 18 日統一日程

本文左ブロック 2 行目

【誤】2024 年度は 1 月 13 日がその日程となります。

【正】2025 年度は 1 月 18 日がその日程となります。

本文右ブロック 1 行目

【誤】初回入試を 1 月 14 日以降に設定するところもあります。たとえば、3 日目（1 月 15 日）に入試を実施する東大寺学園や洛南高校附属。

【正】初回入試を 1 月 19 日以降に設定するところもあります。たとえば、例年 3 日目に入試を実施する東大寺学園や洛南高校附属。

（表）2024 年中学入試カレンダー

【誤】

<table>
<tr><th>日　程</th><th>全体の予定</th><th colspan="2">複数日入試校など</th></tr>
<tr><td>12 月～1 月上旬</td><td>岡山県・四国勢先行入試</td><td></td><td></td></tr>
<tr><td>1 月 13 日（土）</td><td>関西圏統一実施日
大教大天王寺中 1 次
一部の公立中高一貫校</td><td rowspan="2">灘・甲陽学院などの
2 日間入試校</td><td>神戸女学院　1 日目</td></tr>
<tr><td>1 月 14 日（日）</td><td></td><td></td></tr>
<tr><td>1 月 15 日（月）</td><td></td><td>東大寺学園・洛南高校附属、神戸大学附属など</td><td>神戸女学院　2 日目</td></tr>
<tr><td>1 月 20 日（土）</td><td></td><td>大教大池田・平野、公立中高一貫校など</td><td></td></tr>
</table>

【正】

<table>
<tr><th>日　程</th><th>全体の予定</th><th colspan="2">複数日入試校など</th></tr>
<tr><td>12 月～1 月上旬</td><td>岡山県・四国勢先行入試</td><td></td><td></td></tr>
<tr><td>1 月 18 日（土）</td><td>関西圏統一実施日
大教大天王寺中 1 次
一部の公立中高一貫校</td><td rowspan="2">灘・甲陽学院などの
2 日間入試校</td><td>神戸女学院　1 日目</td></tr>
<tr><td>1 月 19 日（日）</td><td></td><td></td></tr>
<tr><td>1 月 20 日（月）</td><td></td><td>東大寺学園・洛南高校附属、神戸大学附属など</td><td>神戸女学院　2 日目</td></tr>
<tr><td>1 月 25 日（土）</td><td></td><td>大教大池田・平野、一部の公立中高一貫校など</td><td></td></tr>
</table>

＊2025 年度版の中学受験の基礎知識は「私立中学・高校へ行こう」WEB サイトでも 7 月 1 日より公開しますので右記 QR コードを読み取りご覧ください。

私立中学・高校へ行こう
WEB サイトはこちら

真理と愛に生きる

―「学び続ける力」を養う6年間 ―

2025年度　中学入試説明会　いずれも14時～　本校 講堂にて。
ホームページよりご予約が必要です。

第1回　10/5 土　**第2回　11/9 土**

学校見学会　いずれも9時～11時30分(予定)　本校 講堂にて。
ホームページよりご予約が必要です。

9/14 土　10/26 土　11/30 土
2025 2/22 土

体　育　祭

9/29 日

※詳しくはホームページをご覧ください。

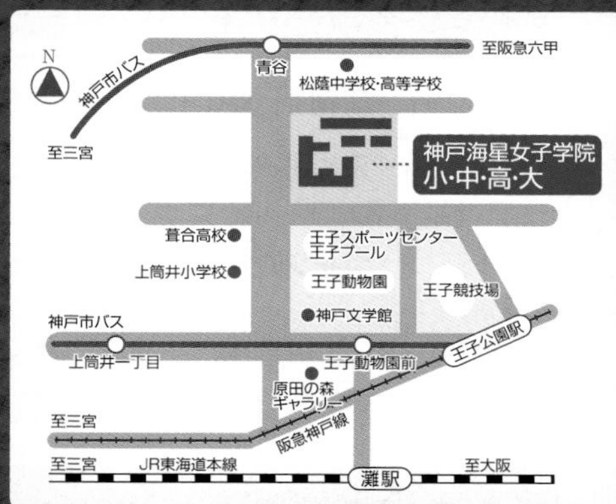

■JR灘駅、または阪急王子公園駅下車、徒歩約13分～16分
■JR・阪急・阪神・地下鉄三宮駅から市バス阪急六甲行②、
または摩耶ケーブル行⑱で青谷下車南へ2分下る。
■阪急六甲駅前から市バス三宮行②で青谷下車南へ2分下る。

神戸海星女子学院
中学校･高等学校

〈ホームページ〉

〈インスタグラム〉

〒657-0805 神戸市灘区青谷町2丁目7番1号　TEL.神戸(078)801-5601(代表)　FAX.神戸(078)801-5754　https://www.kobekaisei.ed.jp/jr-high/

文化祭（校外用）　9月14日(土)

入試説明会（保護者対象）　9月24日(火)
入試について、教育内容・学校生活の紹介、個別相談

キャンパス見学会（児童・保護者対象）
11月2日(土)
教育内容・学校生活の紹介、クラブ活動見学、キャンパスツアー など

※各日程等変更になる場合がありますので、本校ホームページでご確認ください。

神戸女学院中学部

〒662-8505 兵庫県西宮市岡田山4-1　Tel.0798-51-8570
https://www.kobejogakuin-h.ed.jp/
阪急「門戸厄神」駅より徒歩約15分 公共の交通機関でお越しください。

学校法人 成徳学園
神戸龍谷中学校

より高い目標に挑むきめ細やかな教え
エキスパートコース

基礎から応用まで充実のカリキュラム
アドバンスコース

Kobe Ryukoku Junior High School 2025

要申込

オープンスクール
6/22(土) 10:00〜12:00
7/20(土) 10:00〜12:00
9/7(土) 10:00〜12:00

入試説明会
10/5(土) 10:00〜12:00

プレテスト&保護者説明会
10/26(土) 9:30〜12:00
11/23(土) 9:30〜12:00

プレテスト問題解説会
11/2(土) 10:00〜12:00
11/30(土) 10:00〜12:00

文化発表会
2025 2/15(土)

お申し込みはこちらから
Tel. 078-241-0076
https://lsg.mescius.com/koberyukoku/app

※駐車場はございませんので、お車での来校はご遠慮ください。
※当日は上履きをご持参の上、来校ください。

学校法人 成徳学園
神戸龍谷中学校高等学校

【本 学 舎】〒651-0052 兵庫県神戸市中央区中島通 5-3-1 TEL:078-241-0076 FAX:078-241-5546
【青谷学舎】〒651-0051 兵庫県神戸市中央区神仙寺通 1-3-8 TEL:078-241-6417 FAX:078-241-6386

https://www.koberyukoku.ed.jp/ 神戸龍谷 検索
日々ホームページを更新しています。最新情報はこちらからご覧ください。

NIGAWA GAKUIN

Junior High School & Senior High School

和と善

Pax et Bonum

人間の尊厳を学び、
開かれた心を育む

2024年 入試説明会・学校見学会

中学校

入試説明会 要予約

第1回 7.7(日) 10:00~12:00

第2回 10.12(土) 14:00~16:00 希望者を対象に授業体験会を実施

第3回 11.17(日) 9:00~11:00 プレテストを同時開催

学校見学会・個別相談会 要予約

第1回 5.14(火)~16(木) 10:30~16:30

第2回 9.10(火)~12(木) 10:30~16:30

オープンスクール 要予約

第1回 6.16(日) 10:00~12:00

第2回 8.24(土) 14:00~16:00

プレテスト 要予約

11.17(日) 8:00~12:00 入試説明会を同時開催

入試直前相談会

12.7(土) 9:00~12:00

高等学校

オープンハイスクール 要予約

第1回 7.21(日) 10:00~12:00

第2回 8.24(土) 10:00~12:00

入試説明会 要予約

第1回 10.19(土) 10:00~12:00

第2回 11.2(土) 10:00~12:00

第3回 11.9(土) 10:00~12:00

第4回 11.30(土) 10:00~12:00

第5回 12.7(土)午前 10:00~12:00

第6回 12.7(土)午後 14:00~16:00

第7回 12.14(土) 10:00~12:00

各回共通:10:00~12:00
第6回のみ14:00~16:00

仁川学院中学・高等学校

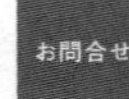

中学校 入試係 TEL.0798-51-3410
高等学校 入試係 TEL.0798-51-3621

〒662-0812 兵庫県西宮市甲東園2丁目13番9号 https://www.nigawa.ac.jp e-mail:office@nigawa.ac.jp

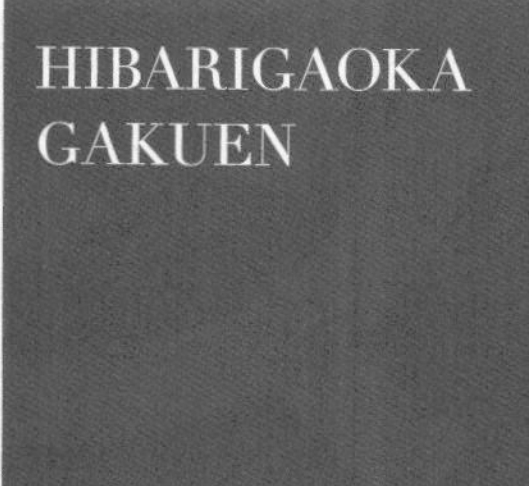

つきつめる。つきぬける。

学校説明会&入試説明会 要予約

中学校 Junior High School

学校説明会	入試説明会
[対象]小学4～6年生	[対象]小学6年生
7/13㊏ 8/24㊏ 9/28㊏	11/2㊏

高等学校 Senior High School

学校説明会	入試説明会
[対象]中学3年生	[対象]中学3年生
8/24㊏ 9/28㊏ 10/26㊏	11/23㊏㊗

雲雀丘学園中学校・高等学校

〒665-0805兵庫県宝塚市雲雀丘4丁目2-1 Tel.072-759-1300 Fax.072-755-4610
https://hibari.jp

Ⅱ進コース・Ⅰ進コース

報徳学園
中学校

SINCE 1911

中学校公開行事（保護者・児童対象）

中学オープンスクール②（授業体験編）
7/20（土）10：00～12：00
場所：大谷記念講堂

中学オープンスクール③④（理科実験考房）
8/2（金） 8/6（火）10：00～12：00
場所：理科実験室

中学オープンスクール⑤（クラブ体験編）
10/5（土）9：30～12：00
場所：大谷記念講堂、各クラブ活動場所

中学入試プレテスト＆保護者対象説明会（6年生対象）
11/10（日）9：00～12：00
場所：大谷記念講堂

入試説明会＆プレテスト解説会（6年生対象）
中学オープンスクール⑥（授業体験編）（3・4・5年生対象）
11/23（土）10：00～12：00
場所：大谷記念講堂

HOTOKU_JHS

報徳学園中高等学校の公式Instagramです。

https://www.hotoku.ac.jp 〒663-8003 西宮市上大市5丁目28-19 TEL：0798-51-3021（代） FAX：0798-53-6332 E-mail：nyushi@hotoku.ac.jp

六甲へ行こう!
2024

ROKKO
Junior/Senior High School

オープンスクール
要事前予約
7月21日(日) 9:30~

入試説明会
いずれも要事前予約
10月 5 日(土) 10:00~
10月26日(土) 14:00~

▲公式Twitter

※詳細はホームページ、公式Twitterをご覧ください。※上記の日程は変更になる場合があります。

学校法人 上智学院 六甲学院中学校・高等学校

〒657-0015 神戸市灘区篠原伯母野山町2-4-1 ☎078(871)4161 http://www.rokkogakuin.ed.jp/public_html/

大谷中学高等学校

OTANI JUNIOR AND SENIOR HIGH SCHOOL

to be human

大谷中学校 JUNIOR HIGH SCHOOL

6 / 1 ㊏	9:30	学校説明会Ⅰ	10/26 ㊏	9:00	学校説明会Ⅲ	谷験テストⅠ
7 / 6 ㊏	9:30	オープンキャンパスⅠ	11/ 2 ㊏	14:00	オープンキャンパス(小5以下対象)	
8 / 24 ㊏	9:30	オープンキャンパスⅡ	12/ 7 ㊏	9:00	入試説明会	谷験テストⅡ
9 / 28 ㊏	9:30	学校説明会Ⅱ	3 / 20 ㊍㊗	9:30	オープンキャンパス(小学生対象)	

大谷高等学校 SENIOR HIGH SCHOOL

6 / 29 ㊏	9:30	学校説明会Ⅰ	10/ 5 ㊏	9:30	学校説明会Ⅱ
7 / 27 ㊏	—	オープンキャンパスⅠ クラブオープンⅠ	11/ 2 ㊏	9:30	学校説明会Ⅲ
9 / 7 ㊏	9:00	学園祭見学(ミニ説明会)	12/ 7 ㊏	14:00	入試説明会
9 / 21 ㊏	—	オープンキャンパスⅡ クラブオープンⅡ			

※すべての説明会・オープンキャンパスでWEB申込が必要です。　※今後の社会情勢により、WEB上でのイベントなどへ変更する可能性があります。最新情報はWEBページをご確認ください。

www.otani.ed.jp　電話 075-541-1312

〒605-0965　京都市東山区今熊野池田町12　R奈良線・京阪本線『東福寺』駅 徒歩5分、市バス「今熊野」バス停 徒歩3分

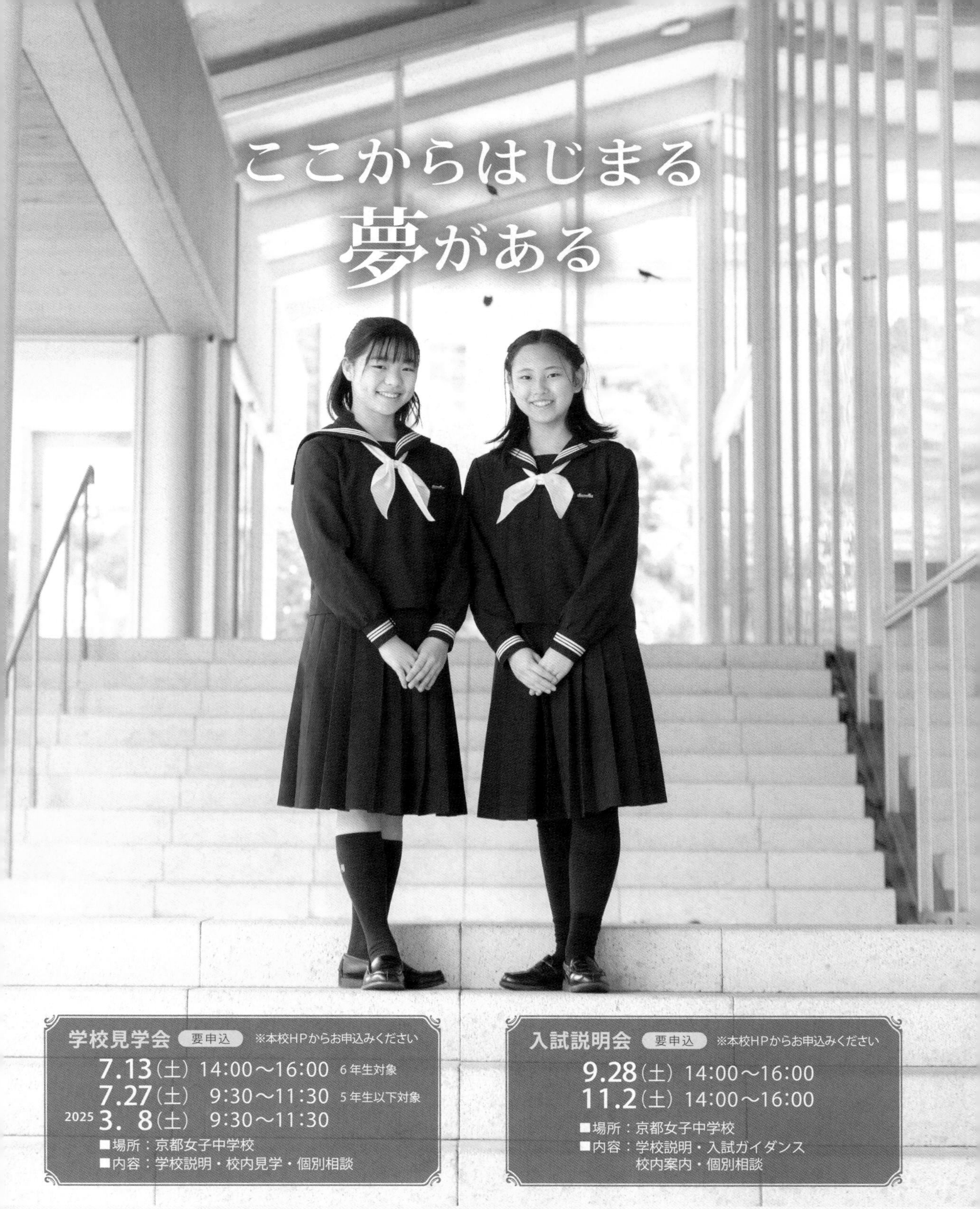

ここからはじまる
夢がある

学校見学会 要申込 ※本校HPからお申込みください

7.13（土） 14:00〜16:00 6年生対象
7.27（土） 9:30〜11:30 5年生以下対象
2025 3. 8（土） 9:30〜11:30

■場所：京都女子中学校
■内容：学校説明・校内見学・個別相談

入試説明会 要申込 ※本校HPからお申込みください

9.28（土） 14:00〜16:00
11.2（土） 14:00〜16:00

■場所：京都女子中学校
■内容：学校説明・入試ガイダンス
校内案内・個別相談

詳細は本校HPをご確認下さい

〒605-8501 京都市東山区今熊野北日吉町17番地 入試対策室 / TEL. 075-531-7334 FAX. 075-531-7351

SEIKA
EVENTS
※日程等が変更になる場合がありますので
ホームページにてご確認ください。
・美術ワークショップ（デッサン／キャラクターデザイン）
5/25（土） 9:00-12:00
予約制【高校】
・幼児教育／パティシエ／吹奏楽ワークショップ
5/25（土） 10:00-12:00
予約制【高校】
・オープンキャンパス①
7/28（日） 午前の部 9:30〜 午後の部13:30〜
予約制【中学】【高校】
・夏期デッサン特別講習会
8/24（土） 9:00-12:30
予約制【高校】
・オープンキャンパス②
9/21（土） 午前の部 9:30〜 午後の部13:30〜
予約制【中学】【高校】
高等学校 学科・コース
［普通科］
進学Aコース
幼児教育選択 パティシエ選択
吹奏楽選択 看護・医療系選択
スポーツ選択
進学Bコース
第1選択 第2選択
遊学コース
［美術科］
絵画領域 立体造形領域
デザイン・映像領域 マンガ・イラスト領域
京都精華学園 中学校 高等学校
〒606-8305 京都市左京区吉田河原町5-1（川端一条角）
京阪電車「出町柳」駅下車 4番出口より南へ徒歩5分
TEL. 075（771）4181 FAX. 075（761）5238

ワクワクな「新しい放課後」

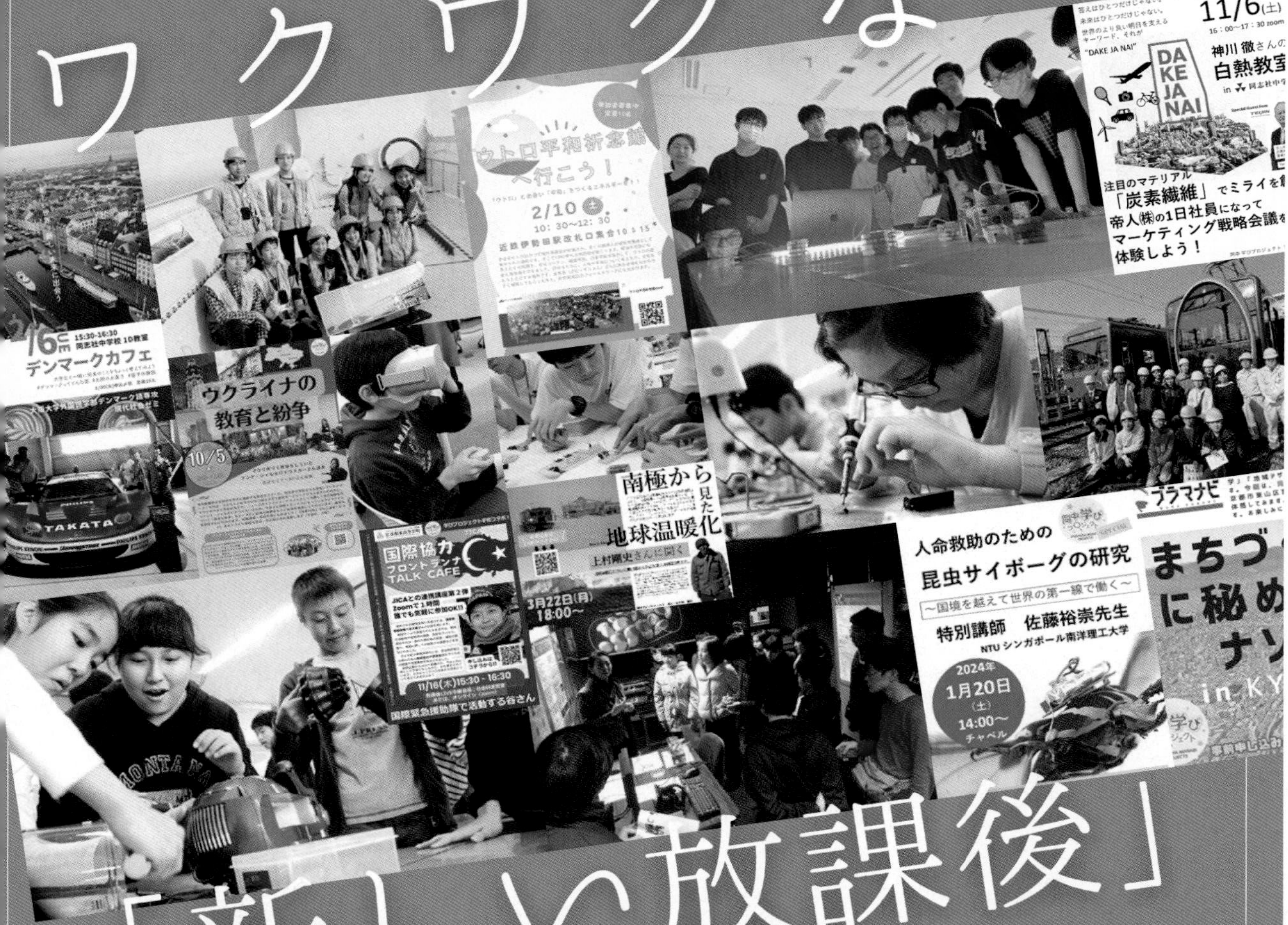

学びたいコトを、どんどん学ぶ。
教えたいことを、とことん教える。
いつでも、だれでも学びに触れる、
学びに包まれた学校でありたい。

成長著しい中学生の時期にこそ「学ぶ楽しさ」が身体にしみ込む特別な体験を！

同中学びプロジェクト
DOSHISHA MANABI PROJECTS

放課後＝クラブだけじゃない、カラフルな選択肢が同志社中学校にはあります。放課後の多様な過ごし方を実現する「学びプロジェクト」は年間300企画以上！同志社中の放課後は、自由でクリエイティブな空気に溢れている。さぁ、「新しい放課後」をいっしょにはじめよう。

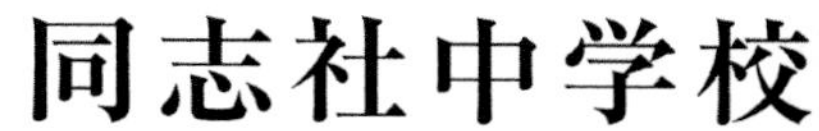

LOOK AHEAD.

まなざしの先は、世界。

HANA ZONO

Junior High School

オープンキャンパス		花園オープンテスト	学校説明会・入試相談会
4/27(土)	5/25(土)	10/6(日) [A:総合力テスト B:2科テスト]	12/8(日)
7/13(土)	9/14(土)	11/2(土) [C:2科テスト]	12/14(土)

学校法人花園学園

花園中学校

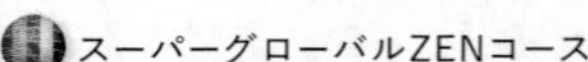

スーパーグローバルZENコース

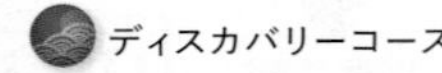

ディスカバリーコース

〒616-8034 京都市右京区花園木辻北町1番地 TEL.(075)463-5221 E-mail office@kyoto-hanazono-h.ed.jp https://www.kyoto-hanazono-h.ed.jp

東山
オープンスクール
6/22(土)
10:30〜12:30
オープンキャンパス
9/21(土)·22(日)
10:00〜12:00
中学プレ入試
11/9(土)
9:00〜11:30
中学プレ入試申込保護者対象
入試説明会
11/9(土)
9:30〜11:30
入試説明会・個別相談会
11/23(祝土)
10:00〜12:00
◆7〜8月に、ミニオープン
キャンパス開催予定
個別相談会
12/7(土)
9:30〜12:30
イベントの詳細・
申込はHPから▼
東山中学・高等学校

中学		高校
未来Way	高校から3つのコースへ	アグネス進学(AS)コース
		幼児教育進学(CS)コース
探究Way		立命館進学(RS)コース
		ミルトスコース<単位制>

アグネス進学(AS)コース
2年・3年時に設置されている20単位を超える選択科目で、それぞれの目標に対応できる力を身につけ、一人ひとりの進路を実現します。豊富な指定校推薦枠、併設大学への「特別推薦制度」や、自由に進路選択ができる「特別奨学生制度」、併設大学への進学希望者には「高大連携奨学生制度」などで、夢の実現を応援します。

幼児教育進学(CS)コース
3年間で20日間の幼稚園・保育園実習を実施します。全学年希望者参加の海外実習奨学金制度を利用して現地で実習もできます。併設大学の子ども教育学部等への推薦入学が可能です。

立命館進学(RS)コース
立命館大学・立命館アジア太平洋大学(APU)との高・大一貫教育により、国際性・自立性・行動力を培い、次世代の国際社会を担うリーダーを育成します。立命館大学の定める基準を満たした全員を立命館大学文系学部・APUへ推薦します。

ミルトスコース<単位制>
自分自身の立てた目標を達成するために、自分の学習に対する意欲や学習方法を、自ら選ぶことで効果的に学習を進めます。教員はそれぞれの分野で豊富な経験と知識を持ったナビゲーターとしてサポートするなど、万全なサポート体制を整えます。

成績基準ナシ ➡ ／ 成績基準アリ ➡　※それぞれの基準を満たした場合、矢印方向へのコース変更が可能です。

中高一貫教育校の利点を生かし、高校から３つのコースで進路を支援

① オープンスクール	6/15(土)	8/24(土)	9/21(土)	
② 中学校説明会	10/12(土)	11/2(土)	11/16(土)	
③ プレテスト	11/2(土)	11/16(土)		
④ 個別相談会	7/6(土)	7/13(土)	7/20(土)	7/27(土)
⑤ 入試相談会	11/23(土·祝)	12/7(土)	12/14(土)	12/21(土)

全ての行事で個別入試相談を実施します

※行事の開催については変更の可能性もあるため、本校のHPを事前にご確認ください。

お申し込み・詳しい内容はHPからどうぞ！

イベントの予約

①・②・③は予約が必要です
④・⑤の予約は不要です

平安女学院中学校高等学校

〒602-8013　京都市上京区下立売通烏丸西入五町目町172-2 地下鉄「丸太町駅」下車徒歩約3分
●入学センター TEL 075-414-8101 E-mail stagnes-hj@heian.ac.jp URL https://jh.heian.ac.jp/

ST. VIATOR

求めなさい。そうすれば、与えられる。
探しなさい。そうすれば、見つかる。
門をたたきなさい。そうすれば、開かれる。

マタイによる福音書 7章7節

学校見学会	7月27日(土)・7月28日(日)・8月24日(土) 午前９時～、午前１１時～、午後１時３０分～、午後３時３０分～ ※6月上旬に予約申込開始予定
入試説明会	１０月１日(火)～１月中旬(本校 HP にてオンライン配信) ※本校入学試験(前期・後期)に出願、受験される方は必ずご確認ください
オープンスクール	１１月１６日(土)
主な学校行事	文化祭／９月１３日(金)～１５日(日) 体育祭／９月２５日(水)(雨天順延あり) クリスマス・タブロー／１２月２３日(月)

ご予約・詳細につきましては、本校 HP をご確認ください。※社会情勢により、ご見学いただけなくなる可能性があります。

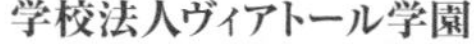
学校法人ヴィアトール学園

洛星中学校 洛星高等学校

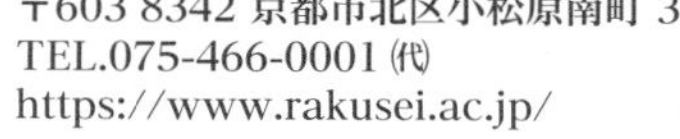
〒603 8342 京都市北区小松原南町 33
TEL.075-466-0001㈹
https://www.rakusei.ac.jp/

学校見学会（WEB予約） 8月　3日（土）

①9:00～10:30 ②11:00～12:30 ③14:00～15:30

オープンキャンパス（WEB予約）

6月22日（土） 10:00～15:30

10月19日（土） 11:30～15:30

入試説明会（WEB予約）

高校 10月19日（土） 10:00～11:30

12月　7日（土） 14:00～16:00

中学 10月26日（土） 10:00～12:00

体育祭 9月22日（日）

向島グラウンド 9:00～16:00

文化祭 10月　4日（金）・5日（土）

本校 9:00～15:00

※現在の予定です。

※詳細はHP等でご確認ください。

洛南高等学校

洛南高等学校附属中学校

〒601-8478京都市南区東寺町559

高校 075-681-6511

中学 075-672-2661

http://www.rakunan-h.ed.jp

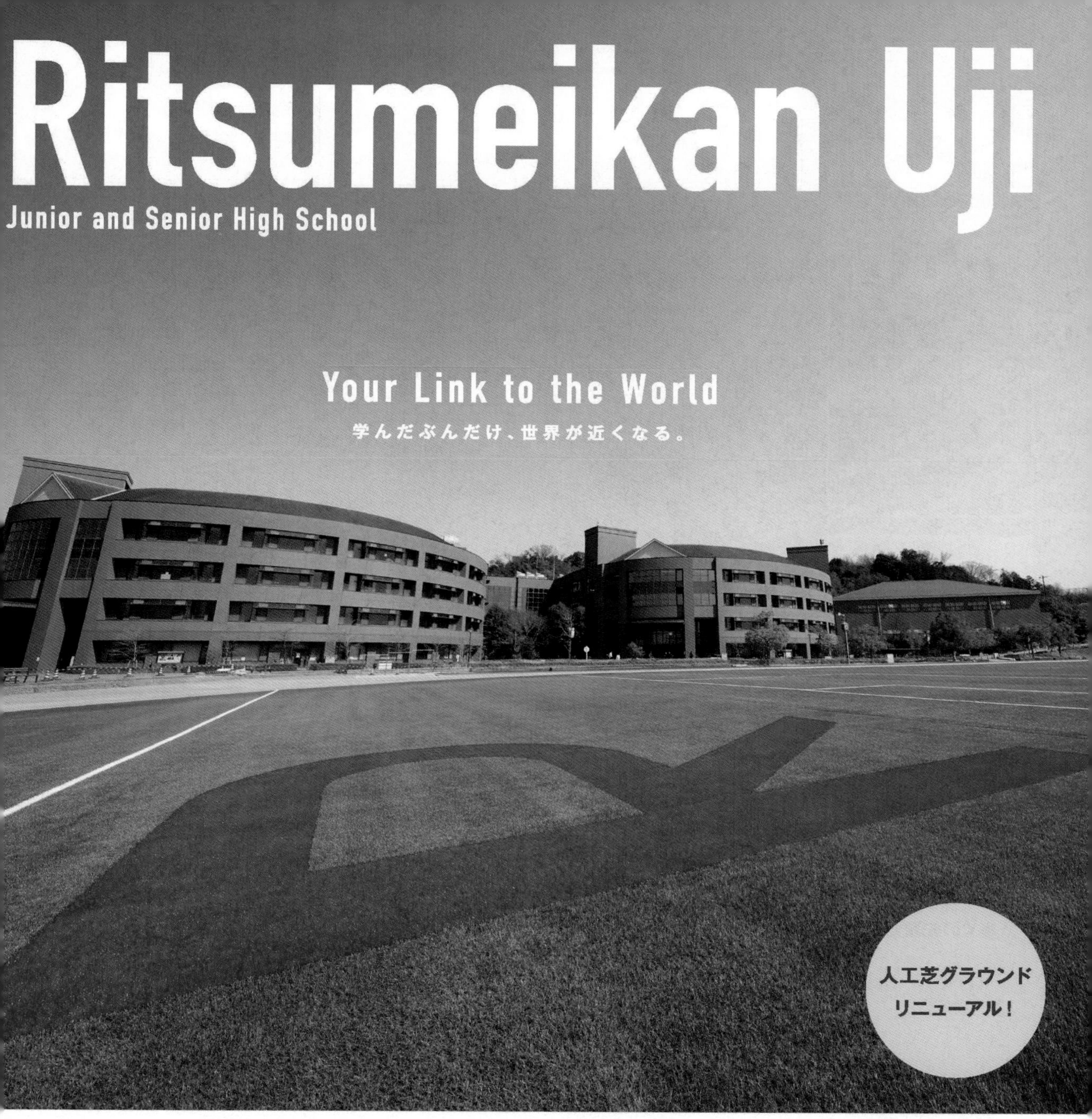

Ritsumeikan Uji

Junior and Senior High School

Your Link to the World

学んだぶんだけ、世界が近くなる。

人工芝グラウンド
リニューアル！

025年度入学
徒・保護者対象

学校説明会・入試相談会

会場：本校

6/22 SAT	9/28 SAT	10/26 SAT
オープンキャンパス	秋の学校説明会・入試相談会・学校見学会	秋の学校説明会・入試相談会・学校見学会
中学/ 9:30-（9:00受付） 高校/13:30-（13:00受付）	13:00-16:30 中学入試対象	13:00-16:30 高校入試対象

RITSUMEIKAN UJI JUNIOR AND SENIOR HIGH SCHOOL

立命館宇治中学校・高等学校

〒611-0031 京都府宇治市広野町八軒屋谷33番1　TEL：0774-41-3000　FAX：0774-41-3555

※お車でのご来場はご遠慮ください［近隣の宇治市植物公園、京都府立山城総合運動公園（太陽が丘）にも駐車できません］。
※2足制のため上履きをご持参ください。

IBDP認定校　文部科学省「WWL拠点校」

立命館宇治

https://www.ritsumei.ac.jp/uji/

帝塚山で学ぶ。

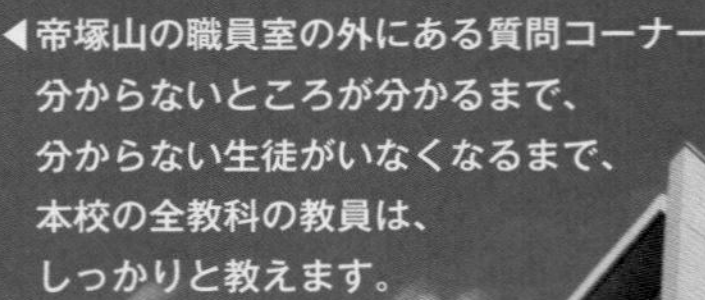

◀帝塚山の職員室の外にある質問コーナー。
分からないところが分かるまで、
分からない生徒がいなくなるまで、
本校の全教科の教員は、
しっかりと教えます。

難関国公立大学への合格者が続々！（2024年度）

東大、京大、阪大など
国公立大学への合格者多数！
医歯薬系大学、難関私立大学にも
多くの先輩が合格しています。

最難関国立大学（旧帝国大学）**44名**

東京大学……3名
京都大学……13名
大阪大学……15名
北海道大学……10名
東北大学……2名
名古屋大学……1名

国公立大学（最難関国立大学を含む）**174名**

神戸大学……12名
筑波大学……3名
広島大学……2名
岡山大学……3名
京都工芸繊維大学……2名
大阪公立大学……29名 ほか

国公立大学 医学部医学科 22名

私立大学 医学部医学科 47名

予約制（先着順）
2025年度 **入試説明会**
予約は本校ウェブサイトで受け付けます。

	第1回	第2回	第3回	第4回	第5回	第6回
日付	9/7（土）	9/14（土）	9/29（日）	10/5（土）	10/27（日）	12/1（日）
時間	13:00~	14:00~	9:30~	13:00~	9:30~	9:30~
定員	130名(1家庭2名以内)	150名(1家庭2名以内)	400名(1家庭2名以内)	150名(1家庭2名以内)	400名(1家庭2名以内)	400名(1家庭2名以内)
会場	大阪・梅田 ヒルトンプラザウェスト オフィスタワー8階 会議室ABC	京都・京都駅 京都JAビル 会議室201～203	奈良・学園前 帝塚山学園講堂	大阪・阿倍野 あべのハルカス25階 会議室EF	奈良・学園前 帝塚山学園講堂	
予約開始	8/19（月）予約開始	8/19（月）予約開始	8/26（月）予約開始	9/6（金）予約開始	9/27（金）予約開始	11/1（金）予約開始

★小学4～6年生児童と保護者対象　★説明会の内容・日時・会場は、変更になる可能性がありますので、事前に必ず本校ウェブサイトにてご確認ください。

近鉄「学園前」駅 下車1分

帝塚山中学校 高等学校

〒631-0034 奈良市学園南3-1-3　TEL 0742-41-4685　FAX 0742-88-6051　https://www.tezukayama-h.ed.jp

学校法人帝塚山学園

未来を創造する豊かな「人間力」の養成

NARAGAKUEN

奈良学園中学校・高等学校

SSH(スーパーサイエンスハイスクール)指定校　文部科学省指定 Super Science High School SSH

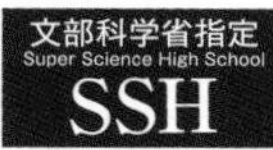

令和7年度　入試説明会(要予約)

第1回　10月5日(土)　14:00～15:30(中学入試のみ)

第2回　11月2日(土)　10:00～11:30(高校入試)
14:00～15:30(中学入試)

場所／本校　第一体育館

内容／令和6年度入試実施要項・入試の各科目の出題方針・学校生活について 等

※中学入試の第1回、第2回は、同じ内容です。

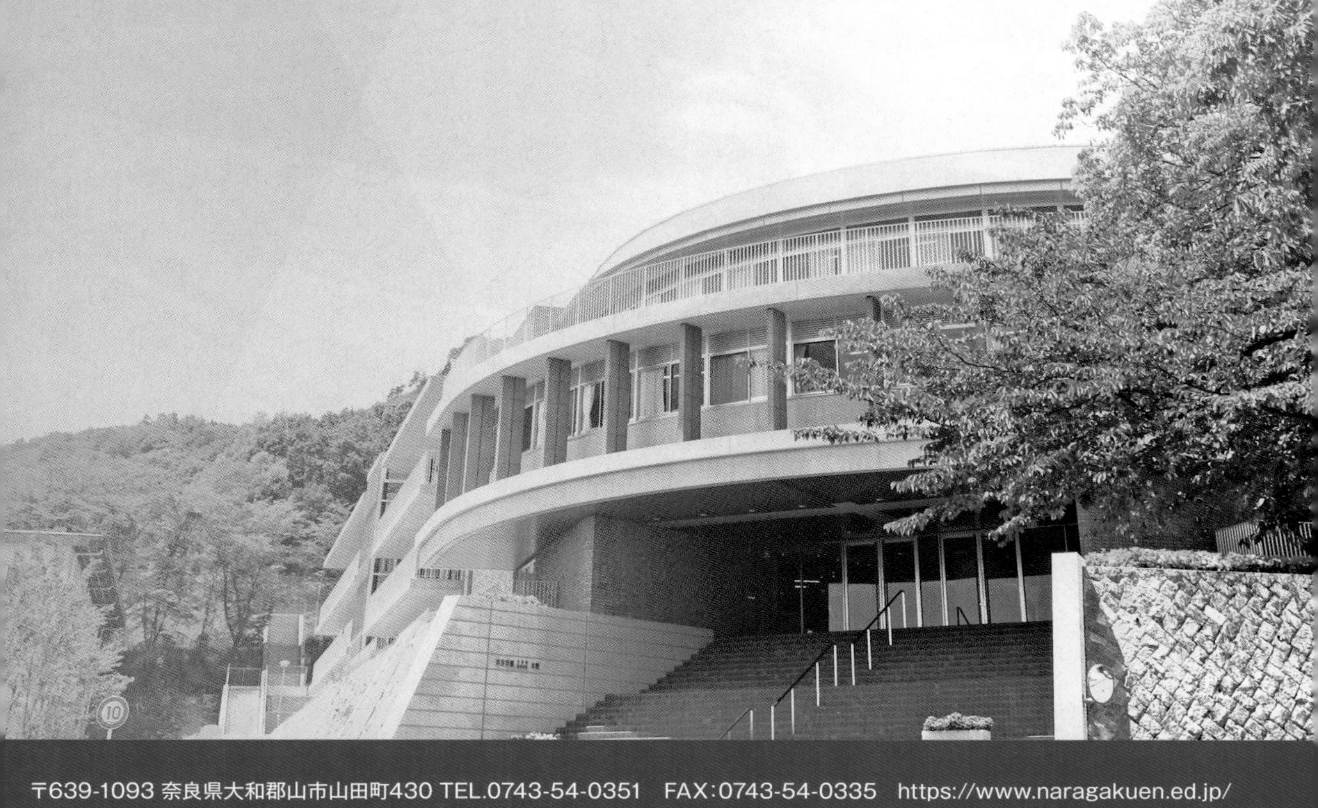

〒639-1093 奈良県大和郡山市山田町430 TEL.0743-54-0351　FAX:0743-54-0335　https://www.naragakuen.ed.jp/

NARAGAKUEN TOMIGAOKA

イベント日程

学校見学会 入試説明会 14:00〜16:00	9/28㊏　10/26㊏　11/23㊏
プレテスト 8:30〜12:00	11/16㊏
プレテスト返却解説会 10:00〜12:00	11/23㊏

場所：奈良学園登美ヶ丘中学校・高等学校

事前申込みが必要です。詳しくはWebサイトをご覧ください。

奈良学園登美ヶ丘中学校・高等学校

〒631-8522　奈良市中登美ヶ丘3丁目15-1 TEL.0742(93)5111　奈良学園登美ヶ丘　検索

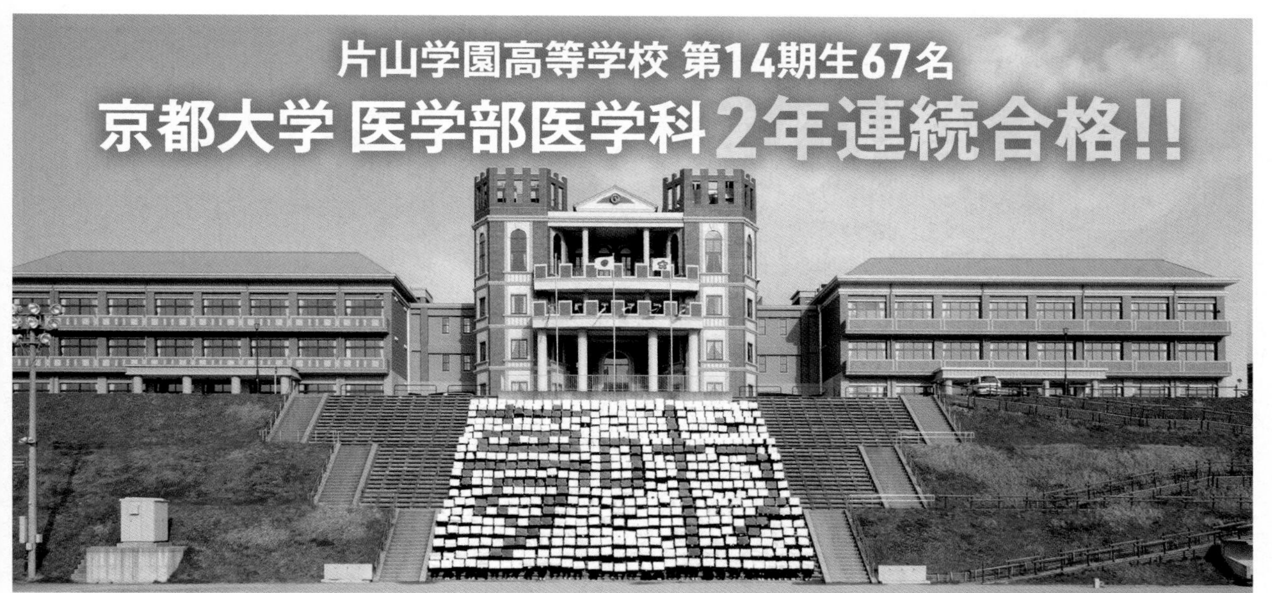

東京大学1名・京都大学2名合格!

国立大学医学科6名、国公立大38名、早稲田大12名合格!

令和6年度 片山学園高等学校 大学入試結果(既卒生含む)

国公立大学

大学	人数
東京大学	1
京都大学	2
大阪大学	1
東京工業大学	1
東京医科歯科大学	1
神戸大学	1
筑波大学	1
千葉大学	1
名古屋工業大学	1
富山大学	16
金沢大学	4
新潟大学	1
信州大学	1
島根大学	1
富山県立大学	1
新潟県立大学	1
前橋工科大学	1
福井県立大学	1
滋賀県立大学	1

国公立大学合格数38名

国立大学医学科

大学	人数
京都大学	1
富山大学	5

国立大学医学科合格数6名

難関大学・医学部

大学	人数
東京大学	1
京都大学	2
大阪大学	1
東京工業大学	1
東京医科歯科大学	1
神戸大学	1
筑波大学	1
早稲田大学	12
慶應義塾大学	1
上智大学	1
防衛医科大学(医)	1
杏林大学(医)	1

難関大学・医学部合格数24名

主な私立大学

大学	人数
早稲田大学	12
慶應義塾大学	1
上智大学	1
東京理科大学	3
明治大学	5
青山学院大学	3
立教大学	3
中央大学	2
法政大学	2
津田塾大学	4
同志社大学	7
立命館大学	14
関西大学	2
関西学院大学	3

私立大学合格数253名

学校説明会

片山学園のことをよく知るチャンス!
入試に向けてのとっておきの情報もお伝えします。

第2回
6/9(日)
10:00～13:00
中学入試対策講座
&保護者座談会

第3回
9/16(月・祝)
10:00～13:00
授業参観
&部活動体験

最終回
11/24(日)
10:00～16:00
入試単元発表
&学習アドバイス
&入試対策直前講座

体験教室

理科好き、工作好き集まれ! 片山学園の科学部と美術部が総力を挙げておもてなしします。

7/21(日) 10:00～13:00
自由研究・自由工作体験教室
～夏休みの宿題を楽しく終わらせよう!～

10月中 10:00～13:00
理科実験キャラバン
(育英センター各校舎)
科学実験を通じて科学の楽しさを身近に感じてもらうために科学実験キャラバンを開催予定!

公開学校行事

10/27(日) 学園祭
10:00～16:00
お化け屋敷、迷路、縁日など楽しいクラスイベントが盛りだくさん!
ダンス部や吹奏楽部、演劇部のステージ発表もあります!

学校法人 片山学園
片山学園中学校・高等学校

TEL 076-483-3300 URL https://www.katayamagakuen.jp/
〒930-1262 富山県富山市東黒牧10 E-mail info@katayamagakuen.jp

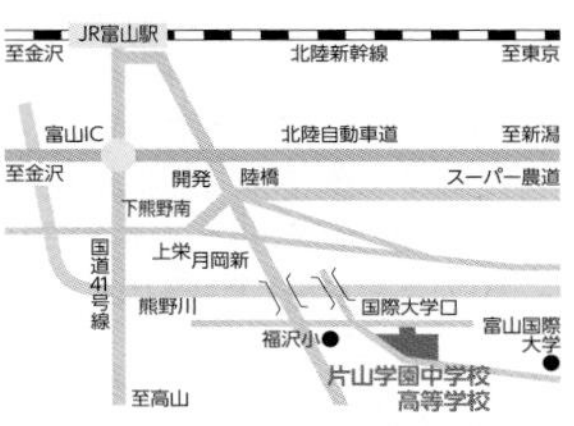

寮のある中学校

学生寮のイメージとして、「規則やルールが厳しい」「先輩との上下関係が不安」「寮長さんが怖いかも」などが思われがちですが、現在では規則正しい生活は守りつつ、自由度の高い生活が主流になっております。今回は意外と知らない寮のある学校での生活を紹介していきます。是非学校選びの一つとして検討してみてはいかがですか。

※詳細は各学校のホームページよりご確認ください

中学校の寮について

寮制の学校は、指定のコースの生徒やクラブ生、通学が困難な生徒といった一部の生徒が入寮する併設制と、クラスメイトと学校生活だけでなく、衣食住を過ごす全寮制の2種類に分けられます。

部屋のスタイルも各学校それぞれで、一つの部屋に少人数の生徒で過ごす相部屋はもちろん、プライベートな生活が過ごしやすい個室、大人数で過ごす大部屋で生活する学校もあります。成長期真っ只中の子供たちに合わせた寮生活を送れるように、学年によって部屋のスタイルを変更する学校もあります。ベッド、机といった家具は備え付けられているので、引っ越しもスムーズに行うことができます。

食事は朝・昼・晩の１日３食が提供される学校が多く、栄養バランスが考えられた食事をとることができます。また、アレルギー食を取り除いた特別食も用意されているので、アレルギーを持った生徒でも安心です。また、夜食の提供のある学校もあります。

外出や外泊は事前に申請すれば可能です。生活で必要なものは購買部で揃うので、大半の寮生は散髪や通院の時に申請をしています。現金の使用に関しても、最近はキャッシュレスシステム導入の寮もあります。

寮制教育の特徴

多くの寮のある学校は、寮は時間が決められた中でどのように行動するか、人との良好な関係を築いていくために何をすべきかを考える点から「第2の学校」「もう一つの家」と考えられています。

寮制教育は大きく「自主自立」「コミュニケーション能力向上」「協調性・リーダーシップの構築」の３点を中心に組み込まれています。

○自主自立が基本

寮では決まった時間に起床、就寝、勉強をします。毎日繰り返すことで自然と自分自身で時間管理ができるようになっていきます。

また、多くの寮では、洗濯、掃除といった身の回りのことも自身でやらなければならないため、自立心や生活力の向上だけでなく、親にやってもらっていた有難さを実感することができます。寮での生活は「自分のことは自分でやる」ができるようになります。

○コミュニケーション能力向上、協調性の構築

寮では寮父母、寮のスタッフや学年が異なる生徒たちと過ごします。

通常では関わることができない幅広い年代と接点を作ることができます。入寮する前は上手くコミュニケーションが取れなかった生徒も、寮生活を通してたくさん友人が作れるようになります。

そのような環境の中には、自分と異なる価値観を持つ人も多くいます。考えの違いで衝突することも多々あります。通常ならその人と距離を取ることができますが、共同生活を続けていくにはそうはいきません。衝突して終わりではなく、どうしたら自分の意見を理解してくれるのか、あるいは互いの妥協点を探していくのかなどを悩みながら、協調性を身に着けていきます。

互いを思いやり、交流を深めていくことで互いに大きく成長し、真の友情関係を構築できるのが寮生活ならではの醍醐味ではないでしょうか。

○自己解決能力を高めリーダーシップの向上させる

寮の運営も生徒が主体で行っていきます。寮生活を快適に過ごすのも不自由なものにするのも自分次第になっていきます。寮生やスタッフが議論をかわしながら様々な行事の企画・実行していきます。

また、寮生には役割を割り当てられ、どのようにして寮生たちを率いていくかを常に考えていくことで、限られた寮生ではなく寮生みんながリーダーシップのとれる人間に成長できる様に工夫がされています。

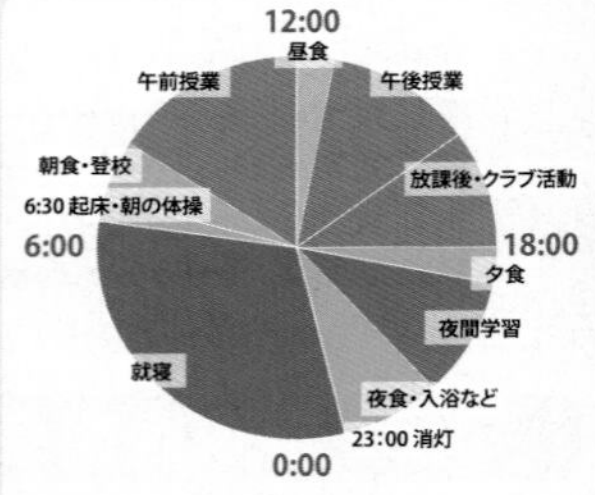

参考：秀明中学校「寮生活」より
https://shumei.ac.jp/jhs/jhs-life/jhs-residence/

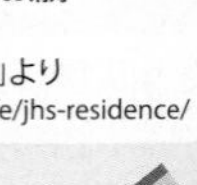

寮のある中学校へ入学するために

寮生活には「中学生から家を出るにはまだ早すぎる、ホームシックになるのでは」との声をよく挙げられます。

しかし、子供はいずれか親元を離れ、独り立ちする日が必ず訪れます。寮生活がきっかけでその日が早まっただけにすぎません。寮も少しでも寮生活に馴染んでもらうために寮行事を充実しています。ホームシックは時間が解決してくれます。

子供自身も寮生活を通じていかに自分が親に支えてもらったか、有難さに気づきます。成長期真っ只中で素直になれないこともあると思いますが、家族との距離を置くことで良好な親子関係を築けるかもしれません。

中学校からの寮生活を成功させるには、情報収集が大変重要となります。学校案内やホームページの情報だけでなく、実際に学校見学の際に、寮見学をさせてもらい、寮の管理者と面談や寮生に聞き取りしたり、学校によっては体験入寮など、直接保護者の方が肌で感じ、我が子にあっているかを判断することが重要となります。

「可愛い子には旅をさせよ」の心で、寮のある学校も是非志望校の選択肢のひとつに入れてみてはいかがでしょうか。

寮のある学校特集

～寮生活を通して身につける協調性や自立心～

寮生活は勉強やクラブ活動などの時間を最大に限確保できるだけでなく、規律ある生活の中において自分自身で考えて行動することで自立心を高めたり、共同生活の中で他者と協力し合うことで協調性を養うことができます。そんな勉強だけでなく社会経験が積める「寮生活」を送ることができる学校を紹介します。

※具体的な寮生活における教育方針やその他情報については各校のホームページよりご確認ください。

秀明中学・高等学校

〒350-1175 埼玉県川越市笠幡4792番地 Tel: 049-232-3311

説明会（予約制）
6/8(土)高校説明会・中高相談会
7/7(日)中学説明会・中高相談会
8/4(日)高校説明会・中高相談会
9/14(土)・15(日)文化祭
11/10(日)中学説明会・相談会
11/17(日)高校説明会・中高相談会
12/15(日)高校説明会・相談会

●全国26都道府県(＋海外)からの生徒が集まる青雲寮
●全国生徒の半数が青雲寮生(中学入試で選抜・中学入試のみ)
●学習サポート(先生による夜間講習・OB医学部生チューター制度)

学校法人 希望学園
北嶺中・高等学校
HOKUREI JUNIOR-SENIOR HIGH SCHOOL

〒004-0839 札幌市清田区真栄448番地の1 TEL：011-883-4651

学校説明会
8/18(日)・11/24(日)
カンファレンスルームTOWER-C（大阪市）
三宮研修センター（神戸市）

制服紹介 SCHOOL UNIFORM

神戸海星女子学院中学校

住所：神戸市灘区青谷町2丁目7−1
電話：078-801-5601

神戸龍谷中学校

住所：【本学舎】神戸市中央区中島通5-3-1　【青谷学舎】神戸市中央区神仙寺通1-3-8
電話：【本学舎】078-241-0076　【青谷学舎】078-241-6417

賢明女子学院中学校

住所：兵庫県姫路市本町68
電話：079-223-8456

六甲学院中学校

住所：神戸市灘区篠原伯母野山町2丁目4−1
電話：078-871-4161

朝日入試相談会情報webサイト「私立中学・高校へ行こう！」

関西の私立中学・高校を目指す受験生を応援

私立中学・高校に進学を希望する受験生や
保護者のみなさまに、入試相談会
などの進学情報を提供します。

入試相談会情報

学校最新ニュース

エリア別学校検索

私立中学・高校へ行こう　検索

https://www.ksf-site.com

運営／大阪朝日広告社☎06-6867-9407

私立中学校へ行こう 2025

INDEX

特集企画

学校インフォメーション

グローバル&AI 社会に子どもたちを送り出す前に

今の子どもたちが社会に出る10年後、20年後、世界は想像もつかないほどの変貌を遂げている可能性があります。世の中が変化すれば、当然、身につけるべき能力や学ぶべき事柄も大きく変化していきます。このコーナーでは、学びの変化の前提となる、世の中の変化について概観し、子どもたちの学びについて考える土台を共有したいと思います。

◉グローバル化が進展し、多様な価値観を超えた協調が求められる
◉世界がより豊かになるにつれ地球規模の課題が噴出する
◉持続可能性がこれからの世界のスタンダードになる
◉第４次産業革命によって現在の仕事の多くは AI が代替する
◉新しい時代の「勉強」は人間にしかできない体験や感動

激変する世界

世界の変化は年々激しくなり、もはや「10 年ひと昔」でも遅いぐらいのスピード感で変化が進んでいます。それでも、変化の軸は大きく捉えると二つ。その流れを押さえておけば、今後の変化に対応しやすくなります。

一つは**「グローバル化」**。グローバル化の発端となったのは、1989 年のベルリンの壁崩壊に象徴される冷戦の終結でした。共産圏と西側諸国との対立が終わったことで、それまで 16 億人だった世界の資本主義市場が、一気に 50 億人が参加する市場へと拡大しました。

世界が単一の市場に統合されたことで、ヒト、モノ、カネの動きは急激に活発化しました。この頃しきりに「国際化」が叫ばれ、大学にも「国際」を冠する学部・学科が急増しました。そういう意味では、グローバル化は 30 年ほど前から始まっていたとも言えます。

もちろん、当時の「国際化」と現在の「グローバル化」にはいくつか異なる点もあります。「国際化」が叫ばれた当初、世界が統合に向かうことは明るい未来を意味していました。国際化に伴う具体的な問題はまだ表面化していなかったからです。また、統合された世界でもそのリーダーは欧米先進諸国であり、国際化とは「欧米化」のことだと考えられていました。

課題山積のグローバル社会

しかし、グローバル化の進展により、世界的な問題も表面化してきます。世界は総体としては豊かになった反面、食料やエネルギー、資源、気候変動など、様々な解決すべき課題が山積されます。

また、30 年前には世界の市場の大半が欧米先進国でしたが、その状況は劇的に様変わりしつつあります。中国、インド、その後にはアフリカ諸国が経済的に発展し、欧米先進国は世界の小さな一部にすぎなくなっていきます。

つまり、グローバル社会では、世界中の人たちと協調して地球規模の課題に取り組む必要があり、しかもその「世界中の人たち」というのは決して欧米先進国の人だとは限らないのです。

未知の課題に対して、多様な文化的背景を持つ人たちと共に取り組むこと、これがグローバル社会を生きる子どもたちの重要な責務になるでしょう。

全世界で問題解決に取り組む――SDGs

地球規模の課題は最優先で取り組むべき、という認識が世界中に広まりました。もはや、かつてのように「経済的利益のために環境や人々の生活が多少犠牲になるのは仕方がない」という考え方は賛同を得にくくなっています。

2015年に、国連の193の加盟国は「持続可能な開発のための2030アジェンダ」を全会一致で採択しました。2030年までに実現すべき17の大きな目標と、その目標を実現するための具体的な169個のターゲットからなる「持続可能な開発目標（SDGsまたはグローバルゴールズ）」が掲げられました。

世界は公式に「持続可能性」を人類共通の目標と定めたのです。しかも、これは、ただの国連のポーズではありません。一つの例を挙げると、世界の投資家や金融機関は、化石燃料への投資額を減らしています。これは「化石燃料ダイベストメント」と呼ばれる大きなトレンドで、2018年末の段階で約1000機関、総額900兆円にものぼるそうです。

そして、その投資額は新しいエネルギー産業に投じられると予測されます。2017年の見通しで2040年までに800兆円強が再生可能エネルギーに投資されると考えられています。

環境への配慮が経済活動へのブレーキとなる時代は終わり、それ自身が大きな経済規模を持つ新たな産業になりつつあるのです。

持続可能性は気候変動・エネルギー問題と目されがちですが、それだけが持続可能になれば良いわけではありません。SDGsは、食糧・教育・仕事・格差・ジェンダーなど、多様な分野について持続可能性を謳っています。あらゆる分野で持続可能性についての視点がなければ仕事ができない、立派な大人とは言えない時代に突入するのです。

第4次産業革命

もう一つの大きな変化は**「第4次産業革命」**です。

『人工知能と経済の未来』（文春新書）の中で、井上智洋博士は、今まで起こった3回の産業革命は、いずれもGPT（汎用目的技術）の登場によって、そこから新たな発明品を連鎖的に作り出すことで、産業全体を変化させたと説明しています。

これまでの3回の産業革命でGPTとなったのは、第1次が蒸気機関、第2次が内燃機関と電気モーター、第3次がパソコンとインターネットでした。

近い未来に起こると予想される第4次産業革命では、汎用AIやIoT（モノのインターネット）、3Dプリンタなどが GPTとなり、産業革命を先導すると考えられています。

第3次産業革命で起きたこと

およそ30年前の1995年、ウィンドウズ95が発売され、一般の家庭にもインターネットの利用が普及しました。それ以前、コンピューターやインターネットを個人的に利用する人は少数でした。

また、およそ15年前の2007年、スマートフォンが発売され、人々は外出先や移動中でも手軽にインターネットに接続できるようになりました。

30年前以前や15年前以前、私たちがどのような技術的環境にあったのかを、もはや思い出すのも難しいぐらいです。生活を一変させるような大きな変化だったからです。

身近なところでは、実世界に店舗を構える書店や家電量販店の苦戦、ホテルやレストラン、航空券予約の自動化など、ほとんどすべてといっていい分野に影響がありました。また、いくつかの職業はコンピューターのソフトウェアに取って代わられました。

それでも、これまでの変化は、近々起きるであろう第4次産業革命の大きさと比べると、ほんの小波に過ぎません。それは、汎用AI、IoT、3Dプリンタが関わる分野の広さを考えると予想がつきます。

GPT-4登場の衝撃

2023 年 3 月、アメリカの AI 開発会社 Open AI 社が GPT-4 という名前の AI を発表しました。この GPT-4 の性能には世界中が驚きました。激震が走ったと言っても良いでしょう。

GPT-4 は、とても自然な文章で受け答えができます。以下の出力は一つ前のバージョンである GPT-3.5(ChatGPT) を使った例ですが、参考のため掲載します。

[人間による入力]

「AI 時代に子どものより良い教育のためにできること」を 200 文字に要約して作成

[AI]が作成した文章

AI 時代に子どものより良い教育を実現するためには、親が以下のことを意識することが重要です。まず、AI 技術の進化に対応できるように、コンピューターサイエンスや数学的なスキルを学ばせることが必要です。また、クリティカルシンキング能力や問題解決能力を養うために、子どもに対して自由な発想や独創性を促すことが重要です。さらに、グローバルな視野を持たせ、異なる文化や価値観を理解するために、国際交流プログラムや留学などを積極的に取り入れることが望ましいです。親が AI 時代に求められるスキルを理解し、子どもの教育に反映させることで、より良い教育を実現できます。

https://chat.openai.com/

文章作成に適するように多少の設定を施してはいますが、左記 [AI] の文章は GPT-3.5 が出力したものを編集を加えずに丸ごとコピーしたものです。この程度の文章作成であれば、今や AI で十分可能になっているのです。しかも、これは一つ前のバージョンで、最新の GPT-4 はより自然な文章を出力できるだけではなく、アメリカの司法試験で上位 10 パーセントの成績や、アメリカの大学入学共通テスト「SAT」で読解 710/800 点・数学 700/800 点 (SAT は各 500 点が平均点になるよう作られる。アイビーリーグ合格者で合計 1500 点程度) を取るなど、大半の人間よりも優れたパフォーマンスを示しています。

GPT-4 を汎用 AI と見なすかどうかは意見が分かれるところですが、AI の技術進展がこれで終わりというわけではないのは確かです。むしろ、今がスタート地点だと考えて良いでしょう。10 年後、20 年後、人工知能は当然今より「賢く」なっています。GPT-4 のバージョンアップが進み、AI を応用したアプリが増えてくると、その影響は「人間が行うことができる知的労働」の全てに及びます。

これまでコンピューターやソフトウェアに取って代わられたいくつかの専門的職業と同じことが、一般的なホワイトカラーで広範に起きていくことが予想されます。このことは、GPT-4 やその後継 AI がたとえ汎用 AI としては不十分であっても変わりません。形式を整えて文章を作り出すことは、数字の計算や情報の記録・検索がすでにそうであるように、もはやコンピューターの方が人間より得意になっているのです。

人間は何をすれば良いのか

これまで見てきたように、地球規模の問題への対策は急務となり、技術の進展は止めることができません。では、私たちは子どもたちにどんなアドバイスができるのでしょうか。

AI の高性能化が進むと、言われたことを正確にこなすだけの仕事は、どんどん不要になっていきます。現代の私たちにとって、電卓が計算力を、ワープロが漢字力を補ってくれるように、単なる基礎知識は、AI が補ってくれるのが当たり前になるでしょう。正確に再現することや知識を覚えることの価値が相対的に下がっていくと、その反面、価値が高まるのは、無二の体験や感動・興味・嗜好など、これまで「勉強」とは無縁のように考えられていたことです。

みなさんは今、子どもたちにどんな勉強をさせていますか？　覚えたことを正確に再現させるような勉強をさせていないでしょうか？

子どもたちにとって楽しいこと、ワクワクするようなことを「好きなことだけをやるのは努力ではない」と一蹴していないでしょうか？幅広く多くの分野に触れておくことはとても重要なことですが、AI の方が得意なことのために貴重な青春の時間を割り当てるのは、子どもたちに不毛な消耗戦を強いていることになります。

将来、子どもたちは、人間以上に賢く、正確に素早く命令を実行してくれる AI を持ち、設計図さえあればどんなモノでも作り出してくれる 3D プリンタを使うことができます。一人ひとりが優秀なエンジニアとミスをしない工場を部下に持って、社会に出ていくのです。

そこに足りないのは「何を作りたいのか」「どんな分野で人々に貢献したいのか」「どんな社会にしたいのか」という、理念や意志です。

子どもたちの未来は、まさに創造力とアイデアにかかっています。保護者世代の古い学力観で、子どもたちの可能性に蓋をしてしまわないようにしたいと思います。

中学受験の基礎知識

**中学受験は保護者の役割が大きい受験です。もちろん、
試験を受けるのは子ども本人ですが、中学受験の仕組みやどんな中学校が
あるのかといった制度面は、保護者の方が理解しておく必要があります。
このコーナーでは知っているようで意外と知らないこともある
中学受験の基礎知識をおさらいします。**

2024年度入試は1月13日統一日程

関西圏の中学入試は例年、1月の第二土曜日を統一の解禁日としています。2024年度は1月13日がその日程となります。関西圏の入学試験を行う中学校はそのルール内で日程を決めますが、岡山県や四国など、関西圏外の中学校についてはその限りではなく、12月や１月の上旬に関西圏に入試会場を設けて先行して試験を実施する学校もあります。

解禁日以降は、各校の裁量で入試日程が組まれています。多くの私立中学校は解禁日に入試を実施し、その後にも複数回の日程を設定しています。ただし、いくつかの学校では初回入試を1月14日以降に設定するところもあります。たとえば、3日目(1月15日)に入試を実施する東大寺学園や洛南高校附属。また、国立中学校の中には、さらに遅い日程で入学適性検査を行うところもあります。

灘や甲陽学院などの一部の難関校では、解禁日と翌日の２日間かけて入試を行います。神戸女学院は２日間かけて入試を行うのは同じですが、キリスト教の安息日である日曜日を避けるため、中１日置いての実施としています。

(表) 2024年度 中学入試カレンダー(予定)

日　程	全体の予定	複数日入試校など	
12月～1月上旬	岡山県·四国勢先行入試		
1月13日(土)	関西圏統一実施日 大教大天王寺中1次 一部の公立中高一貫校	灘·甲陽学院などの 2日間入試校	神戸女学院　1日目
1月14日(日)			
1月15日(月)		東大寺学園·洛南高校附属、 神戸大学附属など	神戸女学院　2日目
1月20日(土)		大教大池田·平野、 公立中高一貫校など	

男子校・女子校・共学校

原則として入学者に男子・女子を区別しない公立中学校と異なり、私立の中学校には、男子のみの教育を行う学校、女子のみの教育を行う学校があります。

男子校では、生徒が男子のみであることを生かした勇壮な行事が行われたり、女子校では、女子のリーダー教育に力を入れたりとそれぞれ男子のみ・女子のみである環境を生かした教育を実践しています。

また、男子生徒・女子生徒をともに受け入れながらも、男子校・女子校のそれぞれの良さも取り入れようという「併学」という制度をとっている学校もあります。これは、授業や普段の学校生活は男女別としながら、行事や課外活動では男女共同とするものです。

いずれにしても公立校にはない制度ですので、中学受験の際には、我が子にとってどの学校種別が良いのかをしっかりと比較検討してみてください。

建学の精神や宗教教育

「私立」の学校には、当然ながら中学校を作った人物や母体が存在します。学校を作った人たちの教育にかける熱意や社会をより良くしたいという思いが、教育内容に反映されているのです。「建学の精神」や「教育理念」は、指導の根幹となります。入学後に「思っていたのと違う」とならないよう、必ず調べておきましょう。

宗教団体が母体となった学校は大きく分けて表（P11）のようになります。同じキリスト教の学校であっても、カトリック（ローマ・カトリックを総本山とするキリスト教）系とプロテスタント（宗教改革以後に誕生したキリスト教）系では、指導方針や校風などが違う場合が少なくありません。大まかにはカトリック系は修道院にルーツを持ち、規律や躾をしっかりと指導する学校が多く、プロテスタント系は制服がないなど生徒の自主性を重んじる学校が多いようです。

ほとんどの宗教系校では、入学者の信仰は問われません。ただ、学校によっては、日々の学校生活のなかで宗教の時間があるので、考え方に賛同できない場合は志望校に含めない方がよいでしょう。躾や情操教育の一環として宗教的な考えを取り入れている学校もありますので、説明会などでよく確認をしましょう。学校紹介ページのアイコンもご活用ください。

他方、近年の日本で宗教的な考え方に触れることができるのは貴重な機会・経験であるともいえます。世界を見渡すと何らかの信仰を持つ人が多数派です。彼らの考え方を理解するためにも宗教教育はよい場となるでしょう。

同じレベルの集団による中高一貫教育

入試のない公立中学校では、個々の学力も家庭の教育への関心もバラバラの子どもたちが同じクラスで学ぶことになるので、どうしても授業のレベルを「理解の遅い生徒」に合わせる必要があり、理解できている生徒にとっては退屈な授業になりがちです。

一方、入学試験のある国公立・私立中学校では、一定の学力を満たした同級生たちとともに学ぶことになります。学力レベルや家庭の教育への関心度が近い仲間と同じクラスになるため、教員側も授業を進めやすく、力を入れるポイントや時間をかけずに流す箇所などのメリハリが付けやすくなります。

それに加えて、中高一貫教育では、高校受験のための対策授業が必要ないだけでなく、中学校で一度習ったことを高校で繰り返すという重複もなく授業時間を効率的に使うことができます。さらに、もともと設定されている授業時間数も一般的な公立中学校より多いところが多く、時間の余裕を持ちつつ、カリキュラムも効率的に進められるので、学力を伸ばすのに有利な環境と言えます。

どの学校にも独自の校風がある

公立中学校では、教育行政における公平性という観点から、教員が数年ごとに異動し、どの中学校も同じ水準・雰囲気を持つように配慮されています。

それに対して、ほとんどの私立中学校は独自の「建学の精神」を持ち、その理念に沿った教員を迎え入れて、新卒から定年まで同じ学校で教鞭を執るという場合も少なくありません。さらに、その教員がその学校のOB・OGであることもよく見られます。

それぞれの学校の良さが長年受け継がれ、教員、卒業生、在校生たちによって増幅されているのです。その結果、「自由な校風」「文武両道を奨励する」「家族的な雰囲気」「進取の気風」といった学校独自の雰囲気が作り上げられます。

さまざまな校風の学校がある中で、通学区域によらずに自分に合う学校を選ぶことができるというのも中学受験の大きな魅力です。

豊富な行事と体験型学習

高校受験のための無駄がない、中高重複カリキュラムの無駄がない、授業時数を多く確保している、ということからくる中高一貫のメリットは何も学習面だけに活かされるものではありません。

時間の余裕から、多彩な学校行事やクラブ活動への積極的な参加も可能となります。学校にもよりますが、学習指導がきびしいと言われている学校でも中学段階ではクラブ活動や行事を推奨している私立中高は少なくありません。中学ではクラブや行事に打ち込み、高校段階から本格的な大学受験対策に移る、というメリハリのきいた6年間が送れるのも中高一貫ならではのメリットです。

私学に対する誤解のひとつに「勉強をさせるなら私学だけれど、クラブや行事の充実なら公立がいい」というものがあります。

確かに、進学校とされる学校の中には学習指導のきびしいところもあります。しかし、そのような学校も含めて、多くの私学が積極的に行事に取り組み、クラブ活動も奨励するところが少なくありません。それが建学の精神であり、積年の校風だからです。

私学の行事の中には、公立中学校では取り組めないような、体力・精神力の限界に挑戦する行事もあります。無人島でのキャンプや、一夜をかけての数十キロ踏破といったユニークなプログラムを実施する学校もあります。

これらの行事に参加することで、生徒たちは大きな達成感と強い連帯感を経験します。そういった経験から得たものは、大学受験での苦しい時期だけでなく、社会に出てから苦境に立たされた時に発揮される力となるそうです。

この数年間は、どの学校も行事に制限があり一部休止されていました。再開されるか気になる行事があれば学校に問い合わせてください。

志望校選択

子どもの成績や偏差値だけではなく、「我が子にあった学校なのか」「どんなふうに育ってほしいのか」など、広い視点で志望校を選ぶことが重要となります。

そのためには、学校説明会やオープンスクール（学校見学会）やプレテストなどの入試関連行事と合わせ、文化祭や体育祭などの公開行事にも積極的に参加し、その学校の先生や在校生の様子、校風・雰囲気など学校案内やホームページなどでは伝わりきれない情報を肌で感じることも重要となってきます。

また、6 年間通学しますので、通学時間やコースなども重要になります。実際に公共交通機関などでルートを確認しておきましょう。

６年間をフル活用できる大学附属校

中高の一貫教育だけではなく、大学を併設する大学附属校を選ぶことができるのも中学受験のメリットです。

大学附属校で内部推薦を受けられれば、大学受験のために時間を取られることなく、部活動を最後まで続けられたり、研究活動や趣味に打ち込んだりすることができます。

また、学校によっては外部大学の受験・進学を奨励する附属校もあります。進学校と同様の進路指導を行う大学附属校も見られます。コースによって、外部大学への進学をめざすのか、内部推薦を受けるのかを選ぶ附属校もあります。

大学附属校が一般の進学校と進路に関して大きく異なるのは、万が一思うように成績が伸びなくても内部推薦という保障があるというところです。内部進学の権利を保留したまま、国公立大学や他大学を受験できる附属校もあります。

加えて、系列大学との教育上の連携も附属校の大きな魅力です。施設・設備の共有から、人的交流、先取り学習まで幅広く行われています。

系列大学の充実した施設・設備を利用できたり、大学の教授が中高に教えに来たり、大学生がコーチとして部活動を手伝ったりと学校によって、様々な取り組みがあります。高校生が大学の講義を受けて単位を取ることができたり、飛び級ができたり、といった制度を持つ学校もあります。そのような学習環境が整っているということも、大学附属校の大きなメリットです。

補習や検定指導などの充実した指導システム

よく私立中高一貫校に通わせると「塾代がいらないからトータルでは安かった」という話を聞きます。大部分が無償である公立中高と比べるわけですから、やや無理のある話ではありますが、公立高校から予備校に通い浪人まですることと比較すれば、一理ある話になってきます。

多くの私立中高では、放課後や長期休暇中に講習や補習を実施しています。なかには、学内予備校として外部の指導を導入したり、昼休み・放課後に英会話教室を開いたり、各種の検定試験対策をしたりするところもあります。それらを個々に通わせることと比べると、確かにお得になる場合があるかもしれません。

放課後に学校を出てから塾や英会話教室まで通う時間や安全面でのコストを考えると、学校内で予備校・英会話教室まで享受できるというのは費用面を超えた「お得さ」があるとも言えるでしょう。

（表）宗教学校一例

宗教	宗派	学校名
キリスト教	カトリック系	六甲学院、常翔啓光学園、仁川学院、大阪星光学院、和歌山信愛、大阪信愛学院、香里ヌヴェール学院、京都聖母学院、ノートルダム女学院、神戸海星女子学院、明星、愛徳学園、淳心学院、洛星、光泉カトリック、アサンプション国際、賢明学院、賢明女子学院、百合学院、小林聖心女子学院
	プロテスタント系	啓明学院、梅花、同志社香里、同志社女子、神戸女学院、同志社、同志社国際、関西学院、近江兄弟社、大阪女学院、清教学園、平安女学院、桃山学院、プール学院、松蔭
仏教	浄土宗	華頂女子、開智、京都文教、上宮学園、東山
	浄土真宗	龍谷大学平安、神戸龍谷、相愛、京都女子、大谷（大阪）、大谷（京都）、京都光華、神戸国際

宗教	宗派	学校名
仏教	真言宗	清風南海、清風、洛南高等学校附属
	天台宗	比叡山
	臨済宗	花園
	和宗	四天王寺、四天王寺東
	華厳宗	東大寺学園
	辯天宗	智辯学園、智辯学園奈良カレッジ、智辯学園和歌山
神道	神道	浪速
新宗教	PL教団	PL学園
	金光教	金光八尾、金光大阪
	創価学会	関西創価
	天理教	天理

多様化する中学入試

近年、中学入試の多様化が進んでいます。
従来型の国算社理だけではなく、それ以外の学力を問う様々なタイプの入試が現れてきました。
このコーナーでは、近年ますます増加する新しいタイプの入試方式を紹介します。

社会が変わると学力の定義も変わる

日本の教育が大きな変化を迎えています。「明治以来の大改革」と言われる大学入試改革もその一つ。2020年度(21年度入試)には「センター試験」が廃止され「大学入学共通テスト」が始まりました。共通テストはセンター試験と比べて、より深い理解と思考力、判断力、表現力が問われる内容になっています。これは社会の変化を反映したものですが、言い換えると「学力とは何か」が変わったということです。

この変化に対応するため、各中学校では新しいタイプの入試方式を模索しています。その結果、中学入試には次のように多様な方式が生み出されました。

得意教科を高く評価する「アラカルト方式」判定

日本の学力の評価方法は「減点方式」とも言われます。例えば、算数だけが満点で他の 3 教科はあまりできない受験生よりも、4 教科満遍なく合格点を取れる受験生の方が優秀だと判定されます。いかに優秀でも 100 点満点のテストで 101 点以上を取ることはできないからです。

そこで、採点方法に独自の工夫を取り入れている中学校があります。アラカルト方式と呼ばれる採点方法がその代表例です。「ア・ラ・カルト」とは「(コース料理ではなく) メニュー表から注文する」ことを指します。そこから、自分に合った採点方法を選ぶ入試のことをアラカルト方式と呼ぶようになりました。統一された方式がある訳ではなく、学校ごとに様々となっています。各校の「選抜情報」に掲載していますのでご確認ください。

例：開明中学校　アラカルト方式
受験科目：国語 100 点　算数 100 点
　　　　　社会 50 点　理科 50 点
採点方法：社会と理科のうち高得点の教科を
　　　　　2倍して、国語・算数に加えて判定

説明する力や取り組んできたことを評価する「適性検査型」「自己推薦型」入試

中学受験の対策といえば塾が行っています。しかし、家庭の事情や他の習い事などで、十分な期間塾に通っていない受験生もいます。中学校側では、これまでそういう受験生を取り込めていませんでした。

そこで、導入されたのが適性検査型入試や自己推薦型入試です。適性検査は、元は公立中高一貫校の選抜方式ですが、いくつかの私学でも実施しています。単に知識を覚えているかではなく説明ができるのか。単に答えが合っているかではなくどのように考えたか。こういったことなどが問われます。小学校の授業をきちんと受けていれば解ける設問ながら、教科を横断したより深い理解力が求められます。

例えば「徳川家康の時代と家光の時代では外国との交流のあり方がどう違うのか、説明しなさい」(神戸大学附属　2018 年度「市民社会」) という問いが出されました。従来型の試験であれば「問題：家光が採った対外政策は何か?解答：鎖国」で正解ですが、それを覚えているだけでは十分な解答になりません。

自己推薦型は「塾に通っていないけれどポテンシャルの高い生徒」を見出す入試と言えます。主要 4 教科の判定をせず（するとしても最低限で）、スポーツや芸術、探究的な活動など、小学校で取り組んできたことを評価します。このタイプは、多くの中学校で事前申請やプレテスト受験が必要となります。受験を希望する場合は確認しておきましょう。

新しい学力「思考力」を問う入試

「思考力」は新学習指導要領でも「3 つの柱」の一つに位置付けられる、新しい学力観の重要な要素です。そのため、いくつかの中学校で「思考力」を測るための入試が行われています。一例として、2021 年度、神戸国際中学校（兵庫県・女子校）「思考力入試」では、気候変動問題について説明した後、その問題の対策について「あなたの考え」が問われました。

客観的な正解や知識としての時事問題を覚えて理解するだけではなく、受験生自身が、社会をどう捉えて、どうあるべきかを普段から考えることが求められる入試です。

新しい学力「プレゼンテーション力」を問う入試

「思考力」同様に 3 つの柱に位置付けられる「表現力」。今までの「学力」と大きく異なるのがこの力でしょう。かつては、勉強は自分が理解すればそれがゴールでした。しかし、新しい学力では、各自の理解を元に、それを表現する力が重要とされています。

例えば、松蔭中学校（兵庫県・女子校）では「課題図書プレゼン入試」を実施しています。この入試は、同校が指定する課題図書から一冊を選び、自作のポスターを使ってその本の「おすすめポイント」をアピールするというもの。同校は「従来は見えなかった、解答用紙の背後にある受験生の考えや思い、一人ひとりの個性を見ることができる」と手応えを感じているようです。

これからの学力——「プログラミング」入試

新しい時代の学力として 2020 年から導入されたのが「プログラミング教育」です。この学力を測ろうという入試も現れています。

関西圏で先駆けとなったのは追手門学院大手前中学校（大阪府・共学校）。ロボットを作り、その制御をプログラミングして、課題解決のミッションに挑む入試です。この入試の特徴は、ただミッションをクリアすれば合格ではない点にあります。

ロボットやプログラミングはあくまでも協働や課題解決のツールという位置付けで、重要なのは、グループ内での協調性や自分たちが作ったロボットをきちんと説明できるかどうか、他のグループが作ったロボットをどのように分析できるのか、というところが見られます。

プログラミング入試の進化系——ゲームを使った入試

プログラミング入試の一形態としてゲーム「マインクラフト」を使った入試を行う学校も登場しました。2019 年度、聖徳学園中学校（東京都・共学校）がその一例です。試験内容は「打ち上げ花火大会のデザイン」が出題されました。受験生はそれぞれ会場のデザイン、打ち上げ花火の装置を作成。その後、自分が作った作品について、説明をするところまでが評価の対象です。

プログラミングは、2025 年度の大学入試から共通テストにも導入されます。2022 年度より、高校では「情報」が基礎教科（必須化）となったこともあり、中学入試でのプログラミング入試は今後増えていくものと思われます。

この他にも英語入試など、中学入試は年々変化をしています。お子様の得意な試験方式で受験することも合格への道しるべとなります。過去問やプレテストを上手に利用して一番ぴったりな試験方法で受験に望むことが肝心です。

受験コラム

「偏差値」って何だろう

偏差値は集団の中での相対的な位置を表すもの

受験では避けて通れない指標の一つ「偏差値」。便利な指標であると同時に、たくさんの誤解を受けている指標でもあります。たとえば「○△□中学校の偏差値は 55」と言ったとき、○△□中学校はどのぐらいの難易度だと思いますか？

実は、この文章では○△□中学校の難易度はわかりません。「え？　偏差値 55 というとちょっと難しいけど頑張れば入れる学校って意味じゃないの？」と思った方、偏差値という指標を正しく理解されていないかもしれません。

偏差値は「ある集団の中」での「平均からの離れ具合」を表します。そのため、偏差値が意味をなすには「どの集団（＝模試）での偏差値なのか」が明らかである必要があります。受験した集団が異なる、A 社の模試と B 塾の模試では同じ偏差値 55 でもそれぞれ意味が違ってくるのです。

共通テストよりも東大合格の方が簡単?

同じ学校でも、中学入試での偏差値と高校入試での偏差値が大きく異なることは少なくありません。大まかに言うと、中学入試での偏差値よりも高校入試の方が 10～15 ほど高くなるようです。

このことを「同じ学校なら中学から入った方が易しい」と中学受験のメリットのように紹介している解説も見かけます。しかし、これはもっともよくある誤解の一つです。

中学入試は、同世代のうち、関西圏ではおよそ 10 パーセント程度の人が受験に臨みます。一方、高校入試は中高一貫生を除く同世代のほぼ全員が受験します。偏差値を算出する集団が全く異なるわけです。当然ながらどちらが難しいのか比べることはできません。

共通テストの全受験者で偏差値を出すと 70 を軽く超える東京大学合格者も、東大合格者だけを集めて偏差値を計算し直すと 40 台の人もいます。30 台だっているかもしれません。先の誤解は、比較できない二つの偏差値を元に「共通テストよりも東大入試の方が易しい」と言っているようなものなのです。

たった1点で偏差値80?

次に「平均からの離れ具合」についてです。偏差値は「平均点との差」を「標準偏差」で割り、10 をかけ、50 を足した数値です。

$$\text{偏差値} = 10 \times \frac{(\text{得点} - \text{平均点})}{\text{標準偏差}} + 50$$

最後に 50 を足すのはちょうど平均点の人の偏差値を 50 にするためです。10 をかけるのはテストの点数のようなわかりやすい値にするため。この2つは数値を整えるためで本質的な意味はありません。

重要なのは「平均点との差」と「標準偏差」の 2 つです。「平均点との差」は説明不要でしょう。同じ 90 点でも、平均点 90 点のテストで取る 90 点と、平均点 50 点で取る 90 点では意味がまったく異なる、ということを偏差値は反映しています。

もう一方の「標準偏差」こそが偏差値を便利なものにする考え方です。これは、各点数と平均点との差が一人当たりどれぐらいなのかで算出されます。同じ平均点 50 点のテストで取った 90 点でも、平均点付近に多くの人が分布するテスト（試験 A）で取った場合と、得点分布の広がりが大きいテスト（試験 B）での 90 点では意味が大きく違ってきます。

次の 2 つの場合を比べてみましょう。

（得点分布が異なる２つのテストでの例）

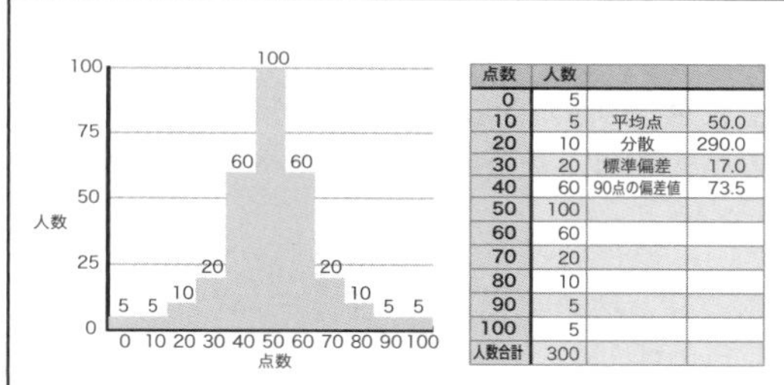

点数	人数		
0	5		
10	5	平均点	50.0
20	10	分散	290.0
30	20	標準偏差	17.0
40	60	90点の偏差値	73.5
50	100		
60	60		
70	20		
80	10		
90	5		
100	5		
人数合計	300		

試験A：受験者300人　平均点50点
標準偏差17.0　90点の偏差値：73.5

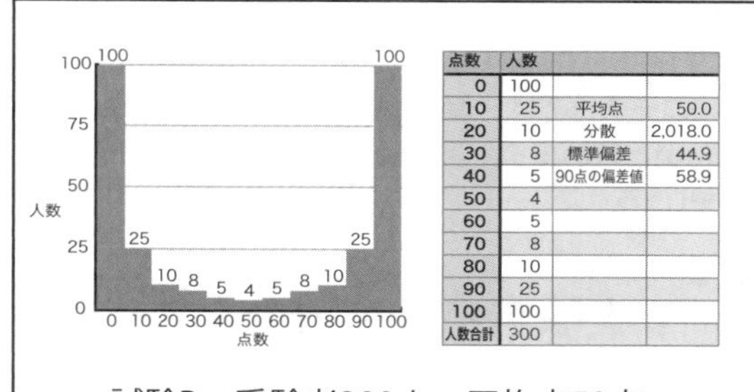

点数	人数		
0	100		
10	25	平均点	50.0
20	10	分散	2,018.0
30	8	標準偏差	44.9
40	5	90点の偏差値	58.9
50	4		
60	5		
70	8		
80	10		
90	25		
100	100		
人数合計	300		

試験B　受験者300人　平均点50点
標準偏差44.9　90点の偏差値：58.9

※計算の簡易化のため、得点は10点刻みとしています

試験 A、B はいずれも平均点 50 点ですが、同じ 90 点であっても試験 A では偏差値 73.5、B では 58.9 となります。標準偏差が小さい方が平均点との差が重く評価されるのです。極端な例では、受験者が全 10 人でその内 9 人が 0 点のテストでは、たった 1 点でも取れば偏差値は 80 になります。

たった１点で偏差値80

点数	人数		
0	9		
1	1	平均点	0.1
20	0	分散	0.1
30	0	標準偏差	0.3
40	0	1点の偏差値	80.0
50	0		
60	0		
70	0		
80	0		
90	0		
100	0		
人数合計	10		

偏差値は子どもの資質を表すものではない

最後にもっとも重要なことは、偏差値はあくまでも入試を突破するための目安にしか過ぎない、という点です。

「偏差値が高いから僕は頭がいい。もう勉強しなくていいや」とか、反対に「私は偏差値が低いから、将来○○になる夢を諦める」といったことをお子さんが言うとしたら、偏差値という便利な指標が、一転して弊害となっています。

偏差値は一人ひとりの個性や適性、夢や目標、意欲・関心を表す指標ではありません。仮に第一志望校に合格できなかったとしても、夢や目標を目指すことはできますし、いくら学生時代の偏差値が高くても、その後学び続けなければ良き市民となり良い仕事をすることはできません。偏差値に振り回されることなく、賢く使いこなして入試を突破してください。

CHECK 中学入試 合格までのチェックポイント

中学入試は本人だけでなく、保護者の方にとっても我が子の初めての受験という場合がほとんどだと思います。初めてのことには想定外がつきもの。普段なら簡単にできることも初めてという焦りから思わぬ失敗をしてしまうことも。
このコーナーでは、受験生活にとって基本的なことを、志望校選びの段階から試験当日まで順にチェックしていきたいと思います。当たり前のことばかりですが、子どものバックアップを万全の態勢とすべく、再確認していきましょう。

まずは志望校を絞り込むこと

中学受験では、高校受験や大学受験と比べ、志望校決定における学力以外の要素がより重要になります。入学後、中高一貫校で6年間、大学附属校などで大学まで含めると10年間も過ごす場を選ぶからです。6年間あるいは10年間で、学力的にも人間的にも大きく成長してこそ、中学受験での努力が生きてきます。今がんばるからには6年後、10年後につながる学校を選びたいもの。それだけに考えるべきポイントは多方面に及びます。

ポイント1 「校風」

「基礎知識」でも紹介したように、私立中学が一般の公立校と大きく異なるのは各校が建学の精神やスクールモットーを持ち、それぞれの学校が驚くほど個性的であるという点です。

校風は、子どもの将来の性格や人柄にも影響します。子どもとの相性も考慮に入れて、納得いくまで考えてみてください。

☑ チェックポイント

- □ 学習指導や生活指導の方針
- □ クラブ活動への制限
- □ 学校行事の位置づけと内容および実施回数
- □ 宗教や徳育に関する考え方
- □ 制服の有無やデザイン
- □ 給食制度の有無

ポイント2 「進路」

私学に行く以上、6年後の進路は気になるところ。進学実績は数値で表れるため、一見分かり易い目安のように思われがちです。

しかしながら、表面的な人数だけで判断してはいけません。学校ごとに卒業生数も違えば、入学者の学力も異なるからです。また、内部進学や指定校などの独自の制度にも注意してください。

☑ チェックポイント

- □ 近年の大学合格実績の推移
- □ 系列大学への進学基準・学部学科の選択基準
- □ 指定校推薦枠と推薦基準
- □ 海外の大学への進路指導体制

ポイント3 「カリキュラム」

私立中学ではカリキュラムにも各校の特色が現れます。英語に強かったり、理数教育に力を入れるところなど、まさに千差万別。近年では国際バカロレアに準じた教育を行う学校やSTEAM教育に力を入れる学校も出てきました。コース別に分かれている学校では、コースごとの特色も考慮に入れておく必要があります。

☑ チェックポイント

- □ 授業時間数・進度
- □ 使用するテキスト
- □ 通常補習と休業期間中の補習
- □ アクティブ・ラーニングに対する積極性
- □ 探究的学習などの深い学びへの取り組み
- □ 宿題の分量と家庭学習（予習・復習）

ポイント4 「周辺環境」

6年間過ごすところですから、周辺の環境や施設・設備にも気を配りたいところ。通学時間や乗換え回数・ラッシュとの重なり具合なども気になるところです。

都心から離れた静かな環境は学習に最適ですが、あまり不便だとクラブ活動や学習時間に響きます。周辺環境と便利さの両立は難しいところ。何を優先するのか順位をつけて考えると決めやすくなります。

☑ チェックポイント

- □ 通学時間（逆算して起床時間、帰宅時間）
- □ 乗り換え回数・ラッシュの程度
- □ 周辺地域の雰囲気と自然環境
- □ 在校生の寄道状況

入試対策のコツ

ポイント1 「基礎・基本を確実に」

入学試験と聞くと「難しい問題が出題される」というイメージを持っている人が多いかもしれません。しかし実は、入試問題に占める「難問」の割合はそんなに高くありません。このことは、難関とされる学校でも同様です。

つまり、必ずどの教科でも基礎・基本を問うような問題が出題されます。そういった問題を確実に得点することが入試を突破するための王道なのです。

それでも入学試験を難しいと感じるのは、入試問題における出題範囲の広さなのではないでしょうか。そのため、入試直前に限っていえば、難しい問題集にばかり挑戦することは必ずしも有効な勉強方法ではありません。

どんな難関校であっても、基礎的な問題は必ず出題されます。難易度の高い問題を1問解いても、基礎的な問題を1問解いても同じ1問ですから、まずは基礎的な部分からしっかり固めることが得点へと結びつくのです。

☑ チェックポイント

- □ 解ける問題は確実に解けるように
- □ 最初は解けなくても練習すれば解けるようになる
- □ 基本問題をしっかり確認
- □ 好きな教科に偏らずに学習する

ポイント2 「難問に出会ったら」

それでも出題される難問がゼロというわけではありません。すべてが基礎的な問題ばかりでは、学力が得点に反映されにくくなり、受験生の学力を測るという試験の目的が果たせなくなってしまうからです。

どの学校も受験生を騙すようないじわるな問題を出そうと考えているわけではありません。基礎・基本の力がしっかりとついていれば、応用問題への対応も容易になります。結局のところ、応用問題でも基礎基本の学習をしっかりすることが近道なのです。

また、全単元の理解を目指す確認テストと異なり、入学試験では必ずしも満点を取る必要はありません。時間内で解ける問題を確実に得点することが重要なのです。難問に出会ったらあせらずに他のできる問題から解いていきましょう。

✓ チェックポイント

- □ 難問にはこだわらず出やすいパターンをつかむ
- □ 「解けそうかどうか」の判断力をつけよう

ポイント3 「過去問を解いておく」

受験校の過去問に慣れておくことも基本固めと同じぐらい重要です。多くの学校では、年が変わっても出題傾向を簡単に変えるようなことはなく、時間と出題量とのバランスについても、ほぼ例年変わらないからです。

また、それぞれの学校によって、応用的・複合的な問題に個性があり、そういった独自の問題形式に慣れておくことが得点力を上げることにつながります。

そのため、過去問の演習については、最低でも3年分を解きましょう。必ず時間を計って問題にあたり、時間配分の練習をしてください。せっかく合格する力があっても時間配分を失敗すると、思うように得点できないことがあるからです。

✓ チェックポイント

- □ 最低でも3年分は解く
- □ 必ず時間配分の練習を
- □ 入試科目や出題傾向に変更点はないか確認
- □ 合格最低点を超えるまで繰り返し挑戦

積み重ねが合格につながる毎日の過ごし方

ポイント1 「体調管理も受験のうち」

日本の受験シーズンは、もっとも寒さが厳しい季節になっています。強い冷え込みと空気の乾燥で、体調管理が難しい季節でもあります。

入学試験では基本的に、当日の体調や風邪をひきやすい体質などまでは考慮に入れてくれません。入試当日に万全の体調で臨むことも試験の一部なのだと考えて、体調管理も疎かにしないようにしましょう。

風邪、インフルエンザ等にかかって、入試当日を棒に振らないようにしてください。

✓ チェックポイント

- □ 早寝早起き・うがい手洗いを心がけて
- □ 人の多い場所ではマスクをする
- □ 食事は栄養バランスの良いものを
- □ 夜遅くまでの勉強はほどほどに

ポイント2 「栄養管理と十分な睡眠にも気を配ろう」

体調管理の基本は、早寝早起き・うがい手洗い・栄養のあるものを摂ることなどです。うがい、手洗いは体内への細菌やウイルスの侵入を減らし、栄養は身体の抵抗力を強くします。

睡眠も大切です。夜遅くまでの受験勉強もできることなら控えめにして、きちんとした生活のリズムと十分な睡眠時間とを確保してください。せっかく毎晩遅くまで勉強しても、それで入試直前に体調を崩してしまうと、せっかくの努力が報われません。

✓ チェックポイント

- □ 試験開始時刻に合わせた生活リズムを
- □ 脳が活発に働くのは起床後2〜3時間以降
- □ スケジュールを立てて計画的な生活習慣
- □ 精神的なケアとサポート

入試直前になってあわてないために

入学試験も直前に近づいてくると、受験生も保護者も緊張感が高まってきます。緊張感それ自体は集中力や素早い判断などにつながり、決して悪いことではありませんが、逆に普段ならミスをするはずがないようなところで、うっかりと失敗してしまうことも出てきます。

これまでの頑張りと実力を無駄にしないためにも、保護者のみなさんが視野を広く持って入試直前に備えてください。

入試当日は入学試験に意識を集中できるようにするために、前日までに必要な準備を済ませておきましょう。

ポイント1 「入学願書」

入試を受けるためには必ず必要な手続きです。最近はインターネットでの出願を受け付けている学校が多くなってきましたが、学校によっては郵送や窓口のみの受け付けというところもあり、注意が必要です。

✓ チェックポイント

- □ 出願の様式（WEB・郵送・窓口など）
- □ 出願期間、締切はいつか、消印は有効か
- □ 調査書などの付随資料の提出の要不要
- □ 受験料の振込方法

ポイント2 「受験勉強の追い込み」

受験勉強はいよいよ追い込みの時期を迎えます。受験生も保護者のみなさんもどうしても焦りが出てくる時期でしょう。とはいっても、急に勉強時間を増やしたり、新しい問題集を買い込んだりするのはかえってマイナス。

たくさん問題を解くのはよいことですが、この時期は、今までやってきたことの総復習と志望校の過去問対策に重点を置き、できなかったところ、苦手なところを徹底的に減らしていくようにしましょう。

✓ チェックポイント

- □ 塾の冬期講習日程
- □ 今までの総復習
- □ 解けなかった問題を再確認
- □ ケアレスミスチェック（見直しの徹底）

ポイント3 「受験スケジュール」

関西圏の中学入試はすべて同じ日に初日を迎えます。府県をまたいでの併願計画が立てにくくなる反面、「どうしてもこの学校」という学校が決まっている場合には、ライバルが減って有利になることもあります。

多くの受験生にとって、初日午前・午後、2日目午前・午後の入試日程に受験校が集中すると思います。どうしてもタイトな日程になってしまいますが、無理なスケジュールは組まずに余裕をもった受験計画を立ててください。

✓ チェックポイント

- □ 受験校に選んだ理由の再確認（受ける学校は行きたい学校か）
- □ 併願校のバランス（難易度、校風など）
- □ 受験校の志望順位付けを再確認
- □ 無理な日程はなるべく避ける

ポイント4 「精神面でのケア」

受験生が入試本番で実力を出し切れるかどうかは、入試直前の精神面での安定が大きく関わってきます。受験生の精神的な安定を作り出すのは、やはり家庭環境の安定と保護者のさりげない思いやりでしょう。

多くの場合、過度の期待や余計な激励は受験生にとってプレッシャーにしかなりません。

居ても立ってもいられなくなるのは分かりますが、実は受験の合否は子どもの人生にとってそれほど重大なことではありません。合格を目指して努力したこと自体が貴重な経験なのです。

子どもの成長を信じて、いつも通りの温かい目で見守ってあげてください。

✓ チェックポイント

- □ 穏やかな家庭環境を維持する
- □ 情報に過度に神経質にならない
- □ あれこれと指図せず本人に任せる
- □ 不用意な「がんばれ」や同情・諦めは禁物
- □ 入学後のことを一緒に考える
- □ 適宜なリフレッシュ時間

入試前日当日のトラブル――さあどうする？

どんなに周到に準備をしていても、中学受験には思わぬ落とし穴があるものです。保護者自身が中学受験を初めて経験する場合も多い上に、高校・大学受験のような「受験生本人が自覚を持って行う受験」ではないため、塾や子どもが準備していると思い込んでいたり、夫（妻）に頼んだつもりで忘れていたという状況が起きやすいのです。

そういった意味でも、体調管理や栄養管理などを含めて、中学受験では保護者のサポートが合否に大きな影響を与えます。後から言われてみれば当たり前のことでも、渦中にいる本人には意外と気がつかない部分があるものなのです。

入学試験前日

ポイント1 「試験会場までのアクセス」

一度見学に訪れたことのある学校でも、当日の朝になって交通機関が遅れ気味になったり、近隣の他の学校の受験生が別の駅で一斉に降りたりすると、気持ちが焦って乗り換えや道順を間違えてしまうこともあります。

前日までに地図と乗り換え案内で子どもと一緒に道順を確認しておきましょう。また、徒歩で行ける範囲の全ての駅や、タクシーを使えば可能になるルートなど、いくつかの代替ルートを確認しておけば、雪などで交通機関が混乱した時に役に立ちます。

☑ チェックポイント

- □ 自家用車の乗り入れはOK？
- □ 駐車場の有無（校内 or 近隣）
- □ 平日ダイヤ or 休日ダイヤ
- □ ラッシュの程度
- □ 乗り換え時間は十分にあるか？
- □ 最寄りタクシー会社の電話番号

ポイント2 「持ち物の点検」

忘れ物をしないように前日に必ず持ち物を点検し、できれば前夜のうちに必要な持ち物はかばんに入れておきたいものです。

当日は弁当だけを入れるようにするといいでしょう。

募集要項に書いてある持参物をリストに書きおこしてチェックシートを作って、子どもと一緒に確認しながら、かばんに詰めていきましょう。

☑ チェックポイント

- □ 受験票
- □ えんぴつ・消しゴム（必ず予備も）
- □ えんぴつは削れている?
- □ カイロ
- □ 時計（時刻を合わせる、電卓のないもの）
- □ 学校によって必要なもの（上履き、コンパス、昼食など）
- □ お金・交通系ICカード
- □ 受験会場地図・電話番号メモ

入試当日

ポイント1 「当日の朝」

当日の朝、特別にするべきことはありません。普段よりも余裕を持って起床し、試験会場まで焦らずに向かえることと、試験開始時刻には脳が活発に働いている状態になるようにすることぐらいでしょう。

緊張状態になる試験会場では、昼食が十分に食べられない可能性もあります。普段より余裕を持って起床するのは、確実に朝食を摂るためにも重要です。もちろん、家を出る前に持ち物の再チェックと天気・交通情報の確認も忘れずに。

☑ チェックポイント

- □ 余裕をもって起きる
- □ 持ち物の再チェック
- □ 朝食をしっかり摂る
- □ 天気・交通情報
- □ トイレを済ましておく
- □ 前向きな声かけ

ポイント2 「家から試験会場まで」

試験会場までの途中で、なんらかのトラブルが起きた場合、慌てて自分だけで対処しようとせずにまず学校に連絡しましょう。公共交通機関の遅れに関しては、ほとんどの学校で配慮がなされるので、学校に連絡して必ず駅や鉄道会社のホームページで遅延証明書をもらってください。

また、それ以外のトラブルでも、とりあえず学校に連絡してみてください。事情を説明すれば学校側は何らかの配慮をしてくれる場合が少なくありません。

たとえどんな状況でも、思い込みで判断せず、問い合わせることが重要です。

☑ チェックポイント

- □ 時間の余裕を持って出発
- □ 公共交通機関の遅れの場合
  →学校へ連絡→交通機関の遅延証明
- □ 体調不良の場合
  →学校へ連絡→保健室受験は可能か
- □ その他のトラブルもまず学校へ連絡を

本書の使い方

本書を正しく活用していただくために、
必ずこちらをご覧ください。

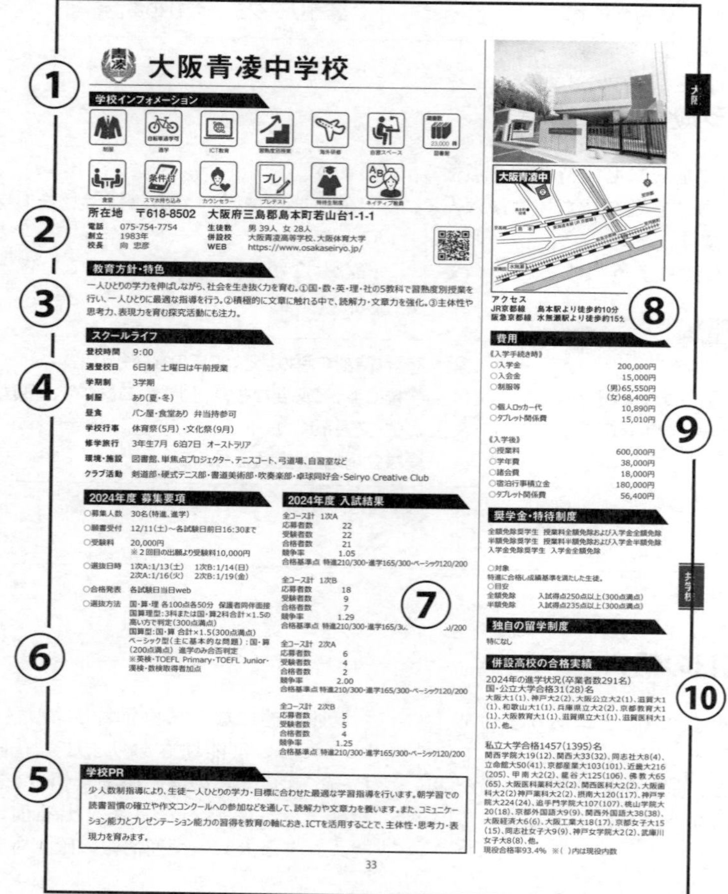

大阪青凌中学校

学校インフォメーション

所在地 〒618-8502 大阪府三島郡島本町若山台1-1-1

電話	075-754-7754	生徒数	男 39人 女 28人
創立	1983年	併設校	大阪青凌高等学校、大阪体育大学
校長	向 忠彦	WEB	https://www.osakaseiryo.jp/

教育方針・特色

一人ひとりの学力を伸ばしながら、社会を生き抜く力を育む。①国・数・英・理・社の5教科で習熟度別授業を行い、一人ひとりに最適な指導を行う。②積極的に文章に触れる中で、読解力・文章力を強化。③主体性や思考力、表現力を育む探究活動にも注力。

スクールライフ

登校時間	9:00
週登校日	6日制 土曜日は午前授業
学期制	3学期
制服	あり(夏・冬)
昼食	パン屋・食堂あり 弁当持参可
学校行事	体育祭(5月)・文化祭(9月)
修学旅行	3年生7月 6泊7日 オーストラリア
環境・施設	図書館、単焦点プロジェクター、テニスコート、弓道場、自習室など
クラブ活動	剣道部・硬式テニス部・書道美術部・吹奏楽部・卓球同好会・Seiryo Creative Club

2024年度 募集要項

○募集人数 30名(特進、進学)
○願書受付 12/11(土)～各試験日前日16:30まで
○受験料 20,000円
※２回目の出願より受験料10,000円
○選抜日時 1次A:1/13(土) 1次B:1/14(日)
2次A:1/16(火) 2次B:1/19(金)
○合格発表 各試験日当日web
○選抜方法 国・算・理 各100点各50分 保護者同伴面接
国算理型:3科または国・算2科合計×1.5の高い方で判定(300点満点)
国算型:国・算 合計×1.5(300点満点)
ベーシック型(主に基本的な問題):国・算(200点満点) 進学のみ合否判定
※英検・TOEFL Primary・TOEFL Junior・漢検・数検取得者加点

2024年度 入試結果

全コース計	1次A	1次B	2次A	2次B
応募者数	22	18	6	5
受験者数	22	9	4	5
合格者数	21	7	2	4
競争率	1.05	1.29	2.00	1.25

合格基準点 特進210/300・進学165/300・ベーシック120/200

学校PR

少人数制指導により、生徒一人ひとりの学力・目標に合わせた最適な学習指導を行います。朝学習での読書習慣の確立や作文コンクールへの参加などを通して、読解力や文章力を養います。また、コミュニケーション能力とプレゼンテーション能力の習得を教育の軸におき、ICTを活用することで、主体性・思考力・表現力を育みます。

33

アクセス
JR京都線 島本駅より徒歩約10分
阪急京都線 水無瀬駅より徒歩約15分

費用

《入学手続き時》

○入学金	200,000円
○入会金	15,000円
○制服等	(男)65,550円 (女)68,400円
○個人ロッカー代	10,890円
○タブレット関係費	15,010円

《入学後》

○授業料	600,000円
○学年費	38,000円
○諸会費	18,000円
○宿泊行事積立金	180,000円
○タブレット関係費	56,400円

奨学金・特待制度

全額免除奨学生 授業料全額免除および入学金全額免除
半額免除奨学生 授業料半額免除および入学金半額免除
入学金免除奨学生 入学金全額免除

○対象
特進に合格し成績基準を満たした生徒。
○目安
全額免除 入試得点250点以上(300点満点)
半額免除 入試得点235点以上(300点満点)

独自の留学制度

特になし

併設高校の合格実績

2024年の進学状況(卒業者数291名)
国・公立大学合格31(28)名
大阪大1(1)、神戸大2(2)、大阪公立大2(1)、滋賀大1(1)、和歌山大1(1)、兵庫県立大2(2)、京都教育大1(1)、大阪教育大1(1)、滋賀県立大1(1)、滋賀医科大1(1)、他。

私立大学合格1457(1395)名
関西学院大19(12)、関西大33(32)、同志社大8(4)、立命館大50(41)、京都産業大103(101)、近畿大216(205)、甲南大2(2)、龍谷大125(106)、佛教大65(65)、大阪医科薬科大2(2)、関西医科大2(2)、大阪歯科大2(2)神戸薬科大2(2)、摂南大120(117)、神戸学院大224(24)、追手門学院大107(107)、桃山学院大20(18)、京都外国語大9(9)、関西外国語大38(38)、大阪経済大6(6)、大阪工業大18(17)、京都女子大15(15)、同志社女子大9(9)、神戸女学院大2(2)、武庫川女子大8(8)、他。
現役合格率93.4% ※( )内は現役内数

①インフォメーションアイコン

学校の特徴、施設、教育情報の形態をアイコンでわかりやすく表示しています。

②基本情報

住所やWebサイト等の基本情報から校長名・併設校情報を掲載しています。

③教育方針・特色

各学校の教育方針やコースごとの特色です。

④スクールライフ

登校時間や施設、クラブ活動についてなど、学校生活に関する情報です。

⑤学校ＰＲ

受験生の皆さんに知ってほしい、学校独自の取り組みやPRを紹介します。

⑥募集要項

2024年度実施済の生徒募集要項です。

2025年度募集要項ではありませんのでご注意ください。

⑦入試結果

2024年度実施済の入試データです。

⑧アクセス

交通機関と徒歩で、最寄駅やバスを利用する方法を掲載しています。

⑨費用

原則として現年度の実績を掲載しています。

⑩進学実績

併設高校の2024年3月の卒業者数と３月末集計の大学合格者数を掲載しています。

※①インフォメーション・アイコン

基本情報のアイコンのほか、学校独自のPR情報のアイコンがあります。
学校によってPR情報は異なります。アイコンの内容は以下のとおりです。

基本情報

● 制服
制服の有無

● 通学方法
自転車通学可・スクールバスの有無
公共交通機関の3パターン

PR情報

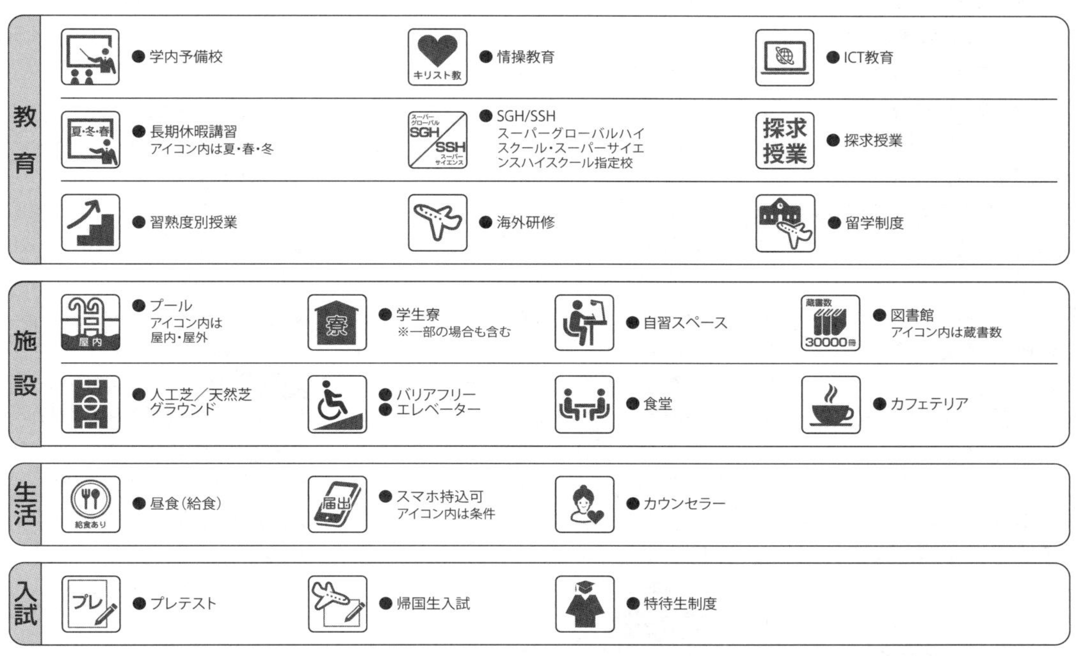

キャリア・国際

● 海外姉妹校

● 中高大連携

● ネイティブ教員

● 英語イマージョン

※⑥⑦募集要項・入試結果について

受験日ごとの実施科目・配点・面接方式・判定方式等を掲載しています。合格最低点は入試・コース毎に掲載しています(学校により、基準点を掲載している場合があります)。回し合格、第二志望合格者数は各学校の方式に従って第一志望または第二志望合格者数の横の(　)内に表示しますが、学校によっては合格者数に含まれているケースもあります。詳細は各学校にお問い合わせください。

注意点

- データは各都道府県や中高連の発行物、新聞等に掲載された情報、各学校へのアンケート取材や公式ホームページのデータに基づいて編集しています。
- 2024年(令和6年)のデータが未公表の場合は、前年度のものを掲載しています。
- 学校によって項目の内容や名称が異なることがあります。

学校インフォメーション

大阪

共学校

男子校

女子校

国公立

兵庫

共学校

男子校

女子校

国公立

京都

滋賀

奈良

和歌山

その他の県

アサンプション国際中学校

学校インフォメーション

制服

通学

宗教教育

ICT教育

長期休暇講習

留学制度

自習スペース

食堂

スマホ持ち込み

プレテスト

帰国生入試

ネイティブ教員

英語イマージョン

海外姉妹校

所在地　〒562-8543　大阪府箕面市如意谷1丁目13番23号

電話　072-721-3080
創立　1954年
校長　丹澤　直己
生徒数　男 68人　女 79人
併設校　アサンプション国際幼稚園　小学校　高等学校
WEB　https://www.assumption.ed.jp/jsh/

教育方針・特色

フランス・パリに本部をおく「聖母被昇天修道会」を母体として、「世界に貢献する人の育成」を目指して、キリスト教的価値観に基づいた教育を行っている。姉妹校は世界30ヵ国以上に広がっており、研修生の相互受け入れなど、ネットワークを生かした盛んな国際交流が行われている。
知識の量を問う伝統的な教育から転換し、豊かな学びを実現。ネイティブ教員が数学や理科などの授業を英語を使って行う「英語イマージョン教育」(イングリッシュコース)、生徒が自ら課題を発見し主体的に学ぶ「PBL(課題解決型授業)」、情報リテラシーを育む「ICT教育」の3つを組み合わせ、どんな状況でも自分で考えて課題を解決できる、未来を託せる若者を育てたいと考えている。
協定校である関西学院大学には、全学部にわたって推薦枠があるほか、上智大学や関西大学など、多くの大学に指定校推薦枠がある。また、アメリカ・カナダ・オーストラリア・マレーシア・韓国の大学と独自の協定を結び、海外協定校への進学も可能。

スクールライフ

登校時間　8:20
週登校日　5日制
学期制　3学期
制服　あり(夏・冬)
昼食　食堂あり　弁当持参
学校行事　10月　体育祭・学院祭
修学旅行　12月　沖縄
環境・施設　聖堂・図書館・ICT環境・体育館・人工芝グラウンド
クラブ活動　【運動部】テニス、バスケットボール、陸上競技、剣道、バレーボール、サッカー
【文化部】写真、放送、美術、茶道、書道、クッキング、国際交流、軽音楽、演劇、自然科学、フランス語、ダンス部他

2024年度 募集要項

○募集人数　イングリッシュコース、アカデミックコース計70名(内部進学約10名・アピール・帰国生・サッカー含む)
○願書受付　A・B日程12/18(月)～1/10(水)　web出願
○受験料　20,000円
※複数回同時出願の場合は30,000円
○選抜日時　A日程午前:1/13(土)8:30
A日程午後:1/13(土)14:45
B日程:1/14(日)8:30
○合格発表　A・B日程 1/14(日)16:00web
○選抜方法　A日程午前・B日程:国算型(国・算 各45分各150点)・面接/英語型(英 30分100点・英インタビュー 10分50点)・面接
A日程午後:算数型(算 45分150点)・面接/英語型(英 30分100点・英インタビュー10分50点)・面接/思考力型(思考力テスト45分150点)・面接
※英語外部資格検定試験取得者は取得成績に応じて点数加算。英語インタビューは換算点数を得点とし当日の英語インタビューを免除(出願時に要申告)

2024年度 入試結果

A日程午前	イングリッシュ	A日程午前	アカデミック
応募者数	8	応募者数	20
受験者数	8	受験者数	20
合格者数	8	合格者数	16
競争率	1.00	競争率	1.25
合格最低点	—	合格最低点	—

A日程午後	イングリッシュ	A日程午後	アカデミック
応募者数	7	応募者数	6
受験者数	7	受験者数	6
合格者数	7	合格者数	5
競争率	1.00	競争率	1.20
合格最低点	—	合格最低点	—

B日程	イングリッシュ	B日程	アカデミック
応募者数	5	応募者数	16
受験者数	2	受験者数	15
合格者数	2	合格者数	13
競争率	1.00	競争率	1.15
合格最低点	—	合格最低点	—

学校PR

世界に広がるネットワーク！
「中学生・高校生の間に留学したい！」という夢をかなえます。フィリピン・フランスの姉妹校やカナダ・ニュージーランドへのターム留学など、豊富な留学プログラムがあなたの夢をかなえます。

アクセス
北大阪急行箕面萱野駅より徒歩約17分
阪急箕面線箕面駅より徒歩約15分
阪急北千里駅、大阪モノレール彩都西駅よりスクールバスあり

費用

《入学手続き時》
○入学金		210,000円

《入学時》
○制服等規定品費		約190,000円

《入学後》(年額)
○授業料		588,000円
○教育充実費	イングリッシュコース	132,000円
	アカデミックコース	66,000円
○設備施設維持費		66,000円
○旅行積立金		132,000円
○父母の会会費		15,000円
○学年費		108,000円

奨学金・特待制度

特になし

独自の留学制度

ターム留学(1学期間・希望者)
フィリピン研修(14日間・希望者)
フランス研修(14日間・希望者)
コリブリ交換留学(3週間・希望者)

併設高校の合格実績

2024年の進学状況(卒業者数101名)
私立大学合格136名
関西学院大16、関西大8、立命館大1、近畿大22、甲南大1、龍谷大1、慶應義塾大1、上智大6、摂南大7、追手門学院大7、京都外国語大3、京都女子大1、神戸女学院大5、甲南女子大2、白百合女子大1、立命館アジア太平洋大2、びわこ成蹊スポーツ大1、他。

上宮学園中学校

学校インフォメーション

制服

通学

宗教教育

ICT教育

プール

自習スペース

図書館

人工芝グラウンド　食堂　カウンセラー　プレテスト

特待生制度

中高大連携

ネイティブ教員

所在地　〒543-0037　大阪市天王寺区上之宮町9番36号

電話	06-6771-5701	**生徒数**	男 230人　女 136人
創立	1890年	**併設校**	上宮高等学校・上宮太子高等学校
校長	水谷　善仁	**WEB**	https://www.uenomiya.ed.jp/

教育方針・特色

法然上人（浄土宗の祖）の教えの下、仏教精神に基づく人間性豊かな社会人の育成を教育理念の柱としている。校訓「正思明行」を掲げ、学順として「一に掃除、二に勤行、三に学問」を定め、宗教情操を養う教育を実践している。

スクールライフ

登校時間	8:25
週登校日	6日制　第2土曜日は休業
学期制	3学期
制服	あり（夏・冬）
昼食	購買・食堂あり　弁当持参可
学校行事	文化祭（10月）・体育大会（11月）
修学旅行	3年生7月　北海道方面
環境・施設	図書館・食堂・講堂・柔道場・剣道場・弓道場・卓球場・テニスコート・グラウンド（人工芝）
クラブ活動	【運動部】サッカー・ソフトテニス・フェンシング・クリケット・ゴルフ・柔道・弓道・水泳・卓球（以下は男子のみ）・バスケットボール・ソフトボール・ラグビー・剣道 【文化部】美術・書道・鉄道研究・生物園芸・吹奏楽・天文物理・化学・囲碁将棋・リバティクラブ

2024年度 募集要項

○募集人数　1次　特進30名（午前25、午後5）　G70名（午前60、午後10）
2次　特進5名　G若干名

○願書受付　1次学力型・適性型　12/4（月）～1/12（金）16:00
自己アピール型　12/26（火）～1/12（金）16:00
2次　12/4（月）～1/13（土）16:00
すべてweb出願

○受験料　20,000円（1次一般学力型午前・1次一般学力型午後・2次一般学力型2次・1次自己アピール型）
10,000円（1次適性検査型）
※1次一般学力型午前・1次一般学力型午後を同時出願の場合、入学考査料30,000円
※1次一般学力型午前・1次一般学力型午後・2次一般学力型2次を同時出願の場合、入学考査料40,000円

○選抜日時　1次（一般学力型午前・適性検査型・自己アピール型）：1/13（土）
1次（一般学力型午後）：1/13（土）15:30
2次（一般学力型）：1/14（日）

○合格発表　1次（一般学力型・自己アピール型）：1/14（日）
1次（適性検査型）・2次：1/15（月）
いずれもweb10:00

○選抜方法　一般学力型1次午前・2次：国・算　各100点各50分　社・理　各50点各30分　4科/3科（国算理合計×1.2）/2科（国算合計×1.5）※4科型はアラカルト判定
一般学力型1次午後：国・算　各100点各50分
適性検査型：国・算　各100点各50分
自己アピール型：事前にエントリー会参加が必須　基礎学力テスト40分・作文30分・面接（保護者同伴15分）

2024年度 入試結果

特進　1次（学力型午前）	
応募者数	48
受験者数	46
合格者数	42
競争率	1.10
合格最低点	131/300

特進　1次（適性型）	
応募者数	64
受験者数	64
合格者数	50
競争率	1.28
合格最低点	111/200

特進　1次（学力型午後）	
応募者数	99
受験者数	97
合格者数	75
競争率	1.29
合格最低点	91/200

特進　2次	
応募者数	93
受験者数	81
合格者数	60
競争率	1.35
合格最低点	165/300

G　1次（学力型午前）	
応募者数	74
受験者数	73
合格者数	68
競争率	1.08
合格最低点	117/300

G　1次（適性型）	
応募者数	31
受験者数	31
合格者数	24
競争率	1.25
合格最低点	91/200

G　1次（自己アピール型）	
応募者数	0
受験者数	—
合格者数	—
競争率	—
合格最低点	—

G　1次（学力型午後）	
応募者数	77
受験者数	76
合格者数	55
競争率	1.53
合格最低点	78/200

G　2次	
応募者数	68
受験者数	61
合格者数	44
競争率	1.41
合格最低点	128/300

※特進からGへの回し合格（1次学力型午前3・適性型12、1次学力型午後9、2次14）は含まない

学校PR

鎌倉時代に浄土宗を開いた法然上人の教えを建学の理念とする。2011年に共学化し、2018年に上宮中学校・上宮太子中学校を統合して、上宮学園中学校が誕生した。校訓「正思明行」を掲げ、学順として「一に掃除、二に勤行、三に学問」を定め、宗教情操を養う教育を実践している。教科指導の徹底に加え、さまざまな学校行事・宗教情操教育などを通じ、将来を見据えた人間教育を目指している。特進コース・Gコースの2コース制を取る。高校進学時には上宮高等学校の3コース（特進・英数・6カ年プレップ）、上宮太子高等学校の3コース（特進Ⅰ類・特進Ⅱ類・総合進学）の中から、それぞれの夢や目標に応じた進路の選択が可能。

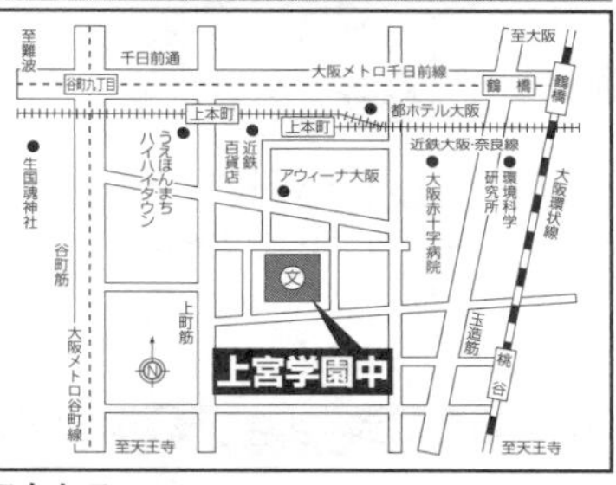

アクセス
近鉄大阪線・奈良線・難波線大阪上本町駅より南へ徒歩6分。
Osaka Metro谷町線・千日前線谷町九丁目駅より南東へ徒歩10分。
JR大阪環状線桃谷駅より北西へ徒歩12分。
大阪シティバス上本町八丁目停留所より東へ徒歩2分。

費用

《入学手続き時》

○入学金	220,000円
○授業料（1期）	216,000円
○教育拡充費	20,000円
○制定品	男子約98,000円 女子約110,000円

《入学後》

○授業料（2期・3期）	432,000円
○教育拡充費	40,000円
○日本スポーツ振興センター共済掛金	460円
○学年諸経費	230,000円
○保護者会費	6,000円
○教育振興協力会費	10,000円

奨学金・特待制度

成績優秀者に対する奨学金、特待生制度あり。

独自の留学制度

留学先	オーストラリア
学年	3年
内容	短期留学　2週間
費用	40万円

併設高校の合格実績

2024年の進学状況（卒業者数646名）
国・公立大学合格30（2）名
神戸大1、大阪公立大5、神戸市外国語大2（1）、京都府立大2、和歌山大4、兵庫県立大1、大阪教育大3、奈良教育大1、奈良県立大2（1）、他。

私立大学合格824（34）名
関西学院大20（1）、関西大61、同志社大21（1）、立命館大16（2）、京都産業大32（1）、近畿大119（8）、甲南大18（1）、龍谷大70（2）、佛教大9、早稲田大1、東京理科大1、明治大1、日本大1、大阪医科薬科大2、関西医科大1、兵庫医科大3（1）、大阪歯科大2、摂南大58（7）、神戸学院大9（1）、追手門学院大31（1）、桃山学院大26、京都外国語大3、関西外国語大19、大阪経済大30（3）、大阪工業大30（2）、京都女子大4、同志社女子大18、神戸女学院大10、武庫川女子大27、他。

省庁大学校合格3名
防衛大2、航空保安大1。
※（ ）内は既卒生内数

追手門学院中学校

学校インフォメーション

制服

通学

ICT教育

留学制度

自習スペース

人工芝グラウンド

バリアフリー

食堂

スマホ持ち込み

カウンセラー

プレテスト

特待生制度

中高大連携

所在地　〒567-0013　大阪府茨木市太田東芝町1-1

電話	072-697-8185	**生徒数**	男 138人　女 99人
創立	1947年	**併設校**	追手門学院高等学校、追手門学院大学
校長	木内　淳詞	**WEB**	https://www.otemon-jh.ed.jp/

アクセス
JR東海道線総持寺駅より徒歩約15分、
阪急京都線総持寺駅より徒歩約25分
近鉄バス追手門学院中・高前すぐ
追大総持寺キャンパス前
(イオンタウン茨木太田前)すぐ

教育方針・特色

学院教育理念『独立自彊・社会有為』の人材育成を実践している男女共学の進学校。
主体性、社会性を身につけ、社会に貢献できる『高い志』を持った生徒の育成を目指しています。また、新大学入試制度にも対応できるように、学習カリキュラムはもちろん、学びを支える施設も刷新しました。

スクールライフ

登校時間	8:30
週登校日	5日制
学期制	3学期
制服	有り(夏・冬)
昼食	弁当、食堂、キッチンカー
学校行事	文化祭(7月)・体育祭(9月)
修学旅行	3年生　ニュージーランド
環境・施設	全館Wi-Fi、人工芝グラウンド
クラブ活動	サッカー部、吹奏楽部、囲碁将棋部、バスケットボール部、軟式野球部、テニス部、ダンス部、サイエンス部、剣道部、クッキング部、ユネスコ国際研究部、創作部、茶道華道部

2024年度 募集要項

○募集人数　特選SSコース　約25名
特進Sコース　約55名(内部進学者含む)

○願書受付　A日程・TW入試:
12/11(月)10:00～1/12(金)15:00
B日程:12/11(月)10:00～1/13(土)15:00
C日程:12/11(月)10:00～1/14(日)8:30
D日程:12/11(月)10:00～1/29(金)8:30
すべてweb出願

○受験料　20,000円

○選抜日時　A日程:1/13(土)9:10
B日程:1/13(土)15:40
TW入試:1/13(土)15:40
C日程:1/14(日)9:10
D日程:1/19(金)9:10

○合格発表　A日程:1/13(土)19:00
B日程:1/14(日)13:00
TW入試・C日程:1/14(日)17:00
D日程:1/19(金)14:00
いずれもweb

○選抜方法　国・算 各100点 各50分　理50点30分　英(英語検定型or英語コミュニケーションテスト型or英語併用型)50点
A日程・C日程:2科型(国算)/3科型(国算理or国算英)　3科型はアラカルト判定
英語検定型の得点を読み替え率は、準2級以 上100%、3級90%、4級70%、5級60%
英語コミュニケーションテスト型は英語の口頭試験10分　英語併用型は英検読み替え得点と英語コミュニケーションの高い方を採用
B日程:国・算
D日程:　2科型(国算)/3科型(国算英)・面接　3科型はアラカルト判定
TW入試:特色入試(ガイダンス→グループワーク→発表→記述による振返り)
※A～D日程、特進Sは英検・漢検・数検の加点あり

2024年度 入試結果

	応募者数	受験者数	合格者数	競争率	合格最低点
A日程 SSコース	45	45	23	1.96	185/250
A日程 Sコース	40	40	30	1.33	135/250
B日程 SSコース	36	36	17	2.12	188/250
B日程 Sコース	20	19	8	2.38	137/250
C日程 SSコース	54	46	13	3.54	190/250
C日程 Sコース	24	17	6	2.83	138/250
D日程 SSコース	14	10	2	5.00	200/250
D日程 Sコース	14	10	3	3.33	140/250
TW入試	27	27	11	2.45	—

※ 回し合格(A20・B16・C28・D5)含まない

費用

《入学手続き時》

○入学金	240,000円
○学年費・制服等指定品代	約160,000円

《入学後》

○授業料	549,000円
○施設協力金	60,000円
○その他費用	301,000円

・入学時に別途iPad購入費用(60,000円程度)必要

奨学金・特待制度

成績優秀者の特待生制度

独自の留学制度

特になし

併設高校の合格実績

2024年の進学状況(卒業者数322名)
追手門学院大学合格109名

国・公立大学合格32(26)名
京都大4(4)、大阪大2(0)、神戸大1(1)、大阪公立大5(4)、国際教養大1(1)、京都工芸繊維大1(1)、奈良女子大1(1)、神戸市外国語大1(1)、京都府立大1(1)、岡山大1(0)、滋賀大4(3)、三重大1(1)、兵庫県立大2(2)、他。

他の私立大学合格992(968)名
関西学院大41(40)、関西大73(72)、同志社大25(23)、立命館大47(44)、京都産業大53(52)、近畿大276(273)、甲南大14(14)、龍谷大73(70)、佛教大6(6)、早稲田大1(1)、慶應義塾大1(1)、上智大1(1)、立教大1(1)、中央大1(1)、大阪医科薬科大5(5)、関西医科大4(4)、京都薬科大2(2)、神戸薬科大1(1)、摂南大50(48)、京都外国語大8(8)、関西外国語大33(33)、京都女子大4(4)、同志社女子大16(16)、武庫川女子大12(12)、甲南女子大7(7)、大和大95(95)、他。

省庁大学校合格25(24)名
防衛医科大4(3)、防衛大21(21)。

※( )内は現役合格内数

学校PR

2019年に校地移転しました。本校には図書館という概念がなく、1階から4階までの各フロア中央に学習テーマに応じた本や映像を配置し、学びの場として整備しています。すぐ近くには「Teacher Station」を設けて、先生がいつも生徒のそばで学びをコーディネート、ファシリテートしています。また、授業では生徒が主体となって学び合い、「個別・協働・プロジェクト型」の3つの学びとリフレクション(振り返り)で授業を展開しています。

追手門学院大手前中学校

学校インフォメーション

制服

通学

ICT教育

海外研修

留学制度

自習スペース

カフェテリア

スマホ持ち込み

カウンセラー

プレテスト

特待生制度

中高大連携

ネイティブ教員

海外姉妹校

所在地　〒540-0008　大阪市中央区大手前1-3-20

電話	06-6942-2235	**生徒数**	男 203人　女 146人
創立	1950年	**併設校**	小学校・高校（普）・大学・大学院
校長	濵田　賢治	**WEB**	https://www.otemon-js.ed.jp/

アクセス
京阪本線天満橋駅下車東へ徒歩5分
大阪メトロ谷町線天満橋駅下車東へ徒歩5分
JR東西線大阪城北詰駅下車西へ徒歩10分

教育方針・特色

これからの未来社会を生きるために必要な力として、本校では「探究力」を育んでもらう教育を展開。追手門大手前のグローバルサイエンス教育は、基礎・基本を大切にしつつ、新教育に対応した「3つの学び」と、礼儀・礼節を育む「志の教育」により、新教育課程の目的である「生きる力」と「学ぶ力」を育てます。

スクールライフ

登校時間	8:30
週登校日	6日制
学期制	3学期
制服	あり（夏・冬）
昼食	カフェテリアあり　弁当持参可
学校行事	文化祭（9月）・体育祭（10月）
修学旅行	3年生6月　3泊4日　沖縄県宮古島市
環境・施設	1人1台のiPad、学校全域Wi-Fi開通、カフェテリア、土日祝日開催自習室、電子図書館など
クラブ活動	スキー部・チアダンス部・卓球部・サッカー部・バスケットボール部・バレーボール部・陸上競技部・剣道部・ロボットサイエンス部・吹奏楽部・演劇部・物理化学部・美術部・競技かるた同好会・ESS同好会・SDGs Lab

2024年度 募集要項

○募集人数　スーパー選抜コース約35名　特進コース約70名（内部進学者含む）

○願書受付
A日程：12/8(金)0:00～1/12(金)17:00
B日程：12/8(金)0:00～1/13(土)15:30
C日程：12/8(金)0:00～1/14(日)8:30
D日程：12/8(金)0:00～1/20(土)8:30
WIL入試：12/18(月)0:00～1/12(金)17:00
すべてweb出願

○受験料　20,000円

○選抜日時
A日程・WIL入試：1/13(土)
B日程：1/13(土)15:30
C日程：1/14(日)　D日程：1/20(土)

○合格発表
A日程・WIL入試：1/13(土)22:00
B日程：1/14(日)13:00
C日程：1/14(日)22:00
D日程：1/20(土)17:00　いずれもweb

○選抜方法
国・算・理・英 各100点各45分　面接
A日程：国算型(合計×1.5)、国算理型(合計/国算×1.5)、国算英型(合計/国算×1.5)・面接
※A日程受験者はそれ以降全ての入試で加点措置あり
B・C日程：国型・算型・理型(いずれか×3)、国算型(合計×1.5)、国算理型(合計/国算×1.5)・面接
D日程：国算型(合計×1.5)、国算理型(合計/国算×1.5)・面接
WIL入試スーパー選抜：国算型(合計×1.5)、国算理型(合計/国算×1.5)、国算英型(合計/国算×1.5)・面接(学習会参加・プレテスト受験必須)資格加点あり
WIL入試特進：作文45分・面接(学習会参加・プレテスト受験必須)
※WIL入試特進以外は英検・漢検・数検の加点あり

2024年度 入試結果

	A日程/WIL・スーパー選抜	B日程・スーパー選抜	C日程・スーパー選抜	D日程・スーパー選抜
応募者数	57	69	42	33
受験者数	56	68	40	25
合格者数	30	30	13	9
競争率	1.87	2.27	3.08	2.78
合格最低点	74/100(換算)	70/100(換算)	70/100(換算)	70/100(換算)

※内部進学含む

	A日程/WIL・特進	B日程・特進	C日程・特進	D日程・特進
応募者数	85	75	54	43
受験者数	84	73	49	36
合格者数	47	31	22	14
競争率	1.79	2.35	2.23	2.57
合格最低点	55/100(換算)	55/100(換算)	57/100(換算)	50/100(換算)

※内部含む、回し合格(A20、B28、C15、D13)含まない

学校PR

都会の中の決して大きくない学校ですが、その分1人ひとりを大切に丁寧に教育します。本校の授業は「個別最適」な授業なので、自分にとって一番ベストな方法を自ら選ぶことができます。週4回の「追手門モジュール」では、担任や教科担当者と頻繁に個別の面談を実施して、しっかりと進路や日々の学習をサポートします。さらに、自習室は、土日や祝日、長期休暇中も開催。教室運営のスタッフや大学生のチューターもいつもいるので、わからないところや、勉強の仕方などもアドバイスできます。

費用

《入学手続き時》

○入学金	200,000円

《入学後》

○授業料	639,000円
○施設協力金	60,000円
○教育振興会費	18,000円
○PTA特別積立金	30,000円
○生徒会費	3,600円
○学習旅行積立金（2・3学期分）	80,000円
○学習費（2・3学期分）	60,000円

奨学金・特待制度

特待生制度あり

独自の留学制度

特になし

併設高校の合格実績

2024年の進学状況（卒業者数278名）
追手門学院大学合格92名

国・公立大学合格
神戸大2(1)、大阪公立大1、和歌山大1、京都教育大1、奈良教育大1、他。

他の私立大学合格
関西学院大12、関西大20(1)、同志社大4、立命館大16、京都産業大17(8)、近畿大74(薬(2)含む)、甲南大7、龍谷大31(1)、兵庫医科大1(薬(1)含む)、大阪歯科大3(歯(1)含む)、摂南大24(薬(4)含む)、神戸学院大11(1)(薬(4)含む)、桃山学院大3、京都外国語大16、関西外国語大45、京都女子大7(1)、同志社女子大4、武庫川女子大14(薬(1)含む)、他。

省庁大学校合格
防衛大6。
※(　)内は既卒生内数

大阪学芸高等学校附属中学校

学校インフォメーション

制服

通学

ICT教育

長期休暇講習

海外研修

自習スペース

食堂

スマホ持ち込み

カウンセラー

プレテスト

帰国生入試

特待生制度

ネイティブ教員

英語イマージョン

所在地　〒558-0003　大阪市住吉区長居1-4-15

電話	06-6693-6301	**生徒数**	男 82人　女 125人
創立	2016年	**併設校**	大阪学芸高等学校
校長	森松　浩毅	**WEB**	https://www.osakagakugei.ac.jp/junior/

アクセス
JR阪和線鶴ヶ丘下車徒歩8分
JR阪和線長居駅下車徒歩6分
大阪メトロ御堂筋線長居駅下車徒歩7分
大阪メトロ御堂筋線西田辺駅下車徒歩10分

教育方針・特色

【静かで落ち着いた学習環境】
「規律ある学校生活」のなかで「静かで落ち着いた学習環境」を保障し、自然学級2クラス80名の生徒が同じカリキュラムで学ぶ。基礎学力の定着はもとより、今後の大学入試で求められる思考力・判断力を培う「21世紀型教育」を行い、自分にふさわしい進路選択を主体的に考え、”大阪学芸高等学校の2つの学科、8つのコースの各リーダー”になれるよう指導していく。
【豊富な授業時間の確保】
公立中学校の週29時間に対して週35時間という豊富な授業時間を確保。先取りは行わず、中学3年間の学習内容を徹底指導する。

スクールライフ

登校時間	8:30
週登校日	6日制　週5日制は変則実施(月1回)
学期制	3学期
制服	あり(夏・冬)
昼食	食堂・コンビニあり　弁当持参可
学校行事	体育祭(6月)　文化祭(9月)
修学旅行	3年生5月　3泊4日　台湾
環境・施設	ICT環境・サイエンスラボ・人工芝・ホール・図書館・作法室・ダンス室・管理自習室・学内コンビニ・食堂・外部にグラウンド(ナイター設備あり)
クラブ活動	【運動部】空手道、硬式テニス、剣道、陸上(中長距離)、卓球、サッカー(男女、クラブチームとして活動)、バレーボール(女)、ソフトテニス 【文化部】吹奏楽、写真、クラシックギター、ESS、書道、茶道、囲碁将棋、パソコン、美術、コーラス、競技かるた、自然科学、クッキング、アニメ・漫画、放送、手話

2024年度 募集要項

○募集人数	約80名
○願書受付	11/20(月)6:00～各試験日2日前12:00 すべてweb出願
○受験料	20,000円
○選抜日時	1月入試:1/13(土)、1/14(日)面接 2月入試: 2/11(日・祝)
○合格発表	1月入試:1/15(月)　2月入試:2/12(月) いずれもweb8:00
○選抜方法	国・算 各45分　面接(保護者同伴) ①一般入試　②英語資格入試　③特技入試 ④自己PR入試　⑤帰国子女入試 ②～⑤は事前に受験資格申請必須 ②は英検2級以上取得者対象 ③は特技実績(加点最大40点) ④検定資格取得者・地域活動など(加点最大20点) ⑤海外経験(加点最大20点)

2024年度 入試結果

応募者数	88
受験者数	88
合格者数	79
競争率	1.11
合格最低点	非公表

※1月・2月入試合計

学校PR

ダブルディプロマコース新設！
皆さんの個性を活かせる入試方式を導入。詳しくは説明会にお越しください。

費用

《入学手続き時》

○入学金	200,000円
○教科書・制服・タブレット等	約206,000円

《入学後》

○授業料	564,000円
○教育充実費	36,000円
○諸経費	62,660円
○修学旅行積立金	180,000円
○宿泊行事費	20,000円

奨学金・特待制度

奨学金制度：英語資格入試の合格者で、実用英語技能検定準2級の資格を持つ場合は入学金全額免除、2級以上の場合入学金と授業料全額免除
プレテストを複数回受験し、このうち2回以上国語、算数2科平均点が優秀である場合、入学金(全額)と授業料(一部もしくは全額)の免除制度有り

特待生制度：
①卒業生の子女・孫・弟妹が入学した場合、入学金の全額免除
②在学生の弟妹が入学した場合、入学金の全額と授業料の半額を免除
③他府県から入学する場合、入学金の全額免除　等

独自の留学制度

特になし

併設高校の合格実績

2024年の進学状況(卒業者数620名)
国・公立大学合格
北海道大1、大阪公立大1、神戸市外国語大1、滋賀大1、和歌山大3、大阪教育大1、奈良教育大1、奈良県立大1、他。

私立大学合格
関西学院大32(6)、関西大94(5)、同志社大9、立命館大12(3)、京都産業大22(2)、近畿大275(19)、甲南大12、龍谷大67(6)、早稲田大1、法政大2、日本大3、摂南大116、神戸学院大6、追手門学院大139(3)、桃山学院大60(1)、京都外国語大10、関西外国語大50、大阪経済大38(1)、大阪工業大79、京都女子大6、同志社女子大7、神戸女学院大8、武庫川女子大17、他。

※( )内は既卒生内数

大阪国際中学校

学校インフォメーション

制服　通学　習熟度別授業　留学制度　自習スペース　図書館　人工芝グラウンド

食堂　スマホ持ち込み　カウンセラー　プレテスト　特待生制度　ネイティブ教員　英語イマージョン

所在地　〒570-8787　守口市松下町1番28号

電話	06-6992-5931	**生徒数**	男 76人　女 157人
創立	2022年	**併設校**	大阪国際高校、大阪国際大学、同短期大学部、大阪国際大和田幼稚園
校長	松下　寛伸	**WEB**	https://www.kokusai-h.oiu.ed.jp/

教育方針・特色

令和4年に生まれ変わった大阪国際中学校では「人間をみがく」という校訓を打ち出し、未来社会の担い手となる生徒を育てています。特に、“Touch！ Feel！ Think！”をコンセプトとした校舎はすべてが学びの場。『校舎まるごと図書館』など工夫がこらされた環境での学びにより自分らしい進路を探究し、実現に導きます。

また、体系的な6年一貫教育による計画的かつ効率的なカリキュラム編成で、英語・数学は中学での学習内容を前倒しして修了させ、以降は発展的な内容や、高校の先取り学習を行います。加えて、本校ならではの手厚く、こまやかな指導体制で、ハイレベルな入試に対応できる応用力・実践力を培います。

スクールライフ

登校時間	8:25
週登校日	5日制　土曜は休み
学期制	3学期
制服	有
昼食	購買・食堂あり　弁当持参可
学校行事	体育祭(6月)・文化祭(9月)
修学旅行	2年生6月　3泊4日　シンガポール・マレーシア
環境・施設	校舎全体が図書館・グローバルコモンズ・講堂・ICT環境・人工芝グラウンド・体育館(バレーボールのコート2面が取れる)・テニスコート(4面)
クラブ活動	【運動部】女子バレーボール部、女子ラクロス部、陸上競技部、剣道部、女子ソフトテニス部、サッカー部、卓球部(※)、水泳同好会 【文化部】吹奏楽部、演劇部、書道部、美術部、囲碁部、クイズ研究部、コンピュータ部、漫画研究部、ESS部、ダンス部、歴史研究同好会 ※高校生とともに活動するため、現在は中学生だけでは公式戦に出られません。

2024年度 募集要項

○募集人数　Ⅰ類60名　Ⅱ類30名

○願書受付　1次A:12/8(金)～1/11(木)13:00
1次B:12/8(金)～1/13(土)15:30
2次:12/8(金)～ 1/14(日)14:30

○受験料　20,500円(事務手数料含む)
※1次Aに受験料を納入すると、1次B入試以降を重ねて出願しても受験料免除

○選抜日時　1次A:1/13(土)
1次B:1/13(土)16:00
2次:1/14(日)15:00

○合格発表　1次A:1/13(土)19:00
1次B:1/13(土)22:00
2次:1/14(日) 22:00
いずれもweb

○選抜方法　1次A:国・算各100点・50分　理or英各50点・30分　3科合計or国・算合計×1.25のいずれか高得点の方で合否判定(ともに250点満点)
1次B・2次:国・算各100点・50分
※英語資格取得者、漢字検定・珠算暗算検定加点

2024年度 入試結果

Ⅰ類 1次A		Ⅱ類 1次A	
応募者数	87	応募者数	18
受験者数	84	受験者数	18
合格者数	61	合格者数	10
競争率	1.38	競争率	1.80
合格最低点	145/250	合格最低点	114/250

Ⅰ類 1次B		Ⅱ類 1次B	
応募者数	86	応募者数	8
受験者数	79	受験者数	8
合格者数	30	合格者数	4
競争率	2.63	競争率	2.00
合格最低点	134/200	合格最低点	105/200

Ⅰ類 2次		Ⅱ類 2次	
応募者数	65	応募者数	9
受験者数	25	受験者数	4
合格者数	10	合格者数	0
競争率	2.50	競争率	—
合格最低点	140/200	合格最低点	104/200

※回し合格(1次A17・B29、2次11)含まない

学校PR

校訓は「人間をみがく」。生徒一人ひとりの夢や志を大切にし、質の高い学びとバランスの取れた教育を展開します。また、「世界へ私たちの輝きを。」をキャッチフレーズに、国際感覚や創造力・表現力をみがき、個性豊かで、将来社会に貢献できる人を育てます。成績だけではなく、自分の夢を見つけた生徒・志を実現した生徒を評価する学校です。

アクセス
京阪電車守口市駅から 800m
京阪電車土居駅から 600m
大阪メトロ 今里筋線清水駅から 1,000m
大阪メトロ 谷町線太子橋今市駅から 1,200m
大阪シティバス86系統滝井停留所から 600m

費用

《入学手続き時》

○入学金	250,000円

《入学後》

○授業料	594,000円
○諸費	240,000円
○教育充実費	86,000円
○PTA会費	15,000円

(3年分を1年次に納入)

※昨年度実績のため変更の可能性があります。
制服・制定品等の費用が別途必要です。

奨学金・特待制度

〈1次A入試受験生対象〉
入試成績上位者
◇1種:入学金・授業料・教育充実費が全額免除　10名程度
◇3種:入学金・授業料・教育充実費が半額免除　15名程度
対象者には合格通知書発送時に特待生通知書を同封してお知らせいたします。

独自の留学制度

留学先	ニュージーランド中期留学
学年	3ヵ月／中3
内容	現地で学んだ英語力を活かして、将来の進路を考えることができます。

併設高校の合格実績

2024年の進学状況(卒業者数259名)
大阪国際大学合格23名

国・公立大学合格70名
東京工業大1、大阪大5、神戸大4、大阪公立大20、京都工芸繊維大3、奈良女子大1、金沢大1、広島大1、滋賀大1、三重大1、和歌山大1、山口大1、兵庫県立大5、京都教育大1、大阪教育大5、奈良教育大2、滋賀県立大2、奈良県立大1、他。

他の私立大学合格825名
関西学院大43、関西大108、同志社大50、立命館大58、京都産業大19、近畿大271、龍谷大34、法政大2、日本大1、東洋大3、大阪医科薬科大1、大阪歯科大2、神戸薬科大2、摂南大32、神戸学院大2、追手門学院大18、京都外国語大6、関西外国語大9、大阪経済大3、大阪工業大22、京都女子大16、同志社女子大6、神戸女学院大1、武庫川女子大3、他。
※合格者数は延べ人数、既卒生分も含む

大阪金剛インターナショナル中学校

アクセス
大阪メトロ中央線コスモスクエア駅下車徒歩10分
ニュートラムトレードセンタ前駅下車徒歩5分

学校インフォメーション

制服

通学

ICT教育

長期休暇講習

習熟度別授業

海外研修

昼食

スマホ持ち込み

カウンセラー

特待生制度

ネイティブ教員

海外姉妹校

所在地　〒559-0034　**大阪市住之江区南港北2-6-10**

電話　06-4703-1780
創立　1946年
校長　姜 信哲
生徒数　男 34人　女 41人
併設校　大阪金剛インターナショナル小学校　高等学校
WEB　https://www.kongogakuen.ed.jp/

教育方針・特色

日本と韓国の両国に認可された学校であり、教育課程は日本の学習指導要領に基づく九教科に、韓国の言語・地理・歴史を加えたもので構成されている。多様な国籍の生徒が在籍しており、学校生活がそのまま世界の縮図で、互いの違いを理解し、尊重し合うことの大切さを学ぶことができる環境である。
本校の教員とネイティブならではの教授法に加え、韓国や英語圏への短期留学や語学研修、オンライン英会話を通じた語学習得や資格習得を目指し、外部の一流予備校講師による基礎学力の定着と応用力アップを目的とした『金剛塾』を開講。また、韓国の大学進学専門の教員が在籍し、就学に必要な書類や能力の特別な指導をするなど、それぞれの進路にあった指導を実施している。

スクールライフ

登校時間　8:30
週登校日　6日制　隔週土曜休
学期制　3学期
制服　あり(夏・冬)
昼食　給食あり
学校行事　宿泊体験(中1・中2、7月)・文化祭(9月)など
修学旅行　3年生7月　韓国
環境・施設　平成19年南港の新校地に移転。新しくきれいな体育館やパソコンルームなど設備はバッチリである。また、大阪の全学校の中で唯一学校から海の見える学校である。空気も良く、都市大阪にいながら自然にも触れることのできるすばらしい環境である。
クラブ活動　【運動部】バスケットボール部、テニス部、テコンドー部、ダンス部
【文化部】舞踊・サムルノリ部、美術部、軽音部

2024年度 募集要項

○募集人数　40名(内部進学者含む)
○願書受付　A日程:12/11(月)～1/11(木)
B日程:1/20(土)～2/7(水)
C日程:3/1(木)～3/18(月)
すべてweb出願
○受験料　20,000円
○選抜日時　A日程:1/13(土)　B日程:2/10(土)
C日程:3/21(木)A・B日程の結果により実施
○合格発表　A日程:1/15(月)Web・郵送
B日程:2/12(日・祝)Web・郵送
C日程:3/21(木)電話・郵送
○選抜方法　国語(日本語)または韓国語・算・英(リスニング含む)・面接　B・C日程は専願

2024年度 入試結果

非公開

学校PR

当校は、日本の私立学校であると同時に、韓国の在外学校でもあります。独自のカリキュラム構成により、韓国の言語だけでなく、文化や歴史を学ぶことができます。海外との国際交流も盛んで、毎年実施されるアリラン21は、韓国・中国の学生と交流する恒例行事です。ベルリッツの講師による英会話授業や習熟度別の授業(国・数・英・韓)により、きめ細やかな指導を行っています。また、AL活動を通じて、人との在り方を考え、深い学びを実践しています。

費用

《入学手続き時》

	(男子)437,500円
	(女子)435,000円
○入学金	200,000円
○預り金	約100,000円
○学校維持管理費	20,000円
○諸会費等	24,000円～

《入学後》(年額、手続時納入含む)

○授業料	(実質負担額)465,000円
○PTA会費	12,000円
○修学旅行積立金	60,000円

奨学金・特待制度

学業奨励奨学金制度
スポーツ奨励奨学金制度

独自の留学制度

冬季新羅大学語学研修プログラム
フィリピンセブ島英語語学研修

併設高校の合格実績

2024年の進学状況(卒業者数21名)
私立大学合格
東京理科大、関西学院大、同志社大、近畿大、大和大、関西外国語大、大手前大、羽衣国際大、他。

韓国および海外の大学
高麗大1、延世大1、成均館大3、漢陽大5、梨花女子大1、慶熙大2、韓国外国語大1、韓国海洋大2、NY州立大1,他。

大阪信愛学院中学校

学校インフォメーション

制服

通学

宗教教育

ICT教育

海外研修

プール

自習スペース

エレベーター

食堂

カウンセラー

プレテスト

特待生制度

奨学生制度

ネイティブ教員

所在地　〒536-8585　大阪市城東区古市2-7-30

電話　06-6939-4391
創立　1947年
校長　南 登章生

生徒数　男 29人　女 69人
併設校　大阪信愛学院保育園・幼稚園・小学校
大阪信愛学院高等学校・大阪信愛学院大学
WEB　https://junior.osaka-shinai.ed.jp/

教育方針・特色

カトリック精神を基盤とする幼きイエズス修道会の教育理念に基づき、生徒の全人格的開発を目指す。
一人ひとりが主体性を確立し、それぞれの可能性を最大限に伸ばして自己形成を図ると共に、人間としての豊かな心をもって、社会の建設に貢献する人間を育成する。

スクールライフ

登校時間　8:20
週登校日　6日制　第2土曜休
学期制　3学期
制服　あり(夏・冬)
昼食　食堂あり　弁当持参可
学校行事　聖母祭(5月)・球技大会(6月)・体育大会・文化祭(9月)・クリスマス祭(12月)
修学旅行　3年生12月　台湾　3泊4日
環境・施設　普通教室、体育館、図書館、講堂、プール、生徒食堂、LL教室、コンピュータ室、AVホール、聖堂、茶道室など
クラブ活動　【運動部】体操競技・バレーボール・バスケットボール・陸上競技・バドミントン・創作ダンス・水泳・剣道・ゴルフ
【文化部】コーラス・ハンドベル・書道・文芸・吹奏楽・美術・英語・食物・放送・イラストコミック・環境・軽音楽・華道・茶道・写真・かるた・ソロプチミストS

2024年度 募集要項

○募集人数　スーパー文理コース　約25名、
学際コース　約25名(内部進学含む)
○願書受付　A日程:12/11(月)～1/11(木)　web出願後書類提出、郵送は必着
B日程:12/11(月)～1/17(水)8:20　web出願後書類提出、郵送は1/16(火)必着
○受験料　20,000円
※複数受験の場合2回目からの検定料は10,000円
○選抜日時　A日程:1/13(土)　B日程:1/17(水)
○合格発表　A日程:1/14(日)　B日程:1/18(木)
いずれもweb、郵送
○選抜方法　国・算 各50分各100点　英 20分50点
A日程:国算型/国算英型・面接(保護者同伴)
B日程:国・算・面接(保護者同伴)
※英語みなし得点換算　英検3級50点、4級40点、5級30点など

2024年度 入試結果

スーパー文理コース　A日程		学際コース　A日程	
応募者数	9	応募者数	17
受験者数	9	受験者数	17
合格者数	6	合格者数	14
競争率	1.09	競争率	1.21
合格最低点	2科121/200、3科152/250	合格最低点	2科97/200、3科108/250

スーパー文理コース　B日程		学際コース　B日程	
応募者数	7	応募者数	15
受験者数	5	受験者数	9
合格者数	1	合格者数	6(5)
競争率	5.00	競争率	1.50
合格最低点	172/200	合格最低点	94/200

※( )回し合格含まない

学校PR

本校では全ての体験が人を作ると考え、多くの実習体験を準備しています。
入学直後の「キャンプ実習」では自然の中でお互いを理解し協働作業を行うことで新しい人間関係を築き、2年生では「国内留学」福島県ブリティッシュヒルズで本物の英国を再現した施設環境の中で英語力アップだけではなく異文化理解を深めます。3年生は「海外語学研修」で台湾に赴き、現地の生徒と英語でコミュニケーションを取ったり、天燈上げや台湾茶に親しんだりして文化を体験します。その他、大学体験や地域ボランティアなど学内外の教育の充実に努めています。

アクセス
京阪本線関目駅東徒歩15分京橋駅より市バス31関目4丁目、同68緑1丁目中下車、近鉄奈良線布施駅北口より市バス86緑1丁目中下車、大阪メトロ長堀鶴見緑地線今福鶴見駅北徒歩15分、同今里筋線新森古市駅徒歩5分

費用

《入学手続き時》

項目	金額
○入学金	200,000円

《入学時》

項目	金額
○教育会入会金	15,000円
○制定品(制服・体操服)	約100,000円

《入学後》(年額)

項目	金額
○授業料	594,000円
○学年諸経費(教材・積立金等)	180,000円
○教育充実費	12,000円
○ICT設備管理費	6,000円
○教育会費	16,800円
○Chromebook関係費	56,430円

奨学金・特待制度

入試成績特別奨学生
外部入学特別奨学生
特別活動奨学生

独自の留学制度

オーストラリア留学　3年生

併設高校の合格実績

2024年の進学状況(卒業者数96名)
大阪信愛学院大学13名

国・公立大学合格者5名
宮崎大1、高知大1、大阪教育大1、奈良女子大1、奈良県立大1。

他の私立大学合格者81名
関西学院大1、関西大4、同志社大4、立命館大 3、近畿大8、龍谷大3、朝日大1、大阪歯科大2、同志社女子大8、京都女子大3、神戸女学院大4、武庫川女子大3、甲南女子大2、大阪樟蔭女子大2、京都ノートルダム女子大2、関西外国語大5、大阪国際大1、帝塚山大6、他。

短期大学合格者4名

大阪青凌中学校

学校インフォメーション

制服

通学

ICT教育

習熟度別授業

海外研修

自習スペース

図書館

食堂

スマホ持ち込み

カウンセラー

プレテスト

特待生制度

ネイティブ教員

所在地　〒618-8502　大阪府三島郡島本町若山台1-1-1

電話	075-754-7754	**生徒数**	男 39人 女 28人
創立	1983年	**併設校**	大阪青凌高等学校、大阪体育大学
校長	向 忠彦	**WEB**	https://www.osakaseiryo.jp/

教育方針・特色

一人ひとりの学力を伸ばしながら、社会を生き抜く力を育む。①国・数・英・理・社の5教科で習熟度別授業を行い、一人ひとりに最適な指導を行う。②積極的に文章に触れる中で、読解力・文章力を強化。③主体性や思考力、表現力を育む探究活動にも注力。

スクールライフ

登校時間	9:00
週登校日	6日制 土曜日は午前授業
学期制	3学期
制服	あり（夏・冬）
昼食	パン屋・食堂あり 弁当持参可
学校行事	体育祭（5月）・文化祭（9月）
修学旅行	3年生7月 6泊7日 オーストラリア
環境・施設	図書館、単焦点プロジェクター、テニスコート、弓道場、自習室など
クラブ活動	剣道部・硬式テニス部・書道美術部・吹奏楽部・卓球同好会・Seiryo Creative Club

2024年度 募集要項

○募集人数	30名（特進、進学）
○願書受付	12/11（土）～各試験日前日16:30まで
○受験料	20,000円 ※２回目の出願より受験料10,000円
○選抜日時	1次A:1/13（土）　1次B:1/14（日） 2次A:1/16（火）　2次B:1/19（金）
○合格発表	各試験日当日web
○選抜方法	国・算・理 各100点各50分 保護者同伴面接 国算理型:3科または国・算2科合計×1.5の高い方で判定（300点満点） 国算型:国・算 合計×1.5（300点満点） ベーシック型（主に基本的な問題）：国・算（200点満点） 進学のみ合否判定 ※英検・TOEFL Primary・TOEFL Junior・漢検・数検取得者加点

2024年度 入試結果

全コース計　1次A

応募者数	22
受験者数	22
合格者数	21
競争率	1.05

合格基準点 特進210/300・進学165/300・ベーシック120/200

全コース計　1次B

応募者数	18
受験者数	9
合格者数	7
競争率	1.29

合格基準点 特進210/300・進学165/300・ベーシック120/200

全コース計　2次A

応募者数	6
受験者数	4
合格者数	2
競争率	2.00

合格基準点 特進210/300・進学165/300・ベーシック120/200

全コース計　2次B

応募者数	5
受験者数	5
合格者数	4
競争率	1.25

合格基準点 特進210/300・進学165/300・ベーシック120/200

学校PR

少人数制指導により、生徒一人ひとりの学力・目標に合わせた最適な学習指導を行います。朝学習での読書習慣の確立や作文コンクールへの参加などを通して、読解力や文章力を養います。また、コミュニケーション能力とプレゼンテーション能力の習得を教育の軸におき、ICTを活用することで、主体性・思考力・表現力を育みます。

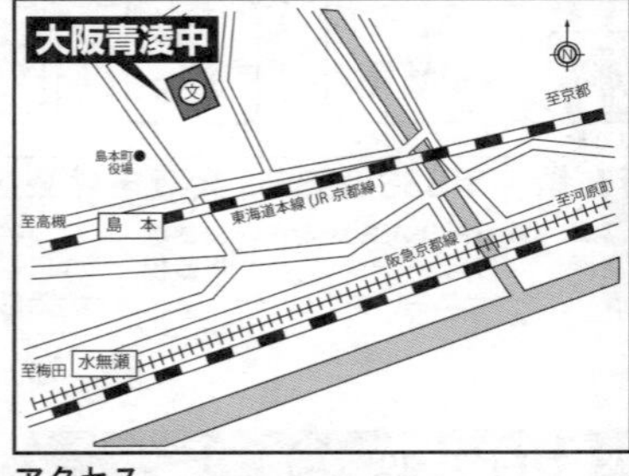

アクセス
JR京都線　島本駅より徒歩約10分
阪急京都線　水無瀬駅より徒歩約15分

費用

《入学手続き時》

○入学金	200,000円
○入会金	15,000円
○制服等	（男）65,550円 （女）68,400円
○個人ロッカー代	10,890円
○タブレット関係費	15,010円

《入学後》

○授業料	600,000円
○学年費	38,000円
○諸会費	18,000円
○宿泊行事積立金	180,000円
○タブレット関係費	56,400円

奨学金・特待制度

全額免除奨学生　授業料全額免除および入学金全額免除
半額免除奨学生　授業料半額免除および入学金半額免除
入学金免除奨学生　入学金全額免除

○対象
特進に合格し成績基準を満たした生徒。
○目安
全額免除　　入試得点250点以上（300点満点）
半額免除　　入試得点235点以上（300点満点）

独自の留学制度

特になし

併設高校の合格実績

2024年の進学状況（卒業者数291名）
国・公立大学合格31（28）名
大阪大1（1）、神戸大2（2）、大阪公立大2（1）、滋賀大1（1）、和歌山大1（1）、兵庫県立大2（2）、京都教育大1（1）、大阪教育大1（1）、滋賀県立大1（1）、滋賀医科大1（1）、他。

私立大学合格1457（1395）名
関西学院大19（12）、関西大33（32）、同志社大8（4）、立命館大50（41）、京都産業大103（101）、近畿大216（205）、甲南大2（2）、龍谷大125（106）、佛教大65（65）、大阪医科薬科大2（2）、関西医科大2（2）、大阪歯科大2（2）神戸薬科大2（2）、摂南大120（117）、神戸学院大224（24）、追手門学院大107（107）、桃山学院大20（18）、京都外国語大9（9）、関西外国語大38（38）、大阪経済大6（6）、大阪工業大18（17）、京都女子大15（15）、同志社女子大9（9）、神戸女学院大2（2）、武庫川女子大8（8）、他。
現役合格率93.4%　※（ ）内は現役内数

大阪体育大学浪商中学校

学校インフォメーション

制服

通学

ICT教育

習熟度別授業

海外研修

プール

自習スペース

図書館

人工芝グラウンド

スマホ持ち込み

カウンセラー

特待生制度

中高大連携

ネイティブ教員

所在地　〒590-0459　大阪府泉南郡熊取町朝代台1番1号

電話	072-453-7001	**生徒数**	男 80人 女 27人
創立	1969年	**併設校**	大阪体育大学・浪商高等学校
校長	工藤 哲士	**WEB**	https://www.ouhs-school.jp/ouhsjhs/

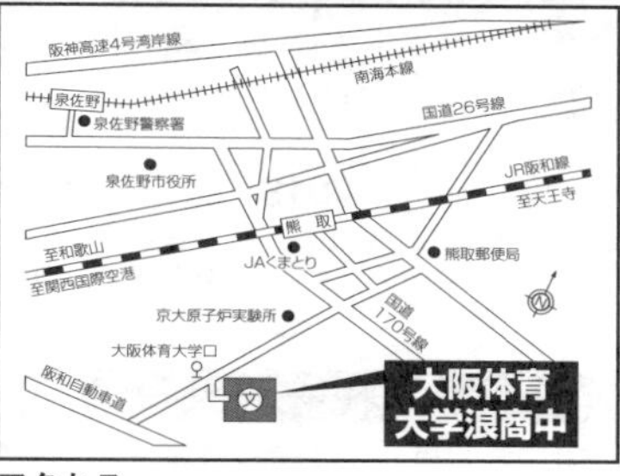

アクセス
JR阪和線熊取駅下車バス15分
南海本線泉佐野駅下車バス30分
JR和歌山線粉河駅下車バス35分

教育方針・特色

「不断の努力により、智・徳・体を修め、社会に奉仕する」人材の育成を、建学の精神とし教育活動を行っています。少人数を活かした一人ひとりに寄り添った指導だけでなく、一人1台タブレット端末を利用し、「次世代型教材」を導入、「自分の考えを組み立て、表現する力」を身に着けることに取り組んでいます。様々な体験活動や取組みを通じて多角的な視点で物事をとらえ、主体性を養い社会で活躍できる人材を育成します。 2年次より自分の進路実現に向けて次のプログラムから選択します。
「グローバルプログラム」(英語に関する授業週7時間、英語力と国際感覚を身につける)
「スポーツプログラム」(体育に関する授業週5時間、高大と連携し実用的な実習に取り組む)

スクールライフ

登校時間	8:45
週登校日	6日制
学期制	3学期
制服	あり(夏・冬)
昼食	弁当持参(本年度より食堂の利用も可)
学校行事	浪商祭(体育の部・文化の部)民泊体験(1年)
修学旅行	3年生5月　3泊4日　石垣島(2023年度入学生よりグアム)
環境・施設	陸上競技場(全天候型　第三種公認競技場)　室内プール　テニスコート(ナイター設備)　野球場(ナイター設備)　体育館(柔道場・トレーニングルーム等)　グラウンド(全面人工芝)
クラブ活動	ハンドボール部・体操部・硬式野球部・陸上競技部・レスリング部・水泳部　吹奏楽部・美術部・アニメ同好会

2024年度 募集要項

○募集人数　35名(グローバル・スポーツ)
○願書受付　12/4(月)0:00～各試験開始30分前　web出願
○受験料　20,500円(結果通知送料含む)
※複数回受験希望者は2回目以降の検定料は10,500円
※漢字検定4級・珠算検定3級の資格を有する入学者は検定料を返還する場合あり"
○選抜日時　A日程一般:1/13(土)8:40
A日程N方式:1/13(土)14:40
B日程一般:1/14(日)8:40
B日程N方式:1/14(日)14:40
C日程一般:1/17(水)14:40
C日程N方式:1/20(土)8:40
D日程一般・N方式:2/12(月・祝)8:40
○合格発表　各試験当日郵送
○選抜方法　一般:国・算各100点各50分　作文50点30分　面接(2人1組)
N方式:選択100点30分(国語基礎、算数基礎、体力測定(A・B日程のみ)から1つ)　作文50点30分　面接(2人1組)
※N方式入試で体力測定を選択する場合は、上下体操服、体育館シューズ要

2024年度 入試結果

グローバル・スポーツ

	A(一般)	A(N方式)
応募者数	20	21
受験者数	20	21
合格者数	19	20
競争率	1.05	1.05
合格最低点	非公表	非公表

	B(一般)	B(N方式)
応募者数	7	5
受験者数	6	5
合格者数	4	5
競争率	1.50	1.00
合格最低点	非公表	非公表

	C(一般)	C(N方式)
応募者数	5	1
受験者数	5	0
合格者数	3	0
競争率	1.67	—
合格最低点	非公表	非公表

※D入試は[一般]応1・受1・合1、[N方式]応3・受3・合2

費用

《入学手続き時》

○入学金	200,000円
○保護者会・生徒会・教育後援会 各入会金	30,000円
○iPad(本体+初期設定)	75,000円

《入学後》

○授業料	600,000円
○教育後援会費	73,000円
○生徒会費	10,000円
○iPad(通信料)	16,000円
○制定品　男子	120,200円
女子	125,050円
○中1　民泊	約20,000円
○中3　修学旅行	約170,000円

奨学金・特待制度

一般入試における成績優秀者およびスポーツ優秀者に対する奨学金制度
特別特待生制度

独自の留学制度

特になし

併設高校の合格実績

2024年の進学状況(卒業者数237名)
大阪体育大学46名

国公立大学合格2名
愛知県立大1、高知県立大1。

他の私立大学合格193名
関西学院大2、関西大7、京都産業大2、近畿大1、龍谷大4、佛教大2、早稲田大1、青山学院大1、中央大1、日本大2、摂南大13、追手門学院大8、桃山学院大23、京都外国語大2、関西外国語大11、大阪経済大7、大阪工業大1、他。

学校PR

「グローバルプログラム」
(週33時間)英語に関する授業を7時間設定し、また、積極的に海外の中学生と交流を行うことで、国際感覚を養います。英語検定準2級の取得をめざします。
「スポーツプログラム」
(週33時間)スポーツ・運動に関する授業を週5時間設定します。中高大連携の授業を取り入れ、専門競技の向上のための実技講習、講義(トレーニング法やテーピング実習など)は、専門の教員やスタッフが行います。

大阪桐蔭中学校

学校インフォメーション

制服

通学

ICT教育

習熟度別授業

海外研修

自習スペース

図書館

人工芝グラウンド

食堂

カウンセラー

プレテスト

特待生制度

ネイティブ教員

所在地　〒574-0013　大東市中垣内3丁目1-1

電話	072-870-1001	**生徒数**	男 362人　女 325人
創立	1995年	**併設校**	大阪桐蔭高等学校
校長	今田　悟	**WEB**	https://www.osakatoin.ed.jp/

アクセス
JR学研都市線野崎駅南へ徒歩約13分。
JR学研都市線住道駅大阪産業大学前までシャトルバス。
近鉄けいはんな線新石切駅から近鉄バス。
近鉄奈良線東花園駅からもバスあり。

教育方針・特色

「目指せ!東大、京大、国公立医学部医学科」を掲げ、大学受験を意識した本格的カリキュラム編成による中高一貫6年間の徹底指導を行う。2001年度からこれまでの「先取り学習」をさらに綿密に、深く、生徒の資質に応じて展開するためコース制を導入、「一貫英数コース」「一貫特進コース」とし、さらに2004年度「一貫英数選抜コース」を設置。2008年度には「特進コース」を廃し、「英数選抜」「英数」の2コース制とした。週39時間、年間263日にのぼる豊富な授業時間を確保し、単元毎に習熟度確認テストを行うなど、生徒一人ひとりの学習状況に即した指導を行う。
また、学校と家庭の相互理解を土台とした礼節ある生徒の人格形成を目指す。将来、社会にあって冷静な判断力、積極的な実行力、豊かな表現力を備えた有能な人材を育成する。

スクールライフ

登校時間	8:45
週登校日	6日制
学期制	3学期
制服	あり
昼食	食堂あり・弁当持参可
学校行事	夏期研修・体育祭・ハロウィンパーティー・文化祭・音楽祭・カナダ語学研修
修学旅行	3年生3月　8泊9日　カナダ　アルバータ州
環境・施設	図書室・食堂・作法室・桐蔭アリーナ・シンフォニックホール
クラブ活動	【運動部】ソフトボール、軟式野球、ラグビー、少林寺拳法、剣道、テニス、山岳、サッカー、バスケットボール、バレーボール、女子チアリーダー、卓球、ゴルフ、器械体操、陸上、バドミントン、フラッグフットボール 【文化部】茶華道、パソコン、箏曲、インターアクト、囲碁、理科、吹奏楽、合唱、クラシックギター、美術、書道、ロケット、生物、ブラスバンド、ディベート、文芸、鉄道研究、かるた、地歴、クイズ研究、ドローン

2024年度 募集要項

○募集人数	英数選抜(ES)コース90名 英数(E)コース135名
○願書受付	前期・後期:12/1(金)～1/9(火) S特別:12/1(金)～1/14(日) L特別:12/1(金)～1/15(月) すべてweb出願21:00(S特別、L特別は試験当日13:00～窓口出願可)
○受験料	20,000円
○選抜日時	前期:1/13(土)4科型15:00、3科型16:00 後期:1/14(日)4科型15:00、3科型16:00 S特別:1/15(月)16:00、17:00 L特別:1/16(火)15:00
○合格発表	各試験日の翌日17:00掲示、web
○選抜方法	国・算 各120点各60分 社・理 各60点各40分 英(インタビューテスト)60点10分 前・後期:4科型/3科型(国算理)　4科型はアラカルト判定 S特別:算理計×2 L特別:国算計×1.5/算英計×2いずれも360点満点で判定 ※英語みなし得点換算 英検準2級30点、2級40点、準1級以上50点"

2024年度 入試結果

英数選抜(ES)コース

前期	専願	併願	後期	専願	併願
応募者数	90	236	応募者数	90	151
受験者数	90	230	受験者数	88	137
合格者数	52	192	合格者数	47	102
競争率	1.73	1.20	競争率	1.87	1.34
合格最低点	専210・併220/360		合格最低点	専202・併212/360	

S特別	専願	併願	L特別	専願	併願
応募者数	49	115	応募者数	57	88
受験者数	43	81	受験者数	47	60
合格者数	19	61	合格者数	25	35
競争率	2.26	1.33	競争率	1.88	1.71
合格最低点	専198・併210/360		合格最低点	専223・併234/360	

英数(E)コース

前期	専願	併願	後期	専願	併願
応募者数	7	8	応募者数	7	3
受験者数	7	8	受験者数	7	3
合格者数	4	8	合格者数	3	2
競争率	1.75	1.00	競争率	2.33	1.50
合格最低点	専150・併168/360		合格最低点	専167・併174/360	

S特別	専願	併願	L特別	専願	併願
応募者数	5	1	応募者数	8	5
受験者数	3	1	受験者数	6	4
合格者数	0	0	合格者数	1	4
競争率	—	—	競争率	6.00	1.00
合格最低点	専152・併170/360		合格最低点	専180・併192/360	

※回し合格(前期専27・併34、後期専34・併26、S特別専9・併14、L特別専13・併19)含まない

学校PR

大阪桐蔭では、夏期研修や海外語学研修を始め、体育祭・文化祭・スピーチコンテスト等様々な楽しい学校行事を通して、お互いを認め合い、助け合いながら、たくさんの友達を作り、楽しい有意義な学校生活を送っています。
「学ぶ喜び」、「知る楽しさ」を体感し、学力はもちろんのこと、人への思いやりを身につけ、優しく、強く、賢く行動できるバランスのよい生徒の育成に努めています。大阪桐蔭で、夢を実現させましょう。

費用

《入学手続き時》

○入学金	200,000円
○積立金	208,000円
○生徒会費	6,000円
○桐友会会費	40,000円

《合格者登校日》

○制服・体操服・鞄等の指定用品代	約132,000円～
○副教材費	約4,500円

《入学後》

○授業料(2期分割払い)	660,000円
○海外語学研修旅行費	約500,000 円

奨学金・特待制度

入学試験において優秀な成績を修めた者およびスポーツ活動や文化芸術活動などにおいて秀でた能力を有する者に対し、入学金・授業料を免除または給付する制度です。「入学金・授業料全額免除」「入学金・授業料半額免除」「入学金全額免除」の3つのタイプがあります。出願時の申請は不要で、全ての受験生を対象。

独自の留学制度

特になし

併設高校の合格実績

2024年の進学状況(卒業者数Ⅰ・Ⅱ類399名、Ⅲ類192名)

国・公立大学合格213名
京都大30(4)、大阪大20(6)、神戸大21(3)、北海道大4(4)、大阪公立大38(16)、京都工芸繊維大12(2)、奈良女子大3、神戸市外国語大1、京都府立大1、金沢大1(1)、広島大2(1)、滋賀大1、三重大2(1)、和歌山大5(2)、兵庫県立大12(2)、大阪教育大7、奈良教育大5、滋賀県立大1、奈良県立大2、他。

私立大学合格
関西学院大89(17)、関西大99(33)、同志社大123(39)、立命館大125(29)、京都産業大29(18)、近畿大276(103)、甲南大11(3)、龍谷大48(7)、早稲田大6、慶應義塾大1(1)、上智大1、東京理科大4(1)、明治大3(1)、青山学院大4、立教大1、中央大7(1)、法政大7(1)、駒澤大2、大阪医科薬科大23(5)、関西医科大11(2)、兵庫医科大2、京都薬科大9(3)、神戸薬科大11(4)、同志社女子大21、他。

省庁大学校合格
防衛医科大3(2)、防衛大1、水産大1。
※( )内は既卒生内数

Kaimei 開明中学校

学校インフォメーション

制服

通学

ICT教育

長期休暇講習

海外研修

プール

自習スペース

蔵書数 45,000冊
図書館

人工芝グラウンド

食堂

昼食

カウンセラー

ネイティブ教員

海外姉妹校

所在地　〒536-0006　大阪市城東区野江1-9-9

電話	06-6932-4461	**生徒数**	男 453人 女 393人
創立	1995年	**併設校**	開明高等学校
校長	林 佳孝	**WEB**	https://www.kaimei.ed.jp/

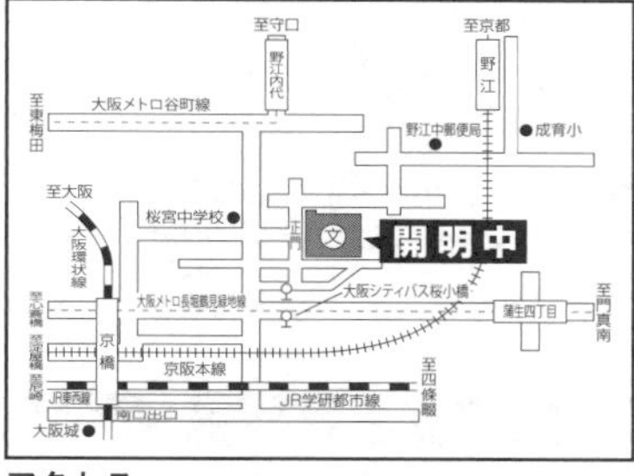

アクセス
JR東西線・JR環状線・京阪本線・大阪メトロ長堀鶴見緑地線各京橋駅下車徒歩8分、
大阪メトロ今里筋線・鶴見緑地線蒲生四丁目駅下車徒歩12分、谷町線野江内代駅12分
JRおおさか東線JR野江駅下車徒歩10分

教育方針・特色

「研精して倦まず」という校訓のもと、様々なことに努力し自分で将来を切りひらくことができるような生徒を育てる教育を行っています。そのため、いろんなことを幅広く学び、新しいことを知る喜び、学ぶことの楽しさをいっぱい感じてほしいと思います。その中で、自己を見つめ、自分の適性は何か、どんな分野に携わり、どのような人生を送りたいかを考えてほしいです。

スクールライフ

登校時間	8:20
週登校日	6日制
学期制	3学期
制服	あり(夏・冬)
昼食	給食(週4日)食堂あり　弁当持参可
学校行事	体育大会(10月)、文化祭(9月)
修学旅行	3年生6月　4泊5日　沖縄
環境・施設	図書館・ICT環境・屋内温水プール・人工芝グラウンド
クラブ活動	卓球部・剣道部・野外活動部・サッカー部・ラグビー部・バスケットボール部・女子ソフトテニス部・水泳部・文芸部・茶道部・インターアクト部・生物部・科学部・将棋部・書道部・美術部・クラシック音楽部・かるた部・家庭科部・放送部・合唱部・ESS・クイズ研究部・囲碁部

2024年度 募集要項

○募集人数　スーパー理数コース　120名
理数コース　120名

○願書受付　12/2(土)～1/10(水)　web出願
2次は～1/15(月)web・持参、16(火)7:00～8:20持参のみ

○受験料　20,000円
※2次を欠席の場合返金

○選抜日時　1次前期:1/13(土)8:20
1次後期A:1/14(日)8:20
1次後期B:1/14(日)15:10
2次:1/16(火)8:20

○合格発表　1次:1/15(月)　2次:1/17(水)
いずれも11:30web、12:00掲示

○選抜方法　国・算　各100点各60分　理・社　各50点各40分
1次前期・後期A・2次:4科受験し理・社の高い方×2　合計300点満点
1次後期B:3科型　国・算＋理or社×2の300点満点で判定

2024年度 入試結果

全コース計 1次前期	専願	併願
応募者数	239	60
受験者数	238	58
合格者数	122	31
競争率	1.95	1.87

スーパー理数コース	専願	併願
合格者数	24	19
合格最低点	専246・併246/300	

理数コース	専願	併願
合格者数	98	12
合格最低点	専213・併231/300	

全コース計 1次後期A	専願	併願
応募者数	269	340
受験者数	267	331
合格者数	127	174
競争率	2.10	1.90

スーパー理数コース	専願	併願
合格者数	20	85
合格最低点	専236・併236/300	

理数コース	専願	併願
合格者数	107	89
合格最低点	専203・併221/300	

全コース計 1次後期B	専願	併願
応募者数	274	410
受験者数	272	361
合格者数	136	212
競争率	2.00	1.70

スーパー理数コース	専願	併願
合格者数	34	121
合格最低点	専229・併229/300	

理数コース	専願	併願
合格者数	102	91
合格最低点	専196・併214/300	

全コース計 2次	専願	併願
応募者数	308	242
受験者数	211	69
合格者数	116	34
競争率	1.82	2.03

スーパー理数コース	専願	併願
合格者数	25	22
合格最低点	専240・併240/300	

理数コース	専願	併願
合格者数	91	12
合格最低点	専212・併230/300	

費用

○入学金	200,000円
○手続金	(入学金を含む)380,000円
○授業料	680,000円
○PTA会費	11,000円
○生徒会費	7,200円
○修学旅行積立金	50,000円
○給食費	70,000円

奨学金・特待制度

特になし

独自の留学制度

特になし

併設高校の合格実績

2024年の進学状況(卒業者数239名)
国・公立大学合格159(111)名
東京大1、京都大18(12)、大阪大5(4)、神戸大12(7)、北海道大4(2)、東北大1(1)、名古屋大1(1)、九州大2(2)、大阪公立大23(13)、京都工芸繊維大2(1)、奈良女子大3(3)、京都府立大2(2)、和歌山大7(7)、兵庫県立大3(3)、京都教育大1(1)、大阪教育大5(5)、奈良教育大3(2)、兵庫教育大1(1)、奈良県立大2(2)、他。

省庁大学校合格3(1)名
防衛医科大2、海上保安大1。
※( )内は現役合格内数

学校PR

中高6年間で様々なことに興味を持ってもらうため、豊富な学校行事が特徴です。3年間で6度(年間で2回)の宿泊行事があります。その他にも校外学習、歴史探訪、文化祭、体育大会、弁論大会、かるた大会、音楽発表会など入念な準備が必要な行事を通して自分の可能性を広げる活動ができます。それを活かした学校でのきめ細かな学習指導も特徴です。

大阪
共学校

関西大倉中学校

学校インフォメーション

制服

通学

ICT教育

長期休暇講習

習熟度別授業

自習スペース

図書館

食堂

スマホ持ち込み

カウンセラー

プレテスト

ネイティブ教員

海外姉妹校

所在地　〒567-0052　大阪府茨木市室山2-14-1

電話	072-643-6321	**生徒数**	男 253人　女 212人
創立	1902年	**併設校**	関西大倉高等学校
校長	古川　英明	**WEB**	https://www.kankura.jp/

教育方針・特色

全校一致のもと、誠実でやさしさと活力あふれる人間を形成する。
一人ひとりの個性・才能を生かし、知力・体力を育成する。自ら考え責任ある行動がとれ、誠実である人。
男女や民族の人権を尊重し、自然と生きることが大切だと思える心を育てる。

スクールライフ

登校時間	8:30
週登校日	6日制
学期制	3学期
制服	あり(夏・冬)
昼食	購買・食堂あり　弁当持参可
学校行事	文化祭(9月)・体育祭(10月)
修学旅行	3年生5月　3泊4日　屋久島
環境・施設	第一・第二グラウンド、テニスコート6面、第一体育館と武道用の第二体育館、音楽・書道・美術棟を配している。昨年、図書室や実験室、実習室を備える中央共用棟が完成。また、各教室にプロジェクターを設置し、一人一台のタブレットを配布するなどICTの積極的な利活用を進めています。
クラブ活動	女子硬式テニス部、サッカー部、ソフトボール部、卓球部、バスケットボール部、女子バドミントン部、ハンドボール部、洋弓部、ラグビー部、陸上競技部、柔道部、囲碁将棋部、科学部、クラシックギタークラブ、交通研究・写真部、書道部、吹奏楽部、地歴・旅行部、美術部、放送部、文芸・漫画研究部、和太鼓部

2024年度 募集要項

○募集人数	約140名
○願書受付	A1日程:12/8(金)～1/11(木)15:00 A2日程:12/8(金)～1/13(土)14:00 B日程:12/8(金)～1/14(日)14:00 C日程:12/8(金)～1/16(火)8:00 すべてweb出願
○受験料	20,000円(C日程検定料は10,000円)
○選抜日時	A1日程:1/13(土)9:00 A2日程:1/13(土)17:00 B日程:1/14(日)16:00 C日程:1/17(水)10:00
○合格発表	A1日程:1/14(日)午前 A2日程:1/14(日)午後 B日程:1/15(月)午後 C日程:1/17(水)午前 いずれもweb
○選抜方法	A1日程:国・算各100点各50分　理・社各50点各40分　4科型/3科型(国算理)/2科型(国算)　4科型はアラカルト判定　400点満点で判定 A2・B・C日程:国・算 各100点各50分 ※英検取得者は取得級に応じて加点

2024年度 入試結果

A1日程		A2日程	
応募者数	91	応募者数	189
受験者数	88	受験者数	187
合格者数	75	合格者数	141
競争率	1.17	競争率	1.33
合格最低点	216/400 (換算点)	合格最低点	128/200

B日程		C日程	
応募者数	266	応募者数	108
受験者数	166	受験者数	49
合格者数	123	合格者数	27
競争率	1.35	競争率	1.81
合格最低点	130/200	合格最低点	135/200

学校PR

高校棟など施設環境のリニューアルが進み、2022年1月には中央共用棟が完成いたしました。また生徒一人ひとりがタブレットを持ち、ICT環境を整え、これからの学びに対応した教育環境となります。進路については希望を丁寧に聴き、適性を考慮しながら偏差値だけにとらわれない指導を行うのが本校の特徴です。自然に囲まれた広大なキャンパスで、季節を感じながら優しく伸びやかに過ごすことができます。

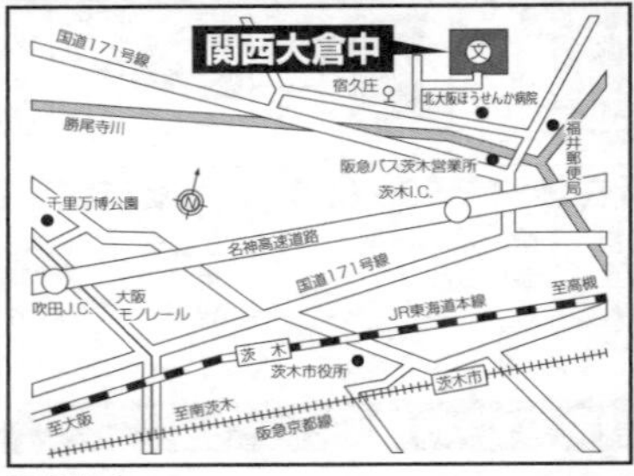

アクセス
JR京都線茨木駅下車スクールバス(以下SB)約20分、阪急京都線茨木市駅下車SBで約25分、阪急宝塚線石橋阪大前駅下車SBで約25分、北大阪急行千里中央駅・阪急千里線北千里駅よりSB約20分

費用

○入学金	200,000円
入学金のみ	
○授業料	650,000円
○施設設備費	30,000円
○諸会費	12,200円
○副教材費	約170,000円 ※1
○スクールバス代	年額159,000円 ※2

※1　タブレット端末利用費を含む
※2　利用者のみ

奨学金・特待制度

特になし

独自の留学制度

留学先	ベトナム	アメリカUCバークレー	ニュージーランド
学年	1, 2	2, 3	1
内容	1週間の探究研修	8日間の探究研修	約2週間の語学研修
費用	約35万円	約65万円	未定

併設高校の合格実績

2024年の進学状況(卒業者数604名)

国・公立大学合格134(107)名

東京大1、京都大6(3)、大阪大20(17)、神戸大13(10)、北海道大1、大阪公立大35(31)、筑波大2、横浜国立大1(1)、京都工芸繊維大7(3)、奈良女子大5(5)、京都府立大6(6)、金沢大3(3)、岡山大4(4)、滋賀大6(4)、三重大1(1)、和歌山大5(5)、山口大2(2)、兵庫県立大15(12)、京都教育大3(3)、大阪教育大10(8)、奈良教育大2(2)、滋賀県立大7(5)、奈良県立大1(1)、滋賀医科大2(2)、京都市立芸術大1(1)、京都府立医科大3(3)、奈良県立医科大1(1)、他。

私立大学合格1649(1382)名

関西学院大135(118)、関西大134(121)、同志社大61(46)、立命館大159(118)、京都産業大88(72)、近畿大329(290)、甲南大26(24)、龍谷大170(128)、佛教大6(6)、早稲田大5(5)、慶應義塾大4(1)、上智大1(1)、東京理科大1(1)、明治大3(3)、青山学院大3(3)、立教大2(2)、中央大1(1)、学習院大1(1)、日本大2(1)、専修大2、大阪医科薬科大22(20)、関西医科大6(6)、兵庫医科大10(8)、大阪歯科大2(2)、京都薬科大6(4)、神戸薬科大6(6)、摂南大56(35)、神戸学院大11(9)、追手門学院大34(29)、桃山学院大10(10)、関西外国語大10(9)、大阪経済大11(7)、大阪工業大48(42)、京都女子大27(27)、同志社女子大15(15)、神戸女学院大25(25)、武庫川女子大23(23)、他。

省庁大学校合格6(5)名

防衛大3(3)、水産大3(2)。　※( )内は現役内数。

関西創価中学校

学校インフォメーション

制服

通学

ICT教育

探究授業

STEAM教育

習熟度別授業

海外研修

図書館

昼食

スマホ持ち込み

カウンセラー

奨学生制度

中高大連携

ネイティブ教員

所在地　〒576-0063　交野市寺3-20-1

電話	072-891-0011	**生徒数**	男 279人　女 318人
創立	1967年	**併設校**	関西創価高等学校　関西創価小学校
校長	古賀　正広	**WEB**	https://kansai-junior.soka.ed.jp

教育方針・特色

推薦入学制度をもつ本校では、多くの生徒がSGHネットワーク校として活動し、ユネスコスクールに加盟している関西創価高校に進学。
一貫教育における中学校段階では、生徒一人ひとりの個性を伸ばし、将来、国際社会で活躍できる人材を育成するため、「語学」「読書」「探究」を『学びの三本柱』に据えている。
また、教科学習においては「自律学習」を推進。英語と数学では、生徒のレベルとニーズに合わせた自由選択型学習を実施し、生徒の「生きる力(自ら学ぶ力)」を育成している。
言論の力と表現力を磨く社会科の「弁論大会」・国語科の「ビブリオバトル」・英語科の「英語暗唱大会」は、全校を挙げて開催する伝統の行事。毎年、レベルの高い大会が繰り広げられており、全国大会に出場する生徒も数多く輩出している。

スクールライフ

登校時間	8:50
週登校日	6日制　※月3回土曜日休み
学期制	3学期
制服	あり(夏・冬)
昼食	給食あり
学校行事	「栄光の日」記念の集い(7月)、「情熱の日」記念競技大会(10月)、「英知の日」記念の集い(11月)、合唱祭(11月)など
修学旅行	なし(研修旅行あり)
環境・施設	コンピュータ教室、10万冊の蔵書を有する万葉図書館、全教室に冷暖房完備、電子黒板機能、寮施設(男子のみ)など
クラブ活動	【運動部】軟式野球部・サッカー部・ラグビー部・卓球部・バレー部(男/女)・バスケットボール部(男/女)・陸上部・女子ソフトテニス部・柔道部・合気道部・剣道部 【文化部】鼓笛隊・囲碁部・演劇部・ESS・創作部・オーケストラ部・理科環境部・レオナルド合唱団・天文電子科学クラブ・美術部・将棋部・ダンス部・吹奏楽部・ディベート部・箏曲部・書道部

2024年度 募集要項

○募集人数	男女合計約110名(外部募集)
○願書受付	12/1(金)0:00～1/10(水)24:00 web出願
○受験料	18,000円
○選抜日時	1/13(土)
○合格発表	1/14(日)17:00web
○選抜方法	国・算　各100点・45分 理または社会(選択)　50点・30分 探究力ワークショップ4～5名グループ40分 3科目型(国算理or国算社) ※英検取得者は取得級に応じ加点

2024年度 入試結果

一般

応募者数	130
受験者数	130
合格者数	104
競争率	1.25
合格最低点	非公表

学校PR

四季折々に美しい表情を見せる自然豊かな交野の地に関西創価中学校はあります。甲子園球場5個分に相当する広大なキャンパスには、最新機器を備えた学習環境が揃い、勉強や部活動に伸び伸びと打ち込める環境が整っています。最も多感で人間的にも大きく成長する要の3年間。関西創価中学校では、一人一人の可能性を信じ、向き合いながら、その成長を全力で支えます。勉学はもちろんのこと、クラブや行事活動への取り組みも活発です。現在、40ものクラブや同好会、班、保存会などがありますが、ほぼ全ての生徒がどこかに所属し、文武両道の取り組みの中で、学年の垣根を超えた絆、友情を育み、豊かな人間性を培っています。

アクセス
JR学研都市線河内磐船駅下車徒歩20分
京阪交野線河内森駅下車徒歩20分

費用

《入学手続き時》

○入学金	200,000円
○維持費(分割可)	100,000円

《入学時》

○制服等	(男)約100,000円 (女)約140,000円

《入学後》(月額)

○授業料	45,000円
○給食費(8月は不要)	6,100円
○積立金	3,800円
○寮費(男)	55,100円

奨学金・特待制度

牧口奨学制度
大阪府外安心奨学制度
寮生・下宿生奨学制度
きょうだい同時在籍者奨学制度
希望奨学制度

独自の留学制度

特になし

併設高校の合格実績

2024年の進学状況(卒業者数332名)
国・公立大学合格34(14)名
東京大1、京都大1、一橋大1、東京工業大1(1)、大阪大1、神戸大2(1)、北海道大1(1)、大阪公立大5(3)、国際教養大1、京都工芸繊維大1、岡山大1(1)、広島大2(1)、兵庫県立大2(2)、他。

私立大学合格398(49)名
関西学院大14(3)、関西大8、同志社大9(5)、立命館大9(4)、京都産業大5(2)、近畿大24(2)、甲南大8(2)、龍谷大8(2)、佛教大6、早稲田大1(1)、東京理科大1(1)、大阪医科薬科大2、関西医科大1、兵庫医科大1、大阪歯科大2(1)、京都薬科大1、摂南大18、神戸学院大6(6)、追手門学院大2、関西外国語大23、大阪経済大1、大阪工業大15(6)、同志社女子大3、神戸女学院大1、武庫川女子大4、他。
※( )内は既卒生内数

大阪

関西大学中等部

学校インフォメーション

制服

通学

ICT教育

習熟度別授業

海外研修

プール

図書館

人工芝グラウンド

バリアフリー

昼食

カウンセラー

中高大連携

ネイティブ教員

海外姉妹校

所在地　〒569-1098　大阪府高槻市白梅町7番1号

電話	072-684-4326	**生徒数**	男 154人　女 195人
創立	2010年	**併設校**	関西大学初等部、関西大学高等部、関西大学・大学院
校長	松村　湖生		
		WEB	https://www.kansai-u.ac.jp/junior/

教育方針・特色

関西大学の教育理念である「学の実化(じつげ)」に基づき、学理と実際の調和を基本とする独自の教育を展開。中等部では中・高6年一貫教育のメリットを最大限に活かしながら、確かな学力・国際理解力・情感豊かな心・健やかな体を育み、「高い人間力」を備えた人材を育成します。

スクールライフ

登校時間	8:25
週登校日	6日制
学期制	2学期
制服	あり(夏・冬)
昼食	給食(月～金)、レストラン・売店あり
学校行事	体育祭(5月)・葦葉祭[文化祭](9月)
修学旅行	3年生10月　6泊8日　カナダ
環境・施設	物理教室、化学実験室、生物教室、地学・安全科学教室、英語教室1・2、自習室、コンピュータ教室、マルチメディア教室、ライブラリー、美術室、被服室、調理室、人工芝グラウンド、武道場、室内温水プール、アリーナ、レストラン、売店等
クラブ活動	アイススケート部、サッカー部、水泳部、日本拳法部、バスケットボール部、ラクロス部(女子)、英字新聞部、茶道部、華道部、吹奏楽部、フィールドワーク部、マルチメディア部、クイズ部、囲碁将棋部、アート部、能楽部、合唱部、ダンス、写真、科学

共学校

2024年度 募集要項

○募集人数　前期:4/3科型約60名・英検加点型5～10名
後期:5～10名

○願書受付　12/11(月)～1/9(火)15:00　web出願

○受験料　20,000円

○選抜日時　前期:1/13(土)　後期:1/15(月)

○合格発表　前期:1/14(日)　後期:1/16(火)
いずれも12:00web

○選抜方法　国・算・理・社　各100点各45分
前期:4科型/3科型(国算理)　4科型はアラカルト判定　400点満点で判定
英検加点型:2科(国算)×1/2と英検加点150点満点で判定　2級以上50点、準2級40点、3級20点加点
後期:2科(国算)

2024年度 入試結果

前期(教科型)		後期	
応募者数	119	応募者数	298
受験者数	110	受験者数	194
合格者数	62	合格者数	48
競争率	1.77	競争率	4.04
合格最低点	243/400	合格最低点	143/200

前期(英検加点型)	
応募者数	14
受験者数	14
合格者数	9
競争率	1.56
合格最低点	102/150

学校PR

キャンパス全域に充実した無線LAN環境を整備し、多様なICT機器を授業だけでなく、学校行事や部活動を含めたあらゆる場面で活用しています。英語教育の充実も、中等部の特色のひとつです。コミュニケーション能力、国際理解力を育て、グローバルな視野を持った人材育成に努めています。

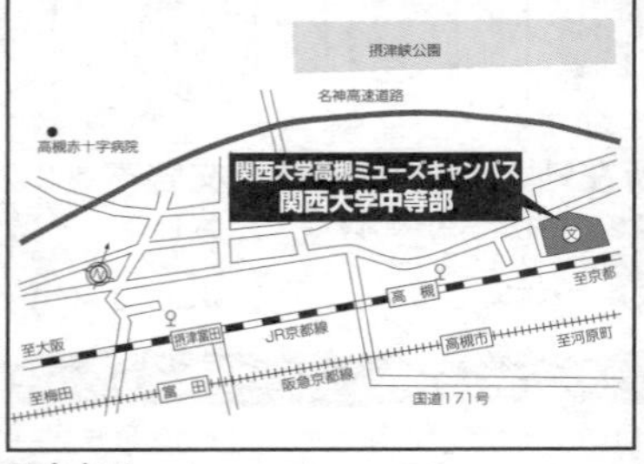

アクセス
JR東海道本線高槻から徒歩約7分
阪急京都線高槻市から徒歩約10分

費用

《入学手続き時》

○入学金	200,000円
○制服	約62,000円
○制定品	約62,000円

《入学後》

○授業料	700,000円
○施設費	200,000円
○生徒会費	1,000円
○学年諸費	96,000円
○給食費	96,000円
○教育後援会会費	15,000円

奨学金・特待制度

特になし

独自の留学制度

○希望者対象プログラム
・台湾短期交換留学(中2)
・ニュージーランド ターム留学(中3)

併設高校の合格実績

2024年の進学状況(卒業者数144名)
関西大学合格113(1)名

国・公立大学合格28(3)名
京都大1、大阪大3、神戸大5、大阪公立大7、京都工芸繊維大2(1)、奈良女子大1(1)、神戸市外国語大2、滋賀大1(1)、兵庫県立大1、奈良教育大3、滋賀県立大1、他。

他の私立大学合格52(13)名
関西学院大4、同志社大7(1)、立命館大7(2)(薬1(1))、近畿大(薬1)、慶應義塾大1、東京理科大1、立教大1、中央大1、大阪医科薬科大(薬5(1))、関西医科大(医1(1))、兵庫医科大(医1)、京都薬科大(薬4(1))、神戸薬科大(薬2(2))、摂南大(薬2(1))、同志社女子大(薬2(1))、武庫川女子大(薬1)、他。

省庁大学校合格1名
防衛大1。

※( )内は過年度生内数

関西大学第一中学校

学校インフォメーション

制服

通学

ICT教育

海外研修

プール

自習スペース

図書館

人工芝グラウンド

エレベーター

食堂

売店

スマホ持ち込み

カウンセラー

中高大連携

所在地　〒564-0073　大阪府吹田市山手町3-3-24

電話	06-6337-7750	**生徒数**	男 382人　女 311人
創立	1913年	**併設校**	関西大学第一高等学校、関西大学
校長	狩場　治秀	**WEB**	https://www.kansai-u.ac.jp/dai-ichi/junior/

アクセス
阪急千里線関大前駅下車南へ100m（徒歩3分）

教育方針・特色

「正義を重んじ、誠実を貫く」という教育方針を基本におき、この理念の実現に向けて、「知育・徳育・体育の高度に調和した人間教育」を目指している。大学の併設校というメリットを最大限に生かし、部活動に打ち込みながら、高校や大学進学に向けた勉学にも励むことができる環境が提供され、「文武両道」の精神が受け継がれている。

スクールライフ

登校時間	8:25
週登校日	6日制
学期制	3学期
制服	あり（夏・冬）
昼食	購買・食堂あり　弁当持参可
学校行事	体育大会（10月）、合唱コンクール（12月）
修学旅行	3年生5月　3泊4日　沖縄
環境・施設	関西大学千里山キャンパスに併設、総合図書館・ICT環境・多目的ホール・生徒食堂・人工芝グラウンド　※中学新校舎・新図書館が2023年11月竣工予定
クラブ活動	運動部 10：陸上競技、水泳、ソフトテニス、バスケットボール、バレーボール、野球、サッカー、剣道、空手道、ラグビー 文化部 8：科学、文芸、美術、交通研究、E.S.S.、料理、生物、茶華道 特別部 2：ブラスバンド、放送

2024年度 募集要項

○募集人数　約240名

○願書受付　12/11（月）9:00～1/6（土）15:00　web出願

○受験料　20,000円

○選抜日時　1/13（土）

○合格発表　1/15（月）10:00web

○選抜方法　国・算・理・社　各100点各50分・面接
4科型/2科型（国算×2）
4科型はアラカルト判定

2024年度 入試結果

一般

応募者数	458
受験者数	447
合格者数	258
競争率	1.73
合格最低点	285/400

費用

《入学手続き時》

○入学金	200.000円

《入学後》

○授業料	640,000円
○施設費	200,000円
○PTA会費	15,000円
○生徒会費	4,000円
○諸積立金	43,000円
○学年諸費	96,000円

別途、制服や制定品、副教材等の購入あり。

奨学金・特待制度

特になし

独自の留学制度

特になし

併設高校の合格実績

2024年の進学状況（卒業者数381名）
関西大学合格344名

国・公立大学合格12名
神戸大4、大阪公立大2、筑波大1、京都府立大1、広島大1、大阪教育大1、奈良県立医科大1、帯広畜産大1。

他の私立大学合格11名
関西学院大1、同志社大2、立命館大1、慶應義塾大1、大阪医科薬科大1、他。

学校PR

緑に囲まれた本校は、「正義を重んじる誠実を貫く」ことを教育方針の根本とし、知育・徳育・体育が高度に調和した、たくましい生徒の育成に努めています。学校は週6日制で、一週間に50分×34コマの授業（月～金は6限、土は4限）を行っており、放課後は部活動を中心に、様々な課外活動に取り組むことができます。また本校では希望者を対象に、毎年夏休み期間中2週間の日程で、オーストラリア・ケアンズにて海外英語研修を実施しています。

関西大学北陽中学校

大阪

学校インフォメーション

制服

通学

ICT教育

習熟度別授業

プール

自習スペース

図書館

人工芝グラウンド

食堂

スマホ持ち込み

カウンセラー

プレテスト

中高大連携

ネイティブ教員

所在地　〒533-0006　大阪市東淀川区上新庄1-3-26

電話	06-6328-5964	**生徒数**	男 198人　女 156人
創立	2010年	**併設校**	関西大学北陽高校、関西大学・大学院
校長	田中　敦夫	**WEB**	https://www.kansai-u.ac.jp/hokuyo/junior/

教育方針・特色

中学1年2年は、6年間の土台作りといえる時期で、十分な時間をとって基本の反復練習と基礎固めを行う。中学3年では、英数において習熟度別授業を展開する。高校入学時には、進路目標に合わせたコースの選択、さらに高校2年では大学進学に関わる文理の選択を行い、将来の進路を見据えながら学習に取り組む。また、長期休暇中の講習、各学年での学習合宿でさらなる学力の向上をめざすとともに、定期試験後の補習、火～金の7時間目の時間での個別指導や課題学習で基礎学力の定着を図る。

スクールライフ

登校時間	8:35予鈴、8:40授業開始
週登校日	6日制
学期制	3学期
制服	あり(夏・冬)
昼食	購買・食堂あり　弁当持参可
学校行事	奥琵琶湖体験研修(4月)、阿南海洋体験研修(7月)、北海道体験研修(7月)、English camp(8月)、文化祭(9月)、ウォーキングトライ(11月)、体育大会(11月)、マラソン大会(1月)、合唱コンクール(2月)、探究学習発表(3月)
修学旅行	3年生8月　3泊4日　北海道
環境・施設	校舎内全教室のWi-Fi環境を整備。地上4階建ての総合体育館には、アリーナ、温水プール、柔道場、武道場、トレーニングルームを完備。グラウンドは全面人工芝で、全天候型陸上トラック、テニスコート、ハンドボールコートを完備。
クラブ活動	運動部:サッカー(男)、ラグビー(男)、バスケットボール(女)、硬式テニス(女)、陸上競技、水泳、空手道、柔道 文化部:ジャズバンド、ESS、科学、料理、茶道、将棋、吹奏楽

共学校

2024年度 募集要項

○募集人数	105名
○願書受付	12/11(月)～1/9(火)15:00　web出願
○受験料	20,000円
○選抜日時	1次:1/13(土)8:50～ 2次A:1/13(土)17:00～ 2次B:1/14(日)16:00～
○合格発表	1次:1/14(日)　2次A:1/15(月) 2次B:1/17(水) いずれも10:00掲示、web
○選抜方法	1次:国・算　各100点各50分　社・理　各50点各40分　4科型/3科型(国算理)/2科型(国算)アラカルト判定 2次:国・算　各100点各50分

2024年度 入試結果

	1次	2次A	2次B
応募者数	156	530	366
受験者数	145	521	296
合格者数	73	239	131
競争率	1.99	2.18	2.26
合格最低点	171/300	126/200	106/200

学校PR

関西大学との連携プログラムとして、1年防災プログラム、2年研究室体験プログラム、3年リーガルマインド育成プログラムを実施。大学での幅広い学びを体感し、進路選択の興味関心を高めています。また、総合学習では1年ブックプロジェクト、2年NIE、3年SDGsを題材とした探究学習を行い、自らの考えをまとめて発表する力や仲間と協力して学ぶ力を育成しています。

アクセス
阪急京都線上新庄駅下車徒歩8分
阪急千里線下新庄駅下車徒歩13分
JRおおさか東線JR淡路駅徒歩15分

費用

○入学金	200,000円
○制服等	約130,000円
○副教材等	約15,000円
○iPad関連教材費	約55,000円
(2024年度入学実績)	
○授業料	640,000円
○施設費	50,000円
○諸費等	197,000円
(2024年度入学実績)	

奨学金・特待制度

あり

独自の留学制度

○留学先　オーストラリア(ケアンズ)
○学年　3年希望者
○内容　10日間
○費用　約40万円

併設高校の合格実績

2024年の進学状況(卒業者数380名)
関西大学合格257名

国・公立大学合格9名
大阪大4、神戸大1、京都工芸繊維大1、兵庫県立大1、山形大1、高知大1。

他の私立大学合格329名
同志社大4、立命館大11、京都産業大8、近畿大14、甲南大2、龍谷大4、青山学院大3、法政大1、駒澤大1、専修大1、摂南大12、神戸学院大3、追手門学院大12、桃山学院大5、京都外国語大1、関西外国語大1、大阪経済大7、大阪工業大4、同志社女子大1、他。

関西学院千里国際中等部

学校インフォメーション

制服

通学

ICT教育

探究授業

習熟度別授業

プール

図書館

人工芝グラウンド

カフェテリア

スマホ持ち込み

カウンセラー

帰国生入試

ネイティブ教員

英語イマージョン

所在地　〒562-0032　箕面市小野原西4-4-16

電話　072-727-5070
創立　1991年
校長　萩原　伸郎

生徒数　男 91人　女 113人　※2024年4月付
併設校　大阪インターナショナルスクール　関西学院千里国際高等部　関西学院大学
WEB　https://sis.kwansei.ac.jp/

アクセス
北大阪急行千里中央駅、阪急千里線北千里駅より阪急バス関西学院千里国際キャンパス下車または箕面墓地前下車徒歩10分

教育方針・特色

「知識と思いやりを持ち、創造力を駆使して世界に貢献する個人」を育てるというスクールミッションのもと、多様な価値観を尊重できる世界市民の育成を図っている。OISとの合同授業や諸活動などを通しての日常的な日・英のバイリンガル環境も特色であり、言語力を含めた「コミュニケーション力」を大切にしている。英語は5レベルの習熟度別クラス。各学年とも26人を最大定員とした少人数教育を行っている。

スクールライフ

登校時間　8:30
週登校日　5日制
学期制　3学期
制服　なし
昼食　食堂あり　弁当持参可
学校行事　学園祭、スポーツデイ、ミュージカル(どれもインターと合同)、キャンプ
修学旅行　中学3年　生徒が選択
環境・施設　千里の丘陵地帯の、緑に囲まれた閑静な住宅街に建つ。カフェテリア、図書館、温水プール、コンピュータラボ、プラネタリウム、体育館、小体育館、トレーニングルーム、音楽室、美術教室、カウンセリングルームなど。定員34名の「あけぼの寮」あり(中3以上)。
クラブ活動　スポーツ系はシーズン制をとり、併設のOISと合同で活動。
【運動部】サッカー、バスケットボール、バレーボール、卓球、ソフトボール、野球など(シーズン制)
【文化部】演劇、茶道、競技かるた、料理、各種ボランティア、なぞとき など

2024年度 募集要項

○募集人数　一般生入試40名(別に帰国生入試、帰国生特別入試、海外生入試、国際生入試、帰国生筆記入試あり)
○願書受付　一般生・帰国生筆記・国際生12/11(月)～12/13(水)、1/6(土)
帰国生11/29(水)～12/1(金)
海外生10/25(水)～10/30(月)
帰国生特別(春学期入試)3/11(月)、3/12(火)
いずれも郵送は必着
○受験料　28,000円
※海外から振込の場合、着金手数料2,500円要
○選抜日時　一般生・帰国生筆記・国際生:1/14(日)
帰国生:1/7(日)オンライン
海外生:11/18(土)19(日)オンライン
帰国生特別:3/21(水)オンライン
○合格発表　一般生・帰国生筆記・国際生:1/15(月)郵送、web
帰国生:1/9(火)web
海外生:11/21(火)web
帰国生特別:3/22(金)web
○選抜方法　一般選考・国際生選考:国・算 各50分・グループ面接
帰国生筆記:国・算 各50分・グループ面接30分・保護者面接 約15分
帰国生・帰国生特別・海外生選考:書類選考・作文(日本語または英語) 60分・生徒面接 約20分・保護者面接 約15分

2024年度 入試結果

一般・国際生		帰国(書類)	
応募者数	115	応募者数	39
受験者数	115	受験者数	36
合格者数	62	合格者数	26
競争率	1.85	競争率	1.38
合格最低点	非公表	合格最低点	非公表

帰国(筆記)	
応募者数	3
受験者数	3
合格者数	0
競争率	—
合格最低点	非公表

費用

《入学手続き時》
○入学金　300,000円

《入学後》(年額)
○授業料　1,566,000円
○諸経費・諸会費*　102,000円
*副教材、諸活動費は各生徒により異なる

奨学金・特待制度

特になし

独自の留学制度

特になし

併設高校の合格実績

2024年の進学状況(卒業者数91名)
関西学院大学進学55名

国・公立大学合格5名
京都大1、京都府立大1、福井大1、鳥取大1、京都市立芸術大1。

他の私立大学合格32名
関西大2、立命館大3、近畿大4、甲南大2、龍谷大2、早稲田大2、青山学院大1、中央大2、関西医科大1、兵庫医科大1、関西外国語大1、京都芸術大2、京都精華大1、大和大2、大阪芸術大2、立命館アジア太平洋大2、他。

学校PR

関西学院千里国際中等部・高等部(SIS)は、大阪インターナショナルスクール(OIS)とのジョイント校。OISとはキャンパスを共有し、一部の授業や諸活動、イベントなど、学校生活を共に行う、日英バイリンガル環境です。英語の授業は5段階にレベル分けされ(初心者からネイティブレベルまで)、どの生徒にとっても最適な環境です。
世界中からの帰国生徒・外国人生徒・一般生徒が互いを尊重し学びあう、まさに小さな国際社会。自己と異なる他者を受け入れるための力と方法が、自然な形で身についていきます。世界市民を目指したい人、歓迎します。

近畿大学附属中学校

学校インフォメーション

制服

通学

ICT教育

海外研修

図書館

人工芝グラウンド

バリアフリー

食堂

スマホ持ち込み

カウンセラー

プレテスト

特待生制度

中高大連携

ネイティブ教員

所在地 〒578-0944 大阪府東大阪市若江西新町5-3-1

電話	06-6722-1261	**生徒数**	男 466人 女 391人
創立	1939年	**併設校**	近畿大学・同短大部・同附属高校・小学校・幼稚園
校長	丸本 周生	**WEB**	https://www.jsh.kindai.ac.jp/

教育方針・特色

「人に愛される人、信頼される人、尊敬される人になろう」を校訓に「知・徳・体」の調和がとれた全人教育を推進しています。教科学習・クラブ活動・日常生活のすべての場面において、この校訓の具現化を目指し、学力向上はもちろんのこと、明るく・伸び伸びとした人間性や心の教育にも取り組んでいます。

スクールライフ

登校時間	8:25
週登校日	6日制
学期制	3学期
制服	あり(夏・冬)
昼食	弁当持参 購買での購入可 土曜日のみ食堂利用可
学校行事	体育祭(10月)、夏期学舎(7月・1年)、校外学習(11月)、球技大会(3月)、スキー学舎(2月)。国内・海外での語学研修(希望者)など。
修学旅行	5年生3月 3泊4日 沖縄
環境・施設	ICT環境・マルチメディア教室・図書室・食堂・体育館・剣道場・柔道場・芝コート
クラブ活動	体育系…剣道、陸上競技、ソフトテニス、卓球、バスケットボール、バレーボール、サッカー、柔道(男子) 文化系…英語研究、科学、美術、吹奏楽、将棋、書道、演劇

2024年度 募集要項

○募集人数　医薬コース 前期約25名 後期約15名
英数コースアドバンスト 前期約55名 後期約25名
英数コースプログレス 前期約100名 後期約20名(21世紀入試約20名含む)

○願書受付　前期・21世紀型 12/11(月) ～1/11(木)12:00
後期 12/11(月)～1/14(日)15:00
すべてweb出願

○受験料　20,000円

○選抜日時　前期・21世紀型:1/13(土)
後期:1/15(月)

○合格発表　前期・21世紀型:1/14(日)14:00web
後期:1/16(火)14:00web

○選抜方法　国・算 各120点各60分 理・社 各80点各40分
医薬コース:国・算・理 320点満点で判定
英数コース(アドバンスト・プログレス):4科or3科(国算理)受験し、理・社の得点が高い方を国・算に加算して320点満点で判定
21世紀型入試(事前エントリー要):作文・算数基礎学力診断テスト40分・面接(集団)

2024年度 入試結果

医薬コース

	前期	後期
応募者数	67	114
受験者数	67	67
合格者数	30	25
競争率	2.23	2.68
合格最低点	238/320	254/320

英数コース アドバンスト

	前期	後期
応募者数	110	149
受験者数	105	84
合格者数	68	33
競争率	1.54	2.55
合格最低点	195/320	229/320

※回し合格(前25・後18)含まない

英数コース プログレス

	前期	後期	21世紀入試
応募者数	90	86	26
受験者数	86	46	26
合格者数	57	18	23
競争率	1.51	2.56	1.13
合格最低点	172/320	197/320	

※回し合格(前29・後46)含まない

学校PR

本校では「考える」というキーワードを発信し、一人ひとりを力強くサポートしています。
生徒たちに考える機会や選択する場面を多く提供しながら、教科学習、部活動、学校行事等、学校生活のすべてをトレーニングの場として、進路保障と成長保障の両全に向けて教育活動内容を工夫しています。
本校は、チーム近大附属として、一緒に学ぶことをめざす皆さんをお待ちしています。

アクセス
近鉄奈良線八戸ノ里駅下車南へ徒歩20分、大阪線長瀬駅下車東へ徒歩20分、奈良線八戸ノ里駅、大阪線久宝寺口駅、JR久宝寺駅、JR学研都市線鴻池新田駅、京阪・モノレール門真市駅より専用バスあり

費用

《入学手続き時》

○入学金	200,000円
○制服費	約110,000円
○教材費(iPad)	約98,000円

《入学後》

○授業料	(年3回の分納)600,000円
○生徒生活行事費	約175,000円
○生徒会費	3,600円
○PTA費	13,000円

奨学金・特待制度

奨学金制度あり

独自の留学制度

留学先:オーストラリア、ニュージーランド、イギリス、アメリカ、マルタ、カナダ
4、5年時に実施
15日間、3週間、1年の研修・留学を行う
費用は行き先・期間によって変動する

併設高校の合格実績

2024年の進学状況(卒業者数852名)
近畿大学706名(683)
国・公立大学合格
京都大3(2)、大阪大13(11)、神戸大7(6)、九州大2、大阪公立大22(20)、京都工芸繊維大1(1)、奈良女子大5(5)、京都府立大1(1)、北見工業大6(6)、岡山大2(2)、鳥取大4(4)、徳島大3(3)、和歌山大8(8)、兵庫県立大4(3)、奈良県立大5(4)、大阪教育7(7)、奈良教育大6(6)、滋賀県立大4(4)、奈良県立医科大3(2)、和歌山県立医科大2(2)、他。
他の私立大学合格
関西学院大77(62)、関西大93(83)、同志社大53(41)、立命館大80(54)、京都産業大15(15)、甲南大7(6)、龍谷大36(20)、早稲田大3(3)、慶應義塾大3(1)、明治大1(1)、青山学院大2(2)、中央大7(3)、法政大4(1)、大阪医科薬科大3(3)、関西医科大6(5)、兵庫医科大2(2)、大阪歯科大2(2)、京都薬科大3(2)、摂南大32(28)、神戸学院大6(6)、追手門学院大15(5)、桃山学院大5(5)、京都外国語大11(11)、関西外国語大28(27)、大阪経済大2(2)、大阪工業大15(11)、大和大23(17)、京都女子大12(12)、同志社女子大17(16)、武庫川女子大12(12)、日本女子大1、他。
省庁大学校合格
防衛大1(1)、防衛医大1(1)、航空保安大1(1)。
※( )内は現役内数

金蘭千里中学校

学校インフォメーション

制服

通学

ICT教育

長期休暇講習

探究授業

海外研修

自習スペース

蔵書数 27,000 冊
図書館

食堂

カウンセラー

プレテスト

帰国生入試

中高大連携

ネイティブ教員

所在地　〒565-0873　大阪府吹田市藤白台5丁目25番2号

電話　06-6872-0263
創立　1965年
校長　大中 章
生徒数　男 259人 女 371人
併設校　金蘭千里高等学校
WEB　https://www.kinransenri.ed.jp/

アクセス
阪急千里線北千里駅下車徒歩10分
北大阪急行千里中央駅から阪急バス10分

教育方針・特色

高校からの募集をしていない、完全中高一貫校。定期テストの代わりに、毎朝一科目ずつ行われる20分テストを学習システムの基幹とし、堅実な学習習慣を生徒につけさせる。クラブ活動には全校生徒の約8割が在籍し、キャンプや自然研修、文化祭・体育祭などといった各種行事も充実しており、学業以外でも多様な刺激を受けながら成長できる。卒業進学者の約7割が難関国公立大や関関同立レベル以上の私大に進んでいる。自力で学ぶ力の育成を志向しており、2021年度からはオンライン学習システム「金蘭千里勉強部」を開設。自宅での学習の質を上げるサポートを本格化している。コース制は敷いておらず、入学者全員が同一のカリキュラムで学習を進めていく。

スクールライフ

登校時間　8:30
週登校日　6日制
学期制　3学期
制服　あり(夏・冬)
昼食　食堂あり　自宅より弁当持参を推奨
学校行事　キャンプ(2～3泊)、ファミリーコンサート(7月)、水泳訓練(7・8月)、文化祭(10月)、体育祭(5月)、徒歩訓練(11月)、英語暗唱コンテスト(12月)、合唱祭(2月)、校内大会(年3回)
修学旅行　3年生5月　3泊4日　信州
環境・施設　普通教室、体育館、講堂、図書室、生徒食堂、視聴覚室、生物教室、化学教室、物理教室、地学教室、美術教室、書道教室、音楽教室、家庭科教室、パソコン教室、運動場(大阪府下最大)全館冷暖房完備、テニスコート
クラブ活動　男子サッカー、女子バレーボール、硬式テニス、バスケットボール、ダンス、剣道、卓球、陸上、バドミントン、ワークアウト、合唱、美術、科学、PLS、文芸・新聞、家庭科、百人一首、吹奏楽、ESS、演劇、ボランティア、茶道、鉄道研究、PC、書道、写真、囲碁・将棋

2024年度 募集要項

○募集人数　180名
○願書受付　12/11(月)0:00～1/9(火)23:59
web出願
○受験料　20,000円
○選抜日時　前期A・E:1/13(土)8:35
中期B・J・M:1/13(土)16:45、17:10
後期:1/14(日)8:35
○合格発表　前期A・E、中期B・J・M:1/14(日)web16:00
後期:1/15(月)web12:00
○選抜方法　前期A:国・算 各120点各60分 社・理 各60点各30分 4科型/3科型(国算＋理or社×1.2)のアラカルト判定
前期E:国・算 各120点各60分・英(含リスニング)120点70分
中期B・後期C:国・算 各120点各60分
中期J:国120点60分
中期M:算120点60分
後期T:適性検査(言語能力・数的能力)各60分

2024年度 入試結果

	前期A	前期E	中期B	中期J	中期M	後期C	後期T	帰国生
応募者数	152	13	441	57	39	293	32	12
受験者数	143	13	433	55	37	282	32	12
合格者数	97	8	345	25	21	195	18	8
競争率	1.47	1.63	1.26	2.20	1.76	1.45	1.78	1.50
合格基準点	231/360(基準点)	215/360	140/240	97/120	87/120	138/240	—	—

費用

《入学手続き時》
○入学金　240,000円

《入学後》
○授業料　(年間)659,000円
○施設費　36,000円
○保護者会費　7,200円
○学年費　約126,000円
○ipad購入費用　約90,000円
○総合保障制度　21,000円
※授業料その他の費用は3期分納制

奨学金・特待制度

特になし

独自の留学制度

特になし

併設高校の合格実績

2024年の進学状況(卒業者数193名)
国・公立大学合格77(61)名
京都大3(2)、大阪大9(8)、神戸大7(7)、大阪公立大11(11)、筑波大1(1)、横浜国立大1、国際教養大1(1)、京都工芸繊維大2(1)、岡山大1(1)、広島大1、滋賀大1(1)、三重大1、和歌山大2(2)、山口大1(1)、兵庫県立大9(9)、大阪教育大2(1)、兵庫教育大1(1)、奈良県立大1(1)、他。

私立大学合格470(359)名
関西学院大51(42)、関西大28(24)、同志社大24(18)、立命館大49(43)、京都産業大3(3)、近畿大56(40)、甲南大4(1)、龍谷大10(9)、佛教大2(2)、早稲田大3(3)、慶應義塾大3(3)、上智大12(12)、東京理科大7(7)、明治大4(4)、青山学院大6(6)、立教大1(1)、中央大1(1)、法政大3(3)、日本大1、大阪医科薬科大12(10)、関西医科大11(11)、兵庫医科大10(3)、大阪歯科大7(7)、京都薬科大5(4)、神戸薬科大3(3)、摂南大8(2)、神戸学院大9(6)、追手門学院大11(8)、桃山学院大1、京都外国語大2(2)、関西外国語大3(3)、大阪経済大2(2)、大阪工業大13(9)、京都女子大6(6)、同志社女子大9(7)、神戸女学院大6(6)、武庫川女子大9(9)、日本女子大1、他。

省庁大学校合格
防衛医科大1。
※( )内は現役内数

学校PR

本校は生徒にきちんと学力をつけさせる学校ですが、決して厳しさ一本ではありません。校内アンケートでは8割の生徒が「学校生活は楽しいですか」という質問にYesと回答し、9割の生徒が「校内で良い友人が作れています か」という質問に肯定的です。明るく穏やかな仲間と楽しみながら成長する6年を、ぜひ金蘭千里で送って下さい。

建国中学校

学校インフォメーション

制服

通学

ICT教育

習熟度別授業

海外研修

留学制度

自習スペース

バリアフリー

昼食

スマホ持ち込み

カウンセラー

特待生制度

ネイティブ教員

所在地　〒558-0032　大阪市住吉区遠里小野2-3-13

電話　06-6691-1231
創立　1946年
校長　金 秀子

生徒数　男 24人 女 37人
併設校　認定こども園 建国幼稚園・建国小学校・建国高等学校
WEB　https://keonguk.ac.jp/middle_school/

アクセス
JR阪和線 杉本町駅 下車徒歩7分
南海高野線 我孫子前駅 下車徒歩7分
大阪シティバス 64系統・臨63系統
山之内1丁目下車南へ50m

教育方針・特色

「日本語」「韓国語」「英語」の3か国語を学ぶことができる韓国系インターナショナルスクールです。「自立」「尊重」「共生」を最上位目標とし、「自ら判断し、決断し、行動できる力」「お互いの多様な意見を尊重し、合意形成するために"対話を通して対立やジレンマ"を乗り越える力」「自分とは違う世界中の様々な人たちと繋がる中、新たな価値観を発見する力」を身につけることを目指します。

スクールライフ

登校時間	8:25
週登校日	5日制　第1・3・5土曜日は授業あり
学期制	3学期
制服	あり(夏・冬)
昼食	食堂　給食あり
学校行事	体育祭(5月)、文芸祭(9月)
修学旅行	2年生3月　3泊4日　韓国
環境・施設	図書室・ICT環境・テニスコート・グラウンド・体育館・ギャラリー・美術室・物理室・柔道室・被服室・カフェテラス など
クラブ活動	女子バレーボール部、バスケットボール部、硬式テニス部、サッカー部、柔道部、テコンドー部、ダンス部、吹奏楽部、伝統芸術部、ESS部、美術部、ムグンファ同好会、プログラミング同好会 など

2024年度 募集要項

○募集人数　60名(内部進学者含む)
○願書受付　1次:12/11(月)～1/10(木)
2次:1/15(月)～2/2(金)15:00
web出願
○受験料　20,000円
○選抜日時　1次:1/13(土)　2次:2/3(土)
○合格発表　1次:1/15(月)　2次:2/5(月)
いずれも郵送
○選抜方法　国(日本語・韓国語・英語から選択)・算(日本語版・韓国語版から選択)　各100点各50分・面接・自己推薦書50点

2024年度 入試結果

応募者数	10
受験者数	10
合格者数	10
競争率	1.00
合格最低点	非公開

※内部生(5)含む

費用

○入学金	100,000円
○入学時納入金	
生徒会入会金	300円
教育活動費	60,000円
タブレット費用	75,000円
検定費用	30,000円
○授業料	360,000円
○給食費	82,500円
○修学旅行積立金	60,000円
○制定品費	約121,000円

奨学金・特待制度

学業特別奨学生、特技特別奨学生

独自の留学制度

特になし

併設高校の合格実績

2024年の進学状況(卒業者数40名)
韓国の大学合格17名
高麗大1、延世大2、成均館大2、漢陽大3、慶熙大1、中央大2、韓国外国語大2、西江大1、国民大1、韓国芸術総合学校1、韓国海洋大1。

私立大学合格
関西学院大1、関西大2、同志社大2、立命館大1、近畿大2、甲南大1、上智大1、関西外国語大4、京都女子大1、他。

学校PR

本校は日本だけではなく、様々なルーツを持った生徒が在籍しています。
よって、本校で学校生活をおくることで自然と国際感覚を身につけることができます。
語学学習においてはレベル別授業となっているので、自分のレベルにあったクラスで着実に力を身につけることができます。

賢明学院中学校

学校インフォメーション

制服

通学

宗教教育

ICT教育

長期休暇講習

習熟度別授業

留学制度

自習スペース

図書館

人工芝グラウンド

食堂

スマホ持ち込み

プレテスト

中高大連携

所在地　〒590-0812　堺市堺区霞ヶ丘町4丁3-30

電話	072-241-1679	**生徒数**	男 109人　女 80人
創立	1966年	**併設校**	同高等学校（全日制・通信制）、同小学校、同幼稚園
校長	石森　圭一	**WEB**	https://kenmei.jp/

教育方針・特色

カトリック・ミッションスクール、関西学院大学系属校「最上をめざして、最善の努力を」というthe Bestの精神をモットーに、人と比較するのではなくそれぞれの能力を最大限に生かすことを目指します。文武両道、2コース制、コースによるクラブ活動の制限はありません。語学力の向上のみならず国際感覚を身に着ける指導を行うグローバル教育、世界中の課題に向き合い、広い視野で物事に取り組む力を育てる探究活動など個々の力を育て、開花させられる環境が整っています。

スクールライフ

登校時間	8:20
週登校日	5日制
学期制	2学期
制服	あり（夏・冬）
昼食	食堂　弁当、パン販売あり
学校行事	文化祭（9月）、クリスマスタブロー（12月）、体育大会7月（中高合同）
修学旅行	3年生11月　3泊4日　沖縄・八重山諸島方面
環境・施設	チャペル、人工芝グラウンド、テニスコート、シャローム広場、リヴィエホール
クラブ活動	サッカー部（男）、バスケットボール部（女）、バレー部（女）、剣道（男女）、女子ダンス部、バトンチアダンス部、卓球（男女）、硬式テニス（男女）、ソフトテニス部（男女）、軽音楽部、美術部、家庭科部、伝統文化部、ハンドベル部、ESS部、インターアクトボランティア部

2024年度 募集要項

○募集人数　90名（内部進学者含む）（関西学院理数コース　最大60名　総合コース）

○願書受付　AⅠ日程 12/1(金)～1/11(木)16:00
AⅡ日程 12/1(金)～1/13(土)15:20
B日程 12/1(金)～1/14(日)15:20
すべてweb出願

○受験料　21,000円（事務手数料含む）
※複数日程同時出願の場合、2回目以降11,000円

○選抜日時　AⅠ日程:1/13(土)9:00
AⅡ日程:1/13(土)16:00
B日程:1/14(日)16:30

○合格発表　AⅠ日程:1/13(土)20:00
AⅡ日程:1/14(日)10:00
B日程:1/15(月)10:00　いずれもweb

○選抜方法　AⅠ・AⅡ日程:3科型関西学院理数コース（国算各100点各45分・理50点35分）・面接
AⅠ・AⅡ日程:3科型総合コース（国算各100点各45分+理・英より1科50点35分）・面接
AⅠ・AⅡ日程・B日程:2科型（国算各100点各45分）・面接
※英検取得者は取得級に応じ加点

2024年度 入試結果

関西学院理数コース AⅠ日程		総合コース AⅠ日程	
応募者数	27	応募者数	31
受験者数	27	受験者数	31
合格者数	30	合格者数	26
競争率	—	競争率	—
合格最低点	2科119/200、3科139/250	合格最低点	2科85/200、3科115/250

関西学院理数コース AⅡ日程		総合コース AⅡ日程	
応募者数	34	応募者数	13
受験者数	34	受験者数	13
合格者数	29	合格者数	17
競争率	—	競争率	—
合格最低点	2科105/200、3科141/250	合格最低点	2科80/200、3科105/250

関西学院理数コース B日程		総合コース B日程	
応募者数	26	応募者数	11
受験者数	9	受験者数	1
合格者数	8	合格者数	2
競争率	—	競争率	—
合格最低点	—	合格最低点	—

※合格者数は回し合格・繰上げ合格計、AⅠ日程は内部進学含む　※合格者数は回し合格・繰上げ合格計、AⅠ日程は内部進学含む

アクセス
JR阪和線上野芝駅下車徒歩13分
南海高野線堺東駅より南海バス霞ヶ丘下車徒歩3分・南陵通1丁下車徒歩3分

費用

○入学金	250,000円
○制服・制定品購入費	約160,000円は後日振り込み
○授業料	588,000円
○施設設備拡充費	60,000円
○教材費	72,000円
○その他　研修旅行等費	年間100,000円前後
○タブレット端末購入費	約90,000円
○保護者会費	18,000円

年間一括または4期分納

奨学金・特待制度

○保護者が、賢明学院小学校・中学校・高等学校のいずれかの卒業生である場合。
○2023年度（入学時）に、兄弟姉妹が、賢明学院幼稚園・小学校・中学校・高等学校のいずれかに在籍の場合。
○保護者と本人が、カトリック信者である場合（所属カトリック教会からの推薦状が必要）

独自の留学制度

ニュージーランド
2023年開始予定

併設高校の合格実績

2024年の進学状況（卒業者数128名）
国・公立大学合格
大阪公立大2、徳島大1。

私立大学合格
関西学院大25、関西大11、立命館大4、京都産業大6、近畿大49、甲南大1、龍谷大7、大阪歯科大1、摂南大9、追手門学院大14、桃山学院大1、京都外国語大1、関西外国語大8、大阪経済大2、大阪工業大9、京都女子大1、同志社女子大1、神戸女学院大12、日本女子大1、他。

学校PR

賢明学院中学高等学校は関西学院大学系属校のカトリック・ミッションスクールです。2コース制で個の可能性をとことん追求し、将来、他者のために自分の力を使うことができる人材の育成を目指しています。学業に、クラブ活動や課外活動に、常に全力で取り組み共に成長できる仲間や先生に出会える場所、将来の夢に向かって自分自身を精一杯開花させられる場所、それが賢明学院です。ぜひ学校で行われる行事などに参加し来校してください。

大阪

香里ヌヴェール学院中学校

学校インフォメーション

制服

通学

宗教教育

ICT教育

長期休暇講習

習熟度別授業

海外研修

留学制度

自習スペース

食堂

スマホ持ち込み

特待生制度

ネイティブ教員

英語イマージョン

所在地　〒572-0007　大阪府寝屋川市美井町18-10

電話	072-831-8452	**生徒数**	男 66人　女 103人
創立	1923年	**併設校**	香里ヌヴェール学院高等学校
校長	池田　靖章	**WEB**	https://www.seibo.ed.jp/nevers-hs/

アクセス
京阪本線香里園駅から徒歩約8分
京阪三条駅から急行で約40分

教育方針・特色

本校では、今後の予測不能な社会を生き抜くために、論理的思考力・批判的思考力・創造的思考力が必要と考えています。9年前から各教科においてPBL（課題解決型授業）を実施し「答えのない問い」に向き合う姿勢と思考力を養う教育に取り組んでいます。また全ての教科でICT機器を積極的に利用し、一方的な従来型授業ではなく、双方向で効率的な学びを実現しています。世界の様々な問題を「ジブンゴト」として捉え、実際に行動できることを目指します。

スクールライフ

登校時間	8:30
週登校日	今年度から週5日制に
学期制	3学期
制服	あり（夏・冬）
昼食	食堂　弁当持参可
学校行事	体育祭（5月）、文化祭（9月）
修学旅行	3年生10月
環境・施設	礼拝堂・ICT環境・図書室・食堂（2022年度新設）・人工芝グラウンド・体育館（冷暖房設備あり）・プール
クラブ活動	運動部：男女卓球部、男女バスケットボール部、男女バドミントン部、男子硬式テニス部、女子ソフトテニス部、ダンス部（強化クラブ）、サッカー部、男女バレーボール部 文化部：吹奏楽部、理科部、美術部、コーラス・ハンドベル部、演劇部、文芸部、茶道部、調理部、ボランティアからしだね部、ドローン同好会

2024年度 募集要項

○募集人数	スーパーアカデミーコース（SAC）35名　グローバルサイエンスコース（GSC）35名（内部進学者含む）
○願書受付	A日程：12/1（金）～1/11（木）16:00 B日程：12/1（金）～1/14（日）9:00 C日程：12/1（金）～1/15（月）9:00 2月入試：1/25（木）～2/1（木）16:00
○受験料	20,000円
○選抜日時	A日程：1/13（土）9:00 B日程：1/14（日）14:00 C日程：1/15（月）14:00 2月入試：2/3（土）14:00
○合格発表	各試験日当日19:00web
○選抜方法	2科目入試（A日程）：国・算　各100点各45分 1科目入試（B・C日程、2月入試）：国or算100点45分 英語インタービュー型入試（A・B・C日程、出願条件あり）：英語インタビュー10分【出願条件】英検4級以上、TOEFL Primary210点以上 ヌヴェール入試（申請条件有）：A日程（2科目入試・英語インタービュー型入試のいずれか）を受験

2024年度 入試結果

スーパーアカデミーコース（SA）A日程		グローバルサイエンスコース（GS）A日程	
応募者数	27	応募者数	28
受験者数	27	受験者数	25
合格者数	27	合格者数	25
競争率	1.00	競争率	1.00
合格最低点	35.0/100	合格最低点	40.0/100

スーパーアカデミーコース（SA）B日程		グローバルサイエンスコース（GS）B日程	
応募者数	18	応募者数	10
受験者数	8	受験者数	5
合格者数	7	合格者数	5
競争率	1.14	競争率	1.00
合格最低点	36.0/100	合格最低点	45.0/100

スーパーアカデミーコース（SA）C日程		グローバルサイエンスコース（GS）C日程	
応募者数	17	応募者数	12
受験者数	5	受験者数	6
合格者数	4	合格者数	5
競争率	1.25	競争率	1.20
合格最低点	50.0/100	合格最低点	53.0/100

※回し合格（A1）含まない

費用

《入学手続き時》

○入学金	180,000円
※入学金について	
内部小学校からの進学者:	100,000円
ファミリー特典での受験者:	90,000円
○制定品	約120,000円

《入学後》

○授業料	504,000円
○教育充実費	144,000円/年
○施設設備費（初年度のみ）	60,000円
○校外学習積立金	3年間で250,000円
○補助教材費	114,000円/年

諸費用は2023年度実績

奨学金・特待制度

奨学金、特待生制度あり

独自の留学制度

特になし

併設高校の合格実績

2024年の進学状況（卒業者数206名）

国・公立大学合格

北海道大1、大阪公立大1、大阪教育大学1、福井大（医）1、高知大1。

私立大学合格

関西学院大13、関西大8、同志社大3、立命館大5、京都産業大15、近畿大23、甲南大3、龍谷大21、上智大2、関西医科大（医）2、兵庫医科大1、大阪歯科大1、摂南大38、神戸学院大1、追手門学院大12、桃山学院大9、京都外国語大1、関西外国語大27、京都女子大11、同志社女子大6、神戸女学院大8、武庫川女子大8、他。

学校PR

本校は昨年度に創立100年を迎えた伝統校です。国の登録有形文化財になっている美しい校舎があり、昨年6月には新しく食堂が新設され、今年はテラス席も誕生しました。本校の教職員は非常に教育活動に熱心で、生徒の皆さんが充実した学校生活を送れるように全力でサポートしています。また、ICTを活用した教育にも力を入れています。今年度から週5日制へと移行し、土曜日は希望者が対象の様々な講座を開講しています。

共学校

金光大阪中学校

学校インフォメーション

制服

通学

宗教教育

ICT教育

習熟度別授業

留学制度

自習スペース

人工芝グラウンド

食堂

スマホ持ち込み

カウンセラー

プレテスト

特待生制度

ネイティブ教員

所在地　〒569-0002　大阪府高槻市東上牧1-3-1

電話	072-669-5211	**生徒数**	男 32人　女 29人
創立	1988年	**併設校**	金光大阪高等学校
校長	津本　佳哉	**WEB**	https://www.kohs.ed.jp/

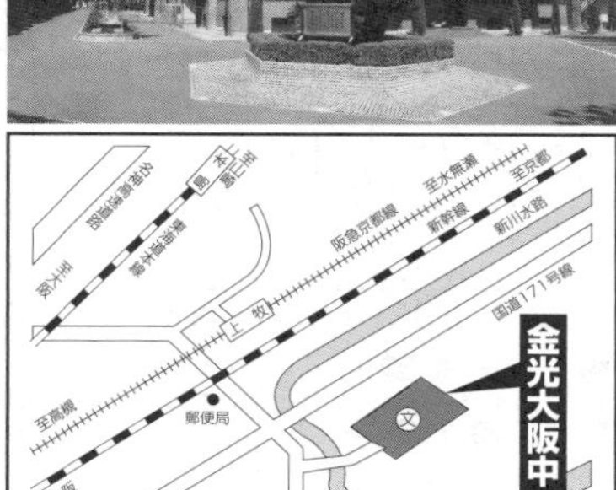

アクセス
阪急京都線上牧駅下車徒歩4分
JR京都線島本駅下車徒歩18分

教育方針・特色

本校では、一人ひとりをきめ細やかに見守りサポートできる少人数制のもと、「知ることの楽しさ」「発見することの喜び」を実感できる、興味と可能性を広げる学びを実践。また高校では、目標に応じて能力を伸ばせる5コースを設置。広い視野で未来を見つめ、最も輝ける道を見出し、集中して進路実現を目指せる6年一貫教育を展開しています。

スクールライフ

登校時間	8:25
週登校日	6日制
学期制	3学期
制服	あり（夏・冬）
昼食	食堂・ベーカリーあり　弁当持参可
学校行事	宿泊研修（5月）、体育大会（6月）、文化祭（9月）、芸術鑑賞（10月）、勉強合宿（11月）
修学旅行	なし（代わりに原則全員参加のNZ短期留学があります）
環境・施設	自習室、図書室、人工芝グラウンド、テニスコート、ICT環境、校内Wi-Fi
クラブ活動	サッカー（FC）、野球部、ラグビー部、バスケットボール部（男女）、テニス部（男女）、陸上競技部、剣道部、柔道部、ダンス部、吹奏楽部、コンピュータ部、写真部、書道部、茶道部、美術部、科学部、模擬国連部

2024年度 募集要項

○募集人数　英数コース40名（1次A・B 30名、2次 10名）

○願書受付　1次A:12/12（火）0:00～1/12（金）16:00
1次B:12/12（火）0:00～1/13（土）16:00
2次:12/12（火）0:00～1/16（火）23:59
すべてWeb出願

○受験料　20,000円

○選抜日時　1次A:1/13（土）　1次B:1/14（日）
2次:1/17（水）

○合格発表　1次A:1/14（日）　1次B:1/15（月）
2次:1/18（木）　いずれもweb

○選抜方法　国・算　各100点各50分・面接（10分程度）
※英語検定利用受験は国100点＋算50点＋英語検定資格30～50点/国算計とのアラカルト判定

2024年度 入試結果

	英数コース 1次A	英数コース 1次B	英数コース 2次
応募者数	18	23	8
受験者数	18	22	8
合格者数	18	22	7
競争率	1.00	1.00	1.14
合格最低点	106/200	103/200	非公表

学校PR

1年次より、ネイティブ教員による英語の授業や毎朝10分のEnglish Timeなど、充実の英語教育プログラムを用意しています。 2年次にはカナダ語学研修、3年次にはニュージーランド短期留学を実施。 4技能を伸ばし大学受験に備えるとともに、国際社会で不可欠となる幅広い識見を育みます。

費用

《入学手続き時》

○入学金	200,000円
○各制服一式代金	（男子）44,900円
	（女子）47,900円
○その他学校指定物品費	43,560円

《入学後》

○授業料	594,000円
○日本スポーツ振興センター	460円
○学年諸費	155,200円
○生徒会費	6,000円
○育友会費	12,000円

奨学金・特待制度

○Ⅰ型特待生（入学金全額免除＋授業料3年間全額免除）
○Ⅱ型特待生（入学金全額免除＋授業料3年間半額免除）
○Ⅲ型特待生（入学金全額免除）

独自の留学制度

留学先	ニュージーランド
学年	3年
内容	約3週間の留学
費用	約700,000円

併設高校の合格実績

2024年の進学状況（卒業者数357名）
関西福祉大学合格6名
国・公立大学合格4名
神戸大1、北見工業大1、大阪教育大1、兵庫県立大1。

他の私立大学合格723(24)名
関西学院大10、関西大40(1)、同志社大18、立命館大8、京都産業大53(2)、近畿大36、甲南大2、龍谷大51(1)、佛教大21(1)、慶應義塾大1、上智大1、大阪医科薬科大3(1)、関西医科大1、京都薬科大2、摂南大82(5)、神戸学院大6、追手門学院大81(8)、桃山学院大4、京都外国語大6、関西外国語大19、大阪経済大8、大阪工業大5、京都女子大10、同志社女子大4、武庫川女子大7、他。

短期大学(部)合格6名
専修学校41名
就職4名
※( )内既卒者内数

金光八尾中学校

大阪

学校インフォメーション

制服

通学

宗教教育

ICT教育

長期休暇講習

習熟度別授業

海外研修

自習スペース

図書館

食堂

カウンセラー

プレテスト

特待生制度

ネイティブ教員

所在地　〒581-0022　大阪府八尾市柏村町1-63

電話　072-922-9162
創立　1985年
校長　岡田 親彦

生徒数　男 63人 女 63人
併設校　金光八尾高等学校、関西福祉大学
WEB　https://www.konkoyao.ed.jp/

教育方針・特色

本校では開学以来、「確かな学力」「豊かな情操」を教育方針とし、心豊かな人間を育てるため、「感謝」「感動」「努力」を大切にしながら、日々の教育活動に取り組んでいる。「確かな学力」においては、基礎・基本の力を確実なものにし、更に応用力を身につけることで、未来社会を切り拓くための資質や能力を育成できるよう、生徒全員が持つiPadや全教室設置のプロジェクターを活用したICT教育、ネイティブ講師を導入した英語教育、7時間目講習、長期休業中の季節講習等を通して、生徒一人ひとりの良さを最大限に伸ばす指導を推進する。また、学校行事やクラブ活動を通して、「協力」「思いやり」「自主性」など、社会生活においても重要な「心の育成」にも努めている。

スクールライフ

登校時間　8:30
週登校日　6日制
学期制　3学期
制服　あり(夏・冬)
昼食　食堂・コンビニ自販機あり 弁当持参可
学校行事　体育大会(6月) 文化祭(9月)
修学旅行　3年生10月 4泊5日 国内
環境・施設　全館(体育館含む)冷暖房完備・校内Wi-Fi完備・全普通教室プロジェクター設置・自習室・イングリッシュラウンジ・トレーニングルーム・柔・剣道場・専用テニスコート・立体駐輪場
クラブ活動　【運動部】 硬式テニス部・柔道部・バレーボール部(男女)・バスケットボール部(男女)・陸上競技部・剣道部・準硬式野球部
【文化部】 吹奏楽部・美術部・放送部・邦楽部・茶華道部・創作ダンス部・インターアクトクラブ・コンピュータ部・将棋部

2024年度 募集要項

○募集人数　S特進コース 約35名(内SR入試 約5名)
特進コース 約35名

○願書受付　前期A:12/9(土)～1/12(金)16:00
前期B:12/9(土)～1/13(土)12:00
後期:12/9(土)～1/15(月)16:00
すべてweb(24時間)・窓口

○受験料　20,000円
※複数回受験の場合、2回目以降10,000円

○選抜日時　前期A:1/13(土) 前期B:1/14(日)
後期:1/16(火)

○合格発表　前期A:1/14(日) 前期B:1/15(月)
後期:1/17(水) いずれも郵送

○選抜方法　前期A一般・前期B:3科(国・算各100点各50分+理・社・英より1科50点30分)/2科(国・算各100点各50分) 3科型はアラカルト判定
前期A SR入試:国・算各100点各50分・エントリーシート100点・面接(保護者同伴) 20分、プレテスト受験者が望ましい
後期:国・算 各100点各50分

2024年度 入試結果

S特進コース	前期A(SR)
応募者数	4
受験者数	4
合格者数	2
競争率	2.00
合格最低点	—

S特進コース	前期A	特進コース	前期A
応募者数	27	応募者数	8
受験者数	27	受験者数	8
合格者数	23(5)	合格者数	7
競争率	1.17	競争率	1.14
合格最低点	150/250	合格最低点	90/250

S特進コース	前期B	特進コース	前期B
応募者数	36	応募者数	12
受験者数	36	受験者数	12
合格者数	24(12)	合格者数	6
競争率	1.50	競争率	2.00
合格最低点	—	合格最低点	—

S特進コース	後期	特進コース	後期
応募者数	2	応募者数	7
受験者数	0	受験者数	5
合格者数	0	合格者数	3
競争率	—	競争率	1.67
合格最低点	—	合格最低点	—

※( )内、回し合格外数

共学校

学校PR

小規模な学校ですので、先生と生徒の距離がすごく近いのが金光八尾の特徴です。6年後の進路へ向けて、一所懸命頑張っているあなたを、教職員一同全力でフォローしていきます。「面倒見の良い学校」を実感してください。

アクセス
近鉄大阪線高安駅下車徒歩約10分、
恩智駅下車徒歩約7分。
スクールバスでJR大和路線柏原駅より15分
JR大和路線志紀駅より5分。

費用

《入学手続き時》
○入学金　200,000円
○制服・学校指定物品
(通学鞄・靴・体操服等)購入費
男子: 約85,000円
女子: 約87,000円
☆入学前に必要な経費
教科書及び副読本費用　約44,000円

《入学後》
○授業料　594,000円
○サマースクール費　45,000円
○学年諸費　100,000円
○生徒会費　5,600円
○PTA会費　12,000円
○iPad通信費　42,000円
※授業料を含む入学後経費は、3期に分けて分納

奨学金・特待制度

○特待生制度
A特待…入学金全額及び授業料全額を免除
B特待…入学金半額及び授業料半額を免除
・特待生については、一定の適用基準があります。事前にご相談ください。
○入学金減免制度
学校法人関西金光学園設置校に兄弟姉妹が在籍、または本学園設置校を卒業した者の子どもの場合は、入学金を半額免除

独自の留学制度

制度無し

併設高校の合格実績

2024年の進学状況(卒業者数231名)
国・公立大学合格
京都大1、大阪大5、神戸大1、北海道大1、大阪公立大4、奈良女子大2、神戸市外国語大1、京都府立大2、金沢大1、岡山大1、広島大1、和歌山大4、兵庫県立大2、大阪教育大8(1)、奈良教育大2、奈良県立大1、和歌山県立医科大1、他。

私立大学合格
関西学院大25(2)、関西大65(2)、同志社大41(1)、立命館大20、京都産業大8(4)、近畿大205(21)、甲南大3、龍谷大53(1)、佛教大4、大阪医科薬科大6、大阪歯科大1、京都薬科大4、摂南大40(2)、神戸学院大13、追手門学院大20、桃山学院大17、京都外国語大2、関西外国語大11、大阪経済大23、大阪工業大14、京都女子大3、同志社女子大11、武庫川女子大10、他。

省庁大学校合格
防衛大1。
※( )内は既卒生内数

四條畷学園中学校

学校インフォメーション

制服

通学

ICT教育

長期休暇講習

習熟度別授業

海外研修

プール

図書館

食堂

カウンセラー

プレテスト

特待生制度

ネイティブ教員

海外姉妹校

所在地　〒574-0001　大東市学園町6-45

電話	072-876-2120	**生徒数**	男 209人　女 253人
創立	1926年	**併設校**	四條畷学園幼稚園・小学校・高校・短大・大学
校長	堀井　清史	**WEB**	https://jh.shijonawate-gakuen.ac.jp/

教育方針・特色

・個性の尊重　それぞれの人が持つ性格と特色ある才能を尊重し、発揮させます。
・明朗と自主　未来を信じて、何事にも自主的・積極的に取り組む、明るく朗らかな人を育てます。
・実行から学べ　知識を学ぶだけでなく、「知って行い、入って知った」という過程を通じて実行から学ぶ人を育てます。
・礼儀と品性　礼儀と礼節を大切にし、自らの教養を磨く、品性豊かな人を育てます。

スクールライフ

登校時間	8:35
週登校日	6日制　第2土曜休
学期制	3学期
制服	あり(夏・冬)
昼食	食堂あり　弁当持参可
学校行事	1、2年宿泊研修(5月)・スポーツ大会(6月)・文化祭(9月)・体育祭(10月)・スキー教室(12月)
修学旅行	3年生5月　6泊7日　オーストラリア
環境・施設	普通教室、体育館、講堂、温水プール、コンピュータ教室、図書室、技術室、理科室、音楽室、美術室、食堂など
クラブ活動	【運動部】バトミントン、ソフトボール、陸上競技、水泳、サッカー、準硬式野球、バスケットボール、剣道、柔道、卓球 【文化部】吹奏楽、科学、美術、書道、英語、園芸、放送

2024年度 募集要項

○募集人数　3年コース計 約140名　発展探究3クラス、発展文理1クラス(内部進学含む)

○願書受付　1次:12/1(金)～1/11(木)16:00
2次A:12/1(金)～1/14(日)12:00
2次B:12/1(金)～1/20(土)8:30
すべてweb出願

○受験料　20,000円
※「1次・2次A」「1次・2次B」「2次A・B」同時出願の場合、20,000円

○選抜日時　1次:1/13(土)8:40　2次A:1/14(日)15:30
2次B:1/20(土)8:40
特待チャレンジ入試:1/13(土)午後

○合格発表　1次:1/13(土)21:00　2次A:1/14(日)22:00
2次B:1/20(土)15:00
特待チャレンジ入試:1/14(日)8:00
いずれもweb

○選抜方法　国・算・理・社(各50分各100点)
※英検・漢検・数検4級以上、珠算・暗算検定順級以上取得者は級に応じ1次試験のみで加点
自己アピール入試(発展探究クラス15名):面接 11/25(土)認定 11/28(火)入試 1/13(土)作文・面接(保護者同伴)※事前エントリー・プレテスト受験要
特待チャレンジ入試(15名):2科型(国算各100点)、1科型(算100点)

2024年度 入試結果

発展探求 1次		発展文理 1次	
応募者数	45	応募者数	42
受験者数	45	受験者数	42
合格者数	43(11)	合格者数	30
競争率	1.05	競争率	1.40
合格最低点	143/300	合格最低点	227/300

発展探求 特待チャレンジ		発展文理 特待チャレンジ	
応募者数	1	応募者数	12
受験者数	1	受験者数	12
合格者数	1	合格者数	10
競争率	1.00	競争率	1.20
合格最低点	非公表	合格最低点	非公表

発展探求 2次A		発展文理 2次A	
応募者数	41	応募者数	31
受験者数	8	受験者数	9
合格者数	4(5)	合格者数	2
競争率	2.00	競争率	4.50
合格最低点	非公表	合格最低点	非公表

発展探求 2次B		発展文理 2次B	
応募者数	17	応募者数	8
受験者数	7	受験者数	1
合格者数	6(1)	合格者数	0
競争率	1.67	競争率	—
合格最低点	非公表	合格最低点	—

※( )内、転コース合格外数

学校PR

「個性の尊重」「明朗と自主」「実行から学べ」「礼儀と品性」を知・徳・体のバランスのとれた教育方針で、創立以来受け継がれている「いつも健やかに、明るい心。剛い心にてかいがいしく働きましょう」という誓詞(せいし)のもとに社会で活躍できる人材を育成することをめざしている。
生徒も教員も、楽しく仲良く学べる学園生活。この人間主義の環境が生徒の可能性を広げる。

アクセス
JR学研都市線四条畷駅下徒歩1分
京阪バス・近鉄バス四条畷駅
四條畷学園前下車徒歩1分

費用

《入学手続き時》

○入学金	200,000円
○制服費等	130,000円

《入学後》

○授業料	630,000円
○学年諸費	54,000円
○行事費	55,000円
○教育充実費	39,000円

奨学金・特待制度

特別奨学生品行方正かつ入試の15位以内が対象
S:入学金免除・授業料全額免除
A:入学金免除・授業料半額免除
B:入学金免除

独自の留学制度

特になし

併設高校の合格実績

2024年の進学状況(卒業者数354名)
四條畷学園大学合格11名

国・公立大学合格
大阪大1、大阪教育大1

他の私立大学合格
関西学院大3、関西大12、同志社大3、京都産業大4、近畿大10、甲南大1、龍谷大10、佛教大3、中央大1、関西医科大1、摂南大23、関西外国語大3、京都外国語大3、追手門学院大5、京都女子大5、同志社女子大10、武庫川女子大5、他。

「3年コース」高校合格実績(卒業生132名)
国・公立高校合格
北野1、天王寺6、大手前2、四條畷5、大阪教育大附属天王寺2、大阪公大高専1、寝屋川2、八尾1、筑紫丘(福岡)1、尼崎稲園(兵庫)1、今宮1、東1、香里丘1、枚方1、花園1、交野1

私立高校合格
西大和5、帝塚山(奈良)10、福岡大附属大濠1、愛光(愛媛)1、四天王寺5、大阪女学院1、清風南海1、清風2、明星4、同志社香里1、立命館宇治1、関大北陽2、近畿大学附属4、桃山13、大阪国際12、常翔学園6、大阪桐蔭6、四條畷学園29

大阪

共学校

四天王寺東中学校

学校インフォメーション

制服

通学

宗教教育

ICT教育

長期休暇講習

海外研修

自習スペース

人工芝グラウンド

バリアフリー

昼食

スマホ持ち込み

カウンセラー

特待生制度

ネイティブ教員

所在地　〒583-0026　大阪府藤井寺市春日丘3-1-78

電話	072-937-2855	**生徒数**	男 64人　女 80人
創立	2014年	**併設校**	四天王寺東高等学校、四天王寺大学
校長	柏井　誠一	**WEB**	https://www.shitennojigakuen.ed.jp/higashi

教育方針・特色

聖徳太子の仏教精神に基づく情操教育の実践及び教科学習・学校行事・クラブ活動を通して、豊かな人間性を備え、知・徳・体全てに調和が取れた人物を育成します。また、社会ルールや校則を遵守し、探究型学習やICT教育などに積極的に取り組み、粘り強く努力を重ねて学習に励むことにより、希望する進路を実現し、将来、リーダーとして活躍できる人間力を備えた人物の育成を目指します。

スクールライフ

登校時間	8:30
週登校日	6日制
学期制	3学期
制服	あり(夏・冬)
昼食	給食　土曜日は食堂利用可
学校行事	体育祭(6月)・文化祭(9月)
修学旅行	3年生10月　3泊4日　東北地方
環境・施設	図書室・ICT環境(全教室に電子黒板・校内全域無線LAN化)・人工芝グラウンド
クラブ活動	バスケットボール部・ソフトボール部(男子)・テニス部・卓球部・サッカー部・チアリーディング部(強化)・剣道部(強化)・ダンス部・自然科学部・鉄道研究部・放送部・クッキング部・音楽部・イラスト部・演劇部・クイズ研究部・コンピュータサイエンス＆ロボット部・軽音楽部・ラグビー

2024年度 募集要項

○募集人数	105名(S特進コース、特進コース)
○願書受付	A・B日程12/14(木)～1/12(金)16:00 C日程12/14(木)～1/14(日)8:00 すべてweb出願
○受験料	15,000円
○選抜日時	A日程:1/13(土)8:30 B日程:1/13(土)15:30 C日程:1/14(日)8:30
○合格発表	A日程:1/13(土)web20:30、翌日郵送 B・C日程:1/14(日)web17:30、翌日郵送
○選抜方法	A日程:3科型(国・算・理 各100点各50分)/2科(国・算) アラカルト判定(300点満点) A日程適性検査型:国語的問題・算数的問題・社理融合的問題 各100点各50分 B・C日程:国・算 各100点各50分

2024年度 入試結果

	S特進コース A日程(一般)	特進コース A日程(一般)
応募者数	41	15
受験者数	41	15
合格者数	30	24
競争率	1.37	—
合格最低点	—	—

	S特進コース A日程(適性型)	特進コース A日程(適性型)
応募者数	12	2
受験者数	12	2
合格者数	12	2
競争率	1.00	1.00
合格最低点	—	—

	S特進コース B日程	特進コース B日程
応募者数	22	9
受験者数	22	9
合格者数	21	7
競争率	1.05	—
合格最低点	—	—

	S特進コース C日程	特進コース C日程
応募者数	18	4
受験者数	10	1
合格者数	8	2
競争率	1.25	—
合格最低点	—	—

※コース変更合格含む

学校PR

四天王寺東中学校は、21世紀型の教育で探究型学習やICT教育を効果的に実施し、また、放課後学習や長期休暇前の講習等を実施して、真の学力を身につけ、大学や社会で活躍できる人材を育成します。週34時間+コースの特性に応じた演習授業の実施に加え、1学級35名の少人数制と放課後には本校教員と現役大学生のチューターによる個別指導を行い、生徒一人ひとりをきめ細かく指導します。生徒の自学自習を促す自習室(「Learning Plaza」)で安心して予習・復習ができる環境を整え、生徒の多様な希望に応えます。

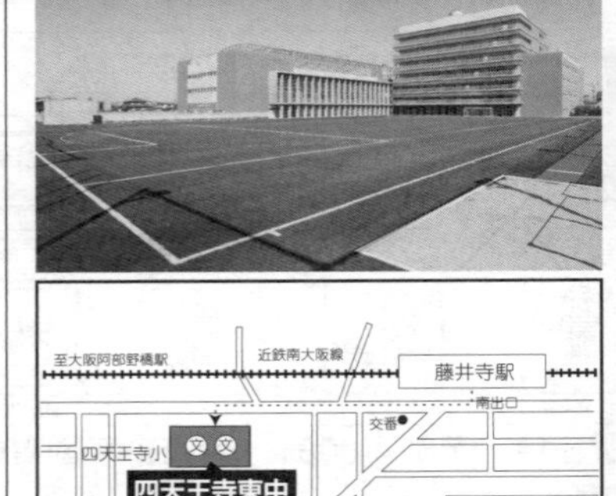

至大阪阿部野橋駅　近鉄南大阪線　藤井寺駅　南出口　交番　四天王寺小　四天王寺東中　辛國神社

アクセス
近鉄南大阪線藤井寺駅下車徒歩約3分
藤井寺駅へは近鉄南大阪線大阪阿部野橋駅より準急で約13分

費用

《入学手続き時》

○入学金	200,000円
○教育振興協力費	1口　100,000円(任意)

《入学後》

○授業料	540,000円
○教育充実費	60,000円
○後援会費	39,600円
○生徒会費	4,800円
○修学旅行積み立て	127,000円

奨学金・特待制度

○入学試験成績による特待生
入学試験成績上位10%以内の入学生に、入学奨学金100,000円を支給
○教育特待生
各学年の成績等優秀者を教育特待生に認定し、奨学金270,000円を支給

独自の留学制度

特になし

併設高校の合格実績

2024年の進学状況(卒業者数264名)
四天王寺大学合格42(42)名

国・公立大学合格10(9)名
大阪大1、横浜国立大1(1)、東北大1(1)、奈良女子大1(1)、和歌山大1(1)、兵庫県立大1(1)、大阪教育大1(1)、愛媛大1(1)、豊橋技術科学大1(1)、長崎県立大1(1)。

他の私立大学合格692(674)名
関西学院大10(10)、関西大40(38)、同志社大11(10)、立命館大10(9)、京都産業大21(21)、近畿大179(169)、甲南大3(3)、龍谷大9(9)、早稲田大2(1)、慶應義塾大2、立教大1(1)、摂南大40(40)、追手門学院大54(54)、桃山学院大20(20)、関西外国語大15(15)、同志社女子大4(4)、武庫川女子大19(19)、大和大23(23)、他。

※( )内は現役合格内数

常翔学園中学校

学校インフォメーション

制服

通学

ICT教育

長期休暇講習

海外研修

プール

自習スペース

図書館

人工芝グラウンド

バリアフリー

エレベーター

食堂

プレテスト

中高大連携

所在地　〒535-8585　**大阪市旭区大宮5-16-1**

電話　06-6954-4435
創立　2011年
校長　田代 浩和
生徒数　男 238人　女 179人
併設校　大阪工業大学、摂南大学、広島国際大学、常翔学園高等学校、常翔啓光学園中学校、常翔啓光学園高等学校
WEB　https://www.highs.josho.ac.jp/

アクセス

大阪メトロ谷町線千林大宮駅下車徒歩12分
大阪メトロ谷町線・今里筋線太子橋今市駅下車徒歩12分
大阪シティバス34号・10号大宮小学校前下車徒歩3分
京阪本線千林駅・滝井駅下車徒歩20分
JRおおさか東線城北公園通駅下車徒歩とバスで最短10分

教育方針・特色

教育目標：「自主・自律」の精神と幅広い「職業観」を養い、目的意識を持った進学の実現により将来、実社会で活躍できる人材を育成する。
6年間の一貫教育により、確実な学力と目的意識を持った進学をサポートし、これからの未来を生き抜く力である"21世紀型スキル"を身に付けるキャリア教育やグローバル教育を実施している。また、生徒・保護者・教員の連絡を密にし、信頼関係を築くことによって、生徒個々の能力を最大限に発揮させる教育を実践している。

スクールライフ

登校時間　8:25
週登校日　6日制
学期制　3学期
制服　あり（夏・冬）
昼食　購買・食堂あり　弁当持参可
学校行事　体育祭（7月）、文化祭（9月）
修学旅行　3年生　5月　オーストラリア
環境・施設　2021年度からは新しいスポーツ施設として東館が完成した。生徒1人1人がiPadを所有し、主体的・対話的で深い学びを行う環境や学習タイムやモーニングテストなどで学力定着と向上を図ることが出来るほか、5万冊を超える本を所蔵する図書館、人工芝の内芝グラウンドがある。また、放課後学習サポートシステム「JOSHO＋」を活用して学校内で勉強が完結することが出来るようになっている。
クラブ活動　陸上競技部、水泳部、卓球部、男子バレーボール部、剣道部、ラグビー部、サッカー部、柔道部、空手道部、ダンス部、吹奏楽部、情報技術研究部、合唱部、科学部、ライフデザイン部、山岳部、美術部、放送部

2024年度 募集要項

○募集人数　スーパーJコース　約25名、特進コース（Ⅰ類・Ⅱ類）　約100名
○願書受付　A日程：12/13（水）～1/12（金）16:00
B日程：12/13（水）～1/13（土）15:30
C日程：12/13（水）～1/14（日）15:30
J日程：12/13（水）～1/15（月）15:30
すべてweb出願
○受験料　20,000円
※複数日程同時出願の場合、2回目以降10,000円
○選抜日時　A日程：1/13（土）8:30
B日程：1/13（土）15:40
C日程：1/14（日）15:40
J日程：1/15（月）15:40
○合格発表　A日程：1/14（日）10:00
B日程：1/14（日）17:00
C日程：1/15（月）14:00
J日程：1/16（火）14:00　いずれもweb
○選抜方法　A日程：4科型（国・算 各120点各50分、理・社各80点各40分）/3科型（国・算・理）　アラカルト判定（400点満点）
B・C・J日程：国・算 各120点各50分
※英検取得者は4級5点、3級15点、準2級25点、2級以上30点加点

2024年度 入試結果

全コース計	A日程	スーパーJコース		特進コース（Ⅰ類）		特進コース（Ⅱ類）	
応募者数	140						
受験者数	140						
合格者数	115	合格者数	19	合格者数	31	合格者数	85
競争率	1.22						
		合格最低点	280/400	合格最低点	240/400	合格最低点	203.75/400

全コース計	B日程	スーパーJコース		特進コース（Ⅰ類）		特進コース（Ⅱ類）	
応募者数	273						
受験者数	269						
合格者数	192	合格者数	32	合格者数	65	合格者数	95
競争率	1.40						
		合格最低点	241/300	合格最低点	190/300	合格最低点	170/300

全コース計	C日程	スーパーJコース		特進コース（Ⅰ類）		特進コース（Ⅱ類）	
応募者数	241						
受験者数	192						
合格者数	134	合格者数	23	合格者数	44	合格者数	87
競争率	1.43						
		合格最低点	240.5/300	合格最低点	215/300	合格最低点	185/300

全コース計	J日程	スーパーJコース		特進コース（Ⅰ類）		特進コース（Ⅱ類）	
応募者数	240						
受験者数	129						
合格者数	73	合格者数	7	合格者数	18	合格者数	48
競争率	1.77						
		合格最低点	243/300	合格最低点	215/300	合格最低点	200/300

費用

《入学手続き時》
○入学金　220,000円
○振興費　50,000円
○学年費　38,000円
○修学旅行費等積立金　40,000円
○制服・制定品・副教材等　（男子）約260,000円
（女子）約265,000円
《入学後》
○授業料　640,000円（年間）
○JOSHO＋　5,500円（月間）
授業料・積立金は学期ごとに納入

奨学金・特待制度

常翔スカラシップ（特待生奨学金制度）
全日程のスーパーJコースの合格者のうち、成績上位者が対象
A：入学金および中学校在学中の3年間、毎年64万円（年間授業料の全額相当額）
B：入学金の半額および中学校在学中の3年間、毎年32万円（年間授業料の半額相当額）

独自の留学制度

留学先　オーストラリア ／ ニュージーランド
学年　3年
内容　3ヶ月

併設高校の合格実績

2024年の進学状況（卒業者数739名）
大阪工業大学244（8）名、摂南大学695（1）名、広島国際大学23名
国・公立大学合格58（6）名
京都大1、大阪大4、神戸大5（2）、東北大1、九州大1（1）、大阪公立大15（1）、横浜国立大1、京都工芸繊維大3、奈良女子大1、広島大2、三重大3、和歌山大5（1）、兵庫県立大4、京都教育大2、大阪教育大3、奈良教育大2、奈良県立大3、他。
他の私立大学合格
関西学院大89（13）、関西大198（7）、同志社大62（11）、立命館大113（1）、京都産業大74（1）、近畿大395（9）、甲南大15、龍谷大292（6）、佛教大27、早稲田大4（2）、慶應義塾大2、上智大2（2）、東京理科大2、明治大5（3）、青山学院大3、中央大2、大阪医科薬科大10、関西医科大7（1）、兵庫医科大5、京都薬科大10、神戸薬科大13、神戸学院大53（1）、追手門学院大39（1）、桃山学院大20、京都外国語大22、関西外国語大39、大阪経済大27、同志社女子大21（2）、他。
省庁大学校合格30（1）名
防衛医科大1、防衛大29（1）。
※（ ）内は既卒生内数

学校PR

学習指導については、毎日の朝礼で行うモーニングテストや、放課後の自学自習時間として全員が取り組む週2回の学習タイムなどによって5教科の基礎学力の定着と向上を図ります。また、独自の研究学習である"常翔キャリアアップチャレンジ"を実践、「課題発見プロジェクト」などを題材に、探究からの発表を行うキャリア教育であり、課題解決能力やプレゼンテーション能力を育む。学園内大学の施設を利用した理科実験や最先端技術に触れる中大連携プランにより、各分野におけるリテラシーを身に付け、将来実社会で活躍できる人材を育成する。

常翔啓光学園中学校

学校インフォメーション

制服

通学

ICT教育

長期休暇講習

海外研修

留学制度

自習スペース

蔵書数 35,000冊
図書館

人工芝グラウンド

カウンセラー

プレテスト

特待生制度

中高大連携

ネイティブ教員

所在地　〒573-1197　大阪府枚方市禁野本町1-13-21

電話	072-807-6632	**生徒数**	男 116人　女 71人
創立	1957年	**併設校**	常翔啓光学園高等学校
校長	山田　長正	**WEB**	https://www.keiko.josho.ac.jp/

アクセス
京阪本線枚方市駅東口から徒歩13分
枚方市駅北口から京阪バスで5分
京阪交野線宮之阪駅から徒歩7分

教育方針・特色

「熱心であれ（探求心）、力強くあれ（自学自習・人間力）、優しくあれ（思いやり）」を校訓とし、学力はもとより身だしなみやマナー、自己管理など人間力の養成も重視。ユニバーサル社会を創造する人間の育成を目指しています。

スクールライフ

登校時間	8:20
週登校日	6日制
学期制	3学期
制服	あり（夏・冬）
昼食	購買・食堂あり　弁当持参可
学校行事	芸術鑑賞（7月）・啓光祭（9月）・体育祭（9月）・球技大会（11月）・マラソン大会（1月）
修学旅行	3年生5月　3泊4日　四万十川・台湾
環境・施設	図書室・ICT環境・トレーニングジム・ミューズギャラリー（3号館）・人工芝グラウンド・クライミングウォール（国際規格）
クラブ活動	【運動部】ワンダーフォーゲル部、ラグビー部、軟式野球部、サッカー部、バドミントン部、硬式テニス部、陸上競技部、空手道部、剣道部、卓球サークル 【文化部】吹奏楽部、軽音楽部、創作イラスト部、歴史研究部、サイエンス部、競技かるた部、茶道部、書道部、鉄道研究部、ダンス部、写真部、英語研究、放送同好会

2024年度 募集要項

○募集人数　特進選抜コース約30名
未来探求コース約60名

○願書受付　A日程・未来入試：12/1（金）～12/22（金）、1/5（金）～1/11（木） 16:00　B日程：12/1（金）～12/22（金）、1/5（金）～1/14（日） 9:00　C日程：12/1（金）～12/22（金）、1/5（金）～1/14（日） 15:30　D日程：12/1（金）～12/22（金）、1/5（金）～1/15（月） 15:30
郵送は全日程12/1（金）～1/11（木）必着
web出願後、出願書類を郵送か持参

○受験料　20,000円
※複数日程同時出願の場合、2回目以降10,000円
※複数日程出願後、先の入試で合格し後の入試を受験しなかった場合は、その回数×10,000円の検定料を返金

○選抜日時　A日程・未来入試：1/13（土）8:30　B日程：1/14（日）9:30学校・OIT梅田会場　C日程：1/14（日） 16:00学校・OIT梅田会場　D日程：1/15（月）16:00

○合格発表　A・未来入試：1/14（日）　B・C日程：1/15（月）　D日程：1/16（火）　いずれも12:00web

○選抜方法　国・算 各100点各50分　理・社 各50点40分 英 筆記80点30分・リスニング20点10分
A日程：特進選抜／国・算　未来探求／国・算　B日程：特進選抜／国・算　未来探求／国・算または国・英（OIT会場では英選択不可）　C・D日程：国・算　未来入試（未来探求コース・専願のみ）：作文30分・面接約20分（保護者同伴）※事前エントリー要
※未来入試以外は検定得点加点制度有

2024年度 入試結果

特進選抜コース	A日程	B日程	C日程	D日程
応募者数	24	36	33	34
受験者数	24	34	15	12
合格者数	21	26	11	10
競争率	1.14	1.31	1.36	1.20
合格最低点	2科47.0%・3科49.0%（得点率）	60.0%（得点率）	50.5%（得点率）	非公表

未来探求コース	A日程	未来入試	B日程	C日程	D日程
応募者数	22	3	29	17	17
受験者数	22	3	26	6	2
合格者数	20	2	24	5	1
競争率	1.10	1.50	1.08	1.20	2.00
合格最低点	34.5%（得点率）	—	国算41.0%・国英44.5%（得点率）	35.5%（得点率）	非公表

※回し合格（A2、B8、C4、D1）含まない

費用

《入学手続き時》

○入学金	220,000円
○振興費	50,000円
○学年諸費	30,000円

《入学後》

○授業料	640,000円
○学年諸費	（特進選抜）35,000円 （未来探求）43,000円
○修学旅行積立金	約190,000円
○教科書・副教材費	

※2023年度実績

奨学金・特待制度

本校の教育方針をよく理解し学力優秀かつ品行方正で他生徒の模範となる者。特進選抜コースの合格者から入試成績などにより選考。

独自の留学制度

留学先	ニュージーランド（オークランド近郊）
学年	全学年対象
内容	11日間の語学研修
費用	458,000～558,000円（概算）

併設高校の合格実績

2024年の進学状況（卒業者数431名）
大阪工業大学合格222名
摂南大学合格610名
広島国際大学合格9名

国・公立大学合格62名
神戸大1、名古屋大1、九州大1、大阪公立大4、京都工芸繊維大3、奈良女子大1、金沢大3、岡山大1、広島大3、滋賀大1、三重大1、和歌山大5、兵庫県立大2、京都教育大1、大阪教育大2、滋賀県立大1、奈良県立大1、和歌山県立医科大1、他。

他の私立大学合格
関西学院大37、関西大52、同志社大13、立命館大30、京都産業大68、近畿大156、甲南大3、龍谷大214、佛教大27、日本大1、大阪医科薬科大1、関西医科大3、大阪歯科大4、京都薬科大1、神戸学院大8、追手門学院大12、桃山学院大4、京都外国語大3、関西外国語大21、大阪経済大17、神戸女学院大1、大阪産業大139、大阪電気通信大19、梅花女子大20、大和大16、甲南女子大13、他。

省庁大学校合格
防衛大4。

学校PR

上記のとおり充実した教育施設と教育システムにより効率的かつ快適な教育活動を展開しています。熱心な教育指導により近年急激に大学合格実績を伸ばしています。またクラブ活動への参加も奨励しています。多くの生徒たちが文武両道に励んで欲しいと願っています。

昇陽中学校

学校インフォメーション

制服

通学

ICT教育

長期休暇講習

探究授業

自習スペース

図書館

食堂

スマホ持ち込み

カウンセラー

プレテスト

特待生制度

高大連携

ネイティブ教員

所在地　〒554-0011　大阪市此花区朝日1-1-9

電話	06-6461-0091	**生徒数**	男 35人 女 22人
創立	2009年	**併設校**	昇陽高等学校
校長	竹下　健治	**WEB**	https://www.oskshoyo.ed.jp/jhs/

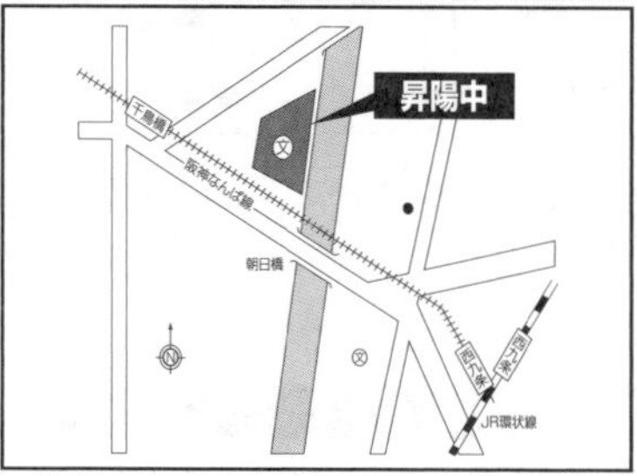

アクセス
JR環状線西九条駅下車徒歩6分
阪神なんば線千鳥橋駅下車徒歩5分

教育方針・特色

建学の精神「奉仕のこころ」のもと、中高一貫教育を実践し、社会に役立つ人材の育成を目指して2009年4月開校しました。校名は"太陽が昇る朝日のごとく、大きな輝きをもって世界を輝かせ、未来に向かって歩んでほしい"という気持ちから"昇陽"としました。建学の精神である「奉仕のこころ」と「10年後の私たちのために、将来の予測不能な社会を生き抜くことのできる人材づくり」を目指して教職員一同取り組んでおります。

スクールライフ

登校時間	8:25
週登校日	5日制　土曜授業（月2～3回）
学期制	3学期
制服	あり（夏・冬）
昼食	食堂あり　弁当持参可
学校行事	体育大会（6月）・文化祭（9月）
修学旅行	3年生5月　2泊3日　北海道
環境・施設	人工芝グランド・農園・製菓実習室　など
クラブ活動	【運動部】卓球部・女子ソフトテニス部・男子バレーボール部・女子新体操部・バトントワリング部・バスケットボール部・ダンス部・バドミントン部・陸上競技部・硬式テニス部・柔道部 【文化部】吹奏楽部・演劇部・ボランティア部・茶道部・美術部・書道部・軽音楽部・手話部・理科研究部

2024年度 募集要項

○募集人数	40名
○願書受付	A・B日程：12/11（月）～1/12（金）15:00 C日程：1/18（木）～1/31（水）15:00 すべてweb出願
○受験料	15,000円 ※複数日程に出願の場合、追加の検定料不要
○選抜日時	A日程：1/13（土） B日程：1/15（月） C日程：2/1（木）
○合格発表	A日程：1/14（日） B日程：1/16（火） C日程：2/2（金） いずれも郵送
○選抜方法	国・算 各50分各100点・英 50分100点（A日程の希望者のみ）・面接（個人） 3科合計or国算合計×1.5のいずれか高い方で判定

2024年度 入試結果

	A日程	B日程	C日程
応募者数	12	9	2
受験者数	12	6	2
合格者数	12	6	2
競争率	1.00	1.00	1.00
合格最低点	非公表	非公表	非公表

学校PR

芥川賞作家田辺聖子さんの母校。「好きな友達がたくさんできて私は（今日もあの子に会える）と思うと登校するのが楽しくてたまらなかった記憶があります…それだけで「学校」というのは存在価値があるのです」と「淀川少女」で記したモニュメントもあります。また、東京オリンピック金メダリスト伊藤美誠さんの母校でもあります。

「『人は輝くために生まれてきた』と考えています。自分らしく生き、輝くことができればそれぞれの立場で社会の人を照らし、輝かせることができます。教育の使命とは、伸びやかに自分を磨き続け、人をも輝かせることができる人間に導くことではないでしょうか。知・徳・体のバランスが取れた人格を育成するために、教職員が一体となって努めていく所存です」と校長談。

費用

《入学手続き時》

○入学金	200,000円
○研修（修学）旅行等積立金（学習活動費含む）	50,000円
○制服一式・体操服代金等	約100,000円

《入学後》

○授業料（年額）	570,000円
○その他（年額）	14,800円
○研修（修学）旅行等積立金（学習活動費等含む）	150,000円

奨学金・特待制度

独自の奨学金制度・救済制度を実施

独自の留学制度

特になし

併設高校の合格実績

2024年の進学状況（卒業者数268名）

国・公立大学合格1名
滋賀大1。

私立大学合格110名
関西学院大13、関西大4、同志社大1、立命館大1、京都産業大2、近畿大21、甲南大1、龍谷大14、摂南大8、追手門学院大6、関西外国語大8、同志社女子大3、武庫川女子大1、他。

短期大学合格10名

専門学校合格70名

大阪

清教学園中学校

学校インフォメーション

制服

通学

宗教教育

ICT教育

長期休暇講習

海外研修

自習スペース

蔵書数 78,000 冊
図書館

食堂

スマホ持ち込み

カウンセラー

特待生制度

ネイティブ教員

海外姉妹校

所在地　〒586-8585　河内長野市末広町623

電話	0721-62-6828	生徒数	男 217人　女 237人
創立	1951年	併設校	清教学園高等学校
校長	森野 章二	WEB	https://www.seikyo.ed.jp/

教育方針・特色

「神なき教育は知恵ある悪魔をつくり　神ある教育は愛ある知恵に人を導く」という校是のもと、教育方針は次のようになっている。

1. キリスト教主義に基づき、愛と奉仕を実践できる人間を育成
2. 男女共学により、平等と他者の尊厳を大切にできる人間を育成
3. 国際感覚を持ち、平和と友好を築く人間を育成
4. 勉学と部活動を両立し、幅広い価値観を持つ人間を育成
5. 現役で大学合格をめざす進学指導

スクールライフ

登校時間	8:20
週登校日	6日制　土曜日4時間
学期制	3学期
制服	あり(夏・冬)
昼食	購買あり　弁当持参可
学校行事	体育祭(6月)・文化祭(9月)
修学旅行	3年生10月　10日前後　オーストラリア
環境・施設	学園チャペル・ラーニングコモンズ・イングリッシュルーム・スタディホール・総合体育館・第1、2体育館・図書館(リブラリア)・総合学習室・サイエンス棟 など　全館Wi-Fi完備
クラブ活動	軟式野球部・サッカー部・ソフトテニス部・男子硬式テニス部・なぎなた部・剣道部・卓球部・バレーボール部・女子バスケットボール部・吹奏楽部・ハンドベル部・美術部・合唱部・家庭科部・ESS部・理科部・書道部

共学校

2024年度 募集要項

○募集人数	S特進コースⅡ類・Ⅰ類:140名(前後期)
○願書受付	前期:12/5(火)～1/10(水)15:00 後期:12/5(火)～1/14(日)15:00 すべてweb出願
○受験料	20,000円
○選抜日時	前期:1/13(土)　後期:1/15(月)
○合格発表	前期:1/13(土)　後期:1/15(月) いずれも20:00以降web、翌日10:00掲示
○選抜方法	国・算 各100点各60分　理・社 各50点各30分 グループ面接(前期専願者) 4科型または3科型(国算理)選択　4科型は4科合計、3科合計×1.2のいずれか高い方で判定　3科型は合計×1.2で判定 ※英検3級以上加点あり

2024年度 入試結果

S特進コースⅡ類

	前期 専願	前期 併願	後期 専願	後期 併願
応募者数	147	16	37	20
受験者数	146	16	23	12
合格者数	70	12	3	3
競争率	2.09	1.33	7.67	4.00
合格最低点	専183・併203/300(換算)		専203・併239/300(換算)	

S特進コースⅠ類

	前期 専願	前期 併願	後期 専願	後期 併願
応募者数	15	1	5	2
受験者数	15	1	5	2
合格者数	10	0	0	0
競争率	1.50	—	—	—
合格最低点	専154・併193/300(換算)		専175・併199/300(換算)	

※転科合格[前]専67・併3[後]専5・併3含まない

学校PR

清教学園は神様の愛に根ざし、一人ひとりを大切に育て、それぞれの「賜物」を生かします。ですから、生徒達は明るく、生き生きと輝いています。向学心にあふれ、勉学と課外活動の両立はもちろん、一度しかない学園生活を最も充実したものにしようと情熱を燃やすあなたを心からお待ちし、歓迎いたします。

至難波　至阿倍野　近鉄長野線　河内長野警察　外環状線　国道310号線　ラブリーホール　セブン　長野公園　国道310号線　清教学園中　河合寺　南海高野線　しらかしの径　イズミヤ　喜多町交差点　市民総合体育館

アクセス
近鉄長野線・南海高野線河内長野駅下車徒歩10分、通学バス
①岸和田駅(JR下松駅)ルート②和泉中央駅ルート③泉佐野駅(熊取・水間)ルート

費用

《入学手続き時》

○入学金	220,000円
前期教材費30,000円と合わせて	計250,000円

《入学後》

○授業料	648,000円
○海外研修等積立金	180,000円
○PTA費	12,000円
○部活動援助費	2,400円
○学級費	600円
○生徒会費	600円
○後期教材費	40,000円

奨学金・特待制度

特待生制度
A特待:入学金と授業料(3年間)の免除
B特待:入学金免除
※11月の清教中学模試ならびに入学試験において可能性を判定

独自の留学制度

松村グローバル・スカラーシップ

併設高校の合格実績

2024年の進学状況(卒業者数162名)
国・公立大学合格162(143)名
東京大1、京都大4(4)、大阪大7(5)、神戸大5(4)、北海道大3(3)、東北大1、九州大1(1)、大阪公立大35(31)、京都工芸繊維大2(2)、奈良女子大1(1)、神戸市外国語大1(1)、金沢大3(2)、岡山大2(2)、広島大4(4)、三重大5(5)、和歌山大18(16)、兵庫県立大4(3)、大阪教育大9(9)、奈良教育大3(3)、滋賀県立大2(2)、奈良県立大2(2)、他。

私立大学合格
関西学院大41(34)、関西大259(235)、同志社大115(98)、立命館大95(86)、早稲田大3(1)、慶應義塾大4(4)、上智大1(1)、東京理科大6(2)、明治大2(2)、青山学院大6(6)、他。

医歯薬獣医学科90名(75)
※( )内は現役合格内数

大阪

清風南海中学校

学校インフォメーション

制服

通学

宗教教育

海外研修

留学制度

自習スペース

図書館

人工芝グラウンド

カフェテリア

スマホ持ち込み

プレテスト

帰国生入試

ネイティブ教員

海外姉妹校

所在地　〒592-0014　大阪府高石市綾園5丁目7番64号

電話	072-261-7761	**生徒数**	男 561人　女 284人
創立	1983年	**併設校**	清風南海高等学校
校長	平岡　正	**WEB**	https://www.seifunankai.ac.jp/

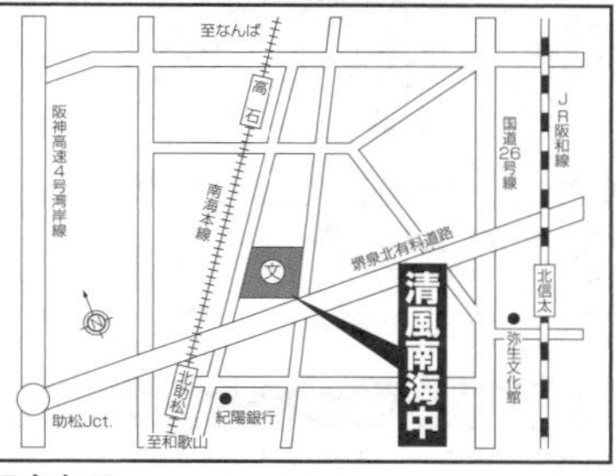

アクセス
南海本線北助松駅下車徒歩約5分
南海本線高石駅下車徒歩約7分
JR阪和線北信太駅下車徒歩約20分（自転車通学可7分）

教育方針・特色

「勤勉と責任を重んじ、自律的精神を養うと共に、明朗にして誠実、常に希望の中に幸福を見出し、社会の全てから安心と尊敬と信頼の対象となり、信用され得る人物を育成するため、仏教を中心とした宗教による教育を実施する。」が教育方針。命の大切さを説き、相手の人格を尊重し、豊かな人間性を養う心の教育を重んじ、生徒が習得した学力が将来大きな創造力を生み出す基盤となるような学習訓練を行います。また、ICTを活用し、希望者に対し『グローバル探究ゼミ』を開講、TOEFL対策講座や海外短期留学の機会を設け、国際社会をリードできるグローバル人材を育成するよう努めています。

スクールライフ

登校時間	8:30
週登校日	6日制
学期制	3学期
制服	あり（夏・冬）
昼食	購買・カフェテリアあり　弁当持参可
学校行事	体育大会（6月）・文化芸術の日（9月）
修学旅行	3年生10月　3泊4日　長崎（本年度はカナダを予定）
環境・施設	図書館・スタディホール・学習室・ICT環境・全面人工芝グランド（第1・第2）・体育館（第1・第2）など
クラブ活動	体育系：剣道、硬式テニス、サッカー、陸上、ソフトボール、卓球、バスケットボール 文化系：インターアクト、吹奏楽、美術、囲碁将棋、科学研究、演劇、鉄道研究、フィールドワーク、茶道研究、ESS

2024年度 募集要項

○募集人数　スーパー特進コース：SG 約20名、A 約70名、B 約20名
特進コース：SG 約20名、A 約110名、B 約30名

○願書受付　12/1（金）10:00～1/10（水）23:59　web出願

○受験料　20,000円

○選抜日時　SG・A入試：1/14（日）　B入試：1/16（火）

○合格発表　SG・A入試：1/15（月）14:00web、郵送
B入試：1/17（水）14:00web、郵送

○選抜方法　国・算 各120点各60分　理・社 各80点各40分
SG入試：国算理・国算・算理のアラカルト判定　※英検、TOEIC、TOEFL等英語検定資格で加点（事前に証明書提出）
A・B入試：4科型は4科合計、国・算・理or社合計×1.25の高い方で判定　3科型（国算理）は合計×1.25で判定　いずれも400点満点

2024年度 入試結果

全コース計	SG入試	スーパー特進コース		特進コース	
応募者数	76				
受験者数	75				
合格者数	28	合格者数	10	合格者数	18
競争率	2.68				
		合格最低点	341/400	合格最低点	307/400

全コース計	A入試	スーパー特進コース		特進コース	
応募者数	864				
受験者数	843				
合格者数	444	合格者数	193	合格者数	251
競争率	1.90				
		合格最低点	288/400	合格最低点	257.5/400

全コース計	B入試	スーパー特進コース		特進コース	
応募者数	971				
受験者数	549				
合格者数	260	合格者数	109	合格者数	151
競争率	2.11				
		合格最低点	315/400	合格最低点	285/400

費用

《入学手続き時》
○入学金　220,000円

《入学後》
○授業料　660,000円（入学時、9月、1月分納）
○オリエンテーション合宿・修養行事・校外学習・補助教材購入費・タブレット関連費など　約109,000円/年
○研修旅行費用（中2時）　約150,000円
○富士登山に係る費用（中3時）　約72,000円
○教育後援会費　12,000円/年

《入学時》
○施設拡充費　60,000円
○授業料（入学時）　140,000円
○本校指定品・副教材購入費・学生総合補償制度保険料　約137,000円～143,000円

奨学金・特待制度

特になし

共学校

独自の留学制度

留学先　イギリス・オーストラリア（海外姉妹校）
内容　短期交換留学（現在、休止中）

併設高校の合格実績

2024年の進学状況（卒業者数274名）
国・公立大学合格195（135）名
東京大3（3）、京都大35（23）（医1）、一橋大1（1）、東京工業大2（2）、大阪大15（10）（医3（2））、神戸大32（23）（医4（2））、北海道大7（7）（医2（2））、東北大3（2）、九州1（1）、大阪公立大34（22）（医5（4））、横浜国立1、京都工芸繊維大4（2）、京都府立大1（1）、岡山大1、広島大5（3）、三重大3（3）（医1（1））、和歌山大9（8）、山口大2（1）、大阪教育大2（1）（医1）、和歌山県立医科大4（3）（医3（2））、奈良県立医科大5（5）（医5（5））、京都府立医科1（1）（医1（1））、他。

省庁大学校合格3（3）名
防衛医科大1（1）、防衛大1（1）、他。

※（ ）内は現役合格内数

学校PR

勉強に打ち込める環境があるのはもちろん、部活もその他の活動も充実しています。オープンスクールでの活動をはじめ、自分から積極的に参加できる活動が多く、夢中になればなるほど毎日の学校生活を充実させることができる学校だという自信があります。入学してしっかり楽しんでほしいと思います。（在校生談）

大阪

高槻中学校

学校インフォメーション

制服

通学

ICT教育

長期休暇講習

スーパースクール

探究授業

海外研修

留学制度

自習スペース

図書館

食堂

スマホ持ち込み

高大連携

ネイティブ教員

所在地　〒569-8505　大阪府高槻市沢良木町2-5

電話	072-671-0001	**生徒数**	男 494人　女 330人
創立	1940年	**併設校**	高槻高等学校・大阪医科薬科大学
校長	工藤　剛	**WEB**	https://www.takatsuki.ed.jp/

教育方針・特色

①建学の精神「国家・社会を担う人物の育成」
②校訓「真面目に　強く　上品に」
③教育理念「「知・徳・体」の調和の取れた全人教育」
④スクール・ミッション"Developing Future Leaders With A Global Mindset"
「卓越した語学力や国際的な視野を持って、世界を舞台に活躍できる次世代のリーダーを育成する」
⑤教育スローガン"Keep Traditional Values, Inspire Innovative Spirit"
⑥目指すリーダー像"A Leading Creator of Sustainable Societies with Great Ambitions"

スクールライフ

登校時間	8:15
週登校日	6日制
学期制	3学期
制服	あり(ブレザー)
昼食	弁当持参　購買・食堂あり
学校行事	体育祭(5月)、春の遠足(5月)、中3学習合宿(8月)、文化祭(9月)、秋の遠足(10月)、中1野外学習(10月)、中3選択式進路講演会(11月)、ようこそ先輩(2年11月、1年3月)、中3ターム留学(12月～2月)、中2スキー研修(2月)、中1百人一首大会(3月)、球技大会(3月)
修学旅行	3年生2月　3泊4日　沖縄
環境・施設	図書館、全教室に電子黒板、理科実験室が7つ、体育館、多目的アリーナ、テニスコート2面、運動場、中庭、日本文化室、コナコピアホール、グローバルセミナールーム
クラブ活動	剣道、陸上競技、卓球☆、バレーボール★、バドミントン、バスケットボール★、サッカー★、硬式テニス、アメリカンフットボール★、軟式野球(中学)★、硬式野球(高校)★、ラグビー★、ワンダーフォーゲル★、ダンス☆、生物、化学研究、電気物理研究、美術、軽音楽(高校)、ESS、鉄道研究、囲碁、将棋、吹奏楽、シミュレーション研究、茶道、華道、ボランティア委員会 (★…男子のみ、☆…女子のみ)

共学校

2024年度 募集要項

○募集人数	男子 約160名、女子 約110名(A日程:男子 約100名、女子 約80名、B日程:男子 約60名、女子 約30名、英語選択型:男女若干名)
○願書受付	12/5(火)～1/5(金)11:59 web出願 (学校の専用端末で出願の場合は電話連絡要)
○受験料	20,000円
○選抜日時	A日程・英語選択型:1/13(土)8:15 B日程:1/14(日)14:15
○合格発表	A日程・英語選択型:1/14(日)11:00web、10:00掲示 B日程:1/16(火)11:00web、10:00掲示
○選抜方法	A日程:国・算 各120点各60分　理・社 各80点各40分 4科型/3科型(国算理) アラカルト判定(400点満点) B日程:国・算 各120点各60分　理80点40分(320点満点) 英語選択型:国・算 各120点各60分　英100点40分　リスニング60点30分(400点満点)

2024年度 入試結果

	A日程(男子)	B日程(男子)	A日程(女子)	B日程(女子)	英語選択型
応募者数	427	991	294	482	23
受験者数	389	854	289	392	22
合格者数	131	354	130	111	8
競争率	2.97	2.41	2.22	3.53	2.75
合格最低点	251/400	206/320	263/400	210/320	241/400

学校PR

本校は2014年からスーパーサイエンスハイスクールの指定を受けており、理科の実験室が7つあり、理科や情報の課題研究が盛んです。また、スーパーグローバルハイスクールネットワーク参加校に認定されており、国際問題に関する課題研究も盛んです。2月には課題研究校内発表会があります。しかも、英語教育が進んでおり、ケンブリッジ大学出版の教科書を使用しており、ベターラーニングパートナーに認定されています。2016年から2020年にかけて高校校舎・多目的アリーナ・図書館・本館を次々に建築しました。とても新しくなった高槻中学校に是非ご入学下さい。

アクセス
JR京都線高槻駅より徒歩16分。
阪急京都線高槻市駅徒歩6分。
京阪本線枚方市駅より京阪バス20分乗車松原下車すぐ。

費用

○入学金	240,000円

※入学時納入金は上記のみ

○授業料	678,000円
○学年費	135,000円
○保護者会費	7,500円
○学習用端末費	87,000円
○教育環境向上補助費	4,000円
○日本スポーツ振興センター災害共済掛け金	552円
○こども総合保険掛け金	19,000円

奨学金・特待制度

家計が急変した時に奨学金を給付します。

独自の海外研修制度

○研修先	北米(アメリカ・カナダ)
○学年	中3
○内容	12月下旬～2月下旬まで63日間
○費用	175万～195万

併設高校の合格実績

2024年の進学状況(卒業者数261名)
国・公立大学合格180(122)名
東京大2(2)、京都大27(20)、一橋大2(1)、大阪大18(12)、神戸大24(13)、北海道大4(1)、東北大3(2)、名古屋大2(2)、九州大1(1)、大阪公立大30(17)、横浜国立大1(1)、お茶の水女子大1(1)、京都工芸繊維大5(5)、奈良女子大2(2)、金沢大4(2)、岡山大2(1)、三重大5(4)、兵庫県立大7(4)、京都教育大2(2)、兵庫教育大1(1)、他。医学部医学科計37(26)名、薬学部7(7)名。

私立大学合格487(298)名
関西学院大54(40)、関西大50(29)、同志社大71(36)、立命館大122(60)、早稲田大22(20)、慶應義塾大15(10)、上智大7(2)、東京理科大19(15)、大阪医科薬科大9(6)、他。医学部医学科計36(21)名、歯学部5名、薬学部25(23)名、獣医学部1(1)名。

省庁大学校合格
防衛大2(1)。

※( )内は現役内数

帝塚山学院泉ヶ丘中学校

学校インフォメーション

制服

通学

ICT教育

長期休暇講習

習熟度別授業

留学制度

図書館

人工芝グラウンド

食堂

カウンセラー

プレテスト

特待生制度

中高大連携

ネイティブ教員

所在地　〒590-0113　堺市南区晴美台4-2-1

電話	072-293-1221	**生徒数**	男 187人　女 284人
創立	1983年	**併設校**	帝塚山学院泉ヶ丘高等学校・帝塚山学院大学
校長	飯田　哲郎	**WEB**	https://www.tezuka-i-h.jp/

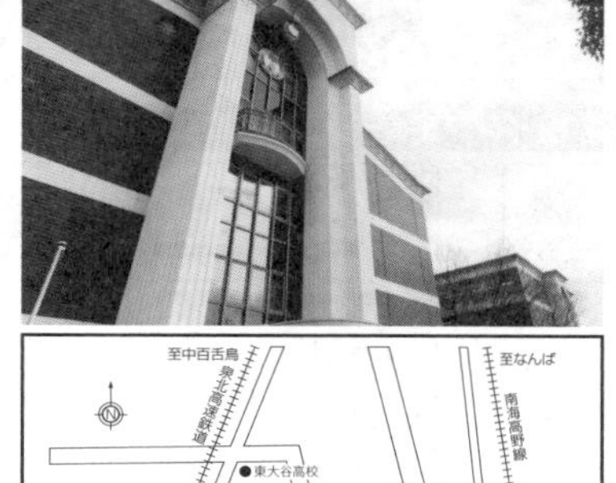

アクセス
- **泉北高速鉄道泉ヶ丘駅・南海高野線金剛駅より南海バス帝塚山学院泉ヶ丘校前下車すぐ**
- **通学専用バス**
  南海本線泉大津駅、JR阪和線和泉府中駅、近鉄長野線富田林駅(金剛高校前経由)、和泉はつが野口方面より直行バスあり

教育方針・特色

泉ヶ丘校の教育方針は、活力・創造性・協調性・国際感覚を兼ね備える人間を育成することである。何事にも意欲的に取り組む活力、新しい価値を生み出す創造性、多様な人々とコミュニケーションがとれる協調性、そしてグローバルな視座をもつ国際感覚は、先行き不透明な社会を生き抜くのに不可欠な資質である。帝塚山学院の建学の精神である「力の教育」を踏まえながら、現代社会に沿った形で掲げている独自の教育目標である。

教育の進め方は、3つのコース(Ⅱ類選抜・Ⅱ類・Ⅰ類)を設置し、学力に応じた内容となっている。特にⅡ類選抜・Ⅱ類は、中学3年生から先取り学習を中心に進め、よりレベルの高い課題に取り組み、思考力や応用力を高めて難関国公立大学や医学部医学科への合格をめざす。Ⅰ類は、豊富な授業時数を活かして、反復学習と丁寧な学習指導によって学力の定着を図り、国公立大学や難関私立大学への合格を目指す。

スクールライフ

登校時間	8:25
週登校日	6日制
学期制	3学期
制服	あり(夏・冬)
昼食	食堂あり　弁当持参可
学校行事	生活合宿(5月)・泉ヶ丘祭(9月)・体育大会(10月)
修学旅行	3年生6月　北海道
環境・施設	60,000冊の蔵書を誇る図書館、人工芝のグラウンド・中庭、生徒ホール、文化ホール、ラーニングスタジオ
クラブ活動	【運動部】 サッカー部・バレーボール部・硬式テニス部・陸上競技部・剣道部・バスケットボール部・ワンダーフォーゲル部 【文化部】 管弦楽部・華道部・茶道部・演劇部・囲碁将棋部・自然科学部・ユネスコ部・インターアクトクラブ・鉄道研究部・コンピューター部・美術部・ESS部・かるた部・ストリートダンス部・書道部

費用

《入学手続き時》
- ○入学金　250,000円
- ○同窓会費　20,000円

《入学後》
- ○授業料(学期ごと分納可)　648,000円
- ○教育充実費(学期ごと分納可)　30,000円
- ○諸会費　126,000円
- ○研修旅行積立金　60,000円

奨学金・特待制度

中高6年一貫コース
A特待：入学金・授業料・教育充実費の全額を免除。
B特待：入学金の全額と授業料・教育充実費の半額を免除。

独自の留学制度

- ○留学先　カナダ・オーストラリア
- ○学年　3年春休み
- ○内容　約2週間の語学研修とホームステイ

2024年度 募集要項

- ○募集人数　Ⅱ類選抜・Ⅱ類・Ⅰ類 約140名
- ○願書受付　1次A・B：12/1(金)～1/11(木)16:00
  2次：12/1(金)～1/14(日)15:30
  すべてweb出願
- ○受験料　20,000円
  ※1次A入試に出願し、さらに1次B・2次入試に出願の場合は、専・併に関わらず1次B・2次入試の検定料免除
- ○選抜日時　1次A：1/13(土)午前　1次B：1/13(土)午後
  2次：1/14(日)午後
- ○合格発表　1次A・B：1/14(日)web、掲示12:00
  2次：1/15(月)web、掲示12:00
- ○選抜方法　1次A：国・算 各120点各60分　理・社 各80点各40分　4科型/3科型(国算理)　4科アラカルト判定(いずれも400点満点)
  1次B・2次：国・算 各120点各60分(240点満点)

2024年度 入試結果

全コース計 1次A		Ⅱ類選抜コース		Ⅱ類コース		Ⅰ類コース	
応募者数	199						
受験者数	177						
合格者数	158	合格者数	44	合格者数	64	合格者数	50
競争率	1.12						
合格最低点	—	合格最低点	—	合格最低点	—	合格最低点	—

全コース計 1次B		Ⅱ類選抜コース		Ⅱ類コース		Ⅰ類コース	
応募者数	348						
受験者数	338						
合格者数	254	合格者数	98	合格者数	76	合格者数	80
競争率	1.33						
合格最低点	—	合格最低点	—	合格最低点	—	合格最低点	—

全コース計 2次		Ⅱ類選抜コース		Ⅱ類コース		Ⅰ類コース	
応募者数	263						
受験者数	170						
合格者数	113	合格者数	44	合格者数	36	合格者数	33
競争率	1.50						
合格最低点	—	合格最低点	—	合格最低点	—	合格最低点	—

併設高校の合格実績

2024年の進学状況(卒業者数317名)
国・公立大学合格129(118)名
京都大4(4)、東京工業大1(1)、大阪大7(5)、神戸大4(3)、北海道大3(3)、東北大1(1)、大阪公立大10(9)、京都工芸繊維大1(1)、奈良女子大4(4)、京都府立大1(1)、岡山大1(1)、広島大2(2)、三重大5(4)、和歌山大23(22)、山口大1(1)、兵庫県立大4(4)、大阪教育大7(7)、奈良教育大1(1)、滋賀県立大1(1)、兵庫教育大、奈良県立大7(7)、他。

私立大学合格
関西学院大88(83)、関西大99(94)、同志社大29(23)、立命館大27(25)、慶應義塾大1(1)、上智大1(1)、中央大3(3)、他。
医学部医学科計27(15)、歯学部計11(7)、薬学部計35(35)、獣医学部2(1)。
※( )内は現役合格内数

学校PR

「大学進学のための確かな学力」と「社会に出てから活躍できる人材」の育成に力を入れている。フォーサイト手帳を活用し、日々の学習状況を記入しながら自分で学習計画を組み立て、振り返る習慣を定着させるとともに、自学自習ができる生徒を育成する。また、社会人基礎力を養うため「表現力」を育む取り組みを行っている。3年間で段階的にプレゼン力を向上させ、中3では課題解決型の卒業研究を行い、発表する。

東海大学付属大阪仰星高等学校中等部

大阪

学校インフォメーション

制服

通学

ICT教育

海外研修

自習スペース

図書館

人工芝グラウンド

食堂

スマホ持ち込み

カウンセラー

プレテスト

ネイティブ教員

所在地　〒573-0018　枚方市桜丘町60-1

電話	072-849-7211	**生徒数**	男 190人 女 57人
創立	1996年	**併設校**	東海大学付属大阪仰星高等学校 東海大学・大学院
校長	小寺 建仁	**WEB**	https://www.tokai-gyosei.ed.jp/

アクセス
京阪交野線村野駅下車徒歩10分
JR学研都市線河内磐船駅にて京阪交野線にのりかえ村野駅下車

教育方針・特色

東海大学の建学の精神は、学園創設の原点となった「望星学塾」に、創立者松前重義が掲げた、
若き日に汝の理想を培え　若き日に汝の体躯を養え
若き日に汝の智能を磨け　若き日に汝の希望を星につなげ
という言葉を基本理念とし、広く自らの歴史観、世界観、人生観を培い、社会に対する強い使命感と豊かな人間性を備えた人材を育成するところにある。これにもとづき個性豊かな人格教育を目指す。

スクールライフ

登校時間	8:35
週登校日	6日制
学期制	2学期
制服	あり(夏・冬)
昼食	食堂あり 弁当持参可
学校行事	スポーツ大会(5月)、星河祭(体育の部、文化の部)(9月)、イングリッシュコンテスト(3月)
修学旅行	1～3年生6月 三保、四国、ハワイ
環境・施設	メディアセンター、松前記念総合グラウンド、野球場、室内練習場
クラブ活動	【運動部】野球部、ラグビー部、女子バレーボール部、ソフトテニス部、サッカー部、柔道部、陸上競技部、剣道部、空手道部、卓球部、水泳部、ゴルフ部、チアリーディング、バトントワーリング部、女子体操部 【文化部】吹奏楽部、放送部、ENGLISH CLUB、茶華道部、科学部、美術・イラスト部、写真部、囲碁将棋同好会、演劇部、かるた部

2024年度 募集要項

○募集人数　英数特進コース 35名、総合進学コース 70名

○願書受付
A日程:12/7(木)～1/12(金)12:00
B日程:12/7(木)～1/14(日)8:00
C日程:12/7(木)～1/15(月)16:00
すべてweb出願、窓口

○受験料
20,000円
※A・B・C同時出願者の場合、40,000円
※A・B、A・C、B・C同時出願の場合、30,000円
※A・C、B・CまたはA・B・Cすべてを出願し、A、BまたはA・Bを受験しCを受験しない場合は10,000円返金

○選抜日時
A日程:1/13(土) 8:50(英数特進、総合進学英語選択者)／9:45(総合進学算数選択者)
B日程:1/14(日)8:50
C日程:1/15(月)16:30

○合格発表
A・B日程:1/15(月)11:00掲示
C日程:1/18(木)15:00掲示
追加合格1/20(土)電話連絡

○選抜方法
A日程:国・算(各50分各100点)理・社・英(各40分各80点)
英数特進/国・算＋選択(理or社or英)・面接(個人)・資格評価シート(任意)を加味し判定
総合進学/国＋選択(算or英)・面接・自己推薦書(任意)を加味し判定
※英語選択者のみ英検を点数化し、試験当日の英語の点数を比べ高い方を採用
B・C日程:国・算(各50分各100点)・面接(B日程個人、C日程グループ)
※AまたはB日程と同時出願し、どちらかを受験したC日程受験者は10点加点

2024年度 入試結果

英数特進コース A日程		総合進学コース A日程	
応募者数	32	応募者数	38
受験者数	32	受験者数	36
合格者数	28	合格者数	35
競争率	1.14	競争率	1.03
合格最低点	131/280	合格最低点	79/200

英数特進コース B日程		総合進学コース B日程	
応募者数	39	応募者数	36
受験者数	38	受験者数	35
合格者数	31	合格者数	29
競争率	1.23	競争率	1.21
合格最低点	106/200	合格最低点	70/200

英数特進コース C日程		総合進学コース C日程	
応募者数	28	応募者数	32
受験者数	4	受験者数	4
合格者数	2	合格者数	4
競争率	2.00	競争率	1.00
合格最低点	非公表	合格最低点	非公表

※転コース合格(A3・B6・C2)含まない

費用

《入学手続き時》

○入学金	230,000円

《入学後》

○学費	600,000円
○学年積立金	279,000円
○その他	46,800円
○教材、制服、iPad等	約250,000円
○諸入会金	7,000円

奨学金・特待制度

特になし

独自の留学制度

・海外留学制度多数あり
・クィーンズランド、トロントなど

併設高校の合格実績

2024年の進学状況(卒業者数326名)
東海大学合格29名＊内部推薦

国・公立大学合格10(9)名
大阪公立大3(3)、山口大1、京都教育大1(1)、大阪教育大2(2)、奈良教育大1(1)、愛媛大1(1)、島根県立大1(1)。

他の私立大学合格664(637)名
関西学院大9(7)、関西大32(32)、同志社大13(13)、立命館大25(19)、京都産業大36(36)、近畿大69(66)、甲南大9(9)、龍谷大56(49)、佛教大10(10)、大阪医科薬科大3(3)、大阪歯科大2(2)、摂南大70(70)、神戸学院大4(4)、追手門学院大15(15)、桃山学院大11(11)、京都外国語大7(7)、関西外国語大38(38)、大阪経済大12(10)、大阪工業大11(11)、京都女子大5(5)、同志社女子大3(3)、武庫川女子大6(6)、他。

※( )内は現役合格内数

共学校

学校PR

東海大仰星は、「真の文武両道」を目指す学校です。本校の文武とは学習とクラブ活動です。そのどちらもしっかりと取り組める環境を用意してあります。特にクラブ活動の環境としては2018年に人工芝グラウンドおよび陸上トラックが完成したため、より充実した環境が整いました。学習に関してもiPadを用いた授業を展開し、将来を見据えた学習ができます。充実した環境の中で「Team Gyosei」の一員となって、自分の目標に向かって6年間を過ごしませんか？

同志社香里中学校

学校インフォメーション

標準服

通学

宗教教育

ICT教育

長期休暇講習

海外研修

留学制度

プール
図書館

人工芝グラウンド

食堂

カウンセラー

中高大連携

ネイティブ教員

所在地　〒572-8585　寝屋川市三井南町15-1

電話	072-831-0285	**生徒数**	男 392人　女 377人
創立	1951年	**併設校**	同志社香里高等学校
校長	瀧　英次	**WEB**	https://www.kori.doshisha.ac.jp/

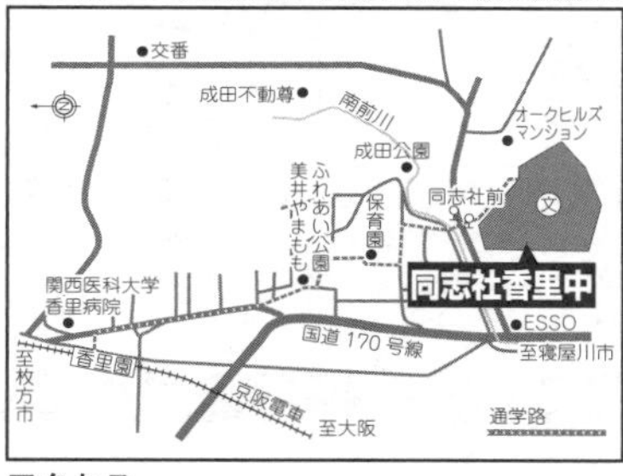

アクセス
京阪本線香里園駅下車徒歩18分
バス同志社香里下車

教育方針・特色

中学校の3年間は、将来に続く学業の基盤をつくりあげ、人間形成における心身両面の大きな成長を図る時期です。そのために同志社香里では、週6日制のカリキュラムでバランスよく学力を伸ばしていく教育を実施しています。また、ふれあいや助けあいのなかで人の心の痛みを感じられるようなあたたかい人間性を育んでいきます。

スクールライフ

登校時間	8:50
週登校日	6日制
学期制	3学期
制服	標準服あり
昼食	購買・食堂あり　弁当持参可
学校行事	文化祭（11月）
修学旅行	2年生　3泊4日　北海道
環境・施設	総面積63.779㎡の敷地を持つ。野球場・人工芝グラウンド2面・人工芝テニスコート6面・プール等。礼拝堂（香真館）も備える。2021年春、ICT（情報通信技術）を活用するスペースと図書館を融合させた学習空間「メディアセンター」が、新たな学びの中心地として誕生した。
クラブ活動	スキー部・水泳部・野球部・バレーボール部・バスケットボール部・レスリング部・ワンダーフォーゲル部・剣道部・ラグビー部・ダンス部・サッカー部・陸上競技部・テニス部・柔道部・卓球部・器械体操部・物理部・囲碁将棋部・地歴部・書道部・旅鉄部・ボランティア部・化学部・天文部・美術部・演劇部・吹奏楽部・マンドリン部・生物部・写真部

費用

《入学手続き時》

○入学金	130,000円

《入学後》

○授業料	656,000円
○教育充実費	130,000円
○PTA入会金	500円
○PTA会費	15,600円
○生徒会費	4,200円

○同志社生活協同組合出資金　3,000円　他

同志社生活協同組合出資金については卒業時に返還されます

奨学金・特待制度

奨学金制度あり

独自の留学制度

留学先	ニュージーランド
学年	3年
内容	3か月

2024年度 募集要項

○募集人数	前期：男子 約95名、女子 約95名 後期：男子 約25名、女子 約25名
○願書受付	12/1（金）～1/8（月・祝）　web出願
○受験料	20,000円 ※前・後期出願し前期合格・後期非受験（2/29までに申請要）の場合、後期検定料返還
○選抜日時	前期：1/13（土）　後期：1/15（月）
○合格発表	前期：1/14（日）　後期：1/16（火） いずれも17:00web、郵送
○選抜方法	国・算 各120点各50分　理・社 各80点各40分　4科合計、国算理合計×1.25、国算社合計×1.25　アラカルト判定

2024年度 入試結果

前期（男子）		後期（男子）	
応募者数	244	応募者数	453
受験者数	236	受験者数	286
合格者数	101	合格者数	68
競争率	2.34	競争率	4.21
合格最低点	250.00/400	合格最低点	302.50/400

前期（女子）		後期（女子）	
応募者数	253	応募者数	410
受験者数	245	受験者数	272
合格者数	103	合格者数	64
競争率	2.38	競争率	4.25
合格最低点	252.00/400	合格最低点	301.25/400

併設高校の合格実績

2024年の進学状況（卒業者数298名）
同志社大学278名
同志社女子大学5名

他の大学合格者
【過去3年間の進学先】（ ）は既卒生
2024　国際基督教大1、多摩美術大1、（神戸大1）、他。
2023　大分大（医）1、ノースアラバマ大1、大阪工業大1、帝塚山学院大1、他。
2022　国際基督教大1、大阪公立大1、早稲田大1、京都薬科大1、（慶応義塾大1）、他。

学校PR

わたしたちの学校は、大阪にある唯一の「同志社」として、大学や大学院への進学を見据えた大きな視野での一貫教育を展開している男女共学の中学校、高等学校です。1951年の設立以来、同志社の伝統を大切に守り、自治自立の精神をもって良心のもとに行動できる人物の育成をめざしてきました。将来につながる確かな学力を身につけ、個性をまっすぐに伸ばしたいと願う生徒一人ひとりを、わたしたちは全力で支えていきます。

㊥ 浪速中学校

大阪

学校インフォメーション

制服

通学

宗教教育

ICT教育

長期休暇講習

習熟度別授業

図書館

人工芝グラウンド

昼食

スマホ持ち込み

カウンセラー

プレテスト

特待生制度

ネイティブ教員

所在地　〒558-0023　大阪市住吉区山之内2-13-57

電話	06-6693-4031	**生徒数**	男 265人　女 144人
創立	1923年	**併設校**	浪速高等学校
校長	西田 陽一	**WEB**	https://www.naniwa.ed.jp/

アクセス
南海高野線我孫子前駅下車徒歩約6分
JR阪和線我孫子町駅・杉本町駅下車徒歩約9分
大阪メトロ御堂筋線あびこ駅下車徒歩約14分
市バス山之内1丁目下車すぐ

教育方針・特色

〈教育方針〉本校は、神社神道の「敬神崇祖」を建学の精神とし、1923年(大正12年)大阪国学院により設立された。以来、親を敬い万物に感謝し、『浄・明・正直』の心を養うことを教育の基本としている。「素直な心を培い」「体を鍛え」「確かな学力を身に付ける」ためのきめ細やかな教育を実践している。

スクールライフ

登校時間　8:20
週登校日　6日制(2学期から5日制)
学期制　3学期
制服　あり(夏・冬)
昼食　給食　食堂あり
学校行事　浪速祭(9月)・体育大会(10月)など
修学旅行　3年生5月　鹿児島、屋久島
環境・施設　ICT教育推進(全教室に電子黒板・モニターテレビ設置)。普通・音楽・理科・家庭科実習・情報・視聴覚・技術・美術各教室、図書室、レストラン、体育館、武道館、グラウンド(校内・校外2)、校外宿泊学習施設など。
クラブ活動　【運動部】軟式野球、サッカー、柔道、卓球、水泳、弓道、空手道、テニス、剣道、陸上競技、女子バスケットボール、ボクシング他
【文化部】雅楽、吹奏楽、インターアクトクラブ、鉄道研究、茶道、神楽、家庭科、美術、囲碁将棋、パソコン他

2024年度 募集要項

共学校

○募集人数　Ⅰ類(6年コース)、Ⅱ類(3年コース)計約120名(1次A・Ⅰ類選抜A型約100名、1次B約15名、Ⅰ類選抜B型・2次・2月特別選抜各若干名)
○願書受付　12/11(月)～
1次A入試:入試前日16:00まで
その他の入試:入試当日集合時間の30分前まで
すべてweb出願
○受験料　20,000円
※1次A出願の場合、後の検定料不要(2月選抜除く)
※1次A以外出願の場合、2回目以降10,000円(2月選抜除く)
○選抜日時　1次A:1/13(土)8:20
Ⅰ類選抜A型:1/13(土)16:30
1次B:1/14(日)8:20
Ⅰ類選抜B型:1/15(月)15:00
2次:1/16(火)8:20
2月特別選抜:2/2(金)8:20
○合格発表　掲示およびweb速報あり、翌日10:00掲示(2月特別選抜は当日13:00掲示)
○選抜方法　国・算 各100点各50分　理・社 各50点各30分
1次A・B入試:Ⅰ類は国算+理or社、Ⅱ類は国・算
Ⅰ類選抜入試A型・2次入試:国・算 各100点各50分
Ⅰ類選抜入試B型:算
2月特別選抜入試:書類審査・面接(保護者同伴)
※1次A・Ⅰ類選抜A型・1次B・2次では英検・数検・漢検加点(5級10点、4級15点、3級20点、準2級以上30点)

2024年度 入試結果

Ⅰ類(6年コース) 1次A	
応募者数	83
受験者数	83
合格者数	54
競争率	1.54
合格最低点	168/250(合格基準点)

Ⅰ類(6年コース) Ⅰ類選抜A	
応募者数	85
受験者数	81
合格者数	45
競争率	1.80
合格最低点	126/200(合格基準点)

Ⅰ類(6年コース) 1次B	
応募者数	61
受験者数	22
合格者数	11
競争率	2.00
合格最低点	183/250(合格基準点)

Ⅰ類(6年コース) Ⅰ類選抜B	
応募者数	36
受験者数	15
合格者数	6
競争率	2.50
合格最低点	—

Ⅰ類(6年コース) 2次	
応募者数	18
受験者数	4
合格者数	4
競争率	1.00
合格最低点	—

※Ⅱ類への転類合格(1A28、選A27、1B10、選B6)含まない

Ⅱ類(3年コース) 1次A	
応募者数	53
受験者数	53
合格者数	50
競争率	1.06
合格最低点	86/200(合格基準点)

Ⅱ類(3年コース) 1次B	
応募者数	27
受験者数	8
合格者数	5
競争率	1.60
合格最低点	—

Ⅱ類(3年コース) 2次	
応募者数	16
受験者数	3
合格者数	1
競争率	3.00
合格最低点	—

費用

《入学手続き時》

○入学金	240,000円

《入学後》(年額)

○授業料	670,000円
○諸会費	25,650円
○ロッカー、空調使用料	11,400円
○教育活動特別充実費	6,000円
○日本スポーツ振興センター	552円

○教材費、合宿費、
制服・制定品費別途必要

奨学金・特待制度

特になし

独自の留学制度

特になし

併設高校の合格実績

2024年の進学状況(卒業者数729名)
国・公立大学合格53(48)名
神戸大4(3)、大阪公立大6(5)、神戸市外国語大1(1)、岡山大1(1)、広島大1(1)、滋賀大1(1)、和歌山大15(14)、大阪教育大3(3)、奈良教育大1(1)、滋賀県立大1(0)、奈良県立大4(4)、和歌山県立医科大1(1)、他。

私立大学合格1674(1611)名
関西学院大27(27)、関西大72(63)、同志社大5(5)、立命館大27(27)、京都産業大17(17)、近畿大216(203)、甲南大22(21)、龍谷大126(124)、摂南大(125)、神戸学院大(6)、追手門学院大(165)、桃山学院大(145)、京都外国語大(12)、関西外国語大(76)、大阪経済大(66)、大阪工業大(14)、京都女子大(6)、同志社女子大(10)、神戸女学院大(3)、武庫川女子大(25)、他。

省庁大学校合格10(9)名
防衛大8(8)、防衛医科大2(1)。
※( )内は現役合格内数

学校PR

1923年に開校し昨年100周年を迎えた浪速中学校は、神社神道の美しい伝統を青少年に伝えるべくその社会的使命を果たしていると自負しています。本校はクラブ活動を積極的に推し進め、その支援を惜しみません。また、勉強面では、全員がノートパソコンを持ち最新の教育理論に裏打ちされた教育活動を続けています。

羽衣学園中学校

学校インフォメーション

制服

通学

長期休暇講習

習熟度別授業

海外研修

プール

自習スペース

図書館

食堂

スマホ持ち込み

カウンセラー

特待生制度

中高大連携

海外姉妹校

所在地　〒592-0003　高石市東羽衣1-11-57

電話	072-265-7561	**生徒数**	男 99人　女 112人
創立	1947年	**併設校**	羽衣学園高等学校・羽衣国際大学
校長	中野　泰志	**WEB**	https://www.hagoromogakuen.ed.jp/

教育方針・特色

自由・自主・自律を尊び個性を重んじ、豊かな知と健やかな心を育てる人間教育を羽衣マインドとして、人々の幸福と社会の発展に貢献します。また「気づき、考え行動できる力」を高め、グローバル化する社会でリーダーシップをとって行動できる人間を育成します。

スクールライフ

登校時間	8:25
週登校日	5日制
学期制	3学期
制服	あり(夏・冬)
昼食	食堂あり　弁当持参
学校行事	演劇鑑賞5月・演劇コンクール6月・体育祭・慰霊祭9月・かるた大会・スキー実習(1年)1月
修学旅行	3年生4月　沖縄方面
環境・施設	純和風の松園会館・最先端ICTルーム・シールド設置プール
クラブ活動	【運動部】男子サッカー・水泳・テニス・女子バスケットボール・バトン・女子バレーボール・ホッケー 【文化部】囲碁・将棋部・家庭科・合唱班・華道・ギター・吹奏楽・茶道・書道・箏曲・鉄道研究・パソコン（eSports班）・美術・放送

2024年度 募集要項

○募集人数	文理特進Ⅰコース　約35名 文理特進Ⅱコース　約35名
○願書受付	1次A・B・適性検査型・2次A:12/10(日)～1/11(木) 16:00　2次B:12/10(日)～1/14(日)24:00　すべてweb出願
○受験料	20,000円 ※1次Aまたは1次Bの検定料納入者は、以後の2次A・2次B入試の検定料免除 ※2次Aの検定料納入者は、以後の2次Bの検定料免除(適性検査型除く)
○選抜日時	1次A:1/13(土)8:45　1次B・適性検査型:1/13(土) 15:15　2次A:1/14(日) 9:50　2次B:1/15(月)9:50
○合格発表	1次A:1/13(土) 17:30掲示　1次B:1/14(日) 9:00掲示　2次A:1/14(日) 13:00掲示　適性検査型:1/15(月)郵送　2次B:1/15(月)13:30掲示
○選抜方法	国・算 各100点各50分　理・社・英 各50点各30分　面接(保護者同伴) 1次A: Ⅰコースは4科/3科(国算+理or社or英)/2科(国算)　4科、3科はアラカルト判定　Ⅱコースは3科(国算英)/2科(国算)　3科はアラカルト判定　自己表現(専願、受験資格必要)は国・算・英から1科 100点・面接(保護者同伴) 1次B・2次A・B:国・算　適性検査型:国語的問題・算数的問題 各100点

2024年度 入試結果

文理特進Ⅰコース　1次A	
応募者数	59
受験者数	56
合格者数	32
競争率	1.75
合格最低点	2科152・3科150・4科153/300(換算点)

文理特進Ⅱコース　1次A	
応募者数	14
受験者数	14
合格者数	33
競争率	—
合格最低点	2科105・3科116/300(換算点)

文理特進Ⅰコース　1次B・適性検査	
応募者数	55
受験者数	52
合格者数	33
競争率	1.58
合格最低点	121/200

文理特進Ⅱコース　1次B・適性検査	
応募者数	19
受験者数	19
合格者数	31
競争率	—
合格最低点	74/200

文理特進Ⅰコース　2次A	
応募者数	52
受験者数	19
合格者数	8
競争率	2.38
合格最低点	—

文理特進Ⅱコース　2次A	
応募者数	12
受験者数	5
合格者数	13
競争率	—
合格最低点	—

文理特進Ⅰコース　2次B	
応募者数	48
受験者数	10
合格者数	6
競争率	1.67
合格最低点	—

文理特進Ⅱコース　2次B	
応募者数	15
受験者数	7
合格者数	5
競争率	—
合格最低点	—

※転コース合格含む

学校PR

羽衣学園は、学園創立100年の伝統を大切にしながら、共学校となり革新的な教育を加えて発展し続けています。大学受験への対応を中心としながらも、生徒一人ひとりの個性を大切にし、中高6年間で素晴らしい経験をしてもらうことを常に追求しています。勉強・クラブ活動・行事にと教職員がとことんまで指導し、子供たちと共に笑い涙しながら取り組んでいます。全教室にホワイトボード、プロジェクター、PCを整備し、最先端のICT環境を駆使し、分かりやすい授業を展開。また、イングリッシュキャンプや充実した国際交流プログラムから英検受験対策講座の充実などグローバル化に対応するプログラムを実践しています。

アクセス
南海本線羽衣駅下車徒歩4分
JR羽衣線東羽衣駅下車徒歩4分

費用

《入学手続き時》

○入学金	210,000円
○校外学習費	10,000円
○ノート型PC・ICT関連費	100,000円
○制服・体操服等物品代	約140,000円
総合保険加入代	

《入学後》

○授業料	570,000円
○施設設備費	50,000円
○諸会費等 (PTA入会金含む)	15,800円
○修学旅行積立金	63,000円
○教材・行事等積立金、教育充実費積立金	180,000円

奨学金・特待制度

①第1種特待　入学金全額免除　年間授業料全額免除
②第2種特待　入学金全額免除　年間授業料半額免除
③第3種特待　入学金全額免除
④第4種特待　次年度奨学金給付10万円

独自の留学制度

特になし

併設高校の合格実績

2024年の進学状況(卒業者数468名)
羽衣国際大学進学28名

国・公立大学合格27名
大阪大1、神戸大2、大阪公立大2、筑波大1、和歌山大11、大阪教育大1、兵庫県立大1、奈良県立大1、他。

他の私立大学合格1051名
関西学院大22、関西大56、同志社大9、立命館大23、京都産業大15、近畿大179、甲南大5、龍谷大31、佛教大17、早稲田大2、慶應義塾大3、上智大1、東京理科大4、明治大5、青山学院大1、中央大1、法政大4、東洋大1、大阪医科薬科大1、兵庫医科大2、摂南大60、神戸学院大7、追手門学院大38、桃山学院大125、京都外国語大16、関西外国語大33、大阪経済大30、大阪工業大10、京都女子大4、同志社女子大3、武庫川女子大29、他。

初芝富田林中学校

学校インフォメーション

制服

通学

学内予備校

ICT教育

探究授業

習熟度別授業

海外研修

自習スペース

図書館

スマホ持ち込み

カウンセラー

プレテスト

特待生制度

ネイティブ教員

所在地　〒584-0058　大阪府富田林市彼方1801番地

電話	0721-34-1010	**生徒数**	男 107人　女 81人
創立	1985年	**併設校**	初芝富田林高等学校
校長	安田 悦司	**WEB**	http://www.hatsushiba.ed.jp/tondabayashi/

教育方針・特色

「本質を問い、本質を見極める力を養う」を教育目標とし世界的なグローバル化の流れやAI社会の到来を見据え、自らの力で考え、分析統合し説明できる力を授業や探究活動を通じ育て、視野を日本だけでなく世界に広げ様々な人と協働できるリーダー育成を目指します。

スクールライフ

登校時間	8:35
週登校日	6日制
学期制	3学期
制服	あり
昼食	お弁当持参・昼食販売あり
学校行事	体育大会・・・5/21　文化祭・・・9/21・9/22
修学旅行	3年生10月　8泊9日　アメリカ合衆国
環境・施設	図書館・ICT環境
クラブ活動	硬式テニス部（女子）・軟式野球部（男子）・バスケットボール部（男子）・サッカー部・ラグビー部・剣道部・陸上部・ダンス部・茶道部・放送部・美術部・理科部・情報科学部・競技かるた部・ガーデニング同窓会・インターアクト部・ギターマンドリン部・コーラス部・将棋部・文芸部・書道部・英語部・写真部

2024年度 募集要項

○募集人数	S特進コースα　約30名、S特進コースβ　約30名、特進コース　約40名
○願書受付	前期Aエクセレンス入試： 12/15（金）0:00～1/11（木）23:59 前期A：12/1（金）0:00～1/11（木）23:59 前期B：12/1（金）0:00～1/13（土）14:45 後期A：12/1（金）0:00～1/14（日）7:45 後期B：12/1（金）0:00～1/14（日）14:45 すべてweb出願
○受験料	20,000円（前期A日程） 10,000円（前期A以外） ※前期の午前・午後を両方受験の場合、午後日程の検定料を免除し合計20,000円
○選抜日時	前期A：1/13（土）8:30 前期B：1/13（土）本校15:30　北野田会場16:00 後期A：1/14（日）8:30 後期B：1/14（日）本校15:30　北野田会場16:00
○合格発表	前期A・B：1/14（日）10:00　Web・郵送 後期A・B：1/15（月）16:00　Web　16（火）郵送
○選抜方法	国・算 各100点各50分　理・社 各50点各40分 前期Aエクセレンス入試：国・算（受験資格要） 前期A：4科/3科（国算理）　アラカルト判定 前期B・後期A・B：国・算　合計を1.5倍 後期A適性検査型：国・算・理社融合 各100点各50分

2024年度 入試結果

全コース計	エクセレンス	前期A	前期B	後期A	後期B
応募者数	11	37	87	2科48・適性105	54
受験者数	11	37	84	2科42・適性103	39
合格者数	11	35	82	34・99	38
競争率	1.00	1.06	1.02	1.24・1.04	1.03

S特進コースα	エクセレンス	前期A	前期B	後期A	後期B
合格者数	5	11	38	2科8・適性39	17
合格最低点	—	206/300	200/300	2科204・適性210/300	204/300

S特進コースβ	エクセレンス	前期A	前期B	後期A	後期B
合格者数	4	13	35	2科16・適性42	13
合格最低点	—	160/300	161/300	2科167・適性171/300	164/300

特進コース	エクセレンス	前期A	前期B	後期A	後期B
合格者数	2	11	9	2科10・適性18	8
合格最低点	—	121/300	131/300	2科132・適性143/300	134/300

学校PR

富田林市東部の丘の上にありイキイキとした学校生活を送れる緑豊かな環境の中、勉強はもちろん部活動も活発です。3年生の10月にアメリカでの海外研修がありホームステイ先でのホストファミリーとの生活を通じてアメリカの生活、文化、生きた英語を学ぶことができます。普段の授業では個別最適学習を行い基礎学力定着を目指します。

アクセス

近鉄長野線滝谷不動駅、泉北高速鉄道泉ケ丘駅、同和泉中央駅、南海高野線河内長野駅・金剛駅、和泉市立病院前、岸和田市立城東小学校前よりスクールバス運行

費用

《入学手続き時》

○入学金	200,000円
○オリエンテーション費用	25,000円

《入学後》（年額）

○授業料	（年額）600,000円
○教育充実費	30,000円
○諸会費	23,200円
○宿泊行事費	40,000円
○学年費	93,000円（変動あり）
○WindowsタブレットPC費用	76,648円
○海外研修旅行積立金	250,000円

奨学金・特待制度

特待生制度あり

独自の留学制度

特になし

併設高校の合格実績

2024年の進学状況（卒業者数247名）

国・公立大学合格39(7)名

大阪大1、神戸大1、大阪公立大4、名古屋大1(1)、東京外国語大1(1)、国際教養大1、和歌山大3、大阪教育大3、和歌山県立医科大1(1)、岡山県立大2、徳島大4、高知大2、他。

私立大学合格659(61)名

関西学院大18(1)、関西大64(5)、同志社大21、立命館大28(1)、京都産業大5(1)、近畿大127(21)、甲南大3(1)、龍谷大30(2)、早稲田大2、上智大2(2)、東京理科大1、中央大2(1)、京都薬科大4、大阪医科薬科大5、大阪歯科大5、神戸薬科大1、兵庫医科大4(1)、摂南大71(4)、追手門学院大20、桃山学院大13、京都外国語大2、関西外国語大15、京都女子大5、同志社女子大6、武庫川女子大10、他。

※( )内は過年度生内数

初芝立命館中学校

学校インフォメーション

制服

通学

ICT教育

海外研修

留学制度

人工芝グラウンド

昼食

カウンセラー

プレテスト

帰国生入試

特待生制度

中高大連携

ネイティブ教員

英語イマージョン

所在地　〒599-8125　堺市東区西野194-1　北野田キャンパス

電話　072-235-6400
創立　1998年
校長　花上　徳明

生徒数　男 318人　女 182人
併設校　はつしば学園幼稚園・はつしば学園小学校・初芝立命館高等学校
WEB　https://www.hatsushiba.ed.jp/ritsumeikan/

教育方針・特色

「夢と高い志、挑戦、そして未来創造」の理念のもと、「Be Unique」を目標に掲げ、世界へ挑戦する人材を育成する。

スクールライフ

登校時間　8:40
週登校日　5日制 （希望制の土曜講座あり）
学期制　3学期
制服　あり（夏・冬）
昼食　給食あり（希望者） 弁当持参可
学校行事　体育祭10月　合唱コンクール2月
修学旅行　3年生11月 （オーストラリア・ニュージーランド選択）
環境・施設　人工芝グラウンド・メディアセンター・プール・サイエンスラボ
クラブ活動　【運動部】野球（硬式）・サッカー・ソフトテニス（軟式テニス・硬式テニス）・バスケットボール・卓球・剣道・体操競技・陸上
【文化部】吹奏楽・茶道・コンピューター・サイエンス・インターアクト

2024年度 募集要項

○募集人数　ユニバーサルスタディコース（US） 30名、立命館コース40名、アドバンストαコース40名、アドバンストβコース40名
○願書受付　12/1（金）～1/11（木）12:00　web出願
○受験料　20,000円（みらい21・前期A日程） 10,000円（みらい21・前期A以外）
※みらい21・前期Aの受験生は、前期B・後期A・後期Bの受験料不要
○選抜日時　みらい入試21・前期A日程：1/13（土）8:45
前期B日程：1/13（土）16:00
後期A日程：1/14（日）9:00
後期B日程：1/14（日）16:00
○合格発表　みらい入試21・前期A：1/13（土）20:00web、1/14（日）郵送
前期B・後期A・B：1/15（月） 16:00web、1/16（火）郵送
○選抜方法　Aα・R・Aβを第一希望
前期A：国・算各120点各50分・理・社各80点40分 4科/3科型（国算・理or社計×1.25）/算数重視型（算×1.5+国・理or社計×1.1）（400点満点）
前期B、後期A・B：国・算各100点各50分計200点満点
USを第一希望
前期A：国・算各120点各50分・理・社・英（リスニング含む）各80点40分
4科/3科型（国算理か英計×1.25）/算数重視型（算×1.5+国・理か英計×1.1）（400点満点）
前期B・後期B：国・算各100点各50分
後期A：国・算・英（リスニング含む）各100点各50分
2科型（国算）/3科×2/3のいずれかで判定
みらい入試21：作文800字50分　個人面接（一部英語面接を含む場合あり）

2024年度 入試結果

みらい入試21	ユニバーサルスタディコース	立命館コース	アドバンストαコース	アドバンストβコース
応募者数	12	11	5	6
受験者数	12	11	5	6
合格者数	12	11	5	6
競争率	1.00	1.00	1.00	1.00
合格最低点	—	—	—	—

前期A日程	ユニバーサルスタディコース	立命館コース	アドバンストαコース	アドバンストβコース
応募者数	25	89	52	4
受験者数	24	61	40	4
合格者数	10	33	28	0
競争率	2.40	1.85	1.43	—
合格最低点	—	241/400	258/400	208/400

前期B日程	ユニバーサルスタディコース	立命館コース	アドバンストαコース	アドバンストβコース
応募者数	10	163	130	6
受験者数	9	141	125	5
合格者数	2	66	66	1
競争率	4.50	2.14	1.89	5.00
合格最低点	—	161/200	165/200	126/200

後期A日程	ユニバーサルスタディコース	立命館コース	アドバンストαコース	アドバンストβコース
応募者数	15	198	137	4
受験者数	7	163	87	3
合格者数	2	95	52	0
競争率	3.50	1.72	1.67	—
合格最低点	—	163/200	171/200	124/200

後期B日程	ユニバーサルスタディコース	立命館コース	アドバンストαコース	アドバンストβコース
応募者数	15	184	133	6
受験者数	7	138	71	3
合格者数	1	51	34	0
競争率	7.00	2.71	2.09	—
合格最低点	—	162/200	168/200	128/200
		※転コース合格（前A8・B9、後A3・B2）含まない	※転コース合格（前A3・B3、後A5・B3）含まない	※転コース合格（前A27・B79、後A66・B66）含まない

学校PR

新たに国際系（US）コースを開設。
学びたいと強く願い、自ら主体的・継続的に学び続ける姿勢と努力。それを忘れずに夢に向かって走り続ける生徒たちを初芝立命館は、全力で支えます。
ICT環境や独自の国際教育プログラムなど、本校独自のシステムと手法で、立命館との提携を活かした多彩な教育プログラムを展開します。一人ひとりの針路をずっとサポートし続ける羅針盤が初芝立命館です。

アクセス
南海高野線北野田駅下車徒歩15分
南海高野線北野田駅、泉北高速鉄道泉ヶ丘駅和泉中央駅、近鉄長野線富田林駅以上各駅よりスクールバス運行

費用

《入学手続き時》
○入学金　200,000円
○中学生総合保障制度保険料（3年分）　24,000円
○タブレット端末代金　72,000円
○入学時宿泊研修費　30,000円
《入学後》（年額）
○授業料
立命館コース　620,000円
USコース　600,000円
アドバンストαコース　600,000円
アドバンストβコース　600,000円
○教育充実費　30,000円
○生徒会費・保護者会費　23,200円
○海外研修積立金　140,000円
○宿泊行事費　50,000円
○諸費　193,000円
※2024年度分（予定）です

奨学金・特待制度

成績優秀者　入学金・授業料・教育充実費　免除（アドバンストαコースのみ　5名程度）

独自の留学制度

特になし

併設高校の合格実績

2024年の進学状況（卒業者数340名）
立命館大学合格125名
立命館アジア太平洋大学合格10名

国・公立大学合格13（10）名
大阪公立大1、和歌山大3（3）、兵庫県立大1、奈良県立大1（1）、鳥取大1、長崎大1（1）、宇都宮大1（1）、長野県立大1（1）、鹿屋体育大1（1）、釧路公立大1（1）、叡啓大1（1）。

他の私立大学合格426（400）名
関西学院大11（7）、関西大18（14）、同志社大4（2）、立命館大1（1）、京都産業大6（6）、近畿大100（97）、龍谷大7（7）、早稲田大1（1）、明治大5、中央大1、大阪歯科大2（2）、摂南大48（48）、神戸学院大1（1）、追手門学院大12（12）、桃山学院大48（48）、関西外国語大22（16）、大阪経済大19（19）、大阪工業大5（5）、同志社女子大3（3）、神戸女学院大2（2）、武庫川女子大3（3）、大阪産業大28（28）、大阪大谷大9（9）、四天王寺大14（14）、阪南大8（8）、大和大7（7）、他。
※（ ）内は現役合格内数

PL学園中学校

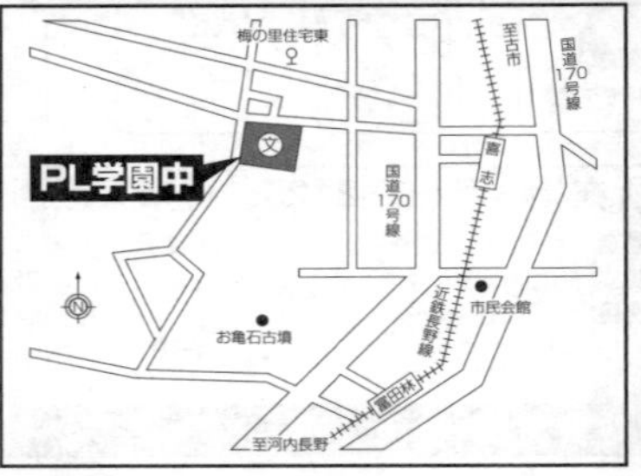

アクセス
近鉄長野線喜志駅下車西へ徒歩15分

学校インフォメーション

制服

通学

宗教教育

ICT教育

長期休暇講習

習熟度別授業

海外研修

プール

学生寮

図書館

食堂

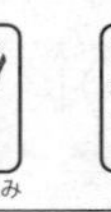

スマホ持ち込み

プレテスト

所在地　〒584-0008　富田林市大字喜志2055

電話	0721-24-5132	**生徒数**	男 19人 女 20人
創立	1959年	**併設校**	PL学園幼稚園・PL学園小学校 PL学園高等学校・衛生看護専門学校
校長	後藤　多加志	**WEB**	https://www.pl-gakuen.ac.jp/school/

教育方針・特色

〈PL学園の教育方針〉PL学園はパーフェクト リバティー教団を母体に昭和30年4月、まず高等学校を開校、順次、中学校、小学校、幼稚園、女子短期大学、衛生看護専門学校を併設し、「人生は芸術である」との理念をかかげ、将来、社会の指導者として大平和達成の聖業に貢献する信念にみちた人間育成を目的としている。
〈宗教教育〉PLには「一切は鏡である」との教えがある。子供の心意や行動は、親や教育者の"鏡である"という観点から、子供を育てるために、親はどうあるべきか、教育者はどうあるべきかとの問題を提起している。そして保護者と教育者の信仰が、子供の信仰心と共鳴するところに、人間教育の達成があると信念し、信仰をもとにした教育が行われている。

スクールライフ

登校時間	8:15
週登校日	5日制
学期制	3学期
制服	あり(夏・冬)
昼食	食堂あり　弁当持参可
学校行事	校外学習・学園祭(1学期)、球技大会(2学期)、百人一首大会(3学期)、など
修学旅行	あり
環境・施設	普通教室、体育館、雨天練習場、講堂、図書館、視聴覚教室、パソコン教室、寮など。体育館内に温水プールとトレーニングルーム。
クラブ活動	【運動部】軟式野球、剣道、バスケットボール、バレーボール女子、バトン 【文化部】吹奏楽、美術

2024年度 募集要項

○募集人数	70名 (内部進学含む、PL会員子弟であること)
○願書受付	A日程:12/29(火)～1/9(火) B日程:1/22(月)～2/3(土) 郵送のみ、必着
○受験料	15,000円
○選抜日時	A日程:1/13(土)　B日程:2/10(土)
○合格発表	A日程:1/17(水)郵送 B日程:2/13(火)郵送
○選抜方法	国・算・面接(保護者同伴)

2024年度 入試結果

A日程(本校・地方)		B日程(本校)	
応募者数	5	応募者数	13
受験者数	5	受験者数	13
合格者数	4	合格者数	13
競争率	1.25	競争率	1.00
合格最低点	非公表	合格最低点	非公表

学校PR

広大な敷地に、体育館、グラウンド、室内練習場などの設備が充実していて、部活動に思う存分打ち込むことが出来る環境が整っています。放課後などの課外時間に、個別に学習指導を行う体制を整えて、学力向上をサポートします。寮を完備しており、貴重な学生生活を送ることが出来ます。

費用

《入学手続き時》

○入学金	180,000円
○授業料(前期分)	252,000円
○施設維持費(前期分)	30,000円
○諸会費(前期分)	11,000円
○寮費・寮施設維持費(前期分)	193,000円

《入学後》(年間)

○授業料	504,000円
○施設維持費	60,000円
○諸会費	17,000円
○寮費・寮施設維持費	386,000円

奨学金・特待制度

特になし

独自の留学制度

特になし

併設高校の合格実績

2024年の進学状況(卒業者数20名)
国・公立大学合格
大阪教育大、福井大、弘前大、宇都宮大、名古屋市立大

私立大学合格
京都産業大、桃山学院大、二松学舎大、東北福祉大、朝日大、武庫川女子大、神戸女子大、阪南大、帝塚山学院大、森ノ宮医療大、他。

箕面自由学園中学校

学校インフォメーション

制服

通学

探究授業

ICT教育

長期休暇講習

習熟度別授業

海外研修

留学制度　図書館　食堂

カウンセラー

プレテスト

特待生制度

所在地　〒560-0056　豊中市宮山町4-21-1

電話　06-6852-8110
創立　1947年
校長　田中　良樹

生徒数　男 86人　女 86人
併設校　箕面自由学園幼稚園・箕面自由学園小学校・箕面自由学園高等学校
WEB　https://mino-jiyu.ed.jp/jhs/

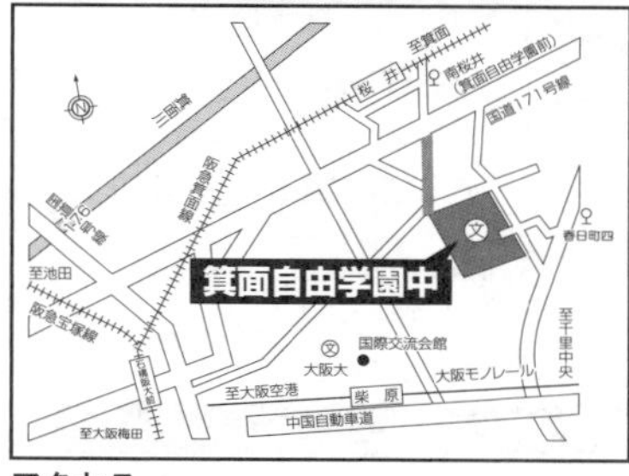

アクセス
阪急箕面線桜井駅下車徒歩7分
阪急バス茨木・石橋線南桜井下車(校門前)
阪急バス千里中央ー豊中線春日町4丁目下車徒歩7分

教育方針・特色

本校の建学の精神「教養高い社会人の育成」をめざし、たくましく生きるための「人間力」を備えた中学生像を追求する。そのために①基礎学力の徹底　②自ら行動する基盤づくり　に取り組んでいる。伝統ある学校行事・宿泊研修・探究学習などの豊富な体験活動を重視、海外への短期語学研修・半年留学プログラムを設けるなど幅広い視野を身につける機会を多く準備している。また学内・学外の多様な人材との積極的な交流を図り、リーダーシップやチームで協働する力の育成を図る。

スクールライフ

登校時間　8:40
週登校日　6日制
学期制　3学期
制服　あり(夏・冬)
昼食　食堂・購買あり　弁当持参可
学校行事　体育大会(5月)・勉強合宿(6月)・サイエンスフェスタ(7月/3月)
修学旅行　3年生10月　泊数未定　オーストラリア(予定)
環境・施設　大体育館(格技室・トレーニング室・シャワー室・バスケットコート2面)・射撃場・図書室・自習室・コンピュータ室・メディアセンター・キャリアセンター・桂門ホール
クラブ活動　チアリーダー部・SSC(シーズン・スポーツ・クラブ)・女子フラッグフットボール部・テニス部・理科部・日本文化・園芸・卓球・鉄道・社会探究ボランティア・ボードゲーム・写真・吹奏楽

2024年度 募集要項

○募集人数　70名(内部進学含む　A日程理数探究20名・グローバル30名、B・C日程20名)
○願書受付　A・B日程午前:12/16(土)～1/11(木)
B日程午後:12/16(土)～1/14(日)14:00
C日程:12/16(金)～1/15(日)14:00
すべてweb出願
○受験料　20,400円(合否通知郵送料含む)
○選抜日時　A日程(MJG入試(専願)・3科):1/13(土)9:00
A日程(3科選択型):1/13(土)15:30
B日程(2科選択型):1/14(日)9:00
B日程(2科):1/14(日)15:30
C日程(2科):1/16(火)15:30
○合格発表　A日程:1/14(日)22:00web・郵送
B日程:1/14(日)22:00web・1/15(月)郵送
C日程:1/16(火)18:00web・1/17(水)郵送
○選抜方法　3科型:国・算・理 各100点各50分 3科選択型:国・算・理or英 各100点各50分
2科型:国・算 各100点各50分 2科選択型:算・国or理 各100点各50分 2科のうち高得点×2(300点満点)
MJG-J(グローバル):国・面接(保護者同伴)、MJG-E(グローバル):英・英面接(保護者同伴)、MJG- S(理数探究):学習力・基礎学力テスト
※漢検・数検4級以上加点、英検は得点を読み替え

2024年度 入試結果

理数探究コース	A日程AM	グローバルコース	A日程AM
応募者数	MJG9・3科18	応募者数	MJG23・2科4
受験者数	9・18	受験者数	23・4
合格者数	4・11	合格者数	17・3
競争率	2.25・1.64	競争率	1.35・1.33
合格最低点	2科181/300(換算点)、MJG 非公表	合格最低点	2科156/300(換算点)、MJG 非公表

理数探究コース	A日程PM	グローバルコース	A日程PM
応募者数	38	応募者数	19
受験者数	37	受験者数	19
合格者数	19	合格者数	6
競争率	1.95	競争率	3.17
合格最低点	187/300(換算点)	合格最低点	164/300(換算点)

理数探究コース	B日程AM	グローバルコース	B日程AM
応募者数	41	応募者数	16
受験者数	40	受験者数	15
合格者数	19	合格者数	6
競争率	2.11	競争率	2.50
合格最低点	220/300(換算点)	合格最低点	168/300(換算点)

理数探究コース	B日程PM	グローバルコース	B日程PM
応募者数	32	応募者数	12
受験者数	31	受験者数	10
合格者数	13	合格者数	1
競争率	2.38	競争率	10.00
合格最低点	226/300(換算点)	合格最低点	161/300(換算点)

理数探究コース	C日程	グローバルコース	C日程
応募者数	15	応募者数	11
受験者数	10	受験者数	9
合格者数	2	合格者数	1
競争率	5.00	競争率	9.00
合格最低点	非公表	合格最低点	非公表

※転コース合格(A:AM3科4・PM9、B:AM16・PM10、C7)含まない

費用

《入学手続き時》

項目	金額
○入学金	220,000円
○制服・制定品代	約100,000円

《入学後》

項目	金額
○授業料	564,000円
○施設費	36,000円
○諸費(PTA会費・後援会費・自治会費)	32,400円
○預り金(教材費・iPad費・宿泊行事費等)	約190,000円

奨学金・特待制度

○特待生制度　入試の際に優秀な成績をおさめた生徒に対する奨学金
○ファミリー奨学金　当学園に兄弟姉妹が在籍するご家庭に給付される奨学金

独自の留学制度

留学先　ニュージーランド

併設高校の合格実績

2024年の進学状況(卒業者数696名)
国・公立大学合格159(152)名
東京大1、京都大2、大阪大2、神戸大6(4)、北海道大1、東北大1、九州大1、大阪公立大9、筑波大2、京都工芸繊維大2、奈良女子大2、京都府立大1、金沢大5、岡山大3、広島大3、滋賀大3、和歌山大6、兵庫県立大6、大阪教育大2(1)、他。

私立大学合格468名(458)名
関西学院大171(168)、関西大143(139)、同志社大59(58)、立命館大95(93)、早稲田大3(2)、慶應義塾大1、他。

※( )内は現役合格内数

学校PR

箕面自由学園中学校は、「自分で決める」を合言葉に、たとえ失敗に終わっても一人ひとりのチャレンジに生徒も教師も拍手を送る、ポジティブな校風です。 2クラスの小さな学校なので全員が仲間です。この学校で、大切な仲間と協働する力、自ら一歩踏み出し自分の考えを発信する力、「MJGスピリット」を身につけてください。

大阪　共学校

桃山学院中学校

学校インフォメーション

制服

通学

宗教教育

海外研修

プール

自習スペース

図書館

人工芝グラウンド

食堂

カウンセラー
プレテスト

帰国生入試

特待生制度

ネイティブ教員

所在地　〒545-0011　大阪府大阪市阿倍野区昭和町3-1-64

電話　06-6621-1181
創立　2008年
校長　生田　耕三

生徒数　男 150人　女 219人
併設校　桃山学院高等学校、桃山学院大学・大学院、桃山学院教育大学
WEB　https://www.momoyamagakuin-h.ed.jp/

アクセス
大阪メトロ御堂筋線昭和町駅下車南300m徒歩約5分
大阪メトロ谷町線文の里駅下車南500m徒歩約8分
JR阪和線南田辺駅下車北西800m徒歩約10分

教育方針・特色

桃山学院中学校は、2007年から始まった桃山学院の学校改革において最も重要な取り組みの一つとして2008年に開校し、今年で15年目を迎えます。6年制中高一貫教育の中、キリスト教精神に基づく人間教育を第一に、校外での体験学習や生徒たち自身によって運営される学内行事を数多く実施するなど、「こころの豊かさ」を大切にする教育を進めてきました。桃山学院の長い伝統に培われた自由な校風と自主・自律の精神は中学校にも受け継がれ、生徒たちはのびのびとした中にも規律ある学校生活を送っています。

スクールライフ

登校時間　8:35
週登校日　6日制
学期制　3学期
制服　あり
昼食　食堂あり/弁当持参可
学校行事　体育祭(6月)/サマーキャンプ(7月)/文化祭(11月)/クリスマスツリー点灯式(11月)
修学旅行　3年生　生徒のプレゼンテーションで決定
環境・施設　グランド(人工芝)/記念体育館/図書館/室内温水プール/PC室/食堂/作法室/礼拝堂
クラブ活動　【体育クラブ】空手道・剣道・卓球・硬式テニス・バスケットボール・バトミントン・女子バレーボール・日本拳法・ラグビー
【文化クラブ】ESS・囲碁将棋・クラッシックギター・吹奏楽・鉄道研究・合唱(聖歌隊)・作法・数学研究・図書・理科研究・美術・放送・園芸・競技かるた

2024年度 募集要項

○募集人数　6年選抜コース:A方式20名、B方式15名、C方式5名
6年進学コース:A方式50名、B方式15名、C方式15名

○願書受付　A方式:12/1(金)0:00〜1/12(金)12:00
B方式:12/1(金)0:00〜1/14(日)14:00
C方式:12/1(金)0:00〜1/16(火)7:30
すべてweb出願

○受験料　20,000円
※複数方式に出願の場合、2回目以降は10,000円
※複数方式を出願し、先の方式で合格して入学手続を行った場合は、未受験分の検定料を後日返金

○選抜日時　A方式:1/13(土)8:30
B方式:1/14(日)15:00
C方式:1/16(火)8:30

○合格発表　A方式:1/13(土)17:00
B方式:1/15(月)12:00
C方式:1/16(火)17:00
いずれもweb

○選抜方法　A方式:国・算 各150点各50分 理・社 各100点各40分 4教科型(国算数理)/3教科型(国算理)アラカルト判定(500点満点)
B方式:国・算 各150点各50分(300点満点)
C方式:国(表現力テスト)・算 各150点各50分(300点満点) 国は長文読解100点+課題に対し自分の考えを300〜400字でまとめる問題50点
※英検3級以上取得者は優遇措置

2024年度 入試結果

	6年選抜コース A方式	6年進学コース A方式
応募者数	93	59
受験者数	92	58
合格者数	26	18
競争率	3.54	3.22
合格最低点	354/500	289/500

	6年選抜コース B方式	6年進学コース B方式
応募者数	215	94
受験者数	167	71
合格者数	57	22
競争率	2.93	3.23
合格最低点	225/300	195/300

	6年選抜コース C方式	6年進学コース C方式
応募者数	88	71
受験者数	44	44
合格者数	6	4
競争率	7.33	11.00
合格最低点	217/300	190/300

※ 回し合格(A48、B78、C18)含まない

学校PR

桃山学院高等学校の自由な校風と、自主・自律の精神の伝統を受け継ぐ桃山学院中学校の教育活動は、多彩な体験活動の実施、きめ細やかな学習・進路指導、「英語の桃山」の伝統の下に学ぶ質の高い英語教育により、「夢の実現」にむけて、生徒一人ひとりの可能性を広げます。

費用

《入学手続き時》

項目	金額
○入学金	200,000円
○制服	男子 約47,000円 女子 約44,000円
○副読本・体育用品	約70,000円

《入学後》

項目	金額
○授業料	(4回分納)620,000円
○PTA会費	10,000円
○生徒会費	3,000円
○学年共同費	(4回分納)94,000円
○修学旅行積立金	(4回分納)48,000円
○体験学習費	(4回分納)100,000円

奨学金・特待制度

○プレテスト成績優秀者
○入学試験成績優秀者
○他府県枠あり

独自の留学制度

○ニュージーランド(3年生)　希望制短期、海外研修

併設高校の合格実績

2024年の進学状況(卒業者数510名)
桃山学院大学合格13名

国・公立大学合格205(181)名
東京大1、京都大9(9)、大阪大13(9)、神戸大14(14)、北海道大4(2)、東北大4(4)、名古屋大1(1)、九州大2(2)、大阪公立大32(26)、筑波大1(1)、横浜国立大1(1)、京都工芸繊維大1(1)、奈良女子大3(3)、神戸市外国語大4(4)、京都府立大1(1)、金沢大1(0)、岡山大3(3)、広島大3(2)、滋賀大3(3)、和歌山大18(17)、兵庫県立大16(16)、大阪教育大14(14)、奈良教育大1(1)、滋賀県立大4(3)、奈良県立大4(4)、奈良県立医科大1(1)、和歌山県立医科大1(1)、京都市立芸術大1、福知山公立大1(1)、他。

他の私立大学合格1049(930)名
関西学院大122(117)、関西大122(97)、同志社大51(41)、立命館大77(67)、京都産業大7(6)、近畿大267(245)、甲南大13(12)、龍谷大91(89)、佛教大9(9)、早稲田大6(6)、慶應義塾大3(1)、東京理科大3(1)、明治大4(1)、青山学院大3(2)、立教大7(7)、中央大3(3)、法政大2(2)、学習院大1(0)、日本大2(1)、東洋大3(3)、大阪医科薬科大8(7)、関西医科大4(4)、兵庫医科大3(1)、大阪歯科大2(1)、京都薬科大1(1)、神戸薬科大6(6)、摂南大25(19)、神戸学院大5(4)、追手門学院大8(8)、京都外国語大5(5)、関西外国語大37(37)、大阪経済大6(6)、大阪工業大10(5)、京都女子大5(5)、同志社女子大10(10)、武庫川女子大17(17)、他。

※( )内は現役合格内数

履正社中学校

学校インフォメーション

標準服

通学

学内予備校

ICT教育

長期休暇講習

探究授業

習熟度別授業

自習スペース

人工芝グラウンド

食堂

スマホ持ち込み

カウンセラー

特待生制度

ネイティブ教員

所在地　〒561-0874　豊中市長興寺南4-3-19

電話　06-6864-0456
創立　昭和60年
校長　江川　昭夫

生徒数　男 194人　女 138人
併設校　履正社高等学校、履正社国際医療スポーツ専門学校、履正社スポーツ専門学校北大阪校
WEB　https://riseisha.ed.jp/

教育方針・特色

《自主自立の精神　活気あふれた校風》
◆教育方針　創立以来「いい環境づくり」をめざしてきました。第1の環境は、同じ目標、同じ思いを持った生徒たちが高いレベルで影響しあい、励ましあい、勇気づけられる環境。第2の環境は学校の制度と組織です。生徒の数だけ生活指導・教科指導そして進路指導があると考えています。　◆将来の希望にあわせ、選べる2つのコース【学藝コース(中高一貫教育)】将来、大学入試で評価される次世代型学力(得られる知識を使って、課題を発見し、解決する思考力・判断力・コミュニケーション能力)を身につける土台として、「教科の知識」「探究心」「言語技術」の3本柱を設定し、体系的なプログラムに基づく6年一貫教育をおこないます。【3ヵ年独立コース】中学3年間を一区切りとして、灘・東大寺・北野・茨木などの難関高校への合格をめざすコースです。1人ひとりを見つめる綿密に計算された教育メソッドにより、基礎学力と応用力をしっかりと身につけます。早朝テストや授業中における小テストによって、基礎学力を徹底指導。放課後進学講座では習熟度別クラスに分かれ、得意分野をさらに伸ばします。また、模擬面接や作文添削など、志望校別にあわせた進路指導を展開しています。

スクールライフ

登校時間	8:30
週登校日	6日制
学期制	3学期
制服	あり(夏・冬)
昼食	食堂有り　弁当持参可
学校行事	4月校外学習、5月球技大会、6月感動の教育、7月水泳大会・夏期合宿、9月文化祭、10月運動会・スターウオッチング、11月校外学習、1月百人一首大会、2月ダンス発表会・耐寒マラソン大会、3月修学旅行
修学旅行	2年生3月　沖縄(予定)
環境・施設	記念ホール、図書館、生徒食堂、総合体育館(アリーナ・剣道場・柔道場・トレーニングセンター・合宿ルーム)、LL教室、プール、茨木グラウンド
クラブ活動	【運動部】野球、卓球、硬式テニス、バスケットボール、サッカー、陸上、女子バレーボール、空手 【文化部】理科、読書、合唱、社会科、鉄道研究、カルタ

2024年度 募集要項

○募集人数　学藝コース 70名、3ヵ年独立コース 70名

○願書受付　Web出願
前期　12/11(月)～1/11(木)16:00
後期　12/11(月)～1/19(金)16:00
窓口
前期2次　1/14(日)8:00～8:30
後記　1/20(土)9:00～14:00
1/21(日)8:00～8:30

○受験料　25,000円

○選抜日時　前期1次:1/13(土)8:40、1/13(土)16:00
前期2次:1/14(日)8:40
後期:1/21(日)8:40

○合格発表　前期:1/15(月)12:00
後期:1/22(月)12:00　いずれもweb

○選抜方法　国・算 各100点各50分　理・英各50点各30分　2教科型(国算)/3教科型(国算理か英)　アラカルト判定
前期1次午後は2教科型(国算)のみ
※専願は10点加点、後期併願のみ保護者同伴面接あり
※英検・漢検・数検5級以上加点

2024年度 入試結果

学藝コース　前期1次AM	専願	併願
応募者数	58	9
受験者数	58	9
合格者数	37	8
競争率	1.57	1.13
合格最低点	—	—

学藝コース　前期1次PM	専願	併願
応募者数	33	31
受験者数	33	30
合格者数	19	19
競争率	1.74	1.58
合格最低点	—	—

学藝コース　前期2次	専願	併願
応募者数	36	52
受験者数	35	48
合格者数	17	35
競争率	2.06	1.37
合格最低点	—	—

学藝コース　後期	専願	併願
応募者数	15	4
受験者数	12	1
合格者数	9	1
競争率	1.33	1.00
合格最低点	—	—

3ヵ年独立コース　前期1次AM	専願	併願
応募者数	22	13
受験者数	21	13
合格者数	21	12
競争率	1.00	1.08
合格最低点	—	—

3ヵ年独立コース　前期1次PM	専願	併願
応募者数	15	15
受験者数	15	14
合格者数	15	13
競争率	1.00	1.08
合格最低点	—	—

3ヵ年独立コース　前期2次	専願	併願
応募者数	12	37
受験者数	12	37
合格者数	11	36
競争率	1.09	1.03
合格最低点	—	—

3ヵ年独立コース　後期	専願	併願
応募者数	14	26
受験者数	10	13
合格者数	10	13
競争率	1.00	1.00
合格最低点	—	—

学校PR

履正社中学校には、学藝コース(中高一貫六年)と3ヵ年独立コースの2種の学びがあります。
学藝コースは言語技術教育、先取り学習による大学受験対策、探究活動を学びの三本柱に設定しており、放課後は専攻ゼミと部活動を自由に選択し、組み合わせることができます。3ヵ年独立コースは、習熟度別の放課後進学講座(希望制)を中心に、難関高校受験に向けた学力アップを主眼においています。
2024年4月、ドラスティックに変化する時代に対応する人材を育成することを目的に「学術基盤センター」を立ち上げました。

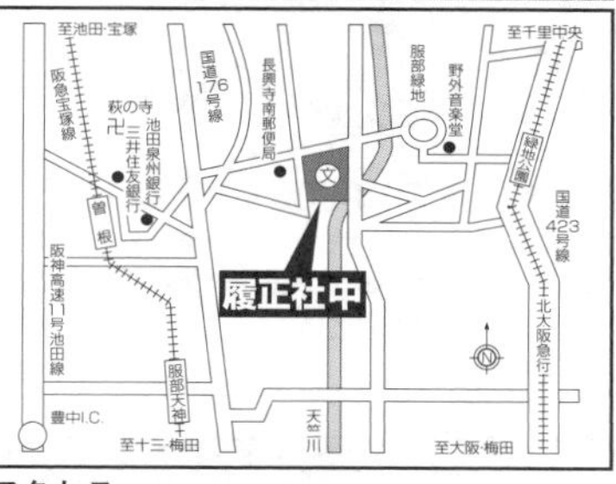

アクセス
北大阪急行(大阪メトロ御堂筋線)
緑地公園駅西方徒歩約18分　バス9分
阪急宝塚線曽根駅東方徒歩約15分　バス5分

費用

《入学手続き時》
○入学金	240,000円

《入学時》
○制服(男)	約100,000円
(女)	約150,000円

《入学後》(年額)
○授業料	635,000円
○施設設備費	60,000円
○諸費	144,730円

奨学金・特待制度

特待生制度あり

独自の留学制度

特になし

併設高校の合格実績

2024年の進学状況(卒業者数313名)
国・公立大学合格16名
大阪大2、大阪公立大3、横浜国立大1、和歌山大1、山口大1、滋賀県立大1、大阪教育大1、他。

私立大学合格1011名
関西学院大32、関西大21、同志社大9、立命館大10、京都産業大55、近畿大158、甲南大6、龍谷大18、青山学院大1、関西医科大1(医1)、大阪歯科大3、摂南大70、神戸学院大27、追手門学院大108、桃山学院大66、京都女子大8、神戸女学院大13、他。

大阪星光学院中学校

大阪

学校インフォメーション

制服

通学

宗教教育

ICT教育

長期休暇講習

海外研修

自習スペース

図書館

バリアフリー

食堂

スマホ持ち込み

カウンセラー

ネイティブ教員

所在地　〒543-0061　大阪市天王寺区伶人町1-6

電話	06-6771-0737	**生徒数**	男 575人
創立	1950年	**併設校**	大阪星光学院高等学校
校長	田沢　幸夫	**WEB**	http://www.osakaseiko.ac.jp/

アクセス
大阪メトロ谷町線四天王寺前夕陽ヶ丘駅下車南へ徒歩約2分。
JR環状線天王寺駅下車北へ徒歩約10分。
近鉄上本町駅下車徒歩15分。

教育方針・特色

「世の光であれ」を校訓とし、灯台の如く社会全体を照らし、電灯の如く周囲に希望を与え、ろうそくの如くほのかながらも人から頼りにされる人材を輩出したいと考えています。ともにいることを意味する「アシステンツァ」を教育の基本姿勢として、生徒たちに適度な距離で寄り添い、教育活動をしています。その具現化として、合宿施設として、大阪市内の校舎だけでなく、黒姫（長野県）、南部（和歌山県）の学舎も利用し、お互いの信頼と理解を深めていきます。多感な若者の知性を高め、意志を強め、心を豊かにすることにより、多くの分野で社会に貢献することを念願しています。

スクールライフ

登校時間	8:35
週登校日	6日制
学期制	3学期
制服	あり（夏・冬）
昼食	購買、食堂あり　弁当持参可
学校行事	体育大会（6月）　スクールフェア（文化祭）（11月）
修学旅行	3年生8月　3泊4日　長崎など
環境・施設	図書館、ICT環境、テニスコート、弓道場、剣道場、柔道場、聖トマス小崎研修館（校内）、黒姫星光山荘（長野県）、南部学舎（和歌山県）
クラブ活動	陸上競技・バスケットボール・バレーボール・テニス・サッカー・野球・卓球・フィールドホッケー・柔道・剣道・弓道・ライフル射撃・天文・ライフサイエンス・地歴研究・数学研究・ESS・放送・吹奏楽・写真・美術・新聞・文芸・カトリック研究・書道・囲碁将棋・電気工学・ボランティア・合唱・物理・化学・クイズ・けん玉

男子校

2024年度 募集要項

○募集人数	約190名（連携校特別選抜者含む）
○願書受付	12/14（木）～12/22（金）23:59　web出願
○受験料	20,000円
○選抜日時	1/13（土）
○合格発表	1/14（日）13:00web
○選抜方法	国・算　各120点各60分　社・理　各80点各40分　面接（遠隔地の受験生） Ⅰ型:4科合計、国算＋理or社合計×1.25のうち最も高い得点で判定 Ⅱ型:国算理合計×1.25で判定 Ⅰ型、Ⅱ型の区別はせず400点満点で判定

2024年度 入試結果

Ⅰ型		Ⅱ型	
応募者数	518	応募者数	189
受験者数	495	受験者数	166
合格者数	228	合格者数	72
競争率	2.17	競争率	2.31
合格最低点	252.50/400	合格最低点	252.50/400

※特別選抜合格（3）含まない

費用

《入学手続き時》

○入学金	300,000円
○学校指定品	約85,000円

《入学後》

○授業料	540,000円
○施設費	60,000円
○諸経費	11,000円
○校友会費	4,800円
○後援会費	26,400円

※別途、学年費・合宿費などの費用発生あり

奨学金・特待制度

特になし

独自の留学制度

留学先	オーストラリア
学年	3年
内容	短期留学　約10日間
費用	約50万円

併設高校の合格実績

2024年の進学状況（卒業者数180名）
国・公立大学合格147（91）名
東京大14（10）、京都大37（24）（内医2（1））、一橋大5（1）、東京工業大1、大阪大14（10）（内医4（3））、神戸大16（12）（内医3（3））、北海道大6（3）、東北大1（1）（内医1（1））、大阪公立大23（14）（内医5（4））、筑波大1（1）（内医（1（1））、京都工芸繊維大4（1）、滋賀大2（1）、京都府医大2（2）（内医2（2））、奈良県立医科大3（2）（内医3（2））、和歌山県立医科大6（5）（内医6（5））、他。医学部医学科31（24）名。

私立大学合格278（69）名
関西学院大18（4）、関西大13（4）、同志社大54（16）、立命館大38（9）、早稲田大19（7）、慶應義塾大13（2）、東京理科大18（4）、中央大4（3）、大阪医科薬科大8（4）、関西医科大9（1）、他。医学部医学科33（11）名。

省庁大学校合格3（2）名
防衛医科大2（1）、防衛大1（1）。

※（　）内は現役合格内数

学校PR

生徒たちは、勉学とともに、クラブ活動や黒姫星光山荘（長野県）・南部学舎（和歌山県）における校外行事に伸び伸びと取り組んでいます。登山・スキー・勉強合宿をはじめとした課外授業を多く設定しており、共同生活を通すなかで生徒同士や教員との信頼関係を深め、自分自身を見つめる力を養っていきます。

清風中学校

学校インフォメーション

食堂

海外姉妹校

所在地　〒543-0031　大阪市天王寺区石ヶ辻町12-16

電話	06-6771-5757(代)	**生徒数**	男 1023人
創立	1948年	**併設校**	清風高等学校
校長	平岡 宏一	**WEB**	https://www.seifu.ac.jp/

教育方針・特色

勤勉と責任とを重んじ、自立的精神を養うと共に、明朗にして誠実、常に希望の中に幸福を見出し、社会の全てから安心と尊敬と信頼の対象となり、信用され得る人物を育成するため、仏教を中心とした宗教による教育を実施する。

スクールライフ

登校時間	8:35
週登校日	6日制
学期制	3学期
制服	あり(夏・冬)
昼食	購買・食堂あり　弁当持参可
学校行事	文化祭・体育祭(9月)
修学旅行	3年生6月　3泊4日　北海道
環境・施設	図書館・ICT環境・茶室・人工芝グラウンド・多目的ホール など
クラブ活動	ヨット部、新体操部、生物部、電気部、ボート部、バレーボール部、日本拳法部、陸上競技部、NIEメディア研究部、鉄道研究部、文芸部、茶道部など(運動部20、文化部23)

2024年度 募集要項

○募集人数　前期・前期プレミアム・理Ⅲ選抜210名(理Ⅲ6か年コース 110名、理Ⅱ6か年コース50名、理Ⅰ6か年コース(前期のみ)50名)
後期チャレンジ選抜120名(理Ⅲ6か年コース60名、理Ⅱ6か年コース30名、理Ⅰ6か年コース30名)
プレミアム最終選抜(理Ⅲ6か年コース(プレミアムクラス))30名
プレミアム最終選抜(国際コース選抜)国際6か年コース(長期留学あり)5名(理Ⅲプレミアムクラスレベル目安)

○願書受付　前期・前期プレミアム・理Ⅲ: 12/13(水) 9:00～1/11(木)15:00
後期チャレンジ:12/13(水)9:00～1/14(日)15:00
プレミアム最終:12/13(水)9:00～1/15(月)15:00
すべてweb出願

○受験料　20,000円

○選抜日時　前期:1/13(土)
前期プレミアム・理Ⅲ:1/13(土)午後
後期チャレンジ:1/15(月)
プレミアム最終:1/16(火)

○合格発表　前期・前期プレミアム・理Ⅲ:1/14(日)掲示11:00、web16:00
後期チャレンジ:1/15(火)掲示11:00、web16:00
プレミアム最終:1/16(火)掲示19:00、web21:00

○選抜方法　国・算 各120点各50分　理・社 各80点各40分　面接(保護者同伴)
前期・後期チャレンジ:3科(国算理合計×1.25)/4科　4科はアラカルト判定(400点満点)
前期プレミアム・理Ⅲ:国・算(240点満点)
プレミアム最終:国・算・理or社(320点満点)
※国際6か年は英検・TOEFL(iBT)加点
※W受験は2回目の試験で10点加算、2回目以降面接免除

2024年度 入試結果

前期

全コース計		理Ⅲ6か年コース	理Ⅱ6か年コース	理Ⅰ6か年コース
応募者数	237			
受験者数	237			
合格者数	226	85	76	85
競争率	1.05			
合格最低点	—	292/400	248/400	162/400

前期プレミアム・理Ⅲ

全コース計		理Ⅲ6か年コース	理Ⅱ6か年コース
応募者数	530		
受験者数	515		
合格者数	440	322(内プレ170)	118
競争率	1.17		
合格最低点	—	131・プレ154/240	105/240

後期チャレンジ

全コース計		理Ⅲ6か年コース	理Ⅱ6か年コース	理Ⅰ6か年コース
応募者数	610			
受験者数	389			
合格者数	370	156	161	53
競争率	1.05			
合格最低点		292/400	238/400	191/400

プレミアム最終

	理Ⅲ6か年コース		国際6か年コース
応募者数	135	応募者数	8
受験者数	98	受験者数	7
合格者数	82(内プレ51)	合格者数	4
競争率	1.20	競争率	1.75
合格最低点	151・プレ188/320	合格最低点	188/320

学校PR

自らを高め、人に良い影響を与えられる「徳」を身につけ、心身共に「健やか」に、「財」をおろそかにしない智慧を備えた人物として、世の中に尽くす。それが、清風の目指す人物像です。生徒たちは、6年間の学園生活を通じて次代のリーダーとなる自覚を深めていきます。「徳・健・財」を備えた彼らは、清風魂を胸に、未来へと歩み始めています。
また、多彩な行事やクラブ活動を通じて有意義な学校生活を送れます。

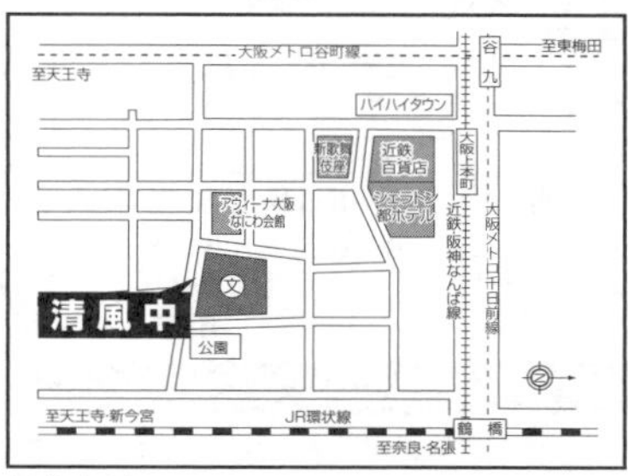

アクセス
近鉄線・阪神なんば線大阪上本町駅下車徒歩3分
大阪メトロ谷町線・千日前線谷町九丁目駅下車徒歩7分
JR環状線鶴橋駅下車徒歩12分

費用

《入学手続き時》
○入学金　260,000円

《入学後》
○授業料　720,000円
○年間預り金　100,000円
(副教材・行事費等)

○その他,スキー実習費・勉強合宿費

奨学金・特待制度

理Ⅲプレミアム・国際6か年コースの試験において、各回上位10名程度を特別給費生として認定

独自の留学制度

海外姉妹校との交換留学制度あり

併設高校の合格実績

2024年の進学状況(卒業者数609名)
国・公立大学合格211名
東京大1、京都大5、東京工業大1、大阪大12、神戸大9、東北大1、九州大2、大阪公立大29、横浜国立大1、京都工芸繊維大5、京都府立大3、岡山大3、広島大6、滋賀大2、三重大4、和歌山大23、山口大3、兵庫県立大14、京都教育大2、大阪教育大2、滋賀県立大5、他。医・歯・薬・獣医21名。

私立大学合格1286名
関西学院大101、関西大137、同志社大71、立命館大107、早稲田大5、慶應義塾大6、上智大3、東京理科大3、明治大10、青山学院大8、立教大4、中央大4、法政大10、他。医・歯・薬・獣医86名。

省庁大学校合格7名
防衛大3、航空保安大1、水産大3。

明星中学校

学校インフォメーション

制服

通学

宗教教育

ICT教育

長期休暇講習

海外研修

プール

自習スペース

図書館

食堂

スマホ持ち込み

カウンセラー

プレテスト

ネイティブ教員

所在地　〒543-0016　大阪市天王寺区餌差町5-44

電話	06-6761-5606	**生徒数**	男 682人
創立	1898年	**併設校**	明星高等学校
校長	野中 豊彦	**WEB**	https://www.meisei.ed.jp/

教育方針・特色

カトリック精神に基づいて「明星紳士」を養成するための生活指導が実施されている。毎朝、校長自身が校門に立ち生徒を迎えるのは創立以来の伝統である。「運動場も教場である」との考えに基づき、昼休みは全員がグランドに出て、元気よくのびのびと体を動かす生徒が多くみられる。また、伝統的にクラブ活動、行事が盛んで毎日の生活の中でバランスのとれた人格形成を目指している。6ヵ年一貫教育の充実をはかるための計6クラス3コースの編成を実施し、希望の大学への進学の実現を通して各自の目的、夢の実現を教員、学校が一丸となり指導・サポートする体制が整っている。

スクールライフ

登校時間	8:25
週登校日	6日制
学期制	3学期
制服	あり(夏・冬)
昼食	食堂あり、弁当持参可
学校行事	球技大会(5月)・オーストラリア語学研修《中3希望者》(8月)・学園祭(9月)・体育大会(10月)・研修旅行《中2》(10月)・慰霊祭(11月)・ターム留学(1～3月、中3希望者)
修学旅行	2年生10月　長崎県
環境・施設	マリアンホール(講堂)・聖堂・第1～3体育館・図書館・プール・グラウンド・クラブハウス・テニスコート・ラーニングセンター(自習室)
クラブ活動	【運動部】野球部・水泳部・サッカー部・バスケットボール部・陸上競技部・ソフトテニス部・バレーボール部・ワンダーフォーゲル部・剣道部・体操競技部・卓球部 【文化部】カトリック研究部・新聞部・弁論部・吹奏楽部・美術部・生物部・化学部・写真部・天文気象・英語部・書道部・放送部・地歴部・グリークラブ・ディベート部・囲碁将棋部・コンピューター研究部 【同好会】落語研究・文芸・マジック・STEAMサークル・鉄道研究

2024年度 募集要項

○募集人数	特進コース約120名、英数コース約70名、S特進コース約30名(カトリック小学校特別選抜制度による若干名は含まない。)
○願書受付	12/16(土)10:00～1/8(月・祝)23:59 web出願
○受験料	20,000円
○選抜日時	前期:1/13(土)8:15 午後特進:1/13(土)16:15 後期:1/14(日)8:15
○合格発表	前期・午後特進:1/14(日)16:00web 後期:1/15(月)16:00web
○選抜方法	前期・後期:国・算 各120点各60分　理・社各80点各40分　4科/3科(国算理)　アラカルト判定(400点満点) 午後特進:国・算　各120点各60分(240点満点) ※前期か午後特進と後期両方受験者は後期の得点に10点加算して合否判定(ただし、コースの判定には適用しません)

2024年度 入試結果

全コース計　前期		特進コース	英数コース
応募者数　133			
受験者数　127			
合格者数　102		合格者数　36	合格者数　66
競争率　1.25			
		合格点　267.50/400	合格点　201.25/400

全コース計　午後特進	S特進コース	特進コース
応募者数　443		
受験者数　428		
合格者数　349	合格者数　158	合格者数　191
競争率　1.23		
	合格点　153.00/240	合格点　113.00/240

全コース計　後期	S特進コース	特進コース	英数コース
応募者数　479			
受験者数　449			
合格者数　387	合格者数　53	合格者数　169	合格者数　165
競争率　1.16			
	合格点　321.00/400	合格点　265.00/400	合格点　222.50/400

学校PR

明星は創立120年をこえるカトリックミッションスクールの男子校です。歴史と伝統に裏づけられた大切なものは守りながら、次の時代を見据えた新たな教育も積極的に導入し、時代の流れに柔軟に対応した教育活動を行っています。6年後の目標として、希望する大学への進学を通して夢の実現ができるように、教員、学校が一丸となって、生徒の指導・サポートを行っています。また、伝統的にクラブ活動や行事が活発に行われ、毎日の生活の中でバランスのとれた人格形成、つまり明星紳士の育成を目指します。

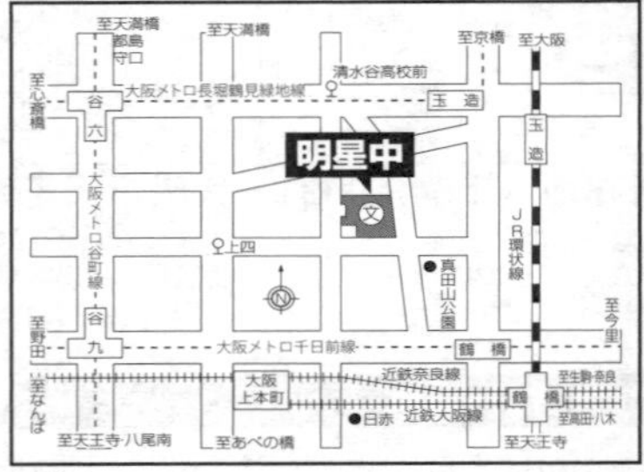

アクセス

JR環状線・大阪メトロ長堀鶴見緑地線玉造駅下車徒歩10分
近鉄奈良線大阪上本町駅下車徒歩12分
大阪メトロ谷町線谷町六丁目駅下車徒歩12分

費用

《入学手続き時》

○入学金	240,000円
○学校制定品費用	118,000円

《入学後》(年額)

○授業料	648,000円
○後援会費・生徒会費	39,600円
○副教材費等約	約119,000円
○ICT関連費用	95,000円
○中1オリエンテーション合宿参加費	48,000円

奨学金・特待制度

特になし

独自の留学制度

オーストラリア語学留学
アメリカ・カナダorニュージーランドへのターム留学など(中3)

併設高校の合格実績

2024年の進学状況(卒業者数320名)
国・公立大学合格113名
東京大1、京都大4、大阪大9、神戸大9、北海道大4、九州大1、大阪公立大21、横浜国立大1、京都工芸繊維大4、京都府立大2、金沢大1、岡山大1、広島大2、滋賀大1、三重大1、和歌山大7、兵庫県立大7、京都教育大1、京都府立医科大1、他。

私立大学合格738名
関西学院大109、関西大71、同志社大82、立命館大63、京都産業大9、近畿大159、甲南大9、龍谷大24、早稲田大7、慶應義塾大9、上智大6、東京理科大9、明治大5、青山学院大2、中央大6、法政大1、大阪医科薬科大11、関西医科大3、兵庫医科大5、他。

省庁大学校合格8名
防衛大3、防衛医科大3、航空保安大2。

※既卒生含む

大阪薫英女学院中学校

学校インフォメーション

制服

通学

学内予備校

ICT教育

留学制度

プール

図書館

食堂

スマホ持ち込み

カウンセラー

帰国生入試

中高大連携

ネイティブ教員

海外姉妹校

所在地　〒566-8501　大阪府摂津市正雀1丁目4番地1

電話	06-6381-5381	**生徒数**	女 108人
創立	1931（中学設立1997）年	**併設校**	大阪人間科学大学・大阪薫英女学院高等学校・かおり幼稚園
校長	横山 強	**WEB**	https://www.kun-ei.jp/

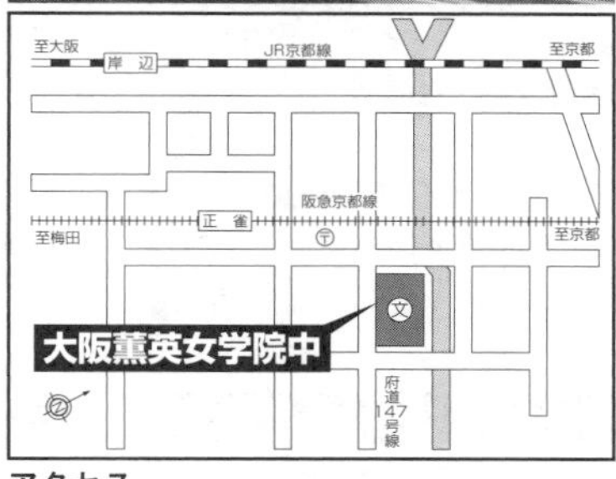

アクセス
阪急京都線正雀駅下車約500m（徒歩5分）
JR京都線岸辺駅下車約800m（徒歩10分）
大阪モノレール摂津駅下車徒歩15分

教育方針・特色

人との関わりの中で、自分らしく輝く女性の育成をめざして、自ら知識を習得する意欲、人との共存、一流の英語力をポイントにした6年一貫のプロジェクトです。さらに英語だけでなく、国公立大・難関私立大合格のために必要な総合的な力がつくコースです。

スクールライフ

登校時間	8:35
週登校日	6日制（月1回土曜休校）　授業は月曜～金曜で実施、土曜日は探究学習などを実施
学期制	3学期
制服	あり（夏・冬）
昼食	食堂あり　弁当持参可
学校行事	4月体育祭・9月文化祭・1月送別会
修学旅行	3年生6月　3泊4日　沖縄
環境・施設	図書館・視聴覚室・ICT環境・第一、第二体育館・グラウンド・雨天練習場など
クラブ活動	【運動部】バスケットボール部・ソフトテニス部・ソフトボール部・バドミントン部・バレーボール部・バトントワリング部・ダンス部・剣道部・体操部・フットサル部 【文化部】茶道部・吹奏楽部・ESS部・演劇部・書道部・家庭科部・イラスト部・ガーデニング・飼育部・軽音楽部・邦楽部

2024年度 募集要項

○募集人数	国際・進学コース　女子50名　特別推薦入試（英検・そろばん・自己推薦）、海外帰国子女推薦入試あり
○願書受付	12/11（月）～各試験日の前日16:00まで すべてweb出願
○受験料	20,830円（合否通知郵送料含む） ※複数日程に出願し1つの日程で合格し入学した場合は、合格日以降の未受験日程分の検定料は入学後返還
○選抜日時	A1日程：1/13（土）8:45 A2日程：1/13（土）15:45 B日程：1/14（日）8:45 C日程：1/15（月）8:45 D日程：1/17（水）8:45 E日程：2/16（金）8:45
○合格発表	各試験日の翌日10:00web
○選抜方法	一般入試2科：国・算・理・社・英から国・算のいずれか、または両方を含む2科（各150点300点満点） 一般入試3科：国・算と理・社・英より1科選択（各100点300点満点） 適性検査型入試：適性検査Ⅰ（国・社分野）、適性検査Ⅱ（算・理分野） 特別推薦入試（a英検推薦 bそろばん推薦 c自己推薦） ※英検3級以上取得者は級に応じて点数換算し、当日の英語得点と比較して高い方を採用

2024年度 入試結果

	A1日程	A2日程	B日程	C日程	D日程	E日程
応募者数	39	3	34	28	9	3
受験者数	39	3	33	11	4	3
合格者数	35	2	30	9	4	1
競争率	1.11	1.50	1.10	1.22	1.00	3.00
合格最低点	専135・併194/300	併150/300	専146・併162/300	専174・併156/300	併200/300	併170/300

費用

《入学手続き時》

○入学金	200,000円
○オリエンテーション合宿費用	28,000円
○制服一式	約100,000円
○制定品代	45,520円

《入学後》

○授業料	620,000円
○実践的英語費用（3年間）	52,000円
○ICT教育機器及び関連費	85,000円
○ICT活用費	24,000円

○校外学習費
PTA会費・クラブ後援会費など　約220,000円

奨学金・特待制度

プレテスト・一般入試結果による奨学金制度やファミリー奨学金制度があり。

独自の留学制度

留学先	ニュージーランド
内容	現地姉妹校でのホームステイ 長期：約1年　短期：約3ヶ月
費用	長期：約400万円　短期：約100万円

併設高校の合格実績

2024年の進学状況（卒業者数160名）
国・公立大学合格3名
大阪教育大1、鳥取大1、高知工科大1。

私立大学合格351名
関西学院大12、関西大17、同志社大7、立命館大15、京都産業大6、近畿大27、甲南大3、龍谷大6、明治大1、立教大1、大阪歯科大1、摂南大24、神戸学院大3、追手門学院大37、桃山学院大1、京都外国語大21、関西外国語大49、大阪経済大4、京都女子大5、同志社女子大10、神戸女学院大7、武庫川女子大5、梅花女子大12、甲南女子大23、他。

短期大学合格8名

専門学校合格8名

海外大学日本校合格2名

学校PR

自ら学ぶ意欲、他者理解、英語力を伸ばすための力を基礎から身につけ、国際社会の中で自立できる輝く女性を育成してきました。建学の精神「敬・信・愛」を原点に、追い求めてきた「薫英教育」は、100周年に向けて新たなステージへと進化していきます。教育活動すべてが、一人ひとりの「好き」を見つけるために展開されています。

大阪女学院中学校

学校インフォメーション

制服

通学

宗教教育

ICT教育

プール

自習スペース

図書館

食堂

スマホ持ち込み

カウンセラー

帰国生入試

ネイティブ教員

所在地　〒540-0004　大阪市中央区玉造2-26-54

電話	06-6761-4451	**生徒数**	女 508人
創立	1884年	**併設校**	大阪女学院高等学校/大阪女学院大学
校長	山﨑　哲嗣	**WEB**	https://www.osaka-jogakuin.ed.jp/

教育方針・特色

キリスト教に基づく教育により、神を畏れ、真理を追求し、愛と奉仕の精神で社会に貢献できる人間を育成。緑豊かなキャンパスに多彩な施設が整えられ、自由でのびのびした校風の中で、充実した学校生活を送ることができます。中高一貫の教育計画により、学習効果の高い授業を展開。中学・高校での重複学習を避け、それぞれの教科の特性に応じて、必要な時に必要な内容を重点的に学習することで、学習効果の向上をはかっています。

スクールライフ

登校時間	8:25
週登校日	6日制（2025年度より5日制になります）
学期制	3学期
制服	あり（夏・冬）
昼食	購買・食堂あり　弁当持参可
学校行事	多くが生徒主体で行われ、体育大会（6月）や文化祭（10月）は、中高合同で実施。春の遠足（4月）、水泳大会（7月）、合唱祭（9月）、弁論大会（11月）、英語暗唱大会・スキー学習（2月）など。公開クリスマス（12月）では、生徒によるページェントを上演。
修学旅行	3年生7月　3泊4日　沖縄
環境・施設	普通教室、体育館、チャペル、プール、マルチメディア教室、図書館、生徒食堂、テニスコート、美術室、理科室、調理実習室など。
クラブ活動	実績のあるバトン（全国大会出場）、テニス（全国大会出場）の他バレーボール、サッカー、陸上など運動部は10部。文化部は、吹奏楽、合唱、演劇、美術、ESS,環境問題研究部など13部が活動中。また聖歌隊、ハンドベル、学校YWCAなど宗教部もあります。クラブ所属率は、70-80%。

2024年度 募集要項

○募集人数	190名（国際特別入試含む、帰国生募集あり）
○願書受付	国際特別・前期：1/5（金）～1/8（月・祝） 後期：1/5（金）～1/14（日） すべてweb出願（学内の出願ブースで出願可）
○受験料	20,000円 ※複数日程出願しいずれかの日程で合格、以後の日程を受験せずに入学の場合、3/4（第2回入学者説明会）に各々の受験料を返還
○選抜日時	国際特別：1/13（土） 前期A・B方式：1/14（日） 後期：1/15（月）
○合格発表	国際特別：1/13（土） 前期A・B方式：1/14（日） 後期：1/15（月）　いずれもweb
○選抜方法	国際特別：事前エントリー方式 国・算 各50点各30分・英語インタビューテスト（出願資格による） 前期：国・算 各120点各50分 社・理 各80点各40分　4科型/3科型（国算理）　4科型はアラカルト判定 後期：国・算 各100点各50分

2024年度 入試結果

国際特別		前期A	
応募者数	50	応募者数	160
受験者数	49	受験者数	130
合格者数	45	合格者数	118
競争率	1.09	競争率	1.10
合格最低点	非公表	合格最低点	157.50/400（合格点）

前期B		後期	
応募者数	89	応募者数	117
受験者数	84	受験者数	50
合格者数	81	合格者数	35
競争率	1.04	競争率	1.43
合格最低点	173.75/400（合格点）	合格最低点	94/200（合格点）

学校PR

毎朝の礼拝は、一人一人の心を静め、隣人を思いやること、今ある自分を用いてまわりに仕えていくことの喜びを教えてくれます。門をくぐれば緑があふれ、季節の花々が咲き誇り、生徒たちの元気な笑顔もいっぱいです。のびのびと感性も表情も豊かな生徒たちが大阪女学院の自慢です。

アクセス
JR環状線玉造駅下車徒歩8分
JR環状線・大阪メトロ中央線
森ノ宮駅下車徒歩12分
大阪メトロ長堀鶴見緑地線玉造駅徒歩3分

費用

《入学手続き時》

○入学金	230,000円
○制服・学用品	113,200円
○教材費	61,000円
○副教材費（第2回入学手続き後）	約20,000円

《入学後》（年額）

○授業料	678,000円
○積立金	100,000円
○PTA会費	14,400円
○PTA奨学金分担金	2,000円
○諸費	80,000円

奨学金・特待制度

在学中に経済的急変が生じた場合のために、PTAが奨学金制度を設けています。

独自の留学制度

特になし

併設高校の合格実績

2024年の進学状況（卒業者数312名）
国・公立大学合格30（8）名
大阪大2（1）、大阪公立大6（1）、お茶の水女子大1、京都府立大1、金沢大1、岡山大2、三重大2（1）、山口大1、京都教育大1、大阪教育大1、奈良教育大1、滋賀県立大1、他。

私立大学合格627（85）名
関西学院大69（8）、関西大21（4）、同志社大20（2）、立命館大20（3）、京都産業大3、近畿大119（15）、甲南大8（2）、龍谷大25（11）、早稲田大1、慶應義塾大2、上智大2、明治大4、青山学院大1、立教大2（1）、中央大3（1）、大阪医科薬科大4、大阪歯科大2、摂南大24（13）、追手門学院大9、京都外国語大5、関西外国語大19、京都女子大20（1）、同志社女子大48（3）、神戸女学院大22（2）、武庫川女子大26（2）、他。
※（ ）内は既卒生内数

大谷中学校

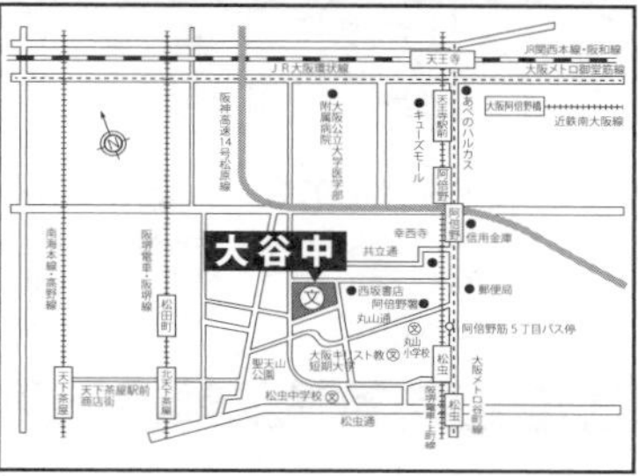

アクセス
JR各線天王寺駅下車徒歩17分
大阪メトロ御堂筋線天王寺駅下車徒歩17分
大阪メトロ谷町線阿倍野駅下車徒歩8分
南海本線・高野線天下茶屋駅下車徒歩15分

学校インフォメーション

制服

通学

宗教教育

ICT教育

長期休暇講習

海外研修

留学制度

自習スペース

図書館

人工芝グラウンド

カウンセラー

プレテスト

特待生制度

海外姉妹校

所在地　〒545-0041　大阪市阿倍野区共立通2-8-4

電話　06-6661-0385
創立　1909年
校長　萩原　英治
生徒数　女 515人
併設校　大谷高等学校・大阪大谷大学・東大谷高等学校
WEB　https://www.osk-ohtani.ed.jp/

教育方針・特色

明治末期において「教育界に尊いみ仏の光を投じ、宗教界に若く新しい生命を吹き込む」べく大谷裁縫女学校が設立されました。「報恩感謝」という建学の精神の下、「朝に礼拝・夕に感謝」が校訓に選ばれ、次代の母たるべき女性の教育が開始されました。価値観が多様化した現代社会においては、設立当初の明治末期以上に「感謝のこころ」が求められています。「稔るほど頭の下がる稲穂かな」のように、しっかりと大地に足をつけ、謙虚で誠実な女性を育成しています。

スクールライフ

登校時間　8:20
週登校日　6日制（第2土曜休日）
学期制　3学期
制服　あり（夏・冬）
昼食　購買・食堂あり　弁当持参
学校行事　体育大会（9月）文化祭（10月）耐寒登山（2月）音楽会（11月）
修学旅行　3年生10月　3泊4日　沖縄
環境・施設　図書室・全館WiFi・人工芝グラウンド・理科実験室（物理・化学・生物・中学理科）・ダンス場・書道教室・被服教室・調理室・美術室・音楽室　など
クラブ活動　硬式テニス部・陸上部・ハンドボール部・バレーボール部・バスケットボール部・バドミントン部・バトントワリング部・ダンス部・卓球部・吹奏楽部・演劇部・書道部・茶道部・煎茶部・華道部・科学部・美術部・アートデザイン部・囲碁部・競技かるた部・もぐら部・文芸部・図書部・ギターマンドリン部・軽音部・コーラス部・箏曲部・食物部・手芸部・ESS部・映画研究部・放送部・写真部・清流部

2024年度 募集要項

○募集人数　医進コース 60名、特進コース 90名、凛花コース 60名
○願書受付　1次A・B・C:11/10(金)9:00～1/12(金)12:00
2次:11/10(金)9:00～1/14(日)17:00
すべてweb出願
○受験料　20,000円
※1次A＋1次B・C・2次同時出願の場合、30,000円
※1次A＋1次B＋C・1次A＋1次B＋2次・1次A＋1次C＋2次同時出願の場合、40,000円
※1次A＋1次B＋C＋2次同時出願の場合、50,000円
○選抜日時　1次A:1/13(土)　1次B:1/13(土)午後
1次C:1/14(日)午後　2次:1/15(月)
○合格発表　1次A・B:1/14(日)11:00
1次C:1/15(月)14:30
2次:1/16(火)11:00　いずれもweb、掲示
○選抜方法　国・算 各120点各60分　理・社・未来力 各80点各40分
1次A医進・特進コース:4科型、3科型(国算理)、適性未来型(国算理未来力)
1次A凛花コース:4科型、3科型(国算理)、適性未来型(国算理未来力)、特別専願(国算・面接)
1次B・C全コース:2科型(国算)
2次全コース:4科型、3科型(国算理)
※英検取得者は級に応じて加点(5～70点)

2024年度 入試結果

医進	1次A	特進	1次A	凛花	1次A
応募者数	72	応募者数	26	応募者数	20
受験者数	60	受験者数	42	受験者数	27
合格者数	43	合格者数	35	合格者数	27
競争率	1.40	競争率	1.20	競争率	1.00
合格最低点	264/400	合格最低点	176/400	合格最低点	131/400

医進	1次B	特進	1次B	凛花	1次B
応募者数	182	応募者数	44	応募者数	22
受験者数	177	受験者数	64	受験者数	25
合格者数	157	合格者数	60	合格者数	23
競争率	1.13	競争率	1.07	競争率	1.09
合格最低点	154/240	合格最低点	104/240	合格最低点	72/240

医進	1次C	特進	1次C	凛花	1次C
応募者数	168	応募者数	43	応募者数	21
受験者数	99	受験者数	26	受験者数	12
合格者数	84	合格者数	19	合格者数	11
競争率	1.18	競争率	1.37	競争率	1.09
合格最低点	155/240	合格最低点	121/240	合格最低点	77/240

医進	2次	特進	2次	凛花	2次
応募者数	155	応募者数	21	応募者数	6
受験者数	88	受験者数	16	受験者数	4
合格者数	78	合格者数	15	合格者数	4
競争率	1.13	競争率	1.07	競争率	1.00
合格最低点	239/400	合格最低点	170/400	合格最低点	113/400

※特進、凛花コースの受験者・合格者は第２志望以下含む

学校PR

天王寺、阿倍野、天下茶屋から徒歩8分～17分の好立地。大阪市内屈指の広々とした見晴らしの良い校地が自慢です。進路目標別に医進コース・特進コース・凛花コースを設置。中高6年一貫ならではの効率的なカリキュラムで、生徒一人ひとりをサポート。多彩な学校行事のほか、クラブ、海外研修など、見聞をひろめる環境が整っています。

費用

《入学手続き時》

項目	金額
○入学金	200,000円
○指定商品等購入費	約120,000円
○学習諸費・タブレット購入費	約160,000円

《入学後》

項目	金額
○授業料	61.2000円
○施設設備費	30,000円
○学習諸費	約120,000円
○積立金（修学旅行委費用等）	約120,000円
○諸会費（PTA会費＋生徒会費）	18,400円
○講習費用	20,000円
※制服（夏・冬（付属品含む））	約85,700円

奨学金・特待制度

特待生制度あり

独自の留学制度

留学先　ニュージーランド、オーストラリア、タイ
学年　中2・3
高1・2
内容　中学:短期研修
高校:1年または3か月留学
費用　約35万円
（1年約360万円）

併設高校の合格実績

2024年の進学状況（卒業者数229名）
大阪大谷大学合格23名

国・公立大学合格33(28)名
大阪大2(2)、神戸大1(1)、大阪公立大6(4)、奈良女子大4(4)、神戸市外国語大1(1)、岡山大1、滋賀大1(1)、和歌山大3(3)、兵庫県立大2(2)、大阪教育大1(1)、他。

他の私立大学合格623名
関西学院大24(21)、関西大63(51)、同志社大14(14)、立命館大22(18)、京都産業大4(4)、近畿大88(70)、甲南大11(10)、龍谷大20(18)、慶應義塾大1(1)、上智大1(1)、法政大1(1)、東洋大3(3)、大阪医科薬科大8(7)、関西医科大4(4)、兵庫医科大6(6)、大阪歯科大8(8)、京都薬科大1(1)、神戸薬科大5(5)、摂南大80(70)、神戸学院大6(6)、追手門学院大3(3)、京都外国語大2(2)、関西外国語大9(9)、大阪工業大20(17)、京都女子大12(12)、同志社女子大31(31)、神戸女学院2(2)、武庫川女子大37(37)、他。
※( )内は現役合格内数

金蘭会中学校

学校インフォメーション

制服

通学

ICT教育

長期休暇講習

海外研修

図書館

バリアフリー

給食あり
昼食

スマホ持ち込み
カウンセラー

プレテスト
特待生制度

中高大連携

ネイティブ教員

所在地　〒531-0075　大阪市北区大淀南3-3-7

電話	06-6453-0281	**生徒数**	女 97人
創立	1905年	**併設校**	金蘭会保育園・金蘭会高等学校・千里金蘭大学
校長	岡田　正次	**WEB**	https://www.kinran.ed.jp/

教育方針・特色

建学の精神 「自ら学び、成長し、社会に貢献する、力強く逞しい女性の育成」
1.「見える化」+「リメディアル」でやる気スイッチをON！
2. 英語力+国際理解でグローバル社会に対応！
3. 多彩な行事で協働性を育む
4. 食育+キャリア学習～中大連携でSDGs～

スクールライフ

登校時間	8:30
週登校日	6日制
学期制	3学期
制服	あり（夏・冬）
昼食	給食あり
学校行事	宿泊合宿（5月）・校内競技会（6月）・蘭祭（文化祭）（9月）・体育祭（10月）・合唱コンクール（12月）
修学旅行	3年生5月　海外（予定）
環境・施設	図書館、エレベーター完備（全8フロア 生徒利用可）、ICT環境（電子黒板を全教室完備）、体育館、武道場、食堂、礼法室、華道室、ピアノレッスン室、大ホール（600人収容）
クラブ活動	【運動系】バレーボール部・バスケットボール部・硬式テニス部・剣道部・バドミントン部・空手道部・新体操部・ソフトボール部（サークル） 【文化系】書道部・美術部・演劇部・E.S.S部・ダンス部・放送部（高校のみ）・吹奏楽部・フォークソング部・家庭科部・イラスト研究部・華道・茶道・写真部（サークル）

2024年度 募集要項

○募集人数　一般入試 約45名、
自己アピール型入試（K方式）約15名
○願書受付　A日程：12/1（金）～1/12（金）
B日程：12/1（金）～1/13（土）
C日程：12/1（金）～1/16（火）
D日程：12/1（金）～1/23（火）
E日程：12/1（金）～2/21（水）　すべて窓口
○受験料　20,000円
○選抜日時　A日程・K方式：1/13（土）8:30
B日程：1/14（日）　C日程：1/17（水）
D日程：1/24（水）　E日程：2/22（木）
○合格発表　A日程：1/13（土）16:00
B日程：1/14（日）14:00
C日程：1/17（水）13:00
D日程：1/24（水）13:00
E日程：2/22（金）13:00　いずれも手渡し
○選抜方法　A・B日程2科型：国・算（各50分各100点）・面接（個人）国算いずれかの高い点でも判定
A日程K方式：作文50分（400字詰め原稿用紙2枚）・面接（保護者同伴）　事前受験資格確認要
A日 程 英 語：英（筆 記30分100点・インタビューテスト5分30点）・面接（個人）
B・C・D・E日程英検優遇：インタビューテスト（5分30点）・面接（個人）
C・D・E日程1科型：国or算 50分100点・面接（個人）

2024年度 入試結果

	A日程	B日程	C日程	D日程	E日程
応募者数	45	27	2	2	2
受験者数	45	13	2	2	1
合格者数	44	12	2	2	1
競争率	1.02	1.08	1.00	1.00	1.00
合格最低点	非公開 英語型: 非公開	非公開	非公開	非公開	非公開

※A・B重複出願含む

学校PR

○「学ぶ力」「考える力」「解く力」「行動する力」「認め合う力」（KINRAN PRIDE=「5つの力」）を全ての教育活動を通じて育成
○ユニクロ/GU"届けよう 服のチカラ"プロジェクトを通して、国際社会への貢献
○千里金蘭大学との中大連携～大学生との交流を通してキャリア学習～
○クロームブック（貸与）でオンライン授業にも対応
○食堂が提供する給食で栄養バランスのとれたランチ

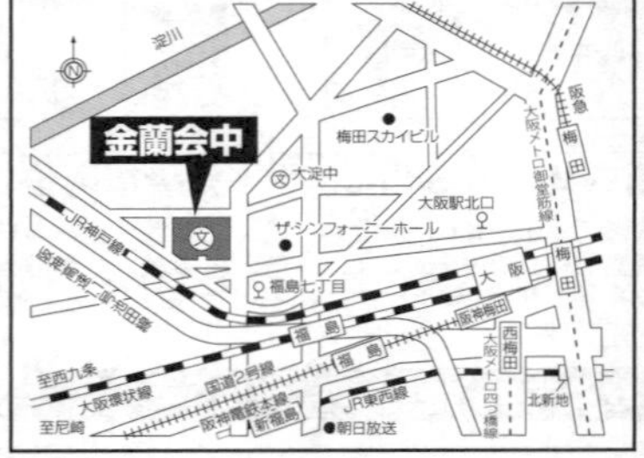

アクセス
JR環状線 福島駅から500m
阪神電鉄 福島駅から600m
JR東西線 新福島駅から600m
JR大阪駅よりバス59福島七丁目からすぐ

費用

《入学手続き時》

○入学金	200,000円
○同窓会費	15,000円

《入学時》

○制定品費	約79,000円

《入学後》（年額）

○授業料	550,000円
○施設費	60,000円
○学年費（教材費）	90,000円
○PTA・生徒自治会費	18,000円
○体育・文化費	12,000円
○夏の制服	約22,000円
○給食費	約64,000円

奨学金・特待制度

学業成績特待生制度
○奨励金特待（A特待・B特待）
○入学金特待（C特待・F特待）

独自の留学制度

短期（語学研修）

併設高校の合格実績

2024年の進学状況（卒業者数88名）
千里金蘭大学合格9名

他の私立大学合格78名
関西学院大3、関西大7、立命館大1、近畿大3、甲南大1、龍谷大1、京都女子大1、同志社女子大1、神戸女学院大3、武庫川女子大2、他。

堺リベラル中学校

学校インフォメーション

制服

通学

長期休暇講習

自習スペース

図書館

カフェテリア

昼食

プレテスト

特待生制度

中高大連携

ネイティブ教員

所在地　〒590-0012　**大阪府堺市堺区浅香山町1-2-20**

電話	072-275-7688	**生徒数**	女 124人
創立	2009年	**併設校**	堺リベラル高等学校・堺女子短期大学
校長	重山　香苗	**WEB**	https://www.liberal.ed.jp/

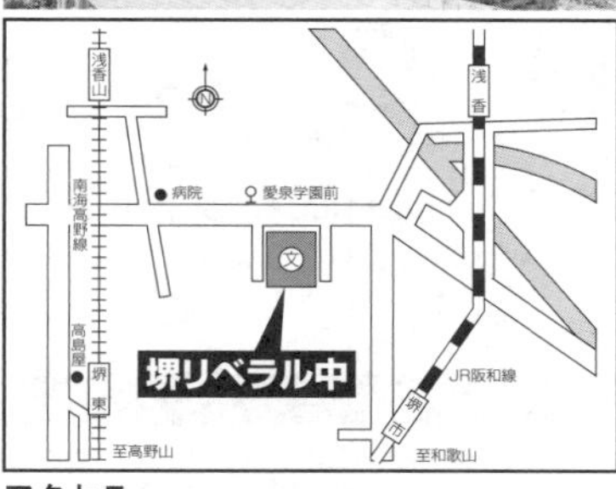

アクセス
JR阪和線堺市駅徒歩10分
南海高野線浅香山駅徒歩12分
大阪メトロ北花田駅よりバス7分

教育方針・特色

建学の精神 「愛と真実の教育・情操豊かな女子教育」を基本理念とし、「明朗な女性の育成」「知性豊かな女性の育成」「実行力のある女性の育成」を教育方針にしている。新しい時代に羽ばたく力、生きる力を育む女子教育の理想を目指している。

スクールライフ

登校時間	8:40
週登校日	6日制
学期制	3学期
制服	あり（夏・冬）
昼食	給食制度（カフェテリアあり）
学校行事	スポーツ大会（6月）・文化発表会（11月）
修学旅行	3年生6月　3泊5日　ハワイ
環境・施設	楽器実習室・演技実習室・ダンス室・体育館・図書館・カフェテリア・大ホール
クラブ活動	バスケットボール部　ダンス部　テニス（学外クラブ）　軽音楽部　ESS　イラスト部

2024年度 募集要項

○募集人数　60名

○願書受付　1次A・B:11/27(月)9:00～1/11(木)16:00
2次A・B:11/27(月)9:00～1/18(木)16:00
2月:11/27(月)9:00～2/6(火)16:00

○受験料　20,000円

○選抜日時　1次A:1/13（土）　1次B:1/14（日）
2次:1/19（金）　2月:2/7（水）

○合格発表　1次A・B:1/15(月)　2次:1/19（金）
2月:2/7（水）　いずれも郵送

○選抜方法　一般入試:国・算 各50分・面接
特別選抜入試:作文 50分400～800字または英（英検5級程度）50分・面接（保護者同伴）

2024年度 入試結果

	1次A		1次B
応募者数	50	応募者数	51
受験者数	50	受験者数	51
合格者数	46	合格者数	43
競争率	1.09	競争率	1.19
合格最低点	非公表	合格最低点	非公表

	2次A・B		2月
応募者数	4	応募者数	1
受験者数	4	受験者数	1
合格者数	3	合格者数	1
競争率	1.33	競争率	1.00
合格最低点	非公表	合格最低点	非公表

学校PR

「表現教育」「英語」「マナー」を3本柱に感性豊かな女子教育を行っています。

「表現教育」では、楽器・演技・ダンスの科目を通して自己表現力を高めます。文化発表会などの発表の場を多く持つことで積極的に自分を表現できるようになります

卒業後の進路は自由としており「学力を伸ばすリベラル」の通り、難関公立高校への高い合格実績があります。また、2018年4月に開校した「堺リベラル高等学校　表現教育科」への進学も可能となり、中高6年一貫教育で難関大学進学をめざします。

費用

《入学手続き時》

○入学金	200,000円
○制定品など	205,700円

《入学後》

○授業料	（年額）580,000円
○保護者会会費	12,000円
○生徒会会費	3,600円
○生徒積立金	150,000円
○給食負担費	69,000円
○日本スポーツ振興センター会費	800円

奨学金・特待制度

特待制度・奨学金制度　あり

独自の留学制度

特になし

併設高校の合格実績

2024年の進学状況（卒業者数55名）
堺女子短期大学10名

国・公立大学合格2名
大阪公立大1、京都教育大1。

私立大学合格27名
関西学院大1、龍谷大1、兵庫医科大1、摂南大1、桃山学院大2、関西外国語大1、京都外国語大1、大阪経済大1、神戸女学院大1、甲南女子大1、四天王寺大2、帝塚山学院大3、大阪芸術大2、大阪音楽大1、他。

他の短大合格2名
専門学校合格11名
就職4名

四天王寺中学校

学校インフォメーション

制服

通学

宗教教育

ICT教育

長期休暇講習

探究授業

海外研修

自習スペース

人工芝グラウンド

食堂

スマホ持ち込み

カウンセラー

中高大連携

ネイティブ教員

所在地 〒543-0051 大阪市天王寺区四天王寺1-11-73

電話	06-6772-6201	**生徒数**	女 930人
創立	1922年	**併設校**	四天王寺高等学校
校長	中川 章治	**WEB**	https://www.shitennoji.ed.jp/stnnj/

教育方針・特色

聖徳太子の和のご精神を礎とする信念ある女性の育成をはかる。①円満で深い人間性をそなえた女性を育てる。②将来希望する世界に力強く雄飛し得る学力を養成する。③個性を充分伸長できる教育を行う。中学では「医志コース」「英数Sコース」「英数コース」「文化・スポーツコース」の4コースを設置している。強い使命感と高い倫理観を備えた医療者を志す医志コース。文理横断の幅広い教養を身に着けた真の国際人を志す英数Sコース。全人教育を礎に、丁寧な学習を積み重ねて社会の多様なリーダーを志す英数コース。国際的アスリートを志す文化スポーツコース。中2進級時には英数コースから医志・英数Sコースへの変更が可能で各自の個性・特性に応じた進路を考えられる。

スクールライフ

登校時間	8:30
週登校日	6日制(第4土曜休)
学期制	3学期
制服	あり(夏・冬)
昼食	購買・食堂あり 弁当持参可
学校行事	体育祭(6月) 語学研修(夏春) 文化祭(9月) 合唱学校コンクール(11月) 創作ダンス発表会(1月) 英語暗唱大会(2月) 海外語学研修(夏)
修学旅行	3年生10月 3泊4日
環境・施設	地下講堂・3層式体育館(冷暖房)・ICT環境・人工芝テニスコート
クラブ活動	運動部7、文化部22、同好会1のクラブ・同好会がある。運動部では、文化・スポーツコースの生徒のみが加入できる強化指定クラブを中心にバレーボール・体操・卓球・ソフトテニス・バドミントンなど全国大会に出場する実力を有する。その他、合氣道・バドミントン・バスケットボール・ソフトテニス部の部員は、限られた練習時間(18時まで)の中で楽しく練習している。文化部は、コーラス部が全国大会に進出するほか、軽音楽部・箏曲部などは外部のコンテストなどで活躍している。またクイズ研究部は、外部のクイズ大会などに積極的に参加している。インターアクトクラブ部員は奉仕活動や海外交流活動を熱心に行っている。また箏曲部・日本舞踊部では学外の指導者から本格的な稽古をつけてもらえる。

2024年度 募集要項

○募集人数	英数Sコース 約40名、英数コース 170名、医志コース 約40名、文化・スポーツコース 約20名
○願書受付	英数S・英数・医志コース:11/11(土) 9:00～1/10(水)21:00 web出願 文化・スポーツコース:12/22(金)・25(月)いずれも9:00～16:00窓口出願
○受験料	20,000円
○選抜日時	1/13(土)8:30
○合格発表	1/15(月)9:00掲示、12:00web
○選抜方法	国・算 各120点各60分 理・社 各80点各40分 英数S・英数コース:4科型/3科型(国算理)4科型はアラカルト判定(400点満点) 医志コース:4科型/3科型(国算理)を比較し高得点を採用(400点満点) 文化・スポーツコース:国120点60分・作文80点40分・面接(保護者同伴)

2024年度 入試結果

英数Sコース

応募者数	122
受験者数	121
合格者数	60
競争率	2.02
合格最低点	298/400

※変更合格(44)含まない

英数コース 専願

応募者数	370
受験者数	361
合格者数	200
競争率	1.81
合格最低点	249/400

英数コース 併願

応募者数	11
受験者数	9
合格者数	3
競争率	3.00
合格最低点	265/400

医志コース

応募者数	155
受験者数	153
合格者数	83
競争率	1.84
合格最低点	301/400

※変更合格(49)含まない

文化・スポーツコース

応募者数	20
受験者数	20
合格者数	20
競争率	1.00
合格最低点	275/400

学校PR

「和のこころを未来へ」創立100周年を迎えた本校では、聖徳太子の和の精神を礎にそれぞれの生徒が自分の夢を追求します。女子校は人間関係が穏やかで自分と気の合う友達が必ず見つかります。あなたも仲間と一緒に、四天王寺で勉強にクラブに全力で取り組んでみませんか。

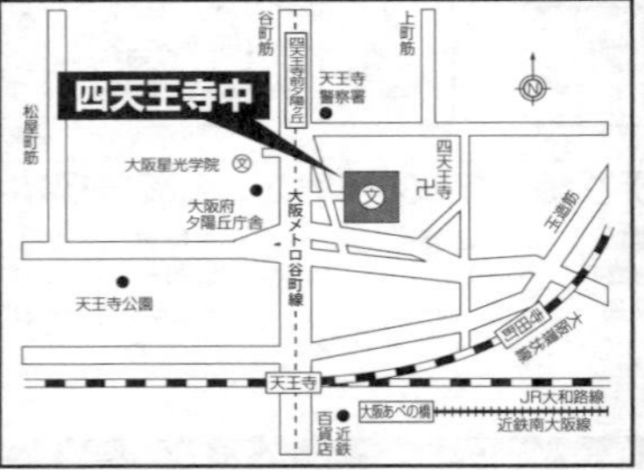

アクセス
JR大阪メトロ御堂筋線天王寺駅下車徒歩10分
大阪メトロ谷町線四天王寺前夕陽ヶ丘駅下車徒歩5分
近鉄南大阪線大阪阿倍野橋駅徒歩約12分

費用

《入学前》

○入学金	200,000円
○制服	110,000円
○教材	33,500円

《入学後》

○授業料	565,200円
○後援会費	58,800円
○生徒会費	4,800円
○超過授業料	46,800円
○ICT用PC	約110,000円+メンテナンス12,000円
○夏服	約27,000円
○教材費(実費)	約90,000円

※教育振興協力金(任意)100,000円(1口)

奨学金・特待制度

教育優秀生として、在校中行学ともに優秀な生徒と認められた者には、褒賞を贈呈する。

独自の留学制度

留学先	オーストラリア
学年	3年
内容	2週間ホームステイ
費用	約66万円

併設高校の合格実績

2024年の進学状況(卒業者数423名)

国・公立大学合格205名
京都大11(9)、一橋大1、大阪大17(11)、神戸大13(9)、北海道大5(2)、九州大1(1)、大阪公立大28(19)、奈良女子大14(7)、兵庫県立大6(4)、他。国公立医学部医学科計42(27)。

私立大学合格950名
関西学院大101(80)、関西大88(68)、同志社大97(61)、立命館大94(56)、早稲田大12(8)、慶應義塾大10(5)、上智大4(1)、東京理科大4(2)、大阪医科薬科大26(13)、関西医科大19(9)、兵庫医科大26(18)、京都薬科大17(11)、神戸薬科大14(11)、他。私立医歯薬計188(117)。

省庁大学校合格
防衛医科大8(7)。
※( )内は現役内数

樟蔭中学校

学校インフォメーション

制服

通学

ICT教育

長期休暇講習

習熟度別授業

海外研修

留学制度

自習スペース

バリアフリー

カウンセラー

プレテスト

帰国生入試

特待生制度

ネイティブ教員

所在地　〒577-8550　東大阪市菱屋西4-2-26

電話	06-6723-8185	**生徒数**	女 221人
創立	1917年	**併設校**	大阪樟蔭女子大学付属幼稚園、樟蔭高等学校、大阪樟蔭女子大学
校長	小嶋　信男	**WEB**	https://www.osaka-shoin.ac.jp/jhs/

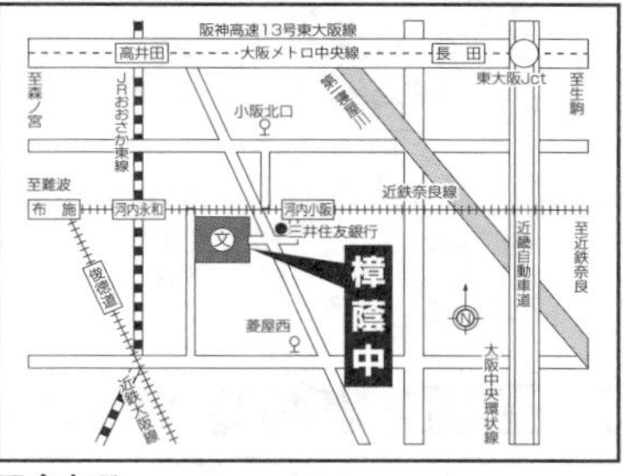

アクセス
近鉄奈良線河内小阪駅下車徒歩約4分
JRおおさか東線JR河内永和駅下車徒歩約5分

教育方針・特色

女性本来がもつ素晴らしい能力や特性を伸ばすことを第一の目標に掲げ、明るく知的でのびのびした、さらに規律のある清々しい女性になるための教育を実践しています。100年以上の歴史と伝統を重んじた樟蔭レッスンでは、「思いやりの心」「さわやかな挨拶」「正しい言葉づかい」「美しい振る舞い」、そして「しっかりとした教養」を身につけます。

スクールライフ

登校時間	8:35
週登校日	6日制
学期制	3学期
制服	あり(夏・冬)
昼食	弁当持参もしくは購入可　食堂利用可
学校行事	若葉祭(体育祭(9月)、文化祭(10))、球技大会(中1・中2(6月)、中3(2月))、高原学舎(8月)、スキー学舎(12月)
修学旅行	3年生5月　3泊4日　東京・静岡
環境・施設	英語教育センター、中高体育館、記念館、100年会館(式典会館、南グラウンド、東グラウンド、円形ホール、樟古館(旧試食室、旧洗濯教室)、体操場、ダンス場、卓球室)、田辺聖子文学館、テニスコート、トレーニングルーム、中高図書館、生物実験室、被服教室、食物実習室、自習室、ランチルーム、情報教室、ICTルーム、ICT Lab.
クラブ活動	新体操部、ソフトテニス部、ソフトボール部、体操部、ダンス部、バスケットボール部、バトントワリング部、ポンポンチア部、コーラス部、家庭部、書道部、吹奏楽部、美術・工芸部

2024年度 募集要項

○募集人数	国際教養コース、総合進学コース、身体表現コース 計70名
○願書受付	A・B入試・Challenge入試:12/1(金)～1/12(金)12:00 C入試:12/1(金)～1/16(火)8:30 S入試:1/17(水)～2/2(金)12:00 すべてweb出願
○受験料	20,000円
○選抜日時	A入試・Challenge入試:1/13(土)8:30 B入試:1/13(土)15:10 C入試:1/16(火)9:50　S入試:2/3(土)9:50
○合格発表	A・B入試・Challenge入試:1/14(日) C入試:1/17(水)　S入試:2/4(日) いずれもweb10:00
○選抜方法	国・算・英(リスニング含む)(各50分各100点)理・社(各30分各50点) A入試:国際教養コース　4科(国算理社or国英理社)/2科(国算or国英)　4科はアラカルト判定 A入試:総合進学、身体表現コース　2科(国算or国英)　合計×1.5で判定 ※A入試のみ英検取得者は5級10点、4級15点、3級以上20点加点 ※複数回受験した場合、2回目以降の入試において15点の加算あり B・C・S入試:2科(国算)合計×1.5で判定(C入試のみ高い方の点を3倍) Challenge入試(事前エントリー要):作文または英(リスニング含む)・面接(保護者同伴)

2024年度 入試結果

国際教養コース　A入試		国際教養コース　B入試	
応募者数	17	応募者数	7
受験者数	17	受験者数	7
合格者数	16	合格者数	6
競争率	1.06	競争率	1.17
合格基準点	153/300 (換算・合格基準点)	合格基準点	143/300 (換算・合格基準点)

国際教養コース　C入試	
応募者数	3
受験者数	2
合格者数	1
競争率	2.00
合格基準点	非公表

総合進学コース　A入試・Challenge入試		総合進学コース　B入試	
応募者数	22	応募者数	9
受験者数	22	受験者数	8
合格者数	20	合格者数	6
競争率	1.10	競争率	1.33
合格基準点	119/300 (換算・合格基準点)	合格基準点	108/300 (換算・合格基準点)

総合進学コース　C入試	
応募者数	7
受験者数	7
合格者数	7
競争率	1.00
合格基準点	非公表

身体表現コース　A入試・Challenge入試		身体表現コース　B入試	
応募者数	20	応募者数	6
受験者数	20	受験者数	6
合格者数	20	合格者数	4
競争率	1.00	競争率	1.50
合格基準点	146/300 (換算・合格基準点)	合格基準点	131/300 (換算・合格基準点)

身体表現コース　C入試	
応募者数	3
受験者数	3
合格者数	3
競争率	1.00
合格基準点	非公表

※A入試にChallenge入試19(総合6、身体13)含む

費用

《入学手続き時》

○入学金	200,000円

《入学時》

○制定品費	約180,000円
○iPad購入費	65,300円

《入学後》

○授業料	606,000円
○各種諸費用(年額)	184,860円

《コース別費用》

・国際教養	模試等預り金	8,000円
	国際教養預り金	12,000円
・総合進学	SSレッスン	37,000円
・身体表現	特別活動預り金 (PPレッスン含む)	50,000円

奨学金・特待制度

○特待生制度
○ファミリー優遇
○英検資格優遇

独自の留学制度

特になし

併設高校の合格実績

2024年の進学状況(卒業者数197名)
大阪樟蔭女子大学合格70名

国・公立大学合格4名
広島大1、お茶の水大2、筑波大1、奈良女子大1。

他の私立大学合格103名
関西学院大2、関西大10、立命館大5、近畿大10、龍谷大3、摂南大2、関西外国語大6、京都女子大4、同志社女子大6、神戸女学院大2、武庫川女子大6、森ノ宮医療大1、大和大1、千里金蘭大1、他。

学校PR

「自分のしたいことが見つからない」「思うように成績が上がらない」「自分に自信がない」そんな悩みを抱えていませんか？わたしたちは、そんなあなたの悩みに応えます。いつでも隣には先生がいて、「個を大切にする」学校です。また、背筋が伸び、笑顔で挨拶ができ、仲間の支え合いや励まし合いから思いやり溢れる人になっていきます。休み時間は学校中が急に賑やかに、お喋りが止まらないみんな仲良しの女子校です。

城南学園中学校

学校インフォメーション

制服

通学

ICT教育

習熟度別授業

海外研修

自習スペース

図書館

カフェテリア

スマホ持ち込み

カウンセラー

プレテスト

特待生制度

中高大連携

ネイティブ教員

所在地　〒546-0021　大阪市東住吉区照ヶ丘矢田2-14-10

電話	06-6702-9766	**生徒数**	女 92人
創立	1935年	**併設校**	城南学園高等学校
校長	北川 真	**WEB**	https://www.jonan.ac.jp/junior/

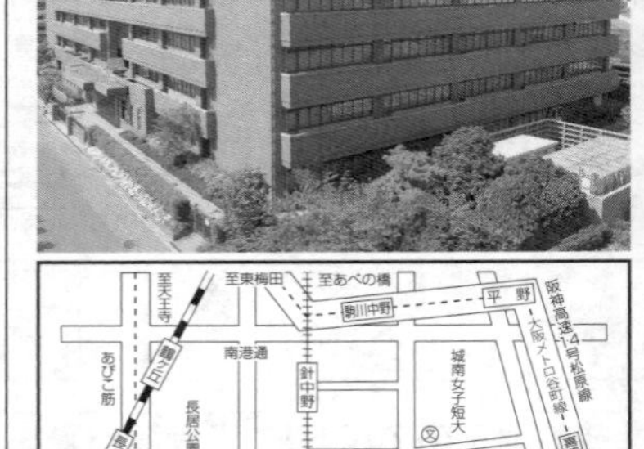

アクセス
近鉄南大阪線矢田駅下車徒歩8分
大阪メトロ谷町線喜連瓜破駅徒歩14分(バスあり)
大阪メトロ御堂筋線・JR阪和線長居駅よりバス10分
湯里6丁目下車すぐ　今里ライナー湯里6丁目下車すぐ

教育方針・特色

新大学入試制度・新学習指導要領に対応したコースやカリキュラムを展開。
社会人としての基礎を築く、6年先を見据えた指導で
一人ひとりがめざす進路へと導きます。

スクールライフ

登校時間	8:30
週登校日	6日制 第2土曜日のみ休校日
学期制	3学期
制服	あり(夏・冬)
昼食	食堂あり 弁当持参可
学校行事	文化祭(6月)・体育祭(9月)
修学旅行	2年生10月 3泊4日 沖縄
環境・施設	図書室・ICT環境・グラウンド・体育館・武道館・テニスコート・弓道場・河内長野セミナーハウス
クラブ活動	【運動部】ダンス部・ソフトテニス部・テニス部・空手道部・バレーボール部・バスケットボール部・陸上部・ハンドボール部・弓道部・器械体操部・水泳部 【文化部】吹奏楽部・軽音楽部・茶道部・華道部・クッキング部・マンガ部・美術部・競技かるた部・書道部・パソコン部・音楽部・放送映画部

2024年度 募集要項

○募集人数　特進一貫コース 50名(内部進学含む)

○願書受付　11/25(土)～各試験前日20:00
すべてweb出願

○受験料　20,000円

○選抜日時　A日程:1/13(土)
B日程:1/14(日)
C日程:1/20(土)
D日程:2/16(金)

○合格発表　A日程:1/13(土)
B日程:1/14(日)
C日程:1/20(土)
D日程:2/16(金)
いずれも14:00手渡し

○選抜方法　国・算 各100点各50分・面接
※A日程のみ英検5級以上優遇措置

2024年度 入試結果

特進一貫コース

	A日程	B日程	C日程
応募者数	29	4	3
受験者数	29	3	3
合格者数	29	3	3
競争率	1.00	1.00	1.00
合格最低点	91/200	120/200	112/200

費用

《入学手続き時》

○入学金	200,000円
○諸経費	120,000円

《入学後》

○授業料	630,000円
○保護者会費年額	9,000円
○部活動振興後援会費	5,400円

奨学金・特待制度

○成績優秀者に対しての奨学生
○英語検定取得級による奨学生

独自の留学制度

留学先	ニュージーランド オークランド
学年	3年
内容	短期留学
費用	50万円

併設高校の合格実績

2024年の進学状況(卒業者数132名)
大阪総合保育大学合格11名
大阪城南女子短期大学合格33名

国・公立大学合格9名
筑波大1、神戸市外国語大1、和歌山大1、大阪教育大1、宮崎大1、釧路公立大1、福井県立大1、高知県立大1、宮崎公立大1。

他の私立大学合格158名
関西学院大2、関西大9、同志社大1、京都産業大15、近畿大23、甲南大3、龍谷大3、神戸学院大1、桃山学院大7、京都外国語大1、関西外国語大2、大阪経済大1、京都女子大3、同志社女子大2、武庫川女子大4、大阪経済法科大6、大阪産業大6、四天王寺大12、阪南大3、大和大6、大手前大5、甲南女子大9、神戸女子大2、神戸松蔭女子学院大2、他。

外部短期大学合格4名

看護学校・専門学校合格12名

就職2名

学校PR

「大学は出たけれど就職が決まらない」、「就職はしたけれど簡単に辞めてしまう」・・・
このような若者を取り巻く現象は、日本の大きな社会問題になっています。
これらの現象の要因として「生きる力の欠落」が挙げられます。
そこで、思春期には学力とともに人間力を養成することが求められています。　本校は6年一貫教育ゆえ、高校受験に縛られることなく、中学校段階では学力とともに人間力の養成にも時間をかけることができます。

相愛中学校

学校インフォメーション

制服　通学　宗教教育　ICT教育　長期休暇講習　海外研修　自習スペース
図書館　カフェテリア　スマホ持ち込み　カウンセラー　奨学生制度　中高大連携　海外姉妹校

所在地　〒541-0053　大阪市中央区本町4-1-23

電話	06-6262-0621	**生徒数**	女 102人
創立	1947年	**併設校**	相愛高等学校、相愛大学
校長	園城　真生	**WEB**	https://www.soai.ed.jp/

アクセス
大阪メトロ御堂筋線本町駅下車1分

教育方針・特色

『宗教教育』 礼拝や法要を通して、多くの人や物のおかげで生かされている尊い命に感謝し、自らを愛するように他者に敬愛する、慈悲の心を育みます。
『SDGs』 社会的課題への取り組みを通して、社会の一員としての自覚や他者への"響感力"を育み、自らの手で主体的に未来を創造する人間力を養います。
『ICT教育』 デジタルネットワーク時代に、状況の変化に応じてネットワークを駆使し、真の情報を検索する力を育成。自らの考えを発信する力を養います。
『音楽』 レッスンやコンサート、部活動で、音を奏でる喜びを分かち合い、演奏する側、聴く側、双方の心が豊かになる感覚を共有。技術と情緒を育みます。

スクールライフ

登校時間	8:30
週登校日	6日制
学期制	3学期
制服	あり(夏・冬)
昼食	食堂、弁当持参可
学校行事	体育祭(6月)、文化祭(11月)など
修学旅行	3年　6月　沖縄　2泊3日
環境・施設	普通教室、図書館、講堂、情報演習教室、食堂、レッスン室、他特別教室整備 2026年春 新校舎完成予定
クラブ活動	【運動部】バレーボール、バスケットボール、新体操、陸上、器械体操など 【文化部】放送、書道、写真、演劇、吹奏楽、イラスト、音楽、食物、手芸、美術、アンサンブル、聖歌隊、ESSなど

2024年度 募集要項

○募集人数	75名(特進コース 25名、進学コース・音楽科進学コース 計50名)
○願書受付	12/2(土)、1/6(土)～各入試日前日　窓口
○受験料	18,000円
○選抜日時	A日程:1/13(土)8:30 B日程:1/14(日)8:30 C日程:1/18(木)8:30
○合格発表	A日程:1/14(日)掲示8:00、郵送 B日程:1/15(月)郵送 C日程:1/19(土)郵送
○選抜方法	国・算 各100点各50分　面接 ※珠算(日商) 3級以上、漢検・英検5級以上、算検6級以上は取得級に応じて加算

2024年度 入試結果

特進コース　A日程

応募者数	6
受験者数	6
合格者数	5
競争率	1.20
合格最低点	専125・併130/200

進学コース　A日程

応募者数	19
受験者数	19
合格者数	19
競争率	1.00
合格最低点	専100・併105/200

※回し合格(A1)含まない

音楽科進学コース　A日程

応募者数	10
受験者数	10
合格者数	10
競争率	1.00
合格最低点	専100・併105/200

費用

《入学手続き時》

○入学金	200,000円

《入学後》

○授業料(特進・進学コース)	492,000円
(音楽科進学コース)	540,000円
○施設費	96,000円
○諸会費	52,400円
○制服・制定品(オプション含まず)	約129,000円
○修学旅行費	約85,000円
○学年諸費(学科・コースによる)	約67,000円～116,000円
○iPad代	約60,000円

奨学金・特待制度

奨学金・入学金免除制度
　普通科:学力・スポーツ等、優秀な者。
　音楽科:コンクールでの入賞実績のあるもの。

独自の留学制度

特になし

併設高校の合格実績

2024年の進学状況(卒業者数84名)
相愛大学合格20名

国・公立大学合格
大阪公立大、奈良県立医科大。

他の私立大学合格
関西学院大2、関西大4、上智大1、近畿大2、龍谷大10、京都女子大2、成城大1、他。

学校PR

大阪メトロ御堂筋線「本町駅」から徒歩1分！日本最大の学校グループ「龍谷総合学園」に加盟しています。特進コースでは、少人数ならではの個別対応力・きめ細やかな指導・国語や数学の演習などを通し、応用力の養成までおこないます。進学コースでは、基礎学力を養うと同時に、伝統文化や礼儀作法を学ぶ機会を用意しています。クラブ活動などとの両立もサポートしています。音楽科進学コースでは、音楽を専門的に学ぶ授業や個人レッスンで、音楽科進学に向けて基礎力を養成します。

帝塚山学院中学校

大阪

学校インフォメーション

制服

通学

長期休暇講習

プール

自習スペース

図書館

食堂

スマホ持ち込み　カウンセラー

プレテスト

特待生制度

中高大連携

ネイティブ教員

英語イマージョン

所在地　〒558-0053　大阪市住吉区帝塚山中3-10-51

電話	06-6672-1151	**生徒数**	女 788人
創立	1916年	**併設校**	帝塚山学院幼稚園・帝塚山学院小学校・帝塚山学院高等学校 帝塚山学院泉ヶ丘中学校高等学校・帝塚山学院大学
校長	瀧山 恵	**WEB**	https://www.tezukayama.ac.jp/cyu_kou/

教育方針・特色

本校は、将来を見据えた学びを深める関学コースと、国公立大学や医歯薬系の大学を目指すヴェルジェ〈エトワール〉コースと、自分の夢や得意分野を見つめながら将来の目標を定めて着実に歩みを進めるヴェルジェ〈プルミエ〉コースがあります。いずれのコースでも、一人ひとりの個性を大切に、生徒の目標や進路の実現に向けた指導体制を整備し、実力を最大限に伸ばせる環境づくりに配慮しています。

スクールライフ

登校時間	8:45
週登校日	6日制
学期制	3学期
制服	あり(夏・冬)
昼食	購買・食堂あり 弁当持参可
学校行事	コーラスコンクール(5月)、文化祭(9月)、体育祭(9月)
環境・施設	図書室一体型コモンズエリア、ICT環境、天然芝グラウンド
クラブ活動	ダンス部・トランポリン部・水泳部・バレーボール部・バスケットボール部・バドミントン部・ソフトテニス部・陸上部・サッカー部・オーケストラ部・ギターマンドリン部・ミュージカル部・コーラス部・ドラマ部・写真部・剣道部・クッキング部・日舞部・科学部・歴史研究部・茶道部・競技かるた部・バトン部・美術部・書道部・コンピュータ・漫画研究部・英語部

2024年度 募集要項

○募集人数　ヴェルジェ〈エトワール〉コース、ヴェルジェ〈プルミエ〉コース、関学コース計約180名(1次A 約140名、E 約20名、1次B 約20名、2次 若干名)

○願書受付　1次A:11/17(金)9:00～1/12(金)18:00
E:11/17(金)9:00～1/13(土)16:00
1次B:11/17(金)9:00～1/13(土)18:00
2次:11/17(金)9:00～1/14(日)16:00
すべてweb出願

○受験料　20,550円(事務手数料550円含む)
※1次A・1次Bの2回出願、1次A・1次B・2次の3回出願の場合、20,550円
※E入試を含む3回出願・4回出願の場合、40,820円
※E入試および2次入試の試験当日検定料を事務局窓口で現金支払いの場合は、事務手数料不要

○選抜日時　1次A:1/13(土)8:30　E:1/13(土)16:35
1次B:1/14(日)8:30　2次:1/14(日)16:35

○合格発表　1次A:1/14(日)13:00　E:1/14(日)19:30
1次B:1/15(月)19:30　2次:1/16(火)13:30
いずれも掲示、web

○選抜方法　1次A・B入試:国・算 各100点(各50分)、理・社 各50点(各30分)、4科型、3科S(国算社)、3科R(国算理)、2科(国算)のアラカルト判定、2科はヴェルジェコースのみ ※1次A英検準2級以上は加点
E・入試:国・算 各100点(各50分)(得意教科型) 2次入試:国・算各100点(各50分)国または算×2倍＋他の教科の合計または国・算合計×1.5倍で判定

2024年度 入試結果

ヴェルジェ(エトワール・プルミエ)1次A		関学1次A	
応募者数	258	応募者数	190
受験者数	192	受験者数	147
合格者数	180	合格者数	70
競争率	—	競争率	2.10
合格最低点	231・154.8/300	合格最低点	237.6/300

ヴェルジェ(エトワール・プルミエ)E		関学E	
応募者数	382	応募者数	261
受験者数	376	受験者数	255
合格者数	332	合格者数	10
競争率	—	競争率	25.50
合格最低点	132・85/200	合格最低点	169/200

ヴェルジェ(エトワール・プルミエ)1次B		関学1次B	
応募者数	372	応募者数	258
受験者数	337	受験者数	241
合格者数	313	合格者数	44
競争率	—	競争率	5.48
合格最低点	235・167.5/300	合格最低点	265.6/300

ヴェルジェ(エトワール・プルミエ)2次		関学2次	
応募者数	359	応募者数	230
受験者数	202	受験者数	131
合格者数	188	合格者数	12
競争率	—	競争率	10.92
合格最低点	226・120/300	合格最低点	242/300

※関学コースからの転コース合格含む
※合格最低点は(エトワール・プルミエ)で記載

学校PR

『主体的に学んでいく姿勢を養う「創究講座」』
2010年度から本校独自の「創究講座」を展開しています。この講座は「探究学習」を軸に構成されるプログラムで、生徒のスキルを磨き、興味・関心のある分野を深く探究していきます。2019年度にはグループワークやプレゼンテーションなど「創究講座」をはじめとした主体的に学ぶ場面で活用する施設ラーニングコモンズ「AQRiO(アクリオ)」を開設、2021年には「AQRiO＋」を2022年秋には、サイエンスラボ「AQRiO＊S(アクリオ)」を開設してさらに施設の充実を図りました。生徒たちの興味関心を深めていける場所がまた一つ増えました。

アクセス
南海高野線帝塚山駅下車すぐ
阪堺線帝塚山三丁目駅下車2分

費用

《入学手続き時》

○入学金	250,000円
○同窓会費	30,000円

《入学後》(年額)

○授業料	648,000円
○教育充実費	40,000円
○教育後援会費	12,000円以上
○PTA会費	20,000円

※学校債・特別協力金別途

奨学金・特待制度

あり

独自の留学制度

特になし

併設高校の合格実績

2024年の進学状況(卒業者数244名)
帝塚山学院大学11名

国・公立大学合格
大阪大1、神戸大(医)1、北海道大1、鳥取大1、京都市立芸術大1、三重県立看護大1、福知山公立大1、他。

他の私立大学合格
関西学院大116、関西大7、同志社大8、近畿大14、上智大1、中央大1、聖マリアンナ医科大1、金沢医科大1、川崎医科大1、兵庫医科大1、大阪医科薬科大1、大阪歯科大1、京都女子大3、同志社女子大4、神戸女学院大9、関西外国語大2、摂南大1、他。

女子校

梅花中学校

学校インフォメーション

制服

通学

宗教教育

ICT教育

習熟度別授業

海外研修

プール

自習スペース

図書館

食堂

中高大連携

プレテスト

特待生制度

ネイティブ教員

所在地　〒560-0011　豊中市上野西1-5-30

電話	06-6852-0001	**生徒数**	女 301人
創立	1878年	**併設校**	梅花高等学校、梅花女子大学・大学院、梅花幼稚園
校長	菅本 大二	**WEB**	https://www.baika-jh.ed.jp/

教育方針・特色

〈教育目標〉
1.恵みに感謝し、隣人を大切にしよう。
2.自分をみつめ、多様な価値観を認め合おう。
3.自己を磨き、自ら道を切り拓こう。

スクールライフ

登校時間	8:35 予鈴
週登校日	6日
制服	あり(夏・冬)
昼食	食堂あり
学校行事	体育祭6月・梅花祭9月・修学旅行10月
修学旅行	3年生10月 ハワイ
環境・施設	チャペル、体育館、円形講堂、図書館、LL教室、パソコン教室、ピアノ練習室、視聴覚教室等各特別教室、屋内プール、生徒食堂、イングリッシュ・オンリー・スペース、Silican Valley Lab、第2体育館(新体操用)など
クラブ活動	【運動部】硬式テニス、バドミントン、バスケットボール、チアリーディング、陸上競技、水泳、サッカー、新体操 【文化部】ESS、茶道、放送、ハンドベル、イラストレーション、競技かるた、吹奏楽、フォークソング、コーラス、YMCA、ダンス

2024年度 募集要項

○募集人数　進学チャレンジコース、舞台芸術エレガンスコース 計60名(帰国子女含む)
※舞台芸術エレガンスは事前受験相談要

○願書受付　A1・A2日程:12/4(月)0:00〜1/12(金)15:00
B日程:12/4(月)0:00〜1/13(土)15:00
C日程 :1/15(月)0:00〜1/16(火)15:00
Web出願 ※B・C日程は入試当日窓口出願可

○受験料　20,000円
※複数日程同時出願の場合、2回目以降の検定料免除

○選抜日時　A1日程:1/13(土)8:45
A2日程:1/13(土)16:45
B日程:1/14(日)8:45
C日程:1/17(水)9:45

○合格発表　A1日程:1/13(土)16:15〜16:45
A2・B日程:1/14(日)16:00〜16:30
C日程:1/17(水)15:30〜16:00
いずれも手渡し(郵送もあり)

○選抜方法　一般入試:国・算 各100点各50分・面接
E入試:英(リスニング含む)100点50分・面接

2024年度 入試結果

進学チャレンジコース	A1日程(一般)	A1日程(E入試)	A2日程	B日程	C日程
応募者数	47	25	47	46	9
受験者数	47	24	9	10	8
合格者数	45	22	8	8	7
競争率	1.04	1.09	1.13	1.25	1.14
合格最低点	非公表	非公表	非公表	非公表	非公表

舞台芸術エレガンスコース	A1日程(一般)	A1日程(E入試)	A2日程	B日程	C日程
応募者数	22	7	20	20	0
受験者数	22	7	1	1	0
合格者数	21	7	0	1	0
競争率	1.05	1.00	—	1.00	—
合格最低点	非公表	非公表	非公表	非公表	非公表

学校PR

創立以来150 年、英語教育や文学、芸術などさまざまな学びを通して、世界で活躍できる豊かな感性をもつ女性の育成に取り組んできました。元来、梅花の学びの原点は、このようなリベラルアーツにあります。国際的な競争力が要求される社会においても、充実した人生を送ることが出来るよう、梅花中学・高等学校ではこのリベラルアーツを教育の根底として、学びのシステムを構築。各コースごとに組まれた特色あるカリキュラムや学校行事を通して、幅広い視野と、物事の本質を見極める力を育みます。

アクセス
阪急宝塚線豊中駅下車徒歩約13分
北大阪急行・大阪モノレール千里中央駅下車
(少路駅よりはスクールバスあり)
または北大阪急行桃山台駅から阪急バス乗車
梅花学園前下車

費用

《入学手続き時》

○入学金	200,000円

《入学後》(年額)

○授業料	630,000円
○旅行積立金	190,000円
○PTA会費・生徒会費	15,600円
○制服・体操服・制靴等費	約120,000円

※舞台芸術エレガンスコースは、舞台実習費用として10,000円(年額)が別途必要。

奨学金・特待制度

特待生S:入学金全額免除および授業料半額免除
(プレテスト・入試の成績による)
特待生A:入学金全額免除および授業料1/4免除
(プレテスト・入試の成績による)
英語特待生:入学金全額免除および授業料半額免除
(英検3級以上を出願時に取得している者)
ファミリー特待生:入学金全額免除
(梅花女子大・短大・高校・中学いずれかの卒業生または在籍者の1〜4親等の者もしくは本人が梅花幼稚園卒園の者)

独自の留学制度

オーストラリアタウンズヴィル夏期語学研修
カナダ学期留学(国際教養専攻)

併設高校の合格実績

2024年の進学状況(卒業者数270名)
梅花女子大学88名

国・公立大学合格3名
奈良女子大1、大分県立看護科学大1、旭川医科大1。

他の私立大学合格136名
関西学院大9、関西大12、同志社大2、立命館大3、近畿大11、甲南大4、龍谷大8、神戸薬科大1、京都外国語大2、関西外国語大10、京都女子大7、同志社女子大8、神戸女学院大27、武庫川女子大7、他。

省庁大学校合格
防衛医科大1、防衛大1。

プール学院中学校

学校インフォメーション

制服　通学　宗教教育　長期休暇講習　海外研修　自習スペース　図書館
バリアフリー　カフェテリア　スマホ持ち込み　カウンセラー　プレテスト　特待生制度　英語イマージョン

所在地　〒544-0033　大阪市生野区勝山北1-19-31

電話	06-6741-7005	**生徒数**	女 242人
創立	1879年	**併設校**	プール学院高等学校
校長	安福　朗	**WEB**	https://www.poole.ed.jp/

教育方針・特色

神から与えられた個性と能力を最大限に発揮できる「自立した女性」を育てることに力を注ぎます。
①人格を育てる。②目的意識を育てる。③コミュニー ケーション力を育てる。④グローバルな視野を育てる。
本校で過ごす思春期は、心も体も大きく伸びるときです。大切なのは、自分自身に打ち勝つこと、そしてほかの人の痛みがわかる人間になること。「人の痛みを思いやれる美しい人間性とその痛みを解決するたくましい知力をあわせもった人間に育ってほしい」。「愛と奉仕」をスクールモットーに、本校で学ぶ生徒たちそれぞれに「居場所」と「出番」が用意されている学校でありたいと願っています。

スクールライフ

登校時間	8:15
週登校日	6日制
学期制	3学期
制服	あり(夏・冬)
昼食	購買・食堂あり　弁当持参可
学校行事	体育祭(6月)・文化祭(9月)・合唱祭(11月)クリスマス礼拝(12月)
修学旅行	2年生2月　2泊3日　北海道　など
環境・施設	普通教室、体育館、講堂、礼拝堂、LL教室、学習情報センター(図書館)、マルチメディアルーム、自習室(2部屋・84席)カフェテリア(生徒食堂)など。
クラブ活動	宗教部:YWCA 文化部:放送、ESS、生物園芸飼育、演劇、家庭科、美術、理科、吹奏楽 運動部:バスケットボール、バレーボール、ソフトテニス、ソフトボール、卓球、体操、ダンス 同好会:生花

2024年度 募集要項

○募集人数　一貫特進コース20名、キリスト教大学推薦コース30名、総合特進コース30名

○願書受付　一次A・B:12/15(金)正午～1/11(金)終日
一次C:12/15(金)正午～1/13(土)終日
二次:12/15(金)正午～1/14(日)終日
すべてweb出願(一次B・C・二次は入試日当日窓口受付可)

○受験料　20,000円(プレテスト受験者は15,000円)

○選抜日時　一次A:1/13(土)8:30　一次B:1/13(土)15:00
一次C:1/14(日)9:00　二次1/15(月)9:00

○合格発表　各試験当日web・翌日郵送
一次Aは校内掲示・併願は郵送もあり

○選抜方法　国・算 各100点各50分 理・社 各50点各30分 英30分100点
一次A:一貫特進は国算+選択(理or社)(250点満点)　キリスト教大推薦・総合特進は国算(200点満点)※1/15(日)専願合格者面接あり
一次B:一貫特進は国算(200点満点)　キリスト教大推薦・総合特進は国英or算英(200点満点)
一次C・二次:国算(200点満点)
※キリスト教大推薦の英検4級以上取得者は加点(一次B以外)
※一次C総合特進の英検4級以上取得者は国算の高得点の方を2倍

2024年度 入試結果

一貫特進コース

	一次A(専願)	一次A(併願)	一次B	一次C	二次
応募者数	13	9	24	10	11
受験者数	13	9	24	8	11
合格者数	12	5	15	5	8
競争率	1.08	1.80	1.60	1.80	1.38
合格最低点	171/250	183/250	141/200	150/200	142/200

※転コース合格(1次A専1・併3、1次B8、1次C1、2次3)含まない

キリスト教大学推薦コース

	一次A(専願)	一次A(併願)	一次B	一次C	二次
応募者数	40	10	49	20	6
受験者数	40	10	49	15	4
合格者数	26	6	31	8	2
競争率	1.54	1.67	1.58	1.88	2.00
合格最低点	129/200	134/200	143/200	122/200	129/200

※転コース合格(1次A専14・併4、1次B15、1次C4、2次1)含まない

総合特進コース

	一次A(専願)	一次A(併願)	一次B	一次C	二次
応募者数	21	5	13	10	0
受験者数	20	5	13	7	0
合格者数	18	4	4	3	0
競争率	1.11	1.25	3.25	2.33	—
合格最低点	80/200	109/200	130/200	100/200	—

学校PR

情操教育として毎日の礼拝を通じて、他者を思いやる気持ちや、物事に対する感謝の気持ちを養い、行事も行っている。(両親への感謝の日礼拝、収穫感謝の日礼拝等)また、音楽は6年間必須授業を行い合唱コンクールを通じて調和を学びます。学習面では英語でコミュニケーションが取れる学習プログラム(E-Act)を導入し、年2回ネイティブの先生だけによる集中講義を行っている。また、自分で調べる力、論理的思考力を養うために図書館(約8万冊蔵書)で卒業論文の授業と指導を行っている。

アクセス
JR環状線桃谷駅南口から徒歩5分
大阪シティバス勝山4丁目より徒歩5分
勝山北1丁目より徒歩2分

費用

○入学金	200,000円
○制服(夏・冬)・制定品等	約140,000円

※初回招集日に購入。選択品は別途。

○授業料	570,000円
○施設設備費	50,000円
○PTA会費	14,400円
○宿泊行事等積立金	80,000円
○冷暖房費	25,000円
○学年諸経費	約200,000円

奨学金・特待制度

成績優秀特待生制度(一貫特進コース対象)
一貫特進コースの成績優秀者(プレテスト成績と入試成績)には授業料に於いて特待生制度あり(全額免除・半額免除)。
英検特待生制度(全コース対象)
3級以上取得/入学金全額免除
4級取得/入学金半額免除

独自の留学制度

特になし

併設高校の合格実績

2024年の進学状況(卒業者数197名)
国・公立大学合格
大阪大1、北海道大1、大阪教育大3、奈良県立大1、奈良県立医科大1、鳥取大1。

私立大学合格
関西学院大9、関西大6、同志社大6、立命館大2、京都産業大5、近畿大38、甲南大10、龍谷大3、早稲田大1、立教大8、明治大2、青山学院大1、大阪医科薬科大1、関西医科大2、大阪歯科大1、摂南大22、神戸学院大9、追手門学院大7、桃山学院大12、関西外国語大9、京都女子大12、同志社女子大20、神戸女学院大16、武庫川女子大19、東京女子大1、日本女子大1、甲南女子大12、他。

大阪教育大学附属池田中学校

学校インフォメーション

制服　通学　ICT教育　探究授業　海外研修　食堂　スマホ持ち込み

カウンセラー　帰国生入試　ネイティブ教員　海外姉妹校

所在地　〒563-0026　大阪府池田市緑丘1-5-1

電話	072-761-8690	**生徒数**	男 194人　女 238人
創立	1947年	**併設校**	大阪教育大学・大阪教育大学附属高等学校池田校舎・大阪教育大学附属池田小学校
校長	串田　一雅	**WEB**	https://f.osaka-kyoiku.ac.jp/ikeda-j/

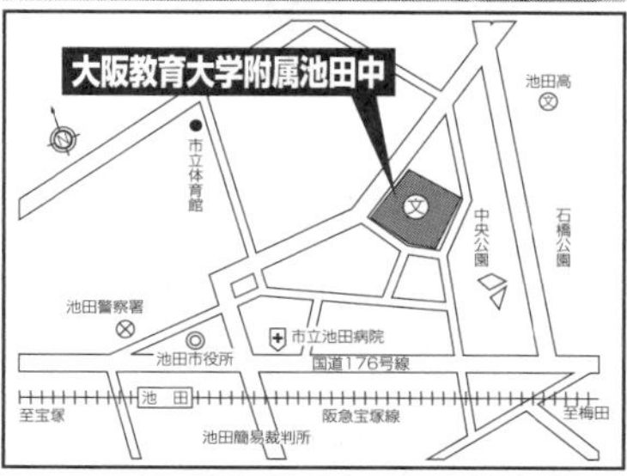

アクセス
阪急電鉄宝塚線池田駅下車徒歩20分

教育方針・特色

〈5つの使命と3つの教育方針〉
1. 教員養成大学である大阪教育大学の研究校である。
2. 大阪教育大学の教育実習校である。
3. 現職教育への奉仕をする学校である。
4. 常に新しい教育理念と中正な教育的信念を持ち、望ましい環境の内に個性を生かしながら、真の中等普通教育を実施することを目指している。
5. 一般生徒、国際枠生徒(帰国生徒、在日外国籍生徒)、学校災害特別研究生徒からなる混合学級で授業を行い、新しい教育の開発を目指している。

〈教育方針〉
①探究的な学び：学びの過程の中で、「何を学びたいか」、「どうしたら最もよく学べるか」、「学んだことをどのように確かめるか」ということを常に考え続けて、振り返ることができる人の育成を目指す。
②共生の心：自分を認め、他者に寛容である人、また、国際社会の中で異なる文化を理解し、ともに生きて行ける豊かな国際感覚を持った人の育成を目指す。
③信念に基づく行動：国際的な視野を持ち、地球規模的に思考して、地域に根ざして行動できる人、そのために健康な身体づくりと、安全で安心な生活を送ることのできる環境づくりできる人の育成を目指す。

スクールライフ

登校時間	8:30
週登校日	5日制
学期制	3学期
制服	あり(夏・冬)
昼食	弁当持参(食堂あり)
学校行事	宿泊研修(中1、2・6月)、クリーンデー(7月・11月)、体育大会(9月)、文化祭(11月)、オーストラリア研修(7月)、カナダ研修(3月)
修学旅行	3年生5月　九州方面
環境・施設	普通教室、体育館、プール、図書館、メディアセンター、国際交流センター、教育相談室。
クラブ活動	文化系10、体育系9の部があり、原則として平日17時30分まで(冬季は17時00分まで)活動しています。 【運動部】バスケットボール、バレーボール、サッカー、卓球、テニス、陸上、野球、ダンス、ボッチャ 【文化部】美術、IEE、地理歴史、自然科学、製作、演劇、吹奏楽、パソコン、数学、カルタ

2024年度 募集要項

○募集人数	男女144名(内部進学者、国際枠を含む)
○願書受付	12/2(土)～12/17(日)Web出願
○受験料	5,000円
○選抜日時	1次選考1/20(土)午前、2次選考1/23(火)
○合格発表	1/25(木)Web
○手続締切	1/27(土)
○選抜方法	1次選考 検査Ⅰ《筆記による検査》 国語 検査Ⅱ《筆記による検査》 算数 2次選考(1次選考合格者) 検査Ⅲ《筆記による検査》 社会・理科から1教科を選択 検査Ⅳ《実技による検査》 音楽・図工・体育・家庭から1教科を選択

2024年度 入試結果

応募者数	647
受験者数	286
合格者数	84
競争率	3.40
合格最低点	—

学校PR

教員養成大学である大阪教育大学の附属中学校として、我が国の教育先導校、地域のモデル校として、教育研究、教育実習、地域貢献を行っています。
また、教育目標である「自主・自律」、3つの教育方針「探究的な学び」「共生の心」「信念に基づく行動」を中核にして、世界や社会の課題に向き合いながら、多様な人々とともに生きる豊かな心を育む教育を通して、将来グローバルに活躍できる生徒の育成をめざしています。

費用

《入学手続き時》
○制服、体操着参考書など　約110,000円

《入学後》
○諸会費、行事費、学級費など(月額)　約15,000円

奨学金・特待制度

特になし

独自の留学制度

特になし

併設高校の合格実績

2023年度の合格状況(卒業生154名)
国・公立大学合格132(55)名
東京大4(3)、京都大13(7)、大阪大33(20)、神戸大16(12)、大阪府立大5(3)、大阪市立大12(8)、奈良県立医科大3(0)、北海道大3(0)、京都工芸繊維大3(2)、九州大2(0)、他。

私立大学合格437(250)名
早稲田大12(6)、慶應義塾大4(1)、関西大63(43)、関西学院大48(39)、同志社大87(52)、立命館大59(22)、他。

※( )内は現役内数。

大阪

附中 大阪教育大学附属天王寺中学校

学校インフォメーション

制服

通学

探究授業

プール

図書館

ネイティブ教員

カウンセラー

所在地　〒543-0054　大阪市天王寺区南河堀町4-88

電話	06-6775-6045	生徒数	男217人　女213人
創立	1947年	併設校	大阪教育大学・大阪教育大学附属高等学校天王寺校舎・大阪教育大学附属天王寺小学校
校長	小西　啓之	WEB	https://f.osaka-kyoiku.ac.jp/tennoji-j/

教育方針・特色

教育方針として、一人ひとりの子を大切にして個性を伸ばすための全人教育。自己教育力の養成。「質実剛健」の校風。表面的なことよりも、内面で勝負できる生徒に育てたい、という目標が学校側にある。

学校行事はすべて生徒の「手づくり」でできあがる。生徒を活動の中心として、自主性を重んじている。いろいろな行事の企画力、行動力をうながしその結果として達成感を味わせる。子どもに経験を通して実感させていくことが一番大切である。

スクールライフ

登校時間	8:35
週登校日	5日制
学期制	3学期
制服	あり（夏・冬）
昼食	弁当持参
学校行事	合宿訓練（中1・5月）、富士登山（中2・7月）、体育大会（6月）、学芸会（11月）、マラソン大会（2月）、音楽会（3月）
修学旅行	3年生5月　乗鞍高原
環境・施設	普通教室、マルチメディアコールセンター、体育館、プールなど。
クラブ活動	【運動部】サッカー、硬式テニス、バスケットボール、バレーボール、卓球、剣道、陸上 【文化部】吹奏楽、美術、映像、情報科学、地域探究

2024年度 募集要項

○募集人数	男女144名（内部進学者を含む）
○願書受付	12/1（金）～12/12（火）Web出願
○受験料	5,000円
○選抜日時	1次テスト1/13（土）午前、2次テスト1/16（火）
○合格発表	1/19（金）10:00～12:00掲示・Web
○手続締切	1/20（土）
○選抜方法	1次テスト：国語・算数 2次テスト（1次合格者）：学力検査ⅠⅡⅢ・体育実技

2024年度 入試結果

応募者数	376
受験者数	363
合格者数	109
競争率	3.33
合格最低点	1次平均点　70/120 2次平均点　225/330

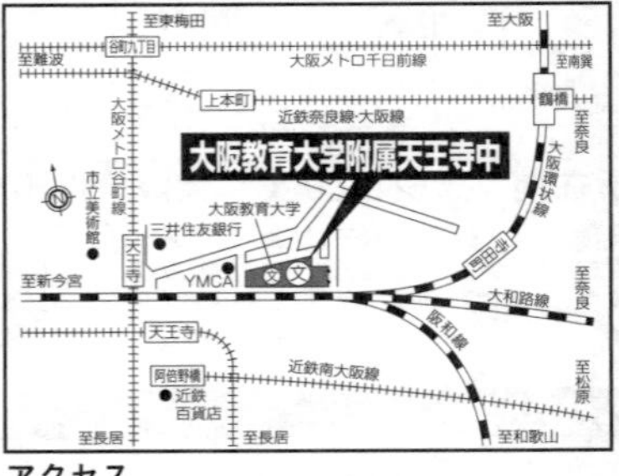

アクセス
JR環状線寺田町駅下車徒歩2分

費用

《入学手続き時》
○入学金　　不要
○制定品等

《入学後》
○授業料（年額）　　不要
○納付金

奨学金・特待制度

特になし

独自の留学制度

特になし

併設高校の合格実績

2024年度の合格状況（卒業生143名）
大阪教育大学4名
他の国・公立大学合格69（42）名
東京大1、京都大11（2）、大阪大12（5）、神戸大4（5）、北海道大1（2）、大阪公立大17（7）、横浜国立大（1）、京都工芸繊維大1（1）、奈良女子大（1）、京都府立大1、滋賀大（3）、和歌山大5（1）、東京芸術大1、岐阜大（1）、滋賀医科大1、兵庫県立大2（2）、奈良教育大1（1）、奈良県立大1（2）、奈良県立医科大1（1）、和歌山県立医科大（1）、京都市立芸術大（1）、国際教養大1、他。

私立大学合格201（131）名
関西学院大15（10）、関西大37（23）、同志社大47（22）、立命館大31（15）、京都産業大（1）、近畿大25（22）、甲南大4、龍谷大2（7）、早稲田大1（4）、慶應義塾大1、東京理科大（1）、青山学院大1、中央大（1）、明治大1（2）、川崎医科大（1）、東京医科大1、大阪医科薬科大3（3）、関西医科大3（2）、兵庫医科大1（1）、京都薬科大5（1）、神戸薬科大2（1）、摂南大5（1）、追手門学院大4（2）、関西外国語大（1）、大阪工業大3（1）、京都女子大1（0）、同志社女子大2、武庫川女子大3、他。

省庁大学校合格1（2）名
防衛医科大1、防衛大（2）。

※（　）内は過年度生外数

国公立

大阪教育大学附属平野中学校

学校インフォメーション

制服

通学

ICT教育

プール

図書館

カウンセラー

所在地　〒547-0032　大阪市平野区流町2-1-24

電話　06-6709-9600
創立　1947年
校長　石橋　紀俊

生徒数　男142人　女179人
併設校　大阪教育大学・大阪教育大学附属高等学校平野校舎・大阪教育大学附属平野小学校
WEB　http://www.hirano-j.oku.ed.jp/

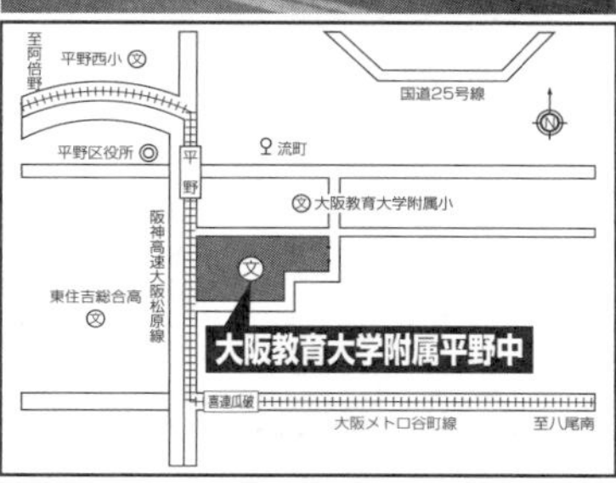

アクセス
大阪メトロ谷町線平野駅下車徒歩7分
JR大和路線平野駅下車徒歩20分

教育方針・特色

これからは生涯教育の指導が大切であり、また生涯教育が再確認される時期に来ている。生徒の指導を通じ実感するのは、自ら学ぶことのできる子どもの養成に重点をおかなければならないことである。生涯を通して学ぶためには、知識を詰め込む教育では、人間として打ち勝つ要素に欠ける。よって、知識の詰め込みよりも柔軟性のある知恵の教育にその指導方針をおいている。その具体的な方針として、まず生徒の実態を知る、授業課程の改善を図る、そのための教材の開発を掲げている。この指導で生徒に自ら学ぶ力、つまり、自己教育力をつけることをねらいとしている。

授業進度は、9教科平均した実力がつくように配慮し、全人教育を目指している。幅広い基礎学力の定着を根底に国際性豊かな人間教育、創造性豊かな人間をつくることをねらいとしている。伝統ある「質実剛健」の校風もうまく受け継がれ、集団とのかかわりを大切に何事にも「意欲的」「積極的」である人間づくりの方針が生きている。

スクールライフ

登校時間	8:20
週登校日	5日制
学期制	3学期
制服	あり(夏・冬)
昼食	弁当持参
学校行事	体育祭、芸術鑑賞会、文化祭、遠足
修学旅行	3年生5月　信州(上高地方面)
環境・施設	普通教室、体育館、プール、図書室、合同教室、コンピュータ室2、社会科教室、理科室、保健室、音楽室、美術室、国語教室、英語教室など。
クラブ活動	【運動部】卓球、野球、バレーボール(女子)、陸上、ダンス、水泳、バスケットボール(男子) 【文化部】吹奏楽、ホームメイキング、科学、アート、演劇、クイズ研究

2024年度 募集要項

○募集人数	男女108名(内部進学者を含む)
○願書受付	12/1(金)～12/15(金)Web出願
○受験料	5,000円
○選抜日時	1次選考1/20(土)午前、2次選考1/22(月)
○合格発表	1/25(木)
○手続締切	1/25(木)
○選抜方法	1次選考:国語・算数 2次選考(1次合格者):理科・社会、面接

2024年度 入試結果

応募者数	332
1次合格者数	111
2次合格者数	43
競争率	7.72
合格最低点	非公表

学校PR

本校は、大阪教育大学の教育研究、および実験・実習校としての使命をおびています。例えば、大学と一体となって、教育の理論と実際に関する研究ならびにその実証をおこない、所属学生には様々な教育研修の場を提供しています。
生徒一人ひとりの個性を尊重し、すべての素質を可能な限り最大限に発達させるための指導をおこないます。そのために、幅広い基礎学力の定着を図るとともに、先生と生徒、生徒相互の緊密な人間関係を確立し、自主的な生活態度と学習意欲を育成しながら、質実剛健な人間教育をおこなっています。

費用

《入学手続き時》

○入学金	不要
○制服等	(男)約 80,000円 (女)約100,000円

《入学後》

○授業料	不要
○各種積立金	約76,000円
○学年集金	約60,000円
○PTA会費	24,000円
○教育後援会会費	30,000円
○教育環境維持協力金	1口　10,000円

奨学金・特待制度

特になし

独自の留学制度

特になし

併設高校の合格実績

2024年度の合格状況(卒業生116名)
国・公立大学合格
京都大1、神戸大2、大阪公立大7、筑波大3、岡山大1、広島大1、神戸市外国語大2、他。

私立大学合格
関西学院大22、関西大33、同志社大27、立命館大22、京都産業大8、近畿大71、甲南大2、龍谷大35、早稲田大2、明治大1、青山学院大2、他。

大阪

国公立

大阪府立富田林中学校

学校インフォメーション

標準服　自転車通学可 通学　ICT教育　夏・冬・春 長期休暇講習　SSH スーパーサイエンス スーパースクール　海外研修　屋外 プール
自習スペース　蔵書数 25,000冊 図書館　エレベーター　給食あり 昼食　条件付 スマホ持ち込み　カウンセラー　海外姉妹校

所在地　〒584-0035　大阪府富田林市谷川町4-30

電話	06-6709-9600	生徒数	男179人　女181人
創立	2017年	併設校	大阪府立富田林高等学校
校長	大門　和喜	WEB	https://tonko.ed.jp/

アクセス
近鉄長野線富田林西口駅下車南へ約500m

教育方針・特色

〈中高一貫校の理想〉
中高一貫校の特徴を生かして6年間で伸ばしたい力の基礎となる部分の教育活動について、時間をかけて行う。
具体的には次の3つの資質・能力の育成に力を注ぐ。
(1)グローバルな視野とコミュニケーション力
(2)論理的思考と課題発見・解決能力
(3)社会貢献意識と地域愛
日常7時間(45分授業)の授業を行い、学習指導要領に基づく教育課程はもとより発展的な学習も加わる。また、授業においてはアクティブラーニングの視点に基づき、課題の発見と解決に向けて生徒が主体的・協働的に学ぶ学習に取り組む。
毎朝の「モーニングイングリッシュタイム」をはじめ「イングリッシュキャンプ」、「海外修学旅行」、「国際交流」等でグローバルな視野を広めコミュニケーション力の育成に取り組むとともに総合学習において「演劇的手法を用いたコミュニケーション力の育成」「富中サイエンスⅠ・Ⅱ・Ⅲ」「南河内探究」等で探究的な学習活動を展開し、「地域フォーラム」等の機会を通じて成果を発信する予定である。さらに高校生の支援による取組みとして基礎学力を定着させるための放課後学習「富中未来塾」「部活動」「生徒会活動」「文化祭」「体育祭」等など中高一貫校の特色を生かした手作りの活動により温かなつながりの中で生徒を育成する。
文部科学省から中高一貫校として「スーパーサイエンス・ハイスクール」の指定を受けたことや、来年度から「コミュニティー・スクール」としてスタートすることなどを教育活動の充実に向けて最大限に活用し、高い志と将来への夢を持った国際社会に貢献できる「グローカル・リーダー」育成のための基礎づくりをめざし生徒の可能性を広げるさまざまな機会を設けている。

スクールライフ

登校時間	8:30
週登校日	5日制
学期制	2学期
制服	あり(夏・冬)
昼食	給食あり
学校行事	文化祭(6月)、芸術鑑賞会(7月)、富中サイエンスⅠ(中1・7月)Ⅱ(中2・6月)Ⅲ(中3・7月)、探究フィールドワーク(中2・11月)、イングリッシュキャンプ(中1・12月、中2・3月)、探究学年発表会(2月)、地域貢献活動(3月)
修学旅行	3年生　海外研修旅行(台湾予定)
環境・施設	視聴覚教室、図書館、SSラボ、トレーニング室、剣道場、秀道場、岸本記念館(アゴラ)、ハンドボールコート、50mプール、ログハウス
クラブ活動	【運動部】サッカー、男子バスケットボール、男子ソフトテニス、女子バレーボール、バトントワリング、女子硬式テニス、陸上競技、水泳、女子ソフトテニス 【文化部】科学、茶道、写真、ユネスコ　2019年以降順次増やしていく予定

2024年度 募集要項

○募集人数	男女120名
○願書受付	1/5(金)9:00～1/11(木)14:00(大阪府立学校オンライン出願システム)
○受験料	2,200円
○選抜日時	1/20(土)8:30集合
○合格発表	1/28(日)10:00～
○手続締切	1/28(日)10:00～14:00 1/29(月)13:00～14:00
○選抜方法	適性検査Ⅰ(国語・算数的問題)50点、適性検査Ⅱ(物事を多面的に深く思考し、論理的に表現する力等)80点及び作文(自己表現・300字程度)20点を行い、その総合点(150点満点)により選抜

2024年度 入試結果

応募者数	335
受験者数	—
合格者数	120
競争率	2.79
合格最低点	非公表

費用

《入学手続き時》
○制定品等　102,500円～104,000円程度

《入学後》(年額)
○年間納付金(給食費、旅行積立含む)
189,600円程度

奨学金・特待制度

特になし

独自の留学制度

特になし

併設高校の合格実績

2024年度の合格状況(卒業生232名)
国・公立大学合格43(11)名
京都大2(2)、大阪大8(4)、神戸大4(2)、大阪公立大15(2)、京都工芸繊維大1、神戸市外国語大1、金沢大1、和歌山大10(1)、兵庫県立大3、大阪教育大8、奈良教育大1、和歌山県立医科大6(1)、他。

私立大学合格561(55)名
関西学院大33(1)、関西大112(17)、同志社大33(10)、立命館大17(2)、京都産業大4(4)、近畿大201(17)、甲南大1、龍谷大13(1)、早稲田大1、大阪医科薬科大2、摂南大17(1)、桃山学院大8(2)、関西外国語大18、他。

※( )内は既卒生内数

学校PR

富田林から世界へ！
金剛山と石川に囲まれた大自然の中で、中高一貫校ならではの質の高い教育を受けることができます。具体的には、教科の学習はもちろん、総合学習にも力を入れており、コミュニケーション能力や、論理的思考力、地域を愛する心が醸成されます。
令和6年度教育課程調査研究協力校として文部科学省の指定を受けました。
中学校の授業には高校の先生も入るので、中学校段階から大学入試を見据えた授業を受けることができます。部活動も盛んで毎日の給食も、食堂もとてもおいしいです。
ぜひ富田林中学校・高等学校で充実した6年を過ごし、世界で活躍できる人間に成長しましょう。私たちは熱意を持ったあなたの入学を心から待っています。

大阪府立咲くやこの花中学校

学校インフォメーション

制服

通学

ICT教育

プール

自習スペース

図書館

バリアフリー

昼食

カウンセラー

中高大連携

ネイティブ教員

所在地　〒554-0012　大阪市此花区西九条6丁目1-44

電話	06-6464-8882	**生徒数**	男85人　女153人
創立	2008年	**併設校**	大阪府立咲くやこの花高等学校
校長	新留　建一	**WEB**	https://www3.osaka-c.ed.jp/sakuyakonohana-js/

教育方針・特色

〈校訓〉 進取　創造　敬愛
〈教育目標〉
豊かでたくましい心の涵養　個性の伸長と才能の開花
社会をリードする人材の育成
「ものづくり（理工）」「スポーツ」「言語」「芸術（美術・デザイン）」など、早くから興味・関心の現れやすい分野の才能を伸ばすことを目標とし、中学校では、一般の教科以外に、次の①②のような学習に1年次には年間140時間、2・3年次には年間210時間取り組む。
①「5教科の基礎学力の充実および発展的な学習」（一斉または少人数）
②「分野別学習」（各分野20人ずつの少人数）
1年間の総授業時間数は一般の公立中学（1,015時間）よりも105時間多い1,120時間（1年年間140時間、2・3年年間210時間）。基礎学力の充実・発展的な学習・分野別学習の時間数

スクールライフ

登校時間	8:25
週登校日	5日制
学期制	3学期
制服	あり（夏・冬）
昼食	給食あり
学校行事	一泊宿泊研修（1年・4月）、体育祭（6月）、文化発表会（10月）
修学旅行	3年生5月　京都・滋賀方面
環境・施設	普通教室や実習室等ではインターネットを利用でき、プロジェクタ等を活用した授業が可能。図書室は、インターネットブース、DVDブース、自習コーナーなど、総合的な情報センターとして優れた設備を持っている。240名が同時に使える多目的室には、最新の映像・音響機器を設置、講演会や展示会の開催や、プレゼンテーション能力を高めるための施設として設計されている。国際交流事業や各種のイベントに用いられる交流ホール。
クラブ活動	【ものづくり（理工）分野】科学部、数学研究部　【スポーツ分野】陸上競技部、体操競技部 【言語分野】国語部、英語部、社会科部　【芸術（美術・デザイン）分野】美術部

2024年度 募集要項

○募集人数	男女80名 ものづくり（理工）、スポーツ、言語、芸術（美術・デザイン）各分野20人
○願書受付	1/5（金）9:00～1/11（木）14:00（大阪府立学校オンライン出願システム）
○受験料	2,200円
○選抜日時	1/20（土）8:30集合
○合格発表	1/28（日）10:00～
○手続締切	1/28（日）10:00～14:00 1/29（月）13:00～14:00
○選抜方法	適性検査Ⅰ（国語・算数的問題）50点、適性検査Ⅱ（ものづくり、スポーツ、言語、芸術のそれぞれの分野に関する才能の芽生え等）80点及び作文（自己表現・300字程度）20点を行い、その総合点（150点満点）により選抜

2024年度 入試結果

ものづくり（理工）		スポーツ	
応募者数	108	応募者数	48
受験者数	—	受験者数	—
合格者数	20	合格者数	20
競争率	5.40	競争率	2.40
合格最低点	非公表	合格最低点	非公表

言語		芸術（美術・デザイン）	
応募者数	78	応募者数	82
受験者数	—	受験者数	—
合格者数	20	合格者数	20
競争率	3.90	競争率	4.10
合格最低点	非公表	合格最低点	非公表

学校PR

本校は、ものづくり、スポーツ、言語、芸術という4つの専門分野のスペシャリストの育成を目的にしています。分野別学習では各分野20人に対し2人（高等学校1名）の教員がつき、きめ細かい指導を行っています。部活動では、陸上部の全国大会優勝、近畿大会総合優勝を始め、数学研究部、美術部等が全国的な賞を受賞、英語部は様々な弁論大会等で優秀な実績を残しています。また、併設の高等学校進学後も難関大学へ進学する生徒も多く、将来の夢の実現のため頑張っています。

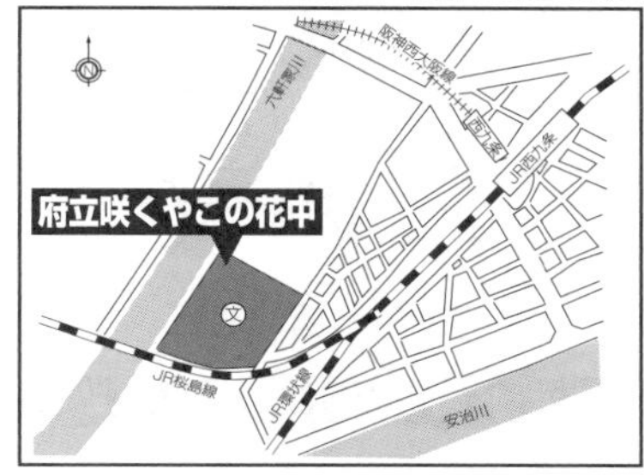

アクセス
JR環状線、阪神なんば線西九条駅下車徒歩7分

費用

《入学手続き時》

○入学金		不要
○制定品等	制服	50,000円（最大）
	体操服	15,000円（最大）
	その他	32,000円（最大）

《入学後》（年額）

○授業料		不要
○納付金等	芸術分野	100,000円（最大）
	※分野により異なる	

奨学金・特待制度

特になし

独自の留学制度

特になし

併設高校の合格実績

2024年度の合格状況（卒業生228名）
国・公立大学合格21名
大阪大6、神戸大1、大阪公立大5、奈良女子大1、京都府立大1、広島大1、大阪教育大1、愛媛大1、京都市立芸術大2、長岡造形大2。

私立大学合格244名
関西学院大7、関西大25、同志社大14、立命館大7、京都産業大5、近畿大25、甲南大1、龍谷大4、慶應義塾大3、中央大1、日本大1、摂南大9、関西外国語大18、大阪経済大22、同志社女子大1、武庫川女子大6、他。

※現役合格のみ

大阪府立水都国際中学校

学校インフォメーション

制服

通学

ICT教育

海外研修

プール

自習スペース

図書館

給食あり
昼食

スマホ持ち込み

カウンセラー

ネイティブ教員

英語イマージョン

中高大連携

高大連携

所在地　〒559-0033　大阪市住之江区南港中3-7-13

電話	06-7662-9600	**生徒数**	男71人　女167人
創立	2019年	**併設校**	大阪府立水都国際高等学校
校長	太田　晃介	**WEB**	https://osaka-city-ib.jp/

ポートタウン西
ポートタウン東
南港地区公園
ニュートラム南港ポートタウン線
大阪府立水都国際中
グラウンド
校舎

アクセス
ニュートラム「ポートタウン西」「ポートタウン東」駅より、南へ徒歩約10分

教育方針・特色

〔教育目標〕
「社会に貢献する共創力をみがく」
〔3つの教育の柱〕
①英語教育
②国際理解教育
③課題探究型授業
〔特色〕
①英語による授業（イマージョン授業）英、数、理で週14～15時間、英語による授業
②週33時間授業（標準よりも＋4時間）
③サポート体制（英語指導助手によるサポート）
学習指導要領に基づく学習を行うとともに、課題探究型授業を多く展開し、生徒の主体的に学ぶ力や豊かな知性の育成を目指します。生徒主体の学校行事も特色の一つです。水都国際高等学校へ無試験で進学後、国内・海外の大学進学を主とした多様な進路をサポートします。

スクールライフ

登校時間	8:30
週登校日	5日制
学期制	3学期
制服	あり（夏・冬）
昼食	給食あり
学校行事	体育祭（5月）、宿泊学習（中1・8月）、アカデミックフェア（2月）、文化祭（9月）
修学旅行	２年生　四国方面
環境・施設	校舎内全てにインターネット環境があり、プロジェクタ完備、一人一台のノートパソコンの貸与。演習室にはホワイトボードウォールを設置し探究型の学びができる設備を完備している。図書館には和書、洋書を豊富に揃え、調べ学習の後にグループワークができるスペースを確保。 2022年度より新校舎使用。
クラブ活動	Global Action Project in Suito（GAPS）「みつける、つなげる、つくっていく」というコンセプトの下、すべての課外活動を自ら考えつくっていく生徒達の主体的な学びを支援します。BUNCA、マインクラフト部、写真研究部、バスケットボール部、ダンス部などが活動しています。

2024年度 募集要項

○募集人数	男女80名
○願書受付	1/5（金）9:00～1/11（木）14:00（大阪府立学校オンライン出願システム）
○受験料	2,200円
○選抜日時	1/20（土）8:30集合
○合格発表	1/28（日）10:00～
○手続締切	1/28（日）10:00～14:00 1/29（月）13:00～14:00
○選抜方法	適性検査Ⅰ（国語・英語的問題）50点、適性検査Ⅱ（算数的問題） 80点及び作文（自己表現・300字程度） 20点を行い、その総合点（150点満点）により選抜

2024年度 入試結果

応募者数	324
受験者数	—
合格者数	80
競争率	4.05
合格最低点	非公表

費用

《入学手続き時》

○入学金	不要
○制服費	（男）42,400円 （女）41,800円

《入学後》（年額）

○授業料	不要
○給食費	60,000円
○学校徴収金	30,000円

（２年生実施修学旅行の積立金を含む）
※変更の可能性あり

奨学金・特待制度

特になし

独自の留学制度

特になし

併設高校の合格実績

2024年度の合格状況（卒業生80名）
国・公立大学合格15名
大阪大、北海道大、大阪公立大、国際教養大、岡山大、滋賀大、兵庫県立大、東京都立大、会津大、名桜大、徳島大、他。

私立大学合格140名
関西学院大、関西大、同志社大、立命館大、近畿大、慶應義塾大、上智大、中央大、法政大、関西外国語大、他。

海外の大学合格31名
エディンバラ大、メルボルン大、ルーヴェン大、クイーンズランド大、ミネソタ大、シェフィールド大、ノッティンガム大、他。

学校PR

全国初の公設民営による中高一貫校として、平成31年4月に開校した新しい学校です。学校法人大阪YMCAが運営し、世界120の国と地域で6500万人が関わっているYMCAのネットワークを活かし、外国人教員の招へいや海外研修を行っています。 2020年4月に国際バカロレアディプロマプログラムを高2・高3で開設しました。年間授業料12万円プラス教材費、試験費用で受講可能です。

芦屋学園中学校

学校インフォメーション

制服

通学

ICT教育

長期休暇講習

習熟度別授業

自習スペース

図書館

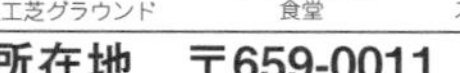
人工芝グラウンド

食堂

スマホ持ち込み

カウンセラー

特待生制度

所在地　〒659-0011　芦屋市六麓荘町16-18

電話　0797-31-0666
創立　1936年
校長　磯村 要
生徒数　男 73人 女 34人
併設校　芦屋大学 芦屋学園高等学校
WEB　https://www.ashiya.ed.jp/

教育方針・特色

『人それぞれに天職に生きる』を教育理念に、「独立と自由」(自由の本質をわきまえ独立の心を養う)、「創造と奉仕」(創造力を培い進んで社会に奉仕する)、「遵法と敬愛」(規律を守り互いに敬愛する心を育てる)の実践綱領を掲げ、生徒一人ひとりの個性を伸ばす教育を推進しています。

スクールライフ

登校時間　8:45
週登校日　5日制
学期制　3学期
制服　あり(夏・冬)
昼食　購買・食堂あり 弁当持参可
学校行事　体育大会(10月) 学園祭(10月)
修学旅行　3年生4月 3泊4日 北九州方面
環境・施設　体育館(2か所)・人工芝グラウンド・図書館・コンピュータ室(2か所)・食堂
クラブ活動　【運動部】陸上部・バドミントン部・バスケットボール部・バトントワーリング部・ダンス部・卓球部・硬式テニス部・ソフトテニス部・バレーボール部(女子)・サッカー部(男子)・軟式野球部(男子)・ボクシング部(男子)・レスリング部・ストリートダンス部
【文化部】美術部・ESS部・合唱部・放送部・パソコン部・吹奏楽部・理科部・書道部・ボランティア部・華道部・茶道部

2024年度 募集要項

○募集人数　約40名
○願書受付　A日程:12/11(月)～1/12(金)14:00
B日程:12/11(月)～1/16(火)14:00
C日程:12/11(月)～1/19(金)14:00
D日程:12/11(月)～1/26(金)14:00
窓口のみ
○受験料　20,000円
※A【午前】+A【午後】・B日程同時出願の場合、2回目以降の受験料免除
○選抜日時　A日程【午前】:1/13(土)8:30
A日程【午後】:1/13(土)15:00
B日程:1/17(水)8:30
C日程:1/20(土)8:30
D日程:1/27(土)8:30
○合格発表　A日程:1/13(土)web、1/15(月)郵送
B日程:1/17(水)web、1/18(木)郵送
C日程:1/20(土)web、1/22(月)郵送
D日程:1/27(土)web、1/29(月)郵送
○選抜方法　一般入試・国際入試:国・算 各100点各50分・面接(国際入試は事前面接あり)
自己推薦型入試(プレテスト受験要・事前審査を経てA日程に出願):作文50分600～800字程度・面接10分
英語入試(プレテスト受験要、A日程に出願):英語筆記試験50分、面接10分(英会話含む)
※英検5級取得者は国算それぞれ10点加点

2024年度 入試結果

A日程(午前)	
応募者数	39
受験者数	39
合格者数	37
競争率	1.05
合格最低点	73/200

A日程(午後)	
応募者数	36
受験者数	36
合格者数	33
競争率	1.09
合格最低点	非公表

B日程	
応募者数	39
受験者数	6
合格者数	3
競争率	2.00
合格最低点	非公表

C日程	
応募者数	2
受験者数	2
合格者数	1
競争率	2.00
合格最低点	非公表

D日程	
応募者数	2
受験者数	2
合格者数	1
競争率	2.00
合格最低点	非公表

学校PR

大阪湾が一望できる六甲山麓の緑豊かな自然環境と伝統ある校風のもと、生徒は伸びやかに学校生活を送っています。他人と比較するのではなく、自分の「個」を大切に、自分の人生を大事にする心を養う教育を実践しています。時代の変化に対応し、自分らしく活躍することができるように、一人ひとりの適性を見極め、成長を見守る教育環境を整えています。

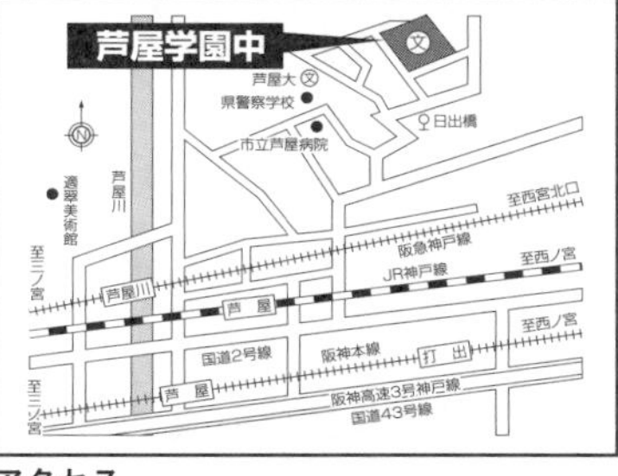

アクセス
JR芦屋・阪急芦屋川・阪神芦屋の各バス停よりスクールバス約15分(無料)
三田・岡場方面よりスクールバス運行(有料)

費用

○入学金	300,000円
○【制定品(男子)】	約120,000円
【制定品(女子)】	約110,000円
○授業料〔月額〕	36,000円
○教育充実費〔月額〕	12,000円
○生徒会費〔月額〕	1,000円
○育友会費〔月額〕	1,000円
○学年積立金〔月額〕	13,000円

奨学金・特待制度

学費支援制度
1. 成績特待制度
2. 英語検定特待制度
3. 入試成績特待制度
4. 家族優遇制度

独自の留学制度

特になし

併設高校の合格実績

2024年の進学状況(卒業者数240名)
芦屋大学合格19名

他の私立大学合格155名
関西学院大1、関西大1、同志社大1、京都産業大2、近畿大2、甲南大3、日本大1、東洋大1、兵庫医科大2、神戸学院大11、追手門学院大2、京都外国語大3、関西外国語大4、大阪経済大4、大阪工業大1、神戸女学院大1、他。

兵庫

生野学園中学校

学校インフォメーション

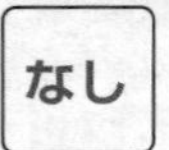
制服

学生寮

図書館

食堂

昼食

スマホ持ち込み

カウンセラー

奨学生制度

所在地　〒679-3331　朝来市生野町栃原28-2

電話	079-679-3451	**生徒数**	男 16人　女 9人
創立	2002年	**併設校**	生野学園高等学校
校長	篠原　義省	**WEB**	https://www.ikuno.ed.jp/

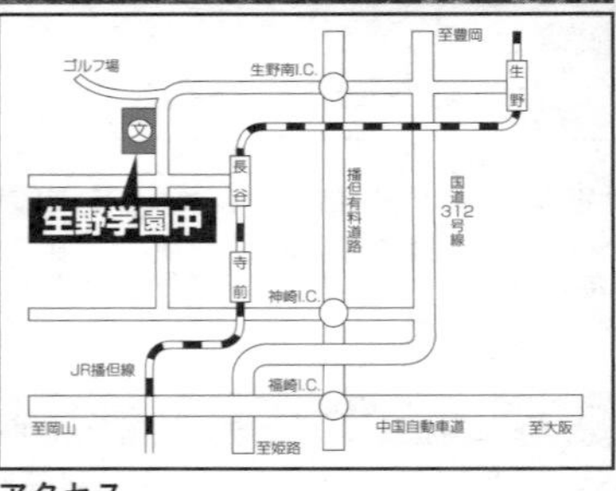

アクセス
JR播但線生野駅下車バスで約20分
播但有料道路 生野ICより車で5分

教育方針・特色

生野学園は「自然出立」(じねんしゅったつ)を建学の精神としている。少し難しい言葉だが、「心の自然に立ち返り、自由と伸びやかさを取り戻そう」という意味ととらえている。自然(じねん)というのは、表面的な自分ではなく、本当の自分らしさ、心の中心のことである。不登校の子どもたちは周囲の期待に応えたり、まわりに合わさなければ自分が受け入れてもらえないのではという不安を持っている。そのため「かくあらねば」という意識が過度に強くなったり、本来の自分とは異なる自分を演じることに疲れ無気力になっていたりする。自然出立とはこうした表面的な自分や、さまざまなとらわれから解放され、本当の自分に立ち返ることで、本来持っている自由や伸びやかさを取り戻し、生き生きと活動していこうということなのである。

スクールライフ

登校時間	9:00
週登校日	5日制
学期制	3学期
制服	なし
昼食	食堂(給食)
学校行事	新入生歓迎行事・体育祭・夏祭り・学園祭・卒業制作展・卒業ライブ など
修学旅行	3年生12月ごろ　1泊2日
環境・施設	男子寮：中学男子だけの独立した建物で、2～3人の和室です。 女子寮：高校女子寮と同じ建物ですが、内部で分かれており専用の居間、風呂、洗濯場などがあります。2～3人部屋で洋室です。
クラブ活動	特になし

共学校

2024年度 募集要項

○募集人数	20名(全寮制) ※2、3学年転入学同時募集
○願書受付	1/4(木)～1/17(水) 郵送・窓口 郵送は消印有効
○受験料	30,000円
○選抜日時	1/29(月)～1/31(水)体験入学
○合格発表	2/17(土)郵送
○選抜方法	2泊3日の体験入学 グループ活動・心理テスト・親子面接・感想文

2024年度 入試結果

普通科　　非公表

学校PR

不登校を経験した生徒を対象にした全寮制の学校です。豊かな自然とゆったりした環境の中で、安心して学習や活動に取り組めることを目指しています。生徒とスタッフとの出会いを元に、友人や仲間へとつながりを広げ、人と人との信頼関係を築いていけるようになればと考えています。さらに、支えてくれるスタッフや仲間がいるという安心感の中、やりたいことを見つけ深めていくことで、自分らしく社会を歩んでいける力を身につけてほしいと思っています。

費用

《入学手続き時》

○入学金	200,000円
○施設設備費	400,000円

《入学後》(年額)

○授業料	540,000円
○食費	420,000円
○寮管理費	240,000円

奨学金・特待制度

高星奨学金
主に母子家庭で家計が厳しい状況の家庭に月額10,000～30,000円

独自の留学制度

特になし

併設高校の合格実績

2024年の進学状況(卒業者数16名)

進学状況は非公表

滝川中学校

学校インフォメーション

制服

通学

ICT教育

長期休暇講習

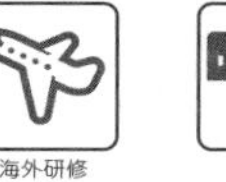
海外研修

留学制度

自習スペース

蔵書数 40,000 冊
図書館

食堂

スマホ持ち込み

カウンセラー

プレテスト

帰国生入試

ネイティブ教員

所在地　〒654-0007　神戸市須磨区宝田町2-1-1

電話	078-732-1625	**生徒数**	459人
創立	1918年	**併設校**	滝川高等学校
校長	下川　清一	**WEB**	https://www.takigawa.ed.jp/

教育方針・特色

「社会人基礎力」を身につけた、次代を担うリーダーを育成する「滝川リーダーシップ教育」が、開校以来脈々と受け継がれています。誠実な心と逞しい精神力、そしておおらかな心を持つ個性豊かな生徒の育成に努めています。
2024年度より男女共学化となります(医進選抜コース、Science Global一貫コース)。

スクールライフ

登校時間　8:30
週登校日　6日制　ただし土曜日は月2回休み
学期制　3学期
制服　あり(夏・冬)
昼食　食堂・パンの販売有り　弁当の持参可
学校行事　春季遠足(4月)　学園祭(6月)　スポーツフェスティバル(9月)
修学旅行　3年生11月　3泊4日　沖縄
環境・施設　図書館・ICT環境・全教室ホワイトボード　など
クラブ活動　【運動部】陸上・柔道・剣道・野球・バスケットボール・サッカー・アーチェリー・バドミントン
【文化部】生物・インターアクト・将棋・鉄道研究・写真・書道・イラスト研究
(同好会)ESS・アンサンブル・ラクロス

2024年度 募集要項

○募集人数　160名(医進選抜コース35名、Science Global一貫コース35名、ミライ探究一貫コース90名)

○願書受付　前期午前(一般入試・ミライ探究型入試)・前期午後:12/4(月)9:00～1/11(木)14:00
中期Ⅰ:12/4(月)9:00～1/14(日)14:00
中期Ⅱ:12/4(月)9:00～1/15(月)14:00
(中期は当日出願可)
後期:12/4(月)9:00～1/19(金)23:59
すべてweb出願

○受験料　20,000円

○選抜日時　前期午前(一般・ミライ探究型):1/13(土)9:00
前期午後:1/13(土)15:00　学校、西宮会場、姫路会場
中期Ⅰ:1/14(日)15:00
中期Ⅱ:1/15(月)15:00
後期:1/20(土)9:30　三宮会場

○合格発表　前期午前(一般・ミライ探究型)・前期午後:1/14(日)12:00
中期Ⅰ:1/15(月)12:00
中期Ⅱ:1/16(火)16:00
後期:1/20(土)17:00　いずれもweb

○選抜方法　前期午前:国・算・理or英　各100点各45分
前期午後:国・算・理　各100点各45分
中期Ⅰ・後期:国・算　各100点各45分
中期Ⅱ:算・国or理　各100点各45分
ミライ探究型:国・算各100点各45分・課題探究45分
※複数受験は2回目以降の前期午後15点、中期Ⅰ・Ⅱ・後期10点加算
※前期午前、ミライ探究型は英検、日本語検定、数検、理検、TOEIC、TOEFL iBT加点

2024年度 入試結果

医進選抜コース

	前期午前	前期午後	中期Ⅰ	中期Ⅱ	後期
応募者数	21	85	50	36	20
受験者数	20	79	36	25	16
合格者数	17	54	28	11	8
競争率	1.18	1.46	1.29	2.27	2.00
合格最低点	216/300(加点含)	198/300(加点含)	158/200(加点含)	150/200(加点含)	136/200(加点含)

ScienceGlobal一貫コース

	前期午前	前期午後	中期Ⅰ	中期Ⅱ	後期
応募者数	68	147	98	77	24
受験者数	67	146	59	47	18
合格者数	59	102	37	27	13
競争率	1.14	1.43	1.59	1.74	1.38
合格最低点	172/300(加点含)	190/300(加点含)	148/200(加点含)	136/200(加点含)	129/200(加点含)

ミライ探究一貫コース

	前期午前	前期午前(ミライ探究)	前期午後	中期Ⅰ	中期Ⅱ	後期
応募者数	25	11	81	51	31	15
受験者数	24	11	77	35	20	11
合格者数	24	9	83	42	30	13
競争率	1.00	1.22	—	—	—	—
合格最低点	158/300(加点含)	—	165/300(加点含)	118/200(加点含)	100/200(加点含)	112/200(加点含)

※回し合格含む

学校PR

2022年4月より滝川のコースが変わりました。強い使命感と倫理観を育み、いのちの尊さを知るプロフェッショナルになる「医進選抜コース」、高い学力と豊かな人間性、主体性を身につけて国際社会に貢献する人になる「Science Global一貫コース」、深い学びを通して語学力と教養を身につけ、未知なる課題に挑戦し、ミライを創る人になる「ミライ探究一貫コース」。継承されてきた社会のリーダーを育てる教育を受け継ぎ、時代を生き抜くためのたくましさを育みます。
2024年度より男女共学となりました。(医進選抜コース、Science Global一貫コース)

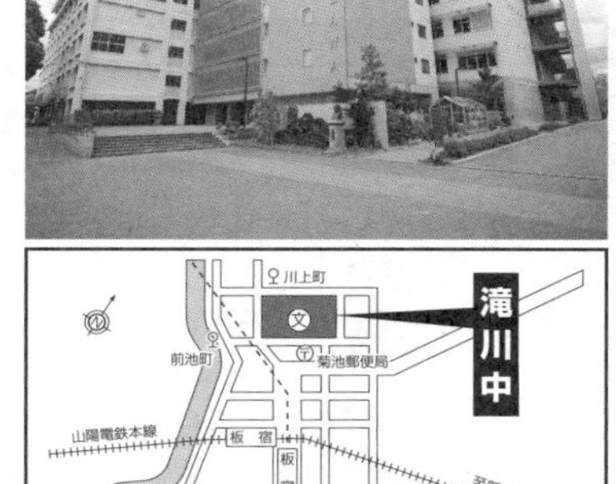

アクセス
山陽電鉄・地下鉄西神山手線各板宿駅下車徒歩5分

費用

《入学手続き時》
○入学金　400,000円

《入学後》
○授業料　医進選抜　480,000円
その他　420,000円
○諸費(旅行の積み立て含む)　195,600円

奨学金・特待制度

奨学金制度あり

独自の留学制度

留学先　ニュージーランド
学年　3年
内容　Science Global一貫コース全員参加の3か月留学
費用　約150万円

併設高校の合格実績

2024年の進学状況(卒業者数210名)
国・公立大学合格45名
大阪大1、神戸大6、北海道大1、九州大2、大阪公立大4、京都工芸繊維大1、岡山大1、山口大1、兵庫県立大5、大阪教育大2、滋賀県立大1、奈良県立医科大1、他。医学部医学科4名。

私立大学合格573名
関西学院大38、関西大24、同志社大22、立命館大26、京都産業大6、近畿大130、甲南大32、龍谷大31、佛教大2、早稲田大6、慶應義塾大2、上智大1、東京理科大9、明治大2、中央大3、法政大1、東洋大4、大阪医科薬科大2、関西医科大1、兵庫医科大2、大阪歯科大1、京都薬科大1、神戸薬科大2、摂南大25、神戸学院大56、追手門学院大4、桃山学院大14、関西外国語大21、大阪経済大4、大阪工業大20、大阪産業大13、阪南大5、大阪経済法科大4、流通科学大4、他。医学部医学科8名。

兵庫
共学校

《竜》滝川第二中学校

学校インフォメーション

制服

通学

ICT教育

長期休暇講習

海外研修

留学制度

自習スペース

図書館 人工芝グラウンド

食堂

スマホ持ち込み

カウンセラー ネイティブ教員

所在地　〒651-2276　神戸市西区春日台6丁目23番

電話	078-961-2381	**生徒数**	男 115人　女 200人
創立	2004年	**併設校**	滝川第二高等学校
校長	本郷　卓	**WEB**	https://takigawa2.ed.jp/

教育方針・特色

12歳からのチャレンジで実現する5つの約束「知性あふれる人間を育てる・礼節を尊ぶ人間を育てる・感性豊かな人間を育てる・国際感覚豊かな人間を育てる・心身ともに逞しい人間を育てる」
6ヵ年を2年ごとのStageに分け、それぞれの段階で、Membership, Partnership, Leadershipを目指した情報教育に力を入れ、ワンランク上の大学合格を目指す。Stage1(中1－中2)は基礎力養成、Stage2(中3－高1)は応用力養成。Stage3(高2－高3)では実践力完成と3段階で力をつける。中学3年生から高校の学習内容に入る。
〈プログレッシブ数理探究コース〉数学的な思考と理科的な発想を武器に、未来を切り開ける人材を育成する。
〈I.U.E.知識実践コース〉英語の運用能力を武器に、未来を切り拓ける人材を育成する。
〈エキスパート未来創造コース〉様々な個性や潜在能力を伸ばし、その成果を武器に未来を切り拓ける人材を育成する。

スクールライフ

登校時間	8:20
週登校日	5日制　1・3・5週は土曜午前授業
学期制	3学期
制服	あり　女子スラックス選択可
昼食	弁当持参　購買・食堂あり
学校行事	入学式(4月)、新入生オリエンテーション合宿(4月)、滝二祭(5月)、芸術鑑賞会(7月)、体育祭(9月)、中3研修旅行(6月)、中3 I.U.E.短期留学(6月～)、中1・2六甲縦走(4・9・11月)、中2屋久島トレッキング(11月)、卒業式(3月)
修学旅行	3年生6月　オーストラリア(約1週間)　※社会情勢によっては国内になる可能性があります。
環境・施設	武道場、体育館、野球場、テニスコート、ゴルフ練習場、図書室など。自然に包まれた環境
クラブ活動	【運動部】サッカー、ゴルフ、剣道、アーチェリー、バスケットボール、テニス、空手道、女子バレーボール、バドミントン、水泳(要相談) 【文化部】吹奏楽、演劇、美術、華道、インターアクト、囲碁将棋、(同好会)ESS、写真、化学、自然科学、書道

2024年度 募集要項

○募集人数　105名(プログレッシブ数理探究コース 35名、I.U.E.知識実践コース 30名、エキスパート未来創造コース 40名)
○願書受付　AⅠ日程(3科・英語・特色):12/11(月)9:00～1/9(火)23:59
AⅡ日程:12/11(月) 9:00～1/13(土)学校15:00、明石会場15:50
B日程:12/11(月)9:00～1/14(日)14:00
C日程:12/11(月)9:00～1/17(水)14:00
すべてweb出願
○受験料　20,000円
※A日程は、AⅠ・AⅡ合わせて20,000円
○選抜日時　AⅠ日程:1/13(土)8:30
AⅡ日程:1/13(土)15:00学校、15:50明石
B日程:1/14(日)14:30学校、明石
C日程:1/17(水)14:30神戸
○合格発表　AⅠ日程:1/14(日)　AⅡ日程:1/15(月)
B日程:1/16(火)　C日程:1/19(金)
いずれも12:30web
○選抜方法　AⅠ 日程3科:国・算　各150点各50分・理100点40分
AⅠ日程英語:国　150点50分・英　100点50分・親子面接　100点15分・英資料　50点
AⅠ 日程特色:国基礎・作文　各100点各50分・親子面接　100点15分・特技資料100点
AⅡ日程・C日程:国・算　各100点各40分
B日程:国・算　各150点各50分

2024年度 入試結果

プログレッシブ数理探究コース	AⅠ日程	AⅡ日程	B日程	C日程
応募者数	32	88	56	9
受験者数	32	85	35	5
合格者数	21	50	25	3
競争率	1.52	1.70	1.40	1.67
合格最低点	234/400	130/200	130/300	105/200

※第2志望合格(AⅠ8、AⅡ28、B8、C1)含まない

I.U.E知識実践コース	AⅠ日程	AⅡ日程	B日程	C日程
応募者数	3科14・英8	44	31	19
受験者数	13・8	43	22	11
合格者数	7・8	24	15	6
競争率	1.86・1.00	1.79	1.47	1.83
合格最低点	3科225/400	114/200	124/300	82/200

※第2志望合格(AⅠ4、AⅡ8、B4、C1)含まない

エキスパート未来創造コース	AⅠ日程	AⅠ日程(特色)	AⅡ日程	B日程	C日程
応募者数	17	7	38	32	19
受験者数	17	7	37	21	9
合格者数	7	7	20	12	5
競争率	2.43	1.00	1.85	1.75	1.80
合格最低点	161/400	—	94/200	100/300	78/200

学校PR

滝川第二中学校における特色は、何といっても毎週水曜日の特別活動「SW(スペシャルウェンズデー)」です。農園芸体験や福祉体験学習、班別学習、歴史研修遠足など様々な体験学習を行います。そういった多岐にわたる経験が、最終的に大学受験の進路意識につながり、「中高6年間、滝川第二に通ってよかった」という思いへとつながっていきます。本校の目指すところは、「教育は感動」。SWや通常授業、部活動、特別活動を通じて、いくつもの感動を得ることが出来るはず！「百聞は一見に如かず」、皆様も是非本校に足を運んでください！

アクセス
地下鉄西神山手線西神中央駅より
バス西体育館前下車徒歩5分、
JR明石・西明石駅より直通バス(25分)

費用

《入学手続き時》

○入学金	400,000円
○教育振興後援会費	50,000円
○問題集・辞書 春期課題	30,000円
○制服・学用品代	(男子)81,410～90,840円
	(女子)79,410～88,840円
○オリエンテーション合宿費	20,000円

《入学後》

○授業料	441,600円
○育友会費	8,400円
○生徒会費	12,000円
○学習指導・部活動後援会費	12,000円
○学年費	約70,000円
○研修旅行積立金	240,000円

奨学金・特待制度

特になし

独自の留学制度

(I.U.E.　知識実践コースのみ)
留学先　オーストラリア
学年　3
内容　研修旅行後、カナダで6～8週間語学留学
費用　約600,000円(見込み)
※高校1年生進学時、希望制で夏休みにニュージーランドへ語学留学実施

併設高校の合格実績

2024年の進学状況(卒業者数263名)
国・公立大学合格65(62)名
大阪大3(3)、神戸大4(4)、九州大1(1)、大阪公立大2(1)、京都工芸繊維大2(2)、神戸市外国語大3(3)、岡山大2(2)、広島大2(1)、兵庫県立大14(14)、奈良県立大1(1)、他。

私立大学合格516(444)名
関西学院大58(56)、関西大30(25)、同志社大20(15)、立命館大26(24)、京都産業大2(2)、近畿大74(51)、甲南大40(36)、龍谷大13(6)、佛教大1(1)、慶應義塾大2(2)、上智大1(1)、東京理科大2(2)、青山学院大1(1)、日本大5(4)、専修大2(2)、大阪医科薬科大1(1)、関西医科大1(1)、兵庫医科大7(7)、京都薬科大1(1)、神戸薬科大5(5)、摂南大6(2)、神戸学院大38(34)、追手門学院大8(2)、関西外国語大5(5)、大阪経済大1(1)、大阪工業大17(17)、京都女子大1(1)、同志社女子大1(1)、神戸女学院大27(27)、武庫川女子大21(21)、他。

省庁大学校合格2(1)名
防衛医科大1(1)、水産大1。

※( )内は現役合格内数

東洋大学附属姫路中学校

学校インフォメーション

制服

通学

ICT教育

長期休暇講習

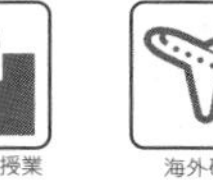
習熟度別授業

海外研修

図書館

カウンセラー

プレテスト

帰国生入試

特待生制度

中高大連携

ネイティブ教員

海外姉妹校

所在地　〒671-2201　兵庫県姫路市書写1699

電話	079-266-2626	**生徒数**	男 144人　女 101人
創立	2014年	**併設校**	東洋大学附属姫路高等学校、東洋大学・大学院
校長	上田　肇	**WEB**	https://www.toyo.ac.jp/himeji/jh/

教育方針・特色

建学の精神である「諸学の基礎は哲学にあり」を継承。哲学教育・グローバル教育・キャリア教育の3つを柱に、6年間の中高一貫教育により確かな学力と豊かな人間力を育み、6年後の難関国公立大学の合格を目指します。

スクールライフ

登校時間	8:30
週登校日	6日制
学期制	3学期
制服	あり(夏・冬)
昼食	お弁当持参　食堂で注文可
学校行事	文化祭(6月)・体育祭(9月)
修学旅行	3年生10月　3泊4日　沖縄方面
環境・施設	全室、エアコンを備えた明るく快適な教室、図書室は3万5千冊の書籍を有するなど充実した学習環境です。
クラブ活動	剣道部・柔道部・サッカー部・陸上部・卓球部・空手道部・バドミントン部・ダンス部・硬式テニス部・E.S.S部・吹奏楽部・コンピュータ部・図書部・華道・茶道部・書道部・新聞部・科学部・囲碁将棋部

2024年度 募集要項

○募集人数　一貫SPコース30名(前期約15名、中期約10名、後期約5名)
一貫SAコース60名(前期・中期約50名、後期約10名)

○願書受付　前期12/11(月)～1/12(金)15:00
中期12/11(月)～1/13(土)15:00
後期12/11(月)～1/15(月)9:30
すべてweb出願

○受験料　20,000円

○選抜日時　前期:1/13(土)8:50
中期:1/13(土)15:50大原学園姫路校・加古川商工会議所
後期:1/15(月)9:50　じばさんびる

○合格発表　前期・中期:1/14(日)16:00
後期:1/15(月)18:00　いずれもweb

○選抜方法　前期:国 120点60分・算 100点50分・理 80点40分
中期・後期:国 120点60分・算 100点50分
※英検取得者加点(前期は3級10点、準2級20点、2級以上30点、中期・後期は3級5点、準2級10点、2級以上15点)
※複数受験者は加点

2024年度 入試結果

全コース計	前期	一貫SPコース		一貫SAコース	
応募者数	105				
受験者数	103				
合格者数	76	合格者数	27	合格者数	49
競争率	1.36				
合格最低点	―	合格最低点	223/300	合格最低点	162/300

全コース計	中期	一貫SPコース　中期		一貫SAコース　中期	
応募者数	143				
受験者数	137				
合格者数	69	合格者数	37	合格者数	32
競争率	1.99				
合格最低点	―	合格最低点	121/220		81/220

全コース計	後期	一貫SPコース		一貫SAコース	
応募者数	61				
受験者数	28				
合格者数	23	合格者数	4	合格者数	19
競争率	1.22				
合格最低点	―	合格最低点	155/220	合格最低点	91/220

学校PR

2022年度から発展的な学習に取り組む一貫SPコースと基礎力の充実を図り発展的な学習へと学びを深める一貫SAコースに分かれ、これまで以上に個人に応じた学力の育成を図っています。また哲学・探求・グローバルを三本柱とする「キャリア・フロンティア」を通じて、物事の本質に向かって探究する力や「情報収集力」「情報編集力」「情報発信力」を養成し、あわせて国内外の社会に貢献できる人財を育成します。

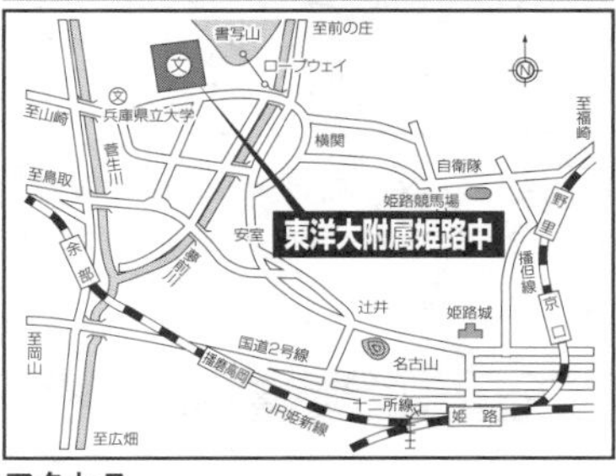

アクセス
JR姫路駅北口よりバス25分
東洋大学姫路高校前下車、
専用スクールバス運行。

費用

《入学手続き時》

○入学金	250,000円
○施設助成金	170,000円
○生徒会入会金	1,000円
○育友会入会金	25,000円
○制服・体操服・鞄・ノートパソコン(Chromebook)等学用品	約187,000円

《入学後》

○授業料	396,000円
○施設設備費	84,000円
○生徒会費	6,000円
○育友会費	22,800円
○修学旅行積立金	60,000円
○海外語学研修積立金	120,000円
○教材費・各種試験代・行事費等(学年費)	約55,000円/年

奨学金・特待制度

○入学金　250,000円　全額免除
○奨学金給付　33,000円　毎月給付(授業料相当額)

独自の留学制度

特になし

併設高校の合格実績

2024年の進学状況(卒業者数329名)
東洋大学合格9名

国・公立大学合格50名
大阪大3、お茶の水女子大1、岡山大3、山口大1、兵庫県立大6、大阪教育大1、他。

他の私立大学合格518名
関西学院大24、関西大5、同志社大8、立命館大12、京都産業大22、近畿大76、甲南大16、龍谷大7、佛教大2、東京理科大1、明治大3、立教大1、学習院大1、日本大3、関西医科大1、兵庫医科大1、神戸薬科大1、摂南大6、神戸学院大70、追手門学院大2、桃山学院大1、京都外国語大1、関西外国語大6、大阪経済大5、大阪工業大16、神戸女学院大8、武庫川女子大14、他。

省庁大学校合格
防衛大1。

兵庫

共学校

仁川学院中学校

学校インフォメーション

制服

通学

宗教教育

長期休暇講習

留学制度

プール

自習スペース

図書館

食堂

カフェテリア

スマホ持ち込み

プレテスト

ネイティブ教員

海外姉妹校

所在地　〒662-0812　兵庫県西宮市甲東園2丁目13-9

電話	0798-51-3410	**生徒数**	男 115人 女 70人
創立	1950年	**併設校**	仁川学院小学校、仁川学院高等学校
校長	永尾 稔	**WEB**	https://www.nigawa.ac.jp/

アクセス
阪急今津線甲東園駅・仁川駅下車徒歩6分

教育方針・特色

グローバルな現代世界に通じる教養と学力を育むと共に、カトリックの精神を規範にしながら人格の完成を目指す。また、真の人間として知・情・意・体力のどれか一つを優先させるのではなく、調和ある人間として成長するように、生徒一人ひとりの将来を見つめながら全教員が力を合わせて教育に取り組んでいる。カルティベーションコース・アカデミアコースの2コース制で、コース目標に沿った特色授業と学習カリキュラムで6年間をサポート。さらに、チューター制度・日曜日も使用できる自習室など、放課後や土日の学習支援体制も整っている。クラブ活動も盛んで、学内は生徒の声が絶えない。

スクールライフ

登校時間	8:15
週登校日	5日制　アカデミアコースは6日制
学期制	3学期
制服	あり(夏・冬)
昼食	食堂あり　弁当持参可
学校行事	運動会(10月)　学院祭(9月)
修学旅行	2年生11月　2泊3日　長崎
環境・施設	図書館、温水プール、ICT環境
クラブ活動	男子テニス、女子テニス、サッカー、卓球、野球、陸上競技、剣道、女子バレー、バスケットボール、バドミントン、水泳、薙刀、吹奏楽、ESS、写真、聖歌合唱、クッキング、美術

2024年度 募集要項

○募集人数　カルティベーションコース70名、アカデミアコース35名(1次60名、2次15名、3次15名、ファイナル15名)

○願書受付　1次:12/4(月)～1/11(木)15:00
2次:12/4(月)～1/14(日)8:00
3次:12/4(月)～1/15(月)15:00
ファイナル:12/4(月)～1/17(水)15:00
すべてweb出願

○受験料　20,000円
※前半グループ(1次・2次)後半グループ(3次・ファイナル)グループ内であれば、複数回受験しても受験料20,000円

○選抜日時　1次:1/13(土)8:20
2次:1/14(日)8:20
3次:1/15(月)15:30
ファイナル:1/17(水)15:30

○合格発表　各入試翌日10:00webのみ

○選抜方法　各教科 各100点各50分
1次:国・算・理　理はアカデミア必須、カルティベーションは希望制、アラカルト判定
2次:国・算・総合問題　アカデミア3科300点満点、カルティベーション高得点2科の200点満点で判定
3次・ファイナル:国・算

2024年度 入試結果

アカデミアコース 1次		カルティベーションコース 1次	
応募者数	21	応募者数	25
受験者数	20	受験者数	24
合格者数	9	合格者数	21
競争率	2.22	競争率	1.14
合格最低点	1876/300	合格最低点	得点率42%
アカデミアコース 2次		**カルティベーションコース 2次**	
応募者数	52	応募者数	38
受験者数	52	受験者数	36
合格者数	26	合格者数	32
競争率	2.00	競争率	1.13
合格最低点	182/300	合格最低点	82/300
アカデミアコース 3次		**カルティベーションコース 3次**	
応募者数	30	応募者数	16
受験者数	21	受験者数	8
合格者数	14	合格者数	6
競争率	1.50	競争率	1.33
合格最低点	126/200	合格最低点	80/200
アカデミアコース ファイナル		**カルティベーションコース ファイナル**	
応募者数	24	応募者数	15
受験者数	6	受験者数	5
合格者数	3	合格者数	3
競争率	2.00	競争率	1.67
合格最低点	131/200	合格最低点	83/200

※回し合格(1次10、2次23、3次4、ファイナル2)含まない

費用

《入学手続き時》

○入学金	300,000円
○施設費	250,000円

《入学後》

○授業料	595,200円
○制服等・新入生オリエンテーション費用	約128,000円
○冷暖房費(年額)	12,000円
○父母の会会費(年度初めに一括納付)	15,000円
○生徒会会費(年度初めに一括納付)	8,500円
○副教材、行事経費などの諸経費(年額)	70,000円
○ICT教育費(iPadなど)(年度初めに一括納付)	約110,000円

奨学金・特待制度

あり(父母の会貸与奨学金)

独自の留学制度

留学先	オーストラリア研修
学年	1年から3年
内容	夏期の2週間研修旅行
費用	約49万

併設高校の合格実績

2024年の進学状況(卒業者数238名)
国・公立大学合格20名
神戸大1、大阪公立大2、東京海洋大1、岡山大1、三重大1、信州大1、金沢大1、山口大1、徳島大1、高知大1、熊本大1、長崎大1、琉球大1、兵庫県立大1、長野大1、静岡文化芸術大1、公立鳥取環境大2、長崎県立大1。

私立大学合格906名
関西大36、関西学院大41、同志社大15、立命館大20、京都産業大30、近畿大116、甲南大35、龍谷大42、東京理科大3、法政大4、日本大3、東海大3、摂南大60、神戸学院大46、追手門学院大116、桃山学院大24、佛教大11、大阪医科薬科大2、兵庫医科大11、関西医科大2、神戸薬科大5、大阪経済大17、大阪工業大42、関西外国語大34、京都外国語大5、同志社女子大4、京都女子大1、武庫川女子大30、甲南女子大4、神戸女学院大10、他。
※既卒生含む延べ人数

学校PR

本学院の建学の精神「和と善」の精神のもとに、生徒一人ひとりに与えられた能力を引き出し、多様化する大学入試制度に備えるために、個々の能力や希望進路に合わせたきめ細やかなコース制を導入しています。これからの社会で活躍できる人材を育てるために、自ら学び、ともに考えることができる本物の「学ぶ力」を獲得できるよう、各コース独自のカリキュラムを用意しています。

白陵中学校

学校インフォメーション

制服

通学

ICT教育

長期休暇講習

学生寮

自習スペース

図書館

バリアフリー

食堂

カウンセラー

ネイティブ教員

所在地　〒676-0827　兵庫県高砂市阿弥陀町阿弥陀2260

電話	079-447-1675	**生徒数**	男 359人　女 231人
創立	1963年	**併設校**	白陵高等学校
校長	宮﨑　陽太郎	**WEB**	https://www.hakuryo.ed.jp

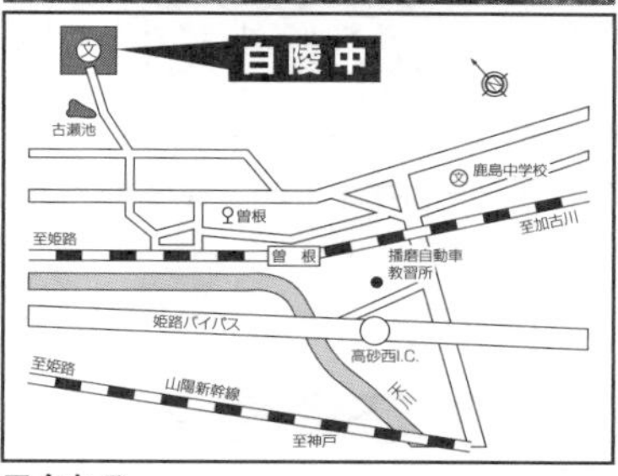

アクセス
JR山陽本線曽根駅下車北西へ徒歩15分

教育方針・特色

1 中学・高校6ヶ年の一貫した教育により高度な知識の修得と学力の充実につとめる。
2 中学校では国語・数学・外国語の教育に重点をおく。(※体育には一部柔道を必修として取り入れる。)
3 寄宿舎を持つ学校として、全人教育推進を期したいと考えている。
4 日常生活における「躾」を重視し、責任を重んじ、節度ある行動をとるように指導する。
5 健康の増進と安全な生活を心がけるようにする。

スクールライフ

登校時間　8:50
週登校日　6日制
学期制　3学期
制服　あり(夏・冬)
昼食　食堂あり、自販機あり　弁当持参可
学校行事　球技大会(6月)、体育祭(9月)・文化祭(9月)、百人一首大会(1月)
修学旅行　3年生10月　3泊4日　東北・北海道
環境・施設　図書館・技芸棟・記念棟・ITルーム(校舎内Wi-Fi環境あり)・クラブ用練習場 など
クラブ活動　【運動部】柔道部、軟式野球部、バレーボール部、バスケットボール部、卓球部、陸上競技部、剣道部、サッカー部、ソフトテニス部
【文化部】放送部、文芸部、将棋部、生物部、美術部、茶道部、天文部、C.P.C.、数学部、吹奏楽部、写真部、化学部、E.S.S.、書道部、鉄道研究部、歴史研究部、競技かるた部

2024年度 募集要項

○募集人数　前期 175名、後期 若干名
○願書受付　前期・後期:12/21(木)9:00～1/4(木)23:59
後期:1/14(日)12:00～1/15(月)12:00
すべてweb出願後書類提出
○受験料　20,000円
○選抜日時　前期:1/13(土)
後期:1/16(火)
○合格発表　前期:1/14(日)
後期:1/17(水)
いずれもweb10:00
○選抜方法　前期:国・算(各70分各120点)　理(70分100点)
後期:国・算(各60分各100点)　面接(20点)

2024年度 入試結果

前期		後期	
応募者数	365	応募者数	176
受験者数	341	受験者数	133
合格者数	204	合格者数	37
競争率	1.67	競争率	3.59
合格最低点	200/340	合格最低点	132/220

学校PR

正規の授業に加えて、年間計30日以上の特別授業(夏・冬・春の休業中)を実施して、十分な授業時間を確保しています。その結果、ゆとりをもって、それでいて早くに大学受験の範囲を終え、多様な形で復習・演習を行うことができます。さらに、教員の90%が常勤で、生徒が「いつでも質問でき、担当教員がそれにすぐ答えられる」アカデミックな教養主義の気風が漂っています。

費用

《入学手続き時》
○入学金	150,000円

《入学式まで》
○施設整備費	250,000円

《入学後》(月額)
○授業料	34,000円
○校費	18,000円
○育友会費	3,000円
○同環境整備費他	3,700円
○生徒会費	600円

奨学金・特待制度

特になし

独自の留学制度

特になし

併設高校の合格実績

2024年の進学状況(卒業者数186名)
国・公立大学合格147(48)名
東京大16(3)、京都大12(2)、一橋大1(1)、東京工業大1、大阪大11(2)、神戸大16(3)、北海道大5(1)、東北大2、九州大6(1)、大阪公立大5(1)、筑波大3、お茶の水女子大1(1)、京都工芸繊維大1、金沢大1、岡山大1、広島大5(2)、滋賀大2、三重大1、山口大1、兵庫県立大9(4)、他。

私立大学合格280(102)名
関西学院大40(12)、関西大19(5)、同志社大41(15)、立命館大30(8)、近畿大7(2)、甲南大5、早稲田大27(9)、慶應義塾大22(6)、上智大2(1)、東京理科大4、明治大7(4)、青山学院大3(1)、立教大1、中央大5(2)、法政大1(1)、日本大2、大阪医科薬科大5、関西医科大6(2)、兵庫医科大8(2)、大阪歯科大1、京都薬科大6(2)、神戸薬科大4(1)、神戸学院大3、大阪工業大1(1)、同志社女子大1、日本女子大1(1)、他。

省庁大学校合格
防衛医科大、防衛大1(1)。
※( )内は既卒生内数

雲雀丘学園中学校

学校インフォメーション

制服

通学

学内予備校

ICT教育

長期休暇講習

海外研修

留学制度

屋外
プール

自習スペース

図書館

人工芝グラウンド

食堂

特待生制度

ネイティブ教員

所在地　〒665-0805　兵庫県宝塚市雲雀丘4-2-1

電話	072-759-1300	**生徒数**	男 195人 女 310人
創立	1953年	**併設校**	雲雀丘学園幼稚園・小学校・高校・中山台幼稚園
校長	中井 啓之	**WEB**	https://hibari.jp/

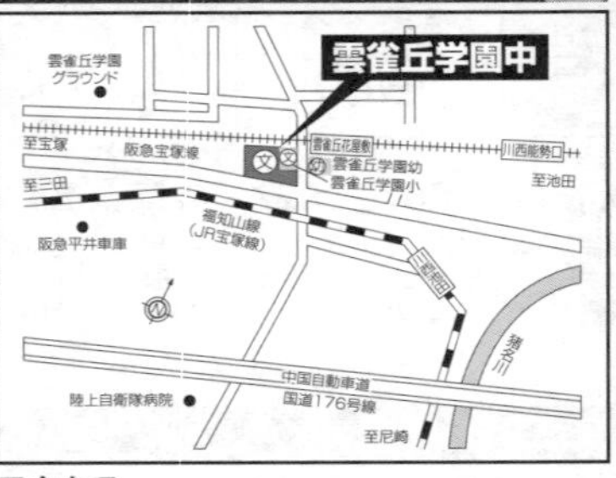

アクセス
阪急宝塚線雲雀丘花屋敷駅下車西改札口徒歩約3分
JR宝塚線川西池田駅下車徒歩約12分

教育方針・特色

○人間力の育成
「孝道に基づく人間形成」を学園の理念として、「やってみなはれ」精神を大切にしながら、素直に話を聞き、目標をもって努力する生徒を育成する。
○自らを高める
授業の「探究」、大学や企業と連携した「探究プロジェクト」、学年・教科を超えた「探究ゼミ」を通して、自分自身の進路を見つけ、実現に向け努力していく。

スクールライフ

登校時間	8:30
週登校日	6日制
学期制	3学期
制服	あり(夏・合・冬)
昼食	自販機・食堂あり 弁当持参可
学校行事	体育大会(5月)・文化祭(9月)
修学旅行	3年生10月 3泊4日 自分たちでプラン作成
環境・施設	全HR教室に可動式プロジェクターを設置し、Wi-Fi環境を整備。中高で2フロアの図書室。50mプール。テニスコート5面。講堂(900席)など
クラブ活動	軟式野球部、サッカー部、バレーボール部(女子のみ)、バスケットボール部、硬式テニス部、ソフトテニス部(女子のみ)、柔道部、剣道部、水泳部 美術部、ESS部、茶道部、華道部、科学部、演劇部、ギターマンドリン部、箏曲部、合唱部、囲碁将棋部、鉄道研究部、放送部、ボランティア部など

2024年度 募集要項

○募集人数	一貫探究コース160名
○願書受付	12/15(金)～1/8(月)23:59 web出願
○受験料	20,000円
○選抜日時	A日程午前:1/13(土)8:20 A日程午後:1/13(土)16:00 A日程午後(特別措置):1/13(土)17:40 B日程:1/14(日)8:20
○合格発表	A日程:1/14(日)16:00web、17:00掲示 B日程:1/15(月)16:00web、17:00掲示
○選抜方法	A日程午前:国・算 各150点各60分 理・社各100点各40分 4科/3科(国算理)アラカルト判定(500点満点) A日程午後:国・算 各100点各60分(200点満点) ※A日程のみ英検取得者は加点 B日程:理科入試 国・算 各150点各60分 理 100点40分/英語入試 国・算 各150点各60分 英筆記60点30分・英面接40点5分(400点満点)

2024年度 入試結果

	A日程午前	A日程午後
応募者数	246	427
受験者数	239	418
合格者数	119	140
競争率	2.01	2.99
合格最低点	352/500	149/200

	B日程
応募者数	369
受験者数	358
合格者数	73
競争率	4.90
合格最低点	理科300・英語289/400

※連絡入試(応71・受70・合56)含まない

費用

○入学金	280,000円
○施設費	200,000円
○授業料	542,000円
○生徒会・PTA会費等	20,800円
○積立金	5,000円
○行事・学習材料費	113,000円
○タブレット関連	33,200円
○研修旅行(選択制)	別途徴収

奨学金・特待制度

入試の際に優秀な成績をおさめた入学生に奨学金制度

独自の留学制度

留学先　カナダ
学年　2・3年
内容　ホームステイ・語学研修

併設高校の合格実績

2024年の進学状況(卒業者数269名)
国・公立大学合格112(92)名
東京大1、京都大6(4)、大阪大15(13)、神戸大18(13)、北海道大2(1)、東北大2(2)、横浜国立大3(3)、京都工芸繊維大4(4)、奈良女子大4(3)、神戸市外国語大3(2)、大阪公立大12(11)、京都府立大1(1)、岡山大5(5)、滋賀大2(2)、和歌山大2(2)、山口大2(2)、兵庫県立大10(9)、大阪教育大2(2)、奈良県立大2(2)、他。

私立大学合格996(854)名
関西学院大143(122)、関西大147(124)、同志社大85(75)、立命館大92(72)、京都産業大13(13)、近畿大147(139)、甲南大46(40)、龍谷大43(38)、佛教大1、早稲田大6(4)、慶應義塾大1、東京理科大3、明治大2(2)、青山学院大1(1)、中央大8(7)、法政大1、日本大6(4)、大阪医科薬科大8(8)、関西医科大3(3)、兵庫医科大5(4)、大阪歯科大3(1)、京都薬科大3(3)、神戸薬科大4(4)、摂南大14(12)、神戸学院大5(5)、追手門学院大8(8)、桃山学院大4(4)、京都外国語大2(1)、関西外国語大9、大阪経済大8(6)、大阪工業大28(23)、京都女子大2(2)、同志社女子大7(6)、神戸女学院大15(14)、武庫川女子大10(10)、日本女子大1(1)、他。

省庁大学校合格2(2)名
防衛医科大1(1)、防衛大1(1)
※( )内は現役内数

学校PR

雲雀丘花屋敷駅から専用通路を通って専用改札を出ればそこは学園敷地！駅と学校が直結の抜群のアクセス。
学習面では「本物の学び」と題して、さまざまな探究の取り組みを行い、高3の1/3以上が現役で国公立大に合格。
ホームページ・インスタグラムを随時更新。ぜひご覧ください。

甲南中学校

学校インフォメーション

制服

通学

ICT教育

長期休暇講習

海外研修

留学制度

プール

蔵書数 約90,000冊
図書館

食堂

カウンセラー

帰国生入試

中高大連携

ネイティブ教員

海外姉妹校

所在地　〒659-0096　芦屋市山手町31-3

電話	0797-31-0551	**生徒数**	男 530人
創立	1919年	**併設校**	甲南高等学校　甲南大学　甲南大学大学院
校長	山内　守明	**WEB**	https://www.konan.ed.jp/

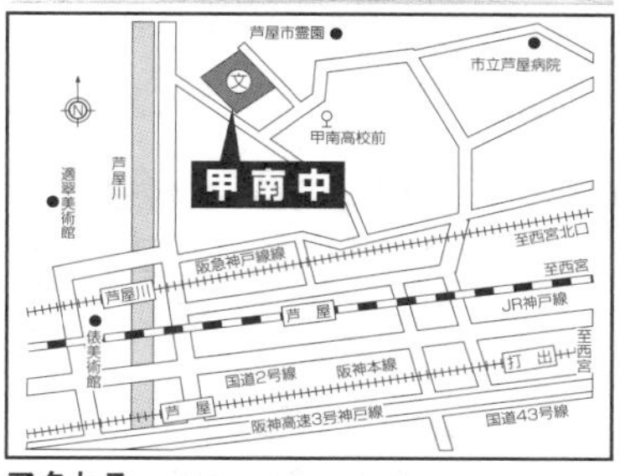

アクセス
阪急神戸線芦屋川駅下車徒歩20分
JR神戸線芦屋駅下車徒歩25分
阪急バス甲南高校前下車すぐ

教育方針・特色

本校は旧制高等学校の伝統を受け継ぎ、創立以来「世界に通用する紳士たれ」を合い言葉に、徳・体・知のバランスのとれた人物の育成を行ってきました。この間、各界に優れた人材を輩出してきたことは、本校の「人づくり」の賜物といえます。甲南の6年一貫教育は、探究精神の涵養を目的とした特色豊かな授業を通じ、剥がれ落ちない学力を有する紳士を育てます。甲南大学までの10年一貫教育の視座に立つメインストリーム・コースと、難関国公立大学をめざすフロントランナー・コースがあります。いずれのコースもグローバル社会の各分野で先頭になって活躍する人物を育てることを目標にしています。

スクールライフ

登校時間	8:20
週登校日	6日制
学期制	3学期
制服	あり(夏・冬)
昼食	食堂あり　弁当持参可
学校行事	体育祭(5月)・文化祭(10月)・六甲登山(11月)
修学旅行	3年生11月　3泊4日　九州方面
環境・施設	図書館・ICT環境完備・スポーツ屋内練習場・地下体育館・講堂・アートサロン など
クラブ活動	テニス部、ゴルフ部、中学野球部、サッカー部、ラグビー部、アーチェリー部、弓道部、馬術部、ホッケー部、水泳部、陸上競技部、バドミントン部、バスケットボール部、バレーボール部、柔道部、剣道部、卓球部、ワンダーフォーゲル・山岳部、将棋部、書道部、物理研究部、化学研究部、生物研究部、ブラスアンサンブル部、鉄道研究部、数学研究部、放送部、ESS部、美術部、応援団、クラシック、図書委員会、ボランティア委員会、等

2024年度 募集要項

○募集人数　フロントランナー・コース：Ⅰ期約30名(b方式除く)、Ⅱ期約10名、Ⅲ期約5名
メインストリーム・コース：Ⅰ期約85名、Ⅱ期約15名、Ⅲ期約5名

○願書受付　Ⅰ・Ⅱ期 12/18(月)～1/6(土)、
Ⅲ期 12/18(月)～1/15(月)
すべてweb出願

○受験料　20,000円
※複数回出願し合格した場合、それ以降の入学検定料は返還

○選抜日時　Ⅰ期午前:1/13(土)8:40
Ⅰ期午後:1/13(土)16:20
Ⅱ期:1/14(日)16:20
Ⅲ期:1/16(火)15:20
(Ⅰ期午後・Ⅱ期は甲南大学西宮キャンパスで実施)

○合格発表　Ⅰ期:1/14(日)　Ⅱ期:1/15(月)
Ⅲ期:1/17(水)　いずれも13:00掲示・web

○選抜方法　Ⅰ期午前a方式:国・算・理 各100点各50分
Ⅰ期午前b方式:出願資格が必要、事前親子面接15分 総合基礎(国・算各100点各50分)
Ⅰ期午後:国・算・理 各100点各40分
Ⅱ期:国・算 各100点各50分
Ⅲ期:国・算 各100点各40分
※Ⅰ期午後、Ⅱ期、Ⅲ期のメインストリーム受験者でⅠ期午前a・b受験者は得点の10%加算

2024年度 入試結果

フロントランナーコース		メインストリームコース	
Ⅰ期午前(a方式)		Ⅰ期午前(a・b方式)	
応募者数	68	応募者数	91
受験者数	63	受験者数	90
合格者数	21	合格者数	61
競争率	3.00	競争率	1.48
合格最低点	217/300	合格最低点	a方式184/300
Ⅰ期午後		Ⅰ期午後	
応募者数	187	応募者数	79
受験者数	183	受験者数	76
合格者数	79	合格者数	30
競争率	2.32	競争率	2.53
合格最低点	175/300	合格最低点	153/300
Ⅱ期午後		Ⅱ期午後	
応募者数	208	応募者数	89
受験者数	109	受験者数	39
合格者数	39	合格者数	8
競争率	2.79	競争率	4.88
合格最低点	133/200	合格最低点	120/200
Ⅲ期午後		Ⅲ期午後	
応募者数	101	応募者数	61
受験者数	50	受験者数	25
合格者数	9	合格者数	1
競争率	5.56	競争率	25.00
合格最低点	166/200	合格最低点	162/200

※第二志望合格(Ⅰ午前27・午後56、Ⅱ29、Ⅲ6)含まない

費用

《入学手続き時》

○入学金	200,000円

《入学後》

○授業料	F 646,800円 M 626,800円
○施設維持費	220,000円
○冷暖房費	15,000円
○諸会費	36,400円
○学年費(ICT教育費含む)	約250,000円

奨学金・特待制度

入学後の学業、家庭状況、課外活動等を選考条件とする奨学金制度あり

独自の留学制度

留学先	オーストラリア ニュージーランド、等
学年	中1～3
内容	長期休暇中に実施 2週間の短期留学
費用	約40万円

併設高校の合格実績

2024年の進学状況(卒業者数179名)
甲南大学100名(内部推薦)

国・公立大学合格32(25)名
大阪大3(3)、神戸大2(1)、北海道大1(0)、東北大1(1)、名古屋大1(1)、金沢大1(0)、岡山大1(0)、兵庫県立大4(4)、兵庫教育大1(1)、滋賀医科大1(1)、他。

他の私立大学合格242(215)名
関西学院大23(22)、関西大9(9)、同志社大17(11)、立命館大31(26)、慶應義塾大3(2)、早稲田大2(2)、上智大2(2)、東京理科大2(0)、明治大4(4)、青山学院大1(1)、立教大1(1)、中央大2(2)、法政大1(1)、学習院大1(1)、兵庫医科大2(1)、京都薬科大1(0)、神戸薬科大2(1)、獨協医科大1(0)、藤田医科大1(1)、北里大1(1)、他。

※( )内は現役合格内数

学校PR

甲南の生徒は、皆何かに打ち込んで、本当に楽しく学校生活を送っています。部活動に熱中する生徒、読書に没頭する生徒、ボランティアに力を注ぐ生徒、大学受験を目指し日々努力する生徒・・・。甲南の生徒は、一生の友人と出会え、自分の個性や可能性を伸ばす機会があふれる甲南のことが大好きです。
また、入試説明会以外の日でも、学校見学(授業やクラブ)ができますので、ご希望の場合は前もってご連絡ください。

兵庫

甲陽学院中学校

学校インフォメーション

制服

通学

海外研修

プール

図書館

食堂

カウンセラー

ネイティブ教員

所在地　〒662-0955　兵庫県西宮市中葭原町2-15

電話	0798-33-5012	**生徒数**	男 624人
創立	1917年	**併設校**	甲陽学院高等学校
校長	衣川 伸秀	**WEB**	http://www.koyo.ac.jp/

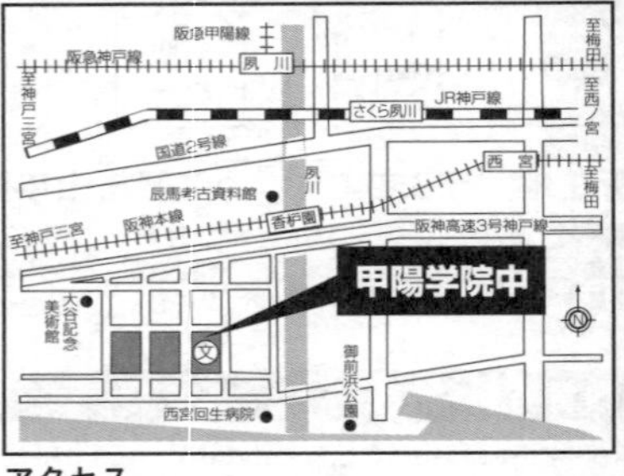

アクセス
阪神本線香櫨園駅下車徒歩10分
JR神戸線さくら夙川駅下車徒歩17分
阪急神戸線夙川駅下車徒歩20分

教育方針・特色

教育方針「気品高く教養豊かな有為の人材の育成」十分に配慮された教育課程のもと中高6年間の一貫教育を通して、将来のより高度な学びに必要な学力と体力を練磨しています。また、品性を陶冶し、すぐれた人格形成をなすために、情操教育を重視し規律の励行や礼儀作法が体得できるように努めています。

スクールライフ

登校時間	8:30
週登校日	6日制
学期制	3学期
制服	あり
昼食	食堂あり 弁当持参可
学校行事	体育祭(6月)、音楽と展覧の会(11月)
修学旅行	1年夏の合宿、2年夏の合宿、3年スキー合宿
環境・施設	普通教室、特別教室(物理、化学、生物、歴史、地理、階段教室、コンピュータ、音楽室、合奏室、美術室、工作室、集会室)、体育館、プール、講堂、図書室、食堂など。
クラブ活動	文化部:物理、化学、生物、天文、美術、社会Ⅰ、社会Ⅱ(鉄研)、音楽、学報 運動部:野球、陸上競技、テニス、サッカー、バレーボール、バスケットボール、卓球、柔道、剣道、水泳

費用

《入学手続き時》

○入学金	200,000円
○施設設備資金	260,000円
○生徒会入会金	3,000円
○学用品等購入費	70,000円

《入学後》

○授業料	408,000円
○教育充実費	165,000円
○冷暖房費	20,000円
○施設設備維持管理費	84,000円
○育友会費	12,000円
○生徒会費	5,000円
○野外活動・教材費等	160,000円

奨学金・特待制度

○甲陽学院同窓会奨学金
○自由な学びの奨学金

独自の留学制度

特になし

男子校

2024年度 募集要項

○募集人数	200名
○願書受付	12/19(火)～1/5(金)17:00 web出願後、書類郵送1/6(土)必着
○受験料	20,000円
○選抜日時	1/13(土)・14(日)
○合格発表	1/15(月)16:00掲示
○選抜方法	1日目 国・算・理 各100点各55分 2日目 国・算 各100点各55分

2024年度 入試結果

応募者数	394
受験者数	373
合格者数	220
競争率	1.70
合格最低点	263/500

併設高校の合格実績

2024年の進学状況(卒業者数199名)
国・公立大学合格288(166)名
東京大27(8)、京都大47(18)、一橋大4(4)、東京工業大4(3)、大阪大19(16)、神戸大16(6)、北海道大6(2)、九州大1(1)、大阪公立大12(2)、筑波大1、横浜国立大2(1)、国際教養大2(1)、金沢大1(1)、岡山大1(1)、広島大1、滋賀大1(1)、和歌山大1、兵庫県立大3(1)、他。

私立大学合格296(52)名
関西学院大14、関西大18(1)、同志社大45(5)、立命館大30(2)、早稲田大32(15)、慶應義塾大27(5)、東京理科大22(3)、大阪医科薬科大8(1)、関西医科大17(2)、他。

※( )内は現役内数

学校PR

中学校と高等学校を少し離れた場所に設置し、それぞれの生徒の発達段階にふさわしい環境を整えています。中学校では基礎的な学力や体力の養成と基本的な生活習慣の確立、高等学校では将来の自己実現のために必要な自主性と創造性の伸長を重視しています。生徒は「明朗・溌剌・無邪気」の自由な校風のもと、中・高それぞれの学校行事やクラブ活動の自主的な運営も行っています。その中で協調性や社会性を養い、各自の個性を磨き、教養を高めようと励んでいます。

淳心学院中学校

学校インフォメーション

制服 学内予備校 宗教教育 ICT教育 長期休暇講習 探究授業 習熟度別授業

海外研修 自習スペース バリアフリー 食堂 スマホ持ち込み カウンセラー ネイティブ教員

所在地　〒670-0012　姫路市本町68番地

電話	079-222-3581	**生徒数**	男 420人
創立	1953年	**併設校**	淳心学院高等学校
校長	藤村　雄二	**WEB**	https://www.junshin.ed.jp/

アクセス
JR神戸線・山陽電鉄姫路駅北へ徒歩約20分
バスの便あり

教育方針・特色

兵庫県内でも2校しかない完全中高一貫のカトリック男子校として、「知的活動を通じて社会に貢献する人物の育成」という理念のもと、1学年の生徒数が135名前後という小規模校の特性を活かし、生徒一人一人と向き合って教育活動を行っています。2014年から改革を実施し、コース制を導入。2019年より「探究」の授業を実施し、各種外部コンテストでも入賞しています。

スクールライフ

登校時間　8:30

週登校日　6日制

学期制　3学期

制服　あり(夏・冬)

昼食　弁当等持参、購買・食堂あり

学校行事　4月ピクニック　6月春期スポーツデー　7月中1キャンプ　10月秋期スポーツデー
12月中1クリスマス会

修学旅行　3年生11月　2泊3日　長崎

環境・施設　姫路城の敷地内にある男子校です。
敷地は広くはありませんが、世界遺産のすぐ横で学生生活を過ごすことができます。
2006年に改築した校舎は、その年の「姫路市景観賞」を受賞しました。
最大で500人が収容できる講堂もあります。

クラブ活動　野球部・卓球部・剣道部・ソフトテニス部・サッカー部・バスケットボール部・バレーボール部・陸上部
美術部・囲碁部・将棋部・鉄道研究部・音楽部・ESS・軽音楽部・電子部・科学部・生物部

2024年度 募集要項

○募集人数　ヴェリタス:前期約40名 後期約5名
カリタス:前期約75名 後期約15名

○願書受付　前期日程:12/4(月)～1/5(金)23:59
後期日程:12/4(月)～1/15(月)12:00

○受験料　20,000円
※前後期とも1/6までに出願後前期で合格し入学手続完了後後期の受験をしなかった場合のみ、後期の入学検定料を入学後返金

○選抜日時　前期A日程:1/13(土)8:45
前期B日程:1/14(日)8:45
後期:1/15(月)15:30(本校・神戸会場)

○合格発表　前期:1/14(日)20:00
後期:1/16(火)16:00　いずれもweb

○選抜方法　前期A日程:国・算　各100点各60分　理100点50分
前期B日程・後期:国・算 各150点各60分
※前期AB両日受験はA・Bとも10点加点
※英検取得者加点(4級10点、3級15点、準2級20点、2級30点、準1級50点)

2024年度 入試結果

全コース計 前期A		Veritas(ヴェリタス)コース		Caritas(カリタス)コース	
応募者数	179				
受験者数	156				
合格者数	88	合格者数	25	合格者数	63
競争率	1.77				
		合格最低点	220/300	合格最低点	190/300

全コース計 前期B		Veritas(ヴェリタス)コース		Caritas(カリタス)コース	
応募者数	292				
受験者数	279				
合格者数	148	合格者数	64	合格者数	84
競争率	1.88				
		合格最低点	194/300	合格最低点	161/300

全コース計 後期		Veritas(ヴェリタス)コース		Caritas(カリタス)コース	
応募者数	184				
受験者数	121				
合格者数	69	合格者数	25	合格者数	44
競争率	1.75				
		合格最低点	230/300	合格最低点	178/300

費用

《入学手続き時》
○入学金　200,000円

《入学後》
○授業料(年額)　396,000円
○教育充実費　200,000円
(入学時のみ)

その他施設費や冷暖房費、修学旅行積立金などがあります。

奨学金・特待制度

ウェーゼル基金金

独自の留学制度

オーストラリア語学研修

併設高校の合格実績

2024年の進学状況(卒業者数120名)
国・公立大学合格74名
東京大1、京都大3、大阪大3、神戸大3、北海道大1、九州大4、東京工業大1、大阪公立大3、岡山大9、広島大1、兵庫県立大10、滋賀医科大2、鳥取大3、山口大2、徳島大2、香川大2、高知大2、長崎大2、大分大2、宮崎大1、他。

現役合格58名、医学部医学科10名

私立大学合格364名
関西学院大64、関西大24、同志社大25、立命館大36、近畿大52、早稲田大9、慶応義塾大6、上智大2、東京理科大7、明治大5、立教大1、中央大3、法政大1、南山大2、自治医科大1、関西医科大3、大阪医薬大1、兵庫医科大5、東北医薬大2、埼玉医科大1、大阪歯科大3、日本医科大1、京都薬科大1、他。

医学部医学科18名・歯薬獣医学部8名

学校PR

一人ひとりの生徒が「自分らしく」いられる学びの空間。それが淳心学院です。
その快適さは兵庫県内でもトップクラス です。
一生に一度しかない、大切な中高6年間を淳心学院で伸びやかに過ごしてみませんか？

兵庫
男子校

灘中学校

学校インフォメーション

制服

通学

ICT教育

プール

図書館

人工芝グラウンド

バリアフリー

食堂

スマホ持ち込み

カウンセラー

ネイティブ教員

所在地　〒658-0082　神戸市東灘区魚崎北町8-5-1

電話	078-411-7234	**生徒数**	男 557人
創立	1927年	**併設校**	灘高等学校
校長	海保　雅一	**WEB**	http://www.nada.ac.jp/

アクセス
阪神本線魚崎駅下車徒歩10分
JR神戸線住吉駅下車徒歩10分
阪急神戸線岡本駅下車徒歩20分

教育方針・特色

本校は1927(昭和2)年10月24日、灘五郷の酒造家本嘉納家(菊正宗酒造)、白嘉納家(白鶴酒造)及び山邑家(櫻正宗)の篤志を受けて旧制灘中学校として創立されました。嘉納家の親戚で当時東京高等師範学校校長兼講道館館長であった嘉納治五郎先生を創立顧問に迎え、講道館柔道の精神『精力善用』『自他共栄』をそのまま校是としました。戦後、灘中学校は旧制中学の優れたところを引き継ぐべく、中高6カ年一貫教育の灘中学校・灘高等学校として再出発し、全国レベルにあったスポーツに加えて学業でも昭和40年代には全国屈指の進学校へと躍進を遂げました。創立以来のリベラルな校風と学問への高い志の下に質の高い教育を目指しています。

スクールライフ

登校時間	8:40
週登校日	5日制
学期制	3学期
制服	なし
昼食	食堂あり　弁当持参可
学校行事	文化祭(5月)・体育祭(9月)
修学旅行	3年生5月　3泊4日　信州方面
環境・施設	図書館・ICT環境・人工芝グラウンド2面　トレーニングルーム など
クラブ活動	陸上競技部・水泳部・野球部・サッカー部・ラグビー部・バスケットボール部・バレーボール部・ワンダーフォーゲル部・柔道部・剣道部・硬式庭球部・ソフトテニス部・バドミントン部・卓球部・ソフトボール同好会・少林寺拳法同好会・数学研究部・物理研究部・化学研究部・生物研究部・地学研究部・地歴研究部・鉄道研究部・囲碁部・将棋部・ESS部・クラシック研究部・パソコン研究部・アマチュア無線研究部・ブラスバンド部・グリー部・書道同好会・文芸同好会・古典文化同好会・ディベート同好会・社会科学研究同好会・写真同好会・レゴ同好会・クイズ研究同好会・マジカル同好会

2024年度 募集要項

○募集人数	約180名
○願書受付	12/18(月)～1/4(木)17:00 web出願後書類提出1/4(木)必着
○受験料	20,000円
○選抜日時	1/13(土)・14(日)
○合格発表	1/16(火)10:30web
○選抜方法	1/13(土):国・算・理　14(日):国・算

2024年度 入試結果

応募者数	747
受験者数	736
合格者数	265
競争率	2.78
合格最低点	330/500

学校PR

灘校には、個性的な先生方が行う知的刺激に満ちた授業、多方面で活躍する先輩、多彩な部活動や生徒会活動、土曜講座、9万冊以上の蔵書を誇る図書館など、皆さんの好奇心や探究心を刺激しそれを満たすことができる要素が満ち溢れています。生徒の主体性を尊重する学校文化の中で、皆さんの「個性」を伸ばしてゆきましょう。

費用

《入学手続き時》

○入学金	250,000円
○施設費	250,000円

《入学後》

○授業料	444,000円
○学校維持協力金、冷暖房費、育友会費、生徒会費、同窓会準備金など	約200,000円

奨学金・特待制度

灘育英会奨学金

独自の留学制度

特になし

併設高校の合格実績

2024年の進学状況(卒業者数220名)
国・公立大学合格202(132)名
東京大86(66)(理三15(14))、京都大45(32)(医17(14))、一橋大2(2)、東京工業大3(1)、大阪大12(9)(医9(6))、神戸大6(4)(医3(1))、北海道大3(3)(医1(1))、東北大1(1)(医1(1))、名古屋大2(1)(医1)、九州大3、大阪公立大11(4)(医2)、筑波大1、国際教養大1(1)、京都工芸繊維大1、広島大1(医1)、滋賀大1(1)、和歌山大1、他。

私立大学合格173(43)名
関西学院大10(2)、関西大4(1)、同志社大21(6)、立命館大14(3)、京都産業大1、近畿大12(2)、早稲田大35(8)、慶應義塾大20(4)、上智大2、東京理科大14(3)、明治大2、中央大2、日本大3、関西医科大2、大阪工業大1、他。

省庁大学校合格18(8)名
防衛医科大17(7)、防衛大1(1)。

※( )内は現役内数

兵庫

男子校

報徳学園中学校

学校インフォメーション

制服

通学

学内予備校

ICT教育

海外研修

プール

自習スペース

図書館

人工芝グラウンド

バリアフリー

食堂

プレテスト

特待生制度

ネイティブ教員

所在地　〒663-8003　兵庫県西宮市上大市5丁目28-19

電話	0798-51-3021	**生徒数**	男 240人
創立	1911年	**併設校**	報徳学園高等学校
校長	川口　直彦	**WEB**	https://www.hotoku.ac.jp/

教育方針・特色

未来に世界に通用する男子の育成
学習指導では、各教科においてきめ細やかでわかりやすい授業と手厚い対応により、希望進路の実現を支援します。電子黒板の設置などICT環境の整備とともに、生徒と教師の対話を重視した授業を積極的に導入し、教師が一方的に教えるのではなく、生徒がより多く発問できる授業を展開することで、学力とともに主体性・自主性を高めていきます。さらに本校では、語学研修や海外研修に関して多くの機会を用意しています。英語力を磨くだけでなく、海外の文化や生活を理解し、また現在の情勢に対する理解を促すことで、国際的な視野を養います。

スクールライフ

登校時間	8:20
週登校日	6日
学期制	2学期
制服	あり(夏・冬)
昼食	弁当持参
学校行事	体育祭(5月)、文化祭(10月)、六甲強歩大会(11月)、マラソン大会(12月)
修学旅行	3年生3月　3泊4日　沖縄
環境・施設	図書館・ICT環境・クラブ用練習場・人工芝グラウンド
クラブ活動	軟式野球、ラグビー、テニス、バスケットボール、サッカー、卓球、体操競技、陸上競技、水泳競技、ワンダーフォーゲル、柔道、剣道、弓道、相撲、少林寺拳法、理科研究、美術、放送、吹奏楽、社会科研究、書道、数学研究、囲碁・将棋、園芸

2024年度 募集要項

○募集人数　1次:Ⅱ進約15名、Ⅰ進約85名(特色入試含む)
1次午後:Ⅱ進約10名
2次A・B:Ⅱ進約10名、Ⅰ進約40名

○願書受付　1次:12/11(月)～1/11(木)15:00
1次Ⅰ進特色:12/24(日)～1/11(木)15:00
2次A:12/11(月)～1/13(土)23:59
2次B:12/11(月)～1/14(日)23:59
すべてweb出願
(2次は入試当日8:30～9:00窓口出願可)

○受験料　20,000円

○選抜日時　1次・Ⅰ進特色:1/13(土)8:40
1次午後:1/13(土) 15:50学校・西宮北口会場・宝塚会場・尼崎会場
2次A:1/14(日) 9:10学校・西宮北口会場・宝塚会場
2次B:1/15(月) 9:10学校・西宮北口会場・宝塚会場

○合格発表　1次:1/14(日)
2次A:1/15(月)
2次B:1/16(火)　いずれも12:00手渡し

○選抜方法　1次:国・算(各50分各100点) 理(40分50点)
1次Ⅰ進特色:国・算(各50分各100点)、面接(グループ・15分)(出願資格あり)
1次午後Ⅱ進:国・算(各50分各100点)
2次:国・算(各50分各100点) 理(40分50点)
Ⅱ進コースは3科、Ⅰ進コースは2科(国算)
※英検取得者は、準2級以上30点、3級20点、4級10点加算(1次Ⅰ進特色は別途)

2024年度 入試結果

	Ⅱ進コース 1次	Ⅰ進コース 1次・1次特色
応募者数	13	62
受験者数	13	61
合格者数	2	53
競争率	6.50	1.15
合格最低点	175/250	102/250

	Ⅱ進コース 1次午後
応募者数	37
受験者数	37
合格者数	23
競争率	1.61
合格最低点	121/200

	Ⅱ進コース 2次A	Ⅰ進コース 2次A
応募者数	34	74
受験者数	33	72
合格者数	8	57
競争率	4.13	1.26
合格最低点	180/250	85/200

	Ⅱ進コース 2次B	Ⅰ進コース 2次B
応募者数	20	20
受験者数	14	16
合格者数	2	8
競争率	7.00	2.00
合格最低点	173/250	79/200

※回し合格(1次10・午後14、2次A25・B11)含まない

学校PR

[スポーツの盛んな進学校]として、勉強にクラブ活動に頑張っている生徒が多くいます。
難関大学を目指す者、全国大会優勝を目指す者が切磋琢磨しながら自分の実力を高めていける場所が報徳学園です。

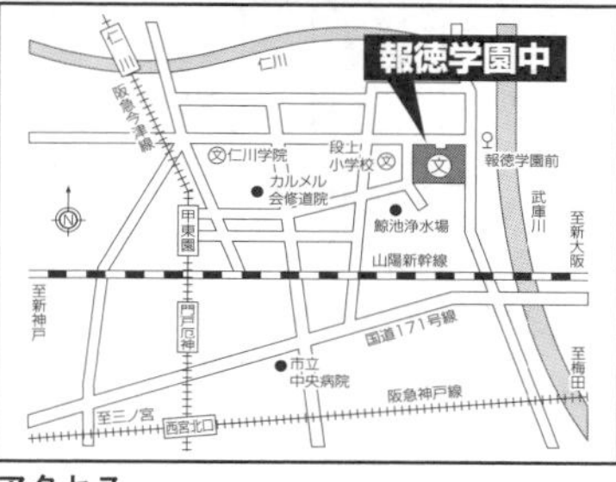

アクセス
阪急今津線甲東園駅下車東へ徒歩約20分

費用

《入学手続き時》

○入学金	200,000円
○入学時施設設備資金	200,000円
○ロッカー使用料金	3,000円
○第一期分(4～7月)学費	178,000円
○諸入会金等	14,000円

《入学後》(月額)

○授業料	35,000円
○教育施設充実費	6,000円
○冷暖房費	1,000円
○生徒会費	1,000円
○PTA費	500円
○クラブ後援会費	1,000円

奨学金・特待制度

Ⅱ進コース合格者の中で、
人物優秀で入試の高得点者の中から認定

独自の留学制度

留学先	アイルランド
学年	2年
内容	語学研修
費用	30万円～50万円

併設高校の合格実績

2024年の進学状況(卒業者数337名)
国・公立大学合格者26(25)名
京都大1(1)、大阪大1、神戸大2(2)、北海道大1(1)、大阪公立大2(1)、北海道教育大2(1)、大阪教育大1(1)、京都教育大1(1)、徳島大3(3)、愛媛大2(2)、山口大2(2)、兵庫県立大3(3)、広島大1(1)、他。

私立大学合格者727(620)名
関西学院大40(33)、関西大15(15)、同志社大13(10)、立命館大15(12)、京都産業大33(18)、近畿大71(50)、甲南大15(13)、龍谷大53(33)、早稲田大5(5)、慶応義塾大1(1)、明治大4(3)、青山学院大2(2)、立教大1(1)、中央大3(3)、法政大1(1)、東京理科大3(3)、摂南大26(21)、神戸学院大64(55)、追手門学院大36(34)、桃山学院大16(16)、金沢医科大1、愛知医科大1、兵庫医科大2(2)、関西外国語大20(20)、京都外国語大6(6)、大阪経済大17(13)、大阪工業大36(34)、他。

省庁大学校合格者33(32)名(1次含む)
防衛大30(29)、防衛医科大2(2)、海上保安大1(1)
※( )内現役合格内数

兵庫

男子校

六甲学院中学校

兵庫

学校インフォメーション

制服

通学

学内予備校

宗教教育

ICT教育

長期休暇講習

習熟度別授業

海外研修

図書館

人工芝グラウンド

食堂

カウンセラー

ネイティブ教員

海外姉妹校

所在地　〒657-0015　神戸市灘区篠原伯母野山町2丁目4番1号

電話　078-871-4161
創立　1937年
校長　髙橋　純雄
生徒数　男 556人
併設校　六甲学院高等学校
WEB　https://www.rokko.ed.jp/

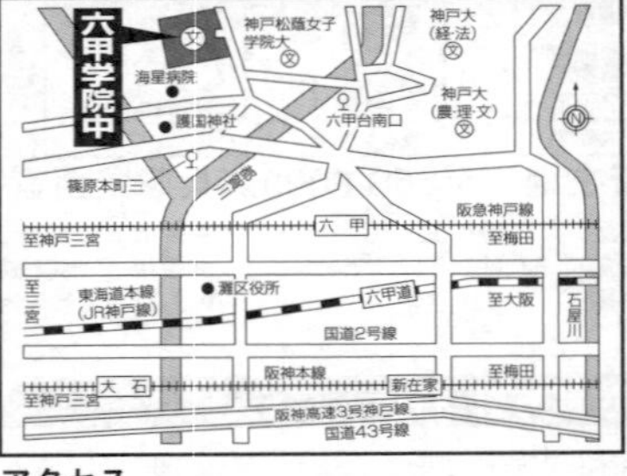

アクセス
阪急神戸線六甲駅下車北へ徒歩約20分
市バス篠原本町2丁目下車約15分
市バス六甲台南口下車約10分

教育方針・特色

“他者のために、他者と共に生きる”ことをめざす、カトリック男子校です。
中高一貫校ならではの行事や委員会活動の中で、“生徒が生徒を教える”プログラムを経験し、学び合っていきます。また、6年間を通じての質の高い授業は、将来社会で“仕えるリーダー”となる男子を育みます。

スクールライフ

登校時間　8:15　日番(日直)は8:10
週登校日　6日制
学期制　3学期
制服　あり(夏・冬)
昼食　食堂あり　弁当持参可
学校行事　体育祭(6月)、文化祭(9月)、強歩大会(11月)
修学旅行　中1:前島キャンプ(7月:2泊3日)　中2:スキー旅行(1月:3泊4日)　中3:立山キャンプ(7月:2泊3日)
環境・施設　学習センター(図書館)、人工芝グラウンド、全生徒にiPad配布、各教室に電子黒板
クラブ活動　【運動部】陸上競技、バレーボール、バスケットボール、硬式テニス、バドミントン、剣道、卓球、軟式野球、サッカー、ラグビー、弓道、アメリカンフットボール
【文化部】音楽、演劇、美術、囲碁将棋、化学、生物、地理歴史研究、物理

男子校

2024年度 募集要項

○募集人数　男子約185名
(A日程約145名、B日程約40名)
○願書受付　12/15(金)～1/5(金)17:00　web出願
○受験料　20,000円
○選抜日時　A日程:1/13(土)　B日程:1/16(火)
○合格発表　A日程:1/14(日)11:00
B日程:1/17(水)17:00　いずれもweb
○選抜方法　A日程:国・算 各150点各60分　理 100点50分
B日程:国・算 各150点各60分

2024年度 入試結果

	A日程	B日程
応募者数	294	622
受験者数	275	318
合格者数	162	189
競争率	1.70	1.68
合格最低点	224/400	144/300

費用

○入学金	280,000円
○制服・校内着・体育用品等	約90,000円
○授業料	(年額)518,400円
○諸費補填金	110,400円
○冷暖房費	18,000円
○校友会費	9,600円
○施設設備費	250,000円
○学年費	173,000円
○中1海のキャンプ料	40,000円

奨学金・特待制度

六甲学院奨学金:勉学意欲あり心身ともに堅実でありながら、経済的な理由により修学困難な生徒に奨学金を給付します。

独自の留学制度

特になし

併設高校の合格実績

2024年の進学状況(卒業者数174名)
国・公立大学合格106(66)名
東京大4(2)、京都大11(5)、大阪大11(6)、神戸大17(12)、北海道大7(6)、東北大3(3)、名古屋大1、九州大5(4)、大阪公立大11(6)、東京工業大3(1)、金沢大2(1)、岡山大1(1)、広島大2(1)、徳島大3(2)、高知大2、山口大1(1)、兵庫県立大1(6)、東京都立大1(1)、他。医学部医学科計14(5)名。

私立大学合格251(144)名
関西学院大20(10)、関西大19(14)、同志社大56(24)、立命館大36(22)、京都産業大1、近畿大13(11)、甲南大3(3)、早稲田大8(3)、慶応義塾大13(4)、上智大6(5)、東京理科大15(8)、明治大4、東洋大3(3)、大阪医科薬科大4(2)、関西医科大4(1)、兵庫医科大4(2)、川崎医科大1(1)、京都薬科大2(2)、国際医療福祉大2(2)、東京慈恵会医科大1(1)、大阪工業大1(4)、他。医学部医学科18(9)名。

省庁大学校合格3(3)名
防衛大1(1)、防衛医科大1(1)、水産大1(1)。
※( )内は現役内数

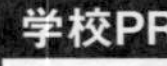

学校PR

六甲には自由に走り回れる広いグラウンドと、景色が自慢の図書館など、気に入る場所が必ず見つかります。また、皆さんの六甲生活をサポートしてくれる先輩もたくさんいます。頑張って勉強して六甲にぜひ来てください。きっと楽しい6年間をプレゼントできます。

愛徳学園中学校

学校インフォメーション

制服

通学

宗教教育

ICT教育

長期休暇講習

習熟度別授業

海外研修

自習スペース

図書館

エレベーター

スマホ持ち込み

カウンセラー

プレテスト

ネイティブ教員

所在地　〒655-0037　神戸市垂水区歌敷山3丁目6-49

電話　078-708-5353
創立　1959年
校長　松浦　直樹

生徒数　女 51人
併設校　愛徳幼稚園・神陵台愛徳幼稚園
愛徳学園小学校・愛徳学園高等学校
WEB　http://www.aitokugakuen.ed.jp/high/

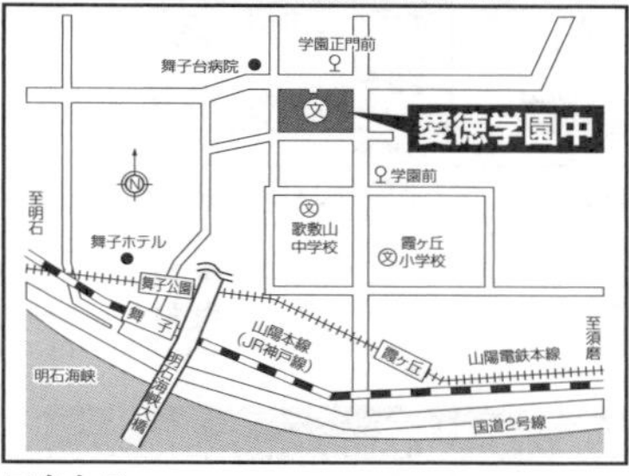

アクセス
JR神戸線舞子駅下車バス51系統で学園正門前
山陽電鉄霞ケ丘駅下車北へ約800m

教育方針・特色

カトリックの精神と、独自の教育プログラムである「Rainbow Program」に基づいた教育が特徴です。基礎学力や人間力を支える「7つの力」を意識しながら、『自ら考え、人に奉仕し、充実した人生を歩む女性』の育成をめざします。女子教育と少人数制ならではの環境を活かし、先生が一人ひとりと濃やかに関わりながら教育を進めます。中学校1・2年生の段階では、学校生活の基礎を確立させ、3年生からは、社会に目を向けて自分の可能性と将来を見つめていきます。6年間、一貫して行われる本校のグローバル教育は、キリスト教的価値観に基づき、「すべての人、特に弱い立場にある人に寄り添い、『共に生きる』グローバル社会に貢献する人材」の育成を目標に掲げています。

スクールライフ

登校時間　8:15
週登校日　6日制
学期制　3学期
制服　あり（夏・冬・合服）
昼食　弁当持参　パンの購買可
学校行事　歓迎遠足（5月）、全校ミサ（5月）、合唱コンクール（7月）、体育大会（9月）、学園祭（11月）、クリスマスの集い（12月）
修学旅行　3年生10月　3泊4日　広島・津和野・萩
環境・施設　図書館、全教室にプロジェクター・電子黒板、校内全域でWi-Fi完備、AL教室（壁一面ホワイトボード・可動式デスク・チェア）
クラブ活動　新体操部・バドミントン部・バレーボール部・バスケットボール部・卓球部・ソフトテニス部
吹奏楽部・社会奉仕部・家庭科部・サイエンス部・写真部・美術部・ESS部・茶道部

2024年度 募集要項

○募集人数　約40名
○願書受付　A日程：12/11（月）～1/12（金）16:00
B日程：12/11（月）～ 1/13（土）16:00
C日程：12/11（月）～1/15（月）18:00
すべてweb出願
○受験料　20,000円
※複数回同時出願の場合、20,000円
○選抜日時　A日程国算型・英語型：1/13（土）9:00
A日程自己推薦型：1/13（土）15:00
B日程：1/14（日）14:00
C日程：1/16（火）9:00
○合格発表　A日程：1/13（土）
B日程：1/14（日）
C日程：1/16（火）　いずれもweb
○選抜方法　A日程：国算型（国算各100点各50分）・英語型（国算100点50分・英筆記・インタビューテスト100点50分）
A日程：自己推薦型（基礎学力　国か算100点40分・課題作文100点50分）・面接
B日程：国語型（国・算or社or理各100点各50分）
C日程：基礎学力型（国or算100点40分）
※加点対象①英検・漢検・数検5級以上 ②英語に関する検定・スコア③作文コンクール校外入選以上 ④夏休み理・社作品展校外入選以上

2024年度 入試結果

A日程		A日程（自己推薦）	
応募者数	11	応募者数	1
受験者数	11	受験者数	1
合格者数	11	合格者数	1
競争率	1.00	競争率	1.00
合格最低点	非公表	合格最低点	非公表

B日程		C日程（基礎学力）	
応募者数	0	応募者数	0
受験者数	0	受験者数	0
合格者数	0	合格者数	0
競争率	—	競争率	—
合格最低点	—	合格最低点	—

学校PR

愛徳学園の教育は、少人数制ならではの濃やかな関わりが特徴です。英語・数学では習熟度別のクラス編成により、それぞれの課題に合わせた授業を行います。英検・数検・漢検も、事前に対策講座を開講して合格をサポートします。さらに、中学・高校を通じての6年間、一貫したキャリア教育を通し、一人ひとりの希望に沿った進路の実現を応援します。

費用

《入学手続き時》

項目	金額
○入学金	260,000円
○施設費	80,000円
○協力金	50,000円
○生徒会入会金	5,000円
○保護者会入会金	5,000円
○制服・制靴等の物品代	約120,000円

《入学後》

項目	金額
○授業料	30,000円
○教育充実費	3,000円
○生徒会費	1,000円
○保護者会費	3,500円
○積み立て金	4,000円

入学後の費用は月額
別途、諸費用で年額約130,000円（年度により増減）

奨学金・特待制度

ベドゥルナ奨学金（入学金半額）
本校を専願で受験した新入生で、母親が卒業生である者または中学・高校に姉が在学している者
ベドゥルナ奨学金（授業料相当額・授業料半額相当額のいずれか）
在学生で、学業成績が良好であるにも関わらず、経済的理由で学業の継続が困難と認められる者

独自の留学制度

特になし

併設高校の合格実績

2024年の進学状況（卒業者数31名）
国・公立大学進学2名
大阪大1、兵庫県立大1。

私立大学進学20名
関西大1、関西学院大1、近畿大1、甲南大3、神戸常盤大1、神戸薬科大1、武庫川女子大1、同志社女子大1、関西看護医療大1、京都外国語大1、甲南女子大3、神戸学院大3、神戸女子大1、神戸松蔭女子学院大1。

短期大学進学2名

専門学校進学6名

留学1名

小林聖心女子学院中学校

学校インフォメーション

制服

通学

宗教教育

ICT教育

長期休暇講習

習熟度別授業

海外研修

プール

図書館

カウンセラー

帰国生入試

中高大連携

ネイティブ教員

海外姉妹校

所在地　〒665-0073　兵庫県宝塚市塔の町3-113

電話	0797-71-7321	**生徒数**	女 253人
創立	1923年	**併設校**	小林聖心女子学院小学校、小林聖心女子学院高等学校
校長	棚瀬　佐知子	**姉妹校**	聖心女子大学
		WEB	https://www.oby-sacred-heart.ed.jp/

教育方針・特色

小林聖心女子学院では、キリスト教的価値観に基づいた「魂を育てる」「知性を磨く」「実行力を養う」という３つの教育方針を通して、一人ひとりの全人格的成長を促し、より良い社会を築くことに貢献できる賢明な女性を育成します。

200年前にフランスで始まった聖心女子学院が創立当初から大切にしてきた、祈る心・真理を探究する力・物惜しみしない心を堅持しつつも、新しい時代を自ら切り拓く力を養うべく、現代の価値観やニーズにも柔軟に対応した教育体制を整えています。女子だけに特化した教育環境であるからこそ、伸びやかに自己表現する場が設けられ、共に分かち合い、切磋琢磨できる仲間とめぐり会うことができます。

幅広い教養や深い思考力、協調性を身につけられる学習環境で、生徒達は自身の果たすべき役割を見出し、幅広い分野に進学していきます。

スクールライフ

登校時間	8:25
週登校日	5日制
学期制	2学期
制服	あり(夏・冬)
昼食	弁当持参　パン販売あり(予約不要)　お弁当販売あり(前日までのWeb予約)
学校行事	5月学院祭　5月中1合宿・創立記念日　6月聖心の祝日　7月中2合宿・中3合宿・高1錬成会　8月海外体験学習　10月体育祭　11月校外学習　12月クリスマス・ウィッシング　1月黙想会
修学旅行	高2年3月　4泊5日　天草・長崎方面
環境・施設	普通教室、体育館、講堂、プール、図書館、聖堂など。各教室にプロジェクター完備。
クラブ活動	【運動部】水泳、ソフトボール、バスケットボール、テニス、サッカー、なぎなた、バレーボール、卓球、陸上 【文化部】English Drama、演劇、オーケストラ、グリー、茶道、写真、箏曲、花文字、コンピュータ、美術工芸、書道

2024年度 募集要項

○募集人数	約30名(外部募集)
○願書受付	12/4(月)～1/12(金)13:00 web出願
○受験料	20,000円
○選抜日時	A日程:1/13(土)　B日程:1/14(日)
○合格発表	1/15(月)9:00web
○選抜方法	国・算　各120点各60分　英60点(リスニング30分インタビュー5分)英特別講座選抜10点(インタビュー5分・満点を超えない範囲で英語に加点) A方式(A日程のみ受験):3科(国算英)・(国算英特別選抜)/2科(国算×1.25) AB方式(A・B日程受験):3科(国算英)・(国算英特別選抜)/2科(国算×1.25)/1科(算)　国・算それぞれA日程とB日程の高い方の得点を採用 B方式(B日程のみ受験):国算/1科(算×2) A・AB合格者を除いた中から選抜

2024年度 入試結果

A日程		B日程	
応募者数	22	応募者数	32
受験者数	20	受験者数	30
合格者数	19	合格者数	16
競争率	1.05	競争率	1.88
合格最低点	138/300	合格最低点	148/240

※AB方式で合格したものを除く

学校PR

英語教育では１学級を２～３つに分けた少人数教育を実施し、本校独自のカリキュラムで英語力を伸ばすことができます。また、海外姉妹校での授業参加やホームステイ体験など、英語力の養成と国際理解を深めるための多彩なプログラムがあります。１人１台のタブレットPCは、授業支援アプリなどを用いて考え方やアイデアを共有しやすい環境のもと、学習・行事・クラブ活動などに積極的に活用されています。

アクセス
阪急今津線小林駅下車7分

費用

《入学手続き時》

○入学金	400,000円
○施設費(入学時)	100,000円

《入学後》(年額)

○授業料	536,400円
○諸費	216,000円
○諸会費	3,600円
○教材費＋PCアプリ	約64,000円
○制服、制定用品	157,934円
○タブレット型PC	約128,000円

奨学金・特待制度

小林聖心女子学院高等学校奨学金
給付　月額10,000円
貸与　月額13,000円:3年以内

独自の留学制度

フランス　マルムティエ学園
オーストラリア　体験学習・短期交換留学
アメリカ　短期交換留学　夏期集中英語講座

体験学習:フィリピン・韓国・タイ・カンボジア
Cultural Exchange Camp:台湾
など

併設高校の合格実績

2024年の進学状況(卒業者数92名)
聖心女子大学10名

国・公立大学合格
東京大2、京都大1、大阪大4、神戸大1、京都工芸繊維大1。

他の私立大学合格
関西学院大21、関西大8、同志社大21(1)、立命館大7、近畿大30(医3(3)含む)、甲南大6、早稲田大5、慶應義塾大1、上智大5、立教大2、中央大1、法政大1、日本大1(1)、摂南大3(3)、関西外国語大1(1)、大阪経済大3、同志社女子大1、神戸女学院大3、武庫川女子大2、他。
医学部医学科・歯学部・薬学部・獣医学部計22(8)
※( )内は既卒生内数

賢明女子学院中学校

学校インフォメーション

制服

通学

学内予備校

宗教教育

ICT教育

長期休暇講習

海外研修

自習スペース
図書館

食堂

カウンセラー

プレテスト

特待生制度

ネイティブ教員

所在地　〒670-0012　姫路市本町68

電話	079-223-8456	**生徒数**	女 238人
創立	1951年	**併設校**	賢明女子学院高等学校
校長	藤岡 佐和子	**WEB**	https://www.himejikenmei.ac.jp/

教育方針・特色

イエス・キリストの教えと聖母マリアの生き方を現代社会で実践するために、感受性豊かで他者への共感力に富み、永遠に変わらないものの存在を探し求める柔軟な心を育てます。教科教育においては、単なる知識の習得にとどまらず、各種情報媒体の有効利用や外部講師の授業参画によって主体的な学びを実現し、自ら学び考え行動する女性を育てます。また、教科教育に偏らず、彩り豊かな学校生活を通して個々の能力を開花させ、卒業時には協働の精神をもって、社会に貢献する女性に成長することを目指します。

スクールライフ

登校時間	8:35
週登校日	6日制
学期制	3学期
制服	あり
昼食	食堂あり
学校行事	スポーツフェスティバル(6月)・学院祭(9月)・体育大会(10月)・クリスマス行事(12月)
修学旅行	3年生2月　3泊4日　北海道
環境・施設	聖堂、図書館・メディアセンター、コンピュータールーム、パスポートルームなど
クラブ活動	テニス部・陸上競技部・バレーボール部・バスケットボール部・少林寺拳法部・ソフトボール部・ダンス部・ブラスバンド部・自然科学部・E.S.S.部・かるた部・ハンドベル部・書道部・演劇部など合計24

2024年度 募集要項

○募集人数　ソフィアJr.コース約65名(A・B日程60名、C日程5名)
ルミエールJr.コース約80名(A・B日程75名、C日程5名)

○願書受付　A日程:12/11(月)～1/11(木)17:00
B日程:12/11(月)～1/13(土)17:00
C日程:12/11(月)～1/17(水)8:30
すべてweb出願

○受験料　20,000円

○選抜日時　A日程:1/13(土)　B日程:1/14(日)
C日程:1/17(水)

○合格発表　A日程:1/14(日)12:00
B日程:1/14(日)21:00
C日程:1/17(水)17:00　いずれもweb

○選抜方法　国 120点60分・算 100点50分　理・社 各80点各40分
A日程:4科型/3科型(国算+理or社)　第1選考／4科型は国算得点+理社いずれか高い得点で選考(300点満点)　第2選考／4科計で選抜(380点満点)
B・C日程:2科(国算)
※ルミエールJr.コースのみA日程を含む同時出願は後の入試の得点を10%加算
※AまたはBでルミエールJr.コースに合格した受験者は、CでのソフィアJr.コースへのチャレンジ受験可

2024年度 入試結果

ソフィアJr.(特進)コース A日程		ルミエールJr.(進学)コースA日程	
応募者数	44	応募者数	45
受験者数	42	受験者数	45
合格者数	29	合格者数	35
競争率	1.49	競争率	1.29
合格最低点	選考①196/300・②238/380	合格最低点	選考①133/300・②159/380

ソフィアJr.(特進)コース B日程		ルミエールJr.(進学)コース B日程	
応募者数	60	応募者数	51
受験者数	59	受験者数	50
合格者数	28	合格者数	41
競争率	2.11	競争率	1.22
合格最低点	142/220	合格最低点	89/220

ソフィアJr.(特進)コース C日程		ルミエールJr.(進学)コース C日程	
応募者数	2	応募者数	17
受験者数	0	受験者数	4
合格者数	0	合格者数	1
競争率	—	競争率	4.00
合格最低点	—	合格最低点	—

※回し合格(A12、B30)含まない

学校PR

世界文化遺産姫路城のすぐ東に位置し、緑に囲まれた静かな環境のもとで学んでいます。中学からのコース制、教科横断型学習の「クロススタディ」、SDGsに取り組む「Be Leaders」などプログラムも豊富。新図書館「LIBRA」も完成しました。賢明女子学院は「燈台の光」となる心豊かな女性を育てます。

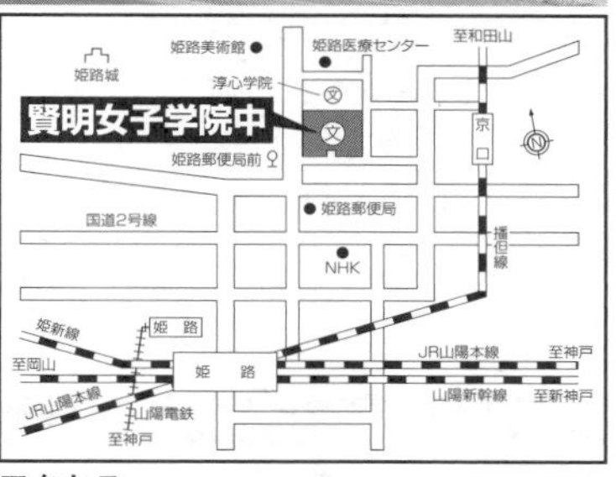

アクセス
JR姫路駅・山陽電鉄山陽姫路駅から徒歩約15分

費用

○入学金	400,000円
○制服・靴等の物品代	約150,000円
○授業料	396,000円
○教育充実費	120,000円
○学年費	72,000円
○旅行等積立金	42,000円
○賢明奉献会費	26,400円
○生徒会費	3,000円

奨学金・特待制度

○A日程の学力検査の結果(英検加点分を除く)により、1名を入学金全額免除、2名を入学金半額免除とする。
○同一家計家族より、中学および高校に3名の姉妹が同時に在学する期間、3人目の新入学者を「ファミリー優遇生」として授業料を全額免除とする。
○学費の支出が困難な生徒に対しては、その事情に応じて奨学金を給付する。

独自の留学制度

留学先	ニュージーランド
学年	3
内容	2週間の短期留学
費用	約50万円

併設高校の合格実績

2024年の進学状況(卒業者数98名)
国・公立大学合格21名
大阪大1(1)、神戸大3(2)、広島大1(1)、和歌山大1(1)、兵庫県立大6(6)、兵庫教育大1(1)、他。

私立大学合格221名
関西学院大20(20)、関西大6(5)、同志社大11(11)、立命館大4(4)、京都産業大3(3)、近畿大15(15)、甲南大10(8)、龍谷大17(17)、上智大1(1)、明治大5(5)、兵庫医科大7(6)、神戸薬科大3(3)、他。

省庁大学校合格
看護大1(1)

※( )内は現役合格内数

兵庫
女子校

甲子園学院中学校

学校インフォメーション

制服

通学

学生寮

自習スペース

食堂

スマホ持ち込み

カウンセラー

特待生制度

中高大連携

ネイティブ教員

所在地　〒663-8107　西宮市瓦林町4-25

電話	0798-65-6100	**生徒数**	女 33人
創立	1941年	**併設校**	甲子園大学・短期大学・高校・小学校・幼稚園
校長	宮島　隆之	**WEB**	https://www.koshiengakuin-h.ed.jp/

教育方針・特色

徹底した少人数指導、朝の学習や読書、分からないところを分かるまでしっかりと指導する補習などにより、基礎学力の定着はもちろんのこと、応用力や実践力の養成まで生徒個々に応じたきめの細かい指導を行っている。また、2泊3日で毎年実施しているディズニーリゾートへの夏季旅行など、多彩な行事を高等学校と一緒に行い、充実した学校生活を送ることができる。さらに英語ではALL ENGLISHの授業を実施。6年間を見通した手厚い指導で希望進路の実現をめざしている。

スクールライフ

登校時間	8:30
週登校日	5日制
学期制	3学期
制服	あり(夏・冬)
昼食	食堂あり　弁当持参可
学校行事	春季校外学習、体育大会(5月)・コーラスコンクール(7月)・文化祭(9月)・秋期校外学習(11月)など
夏季旅行	6月頃
環境・施設	美術資料館 久米アートミュージアム、学生寮、講堂、自習室、コンピュータ室、図書館、食堂・喫茶、吹奏楽練習室、教育相談室、トレーニング室、剣道部道場　など
クラブ活動	【運動部】剣道部・バレーボール部・ソフトテニス部・バスケットボール部・ダンス部・撞球(ビリヤード)部・水泳部・体操部 【文化部】吹奏楽部・書道部・美術部・家庭科部 [同好会]かるた

2024年度 募集要項

○募集人数	60名
○願書受付	A日程:1/4(木)～1/12(金) B日程:1/4(木)～1/15(月) C日程:1/4(木)～1/19(金)　すべて窓口
○受験料	20,000円 ※複数日程に同時出願の場合、受験料は1回分のみ
○選抜日時	A日程:1/13(土) B日程:1/16(火) C日程:1/20(土)
○合格発表	A日程:1/13(土) B日程:1/16(火) C日程:1/20(土)　いずれも郵送
○選抜方法	国・算(各50分各100点)・面接

2024年度 入試結果

	A日程	B日程	C日程
応募者数	9	9	10
受験者数	9	0	1
合格者数	9	0	1
競争率	1.00	—	1.00
合格最低点	—	—	—

アクセス
阪急神戸線西宮北口駅下車徒歩15分
JR神戸線甲子園口駅下車徒歩7分

費用

《入学手続き時》

○入学金	350,000円
○制服・副教材等諸費	約150,000円

《入学後》

○授業料等(年4回で分納)	624,000円
○教育振興基金(任意)	一口30,000円

奨学金・特待制度

学力特待生制度
入学金免除制度
大阪府等他府県入学者奨学金制度
ファミリー奨学金制度

独自の留学制度

特になし

併設高校の合格実績

2024年の進学状況(卒業者数74名)
甲子園大学、甲子園短期大学

他の私立大学合格
京都産業大、近畿大、甲南大、龍谷大、佛教大、摂南大、神戸学院大、京都外国語大、京都女子大、神戸女学院大、大阪音楽大、他。

学校PR

学力も個性です。その個性を伸ばす最もよい方法は教師と生徒一人ひとりが密接にかかわり合うことです。
そのため、できうるかぎりの少人数授業を展開します。
その中で人間性も培われます。これが甲子園学院教育です。

女子校

甲南女子中学校

学校インフォメーション

制服

通学

ICT教育

長期休暇講習

探究授業

留学制度

プール

自習スペース

図書館

人工芝グラウンド

食堂

カウンセラー

中高大連携

ネイティブ教員

所在地　〒658-0001　神戸市東灘区森北町5-6-1

電話	078-411-2531	**生徒数**	女 559人
創立	1920年	**併設校**	甲南女子高等学校
校長	米田　明美	**WEB**	http://www.konan-gs.ed.jp

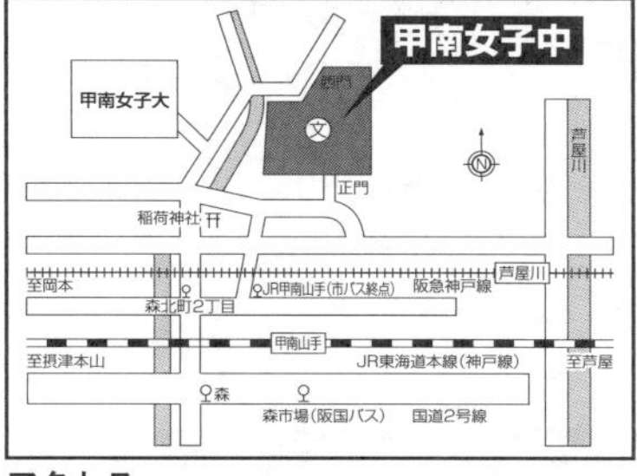

アクセス
阪急神戸線芦屋川駅から北西へ徒歩約15分
JR神戸線甲南山手駅から北へ徒歩約10分

教育方針・特色

「清く　正しく　優しく　強く」を校訓に、「全人教育」、「個性尊重」、「自学創造」の教育方針のもと、知性と品格を備え、人生や社会に対して前向きに取り組む自立した女性の育成を目指しています。

スクールライフ

登校時間	8:20
週登校日	6日制
学期制	3学期
制服	あり(夏・冬)
昼食	購買・食堂あり　弁当持参可
学校行事	文化祭(4月)・体育大会(5月)
修学旅行	3年生2月　4泊5日　長野県(スキー実習)
環境・施設	人工芝グラウンド・図書館・ICT環境・クラブ練習場(アーチェリー場・弓道場など)
クラブ活動	【運動部】アーチェリー部・弓道部・バレーボール部・バスケットボール部・ソフトボール部・硬式テニス部・ダンス部など11部 【文化部】コーラス部・オーケストラ部・茶道部・書道部・演劇部・放送部など15部

費用

○入学金	350,000円
○授業料	360,000円
○教育充実費	216,000円
○施設設備費	132,000円
○その他学年費(預り金)	100,000円
○旅行費(預り金)	70,000円
○育友会費	10,000円
○和光会費(生徒会費)	5,000円
○清友会費	25,000円(生涯会費)
○制服などの制定品約	約130,000円

奨学金・特待制度

勉学意欲がありながら経済的理由により修学が困難な者に対する奨学金

独自の留学制度

留学先	カナダ・オーストラリア(隔年)
学年	3(希望者)
内容	短期留学　2週間

2024年度 募集要項

○募集人数　スタンダードコース:約90名(A入試約80名、B入試約10名)
Sアドバンストコース:約65名

○願書受付　A入試1・2次　12/11(月)～1/11(木)16:00
B入試　12/11(月)～1/16(火)16:00
すべてweb出願

○受験料　20,000円
※A入試(1次・2次両方受験の場合も)20,000円、B入試20,000円

○選抜日時　A入試1次:1/13(土)
A入試2次:1/14(日)
B入試:1/17(水)

○合格発表　A入試:1/15(月)15:30
B入試:1/18(木)12:30　web

○選抜方法　国・算　各100点各60分　理・社　各50点各40分
A入試1次:4科/3科(国算理)　4科合計と3科(国算+理or社)合計(250点満点)を300点満点に換算した得点のうち最高得点で判定
A入試2次・B入試:国・算　各100点各60分

2024年度 入試結果

スタンダードコース　A入試1次		Sアドバンストコース　A入試1次	
応募者数	111	応募者数	67
受験者数	70	受験者数	61
合格者数	60	合格者数	38
競争率	1.17	競争率	1.69
合格最低点	136.8/300	合格最低点	210/300

スタンダードコース　A入試2次		Sアドバンストコース　A入試2次	
応募者数	343	応募者数	264
受験者数	182	受験者数	257
合格者数	148	合格者数	154
競争率	1.23	競争率	1.67
合格最低点	91/200	合格最低点	129/200

スタンダードコース　B入試		Sアドバンストコース　B入試	
応募者数	92	応募者数	66
受験者数	18	受験者数	24
合格者数	12	合格者数	13
競争率	1.50	競争率	1.85
合格最低点	108/200	合格最低点	138/200

※受験者はSアドバンストコース移行合格(A①36・②154、B12)含まない

併設高校の合格実績

2024年の進学状況(卒業者数161名)
甲南大学36名、甲南女子大学15名
国・公立大学合格50(38)名
京都大2(1)、大阪大4(3)、神戸大3(2)、大阪公立大2(2)、筑波大2(1)、お茶の水女子大1(1)、国際教養大1(1)、京都工芸繊維大1、京都府立大2(2)、広島大1、兵庫県立大7(5)、大阪教育大1(1)、他。

他の私立大学合格436(395)名
関西学院大42(42)、関西大23(22)、同志社大15(14)、立命館大34(26)、近畿大65(49)、早稲田大6(1)、慶應義塾大1(1)、上智大1(1)、東京理科大4(2)、立教大2(1)、中央大3、法政大1、他。
※( )内は現役内数

学校PR

甲南女子中学校は生徒の自主性を尊重し、人生や社会に対して前向きに取り組む自立した女性の育成を目指しています。また、総合学習、英語教育、ICT教育に力を入れ、品位、個性、創造性を育む教育を行っています。学校説明会、オンライン説明会等の受付を随時HPで行っておりますので、ぜひご覧ください。

神戸海星女子学院中学校

学校インフォメーション

制服

通学

宗教教育

長期休暇講習

習熟度別授業

海外研修

プール

自習スペース

図書館

食堂

スマホ持ち込み

カウンセラー

中高大連携

ネイティブ教員

所在地　〒657-0805　兵庫県神戸市灘区青谷町2-7-1

電話　(078)801-5601
創立　1951年
校長　野手　数弘

生徒数　女 446人
併設校　神戸海星女子学院マリア幼稚園、神戸海星女子学院小学校、神戸海星女子学院高等学校、神戸海星女子学院大学
WEB　https://www.kobekaisei.ed.jp/jr-high/

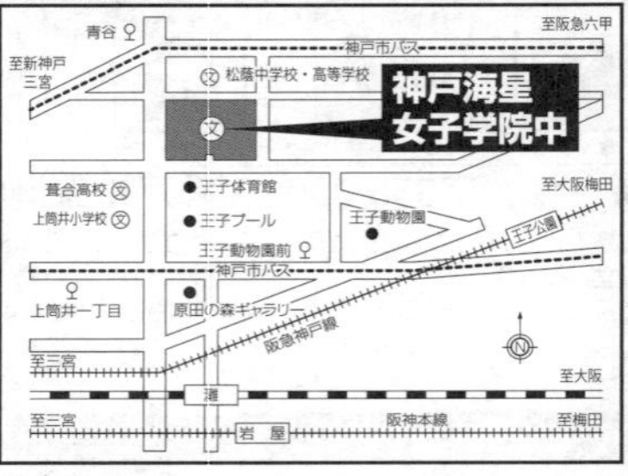

アクセス
阪急神戸線王子公園駅下車北西へ徒歩約13分～16分
JR神戸線灘駅下車徒歩13分～16分
神戸市バス 青谷下車 徒歩3分

教育方針・特色

キリストの愛の精神を基盤とし一人ひとりの個性を大事にします。一貫した全人教育で人格の完成と、「相手を大切にする」女性への成長をめざします。「心の教育」として、自己を見つめる・自分を役立たせる・異文化を理解する、を３本の柱とし、その上で「知の教育」（学びの定着・多様な進路に応じた授業・体験型学習）に取り組むことで「学び続ける力」を育てます。卒業後も自ら考え行動する力を身に付けた未来に羽ばたく女性の育成をめざします。

スクールライフ

登校時間	8:30
週登校日	6日制
学期制	3学期
制服	あり
昼食	弁当等持参、購買・食堂あり
学校行事	学院祭（5月）中1遠足中2合宿（６月）体育祭（9月）高2修学旅行（10月）中1福祉体験学習・中3企業訪問（11月）クリスマス会（12月）中学英語暗唱大会・高校英語弁論大会（2月）
修学旅行	高校2年生10月　6泊8日 フランス
環境・施設	図書室・講堂・体育館・室内温水プール・食堂・アクティブラーニングルーム・化学教室・生物教室・物理教室・音楽教室・CALL教室・調理実習室・被服教室・ステラマリスルーム・ステラマリスホール・聖堂・小聖堂・Wi-Fi全館完備
クラブ活動	【運動部】バレーボール、バスケットボール、ソフトボール、テニス、ソフトテニス、卓球、水泳、バドミントン 【文化部】弦楽アンサンブル、クラシックギター、コーラス、ESSドラマ、ESS文化、中学演劇、高校演劇、美術、イラスト、歴史、科学、家庭

2024年度 募集要項

○募集人数　110名（外部募集）
A日程　約100名、B日程　約20名
○願書受付　12/15（金）～1/8（月）23:59　web出願
○受験料　20,000円
○選抜日時　A日程：1/13（土）　B日程：1/14（日）
○合格発表　1/15（月）16:00web
○選抜方法　A日程：国・算　各100点各50分　理・社　各80点各40分
4科型（国算理社）/3科型（国算理）選択
B日程：国・算　各100点各50分

2024年度 入試結果

A日程		B日程	
応募者数	157	応募者数	135
受験者数	146	受験者数	127
合格者数	110	合格者数	50
競争率	1.33	競争率	2.54
合格最低点	223.7/360	合格最低点	126/200

※Bの合格者者はA重複合格除く

費用

《入学手続き時》
○入学金　400,000円

《入学後》
○授業料　（３期分納）660,000円
○父母の会会費：　3,600円
○積立金：　約130,000円

寄付金・協力金・学債・施設費・冷暖房費などはありません。
積立金には合宿修学旅行等費用と教材費が含まれます。

奨学金・特待制度

奨学金制度あり

独自の留学制度

留学先	① オーストラリア交換プログラム ② イギリス語学研修
学年	① 中3・高1 ② 高1・高2
内容	① ホームステイ（約2週間）隔年で訪問受け入れ ② 語学研修（約2週間）
費用	① 未定 ② 約60万円

併設高校の合格実績

2024年の進学状況（卒業者数136名）
国・公立大学合格60（42）名
京都大3、大阪大9（6）、神戸大12（医1（1）含む）（9）、北海道大2（2）、九州大1（1）、大阪公立大3（3）、お茶の水女子大1（1）、国際教養大2（2）、京都工芸繊維大1（1）、奈良女子大1（1）、岡山大2（1）、広島大2（1）、兵庫県立大5（5）、他。

私立大学合格354（303）名
関西学院大54（50）、関西大27（27）、同志社大44（38）、立命館大36（28）、近畿大29（医3（1）含む）（21）、甲南大11（11）、早稲田大10（9）、慶應義塾大3（3）、上智大1（1）、明治大7（7）、青山学院大3（3）、立教大1（1）、中央大2（1）、学習院大1（1）、日本大1（医1含む）、大阪医科薬科大9（医1、薬5（4）含む）（7）、関西医科大6（医1（1）含む）（6）、兵庫医科大13（医5（1）、薬4（4）含む）（9）、京都薬科大7（2）、神戸薬科大5（3）、他。
※（ ）内は現役内数

学校PR

生徒たちは6年間の学校生活を通して、学校行事では仲間と共に協力し励まし合う大切さを得ています。また、それぞれの豊かな個性が集まり、刺激し合い認め合うことでそれぞれの力が発揮されていきます。その中で自由な進路選択につながっていきます。卒業後も成長していく力の基が育っていきます。私たちと一緒にあなたの人間力を育てていきましょう。

神戸国際中学校

学校インフォメーション

行事の時のみ標準服

通学

ICT教育

長期休暇講習

海外研修

留学制度

食堂

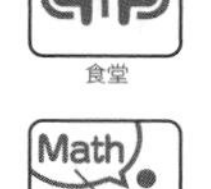

カウンセラー

プレテスト

帰国生入試

特待生制度

中高大連携

ネイティブ教員

英語イマージョン

所在地　〒654-0081　神戸市須磨区高倉台7-21-1

電話	078-731-4665	**生徒数**	女 158人
創立	1991年	**併設校**	神戸国際高等学校
校長	瀬尾　幸司	**WEB**	https://kis.ed.jp/

教育方針・特色

本校は「個を生かす進学に強い女子校」をタグラインに掲げ、1クラス20名前後の少人数制の中で、生徒一人一人を大切にした教育を展開しています。そして、これからの社会で活躍するために、学力・語学力・人間力の3つの力を育む中で、21世紀型スキルの獲得を目指した教育に取り組んでいます。また、医歯薬系への進学にも力を入れています。創立34年の若い学校ですが、卒業生は客室乗務員や医師、教員など国内外のさまざまな分野で活躍しています。自立心と豊かな人間性を備え、将来、国際人として活躍したいと願っている貴女の夢を叶えます。

スクールライフ

登校時間	8:45
週登校日	6日制
学期制	3学期
制服	なし(式典時のみ学校指定ブレザー着用)
昼食	食堂有　弁当持参可
学校行事	体育祭(5月)・文化祭(6月)・英語オラトリカルコンテスト/フランス語リサイタル(12月)
修学旅行	3年生2月　21泊22日　ニュージーランド(コロナ感染状況による変更有)
環境・施設	図書館・アルモニホール(体育館)・LL教室・NM教室・メモリアルホール
クラブ活動	ダンス部　ドッジボール部(フットサル部)　テニス部　体操部　バレーボール部　バスケットボール部　ESS部(ギター)　クリエイティブアート部　演劇部　科学部

2024年度 募集要項

○募集人数　70名

○願書受付　特色:第Ⅰ期11/13(月) 9:00～11/29(水) 17:00・第Ⅱ期12/4(月)～12/8(金)17:00
A Ⅰ(特色以外)・AⅡ・BⅠ・BⅡ・C:12/4(月) 9:00～1/12(金)16:00
プレミア:1/17(火)9:00～1/20(土)9:00
すべてweb出願

○受験料　20,000円

○選抜日時　特色・A-Ⅰ:1/13(土)9:30　A-Ⅱ:1/13(土)15:45
B-Ⅰ:1/14(日)9:30　B-Ⅱ:1/14(日)15:45
C:1/16(火)9:30　プレミア:1/20(土)10:00

○合格発表　特色・A-Ⅰ:1/14(日)12:00掲示・web・郵送
A-Ⅱ:1/14(日)12:00web・郵送
B-Ⅰ・B-Ⅱ:1/15(月)12:00web・郵送
C:1/16(火)16:00web・郵送
プレミア:1/20(土)16:00web・郵送

○選抜方法　AⅠ・BⅠ3科型:国算理各100点各50分　3科計or国算・国理・算理(300点満点換算)の高い方
AⅠ・BⅠ英語重視型:国or算100点各50分・英(リスニングあり)200点
AⅠ・BⅠ英語民間テスト利用型:国or算100点各50分・英語資格200点
AⅠ特色AO・GS:国or算100点・面接(エントリー要)
AⅠ特色IP:プレゼンテーション(3分)・面接(エントリー要)
AⅡ・Cプレミア:国算各50点計50分
BⅡ思考力:社会問題・自然科学問題各50点計50分
C2科型:国算各100点各50分

2024年度 入試結果

	AⅠ	AⅡ	BⅠ	BⅡ	C	プレミア
応募者数	59	37	71	6	48	0
受験者数	56	37	64	0	3	0
合格者数	56	24	49	0	3	0
競争率	1.00	1.54	1.31	—	1.00	—
合格最低点	—	—	—	—	—	—

学校PR

少人数制の中高一貫女子校の利点を生かした自由な校風の中で伸び伸びとした学校生活を送りつつ、学力・語学力・人間力を伸ばすことができます。
ネイティブによる英語の授業は勿論のこと、本校ではフランス語を学ぶことができます。受験生の皆様に向けたイベントを沢山開催しておりますので、是非一度本校へお越しください!

アクセス
JR神戸線・山陽電鉄須磨駅、地下鉄西神山手線妙法寺駅の各駅からいずれも市バス75系統にて高倉台7丁目下車、無料スクールバスあり

費用

《入学手続き時》

○入学金	400,000円
入学までの納付金	90,000円

《入学後》

○授業料	390,000円
○教育充実費	204,000円
○保護者会入会金	5,000円
○保護者会費	12,000円
○生徒会入会金	5,000円
○生徒会費	7,200円
○海外研修(中学)	毎月18,000円
積立金	中2・3毎月　22,000円
○学年諸費(実費)	約150,000円

※入学までの納付金(保護者会入会金/生徒会入会金/学年諸費:前期分)は入学者説明会後に振込

奨学金・特待制度

特待生制度(入試当日の成績,各種英語資格等)
ファミリー特別奨学金制度
(本校在校生・卒業生の3親等以内等)
海外留学に対する特別奨学金制度

独自の留学制度

特になし

併設高校の合格実績

2024年の進学状況(卒業者数26名)
国・公立大学合格5(2)名
大阪大1、九州大1(1)、山口大1、大阪教育大1、徳島大1(1)

私立大学合格
関西学院大4(2)、関西大3、同志社大4(1)、立命館大2、近畿大3、甲南大4(1)、早稲田大1、上智大1、明治大1(1)、法政大1(1)、学習院大1、兵庫医科大1、神戸学院大1、京都外国語大2、京都女子大3、神戸女学院大2、武庫川女子大3、他。
※( )内は過年度生内数

兵庫

神戸女学院中学部

学校インフォメーション

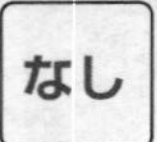

制服

通学

宗教教育

ICT教育

図書館

バリアフリー

食堂

売店

スマホ持ち込み

カウンセラー

中高大連携

ネイティブ教員

海外姉妹校

所在地　〒662-8505　西宮市岡田山4-1

電話　0798-51-8570
創立　1875年
校長　森谷　典史

生徒数　女 429人
併設校　神戸女学院高等学部・神戸女学院大学・神戸女学院大学院
WEB　https://www.kobejogakuin-h.ed.jp

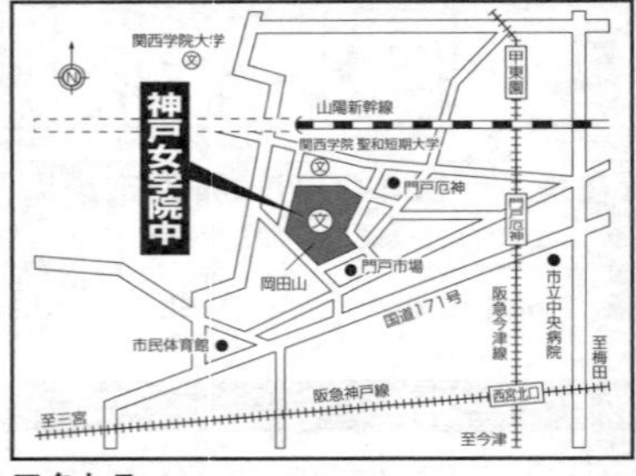

アクセス
阪急今津線門戸厄神駅下車約15分

教育方針・特色

神戸女学院は1875年に創立された、ミッションスクールとしては関西で最も長い歴史をもつ学校です。中高一貫校として、社会に必要とされる女性リーダーを育成する使命を担ってきました。創立以来「愛神愛隣」を永久標語とし、キリスト教に基づいた全人教育を行っています。個性を大切に育て、培った知識や能力を自分のためだけに使うのではなく、社会や隣人に対しても奉仕できる人間を育てることを教育の理念としています。

スクールライフ

登校時間	8:30
週登校日	5日制
学期制	3学期
制服	なし
昼食	購買・食堂あり　弁当持参可
学校行事	デイキャンプ(4月)・愛校バザー(5月)・体育祭(6月)・Global Studies Program(希望者・7月)・リーダーシップトレーニングキャンプ(希望者・7月)・夏山登山(希望者・8月)・文化祭(9月)・遠足(10月)・収穫感謝礼拝(11月)・クリスマス燭火讃美礼拝(12月)・冬山スキー(希望者・12月)・讃美歌コンクール(3月)
修学旅行	3年生10月　2泊3日　金沢・高山方面
環境・施設	葆光館(国の重要文化財に指定)・図書室・コンピュータ教室・LL教室・講堂・グラウンド・プラネタリウム・コミュニケーションセンターなど
クラブ活動	〈文化系〉 ESS、演劇研究、家庭科研究、美術、コーラス、書道、コンピューター、ギター、軽音楽、文芸、漫画・イラスト研究 〈運動系〉テニス(硬式)、バスケットボール、バドミントン、サッカー、バレーボール、卓球、新体操

2024年度 募集要項

○募集人数	135名
○願書受付	12/22(金)～1/5(金)17:00　web出願後書類郵送、必着
○受験料	24,000円
○選抜日時	1/13(土)・15(月)
○合格発表	1/16(火)13:00～1/18(木)12:00　web
○選抜方法	1日目:国・算(各120点各50分)社・理(各100点各45分) 2日目:体育実技(20点) 調査書の総合判定

2024年度 入試結果

応募者数	229
受験者数	227
合格者数	155
競争率	1.48
合格最低点	233/460

費用

《入学手続き時》

○入学金	400,000円
○協力金	100,000円

《入学後》

○授業料(年額)	420,000円
○教育充実費(年額)	277,800円
○PTA会費	5,000円
○自治会費	4,900円
○旅行積立	20,000円

奨学金・特待制度

神戸女学院中高部給与奨学金
神戸女学院からし種給与奨学金
神戸女学院めぐみ会奨学金(卒業支援奨学金)
神戸女学院中高部TAK's Support給与奨学金

独自の留学制度

特になし

併設高校の合格実績

2024年の進学状況(卒業者数145名)
大学の合格実績は非公表

女子校

学校PR

神戸女学院は「自由な校風」を大切に守り続けてきました。それを象徴するものの一つとして創立以来制服は採用していません。また、体育祭や文化祭等の行事も生徒主体で行われます。何らかのリーダーを任される機会が多く、それぞれの役割を果たす中で他者との関わり方や自らの責任、達成感などを体感し成長していきます。

松蔭中学校

学校インフォメーション

制服

通学

宗教教育

長期休暇講習

探究授業

図書館

海外研修

食堂　プール

プレテスト

カウンセラー

帰国生入試

ネイティブ教員

海外姉妹校

所在地　〒657-0805　神戸市灘区青谷町3-4-47

電話　078-861-1105
創立　1892年
校長　浅井　宣光
生徒数　女 232人
併設校　松蔭高等学校　神戸松蔭女子学院大学
WEB　https://shoin-jhs.ac.jp/

教育方針・特色

松蔭は、1892年、英国国教会の宣教師により、キリスト教精神にもとづく女子教育を目的として神戸の地に建てられました。キリスト教に基づく女子教育の伝統を大切に、知性と人間性を豊かに備えた女性の育成をめざしています。様々な行事や社会奉仕活動を通してキリスト教の精神に触れるなかで、真理を見極める力、自ら行動する力、社会に貢献する姿勢を養っていきます。

スクールライフ

登校時間　8:40
週登校日　6日制
学期制　3学期
制服　あり(夏・冬)
昼食　弁当持参(食堂、パン販売あり)
学校行事　文化祭(4月)、体育祭(9月)
修学旅行　3年生10月　3泊4日　沖縄
環境・施設　図書館(蔵書10万冊)、ICT環境、室内プール、English Room、自習室、スクールカウンセラー相談室
クラブ活動　水泳、卓球、アーチェリー、バドミントン、バスケットボール、バレーボール、ソフトテニス、テニス、コーラス、ハンドベル、茶道、華道、書道、箏曲、ダンス、演劇、放送、美術、写真

2024年度 募集要項

○募集人数　自己推薦GS入試・英語入試:グローバル・ストリーム 約30名
A方式・英語入試・課題図書プレゼン入試:ディベロプメンタル・ストリーム 約100名
B方式:ディベロプメンタル・ストリーム 約20名

○願書受付　自己推薦GS:12/9(土)10:00～1/9(火)12:00
A方式・英語・課題図書プレゼン:12/9(土)10:00～1/12(金)12:00
B方式:12/9(土)10:00～1/14(日)12:00
すべてweb出願

○受験料　20,000円
※複数出願でも、同一金額

○選抜日時　自己推薦GS・A方式:1/13(土)8:30
英語・課題図書プレゼン:1/13(土)15:00
B方式:1/14(日)15:00

○合格発表　自己推薦GS・A方式・英語・課題図書プレゼン:1/14(日)9:00web
B方式:1/15(月)17:00web

○選抜方法　自己推薦GS:英語面接
A方式:国・算　各150点各50分　理　100点40分　3科合計or2科(国算)合計を400点満点換算で判定
英語入試:英(リスニングあり)　100点50分(GS志望は英語面接)
課題図書プレゼン:プレゼン　5分以内、質疑応答　約10分　B方式:国or算　100点50分
※英検・TOEFL・漢検取得者は級・スコアに応じて5～50点の加点(A方式・英語入試・B方式のみ)

2024年度 入試結果

ディベロプメンタル・ストリーム A方式

項目	数
応募者数	53
受験者数	52
合格者数	50
競争率	1.04
合格最低点	142/400

グローバル・ストリーム 自己推薦

項目	数
応募者数	10
受験者数	10
合格者数	10
競争率	1.00
合格最低点	–

ディベロプメンタル・ストリーム 英語入試

項目	数
応募者数	11
受験者数	10
合格者数	10
競争率	1.00
合格最低点	50/100

グローバル・ストリーム 英語入試

項目	数
応募者数	8
受験者数	7
合格者数	6
競争率	1.17
合格最低点	64/100

ディベロプメンタル・ストリーム B方式

項目	数
応募者数	65
受験者数	41
合格者数	41
競争率	1.00
合格最低点	国語41・算数44/100

※課題図書プレゼン入試(応10・受10・合10)

学校PR

英語に強くなる松蔭は進化をつづけています。ディベロプメンタル・ストリームでは、英語力と国語力を中心とした言語運用能力を育成し、グローバル・ストリームでは、豊富な体験プログラムを通じて、日常生活の英語は話せて当たり前になることを目標にします。中学入試では英語1教科のみで受験することも可能で、2つの難易度から選ぶことができます。

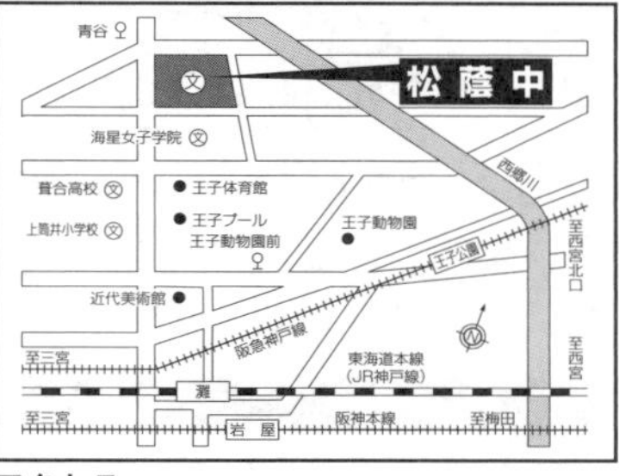

アクセス
市バス2系統青谷(松蔭女子学院前)下車すぐ
阪急神戸線王子公園駅下車徒歩約15分、
JR神戸線灘駅下車徒歩約18分、
阪神岩屋駅下車徒歩約20分

費用

《入学手続き時》

項目	金額
○入学金	400,000円

《入学時》

項目	金額
○入会金	700円
○制服・学用品費	約210,000円

《入学後》(月額)

項目	金額
○授業料	40,700円
○施設備品費	3,500円
○図書費	400円
○建築資金	4,000円
○諸会費	1,650円
○旅行積立金約	約90,000円/年
○学年費(教材・行事費など)	約70,000円/年

奨学金・特待制度

松蔭中・高校奨学金　経済的理由により、修学困難な生徒、授業料の全額または半額を給付

独自の留学制度

留学先　①ニュージーランド　②韓国
学年　中3から高2
内容　授業体験、交流プログラム、ホームステイ
費用　①約50万　②約10万

併設高校の合格実績

2024年の進学状況(卒業者数97名)
神戸松蔭女子学院大学合格17名

他の私立大学合格
関西学院大7、関西大4、京都産業大2、近畿大2、甲南大6、早稲田大2、明治大1、立教大5、摂南大4、神戸学院大9、追手門学院大1、京都外国語大1、関西外国語大5、同志社女子大1、神戸女学院大11、武庫川女子大1、甲南女子大11、神戸女子大5、大阪産業大4、大阪音楽大2、大阪芸術大2、関西看護医療大2、姫路獨協大2、兵庫大2、他。

短期大学合格6名

専門学校合格4名

兵庫

女子校

親和中学校

学校インフォメーション

制服

通学

学内予備校

ICT教育

長期休暇講習

スーパースクール

探究授業

海外研修

自習スペース

蔵書数 97,800 冊
図書館

食堂

カウンセラー

中高大連携

ネイティブ教員

所在地　〒657-0022　神戸市灘区土山町6-1

電話	078-854-3800(代)	**生徒数**	女 376人
創立	1887(明治20)年	**併設校**	親和女子高等学校、神戸親和大学・大学院
校長	中村　晶平	**WEB**	https://www.kobe-shinwa.ed.jp/

教育方針・特色

校祖友國晴子先生の建学の精神①誠実(誠のこころ)②堅忍不抜(耐え忍ぶこころ)③忠恕温和(思いやりのこころ)を柱として、人間形成を第一に、心豊かで、知を備え、世界に羽ばたく女性の育成に努めている。

2024年度より「サイエンスマインド(文系・理系の枠を超えて様々な課題をとらえ、冷静に分析してその本質を見極めようとする姿勢／根拠を基に理論的に説明し、それを活用できる『科学的思考力』)」と「グローバルマインド(文系・理系に関係なく異文化に興味を持ち、複雑な現実や多様な価値を見つめる姿勢／現地の人々と信頼関係を築く『語学力』)」の養成に、より一層力を入れるべく、「スーパーサイエンスコース」「スティーム探究コース」「グローバル探究コース」の3コース制が始動している。

スクールライフ

登校時間	8:30
週登校日	6日制
学期制	3学期
制服	あり(夏・冬)
昼食	食堂あり／弁当持参可
学校行事	文化祭(5月)・球技大会(7月)・体育祭(9月)・音楽会(11月)
修学旅行	3年生10月　3泊4日　九州・沖縄他
環境・施設	図書館・ラーニングコモンズルーム・イングリッシュルーム・講堂・(音楽・書道・美術)各教室・(物理・化学・生物)各実験室および講義室・体育館(大・小)・コンピュータ教室・ゆうルーム(相談室)・食堂など
クラブ活動	【運動部】バレーボール部(強化クラブ)・バドミントン部(強化クラブ)・バスケットボール部・ハンドボール部・ソフトボール部・テニス(ソフトテニス)部・水泳部・空手道部・陸上競技部・卓球部 【文化部】書道部・園芸部・パソコン部・新聞部・写真部・文学部・理科部・演劇部・ESS部・家庭部・ギター部・生物部・漫画研究部・放送部・社会部・美術部・コーラス部・軽音楽部・器楽部・ダンス部

2024年度 募集要項

○募集人数　約190名(スーパーサイエンスコース30名、スティーム探究コース80名、グローバル探究コース80名)

○願書受付　前期Ⅰ・Ⅱ・後期Ⅰ・Ⅱ:12/11(月)12:00〜1/10(水)12:00
後期Ⅲ:12/11(月)12:00〜1/16(火)12:00
チャレンジ:1/16(火)12:00〜1/19(金)12:00
すべてweb出願

○受験料　20,000円

○選抜日時　前期Ⅰ:1/13(土)午前
前期Ⅱ:1/13(土)午後※三宮会場あり
後期Ⅰ:1/14(日)午前
後期Ⅱ:1/14(日)午後
後期Ⅲ:1/17(水)午前
チャレンジ・急病対応入試:1/20(土)午前

○合格発表　前期Ⅰ・Ⅱ:1/14(日)18:00　後期Ⅰ・Ⅱ:1/15(月)16:00
後期Ⅲ:1/17(水)18:00　チャレンジ・急病対応:1/20(土)夕刻
いずれもWeb

○選抜方法　教科型入試:国算社理各100点各50分
総合型入試:作文50分、プレゼン、面接、書類
英語資格入試:面接、英語資格、書類
探究入試:言語探究、自然探究、数理探究　各100点各50分
前期Ⅰ:スーパーサイエンス3科(国算理)、スティーム探究3科(国算理)/2科(算+国or理)/総合型入試、グローバル探究3科(国算+理or社)/2科(国算)/総合型入試/英語資格入試
前期Ⅱ:スーパーサイエンス2科(国算)、スティーム探究1科(算)、グローバル探究1科(国)
後期Ⅰ:スーパーサイエンス3科(国算理)/探究入試、スティーム探究3科(国算理)/2科(算+国or理)/探究入試、グローバル探究3科(国算理)/2科(国算)/探究入試/英語資格入試
後期Ⅱ・Ⅲ・チャレンジ:2科(国算)

2024年度 入試結果

前期Ⅰ	スーパーサイエンス	スティーム	グローバル
応募者数	31	12	18
受験者数	28	11	18
合格者数	12	20	19
競争率	2.33	—	—
合格最低点	212/300	145/300 (合格ボーダー)	144/300 (合格ボーダー)

※合格者は移行合格を含む

前期Ⅱ	スーパーサイエンス	スティーム	グローバル
応募者数	154	38	65
受験者数	152	37	65
合格者数	46	92	65
競争率	3.30	—	—
合格最低点	140/200	60/100 (合格ボーダー)	45/100 (合格ボーダー)

※合格者は移行合格を含む

後期Ⅰ(教科・探究)	スーパーサイエンス	スティーム	グローバル
応募者数	教73・探26	教30・探9	教31・探5
受験者数	71・26	27・9	31・5
合格者数	20・11	62・18	31・7
競争率	3.55・2.36	—	—
合格最低点	教205・探198/300	教129・探147/301 (合格ボーダー)	教128・探140/302 (合格ボーダー)

※合格者は移行合格を含む

後期Ⅱ	スーパーサイエンス	スティーム	グローバル
応募者数	139	34	41
受験者数	133	30	38
合格者数	38	95	53
競争率	3.50	—	—
合格最低点	140/200	82/200 (合格ボーダー)	84/200 (合格ボーダー)

※合格者は移行合格を含む

後期Ⅲ	スーパーサイエンス	スティーム	グローバル
応募者数	16	7	12
受験者数	11	4	5
合格者数	6	8	4
競争率	1.83	—	—
合格最低点	139/200	97/200 (合格ボーダー)	74/200 (合格ボーダー)

※合格者は移行合格を含む

学校PR

本校は神戸市で最も歴史のある女子校です。137年の歴史と伝統を受け継ぎながら、大学を卒業した先にある10年後の未来を見据え変化の激しいこれからの国際社会を切り開く、「人間力」を備えた女性を育成します。9万冊超の蔵書を誇る図書館、親和独自の『探究学習』、豊富な国際交流プログラム、全教室に設置した電子黒板や1人1台に貸与したタブレットなど、時代の変化に対応した教育環境も用意しています。また、部活動や学校行事も盛んで、特に毎年多くの来場者で賑わう文化祭は、生徒主導で盛り上げています。

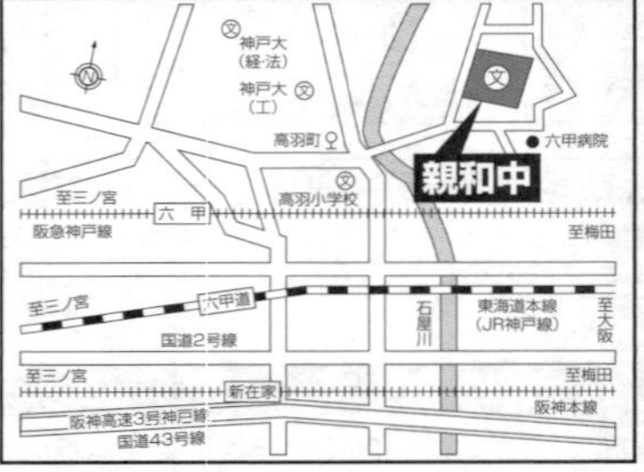

アクセス
阪急神戸線六甲駅徒歩約15分
阪神本線御影駅・JR神戸線六甲道駅より
市バス16系統高羽町下車徒歩5分

費用

《入学手続き時》

○入学金	350,000円

《入学時》

○制服・学用品代	約123,000円

《入学後》

○授業料	(SS)456,000円 (ST・GL)408,000円
○施設整備費	180,000円
○教育充実費	126,000円
○諸会費	40,800円
○教材費	約100,000円
○旅行積立金	約100,000円

※教材費・旅行積立金は、年度・学年・コースによって変動します。

奨学金・特待制度

親和中学校・親和女子高等学校学習奨励奨学金制度
親和中学校スポーツ・文化芸術活動奨励金制度
ファミリー特典制度

独自の留学制度

[海外姉妹校・協定校]との語学研修・交流
①マック・ロバートソン女子高校(オーストラリア)
②東北師範大学附属中学(中国)
③長春外国語学校(中国)
④長春日章学園高中(中国)
⑤海寧市紫微中学(中国)

併設高校の合格実績

2024年の進学状況(卒業者数176名)

神戸親和大学合格8(8)名

国・公立大学合格33(25)名

大阪大2(1)、神戸大1(1)、九州大1(1)、大阪公立大2(2)、奈良女子大1(0)、神戸市外国語大1(1)、岡山大1(1)、広島大1(1)、兵庫県立大7(5)、和歌山県立医科大1(1)、他。

他の私立大学495(403)名

関西学院大50(35)、関西大33(30)、同志社大13(13)、立命館大21(9)、京都産業大2(2)、近畿大77(70)、甲南大36(30)、龍谷大7(6)、佛教大1(1)、早稲田大1(1)、上智大1(1)、立教大3(3)、日本大2(1)、駒澤大2(0)、大阪医科薬科大7(6)、兵庫医科大5(5)、大阪歯科大4(0)、京都薬科大1(1)、神戸薬科大7(6)、摂南大4(4)、神戸学院大28(26)、追手門学院大7(7)、京都外国語大1(1)、関西外国語大15(15)、大阪経済大3(3)、大阪工業大3(3)、京都女子大6(5)、同志社女子大6(6)、神戸女学院大40(26)、武庫川女子大16(15)、他。

省庁大学校合格2(2)名

防衛医科大1(1)、水産大1(1)。

※( )内は現役合格内数

中 園田学園中学校

学校インフォメーション

制服

通学

ICT教育

習熟度別授業

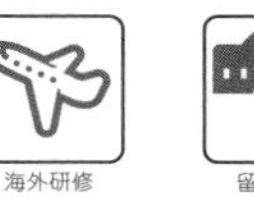
海外研修

留学制度

バリアフリー

食堂

スマホ持ち込み

カウンセラー

中高大連携

ネイティブ教員

海外姉妹校

所在地　〒661-0012　兵庫県尼崎市南塚口町1丁目24-16

電話	06-6428-2242	**生徒数**	女 40人
創立	1938年	**併設校**	園田学園高等学校、園田学園大学
校長	厚田　太加志	**WEB**	https://www.sonodagakuen.ed.jp/

アクセス
阪急神戸線塚口駅下車南へ徒歩8分
JR宝塚線塚口駅下車西へ徒歩16分

教育方針・特色

「明るく　清く　正しく　強く」を校訓とし、「知性と豊かな情操、品性を身につけ、健康でいきいきとした活力あふれる人材を育成する」ことを教育方針としています。
本校に入学してくる生徒は、難関大学を目指したい、スポーツで一流をめざしたい、友達と楽しい学園生活を送りたいなど、個性も夢もさまざまです。生徒の個性をみつめ、伸ばし、夢を実現させるために、アットホームな校風のなかで生徒一人ひとりをサポートしていく学園です。

スクールライフ

登校時間	8:30
週登校日	5日制
学期制	3学期
制服	あり（夏・冬）
昼食	購買・食堂あり（月・水・金）　弁当持参可
学校行事	体育祭（9月）・文化祭（9月）
修学旅行	3年生11月　8泊10日　ニュージーランド
環境・施設	2017年に新校舎が完成し、2018年には部室棟やサブホールといった施設も完成。 光を多く取り入れた明るい廊下で、すべての教室には、ホワイトボードとプロジェクターを設置している。 全館にWi-Fi環境が整備されICT教育に対応している。生徒はタブレットを持って学習に取り組んでいる。 本格的な茶室や36畳の和室では、茶道や着付けなどの授業も実施する。
クラブ活動	テニス・バドミントン・モダンダンス・卓球・放送・演劇・コーラス・吹奏楽・美術・書道・ESS・ICT研究会など

2024年度 募集要項

○募集人数	30名
○願書受付	A日程：12/11（月）～1/12（金）12:00 B日程：12/11（月）～1/13（土）12:00 C日程：12/11（月）～1/17（水）12:00 すべてweb出願 特色入試：12/11（月）～12/25（土）、1/5（金）～1/12（金）12:00　窓口のみ
○受験料	20,000円
○選抜日時	A日程・特色入試：1/13（土） B日程：1/14（日）　C日程：1/18（木）
○合格発表	A日程：1/14（日）　B日程：1/15（月） C日程：1/19（金）　いずれもweb10:00 特色入試：1/14（日）郵送
○選抜方法	国・算　各100点各50分　英　100点35分 A日程：国・算・英から2科・面接 B・C日程：国・算・面接 特色入試：面接（事前に個別相談・書類提出）

2024年度 入試結果

A日程		特色	
応募者数	3	応募者数	12
受験者数	3	受験者数	12
合格者数	2	合格者数	12
競争率	1.50	競争率	1.00
合格最低点	非公表	合格最低点	非公表

B日程		C日程	
応募者数	1	応募者数	0
受験者数	1	受験者数	0
合格者数	1	合格者数	0
競争率	1.00	競争率	—
合格最低点	非公表	合格最低点	—

学校PR

少人数の教育の利点を活かし、一人ひとりの学習習慣と生活習慣を丁寧に指導していきます。中学校1年生では、2泊3日の合宿研修、2年生では岡山県の農家での2泊3日のホームステイ、3年生では、10日間のニュージーランド研修に取り組みます。これらの活動の中で視野を広げ、コミュニケーション力を高めます。

費用

《入学手続き時》

○入学金	310,000円
○各種入会金	17,000円
○年間諸経費	81,000円
○制服等制定品費	129,140円

《入学後》

○授業料	468,000円
○諸会費	24,000円
○研修費積立金	120,000円
○諸経費（タブレット代）	62,000円

奨学金・特待制度

ファミリー減免制度

独自の留学制度

特になし

併設高校の合格実績

2024年の進学状況（卒業者数157名）
園田学園女子大学合格58名
園田学園女子大学短期大学部合格36名

国・公立大学合格1名
愛媛大1。

他の私立大学合格106名
関西学院大1、関西大1、立命館大2、京都産業大1、近畿大12、神戸学院大2、追手門学院大13、桃山学院大1、関西外国語大1、武庫川女子大2、大阪経済法科大1、大阪体育大1、森ノ宮医療大2、藍野大3、甲南女子大7、他。

他の短期大学合格4名

専門学校合格25名

武庫川女子大学附属中学校

学校インフォメーション

制服

通学

ICT教育

長期休暇講習

海外研修

プール

図書館

食堂

スマホ持ち込み

カウンセラー

プレテスト

帰国生入試

中高大連携

ネイティブ教員

所在地　〒663-8143　兵庫県西宮市枝川町4-16

電話	0798-47-6436	**生徒数**	女 402人
創立	1939年	**併設校**	武庫川女子大学附属幼稚園、保育園、高等学校、武庫川女子大学、大学院
校長	世良田　重人	**WEB**	https://jhs.mukogawa-u.ac.jp/

アクセス
- 阪神本線鳴尾・武庫川女子大前駅下車徒歩約15分
- 阪神本線甲子園駅下車阪神バス
  武庫川女子大附属中高前下車すぐ

教育方針・特色

本学院では立学の精神である「高い知性」・「善美な情操」・「高雅な徳性」を教育の原点とし、「自ら考え、動く」人の育成をめざし、「知識・姿勢・行動」という視点からなる「MUKOGAWA COMPASS」に基づく教育活動を展開します。生徒一人ひとりのニーズに応じた文理の枠にとらわれない授業を展開し、探究活動や海外研修、短期留学を強化し、部活動と学習とを両立させるなど、大学附属校だからこそできる一貫教育の魅力にあふれています。

スクールライフ

登校時間	8:30
週登校日	5日制　隔週で土曜日があります
学期制	3学期制
制服	あり(夏・冬)
昼食	食堂あり　弁当持参可
学校行事	武庫川フェスティバル(5月)　体育大会(10月)
修学旅行	3年生5月　3泊4日　北九州
環境・施設	ICT環境・図書館・プール(2面)・体育館・体育室4面・アリーナ
クラブ活動	放送部・コーラス部・オーケストラ部・マーチングバンド部・体操部・新体操部・バドミントン部・水泳部・バトントワリング部・創作ダンス部・柔道部・カヌー部など、計40の部活があります。

2024年度 募集要項

○募集人数　240名(SOAR(ソアー)探究コース 200名、SOAR(ソアー)グローバルサイエンスコース 40名)

○願書受付　12/19(火)～1/10(水)24:00　web出願

○受験料　20,000円
※入試2回出願(例:「A方式」と「B方式」に出願)の場合、30,000円
※入試3回出願(例:「A方式」と「B方式」と「C方式」に出願)の場合、50,000円
※入試4回もしくは5回出願(例:「自己推薦入試」以外すべてに出願)の場合、70,000円

○選抜日時　自己推薦入試・A方式:1/13(土)8:40
B方式:1/13(土)16:30学校・西宮北口会場
プログラミング入試:1/14(日)11:00
C方式:1/14(日)16:20～
D方式:1/15(月)8:40～

○合格発表　自己推薦入試・A方式:1/14(日)11:00
B方式:1/15(月)　16:00　プログラミング入試・C方式・D方式:1/16(火)　11:00　いずれもweb

○選抜方法　自己推薦入試(事前に出願資格確認が必要):作文(600～800字)50分・面接
A方式:国・算各100点各50分　理か英100点50分　3科(国算理/国算英)/2科(国算)・面接
B方式:国・算・英(リスニング含む)各100点各50分　国算or国英or算英選択
プログラミング入試:プログラミング実技50分
C方式:算or英(リスニング含む)100点50分
D方式:国・算各100点各50分
※A・B・C・D方式は資格取得加点あり

2024年度 入試結果

自己推薦入試	全コース計	探究・GS
応募者数	32	
受験者数	32	
合格者数	32	27・5
競争率	1.00	
合格最低点	—	—

A方式	全コース計	探究・GS
応募者数	76	
受験者数	76	
合格者数	74	60・14
競争率	1.03	
合格最低点	—	探究143/300 78/200 GS 233/300 142/200

B方式	全コース	探究・GS
応募者数	151	
受験者数	149	
合格者数	145	89・56
競争率	1.03	
合格最低点	—	探究78/200 GS 130/200

プログラミング入試		探究コース
応募者数		5
受験者数		5
合格者数		3
競争率		1.67
合格最低点		—

C方式	全コース	探究・GS
応募者数	83	
受験者数	46	
合格者数	44	23・21
競争率	1.05	
合格最低点	—	探究:算36・英64/100 GS:算68・英84/100

D方式	全コース	探究・GS
応募者数	160	
受験者数	70	
合格者数	65	26・39
競争率	1.08	
合格最低点	—	探究114/200 GS 174/200

学校PR

2024年4月より、SOAR(ソアー)グローバルサイエンス・SOAR探究の2コース制が新たにスタートしました。全生徒がiPadを持ち、日々の授業に役立てています。他校にはない先進的なICT推進や、部活動は40もあり、多くの部活が全国大会へ出場しています。
校内案内、部活見学等ご希望の方は、気軽に本校までご連絡ください。

費用

《入学手続き時》

○入学金	200,000円
○施設費	100,000円
○制服、学用品代等	226,801円

《入学後》

○授業料	668,400円
○教材費	CS 74,100円 CG 75,900円
○会費等	30,560円
○積立金	CS 124,800円 CG 64,800円

奨学金・特待制度

在学中優秀な成績をおさめた生徒に対する奨学金、特待生制度

独自の留学制度

留学先	カナダ、アメリカ、オーストラリア、アイルランド、ニュージーランド、フィンランド、タイ
学年	3年のみ
内容	短期交換留学生として約3週間留学
費用	渡航費用のみ

併設高校の合格実績

2024年の進学状況(卒業者数223名)
武庫川女子大学・武庫川女子大学短期大学部進学188名
(内訳)文学部10、心理・社会福祉学部13、生活環境学部22、食物栄養科学部14、音楽学部2、看護学部10、教育学部22、健康・スポーツ科学部11、社会情報学部20、建築学部7、薬学部27、経営学部29、短期大学部1

国・公立大学合格
神戸大、兵庫県立大、大阪教育大、他。

他の私立大学合格
関西大、同志社大、甲南大、他。

姫路女学院中学校

学校インフォメーション

制服　通学　ICT教育　習熟度別授業　留学制度　図書館　食堂

スマホ持ち込み　カウンセラー　プレテスト　帰国生入試　奨学生制度　英語イマージョン　海外姉妹校

所在地　〒670-0964　兵庫県姫路市豊沢町83番地

電話	079-224-1711	**生徒数**	女 51人
創立	1921年	**併設校**	姫路女学院高等学校
校長	摺河 祐彦	**WEB**	https://www.himeji-jogakuin.ed.jp/junior/

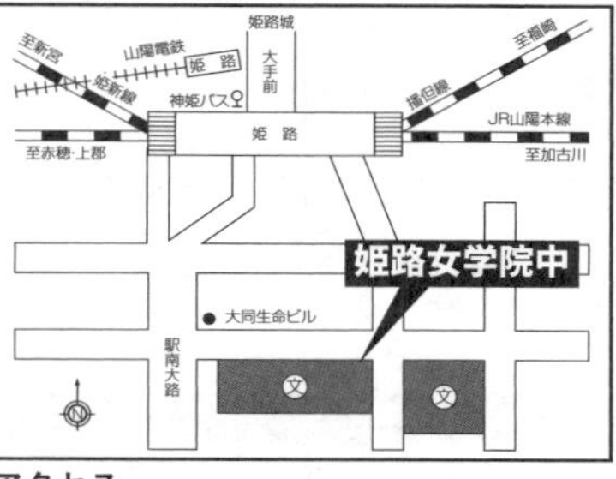

アクセス
JR山陽本線・姫新線・播但線姫路駅下車徒歩5分。
山陽電鉄・神姫バス姫路駅下車徒歩8分

教育方針・特色

未来指針は「自立」と「共生」。「形から入って心を育てる」教養をベースに、リベラルアーツ教育と国際教育を学ぶことにより、自分自身の価値を培い、地球規模でものごとを捉えることのできる"国際教養人"を育成します。

スクールライフ

登校時間	8:25
週登校日	6日制　第2・第4土曜休み
学期制	3学期
制服	あり(夏・冬)
昼食	食堂あり・弁当持参可
学校行事	体育祭5月・世界遺産を巡る研修旅行5月、文化祭9月・リベラルアーツフェスティバル2月
修学旅行	3年生11月実施　カナダ
環境・施設	姫路駅から徒歩5分のアクセスしやすい立地。摺河静男記念講堂をはじめ、洗練された佇まいを見せる施・設備のなかで学ぶことが出来る。
クラブ活動	★は強化クラブ 【運動部】★サッカー部　★バレーボール部　★ソフトボール部　★剣道部　★陸上競技部　卓球部　ゴルフ部　バドミントン部　ソフトテニス部　バスケットボール部　ダンス部 【文化部】★ギター・マンドリン部　陶芸部　茶道部　華道部　和装部　園芸部　図書部　美術部　手芸部　放送部 化学部　吹奏楽部　書道・硬筆部　演劇部 パソコン部・マーケティング部　写真部　数学部　ESS部　音楽部　文芸部 【特別クラブ】インターアクトクラブ　Sクラブ

2024年度 募集要項

○募集人数	30名
○願書受付	12/11(月)～試験前日15:00 すべてweb出願
○受験料	20,000円 ※A1日程出願の場合、他日程を重複出願しても20,000円
○選抜日時	A日程:1/13(土) 8:30　B日程:1/14(日) 15:30　C日程:1/20(土)9:30
○合格発表	A日程:1/14(日)　B日程:1/15(月) C日程:1/22(月) いずれも13:00web、14:00掲示
○選抜方法	A1日程　2科型:国・算　各100点各50分 A1日程　英1科:英100点50分・リスニング50点15分・面接(英会話)50点 A1日程　ネクスタート:国or算50点50分・実績50点・保護者同伴面接50点(出願資格あり) B・C日程　国算2科型:国・算　各100点各50分 C日程　1科型:国or算or理100点50分・作文(未来探究型)100点40分

2024年度 入試結果

	A1日程(ネクスタート)	A1日程(教科型)
応募者数	12	9
受験者数	12	7
合格者数	12	7
競争率	1.00	1.00
合格最低点	94/150	118/200

	B日程	C日程
応募者数	23	15
受験者数	10	4
合格者数	9	4
競争率	1.11	1.00
合格最低点	72/200	95/200

費用

《入学手続き時》

○入学金	320,000円
○施設費	80,000円
○制服代等	別途必要

《入学後》

○授業料	(月額)36,500円
○生徒会費	2,400円
○施設設備維持費	3,000円
○積立費	12,500円

※教具・教材費・学級費 別途必要

奨学金・特待制度

奨学金制度など　あり

独自の留学制度

タイ、ポーランド、インドネシア、パラグアイに姉妹校があり、研修旅行や交換留学を柱にした国際交流の輪を広げている。

併設高校の合格実績

2024年の進学状況(卒業者数208名)
国・公立大学合格1名
神戸市看護大1。

私立大学合格119名
関西学院大5、同志社大5、立命館大1、近畿大4、甲南大4、龍谷大1、神戸学院大3、追手門学院大4、桃山学院大1、京都外国語大2、大阪経済大1、京都女子大1、同志社女子大1、武庫川女子大5、神戸女子大11、神戸松蔭女子学院大1、神戸芸術工科大2、甲南女子大3、兵庫大2、他。

短期大学合格10名

専門学校合格95名

学校PR

少人数ならではの一人ひとりに向き合った学習や進路、生活面の丁寧な指導を徹底。難関国公立大学、難関私立大学、海外大学進学など希望進路の実現を見据え、広く深い教養と国際的な視野を身につける新しい教育を展開します。中高一貫にしかできない豊かな教育、姫路女学院にしかできない多様な教育を通じて、国内外で活躍できる女性を育てていきます。

百合学院中学校

兵庫

学校インフォメーション

制服

通学

宗教教育

ICT教育

長期休暇講習

習熟度別授業

海外研修

自習スペース

カフェテリア

スマホ持ち込み

カウンセラー

プレテスト

特待生制度

ネイティブ教員

所在地　〒661-0974　兵庫県尼崎市若王寺2-18-2

電話	06-6491-6298	**生徒数**	女 150人
創立	1961年	**併設校**	百合学院幼稚園・小学校・高等学校
校長	葵　光裕	**WEB**	http://jrhigh.yuri-gakuin.ac.jp/

教育方針・特色

(1)カトリックの理念に基づき、知的・道徳的・宗教的情操教育を行い、円滑な人格を育成する。

(2)キリスト教の原理・倫理を学び、人生の目的・意義をよりよく把握し、常に真理を探求しようとする真摯な態度と、いかなる時にも良心的行動がとれる強固な意志を育成する。

(3)キリスト教の観点から、純潔・愛徳を重視し、世相の波に流されず、心身の純潔を保ち、豊かな隣人愛をもって献身奉仕することにより、清廉・感謝・忠実・素直・克己・礼節などを身につけ、社会に貢献しうる女性を育成する。

スクールライフ

登校時間	8:25
週登校日	5日制
学期制	3学期
制服	あり(夏・冬・合服)
昼食	購買・食堂あり　弁当持参可
学校行事	6月　学院バザー　9月　文化活動発表会・体育祭　11月　校外学習　12月　クリスマスの集い
修学旅行	3年生11月　2泊3日　長崎方面
環境・施設	図書館・プール・Wi-Fi・音楽ホール・クラブ練習場他
クラブ活動	バスケットボール部・バドミントン部・チアダンス部・軟式野球部・テニス部・卓球部・アンサンブル部・美術部・家庭科部・フォークソング部・文芸部・演劇部・書道部・プログラミング研究会

2024年度 募集要項

○募集人数	A日程　約50名　B日程　約10名 C日程　約10名
○願書受付	A日程:12/6(水)9:00～1/12(金)16:00 B日程:12/6(水)9:00～1/13(土)12:00 C日程:12/6(水)9:00～1/16(火)16:00 すべてweb出願
○受験料	20,000円 ※複数日程同時出願の場合、1回分の受験料のみで受験可能
○選抜日時	A日程(一般・自己推薦型・英語):1/13(土) B日程:1/14(日)　C日程:1/17(水)
○合格発表	A日程:1/13(土)16:00 B日程:1/14(日)13:00 C日程:1/17(水)13:00 いずれも学校で直接通知、A日程は郵送あり
○選抜方法	一般:国・算　各100点各50分・面接 自己推薦型:事前審査が必要　作文50分・面接 英語:事前に書類提出　英100点40分・面接 ※漢検・英検・数検準1級以上40点、2級30点、準2級20点、3級15点、4級10点、5級5点加点

2024年度 入試結果

A日程		B日程	
応募者数	51	応募者数	28
受験者数	47	受験者数	5
合格者数	46	合格者数	5
競争率	1.02	競争率	1.00
合格最低点	64/200	合格最低点	非公表

C日程	
応募者数	29
受験者数	7
合格者数	7
競争率	1.00
合格最低点	非公表

学校PR

伝統的に生徒と教師、上級生と下級生の距離が近く、アットホームな雰囲気の中、学習・メンタル共にきめこまかな指導が行われています。授業5日制で土曜日は英数国の「わからない」を解決する土曜補習、より高度な問題にチャレンジする英数のハイレベル講習が行われます。高校ではていねいな個別指導と豊富な指定校推薦により確実な大学進学を実現しています。

アクセス
阪急園田駅下車徒歩12分
阪神尼崎駅・JR尼崎駅より阪神バス百合学院バス停
阪急園田駅・阪神尼崎駅・JR尼崎駅より
スクールバス運行

費用

《入学手続き時》

○入学金	270,000円
○施設整備金	180,000円

《入学後》(月額)

○授業料	32,000円
○教育充実費	5,000円
○図書費	500円
○環境整備費	2,000円
○保護者会会費	2,000円
○生徒会会費	400円
○修学旅行その他積立金	6,500円
○学年・教材費	8,500円

奨学金・特待制度

入試成績・プレテスト成績・6年生の模試成績・スポーツ経験実績により特待生学費減免制度あり。

独自の留学制度

留学先	オーストラリア・シンガポール等より選択
学年	2年生より
内容	希望者が春休み・夏休みに短期入学

併設高校の合格実績

2024年の進学状況(卒業者数78名)

国・公立大学合格3名

神戸大1、神戸市外国語大1、和歌山県立医科大(医)1。

私立大学合格

関西学院大11、関西大5、同志社大1、立命館大1、京都産業大1、近畿大3、甲南大5、龍谷大2、大阪医科薬科大1、兵庫医科大(医)1、京都薬科大1、神戸薬科大2、摂南大2、神戸学院大2、追手門学院大2、桃山学院大2、京都外国語大2、関西外国語大1、大阪工業大1、京都女子大3、同志社女子大1、神戸女学院大6、甲南女子大5、神戸女子大1、神戸松蔭女子学院大4、東北医科薬科大(医)1、他。

女子校

中等 神戸大学附属中等教育学校

学校インフォメーション

制服

通学

スーパースクール

探究授業

探究授業

自習スペース

図書館

売店

スマホ持ち込み

カウンセラー

中高大連携

ネイティブ教員

海外姉妹校

所在地 〒658-0063 兵庫県神戸市東灘区住吉山手5-11-1

電話	078-811-0232	**生徒数**	男351人 女354人(前後期計)
創立	2009年	**併設校**	神戸大学・神戸大学附属幼稚園・神戸大学附属小学校・神戸大学附属特別支援学校
校長	井上 真理	**WEB**	https://www.edu.kobe-u.ac.jp/kuss-top/

教育方針・特色

〈校訓〉「自治」「協同」「創造」

〈教育理念〉

神戸大学附属学校園は、神戸大学の理念である「真摯・自由・協同」の精神に基づき、社会を創造する知性を持ち国際感覚にあふれた人材の育成をねらいとした教育を行い、心豊かな人づくりの推進に寄与することを基本理念とする。

〈教育目標〉

国際的視野を持ち未来を切り拓くグローバルキャリア人を育成する。「見つける力」「調べる力」「まとめる力」「発表する力」の4つの力を、教科の学習はもちろん、「Kobe ポート・インテリジェント・プロジェクト」や様々な教科外活動、部活動を通して総合的な教育体制の下で育成する。

〈教育課程〉

中学校にあたる前期課程と高等学校にあたる後期課程で6年一貫教育を行う。1・2年を基礎期、3・4年を充実期、5・6年を発展期と区分し、発展期では、人文・社会科学類型と自然・生命科学類型に分かれる。

スクールライフ

登校時間	8:40
週登校日	5日制
学期制	2学期
制服	あり(夏・冬)
昼食	弁当持参
学校行事	文化祭(5月)、探究週間(10月)、体育祭(10月)、がん教育講座
修学旅行	高校2年生(5年)
環境・施設	2011年7月～9月に校舎の集中改修工事を行った。
クラブ活動	【運動部】陸上競技、サッカー、卓球、バレーボール、バスケットボール、テニス 【文化部】吹奏楽、コーラス、家庭科研究、科学研究、美術、演劇、PC、ESS

2024年度 募集要項

○募集人数	男女120名 (一般適性検査と連携適性検査の合計)
○願書受付	12/1(金)～12/12(火)Web出願
○受験料	5,000円
○選抜日時	1/17(水)
○合格発表	1/20(土)10:00(予定)、ホームページ
○手続締切	1/20(土)15:00 保護者同伴
○選抜方法	言語表現(50分100点)、数理探究(50分100点)、自然環境又は市民社会(50分100点)+学びの報告書40点の340点満点で判定

2024年度 入試結果

	男子	女子
応募者数	569	405
受験者数	357	304
合格者数	100	85
競争率	3.57	3.58
合格最低点	246/340	246/340

※附属小学校からの進学者(受41、合25)含まない

学校PR

生徒がやりたいことを思う存分やることができる学校です。
学校はそれを精一杯サポートします。

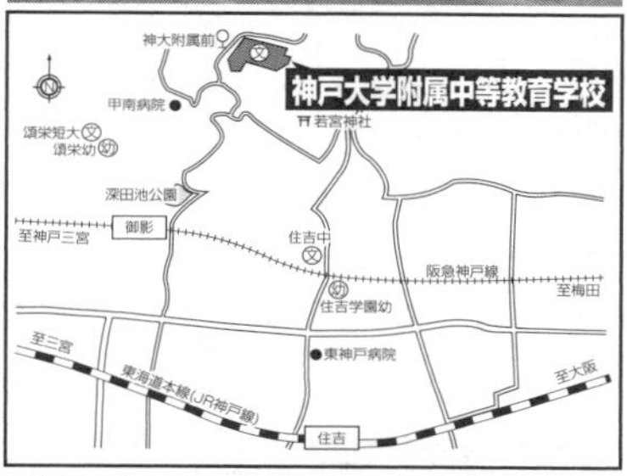

アクセス
阪急御影駅から徒歩約15分
JR住吉駅から神戸市バス39系統で約20分
市バス19系統・39系統で約14分(登校時約7分)

費用

《入学手続き時》

○入学金	不要
○制定品等	

《入学後》

○授業料(年額)	不要
○納付金等	

奨学金・特待制度

特になし

独自の留学制度

特になし

併設高校の合格実績

2024年度の合格状況(卒業生105名)
神戸大学18(11)名(内医2(2)名)
他の国・公立大学合格99(68)名
東京大4(2)、京都大7(5)、一橋大2(2)、東京工業大1(1)、大阪大15(14)(内医2(2))、北海道大3(3)、東北大2(2)、大阪公立大4(1)、筑波大1(1)、奈良女子大1(1)、神戸市外国語大3(2)、岡山大4(3)(内医3(2))、広島大5(3)(内医1(0))、和歌山大1(1)、兵庫県立大4(2)、大阪教育大1(0)、京都市立芸術大1(0)、神戸市看護大1(1)、奈良県立医科大1(1)(内医1(1))、芸術文化観光専門職大学1(1)、他。医学部医学科14(9)名。

※( )内は現役内数

兵庫教育大学附属中学校

学校インフォメーション

制服

通学

探究授業

STEAM教育

海外研修

プール

図書館

バリアフリー

エレベーター

昼食

スマホ持ち込み

プレテスト

ネイティブ教員

所在地　〒673-1421　兵庫県加東市山国2007-109

電話　0795-40-2222
創立　1981年
校長　冨田　明徳
生徒数　273人
併設校　兵庫教育大学・兵庫教育大学附属小学校・幼稚園
（高校は併設していない）
WEB　https://www.hyogo-u.ac.jp/middle/

アクセス
JR加古川線社町駅下車神姫バス15分
社高校前下車徒歩5分

教育方針・特色

教育基本法及び、学校教育法等で定められている学校教育の目的と目標の基盤の上に立ち、学校・地域の実態に即し、次の教育目標（生徒像）を設定し、教育活動の推進に当たる。
《学校目標》
「人生をたくましく豊かに生き抜くために、考え、鍛え、行動する人間の育成」
～物事を多角的に理解し、やり抜く力を持つ生徒の育成～
・生命を大切にし、自他の人格や個性を尊重し合う生徒
・ものごとを真剣に考え、適切に判断し、進んで行動する生徒
・心身を鍛え、強い意志と体力をもつ生徒
・豊かに感じる心をもち、表現できる生徒
・たがいを信頼し、共に助け合い磨き合う生徒
・社会的自立を目指し、自己の能力や創造性を伸ばす生徒
・社会に積極的に奉仕し、地域・社会の担い手としての資質を磨く生徒
・学びを人生や社会に生かそうとする生徒

スクールライフ

登校時間　8:30
週登校日　5日制
学期制　3学期
制服　あり（夏・冬）
昼食　給食あり
学校行事　交通安全教室（4月）、加東市総合体育大会（5月）、文化祭（10月）、研究発表会（1月）
修学旅行　中学3年生9月　九州
環境・施設　普通教室、体育館、プール、武道場、音楽室、美術室など。
クラブ活動　【運動部】女子バレーボール、男子バスケットボール、サッカー、男・女ソフトテニス、陸上競技、野球、剣道
【文化部】吹奏楽、科学、美術など

2024年度 募集要項

○募集人数　男女90名（内部進学者含む）
○願書受付　12/5（火）～12/8（金）9:00～17:00
※郵送の場合必着
○受験料　5,000円
○選抜日時　1/13（土）
○合格発表　1/23（火）郵送
○手続締切　2/19（火）
○選抜方法　国語（40分）、算数（40分）、社会（40分）、理科（40分）、個人面接

2024年度 入試結果

応募者数	82
受験者数	81
合格者数	78
競争率	1.03
合格最低点	非公表

費用

《入学手続き時》
○入学金　不要
○制定品等

《入学後》
○授業料（年額）　不要
○納付金等

奨学金・特待制度

特になし

独自の留学制度

特になし

併設高校の合格実績

2024年度の合格状況（卒業者数79名）
※併設高校がないため実績は中学卒業後の進学先

国・公立高校合格
明石高専3、小野高16、西脇高10、社高13、三田祥雲館高3、北摂三田高1、神戸高1、加古川西高1、他。

私立高校合格
神戸学院大学附属高3、仁川学院高1、関西学院高1、神戸星城高1、滝川第二高1、彩星工科高1、他。

学校PR

Agencyを育成するために、「自分の成長を語れるように」ということを大切にして、探究学習に取り組んでいる。その過程の中で、悩んだことや失敗したこと、成功したこと、誰かとの出会い、そこでの気づきや学び、身につけた力こそが、変化の激しい時代において困難に立ち向かうために必要な資質・能力であると考えている。このような気づきや学びを意識化させるために、自分がどのように成長したのかを語る活動を行っている。

兵庫県立芦屋国際中等教育学校

学校インフォメーション

制服

通学

海外研修

プール

食堂

スマホ持ち込み

カウンセラー

帰国生入試

ネイティブ教員

英語イマージョン

海外姉妹校

所在地　〒659-0031　兵庫県芦屋市新浜町1-2

電話	0797-38-2293	**生徒数**	男159名 女303名（前後期計）
創立	2003年	**併設校**	なし
校長	川崎　芳徳	**WEB**	https://www.hyogo-c.ed.jp/~ashiyai-ss/index-j.html

教育方針・特色

〈教育目標〉
1　言語環境や文化的背景の異なる子どもたちの相互啓発により、共に生きる心をはぐくみ、多文化社会に生きる人間形成を図る。
2　個に応じた指導の充実により、基礎・基本を確実に身につけ、それを基に自ら学び、考え、判断し行動する力を培う。
3　コミュニケーション能力や異なる文化を理解・尊重する態度など豊かな国際感覚を備え、国際社会に貢献できる力を育てる。
校訓 RESPECT INTEGRATION CONTRIBUTION
〈教育の特徴〉
異なる言語環境や文化的背景のもとに育った生徒が、一般の中学校・高等学校にあたる前期課程・後期課程の6年間を通じて、能力や適性に応じて弾力的に学ぶ中高一貫校として教育活動を展開する。
・多様な少人数授業の推進
・外国語講師等を活用したさまざまなティーム・ティーチングの推進
・個に応じた「グループ別英語学習」・「日本語教室」の展開
〈教育内容〉
1　自己実現への支援
生徒の出身国等の言語や文化の学習機会を提供するなど、自尊感情や自己肯定感をはぐくみ、豊かな共生の心を培い、自己実現を図るための支援を行う。
2　弾力的な学習支援
少人数指導や個別指導など、6年間を通じた弾力的なカリキュラム編成を行い、日本語の語学力や日本文化の理解の程度、海外での生活で身につけた語学力や教科内容の理解等に応じた学習支援を行う。
3　主体的な進路形成の支援
様々な語学に関する資格試験に対応する学習指導を含め、生徒の個性を生かした資格取得を支援し、後期課程においては、取得した資格を単位として認定するなど、生徒の達成感や充実感を引き出す取り組みをとおして、主体的な進路形成を支援する。
4　心の教育の推進
生徒の学習・生活面における悩みだけでなく、保護者の悩みも受け止め、学校と保護者が手を携えて6年間の学校生活を支援する。
5　交流活動の推進
地域の学校や国際交流協会、国際協力機構（JICA）などの関係機関等との連携・交流を図り、多様な学習環境を創造する。

スクールライフ

登校時間	8:25
週登校日	5日制
学期制	3学期
制服	あり（夏・冬）
昼食	弁当持参
学校行事	農業体験（1年・5月）、文化祭（6月）、芸術鑑賞会（7月）、スポーツ大会（7月）、体育大会（9月）、トライやるウィーク（2年・11月）、AI発表会（1年・2月）、合唱コンクール（3月）
修学旅行	中学3年　沖縄　高校2年（5年）　ニュージーランド研修
環境・施設	
クラブ活動	【運動部】カヌー、剣道、硬式テニス、サッカー、ソフトボール（女子）、バスケットボール、バドミントン（女子）、陸上競技 【文化部】ESS、コーラス、情報文学、吹奏楽、美術、邦楽、科学

2024年度 募集要項

○募集人数　男女80名
（外国人30名、帰国生30名、一般20名）
○願書受付　1/11（木）～1/16（火）（土日を除く9:00～16:30・1/16は12:00まで）窓口出願のみ
○受験料　2,200円
○選抜日時　2/3（土）
○合格発表　2/8（木）
○手続締切　2/17（土）～2/22（木）9:00～16:30
○選抜方法　書類審査、個人面接および作文

2024年度 入試結果

応募者数	232
受験者数	217
合格者数	80
競争率	2.71
合格最低点	非公表

学校PR

国際色豊かな環境の中、生徒たちは個性を生かし生き生きと学校生活を送っています。

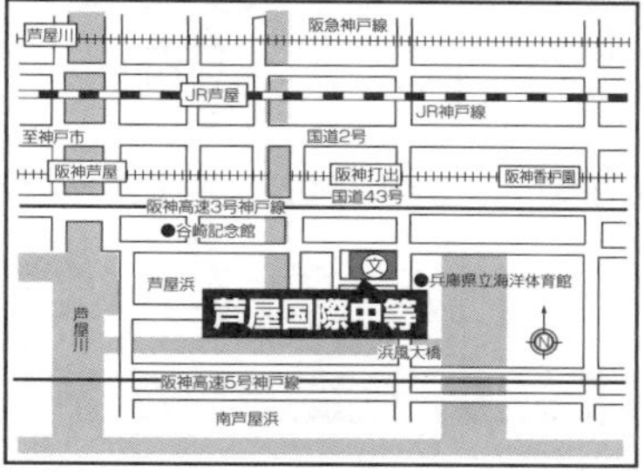

アクセス
阪神打出駅下車徒歩約15分
阪神芦屋駅・JR芦屋駅・阪急芦屋川駅下車阪急バス芦屋浜営業所前下車すぐ

費用

《入学手続き時》
○入学金　不要
○制定品等

《入学後》
○授業料（年額）　不要
○納付金等

奨学金・特待制度

特になし

独自の留学制度

特になし

併設高校の合格実績

2024年度の合格状況（卒業生74名）
国・公立大学合格
京都大1、大阪大1、神戸大1、大阪公立大2、兵庫県立大1、神戸市外国語大1、奈良女子大1、岡山大2、他。

私立大学合格
関西学院大14、関西大17、同志社大6、立命館大10、京都産業大3、近畿大26、甲南大5、慶応義塾大2、東京理科大4、明治大2、青山学院大1、中央大2、大阪工業大6、追手門学院大6、関西外国語大4、武庫川女子大2、神戸女学院大12、他。

兵庫

国公立

兵庫県立大学附属中学校

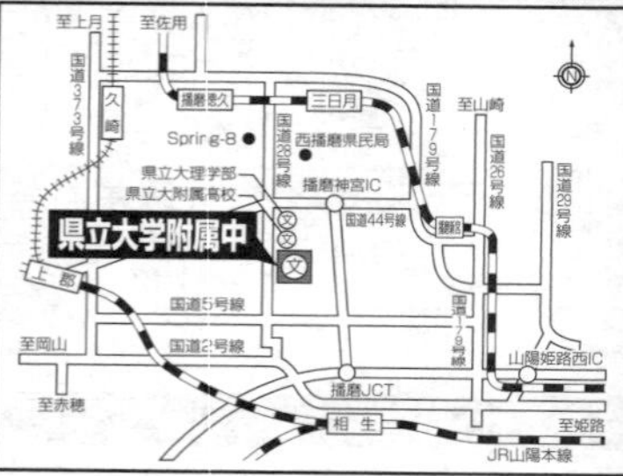

アクセス
JR山陽本線相生、上郡、姫新線播磨新宮各駅より神姫バス
播磨科学公園都市行で県立大学附属高校前下車

学校インフォメーション

制服

公共機関
通学

ICT教育

海外研修

屋外
プール

寮
学生寮

食堂

届出
スマホ持ち込み

カウンセラー

高 大 中
中高大連携

ネイティブ教員

所在地 〒678-1205 **兵庫県赤穂郡上郡町光都3丁目11-2**

電話	0791-58-0735	**生徒数**	男子95人 女子113人
創立	2007年	**併設校**	兵庫県立大学・兵庫県立大学附属高等学校
校長	武尾 正弘	**WEB**	https://dmzcms.hyogo-c.ed.jp/kendai-hs/NC3/

教育方針・特色

《基本理念》
兵庫県立大学との連携や播磨科学公園都市の教育研究環境の活用
科学技術における学術研究の後継者の育成
国際感覚豊かな創造性溢れる人材の育成
○理念の実現をめざす4つのキーワード：科学技術・ひょうご・世界・未来（S・H・I・P）
S=Science 科学技術を基盤に
H=Hyogo ふるさと兵庫から
I=International 世界に向けて
P=Pioneer 未来をひらく人材の育成
《教育の特色》
1. 兵庫県立大学や播磨科学公園都市の周辺施設との連携による教育活動
2. 附属高校との中高一貫教育を見通した特色ある教育課程
国語、数学、理科、英語の重視・学校独自の設定教科：探究科学、コミュニケーション
3. 生徒一人一人に対応したガイダンス＆サポート
ガイダンスの充実をはかるとともに、メンタル・スタディ・キャリアの3つの面からサポート。
〈pal-ship〉
プロジェクト学習（project learnig）・エリア学習（area learning）。学術研究の後継者に必要な資質と、日本や世界の伝統産業（ものづくり）、文化に理解を深め、国際社会で生きる資質の育成に努める。
〈附属高校との共同開催行事〉
外国人教員や留学生との交流をはかる「インターぴーぷるディ」など。

スクールライフ

登校時間	8:15
週登校日	5日制
学期制	2学期
制服	あり（夏・冬）
昼食	弁当持参
学校行事	文化祭（5月）、イングリッシュスピーチフェスティバル（7月）
修学旅行	3年生9月 北海道
環境・施設	兵庫県立大学およびその附属施設（自然・環境科学研究所）、播磨科学公園都市にある研究施設を利用して、自然科学に対する興味・関心を育て、観察、実験や体験学習を実施。
クラブ活動	【運動部】バスケットボール、陸上競技、剣道、卓球 【文化部】自然科学、ESS、茶道、美術

2024年度 募集要項

○募集人数 男女70名
○願書受付 許可申請（県外者）1/4（水）～1/6（金）
1/10（火）～1/12（木）9:00～16:30
窓口出願のみ
○受験料 2,200円（現金により直接納入）
○選抜日時 1/28（土）
○合格発表 2/2（木）10:00～11:00掲示
○手続締切 2/3（金）～2/7（火）9:00～16:30
○選抜方法 適性検査ⅠⅡ、面接（グループによる）

2024年度 入試結果

応募者数	185
受験者数	175
合格者数	70
競争率	2.50
合格最低点	非公表

費用

《入学手続き時》
○入学金 不要
○制服・体操服、教材費など

《入学後》
○授業料（年額） 不要
教材費、修学旅行積立金、生徒会費、PTA会費あり

奨学金・特待制度

特になし

独自の留学制度

特になし

併設高校の合格実績

2024年度の合格状況（卒業者数160名）
兵庫県立大学合格39名

他の国・公立大学合格49名
大阪大3、神戸大3、大阪公立大1、筑波大2、信州大2、京都工芸繊維大2、大阪教育大1、和歌山大1、岡山大5、広島大1、鳥取大6、愛媛大2、高知大2、琉球大2、東京都立大2、神戸市看護大2、他。

私立大学合格170名
関西学院大22、関西大4、同志社大2、立命館大16、京都産業大8、近畿大52、甲南大8、龍谷大8、東京理科大2、大阪経済大2、大阪工業大2、追手門学院大 2、神戸学院大5、関西外国語大10、京都女子大3、同志社女子大4、武庫川女子大8、神戸女学院大4、他。

兵庫

国公立

一燈園中学校

学校インフォメーション

制服

通学

学内予備校

長期休暇講習

プール

図書館

食堂

昼食

スマホ持ち込み

カウンセラー

プレテスト

所在地　〒607-8025　京都市山科区四ノ宮柳山町29

電話	075-595-3711	**生徒数**	男 24人　女 9人
創立	1947年	**併設校**	一燈園小学校、一燈園高等学校
校長	村田　俊喜	**WEB**	http://www.ittoen.ed.jp/

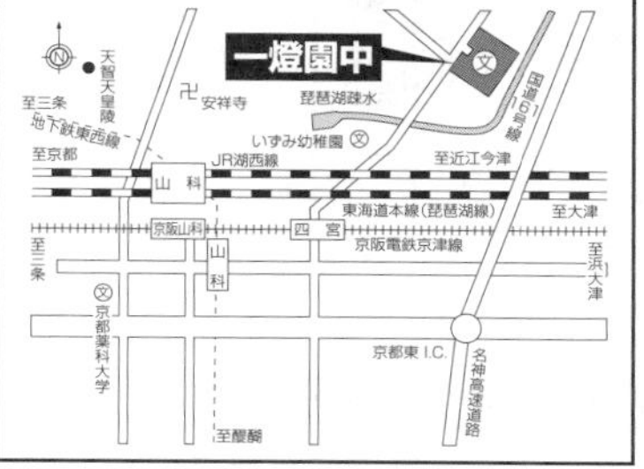

アクセス
JR京都線山科駅下車徒歩15分
京阪京津線四宮駅下車徒歩10分

教育方針・特色

小学校から高等学校まで、一燈園生活共同体の中で一貫した生活教育が行われ、その教育方針は次の通りである。

1.祈り　＝自己を深める(自己の確立)
2.汗　　＝社会に役立つ(奉仕の精神)
3.学習＝基礎基本の定着(知識と技術)

人間が本来持っている宗教心を大切にしている。また、心身を整えることによって学習の効果をあげてゆく実践教育を特色としている。修学旅行は、人権学習として岡山県のハンセン病療養所訪問。珠算、謡曲、日舞、洋舞などの授業を実施。

スクールライフ

登校時間	8:15
週登校日	6日制　第2,4土曜休校
学期制	3学期
制服	なし
昼食	食堂
学校行事	—
修学旅行	3年生6月　愛生園、小豆島
環境・施設	普通教室、体育館、プール、図書館など
クラブ活動	【運動部】少林寺拳法、バドミントン 【文化部】音楽クラブ、家庭科クラブ

2024年度 募集要項

○募集人数	男女10名　A日程10名、B日程若干名 ※外部募集
○願書受付	A日程:12/14(木)～1/10(水) B日程:1/22(月)～2/5(月)
○受験料	20,000円
○選抜日時	A日程:1/13(土) B日程:2/10(土)
○合格発表	A日程:1/16(火) B日程:2/13(火) いずれも郵送
○選抜方法	A日程:国・算・作文・面接 B日程:総合問題・面接

2024年度 入試結果

A日程

応募者数	7
受験者数	7
合格者数	3
競争率	2.33
合格最低点	非公開

B日程

応募者数	2
受験者数	2
合格者数	1
競争率	2.00
合格最低点	非公開

費用

《入学手続き時》

○入学金	120,000円

《入学後》

○授業料	(年額)493,200円
○教育充実費	36,000円
○施設設備費	108,000円

奨学金・特待制度

兄弟姉妹減免有り

独自の留学制度

特になし

併設高校の合格実績

2024年の進学状況(卒業者数8名)

私立大学合格
同志社大1、関西外国語大1、梅花女子大1、京都芸術大1、大阪国際工科専門職大1。

専門学校合格
京都福祉専門学校1。

短期大学合格1

就職1

学校PR

京阪京津線四宮駅から徒歩10分程度の距離にありながら緑に囲まれた自然豊かな落ち着いた環境に学校はあります。 1クラス10人程度の少人数クラスにより落ち着いて学習することができます。
また、プロの先生の指導を受けることができる能楽、モダンダンスなどの授業も大きな魅力です。

大谷中学校

学校インフォメーション

制服

通学

宗教教育

ICT教育

長期休暇講習

海外研修

プール

自習スペース

人工芝グラウンド

食堂

スマホ持ち込み

カウンセラー

所在地　〒605-0965　京都市東山区今熊野池田町12

電話	075-541-1312	**生徒数**	男 185人　女 103人
創立	1875年	**併設校**	大谷高等学校
校長	乾　文雄	**WEB**	https://www.otani.ed.jp/

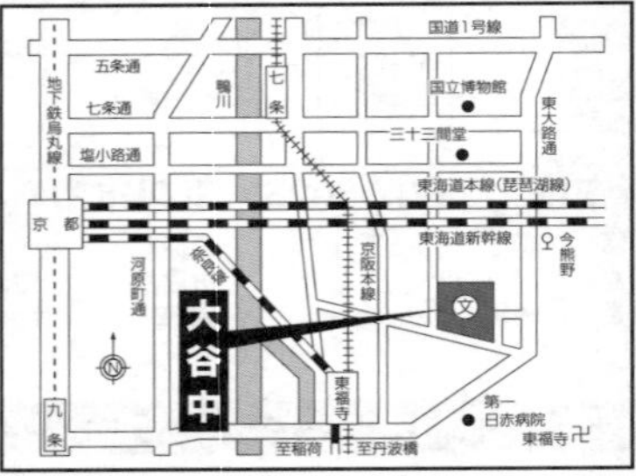

アクセス
JR奈良線・京阪本線東福寺駅下車徒歩5分
市バス今熊野下車徒歩3分

教育方針・特色

「樹心」 TO BE HUMAN　人と成る　の建学の精神のもと、佛教の教えにもとづいた人間教育を行っている学校です。今を生きるうえで自分のできることを一生懸命におこない、何かを次の世代につなげていくことで「人と成る」ことをめざします。

スクールライフ

登校時間	8:30
週登校日	6日制　隔週(原則)
学期制	3学期
制服	あり(夏・冬)
昼食	購買・食堂あり　弁当持参可
学校行事	新入生合宿(4月)・演劇コンクール(9月)・体育大会(9月)
修学旅行	3年生3月　5泊6日　シンガポール
環境・施設	人工芝グラウンド、智身館(アリーナ・トレーニングルーム・柔道場・樹心閣(講堂))、温水プール、コンビニ(ヤマザキショップ)、食堂、亀岡野球グラウンド
クラブ活動	サッカー部、野球部、バスケットボール部、バドミントン部、フィールドホッケー部、剣道部 吹奏楽部、競技かるた部、マルチメディア部、放送部、科学部、生徒会執行部

2024年度 募集要項

○募集人数	男女105名(マスターJr、コアJr合わせて3クラス)
○願書受付	A・B日程:12/4(月)0:00～1/10(水)23:59 C日程:12/4(月)0:00～1/16(火)16:00 すべてweb出願
○受験料	20,000円 ※両願受験の場合、受験料は1回分に減額
○選抜日時	A日程:1/13(土)　A2は15:45 B日程:1/14(日) C日程:1/17(水)
○合格発表	A・B日程:1/15(月) C日程:1/18(木) いずれも9:30web
○選抜方法	AS:作文50分・面接10分(出願資格あり) A3:国・算　各150点各50分　理・社・英の1～2科選択各100点各35分 A2・B2・C2:国・算　各150点各50分 BT:適性検査型(国・算)各100点各50分・適性検査型(理or社) 100点50分・面接(自由選択)10分 ※漢検・英検・数検による加点5～20点

2024年度 入試結果

全コース計	A日程(AS)	マスターJr		コアJr	
応募者数	15				
受験者数	15				
合格者数	15	合格者数	2	合格者数	13
競争率	1.00				
		合格基準点	—	合格基準点	—

全コース計	A日程(A3)	マスターJr		コアJr	
応募者数	66				
受験者数	66				
合格者数	59	合格者数	31	合格者数	28
競争率	1.12				
		合格基準点	両願270・単願290/400	合格基準点	両願190・単願210/400

全コース計	A日程(A2)	マスターJr		コアJr	
応募者数	112				
受験者数	111				
合格者数	96	合格者数	56	合格者数	40
競争率	1.16				
		合格基準点	両願205・単願220/300	合格基準点	両願150・単願165/300

全コース計	B日程(B2・BT)	マスターJr		コアJr	
応募者数	134				
受験者数	133				
合格者数	119	合格者数	B2 58・BT9	合格者数	B2 51・BT1
競争率	1.12				
		合格基準点	B2両願205・単願215/300	合格基準点	B2両願150・単願165/300

全コース計	C日程(C2)	マスターJr		コアJr	
応募者数	73				
受験者数	47				
合格者数	43	合格者数	27	合格者数	16
競争率	1.09				
		合格基準点	両願216・単願231/300	合格基準点	両願156・単願171/300

費用

《入学手続き時》

○入学金	140,000円	
○教科書・教材費	30,000円	
○制服・体操服代	60,000円～80,000円	程度
○ノートパソコン代	80,000円	程度
○第1期分校費	320,000円	

《入学後》

○授業料	552,000円	
○教育費	120,000円	
○施設整備費	60,000円	
○保護者会費	36,000円	
○雑費	50,000円	程度

奨学金・特待制度

奨学金制度　廣小路奨学金貸与奨学生
特待生制度　清沢教育給費生

独自の留学制度

特になし

併設高校の合格実績

2024年の進学状況(卒業者数592名)
大谷大学合格43名

国・公立大学合格97名
京都大1、大阪大4、神戸大4、北海道大4、名古屋大1、九州大1、大阪公立大3、横浜国立大1、国際教養大2、京都工芸繊維大8、奈良女子大3、京都府立大8、金沢大1、岡山大2、滋賀大4、三重大2、山口大1、京都教育大1、滋賀県立大11、奈良県立大8、滋賀医科大1、京都府立医科大2、奈良県立医科大1、他。

他の私立大学合格1467名
関西学院大27、関西大80、同志社大72、立命館大137、京都産業大103、近畿大157、龍谷大243、佛教大103、早稲田大7、慶應義塾大1、上智大1、明治大1、青山学院大3、立教大1、中央大2、法政大1、日本大1、東洋大1、摂南大51、追手門学院大77、桃山学院大9、京都外国語大2、関西外国語大57、大阪経済大2、大阪工業大18、京都女子大25、同志社女子大30、神戸女学院5、武庫川女子大6、他。

学校PR

本校は、部活と勉強をバランスよく両立して学校生活を送ることを目指しています。
マスター Jrクラスでは3年次になると高校の授業を先取りし、大学入試に向けて一足早くスタートを切ることができます。コアJrクラスではバタビアシステムが取り入れられ、国数英の授業に担任も一緒に入ることで基礎力の定着をサポートします。人工芝グラウンドをはじめ、智身館アリーナなど運動施設が充実しています。アリーナはバスケットコート3面分あります。
また、校内にコンビニがあり、生徒のみなさんはルールを守って利用しています。

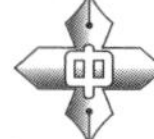

京都共栄学園中学校

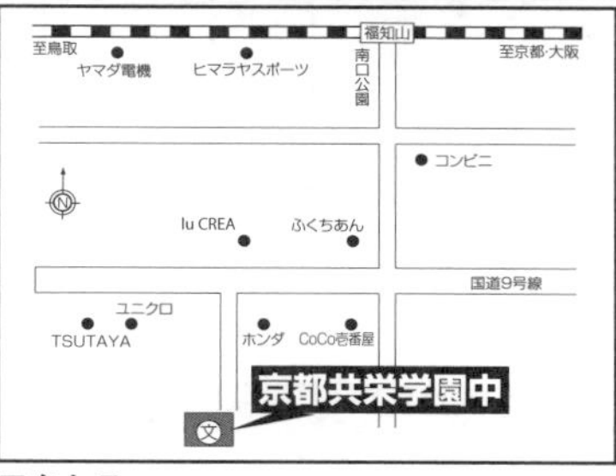

アクセス
JR福知山線福知山駅下車徒歩7分

学校インフォメーション

制服

通学

ICT教育

長期休暇講習

自習スペース

図書館

バリアフリー

売店

カウンセラー

プレテスト

特待生制度

ネイティブ教員

所在地　〒620-0933　福知山市篠尾62-5

電話	0773-22-6241	**生徒数**	男 59人　女 60人
創立	1948年	**併設校**	京都共栄学園高等学校
校長	谷垣　拓郎	**WEB**	https://www.kyoei.ed.jp/

教育方針・特色

建学の精神である「自立共栄」のもと、生徒の多様な価値観と個性を尊重し、「志を持って豊かな未来を創る人」を導き育てる、北近畿随一の教育拠点であり続けることをスクールミッションに掲げる。様々な魅力あるプログラムを6年間で適切に配置している。
また開校当初より中高一貫教育を実践し、豊富な授業時間と習熟度別授業、十分な演出量など、独自の教育計画に基づいて難関大学、医歯薬系への進学を達成している。

スクールライフ

登校時間	8:50
週登校日	6日制　隔週で土曜日実施
学期制	3学期
制服	あり（夏・冬）
昼食	食堂あり　弁当持参
学校行事	スポーツ大会4月・修学旅行5月・体育祭9月・文化祭10月
修学旅行	3年生5月　沖縄
環境・施設	普通教室、図書館、コンピュータ室、視聴覚ホール、自習室、武道館など
クラブ活動	【体育系】軟式野球部・バスケットボール部（男子）・バスケットボール部（女子）・陸上部（男女）・硬式テニス部・水泳部・柔道部・剣道部 【文化系】将棋部・吹奏楽部・理科部・美術部

2024年度 募集要項

○募集人数　男女40名
○願書受付　12/11（月）～1/9（火）　web出願
○受験料　15,000円
○選抜日時　1/14（日）
○合格発表　1/18（木）13:00web
○選抜方法　国・算　各150点各60分　理　100点40分
面接（5分）
※英検取得者（4級10点、3級以上20点）加点
※課外活動による加点制度あり　10～20点
※専願優遇

2024年度 入試結果

	専願	併願
応募者数	42	38
受験者数	40	38
合格者数	30	32
競争率	1.25	1.19
合格最低点	—	—

学校PR

京都共栄学園では「未来を創る力」として「課題を解決できる力」「学びを深め探究する力」「誰かの笑顔のために行動する力」「世界で活躍できる力」の4つを特に育みたい能力・資質と定めています。特に中学から高校にかけて体系的に配置される探究学習プログラム「バタビアゼミ」はこれらの力を育む一助になっています。

費用

《入学手続き時》

○入学金	70,000円
○施設費	70,000円
○制服・カバンなど	約80,000円
○教科書・参考書など	約20,000円

《入学後》

○授業料	588,000円
○教育充実費	10,000円
○諸会費	13,400円
○学級費	約30,000円
○修学旅行積立	約6,000円

奨学金・特待制度

共栄学園と京都府による支援事業
兄弟姉妹支援制度
奨学生制度

独自の留学制度

特になし

併設高校の合格実績

2024年の進学状況（卒業者数212名）
国・公立大学合格35（7）名
京都大1、神戸大2（1）、大阪公立大2、筑波大1、京都工芸繊維大3、金沢大1、広島大1、和歌山大1、山口大1（1）、兵庫県立大1（1）、京都教育大2、大阪教育大1、他。

私立大学合格378（25）名
関西学院大23（3）、関西大15、同志社大14、立命館大38（6）、京都産業大10（4）、近畿大28（7）、甲南大2（1）、龍谷大28、佛教大17、早稲田大1、東京理科大3、明治大3、青山学院大3、立教大1、中央大2、法政大2、兵庫医科大1、京都薬科大3（1）、神戸薬科大2（1）、摂南大4、神戸学院大3、追手門学院大1、桃山学院大6、京都外国語大1、関西外国語大1、京都女子大5、同志社女子大2、神戸女学院大14、武庫川女子大3、他。
※（ ）内は既卒生内数

京都国際中学校

学校インフォメーション

制服　通学　学内予備校　ICT教育　長期休暇講習　習熟度別授業　海外研修

自習スペース　図書館　食堂　スマホ持ち込み　特待生制度　ネイティブ教員　海外姉妹校

所在地　〒605-0978　京都府京都市東山区今熊野本多山町1番地

電話	075-525-3535	**生徒数**	男 4人　女 18人
創立	2004年	**併設校**	京都国際高等学校
校長	白　承桓	**WEB**	https://kyoto-kokusai.ed.jp/jp/

教育方針・特色

日本と韓国の両国から正式な学校として認可されている多文化環境を生かし、「英語」「日本語」「韓国語」の語学教育を軸に、国際色豊かな空気の中でグローバルに活躍できる真の国際人の育成を行っています。また、1クラス10名程度の徹底した少人数クラス編成で、一人ひとりを大切にした個性が生きる教育を大切にしています。「京都からアジアへ　アジアから世界へ」中高一貫の6年間で培われるグローバルな視点と高い人間力は、世界で活躍するために大いに役立ちます。

スクールライフ

登校時間　8:25

週登校日　5〜6日　土曜日隔週登校

学期制　3学期

制服　あり(ブレザー　※女子のスラックス選択可)

昼食　食堂(1食400円)、自販機(パン類)あり　持参も可

学校行事　入学式(4月)　体育祭(5月)　国際交流会、サマーキャンプ、英語研修(9月)　韓国語学研修(8・12月)　文化祭(10月)　芸術鑑賞(11月)　修学旅行(6月)　スケート実習、卒業式(3月)

修学旅行　3年生6月または11月　3泊4日　韓国(コロナウィルスの流行状況により変更有)

環境・施設　語学ルーム、アクティブラーニングルーム、ICT環境、テニスコート、多目的室、音楽室、理科室、家庭科室、カウンセリングルーム、食堂、図書室

クラブ活動　硬式テニス部、バスケットボール部、ダンス部、韓国舞踊部、軽音楽部、美術同好会、ECC、KCC(韓国語会話)、家庭科同好会、社会問題研究会、PCプログラミング同好会、百人一首同好会(高校生と一緒に活動します)

特別講座　◆K.K.J.H. new challenge◆
京都国際中学では2023年度から新たな取り組みをスタート。
外部講師による特別授業(英語・PC)を実施し、語学とICTを融合させたプログラムで、世界に羽ばたく「真の国際人」を育てます。(追加費用なし・部活との両立可)

2024年度 募集要項

○募集人数　男女20名

○願書受付　A日程:12/18(月)〜1/9(火)16:00
B日程:1/22(月)〜2/13(火)16:00
郵送は必着

○受験料　20,000円

○選抜日時　A日程:1/13(土)　B日程:2/18(日)

○合格発表　A日程:1/15(月)　B日程:2/19(月)
いずれも16:00web、郵送

○選抜方法　国・算　各100点各45分・英語総合問題20分・面接10分

2024年度 入試結果

応募者数	7
受験者数	7
合格者数	6
競争率	1.20
合格最低点	非公表

学校PR

京都国際にはいろいろな国のルーツを持った生徒や先生がおり、自然と多様な言語と文化に触れ合うことができます。また、少人数なので先輩後輩関係なく仲が良く、生徒と先生の距離も近いのでアットホームな雰囲気があります。この学校には、世界で活躍したい皆さんの夢に向けて全力で取り組める環境が整っています。

◆TOPIC◆放課後塾(AS塾)開講中!
教えてもらいたい教員を指名して受講できる放課後塾(AS塾)を無料で開講しています。苦手な教科の特訓に最適です!

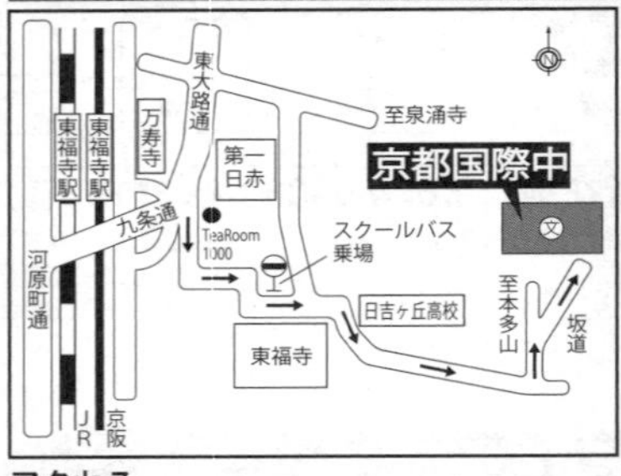

アクセス
JR奈良線／京阪電鉄　東福寺駅下車　徒歩18分(通学登校時、スクールバスあり)
京都市営バス(202・207・208)東福寺バス停下車　徒歩15分

費用

○入学金	100,000円
○入学時納入金(諸費用)	150,000円
○授業料	240,000円
○PTA会費	12,000円
○学生会費	6,000円
○学生会入会金	初年度のみ2,000円

など

奨学金・特待制度

特になし

独自の留学制度

○留学先　韓国
○学年　全学年
○内容　1ヶ月の大学での研修受講
○費用　航空運賃等実費(参加費・授業料はかかりません)

併設高校の合格実績

2024年の進学状況(卒業者数39名)

私立大学合格
同志社大1、龍谷大1、京都外国語大2、中京大1、東京農業大1、京都芸術大1、他。

海外大学合格
ソウル市立大1、ソウル科学技術大1、韓国外国語大1、他。

京都産業大学附属中学校

学校インフォメーション

制服

通学

ICT教育

長期休暇講習

習熟度別授業

海外研修

図書館

人工芝グラウンド

バリアフリー

カウンセラー

プレテスト

特待生制度

中高大連携

ネイティブ教員

所在地　〒600-8577　京都市下京区中堂寺命婦町1-10

電話	075-279-0001	**生徒数**	男161人　女126人
創立	2007年	**併設校**	京都産業大学、附属高等学校　すみれ幼稚園
校長	福家　崇明	**WEB**	https://jsh.kyoto-su.ac.jp/

アクセス
JR嵯峨野線丹波口駅徒歩約4分
阪急京都線大宮駅徒歩約10分
バス京都リサーチパーク前徒歩約5分

教育方針・特色

《教育目標》豊かな教養と、全人類の平和と幸福のために寄与する精神を持った人間の育成
《校訓》知性・品格・気概　本質を学びとることに主眼を置いた6つの重点教育
1.読解力・表現力を養う国語教育
2.論理的思考力を養う数学教育
3.国際感覚を身につけるための英語教育
4.将来の職業選択に結びつくキャリア教育・進路指導
5.人間性を育むための課外活動
6.京都の伝統・文化に親しむ教育

スクールライフ

登校時間	8:35
週登校日	週5日変則実施　第2・4土曜休み
制服	有
学期制	3学期
昼食	食堂、弁当持参可
学校行事	体育祭（6月）・文化祭（9月）
修学旅行	3年12月　研修旅行
環境・施設	情報教室、作法室、図書館、食堂、体育施設、進路センター、自習室、コミュニケーションスペース、デッキテラス
クラブ活動	〇運動部　陸上競技・ソフトテニス（男子）・ソフトテニス（女子）・柔道・バスケットボール（男子）・バスケットボール（女子）・サッカー（男子） 〇文化部　茶道・美術・歴史・パソコン・吹奏楽

2024年度 募集要項

○募集人数	男女約90名
○願書受付	12/6（水）～1/11（木）　web出願
○受験料	20,000円
○選抜日時	自己推薦型・A1日程：1/13（土）8:20 A2日程：1/13（土）16:30 B日程：1/15（月）8:20
○合格発表	自己推薦型・A1日程：1/14（日） A2日程：1/15（月） B日程：1/17（水）　いずれも12:00web
○選抜方法	A1日程：国・算　各100点 各50分・理or社100点40分　3科計と2科（国算）×1.5の高い方で判定 A2・B日程：国・算 各100点各50分 自己推薦型：作文50分・面接10分（出願資格要）

2024年度 入試結果

自己推薦		A1日程	
応募者数	15	応募者数	74
受験者数	15	受験者数	72
合格者数	15	合格者数	59
競争率	1.00	競争率	1.22
合格最低点	—	合格最低点	149/300

A2日程		B日程	
応募者数	221	応募者数	146
受験者数	214	受験者数	103
合格者数	158	合格者数	50
競争率	1.35	競争率	2.06
合格最低点	135/200	合格最低点	138/200

費用

《入学手続き時》
○入学金　120,000円

《入学後》（年額）
○授業料　600,000円
○教育充実費　170,000円
※他に諸会費、教材費、旅行費等

奨学金・特待制度

特待生制度あり

独自の留学制度

特になし

併設高校の合格実績

2024年の進学状況（卒業者数402名）
京都産業大学合格273名（内部進学260名含む）

国・公立大学合格30（27）名
京都大1（1）、大阪大1（1）、神戸大3（1）、北海道大2（2）、大阪公立大2（2）、京都工芸繊維大4（3）、京都府立大2（1）、金沢大1（1）、滋賀大3（3）、滋賀県立大2（2）、島根大（医）1、他。

他の私立大学合格641（625）名
関西学院大3（3）、関西大24（24）、同志社大22（18）、立命館大35（32）、近畿大41（41）（内医1（1）名）、龍谷大89（84）、佛教大9（9）、早稲田大1（1）、明治大2（2）、青山学院大2（2）、中央大4（4）、法政大1（1）、大阪医科薬科大4（4）、京都薬科大4（4）、神戸薬科大1（1）、摂南大36（36）、追手門学院大13（13）、京都外国語大1（1）関西外国語大4（4）、大阪経済大1（1）、大阪工業大4（4）、京都女子大6（6）、同志社女子大10（10）、武庫川女子大1（1）、他。

※（ ）内は現役内数

学校PR

本校は2007年に開校し、今年で17年目を迎えた"若い"学校です。2021年に現校地に新築・移転した"新しい"学校です。生徒と教職員が一緒になって自分たちで良き伝統を創っていこうと日々努力しています。"大学附属"という学校の特徴を活かした教育活動を展開していきたいと思っています。ぜひ一度、学校見学会や入試説明会などにお越し下さい。

京都
共学校

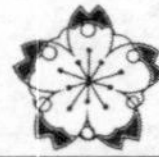

京都精華学園中学校

学校インフォメーション

制服

通学

ICT教育

探究授業

自習スペース

図書館

人工芝グラウンド

食堂

スマホ持ち込み

カウンセラー

中高大連携

ネイティブ教員

所在地　〒606-8305　京都市左京区吉田河原町5-1

電話	075-771-4181	**生徒数**	男 125人　女 88人
創立	1905年	**併設校**	京都精華学園高等学校・京都精華大学
校長	山本　綱義	**WEB**	http://www.k-seika.ed.jp/

アクセス
京阪鴨東線出町柳駅下車徒歩5分
市バス荒神口または出町柳駅前下車徒歩5分
京都バス川端一条下車徒歩1分

教育方針・特色

1989(平成1)年、時代の要請に応えるべく中学校を復活。2009年には全国に先駆けて、「主体性」「協調性」「探究心」を育むことを目的としたクエスト制を導入。アカデミッククエスト(様々な研究分野にふれる活動を通して楽しく学力を向上させる)・アスリートクエスト(さまざまなスポーツを通して運動能力を高める)・アートクエスト(本格的な芸術教育)の3つを設置。

スクールライフ

登校時間	8:30
週登校日	5日制
学期制	3学期
制服	あり(夏・冬)
昼食	食堂あり　弁当持参可
学校行事	球技大会6月・文化祭9月・体育祭10月
修学旅行	3年生　国内
環境・施設	普通教室、体育館(3)、講堂、図書館、サブ体育館、コンピュータ教室、メディアルーム、生物室、美術室、美術工芸室、吹奏楽合奏室、生徒食堂、パティスリールームなど
クラブ活動	【運動部】バスケットボール、ソフトテニス、なぎなた、サッカー 【文化部】美術、家庭、写真、マンガ、茶道

費用

《入学手続き時》

○入学金	100,000円
○施設費	50,000円

《入学時》

○制服、制定品費	約120,000円

《入学後》(年額)

○授業料	504,000円
○校費	108,000円
○維持費	72,000円
○学年積立金	108,000円
○諸会費	12,000円

奨学金・特待制度

兄弟姉妹学費減免

独自の留学制度

特になし

2024年度 募集要項

○募集人数	男女約50名
○願書受付	A・B日程:12/13(水)～1/13(木) web出願
○受験料	20,000円
○選抜日時	A日程:1/13(土) B日程:1/15(月)
○合格発表	A日程:1/14(日) B日程:1/16(火) いずれも14:00Web
○選抜方法	A日程(専願・一般):国・算各100点各40分・作文300文字30分 面接(専願個別、一般グループ) B日程(一般):国・算・選択(社or理)各100点各40分 面接(グループ)

2024年度 入試結果

A・B日程

応募者数	86
受験者数	82
合格者数	78
競争率	1.05
合格最低点	2科110/200 3科192/300

併設高校の合格実績

2024年の進学状況(卒業者数322名)
京都精華大学合格30名

国・公立大学合格
神戸大1、京都教育大2、滋賀県立大1、京都府立医科大1、他。

他の私立大学合格
関西学院大1、関西大6、同志社大2、立命館大11、京都産業大39、近畿大10、甲南大1、龍谷大29、佛教大93、関西医科大1、摂南大15、神戸学院大4、追手門学院大27、京都外国語大4、関西外国語大15、大阪経済大2、大阪工業大1、京都女子大4、同志社女子大6、他。

学校PR

学力の向上に徹底してこだわる国・数・英【練成型学習】と、課題の発見とそれを解決する力の育成を目指した社・理【探究型学習】のハイブリッドラーニングを実施。授業ではメディア教材を多彩に利用するとともに、学校の立地条件を生かして校外学習を豊富に取り入れています。また、グループワークを何度も繰り返すことで、楽しくしっかりと理解することを大切にしています。すでに新校舎・人工芝グランドが完成しており、ぜひ一度見に来てください。

京都先端科学大学附属中学校

KUAS

学校インフォメーション

制服

通学

学内予備校

ICT教育

長期休暇講習

ワールド・ワイド・ラーニング

習熟度別授業

海外研修

自習スペース

図書館

プレテスト

特待生制度

中高大連携

ネイティブ教員

所在地　〒616-8036　京都市右京区花園寺ノ中町8

電話	075-461-5105	**生徒数**	男 152人　女 83人
創立	1925年	**併設校**	京都先端科学大学附属高校、京都先端科学大学・大学院、京都先端科学大学附属みどりの丘幼稚園・保育園
校長	佐々井　宏平	**WEB**	https://www.js.kuas.ac.jp/

教育方針・特色

建学の精神は、「世界のどの舞台に立っても堂々と自分の意志で行動する人財の育成」。学校生活の中で授業・部活動・各種行事を通して、「本物との出会い」・「世界・社会とのつながり」・「社会への発信」と本校独自の「3つの学び」に気づくことと思います。『中学校で適性を見極め、高校で適性を伸ばす』ワクワク・ドキドキする知的探究心にあふれ、学びの喜びを感じる経験を提供できる学校づくりに専念しています。

スクールライフ

登校時間	8:30
週登校日	5日制　隔週土曜日有
学期制	2学期
制服	あり（夏・冬）
昼食	購買・食堂あり　弁当持参可
学校行事	オリエンテーション実習（4月）、林間学舎（7月）、文化祭（9月）、体育祭（10月）、合唱コンクール（2月）、スキー実習（2月）
修学旅行	3年生5月　2週間　カナダ
環境・施設	周囲には幾つもの世界的に有名な古刹が点在する緑の多い静かな環境。光楠館（高校校舎）、翠嵐館（中学校校舎）、特進棟（高校特進A専用校舎）、Cafe ファイ（食堂＆コンビニ）、多目的ホール（600名収容）、独立型自習室（90席）、体育館3つ（冷暖房完備）、図書館棟（蔵書数約33,000冊以上）、コンピュータ室2教室、理科実験室（化学・生物教室、物理・地学教室）、全館冷暖房完備、wi-fi環境など教育環境が充実。
クラブ活動	【運動部】柔道部、バスケットボール部、剣道部、卓球部、陸上競技部、テニス部 【文化部】理科部、美術部、吹奏楽部、アウトドア部、GSSサークル

2024年度 募集要項

○募集人数	男女約70名
○願書受付	A日程・B日程（B1・BT）：12/11（月）0:00～1/11（木）23:59 B日程（B2）：12/11（月）0:00～1/14（日）12:00　すべてweb出願
○受験料	20,460円（郵送料等含む） ※複数回受験（2回目以降）は15,460円
○選抜日時	AS・A1:1/13（土）8:40　AM・A2:1/13（土）16:00 B1・BT:1/14（日）8:40　B2:1/14（日）16:00
○合格発表	A日程：1/14（日）　B日程：1/15（月） いずれも10:00web、郵送
○選抜方法	AS（自己推薦型）：作文800字50分・面接（出願資格有） A1:国・算・選択（社・理・英から1科）各100点各50分・面接（英語選択者は一部英語面接） A2・B1・B2:国・算 各100点各50分・面接 BT:適性検査型国・算 各100点各50分・面接 AM:算 100点50分・面接 ※漢検・英検・数検による加点10～30点

2024年度 入試結果

GNコース A日程（AS・A1）		GNコース A日程（A2・AM）	
応募者数	—	応募者数	—
受験者数	AS6・A①55	受験者数	A②48・AM9
合格者数	6・54	合格者数	47・9
競争率	1.00・1.02	競争率	1.02・1.00
合格最低点	非公表・110	合格最低点	77・68

GNコース B日程（B1・BT）		GNコース B日程（B2）	
応募者数	—	応募者数	—
受験者数	B①23・BT19	受験者数	22
合格者数	19・18	合格者数	13
競争率	1.21・1.06	競争率	1.69
合格最低点	98・74	合格最低点	88

学校PR

3年間ネイティブと日本人のW担任制で、朝のSHRはAll English。また、日頃の英語学習の実践、国際感覚を磨く場として、海外研修を実施しています。「5ラウンド・システム」を取り入れた授業で4技能や語彙力など基礎・発展まで幅広く学習します。また、本校独自の探究型学習「地球学」は、幅広い分野の講義やフィールドワークを実施。ホンモノに触れることで知的好奇心を喚起し、ワクワクする心や主体的に考え行動する力、国際理解の精神を育みます。 2025年4月より、これまでの「グローバルナビゲーター（GN）コース」に加えて、新たに中高大一貫コース「先端グローバルコース」を設置し、新たな教育創造にチャレンジしていきます。

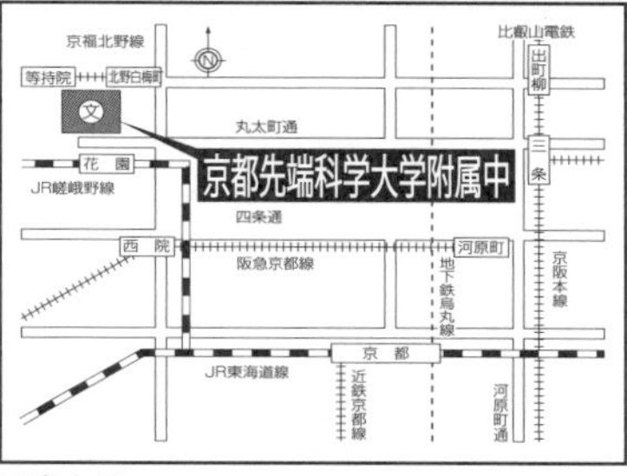

アクセス
JR嵯峨野線花園駅下車徒歩15分
京福北野線妙心寺駅または等持院駅下車徒歩5分
地下鉄東西線西大路御池駅下車市バス5分

費用

《入学手続き時》

○入学金	70,000円
○教育振興費	30,000円

《入学後》

○授業料	520,000円
○教育充実費	270,000円
○実験実習費	10,000円
○諸会費	18,500円
○教材費等（概算）	130,000円
○制服・体育着等費用（概算）	140,000円
○研修旅行費等預り金（林間学舎・スキー実習等含む）	約600,000円

奨学金・特待制度

○入試成績による特待生制度＊授業料の全額・半額・1/4相当額を3年間支給。
○兄弟姉妹奨学金制度
※AS（自己推薦型）入試除く

独自の留学制度

留学先	カナダ
学年	3年
内容	2週間　ホームステイ・学校交流
費用	約50万円

併設高校の合格実績

2024年の進学状況（卒業者数414名）
京都先端科学大学130名

国・公立大学合格34名（省庁大学校含む）
大阪大1、大阪公立大1、北海道大2、東京外国語大1、富山大1、鳥取大1、愛媛大2、京都工芸繊維大2、京都教育大2、京都府立大1、京都府立医科大1、滋賀県立大1、滋賀大1、防衛大6、他。

他の私立大学合格784名
関西学院大4、関西大24、同志社大8、立命館大36、京都産業大42、近畿大15、龍谷大95、佛教大105、東京理科大4、国際基督教大2、青山学院大1、立教大2、中央大1、京都薬科大1、大阪医科薬科大1、兵庫医科大1、関西外国語大42、摂南大27、追手門学院大17、同志社女子大5、京都女子大6、他。

京都橘中学校

学校インフォメーション

制服

通学

ICT教育

長期休暇講習

海外研修

自習スペース

図書館

食堂

スマホ持ち込み

カウンセラー

プレテスト

特待生制度

中高大連携

ネイティブ教員

所在地　〒612-8026　京都府京都市伏見区桃山町伊賀50

電話	075-623-0066	**生徒数**	男 116人　女 136人
創立	1902年	**併設校**	京都橘高等学校、京都橘大学・大学院
校長	安田　文彦	**WEB**	https://www.tachibana-hs.jp/

教育方針・特色

教育理念　自立・共生
教育目標　いのちとこころを大切にする生徒の育成
　　　　　かしこくたくましい生徒の育成
　　　　　世界を知り、考え、伝え、語り合う生徒の育成

まず勉強のおもしろさに目覚めることを追求し、「面白いから勉強する」そして「人類の幸せのために貢献する」生徒を育てる。そのために京都橘独自の学習指導方法「京都橘」を構築。自学自習フォローアップ、ステップアップの取り組み、特別授業や学習合宿などで学力向上をはかる。

スクールライフ

登校時間　8:30
週登校日　5日制
学期制　3学期
制服　あり（夏・冬）
昼食　食堂・購買あり　弁当持参可
学校行事　校外学習（4月）、体育祭（6月）、舞台芸術鑑賞（7月）、カナダ短期語学研修（7～8月・3年）、ニュージーランド　ターム留学（1～3月・3年）、宿泊研修（7月・1年）、学習合宿（8月・2・3年）、橘祭（9月・合唱など）、文化講演会（11月）、百人一首大会（1月）、研修旅行（2月・中2）、英語コンテスト（2月・レシテーション・プレゼンテーション）、3年生を送る会（3月）など
修学旅行　2年生3月　4泊5日　研修旅行（フィリピン　セブ島）
環境・施設　1250名収容のフェスティバルホール、職員室前のブラウジングコーナー、図書館、スタディルーム、食堂、テニスコート　全教室にプロジェクター、ホワイトボード設置などICT環境の充実　冷暖房完備
クラブ活動　週4日までの活動で、学習との両立をめざす。
【体育系】バスケットボール、バドミントン、男子サッカー、テニス、陸上競技、剣道、卓球
【文化系】英語ディベート、ロボットプログラミング、サイエンス、吹奏楽、太鼓、自然探究、美術、琴、ハンドメーキング、アニメーション、茶道、書道、演劇

2024年度 募集要項

○募集人数　男女90名（VP入試は定員の10%程度募集）
○願書受付　VP入試・A1・A2日程・T入試・B1日程:12/11(月)0:00～1/11(木)12:00
B2日程:12/11(月)0:00～1/14(日)12:00
すべてweb出願
○受験料　20,520円（合否通知書郵送料含む）
※2回分同時出願31,040円・3回分同時出願41,560円・4回分同時出願52,080円
○選抜日時　VP入試・A1日程:1/13(土)8:45
A2日程:1/13(土)16:00
T入試:1/14(日)9:45
B1日程:1/14(日)9:45
B2日程:1/14(日)16:00
○合格発表　VP入試・A1・A2日程:1/14(日)
T入試・B1・B2日程:1/15(月)
いずれも9:00web、郵送
○選抜方法　VP入試（事前に出願資格取得）:作文50分（800字以内）・面接
A1日程:国・算・社・理　各100点各50分　4科型/3科型（国算理）　4科型はアラカルト判定　400点満点
A2・B1・B2日程:国・算　各100点各50分
T入試:適性検査型国・算　各100点各50分
※英検・漢検4級以上取得者加点（VP入試以外）
※複数受験は優遇

2024年度 入試結果

VP入試・A1日程		A2日程	
応募者数	66	応募者数	155
受験者数	66	受験者数	152
合格者数	58	合格者数	126
競争率	1.14	競争率	1.21
合格最低点	A1:195/400	合格最低点	99/200

T入試（適性型）	
応募者数	40
受験者数	40
合格者数	35
競争率	1.14
合格最低点	97/200

B1日程		B2日程	
応募者数	119	応募者数	146
受験者数	101	受験者数	118
合格者数	88	合格者数	81
競争率	1.15	競争率	1.46
合格最低点	96/200	合格最低点	100/200

学校PR

あいさつが響き合う明るい学校。知的好奇心・チャレンジ精神旺盛な生徒たちを教職員が熱心にサポート。保護者との連携も重視。2025年度から、新たにVαクラスが新設。

アクセス
京阪宇治線桃山南口駅下車徒歩5分
JR奈良線桃山駅下車徒歩10分
近鉄京都線桃山御陵前駅下車徒歩15分

費用

《入学手続き時》
○第1次入学金　100,000円
○第二次　第1期分学費など　531,220円

《入学後》
○第2期　授業料、施設費、校費　351,000円
○第3期　授業料、施設費、校費　205,500円

＊制服・体操服等制定品一式で約100,000円

奨学金・特待制度

□兄弟姉妹奨学金（新入生の兄姉が本校（中学・高校）に在学中、入学金・授業料の一部を免除）
□特別奨学生（成績優秀者）
特別奨学生1 入学金・施設費・授業料全額給付
特別奨学生2 授業料半額給付

独自の留学制度

ニュージーランド　ターム留学　3年生
カナダ 短期語学研修　3年生

併設高校の合格実績

2024年の進学状況（卒業者数411名）
京都橘大学806名

国・公立大学合格62名
京都大1、東京工業大2、神戸大2、北海道大1、九州大2、大阪公立大3、京都工芸繊維大2、京都府立大4、金沢大1、岡山大1、広島大2、滋賀大6、兵庫県立大2、京都教育大1、奈良教育大1、滋賀県立大3、奈良県立大1、他。

他の私立大学合格852名
関西学院大19、関西大48、同志社大46、立命館大101、京都産業大52、近畿大107、龍谷大150、佛教大11、早稲田大2、慶應義塾大1、上智大1、明治大2、青山学院大2、中央大1、法政大3、関西医科大10、大阪歯科大6、京都薬科大2、摂南大23、追手門学院大28、関西外国語大20、大阪工業大15、京都女子大14、同志社女子大22、武庫川女子大19、他。

京都文教中学校

学校インフォメーション

制服

通学

宗教教育

ICT教育

長期休暇講習

海外研修

プール

自習スペース

図書館

食堂

スマホ持ち込み

カウンセラー

プレテスト

中高大連携

所在地　〒606-8344　京都市左京区岡崎円勝寺町5

電話　075-771-6155
創立　1904年
校長　石橋 克彦
生徒数　男 102人 女 86人
併設校　京都文教短期大学附属家政城陽幼稚園・京都文教小学校・高等学校・短大・大学・大学院
WEB　https://www.kbu.ac.jp/kbghs/

教育方針・特色

「三宝帰依」(謙虚・誠実・親切)の校訓のもと、すべてのもののいのちを大切にして、「逞しさ・明るさ・優しさ・楽しさ」が実現できる教育を推進します。社会で活躍できる、知・徳・体の調和のとれた人間の育成をめざします。具体的には、 ①生徒一人ひとりを支え輝かせる指導をします。 ②放課後の有効活動を最大限に支援します。 ③進路の実現に向けて全力でサポートします。 ④社会で必要とされるマナー・躾を行います。

スクールライフ

登校時間　8:30
週登校日　6日制
学期制　3学期
制服　あり(夏・冬)
昼食　食堂・テイクアウト・焼き立てパン販売・弁当持参
学校行事　合唱コンクール・文化祭・体育祭(9月) 涅槃会(2月) 知恩院参拝(4月) 芸術鑑賞会(11月)など多数
修学旅行　3年生10月 6泊7日 オーストラリア(ホームステイ)(予定)
環境・施設　屋内温水プール トレーニングルーム 硬式野球グラウンド・全天候テニスコート(宇治キャンパス) 茶室 礼拝堂 自習室(100席) プレゼンルーム 心理臨床センター
クラブ活動　軟式野球・水泳・陸上・柔道・バドミントン・剣道・卓球・男子サッカー・男子バスケット・ダンス・吹奏楽・将棋・英語・鉄道研究・美術・演劇・漫画研究・茶道・伝統芸能・理化・写真・園芸・書道・MAGICなど

2024年度 募集要項

○募集人数　男女70名(ACTα25名、ACTβ45名)
※自己表現入試は5～10名募集(事前審査あり)
○願書受付　A・B日程:12/8(金)～入試日前日12:00
C日程:1/17(水)～1/23(火)12:00
すべてweb出願
○受験料　20,000円
○選抜日時　A日程:1/13(土) B日程Ⅰ:1/14(日)
B日程Ⅱ:1/15(月) C日程:1/24(水)
○合格発表　A日程:1/13(土)19:00web、1/14(日)郵送
B日程Ⅰ:1/14(日)19:00web、1/15(月)郵送
B日程Ⅱ:1/15(月)19:00web、1/16(火)郵送
C日程:1/25(木)9:00web、郵送
○選抜方法　A日程:国・算+選択(理・社・英より1科)各100点各40分・面接 ※英語選択の英検資格取得者は取得級に応じて加点あり
自己表現作文型:作文800字60分・面接
自己表現プレゼンテーション型:情報収集・まとめ作業60分、発表約5分・面接
B日程Ⅰ・Ⅱ・C日程:国・算 各100点各40分・面接

2024年度 入試結果

ACT α	A日程	ACT β	A日程
募集者数	33	募集者数	18
受験者数	33	受験者数	18
合格者数	29	合格者数	16
競争率	1.14	競争率	1.13
合格最低点	187/300(基準点)	合格最低点	131/300(基準点)
ACT α	B日程Ⅰ	ACT β	B日程Ⅰ
募集者数	24	募集者数	17
受験者数	22	受験者数	8
合格者数	17	合格者数	6
競争率	1.29	競争率	1.33
合格最低点	111/200(基準点)	合格最低点	78/200(基準点)
ACT α	B日程Ⅱ	ACT β	B日程Ⅱ
募集者数	20	募集者数	6
受験者数	12	受験者数	5
合格者数	10	合格者数	1
競争率	1.20	競争率	5.00
合格最低点	111/200(基準点)	合格最低点	78/200(基準点)
ACT α	C日程	ACT β	C日程
募集者数	5	募集者数	3
受験者数	4	受験者数	3
合格者数	2	合格者数	1
競争率	2.00	競争率	3.00
合格最低点	非公表	合格最低点	非公表

※内部進学10含む
※内部進学3含む、回し合格(A4,BⅠ4,Ⅱ4,C2)含まない

学校PR

私たち京都文教中学校の先生の仕事は『夢を語り、希望を広げ、良きアドバイスを送り、生徒たちの喜ぶことをする』です。京都有数の文化ゾーンに立地する穏やかな環境の元、心静かに穏やかな学校生活を送ってほしいと願っています。ACT探求学習では、【文教京都学】を実施しています。京都に題材を求め、京都の不思議を見つけ、現地へ行き深堀りして、みんなに伝える。京都は謎でいっぱいです。この楽しみながら探究活動が身につく【文教京都学】、きっと中学校生活においての財産となるでしょう！ 1人1台のクロームブックを活用します。

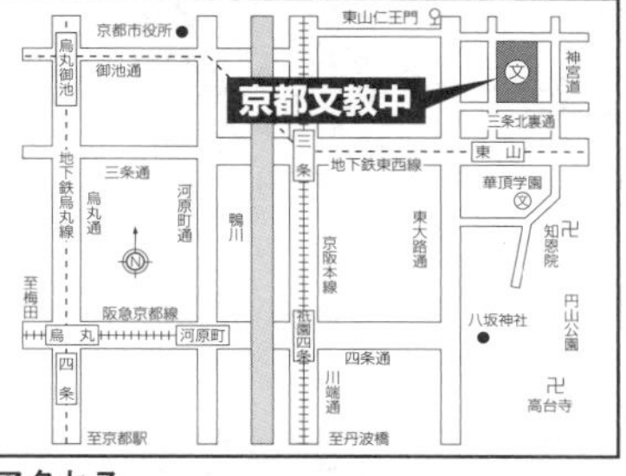

アクセス
地下鉄東西線東山駅下車徒歩3分
京阪本線三条駅下車徒歩10分
市バス東山仁王門下車徒歩2分

費用

《入学手続き時》

項目	金額
○入学金	100,000円
○1学期分授業料・教育充実費	320,000円

《入学後》(年額)

項目	金額
○授業料	558,000円
○教育充実費	210,000円
○保護者会費	12,000円
○生徒会費	4,800円
○学習補助費(補助教材・業者テスト費用など)	65,000円～85,000円
○修学旅行積立金(3年間)	270,000円
○Chromebook購入費	約70,000円

項目	金額
制服・制定品一式	約120,000円

奨学金・特待制度

入試得点による奨学金制度あり

独自の留学制度

特になし

併設高校の合格実績

2024年の進学状況(卒業者数299名)
京都文教大学合格39名
京都文教大学短期大学合格6名

国・公立大学合格10名
筑波大、神戸市外国語大、京都府立大、兵庫県立大、京都教育大、滋賀県立大、奈良県立大、山形大、岐阜大

他の私立大学合格
関西学院大1、関西大12、同志社大5、立命館大18、京都産業大30、近畿大10、甲南大2、龍谷大30、佛教大53、中央大1、関西医科大1、北里大1、他。

京都

共学校

同志社中学校

学校インフォメーション

通学

宗教教育

ICT教育

海外研修

留学制度

自習スペース

図書館

バリアフリー

食堂

届出
スマホ持ち込み

カウンセラー

中高大連携

ネイティブ教員

海外姉妹校

京都

所在地　〒606-8558　京都府京都市左京区岩倉大鷺町89

電話	075-781-7253	**生徒数**	男 456人　女 419人
創立	1875年	**併設校**	同志社高校　同志社大学　同志社女子大学
校長	代表:竹山　幸男	**WEB**	http://jhs.js.doshisha.ac.jp/

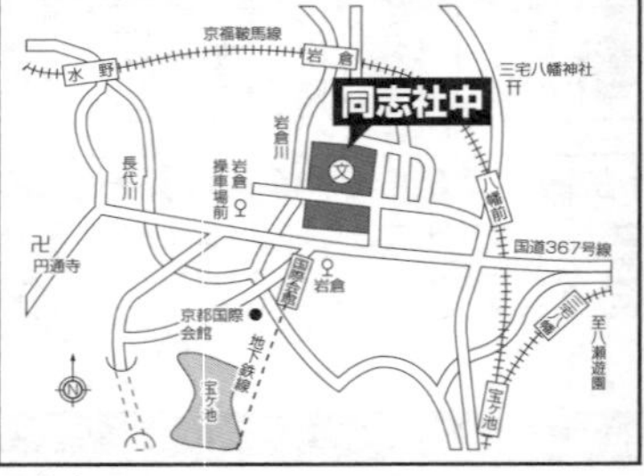

アクセス
地下鉄烏丸線国際会館駅下車徒歩2分
叡山電鉄八幡前駅下車徒歩5分

教育方針・特色

創立者新島襄の建学の精神を受け継ぎ、生徒の自主性が重んじられ、あらゆる場で生徒が主人公として活躍している。同志社高等学校、同志社大学への推薦制度があり、生徒は自分の夢や目標を定め、将来への確かな見通しをもって勉学に励むことができる。キリスト教を徳育の基本におき、全人格的な教育の完成を期している。チームワークの育成や問題解決能力を養うために、多彩な学校行事を用意し、一人ひとりの学ぶ力を伸ばす。『教科センター方式』による学校運営を行っている。

アメリカ・ヌエバスクールとの交換留学をはじめ、夏のニュージーランド語学研修、春のカナダ語学研修など年間20企画の国際交流・英語研修プログラムを実施し、グローバル教育の充実をはかっている。特別課外授業「同中学びプロジェクト」は年間300企画以上、国内屈指の量と質を誇る。

費用

《入学手続き時》

○入学金	120,000円

※1学期授業料他の納入あり

《入学後》

○授業料	708,000円
○教育充実費	140,000円
○諸費	25,900円
○その他	118,000円

スクールライフ

登校時間	8:50
週登校日	5日制
学期制	3学期
制服	なし
昼食	弁当持参　購買・食堂あり
学校行事	遠足(4月)・球技大会(6月)・文化祭(10月)・体育祭(11月)・自由研究ポスターセッション(2月)
修学旅行	2年生7月・コース別、3年生12月・コース別
環境・施設	体育館・図書館(図書・メディアセンター)・チャペル・多目的学習ルーム・各教科専門教室・各教科メディアスペースなど(全教室Wi-fi・冷暖房完備)
クラブ活動	放送部・演劇部・工業部・英語部・地歴部・ハンドベル・ピースリンク部・ホザナコーラス部・和太鼓部・管弦楽部・鉄道部・サイエンス部・かるちゃんぷる部・野球部・バスケットボール部・剣道部・ラグビー部・サッカー部・卓球部・テニス部・陸上競技部・バレーボール部・ワンゲルJr.部・コミック＆アート部

奨学金・特待制度

・同志社中学校奨学金
(向上心を有し、経済的理由で学費支払が困難となった生徒)
・桑の実貸与奨学金
(向上心を有し、経済的理由で学費支払が困難となった生徒)
・司鐘担当奨学金
(向上心を有し、経済的理由で学費弁済が困難となった生徒で、司鐘の奉仕活動を行う者)
・同志社校友会奨学援助金(家庭事情の急変の場合)

共学校

独自の留学制度

○ニュージーランド　3年　ターム留学　約140万円
○カナダ　3年　ターム留学　約180万円
○アメリカ　3年　ターム留学　約200万円
○ニュージーランド　2、3年　語学研修、ホームステイ　約62万円
○カナダ　2、3年　語学研修、ホームステイ　約60万円
○アメリカ(ボストン)　1～3年
ハーバード・MIT研修／アーモスト大学見学　約95万円
○アメリカ(ポートランド・シアトル)　1～3年
ホームステイ、企業訪問、ボランティア体験　約80万円
○アメリカ(サンフランシスコ)1～3年　交換留学　約40万円
○オーストラリア　1、2年　語学研修、ホームステイ　約55万円

2024年度 募集要項

○募集人数	288名(内部進学含む、36名×8学級)
○願書受付	12/18(月)～1/5(金)　web出願
○受験料	20,000円
○選抜日時	1/13(土)8:45
○合格発表	1/15(月)10:00～12:00web、郵送
○選抜方法	国・算　各80点各40分

2024年度 入試結果

一般

応募者数	534
受験者数	513
合格者数	293
競争率	1.75
合格最低点	103/160 (合格点)

併設高校の合格実績

2024年の進学状況(卒業者数348名)
同志社大学306名、同志社女子大学5名
国・公立大学合格5(2)名
京都大2(1)、大阪大1、金沢大1、岐阜大1(1)。
他の私立大学合格58(42)名
早稲田大1(1)、慶應義塾大5(5)、上智大1(1)、青山学院大1(1)、大阪医科薬科大3(1)、関西医科大1、大阪歯科大2(2)、京都薬科大2(2)、国際基督教大2(2)、東京医科大1、東京女子医科大1、金沢医科大1、順天堂大1、他。
※( )内は現役合格内数

学校PR

本校では、「教科センター方式」を採用し、全教科を教科専門教室でより広く深い学びを実施、多くの教科で探究型、プレゼン型の授業をおこなっています。放課後や休日、長期休暇には、大学研究室訪問や各教科の自主企画「同中学びプロジェクト」が年間300以上あります。英語力強化・国際交流プログラムも年間20企画以上あります。私たちは、物事に興味や疑問を持ち、自ら学ぶ意欲を持つ人を求めています。

同志社国際中学校

学校インフォメーション

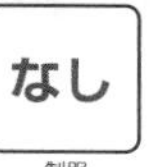

制服

通学

宗教教育

ワールド・ワイド・ラーニング

習熟度別授業

海外研修

留学制度

図書館

人工芝グラウンド

食堂

カウンセラー

帰国生入試

中高大連携

ネイティブ教員

所在地　〒610-0321　京都府京田辺市多々羅都谷60-1

電話	0774-65-8911	**生徒数**	男 155人　女 227人
創立	1988年	**併設校**	同志社国際高等学校
校長	西田　喜久夫	**WEB**	https://www.intnl.doshisha.ac.jp/

教育方針・特色

全校生徒の3分の2が海外での生活経験がある「帰国生徒」、3分の1が国内での学習経験を中心とする「国内一般生徒」。さまざまな文化的背景を擁している帰国生徒と国内一般生徒が、同じクラスで学ぶ「共習」を実施しています。それぞれの生徒たちが、刺激しあい、相互に日本と世界を理解・認識し、グローバルな感覚を自然と身につけることができる環境です。ホームルームは国内一般生徒と帰国生徒の混合クラスですが、授業ではそれぞれが伸長していけるように習熟度クラスを設けていて、自分に合った授業を受けるこができます。

スクールライフ

登校時間	8:20
週登校日	5日制
学期制	3学期
制服	なし
昼食	コミュニケーションカフェ利用可能
学校行事	中1研修(4月)・中学遠足会(6月)・リトリートキャンプ(7月)・文化祭(9月)・体育祭(10月)・校内英語試験(10月)・長崎研修旅行(3月)
修学旅行	2年生3月　3泊4日　長崎【平和学習】
環境・施設	コミュニケーションセンター、人工芝グラウンド、新島記念講堂【チャペル】、各クラスホワイトボード、プロジェクター完備、全館無線LAN
クラブ活動	アメリカンフットボール部(チアリーダー併設)、バスケットボール部、ゴルフ部、剣道部(中学時は経験者のみ)、ラグビー部、サッカー部、卓球部、テニス部、陸上競技部、女子バレーボール部、美術部、吹奏楽部、放送部、文芸部、クッキング部、ダンス部、演劇部、ESS部、コーラス部、MCI部、MUN(模擬国連)部、写真部、サイエンス部、書道部、ボランティアサービス部

2024年度 募集要項

○募集人数　帰国生(A選考・B選考)約55名(編入生含む)
一般生(G選考)約25名

○願書受付　帰国生A(12月入試):10/9(月)～10/20(金)※10/20のみ持参可
帰国生B(1月入試):11/13(月)～11/21(火)※1/21のみ持参可
一般生G:12/21(木)～1/9(火)※1/9のみ持参可
帰国生A(2月入試):1/5(金)～1/12(金)※1/12のみ持参可
すべてwebで仮出願後、郵送(最終日必着)か持参

○受験料　20,000円(海外の銀行からの振込23,000円)

○選抜日時　帰国生A(12月入試):12/8(金)
帰国生B(1月入試)・一般生:1/16(火)
帰国生A(2月入試):2/9(金)

○合格発表　帰国生A(12月入試):12/13(水)
帰国生B(1月入試)・一般生:1/17(水)
帰国生A(2月入試):2/11(日・祝)
いずれも16:00web、郵送

○選抜方法　帰国生A専願:英語資格・面接(保護者同伴)・書類審査
帰国生A併願:作文60分(海外で習得した言語)・面接(保護者同伴)・書類審査
帰国生B・一般生G併願:国・算・選択(理・社・英より1科)各100点各50分

2024年度 入試結果

一般G		帰国A(12月)	
応募者数	273	応募者数	50
受験者数	196	受験者数	44
合格者数	80	合格者数	36
競争率	2.45	競争率	1.22
合格最低点	182/300	合格最低点	併願25/40

帰国B		帰国A(2月)	
応募者数	18	応募者数	12
受験者数	9	受験者数	12
合格者数	6	合格者数	5
競争率	1.50	競争率	2.40
合格最低点	161/300	合格最低点	併願30/40

学校PR

本校の入学試験では、帰国生徒、国内一般生徒ともに自分に合った入試制度を実施しています。自由で明るい学校生活の中、個性をのばし、興味を見つけ、それらをじっくりと追求することができます。多くの授業では、自ら課題を設定し、問題を解決する力を重視した学習形態を多く取り入れています。　他校では経験できない「同志社国際中学校」の雰囲気を体験してみませんか。

アクセス
JR学研都市線同志社前駅下車徒歩10分
近鉄京都線興戸駅下車徒歩15分

費用

《入学手続き時》
○入学金　100,000円

《入学後》
○入学後費用　850,000円
○教育充実費　130,000円

奨学金・特待制度

奨学金制度には以下のものがあります。
海外長期留学奨学金(留学した生徒に支給)
新島奨学金・校友会奨学金(いずれも、家計急変時のみ)

独自の留学制度

一人ひとりのバックグラウンドや学力、語学レベルに応じて参加できる独自のプログラムを設定しています。詳細は、本校ホームページを参照ください。

併設高校の合格実績

2024年の進学状況(卒業者数261名)
同志社大学合格228名
同志社女子大学合格1名

国・公立大学合格1名

他の私立大学合格
関西学院大1、同志社大1、早稲田大9、慶應義塾大3、上智大5、青山学院大1、立教大2、中央大1、大阪医科薬科大1、国際基督教大4、他。

花園中学校

学校インフォメーション

制服

通学

宗教教育

長期休暇講習

習熟度別授業

海外研修

留学制度

図書館

食堂

スマホ持ち込み

カウンセラー

プレテスト

中高大連携

英語イマージョン

所在地　〒616-8034　京都市右京区花園木辻北町1番地

電話　075-463-5221
創立　1872年
校長　溜　剛
生徒数　男 97人　女 73人
併設校　花園高等学校　花園大学　洛西花園幼稚園
WEB　https://www.kyoto-hanazono-h.ed.jp

アクセス
JR嵯峨野線花園駅下車徒歩7分
市バス・京都バス木辻南町下車徒歩5分
阪急西院駅よりスクールバス10分

教育方針・特色

これからのグローバル社会において世界を舞台に活躍する人材を育てるためには、まずは、どのような環境にあっても自分の良さを発揮できる姿勢・態度を育てることが重要です。本校では「禅のこころ」を建学の精神とし、自由なこころで、日本人として世界にはばたくことを目指します。

スクールライフ

登校時間　8:30　SGZコース早朝坐禅は8:20～
週登校日　5日制
学期制　3学期
制服　あり(夏・冬)
昼食　食堂あり　弁当持参可
学校行事　校外学習(5月)・スポーツ大会(6月)・花園祭(9月)・研修旅行(10月、3月)・鑑賞教室(11月)
修学旅行　つくば研修　2年　3日間
SGZユース海外研修　3年　14日間
環境・施設　図書室・第1グランド・第2グランド・第1体育館・第2体育館・自習室・メディアフロア・情報教室・マルチラーニングスペース・講堂
クラブ活動　【運動部】陸上競技・男子バスケットボール・バドミントン・卓球・サッカー
【文化部】美術・仏教青年・写真・放送・囲碁将棋・科学・書道・茶道・図書・パソコン
【同好会】硬式テニス・文芸

2024年度 募集要項

○募集人数　スーパーグローバルZENコース　20名
ディスカバリーコース　40名
○願書受付　12/1(金)～1/10(水)　web出願
○受験料　20,370円
○選抜日時　F(フラッグシップ入試)、A1(選択2科入試)、A2(選択3科入試):1/13(土)午前
A3(2科入試):1/13(土)午後
B1(2科入試):1/14(日)午前
B2(むげん入試適性検査型2科):1/14(日)午後
C1(むげん入試適性検査型4科):1/15(月)午前
○合格発表　F、A1、A2、A3:1/14(日)
B1、B2:1/15(月)　C1:1/16(火)
いずれも16:00web、郵送
○選抜方法　F(フラッグシップ入試)(出願資格必要):作文40分・面接(グループ)
A1・A3・B1:国・算　各100点各50分・面接(グループ)
A2:国・算・英(リスニング含む)各100点各50分・面接(グループ)
B2:総合力Ⅰ(国)・Ⅱ(算)各100点各50分・面接(グループ)
C1:総合力Ⅰ(国)・Ⅱ(算)・Ⅲ(理社)各100点各50分・面接(グループ)

2024年度 入試結果

スーパーグローバルZENコース F(フラッグシップ)・選択(A1・A2)	
応募者数	9・8
受験者数	9・5
合格者数	9・4
競争率	1.00・1.25
合格ボーダー	[A1]140/200、[A2]210/300

スーパーグローバルZENコース A3(2科)	
応募者数	32
受験者数	27
合格者数	21
競争率	1.29
合格ボーダー	145/200

スーパーグローバルZENコース B1(2科)	
応募者数	37
受験者数	27
合格者数	24
競争率	1.13
合格ボーダー	145/200

スーパーグローバルZENコース B2(むげん)	
応募者数	29
受験者数	21
合格者数	17
競争率	1.24
合格ボーダー	140/200

スーパーグローバルZENコース C1(むげん)	
応募者数	21
受験者数	5
合格者数	4
競争率	1.25
合格ボーダー	215/300

ディスカバリーコース F(フラッグシップ)・選択(A1・A2)	
応募者数	9・12
受験者数	9・11
合格者数	9・11
競争率	1.00・1.00
合格ボーダー	[A1]115/200、[A2]150/300

ディスカバリーコース A3(2科)	
応募者数	25
受験者数	22
合格者数	22
競争率	—
合格ボーダー	115/200

ディスカバリーコース B1(2科)	
応募者数	29
受験者数	24
合格者数	22
競争率	—
合格ボーダー	115/200

ディスカバリーコース B2(むげん)	
応募者数	24
受験者数	17
合格者数	18
競争率	—
合格ボーダー	105/200

ディスカバリーコース C1(むげん)	
応募者数	24
受験者数	11
合格者数	9
競争率	—
合格ボーダー	160/300

※回し合格含む

費用

《入学手続き時》

○入学金	120,000円
○制服・制定品	約85,000円

《入学後》

○授業料	(年額)500,000円
○教育費	200,000円
○施設費	140,000円
○特別教育充実費	30,000円
○生徒会費	8,400円
○はなぞの会(保護者会)会費	10,000円
○教材費・模擬試	約150,000円
○iPadの諸費用等	約65,000円

※研修旅行積立金
約65,000円～350,000円(コースによって違う)

奨学金・特待制度

オープンテスト(プレテスト)・模擬試験の結果や入試成績優秀者に対する奨学金制度があります。

独自の留学制度

留学先　オーストラリア
学年　全学年(選抜)
内容　短期留学2週間
費用　0円
※その他にも制度あり

併設高校の合格実績

2024年の進学状況(卒業者数339名)
花園大学合格8(6)名
国・公立大学合格29(28)名
大阪大3(3)、神戸大2(2)、九州大1(1)、大阪公立大1(1)、京都工芸繊維大2(2)、京都府立大1(1)、金沢大2(2)、滋賀大2(1)、京都教育大1(1)、滋賀県立大3(3)、奈良女子大2(2)、京都府立医科大2(2)、他。
他の私立大学合格495(482)名
関西学院大10(10)、関西大16(16)、同志社大24(24)、立命館大65(65)、京都産業大37(35)、近畿大13(11)、龍谷大54(51)、仏教大52(51)、明治大1(1)、法政大1(1)、大阪医科薬科大1、大阪歯科大1(1)、京都薬科大1(1)、摂南大8(8)、神戸学院大2(2)、追手門学院大8(8)、桃山学院大1(1)、京都外国語大5(5)、関西外国語大7(7)、大阪経済大4(4)、大阪工業大3(3)、京都女子大11(11)、同志社女子大9(9)、武庫川女子大4(4)、他。
※( )内は現役合格内数

学校PR

花園教育の中心になるのが探究活動です。まず1、2年生では探究の基礎やSDGsについて学び「未来への提案」を行います。3年生からはコースごとに分かれて活動します。SGZコースでは海外進学をふまえ日本文化・禅について体験的に学び・発信・行動します。Dコースでは有名企業からのミッションや各自が設定したテーマについての探究、さらには国内・海外の研修旅行の企画を行います。探究活動では、VR機器、ドローン、3Dプリンタなどの活用機会もあります。また、1年から英語、数学、理科で外国人教員が担当するイマージョン教育を実施。また、オンライン英会話なども活用し、実践的なコミュニケーション能力を磨きます。このような様々な活動を通じて、世界に向けた情報発信を目指しています。

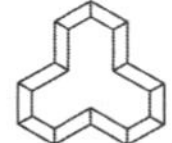

洛南高等学校附属中学校

学校インフォメーション

制服

通学

宗教教育

ICT教育

長期休暇講習

海外研修

プール

自習スペース

図書館

食堂

スマホ持ち込み

カウンセラー

ネイティブ教員

所在地　〒601-8478　京都市南区壬生通八条下る東寺町559

電話	075-672-2661	**生徒数**	男 548人　女 324人
創立	1985年	**併設校**	洛南高等学校・附属小学校
校長	西村　文宏	**WEB**	https://www.rakunan-h.ed.jp/

アクセス
近鉄京都線東寺駅下車徒歩10分
JR京都線京都駅下車八条口より徒歩13分

教育方針・特色

「三帰依」を現代の言葉に直した「自己を尊重せよ」「真理を探求せよ」「社会に献身せよ」を校訓とし、「規律正しく、清潔に努め、情操豊かに、勉学に励む」を実践項目に掲げて、バランスのとれた人間形成、育成につとめている。

スクールライフ

登校時間	8:25
週登校日	6日制　月1回土曜日に休業日あり
学期制	3学期
制服	あり
昼食	原則として弁当持参（購買・食堂あり）
学校行事	御影供（毎月21日）・体育祭（9月）・文化祭（10月）その他学校行事多数
修学旅行	3年生6月　3泊4日　沖縄
環境・施設	図書館・25m温水プール・柔道場・体操場
クラブ活動	体育系9、文化系20のクラブがある。体育系は陸上、バレーボール、バスケットボール、水泳、サッカー、柔道、テニス、剣道、卓球など多数。文化系は吹奏楽、競技かるたをはじめ、囲碁、将棋、書道、クイズ研究、放送、茶道、華道、理科など多数活躍している。

2024年度 募集要項

○募集人数	約280名（内部進学者約90名含む）
○願書受付	12/11（月）0:00～12/18（月）23:59 web出願
○受験料	20,000円
○選抜日時	1/15（月）
○合格発表	1/17（水）15:30web
○選抜方法	4科型：国　150点60分 算　150点70分 理・社　各50点各45分 3科型：国　150点60分 算　150点70分 理　100点45分

2024年度 入試結果

	専願（男子）・併願（男子）	
応募者数	643	
受験者数	541	
合格者数	195	
競争率	2.77	
合格最低点	201/400	252/400

	専願（女子）・併願（女子）	
応募者数	271	
受験者数	257	
合格者数	95	
競争率	2.71	
合格最低点	217/400	252/400

学校PR

生活指導や勉強が厳しいと聞いているかもしれませんが、実際に入学してみると、生活指導は当たり前のルールばかりで、生活面も勉強も学校で与えられることをしっかりこなしていけば大学入試突破の力、社会に出てから必要となるマナーが身につきます。洛南はクラブ活動、学校行事に積極的に参加して充実した生活を謳歌している生徒で溢れています。

費用

○入学金	100,000円
○学用品	男子　約99,400円 女子 約104,680円
○1学期分の学費　（授業料＋教育費）	318,000円
○年間諸経費	76,800円
○副読本・教材費	約34,000円
○iPad諸費（3年間）	約110,000円
○授業料月額	63,600円

※授業料は学期納入が基本
1学期　4～8月　2学期　9～12月　3学期　1月～3月
月額納入とする相談可

奨学金・特待制度

洛南高等学校附属中学校授業料減免奨学金（入学後、経済状況の急変により学業継続が困難な家庭に給付）

独自の留学制度

特になし

併設高校の合格実績

2024年の進学状況（卒業者数420名）
国・公立大学合格225名
東京大12（9）、京都83（72）、一橋大2（1）、東京工業大2（1）、大阪大22（16）、神戸大27（18）、北海道大5（2）、東北大1（0）、大阪公立大35（19）、筑波大1（0）、横浜国立大1（0）、国際教養大1（1）、京都工芸繊維大10（7）、奈良女子大2（1）、京都府立大1（1）、金沢大1（1）、広島大2（2）、滋賀大8（8）、三重大2（1）、山口大2（2）、兵庫県立大4（2）、大阪教育大3（2）、滋賀県立大1（1）、京都市立芸術大1（1）、京都府立医科大11（7）、奈良県立医科大5（5）、和歌山県立医科大2（1）、他。

私立大学合格848名
関西学院大43（28）、関西大79（52）、同志社大114（68）、立命館大163（99）、京都産業大13（11）、近畿大93（27）、甲南大4（4）、龍谷大59（19）、佛教大5（5）、早稲田大28（21）、慶應義塾大30（19）、上智大4（3）、東京理科大11（7）、明治大9（2）、青山学院大3（1）、中央大4（4）、法政大6（6）、日本大5（4）、東洋大2（2）、駒澤大4（1）、専修大3（2）、大阪医科薬科大15（10）、関西医科大20（10）、兵庫医科大5（2）、京都薬科大11（7）、神戸薬科大2（1）、摂南大2（1）、神戸学院大5（1）、関西外国語大5（5）、大阪工業大1（0）、京都女子大2（2）、同志社女子大3（3）、他。

省庁大学校合格20名
防衛大1（1）、防衛医科大18（15）、気象大1（1）。
※（ ）内は現役内数

京都

共学校

立命館中学校

学校インフォメーション

制服　通学　ICT教育　スーパースクール　海外研修　プール　図書館

人工芝グラウンド　食堂　カウンセラー　中高大連携　ネイティブ教員

所在地　〒617-8577　京都府長岡京市調子一丁目1-1

電話　075-323-7111　**生徒数**　男 324人　女 409人
創立　1905年　**併設校**　立命館高等学校
校長　東谷　保裕　**WEB**　https://www.ritsumei.ac.jp/nkc/

アクセス
阪急京都線西山天王山駅下車徒歩約8分
JR東海道本線長岡京駅下車徒歩約15分
京阪淀駅よりバス約12分調子バス停下車

教育方針・特色

【教育の三つの柱】
①自主自立を促す教育：自ら考え、自らすすんで行動できる人（主体性/社会貢献意識）
②グローバル教育：世界を視野に、領域を超えて困難に立ち向かえる人（多様性重視/人権意識）
③STEAM教育：学びを楽しみ、新しいものを生み出せる人（創造性/科学的探求）

スクールライフ

登校時間	8:30
週登校日	5日制
学期制	3学期
制服	あり
昼食	購買・カフェテリアあり　弁当持参可
学校行事	文化祭（9月）・体育祭（10月）
修学旅行	3年生11月　オーストラリア（2週間）
環境・施設	図書館・ICT環境・クラブ用練習場・人工芝グラウンド
クラブ活動	陸上競技部、卓球部、野球部、ソフトテニス部、スキー部、バレーボール部、陸上ホッケー部、バスケットボール部、サッカー部、吹奏楽部、美術部、剣道部、フェンシング部、ラグビー部、水泳部、演劇部、書道部

2024年度 募集要項

○募集人数　ALコース（学力伸長・特進）約60名
CLコース（中高大一貫）約60名（外部募集）

○願書受付　12/7（木）9:00～1/5（金）17:00
web出願

○受験料　20,000円

○選抜日時　前期日程：1/13（土）
後期日程：1/14（日）

○合格発表　1/16（火）15:00web

○選抜方法　前期A方式ALコース・前期B方式・後期：国・算　各100点各50分　理・社　各50点各40分　面接（前期Aのみ）
4科型は4科合計、国算理合計×1.2、国理合計＋算×1.5のうち最も高い得点で判定
3科型（国算理）は合計×1.2と国理合計＋算×1.5の高い方の得点で判定
前期A方式CLコース：国・算　各100点各50分・面接　※前期A方式は出願資格要

2024年度 入試結果

ALコース　前期A（優遇）		CLコース　前期A（優遇）	
応募者数	96	応募者数	33
受験者数	90	受験者数	33
合格者数	41	合格者数	18
競争率	2.20	競争率	1.83
合格最低点	非公表	合格最低点	非公表

ALコース　前期B（一般）		CLコース　前期B（一般）	
応募者数	137	応募者数	66
受験者数	122	受験者数	66
合格者数	43	合格者数	12
競争率	2.84	競争率	5.50
合格最低点	177/300	合格最低点	170/300

ALコース　後期		CLコース　後期	
応募者数	414	応募者数	107
受験者数	398	受験者数	106
合格者数	85	合格者数	8
競争率	4.68	競争率	13.25
合格最低点	205/300	合格最低点	194/300

※回し合格（前A22・B6、後51）含まない

費用

《入学手続き時》

○入学金		120,000円

《入学後》

○授業料		672,000円
○教育充実費		264,000円
○諸会費		23,000円
○教材学級諸費・検定料	ALコース	152,000円
	CLコース	142,000円
○学年宿泊行事費		31,000円
○ALコース費		100,000円

奨学金・特待制度

奨学金制度あり

独自の留学制度

特になし

併設高校の合格実績

2024年の進学状況（卒業者数347名）
立命館大学内部進学者265名、
立命館アジア太平洋大学内部進学者6名。

国・公立大学合格40名
京都大8、東京工業大1、大阪大3、神戸大3、北海道大1、九州大3、大阪公立大5、京都工芸繊維大2、金沢大1、岡山大1、滋賀大1、滋賀県立大1、他。（医・薬・歯6）。

他の私立大学合格93名
関西学院大6、関西大13、同志社大24、立命館大20（学内推薦除く）、近畿大3、早稲田大1、慶應義塾大1、東京理科大4、明治大3、他。（医・歯・薬・歯18）。

学校PR

本校は、サイエンス、グローバル、探究力の育成を教育の3本柱に掲げるなかで、多様な進路を保障する学校です。「自由と清新」のスピリットのもと、多くの先輩方が卒業し、世界で活躍しています。生徒の個性を大切にし、その可能性を広げてくれるのが立命館です。私たちと一緒に学び、太い「絆」を築いてみませんか。

立命館宇治中学校

学校インフォメーション

制服

通学

ICT教育

探究授業

習熟度別授業

海外研修

図書館

人工芝グラウンド

食堂

カウンセラー

帰国生入試

中高大連携

ネイティブ教員

英語イマージョン

所在地　〒611-0031　京都府宇治市広野町八軒屋谷33番1

電話　0774-41-3000
創立　2003年
校長　越智　規子
生徒数　男 290人　女 255人
併設校　立命館宇治高等学校・立命館大学・立命館アジア太平洋大学
WEB　https://www.ritsumei.ac.jp/uji/

教育方針・特色

建学の精神「自由と清新」と教学理念「平和と民主主義」を掲げる立命館附属校として、中高大一貫教育により、受験に捉われない自由度の高い教育を行っている。英語の授業は到達度に応じたレベル分けがなされ、ネイティブスピーカーの教員の授業では、「話す・聞く」という力を伸ばすことができる。総合的な学習の時間では、各分野の社会人講師を招いての講座が開かれている。中学1年では「日本文化」をテーマに日舞・和太鼓・茶道・書道・陶芸などを体験。中学2年では「モノ作り」をテーマに木工に取り組む。中学3年では演劇制作を通して表現・コミュニケーションの力を高める。

スクールライフ

登校時間　8:30
週登校日　5日制　土曜日は隔週で特別講座
学期制　3学期
制服　あり(夏・冬)
昼食　購買・食堂あり　弁当持参可
学校行事　体育大会(5月)・興風祭〈文化祭〉(9月)
修学旅行　3年生8月　2週間　オーストラリア
環境・施設　ICT環境・人工芝グラウンド・図書館・剣道場・柔道場・トレーニングルーム・体育館・テニスコート・食堂・購買
クラブ活動　【運動部】アメリカンフットボール部、陸上競技部、サッカー部、男子テニス部、女子テニス部、軟式野球部、女子バスケットボール部、水泳部、バトントワリング部、女子バドミントン部、ラグビー部
【文化部】吹奏楽部、茶道部、書道部、美術部、自然科学部

2024年度 募集要項

○募集人数　180名(帰国生・外国籍生徒含む)
○願書受付　12/11(月)～1/5(金)　web出願
○受験料　20,000円(国際の海外会場は50,000円)
○選抜日時　A日程:1/13(土)8:50
B日程:1/15(月)8:50
○合格発表　1/16(火)15:00・web
○選抜方法　A日程IPコース(自己・i推薦・一般):小論文55分・算25分(いずれも英語で出題)・面接(保護者同伴)
A日程ICコース(自己・i・SA推薦):国・算・社・理の標準テスト 計100点80分・面接
A日程ICコース(一般):国・算 各120点各50分・社・理 各80点各40分 面接 4科/3科(国算理) 4科はアラカルト判定
A日程ICコース(内申型):国・算 各120点各50分・社・理 各80点計80分・面接
B日程ICコース(一般):国・算 各120点各50分・社or理選択 80点40分・面接
※自己推薦・内申型・i推薦・SA推薦入試は事前に出願資格確認要

2024年度 入試結果

	応募者数	受験者数	合格者数	競争率	合格最低点
IPコース　A日程(推薦)	11	11	6	1.83	—
IPコース　A日程(一般)	2	2	0	—	—
IPコース　国際11月	41	40	28	1.43	—
IPコース　国際1月	2	2	1	2.00	—
ICコース　A日程(推薦)	109	108	112	—	—
ICコース　A日程(一般・内申)	106	106	38	2.79	264/400
ICコース　B日程(一般)	287	238	61	3.90	208/320
ICコース　国際11月	29	29	17	1.71	—
ICコース　国際1月	6	6	2	3.00	—

※推薦合格者はi推薦IP方式不合格かつICコースi推薦合格含む、BはAとの重複合格含む

学校PR

皆さんが大学受験するときには、求められる学力が大きく変わっています。求められる力の一つは「使える英語力」です。皆さんが社会に出る頃には、外国の人達と一緒に力を合わせて仕事をする時代になります。
もう一つは、答えのない問題に対しても、自分から考え、解決していこうとする「探究型学力」です。立命館宇治中学校は、来るべき時代に求められる力が確実に身につく学校です。また勉学だけでなく、多彩な学校行事や、クラブ活動を通して得られる豊かな体験と感動は、皆さんをさらに大きく成長させるでしょう。
皆さんの未来をつくる学びを立命館宇治中学校で始めましょう。

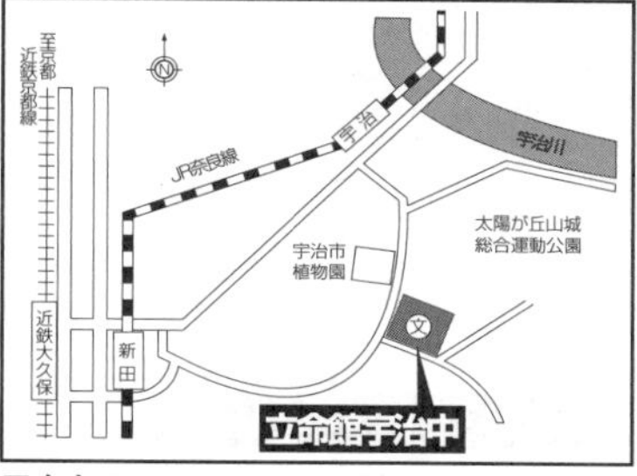

アクセス
近鉄京都線大久保駅・JR奈良線新田駅下車
バス約10分(徒歩約25分)
JR奈良線宇治駅下車　バス約10分
京阪宇治線宇治駅下車バス約20分

京都

費用

《入学手続き時》

○入学金		120,000円

《入学後》

○授業料(年額)		638,000円
○教育充実費※		291,000円
○学校行事費※	ICコース	9,000円
	IPコース	19,000円
○教材費※	ICコース	46,200円
	IPコース	43,750円
○諸会費(含入会金)		37,800円

○SAプログラム費　30,000円(SA生のみ)
○IPコース費　150,000円(IPコースのみ)
※2024年度の実績。金額は変更する可能性があります。

奨学金・特待制度

特になし

共学校

独自の留学制度

特になし

併設高校の進学・合格実績

2024年の進学状況(卒業者数418名)
立命館大学合格363名
立命館アジア太平洋大学合格5名

国・公立大学合格2名
岡山大1、神戸市外国語大1。

他の私立大学合格
関西大1、同志社大2、早稲田大4、慶應義塾大1、上智大4、明治大1、青山学院大1、関西医科大1、兵庫医科大1、大阪歯科大1、京都外国語大1、関西外国語大1、他。

龍谷大学付属平安中学校

学校インフォメーション

制服

通学

宗教教育

ICT教育

長期休暇講習

習熟度別授業

自習スペース

蔵書数 60,000 冊
図書館

人工芝グラウンド

バリアフリー

スマホ持ち込み

カウンセラー

プレテスト

中高大連携

所在地　〒600-8267　京都市下京区大宮通七条上ル御器屋町30

電話　075-361-4231
創立　1876年
校長　山脇 護
生徒数　254名(男女共学)
併設校　龍谷大学、龍谷大学付属平安高等学校
WEB　https://www.heian.ed.jp/

教育方針・特色

本校の「建学の精神」は「浄土真宗の精神」です。阿弥陀仏の願いに生かされ、真実の道を歩まれた親鸞聖人の生き方に学び、「真実を求め、真実に生き、真実を顕かにする」ことのできる人間を育てることにあります。このことを実現するための日常の心得として、「ことばを大切に」「じかんを大切に」「いのちを大切に」という3つの大切を掲げています。これらはみな、建学の精神があってこその心であり、生き方です。

宗教教育を通して、「ことば・じかん・いのち」という三つの大切を糸口として、自ら深く見つめることのできる目を養い、あらゆる存在により支えられている私のいのちの尊厳に気づくことができる生徒を育てます。

スクールライフ

登校時間	8:25
週登校日	6日制
学期制	3学期
制服	あり
昼食	弁当をご用意ください
学校行事	球技大会・校外学習・文化祭・体育祭・音楽祭・English day・研修旅行
修学旅行	3年生　長崎方面
環境・施設	講堂・図書館・ICT環境・体育館・トレーニングルーム・雨天練習場・人工芝グラウンド
クラブ活動	体育系：野球・剣道・バスケットボール・バドミントン・フェンシング・陸上競技・ソフトテニス・柔道・チアダンス 文化系：考古学研究・鉄道研究・美術・吹奏楽・新聞(同好会)

2024年度 募集要項

○募集人数　90名

○願書受付　A1・A2・B2:12/18(月)～1/8(月・祝)12:00
A0:12/22(金)～1/8(月・祝)12:00
B0:12/26(火)～1/8(月・祝)12:00
C1:12/18(月)～1/14(日)17:00
すべてweb出願(C1のみ1/15(月) 7:00～8:00窓口受付可)

○受験料　20,000円

○選抜日時　A0・A1:1/13(土)　A2:1/13(土)16:00
B0:1/14(日)　B2:1/14(日)16:00
C1:1/15(月)

○合格発表　A0・A1・A2:1/14(日)　B0・B2:1/15(月)
C1:1/16(火)　いずれも12:00～

○選抜方法　A0・B0(事前エントリー必要):作文・面接
A1:国・算　各100点各50分・理or社　50点40分・面接　3科/2科(国算)　3科はアラカルト判定、2科は点数の高い方を2倍し300点満点で判定
A2・B2・C1:国・算　各100点各50分　点数の高い方を2倍し300点満点で判定
※英検・漢検取得者は級に応じて加点

2024年度 入試結果

	A0	A1	A2	B0	B2	C1
応募者数	31	36	61	23	130	62
受験者数	31	35	61	23	99	55
合格者数	31	29	52	23	87	51
競争率	1.00	1.21	1.17	1.00	1.14	1.08
合格最低点	—	125/300	135/300	—	135/300	145/300

学校PR

2026年に龍谷大平安は創立150周年を迎えます。そのことを機に龍谷大学と龍谷大平安は、施設設備整備事業を一体的に実施しています。同一校舎を大学と中高とでシェアしながら、新たな「中高大連携」の教育活動を展開していきます。「中高大連携」のメリットを最大限に活かし、6年後の進学希望を叶えていきます。

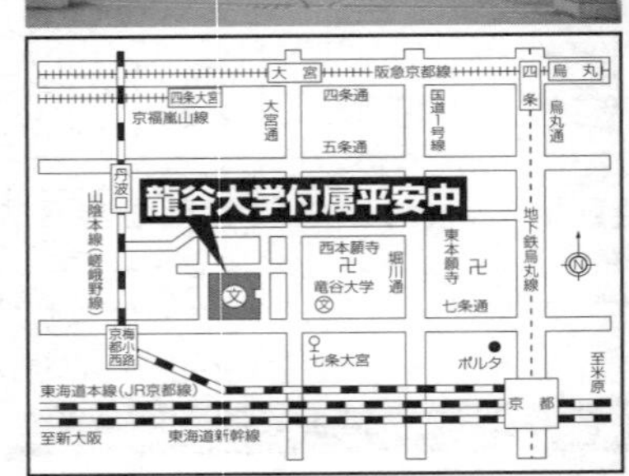

龍谷大学付属平安中

アクセス
JR嵯峨野線丹波口駅下車徒歩10分、
梅小路京都西駅下車徒歩10分
JR京都線・近鉄京都線京都駅から
市バス七条大宮下車徒歩1分

費用

《入学手続き時》

○入学金	120,000円

《入学後》

○授業料	(年額)620,000円
○施設設備費	240,000円
○その他の納入金	91,600円
○諸経費	約100,000円 (勉強合宿代・模擬テスト代等)
○ICT端末購入費	約100,000円
○制服・体操服代	約103、000円

奨学金・特待制度

授業料全額免除奨学生
授業料半額免除奨学生
龍谷大学付属平安中学校授業料減免制度

独自の留学制度

特になし

併設高校の合格実績

2024年の進学状況(卒業者数484名)
龍谷大学(含短期大学部)合格364名

国・公立大学合格26(4)名
東京大1(1)、神戸大2、京都工芸繊維大1、京都教育大2、滋賀大1、和歌山大、高知大2(2)、京都府立医科大1、滋賀県立大2、釧路公立大2、滋賀県立大2、奈良県立大1、他。

他の私立大学合格
関西学院大4、関西大24、同志社大8(1)、立命館大21(6)、京都産業大19、近畿大33、佛教大31、早稲田大1、慶応義塾大2、東京理科大1、明治大2(1)、青山学院大1、他。

省庁大学校合格
防衛大学校1。

※( )既卒生内数

東山中学校

学校インフォメーション

制服

通学

宗教教育

長期休暇講習

海外研修

自習スペース

図書館

カフェテリア

スマホ持ち込み

カウンセラー

プレテスト

帰国生入試

ネイティブ教員

英語イマージョン

所在地　〒606-8445　京都府京都市左京区永観堂町51

電話 075-771-9121㈹　**生徒数** 男 536人
創立 1868年　**併設校** 東山高等学校
校長 塩貝 省吾　**WEB** https://www.higashiyama.ed.jp/

教育方針・特色

■「セルフ・リーダーシップ」を育む東山
男子校である本校は、"スポーツの盛んな進学校"として、目標をもって大学そして社会へと飛躍する青年を育てるため、その土台となる力を養成します。浄土宗祖法然上人の教えを基に、幸せな人生を送るために必要な「人を思いやれる心」や「礼儀礼節」を育てる教育にも力をいれ、教育目標である"セルフ・リーダーシップ(自ら情熱と主体性をもって行動し、目標を達成し、夢を実現させる力)"の育成をはかります。

スクールライフ

登校時間 8:20
週登校日 5日制
学期制 2学期
制服 あり(夏・冬)
昼食 弁当持参 (購買・食堂あり)
学校行事 文化祭(9月)体育祭(10月)
修学旅行 3年生12月 オーストラリア
環境・施設 図書館・理科室(物理教室・化学教室・生物教室)・コンピュータ教室・音楽教室・食堂・テラス・視聴覚教室ほか
クラブ活動 【運動部】
野球部・卓球部・水泳部・剣道部・バスケットボール部・サッカー部・ソフトテニス部・柔道部 ・陸上競技部・ハンドボール部・バドミントン部
【文化部】
理科部・将棋部・ロボット研究会・吹奏楽部・茶道部・鉄道研究会 ・GCC(グローバルコミュニケーションクラブ)

2024年度 募集要項

○募集人数　ユリーカコース 60名(前期A 18名、前期B 30名、後期 12名)
エースコース 114名(前期A 36名、前期B 54名、後期 24名)
○願書受付　12/11(月)0:00〜1/4(木)23:59
web出願
○受験料　20,000円
※2回同時出願 30,000円
3回同時出願 40,000円
○選抜日時　前期A:1/13(土)15:20
前期B:1/14(日)　後期:1/16(火)
○合格発表　前期A・B:1/15(月)14:00web
後期:1/17(水)14:00web
○選抜方法　前期A:国・算 各120点各50分
前期B・後期:国・算 各120点各50分、理・社 各100点 各40分 3科(国算理)/4科
4科アラカルト判定、いずれも440点満点

2024年度 入試結果

	ユリーカコース 前期A日程	エースコース 前期A日程
応募者数	392	37
受験者数	382	37
合格者数	162	13
競争率	2.36	2.85
合格最低点	170/240	137/240

	ユリーカコース 前期B日程	エースコース 前期B日程
応募者数	367	48
受験者数	348	46
合格者数	98	12
競争率	3.55	3.83
合格最低点	303/440	240/440

	ユリーカコース 後期	エースコース 後期
応募者数	421	56
受験者数	194	38
合格者数	35	13
競争率	5.54	2.92
合格最低点	346/440	259/440

※回し合格(前A160・B180、後128)含まない

学校PR

「未来を築く10年カレンダー」「夢を叶える生徒手帳」「歴史を創る3年日記」、これらの東山3大オリジナルツールを活用しながら、夢を実現させ、目標を達成する力「セルフ・リーダーシップ」を身につけ、自らの情熱と主体性をもって行動できる生徒の育成を目指しています。

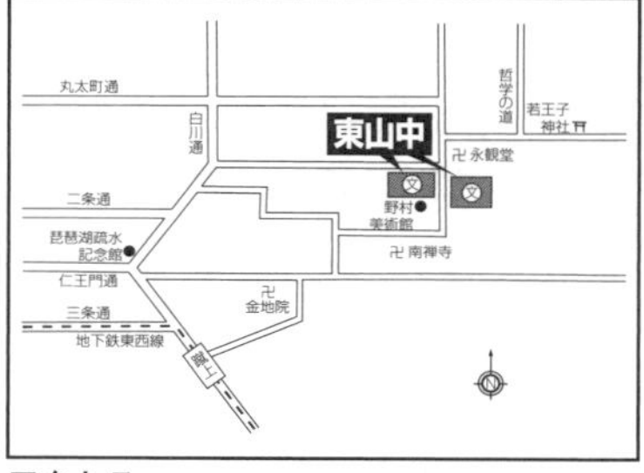

アクセス
地下鉄東西線蹴上駅下車徒歩10分
市バス南禅寺永観堂道下車徒歩5分
市バス東天王町下車徒歩6分

費用

○入学金	120,000円
○第1回納入金	401,300円
○授業料	(年額)550,000円
○その他	234,500円
○諸会費(入会金含む)	36,800円
○諸費	約70,000円
○制服・制定品等	約97,000円
○特別活動費	約80,000円
○修学旅行費	約270,000円

奨学金・特待制度

特になし

独自の留学制度

特になし

併設高校の合格実績

2024年の進学状況(卒業者数421名)
国・公立大学合格125名
京都大3(医1)、東京工業大1、大阪大9、神戸大6、北海道大3、東北大3、名古屋大1、九州大3、大阪公立大13、京都府立大5、滋賀大7、京都府立医科大1(医1)、滋賀医科大(医2)、他。

私立大学合格931名
関西学院大39、関西大36、同志社大64、立命館大124、近畿大2(医2)、早稲田大6、慶應義塾大3、上智大3、東京理科大9、関西医科大1(医1)、兵庫医科大2(医2)、他。

京都

男子校

洛星中学校

学校インフォメーション

制服

通学

宗教教育

プール

図書館

食堂

スマホ持ち込み

カウンセラー

奨学生制度

ネイティブ教員

所在地　〒603-8342　京都市北区小松原南町33

電話	075-466-0001	**生徒数**	男 650人
創立	1952年	**併設校**	洛星高等学校
校長	小田 恵	**WEB**	https://www.rakusei.ac.jp/

教育方針・特色

キリスト教カトリック精神に基づき「心・頭・体」のバランスの取れた人間を育てる、という全人教育を目標に掲げています。具体的には、生徒一人ひとりが神から愛されるかけがえのない存在であることを認識した上で、「人の痛みに気づく力」「学ぶ楽しさを知る力」「自分の意志で行動する力」の涵養を第一としています。授業を中心に、クラブ活動、学校行事、課外活動などを通して、各人が神から授かった「タレント」を見いだし、活かしていけるように教職員全員でサポートしています。

スクールライフ

登校時間	8:25
週登校日	6日制
学期制	2学期
制服	あり(夏・冬)
昼食	食堂あり・弁当持参可
学校行事	文化祭(9月)・体育祭(9月)・クリスマス・タブロー(12月)
修学旅行	3年生11月 3泊4日(R3,R4は2泊3日) 長崎
環境・施設	室内温水プール・テニスコート・弓道場・茶室 など
クラブ活動	野球部 サッカー部 バドミントン部 水泳部弓道部 テニス部 ソフトテニス部 バスケットボール部 卓球部 ハンドボール部 陸上競技部 囲碁将棋部 生物部 ロボット研究部 謡曲部 オーケストラ部 茶道部 鉄道研究会 ほか

2024年度 募集要項

○募集人数	前期:約165名(カトリック校特別選抜制度8名・カトリック信者特別奨学制度2名を含む) 後期:約35名
○願書受付	前期:12/11(月)0:00~1/4(木)24:00 後期:1/14(日)17:00~1/17(水)17:00 すべてweb出願
○受験料	20,000円
○選抜日時	前期:1/13(土)7:30~7:55 集合 後期:1/18(木)7:30~7:55 集合
○合格発表	前期:1/14(日)17:00web 後期:1/20(土)午後web
○選抜方法	前期:国・算 各120点各60分 理・社 各100点 各50分 4科型/3科型(国算理) 3科型は合計を440点満点に換算して判定 後期:国・算 各120点各70分 理・社 各80点各40分 4科型/3科型(国算理) 3科型は合計を400点満点に換算して判定

2024年度 入試結果

前期		後期	
応募者数	471	応募者数	282
受験者数	455	受験者数	256
合格者数	245	合格者数	37
競争率	1.86	競争率	6.92
合格最低点	265.3/440	合格最低点	239.0/400

※3科選択は前(受109・合56)、後(受114・合23)

学校PR

洛星には多彩な「タレント」を授かった生徒たちが集い、各々が活躍できる場を見いだしています。また授業を中心にさまざまな場においてお互いを磨き育てています。洛星の宝は生徒、そして卒業生です。京都では数少なくなった男子校ですが、入学後きっと、男子校だからこそいろいろ学べた、男子校でよかった、と胸を張っていってもらえるでしょう。洛星は「洛(みやこ)」に輝く「星」という名の通り、自らの力で生涯輝き続け、世の中を照らす光となる人を育てています。

アクセス
市バス北野白梅町バス停下車徒歩3分
京福北野線北野白梅町駅下車徒歩3分

費用

《入学手続き時》

○入学金	150,000円
○設備充実費	50,000円

《入学後》

○授業料	588,000円
○施設維持拡充費	288,000円

※その他
　費用発生あり

奨学金・特待制度

○学校法人ヴィアトール学園メープルリーフ奨学金
○学校法人ヴィアトール学園奨学資金
○ヴィアトール学園教育協力会育英資金

独自の留学制度

特になし

併設高校の合格実績

2024年の進学状況(卒業者数211名)
国・公立大学合格200(109)名
東京大6(3)、京都48(32)、大阪大16(8)、神戸大22(10)、北海道大12(6)、東北大3(3)、一橋大2(2)、九州大2、大阪公立大21(14)、筑波大1(1)、旭川医科大1(0)、国際教養大2(1)、京都工芸繊維大12(7)、電気通信大3(2)、金沢大2(1)、福井大4(2)、滋賀大4(3)、三重大5(3)、滋賀医科大2、兵庫県立大3(1)、滋賀県立大2(2)、京都府立大1、札幌医科大1、岐阜薬科大1、京都府立医科大7(5)、奈良県立医科大1、和歌山県立医科大2、他。

私立大学合格361(105)名
関西学院大10(5)、関西大16(7)、同志社大67(19)、立命館大86(28)、京都産業大5(5)、近畿大37(8)、甲南大1、龍谷大8(3)、早稲田大11(2)、慶應義塾大10(3)、上智大5、東京理科大2、明治大9(2)、青山学院大3(3)、中央大7(2)、法政大1(1)、明治大6(1)、芝浦工業大4(4)、東京農業大3、東海大3、大阪医科薬科大15(4)、関西医科大10(3)、兵庫医科大8(2)、京都薬科大4、神戸薬科大1、摂南大2、愛知医科大4、藤田医科大4、川崎医科大2、他。

省庁大学校合格4(1)名
防衛大3(1)、水産大1。
※( )内は現役内数

京都

男子校

京都光華中学校

学校インフォメーション

制服

通学

宗教教育

ICT教育

長期休暇講習

習熟度別授業

海外研修

図書館

人工芝グラウンド

食堂

カウンセラー

中高大連携

ネイティブ教員

海外姉妹校

所在地　〒615-0861　京都府京都市右京区西京極野田町39

電話	075-325-5234	**生徒数**	女 106人
創立	1939年	**併設校**	京都光華女子大学/同大学院/同短期大学部/京都光華高等学校/光華小学校/光華幼稚園
校長	澤田　清人	**WEB**	https://hs.koka.ac.jp/

教育方針・特色

校訓「真実心」(＝おもいやりの心＝慈悲の心＝摂取不捨の心)のもと「美しいひととなろう」をスクールコンセプトに、女子の能力を最大限に伸ばし、自身の可能性を信じて、社会に向かっていこうとする姿勢を持つ「自己を確立し、未来を創造する女性」を育成します。
京都光華中学校は、世の中で必要とされる人材を育てる中高６年一貫女子教育を展開します。「光華リベラルアーツ」(仏教教育・伝統文化教育・異文化理解教育・言語教育・礼儀マナー教育の５項目)を基盤とし、中学校では基礎学力、特に英語に力を入れ、英検はもちろんTOEFL primaryの受験も勧めます。京都にある強みを生かし、学ぶ探求学習「京都アドベンチャー」やタブレットを用いた学習、海外経験・高校、大学との連携などワクワクする学びや一人ひとりに寄り添った丁寧な学習生活サポートを提供することで「安心・安全」で「楽しい」学校生活をお約束します。

スクールライフ

登校時間	8:20
週登校日	6日制　土曜日は月1回程度の登校
学期制	3学期
制服	あり(夏・冬)
昼食	食堂・自販機・給食弁当制度　弁当持参可
学校行事	4月・学園花祭まつり・ハイキングウォーキング、5月・新入生本山研修・チームワーク大会、9月・おおきに祭(文化祭)、10月・Move！、11月・学園報恩講、12月・成道会、1月・初音会、2月・学園太子忌・涅槃会
修学旅行	3年生1月　4泊6日　海外
環境・施設	新校舎「和順館」はWi-Fi完備に電子黒板。2教室に1つ設置されたコモンスペースなど、主体的な学びを支える多様な設備が整った空間です。新グラウンドは水はけのよい人工芝グラウンドで雨上がり後すぐに使用可能。トラックはオールウェザーのブルータータンです。その他、図書館や食堂など各施設も新教育に合わせてリニューアルしています。
クラブ活動	全国大会で活躍する陸上部、全国常連のソフトテニス部・スキー部など5つの運動系クラブと吹奏楽部・軽音楽部・箏曲・ダンス部・バトントワリング部・茶道部など14の文化系クラブ、3同好会があり、多くのクラブで中高生一緒に楽しく活動しています。

2024年度 募集要項

○募集人数	女子約50名(アドバンストプログラム、オリジナルプログラム)
○願書受付	A日程・ひかり入試Ⅰ期:12/11(月)～1/11(木) B日程:12/11(月)～1/12(金) C日程・ひかり入試Ⅱ期:12/11(月)～1/23(火) すべてweb出願
○受験料	20,830円(合否結果郵送料含む) ※同時出願の場合は、1回分の検定料で複数回の受験が可能
○選抜日時	A日程・ひかり入試Ⅰ期:1/13(土) B日程:1/14(日) C日程・ひかり入試Ⅱ期:1/24(水)
○合格発表	A日程・ひかり入試Ⅰ期:1/14(日)16:00 B日程:1/15(月)16:00 C日程・ひかり入試Ⅱ期:1/24(水)18:00 いずれもweb、郵送
○選抜方法	A日程:国・算・理or社　各100点各40分・面接10分　上位2科目で判定 B・C日程:国・算　各100点各40分・面接10分 ※漢検・英検による加点5～20点 ひかり特技入試(専願):作文400字40分・面接10分(出願資格要) ひかり成長型入試(専願):面接10分(出願資格要)

2024年度 入試結果

A日程		B日程	
応募者数	17	応募者数	11
受験者数	17	受験者数	11
合格者数	16	合格者数	11
競争率	1.06	競争率	1.00
合格最低点	非公表	合格最低点	非公表

C日程		ひかりⅠ・Ⅱ	
応募者数	4	応募者数	特技18・成長5
受験者数	3	受験者数	15・5
合格者数	2	合格者数	15・5
競争率	1.50	競争率	1.00・1.00
合格最低点	非公表	合格最低点	非公表

※アドバンスト→オリジナルへのスライド合格(A3,B3)含む

学校PR

京都光華中学校高等学校はどのようにみられ方をしているのでしょうか。部活動や伝統文化教育、礼儀マナーの指導に力を入れていることもあって、「生活指導の厳しいお堅い女子校」というイメージがあるのかもしれませんね。しかし、決してそんなことはありません。それは本校生徒の中に"底抜けの明るさ"と"積極性""創造性"があるからです。生徒たちは、普段から所轄「NO」と「OFF」の切り替えをホントに上手にしています。"おおきに祭"(文化祭)"Move!"(体育祭)"は自由で開放的で活気があって、すごい盛り上がり方をします。是非これを体験してほしいと思います。生徒たちの中には、大学に向けて受験勉強に精を出す人、部活動で全国大会を目指す人、行事等で頑張り学校生活を思いきり楽しむ人など様々ですが、彼女らは常に仲間のことをリスペクトしながら生活しています。このことは、社会に出ていく上でも、たいへん大事なことだと思って嬉しく見ています。人生を大きく左右する中学校高等学校の６年間を京都光華で思いっきり楽しく力を発揮してみませんか。私たちはそんな皆さんの成長を全力で応援します。

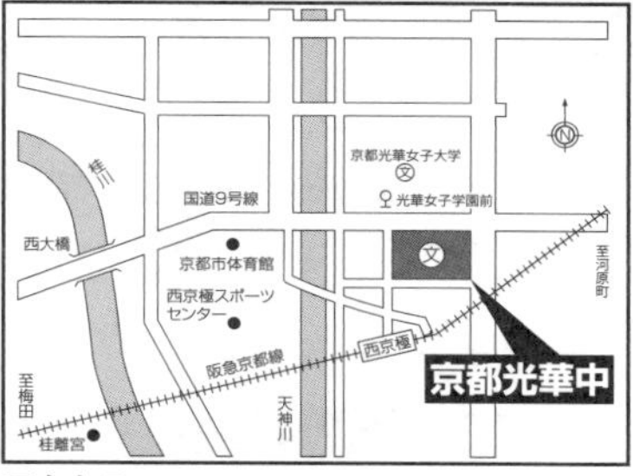

アクセス
【阪急京都線】「西京極駅」、徒歩5分
【京都市バス】【京阪京都交通バス】【京都バス】
「光華女子学園」下車すぐ

費用

《入学手続き時》

○入学金	140,000円

《入学後》

○授業料	702,000円
その他諸経費	129,100円

その他
(制服、体操服、カバン、靴、タブレット端末等)　約219,000円

奨学金・特待制度

1. 学業優秀者に対する奨学金
2. クラブ実績優秀者に対する奨学金
3. 実用英語技能検定取得等に対する奨学金
4. 検定受検奨励金
5. 学園同時在籍学費減免

独自の留学・研修制度

特になし

併設高校の合格実績

2024年の進学状況(卒業者数114名)
京都光華女子大学33名
国・公立大学合格2名
京都府立大1、滋賀県立大1。

他の私立大学合格128名
関西学院大1、関西大11、同志社大6、立命館大11、京都産業大4、龍谷大27、佛教大5、摂南大5、京都外国語大4、関西外国語大5、京都女子大4、同志社女子大4、神戸女学院大1、他。

K.G.S.

京都女子中学校

学校インフォメーション

制服 / 通学（公共機関） / 宗教教育（仏教） / ICT教育 / 長期休暇講習（夏・冬・春） / 習熟度別授業 / 自習スペース

図書館（蔵書数 117,000 冊） / 食堂 / スマホ持ち込み（条件付） / カウンセラー / プレテスト / 中高大連携 / ネイティブ教員

所在地 〒605-8501 京都市東山区今熊野北日吉町17

電話	075-531-7358	**生徒数**	女 644人
創立	1910年	**併設校**	京都女子高等学校、京都女子大学・大学院
校長	林 信康	**WEB**	https://kgs.ed.jp/

アクセス
京阪本線七条駅下車徒歩15分
市バス東山七条下車徒歩5分
プリンセスラインバス京都女子中高前

教育方針・特色

豊かな心と高い教養を身につけ、さまざまな課題に意欲的に取り組み、自ら解決できる自立した生徒の育成を目標にしています。その上で、自他のいのちを尊重し、他者と協働しながら社会に貢献していく意識を育んでいきます。女性の社会進出を願った本校創始者の精神は、124年を経た現在も本校に脈々と息づいています。（学園創始1899年）

スクールライフ

登校時間	8:30
週登校日	6日制
学期制	3学期
制服	あり（夏・冬）（上）セーラー・（下）スカートまたはスラックス
昼食	購買・食堂あり 弁当持参可
学校行事	写生大会（1年・4月）、文化祭（9月）、体育祭（10月）、かるた大会（1月）、コーラス発表（2月）
修学旅行	3年生で実施 顕道・東雲コース：国内、藤華コース：海外（予定）
環境・施設	ICT環境・生徒一人一台のタブレット端末・多目的学習室「まなびのま」・花香舎（茶室）
クラブ活動	［体育系］ 陸上競技部・ダンス部・バトントワリング部・少林寺拳法部・バドミントン部・バスケットボール部・剣道部・硬式テニス部 ［文化系］ フォークソング部・煎茶部・抹茶部・美術部・演劇部・ESSクラブ・オーケストラ部・競技かるた部・箏曲部・華道部・ホームメイキングクラブ・コーラス部

2024年度 募集要項

○募集人数	女子約180名（東雲コース約60名、藤華コース約120名） ※外部募集 東雲コース（A入試約35名、B1入試約15名、B2入試約10名） 藤華コース（A入試約70名、B1入試約30名、B2入試約20名）
○願書受付	A・B1・B2入試：12/20（水）～1/8（月・祝） すべてweb出願
○受験料	15,000円
○選抜日時	A入試：1/13（土） B1入試：1/14（日） B2入試：1/15（月）
○合格発表	A入試：1/14（日）12:00 B1入試：1/15（月）12:00 B2入試：1/18（木）10:00 いずれもweb
○選抜方法	A入 試：国・算 各100点 各60分 理・社 各100点40分 4科/3科（国算理） アラカルト判定（400点満点） B1・B2入 試：国・算 各100点 各60分（200点満点）

2024年度 入試結果

	東雲コース 自己推薦Ⅰ	藤華コース 自己推薦Ⅱ
応募者数	3	25
受験者数	3	25
合格者数	3	25
競争率	1.00	1.00
合格最低点	—	—

A入試		東雲コース A入試	藤華コース A入試
応募者数	13		
受験者数	128		
合格者数	112	40	72
競争率	1.14		
合格最低点	—	263/400	193/400

B1入試		東雲コース B1入試	藤華コース B1入試
応募者数	339		
受験者数	333		
合格者数	273	127	146
競争率	1.22		
合格最低点	—	131/200	100/200

B2入試		東雲コース B2入試	藤華コース B2入試
応募者数	318		
受験者数	204		
合格者数	133	44	89
競争率	1.53		
合格最低点	—	138/200	107/200

学校PR

本校には、文化祭や体育祭をはじめ、生徒が主体的に取り組む学校行事が多くあります。中学校入学時から、生徒自身で行事の意義を考え、目標を設定し、仲間と協力して取り組む中で、リーダーシップやフォロワーシップを養っていきます。これらの多彩な経験の蓄積は、社会で活躍するために不可欠な力です。

費用

《入学手続き時》

○入学金	150,000円

《入学後》（年額）

○授業料	552,000円
○施設費	100,000円
○諸会費	16,800円

※その他、学年費・旅行積立費等の費用が必要です。

奨学金・特待制度

- 名誉校長奨学金
- 保護者会奨学金
- 姉妹同時在籍者の学費軽減措置

独自の留学制度

特になし

併設高校の合格実績

2024年の進学状況（卒業者数326名）
京都女子大学合格123名

国・公立大学合格
京都大3、大阪大7（2）、神戸大6、大阪公立大4（2）、京都工芸繊維大5、奈良女子大4、京都府立大3、岡山大1、滋賀大3（1）、和歌山大1、兵庫県立大1、京都教育大1、大阪教育大1、滋賀県立大2、奈良県立大1、他。

他の私立大学合格
関西学院大32（1）、関西大34（1）、同志社大39（4）、立命館大77（12）、京都産業大20（4）、近畿大45（3）、龍谷大34（9）、佛教大11、早稲田大1、慶應義塾大1、上智大1、東京理科大2、明治大2、中央大3、日本大1（1）、専修大1、大阪医科薬科大15（2）、関西医科大4（1）、兵庫医科大5（3）、大阪歯科大13（2）、京都薬科大7（1）、神戸薬科大4（1）、摂南大16（1）、神戸学院大4、京都外国語大6、関西外国語大5、大阪工業大2、京都女子大13、同志社女子大30（1）、神戸女学院大9、武庫川女子大2、他。

※（ ）内は既卒生内数

京都聖母学院中学校

学校インフォメーション

制服

通学

宗教教育

ICT教育

習熟度別授業

海外研修

留学制度

図書館 カウンセラー

プレテスト

自習スペース

特待生制度

ネイティブ教員

海外姉妹校

所在地　〒612-0878　京都市伏見区深草田谷町1

電話　075-645-8103
創立　1949年
校長　川口　恒久
生徒数　女 347人
併設校　聖母インターナショナルプリスクール・京都聖母学院保育園・京都聖母学院幼稚園・京都聖母学院小学校・京都聖母学院高等学校
WEB　https://www.seibo.ed.jp/kyoto-hs/

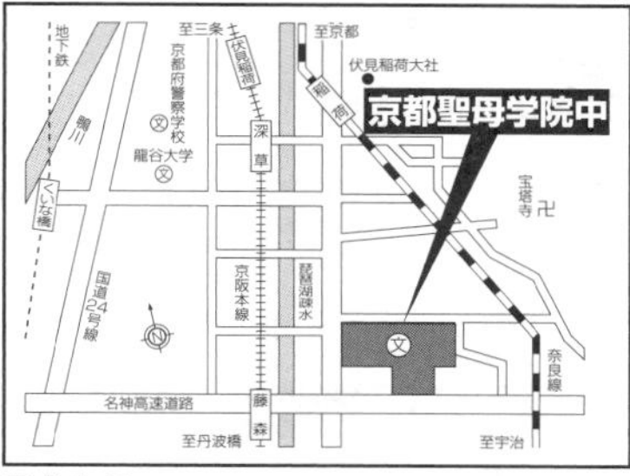

アクセス
京阪本線藤森駅下車徒歩90秒
JR奈良線稲荷駅下車徒歩12分

教育方針・特色

カトリックの倫理観に基づく教育。キリスト教の理念に基づき、次世代を逞しく歩んでいける女性の育成を目指している。一人一人が神から与えられた可能性を開花させ、「愛・奉仕・正義」の建学の精神のもと、地域や国際社会に深くかかわることができる輝く女性に成長することを願っている。

スクールライフ

登校時間　8:30
週登校日　6日制
学期制　3学期
制服　あり(夏・冬)
昼食　弁当持参、業者による弁当販売、セブンイレブン自販機、キッチンカー(不定期)あり
学校行事　体育祭(5月)、創立記念ミサ(6月)、合唱コンクール(6月)、夏季短期語学研修(8月)、学院祭(9月)、校外学習(11月)、福祉体験の日(11月)、クリスマスミーティング(12月)
修学旅行　3年生11月　3泊4日　沖縄(2024年度)
環境・施設　保育園・プリスクール・幼稚園・小学校・中学校・高等学校まで同じ敷地内にある総合学園で学習環境は抜群。中央に位置する赤煉瓦の建物は学園のシンボルで登録有形文化財に指定され京都でも屈指の歴史ある建造物である。また敷地内奥には、海外の様々なシチュエーションでの英会話に自然と入り込めるような実践型英語学習施設(ELC)があり、生きた英語学習が可能。
クラブ活動　【運動系】新体操、ダンス、バトントワリング、サッカー、バレーボール、バスケットボール、バドミントン、水泳、ソフトテニス
【文化系】吹奏楽、コーラス、ハンドベル、写真、演劇、軽音楽、美術、茶道、文芸、放送、ESS、サイエンス、社会事業

2024年度 募集要項

○募集人数　女子120名　Ⅲ類(最難関特進コース)、Ⅱ類(特進コース)、Ⅰ類(大学連携コース)、GSC(グローバルスタディーズコース)
○願書受付　A1・A2日程:11/27(月)0:00～1/12(金)12:00
B1日程:11/27(月)0:00～1/13(土)18:00
B2日程:11/27(月)0:00～1/13(土)23:59
C日程:1/15(月)18:00～1/24(水)23:59
すべてweb出願
○受験料　20,000円
(A1・A2・B1・B2同時出願時20,000円)
○選抜日時　A1日程・自己推薦入試:1/13(土)7:50
A2日程:1/13(土)14:50
B1日程:1/14(日)7:50
B2日程:1/14(日)14:50
C日程:1/25(木)7:50
○合格発表　A1日程・自己推薦入試:1/14(日) 13:00 web、1/15(月)郵送
A2・B1・B2日程:1/15(月)18:00 web、郵送
C日程:1/25(木)18:00 web、郵送
○選抜方法　自己推薦(面談結果通りのコース志望):作文(500字以上600字以内50分)・面接
自己推薦(面談結果と異なるコース志望):4科/2科(国・算)各100点(受験資格要)
A1・B1日程:4科/2科(国・算)各100点
A2・B2日程:2科(国・算)/1科(英)各100点
C日程:国・算各100点

2024年度 入試結果

Ⅱ・Ⅲ類計	A1日程	A2日程	B1日程	B2日程	C日程
応募者数	32	55	46	68	4
受験者数	28	50	22	47	3
合格者数	25	47	18	47	3
競争率	1.12	1.06	1.22	1.00	1.00

Ⅲ類(最難関特進コース)	A1日程	A2日程	B1日程	B2日程	C日程
合格者数	5	35	13	36	3
合格最低点	全日程合格目標ライン70%				

Ⅱ類(特進コース)	A1日程	A2日程	B1日程	B2日程	C日程
合格者数	20	12	5	11	0
合格最低点	全日程合格目標ライン60%				

Ⅰ類(大学連携コース)	A1日程	A2日程	B1日程	B2日程	C日程
応募者数	21	5	6	8	2
受験者数	20	4	4	6	2
合格者数	20	6	7	5	2
競争率	1.00	—	—	1.20	1.00
合格最低点	全日程合格目標ライン40%				

※A2、B1日程は第2志望合格含む

GSC(グローバルスタディーズコース)	A1日程	A2日程	B1日程	B2日程	C日程
応募者数	11	5	1	9	0
受験者数	11	1	1	6	0
合格者数	13	1	2	6	0
競争率	—	1.00	—	1.00	—
合格最低点	全日程合格目標ライン50%				

※A1、B1日程は第2志望合格含む

学校PR

カトリックの女子校で、明るく生き生きと自分を発揮できる元気な学校です。目標や理解度に応じた4つのコース体制で特長のあるカリキュラムが用意されています。自分の実力や目標の変化に合わせ、進級時にコース変更が可能。可能性を広げ、夢の実現へ導きます。運動系 9 、文化系13とクラブ数も多く全体の80%以上の生徒が勉強と両立。

費用

《入学手続き時》
○入学金　150,000円
○制服・制定品等　約140,000円

《入学後》(年額)
○施設設備費　60,000円
○授業料(以下3期分納)　504,000円
○教育充実費　144,000円
○保護者会会費　18,000円
○補助教材費(Ⅰ・Ⅱ・Ⅲ類)　90,000円
教材費(GSC)　108,000円
○旅行積立金　57,000円

奨学金・特待制度

●特待制度(Ⅲ類合格者のみ):
・スーパー特待生(入学金・授業料・教育充実費・施設設備費全額免除)
・授業料全額免除特待生(授業料・教育充実費全額免除)
・授業料半額免除特待生(授業料・教育充実費半額免除)
●クラブ特待生制度(新体操部):
・入学金半額免除、実績に応じて入学金全額免除、授業料半額または全額免除

独自の留学制度

留学先　「海外研修プログラム」(イギリスほか)
学年　3年
内容　GSCは必修。(GSC以外は希望者)
2週間滞在し、現地の学生と交流、現地研修、プレゼン発表など様々なプログラムを体験。
費用　約60万円
※2022年度は校内英語研修「エンパワーメントプログラム」を実施

「夏季短期語学研修」1・2年夏期休暇中
費用約40万円(2022年度中止)
※情勢により費用の変更あり

併設高校の合格実績

2024年の進学状況(卒業者数183名)
国・公立大学合格
北海道大1、奈良女子大2、京都府立大3、広島大1、和歌山大1、他。
私立大学合格
関西学院大8、関西大4、同志社大12、立命館大20、京都産業大4、近畿大15、龍谷大21、佛教大15、上智大1、東京理科大1、関西外国語大5、京都女子大6、同志社女子大59、神戸女学院大4、他。
医療系(医学部・歯学部・薬学部・看護学部・獣医学部)
大阪医科薬科大4、兵庫医科大2、大阪歯科大3、京都薬科大5、神戸薬科大1、摂南大38、神戸学院大2、、同志社女子大10、他。

京都

女子校

同志社女子中学校

学校インフォメーション

制服

通学

宗教教育

ICT教育

海外研修

自習スペース

図書館

人工芝グラウンド

バリアフリー

食堂

スマホ持ち込み

カウンセラー

中高大連携

ネイティブ教員

所在地　〒602-0893　京都市上京区今出川通寺町西入

電話　075-251-4305
創立　1876年
校長　中村 久美子

生徒数　女 734人
併設校　同志社女子高等学校・同志社大学・同志社女子大学
WEB　https://www.girls.doshisha.ac.jp/

教育方針・特色

1876年の創立以来、同志社系列唯一の女子校として歩んできました。本校教育の根底にはキリスト教主義教育があり、毎朝の礼拝を通して自分自身を省み、他者を思う心を身に付け、聖書に言う「地の塩」・「世の光」として、社会のために自らの持つ能力を最大限に用いることのできる女性の育成に努めています。また、多くの生徒が内部推薦で同志社大学・同志社女子大学へ進学しており、受験という枠にとらわれない、自らの興味関心に応じた探究的な学びが盛んです。

スクールライフ

登校時間　8:25
週登校日　5日制　WRコースは6日制
学期制　3学期
制服　なし
昼食　弁当　食堂あり
学校行事　6月球技大会・芸術鑑賞、9月体育祭、文化祭、12月クリスマス・ページェント
修学旅行　2年生3月　2泊3日　長崎
環境・施設　図書・情報センター(蔵書9万冊)
理科教室5・Creative Lab・Media Lab・和室・音楽教室2・被服教室2・調理教室・音楽練習室8・美術教室2・書道教室
体育館・トレーニング室・人工芝グラウンド
クラブ活動　アーチェリー・フェンシング・スキー・バレーボール・テニス・バドミントン・バスケットボール・ワンダーフォーゲル・ソフトボール・陸上・体操
マンドリン・管弦楽・ハンドベル・箏曲・放送・華道・茶道・軽音楽・文芸・コミック・美術・書道・サイエンス・家庭科・聖歌隊・フレンドリーコーラス・演劇・写真・YWCA・ESS・地歴

2024年度 募集要項

○募集人数　LA(リベラルアーツ)コース：自己推薦約45名、前期約135名、後期約20名
WR(ワイルドローヴァー)コース：自己推薦約10名、前期約25名、後期約5名
○願書受付　自己推薦：12/11(月)9:00～1/5(金)24:00
一般入試前期・後期：12/11(月) 9:00～1/9(火)24:00　すべてweb出願
○受験料　20,000円
○選抜日時　自己推薦・一般前期：1/13(土)
一般後期：1/14(日)
○合格発表　自己推薦：1/13(土)18:00web
一般前期：1/14(日)16:00web
一般後期：1/16(火)13:00web
○選抜方法　自己推薦(事前に受験資格取得)：国・算各100点各45分・面接
LAコース：国・算・社・理　各100点各45分
4科/3科(国算理)いずれか出願時選択
3科は合計×4/3、4科は3科合計×4/3と4科合計のいずれか高い方を総合点
WRコース：国・算　各150点各45分　社・理各100点各45分
4科/3科(国算理)いずれか出願時選択　3科は合計×5/4、4科は3科合計×5/4と4科合計のいずれか高い方を総合点

2024年度 入試結果

	LA(リベラル・アーツ)コース 自己推薦	WR(ワイルド・ローヴァー)コース 自己推薦
応募者数	145(資格申請)	54(資格申請)
受験者数	53	13
合格者数	53	13
競争率	1.00	1.00
合格最低点	—	—

	LA(リベラル・アーツ)コース 前期	WR(ワイルド・ローヴァー)コース前期
応募者数	258	101
受験者数	250	98
合格者数	137	26
競争率	1.82	3.77
合格最低点	234/400	355.6/500

	LA(リベラル・アーツ)コース 後期	WR(ワイルド・ローヴァー)コース 後期
応募者数	339	171
受験者数	325	162
合格者数	163	42
競争率	1.99	3.86
合格最低点	285/400	395/500

※WRから(前期受72・合44、後期受119・合69)含む
※自己推薦資格申請者(WRのみ7、LA第2希望47)

学校PR

京都市営地下鉄「今出川」駅から徒歩7分、京阪電鉄「出町柳」駅から徒歩12分と交通アクセス良好な同志社今出川キャンパスにある本校には京都だけでなく近畿各府県から通学が可能。京都御苑や同志社大学に囲まれた落ち着いた雰囲気のキャンパスで、京都の四季の移ろいを感じながら充実した中学校生活を送りましょう。

アクセス
地下鉄今出川から 徒歩7分
京阪出町柳から 徒歩12分
京都市バス同志社前バス停下車 徒歩1分
京都市バス河原町今出川バス停下車 徒歩7分

費用

項目	金額
○入学金	100,000円
○入学時納入金(入会金含む)	445,750円
○体操服・白衣	24,460円
○授業料	670,000円
○教育充実費	130,000円
○諸会費	28,750円
○予納金(教材等)※ICT端末関連含む	184,000円
○修学旅行積立金	18,000円

奨学金・特待制度

あり

独自の留学制度

○オーストラリア(中2・中3)
希望者対象。
夏休みを利用して、ホームステイ、現地校での語学研修。
費用 約50万円

○ニュージーランド(中3)
約10週間のターム留学。
費用 約150万円

併設高校の合格実績

2024年の進学状況(卒業者数259名)
同志社大学合格216名
同志社女子大学合格14名

国・公立大学合格
京都大(工)1、大阪大(工)1、大阪公立大(工)1、京都工芸繊維大(工芸科)2、滋賀県立大(環境科)1、京都府立医科大(医・看護)1、琉球大(医・医)1、滋賀医科大(医・医)。

他の私立大学合格
関西学院大(建築) 2、同志社大(生命医) 2、立命館大(生命科/映像/情報理工) 6、近畿大(工) 1、龍谷大(先端理工) 1、佛教大(保健医療技術) 1、早稲田大(基幹理工/先進理工) 3、大阪医科薬科大(医・医) 1、関西医科大(医・医/看護) 2、兵庫医科大(医・医) 1、大阪歯科大(歯) 2、京都薬科大(薬) 3、摂南大(看護) 1、追手門学院大(法) 1、大阪工業大(知的財産) 1、他。

※過年度生含む

ノートルダム女学院中学校

学校インフォメーション

制服

通学

宗教教育

ICT教育

長期休暇講習

海外研修

留学制度

習熟度別授業

カウンセラー

特待生制度

ネイティブ教員

英語イマージョン

海外姉妹校

所在地　〒606-8423　京都市左京区鹿ヶ谷桜谷町110

電話	075-771-0570	**生徒数**	女 183人
創立	1952年	**併設校**	京都ノートルダム女子大学、ノートルダム女学院高等学校、ノートルダム学院小学校
校長	栗本 嘉子	**WEB**	https://www.notredame-jogakuin.ed.jp/

教育方針・特色

神の似姿に造られた一人ひとりの可能性を最大限に開花させるというカトリックの価値観に基づいた教育を行なう。「徳と知」のスクールモットーのもとに、調和のとれた人間形成を目的とし、世界と人々に愛と平和をもたらし得る人材となることを目指す。良心に従った行動のできる自主性、人間の尊重に基づいた正しい礼儀と女性らしい豊かな感性、社会的責任、協力や自己犠牲のできる開かれた心と勇気を養うことを目標とする。その具体的行動の実践として、4つの動詞「尊ぶ」「対話する」「共感する」「行動する」をミッション・コミットメント（私たちの決意）として学園全体で共有していく。

スクールライフ

登校時間	8:25
週登校日	6日制
学期制	3学期
制服	あり（夏・冬）
昼食	弁当持参可　弁当販売
学校行事	黙想会（4月）・理科学習（4月）・スポーツデー（6月）・合唱祭（7月）・文化祭（9月）・体育祭（10月）・キャンドルサービス（12月）
修学旅行	3年生6月
環境・施設	普通教室（電子黒板）・体育館・講堂・CALL教室・PBL教室・図書館・ユージニア館（合宿・研修施設）・茶室・生徒食堂など。全館Wi-Fi環境完備。
クラブ活動	【体育系】バスケットボール・バドミントン・バレーボール・剣道・硬式テニス・卓球・陸上競技 【文化系】オーケストラ・コーラス・ボランティア・演劇・E.S.S.・カメラ・美術・科学・ハンドクラフト・囲碁・放送局

2024年度 募集要項

○募集人数　グローバル探究コース、グローバル総合コース 計約90名

○願書受付　さくら・オーケストラ入試11/1（水）～1/11（木）15:00
A1・A2日程12/1（金）～1/12（金）15:00
B1日程12/1（金）～1/14（日）8:30
B2日程12/1（金）～1/14（日）15:00
C日程12/1（金） ～1/15（月） 15:00　すべてweb出願

○受験料　20,570円（合否結果通知郵送料含む）
※同時出願の場合は1回分の受験料で複数回受験可能（一般入試）

○選抜日時　さくら・オーケストラ入試・A1日程：1/13（土）8:30
A2日程：1/13（土）15:10
B1日程：1/14（日）8:30
B2日程：1/14（日）15:10
C日程：1/15（月）15:10

○合格発表　さくら・オーケストラ入試・A1日程：1/14（日） 12:00Web、1/15（月）郵送
A2・B1・B2日程：1/16（月）12:00web、郵送
C日程：1/16（火）10:00web、郵送

○選抜方法　さくら・オーケストラ入試（推薦型）：作文（50分）・面接/国・算（各50分）（事前審査要）
一般入試：国・算・理・社（各50分各100点）・英（筆記40分面接5分100点）
A1・B2・C日程：国・算
A2・B1日程：国・算/国・英　※B1は算・英の点数を2倍で判定
※英検・漢検・数検取得者は級に応じて加点

2024年度 入試結果

全コース計	推薦・A1日程	A2日程	B1日程	B2日程	C日程
応募者数	55	59	40	51	64
受験者数	45	48	30	29	15
合格者数	44	36	24	23	11
競争率	1.02	1.33	1.25	1.26	1.36
合格最低点	探究108/200 総合78/200	探究124/200 総合101/200	探究189/300 総合152/300	探究126/200 総合106/200	探究124/200 総合96/200

学校PR

英語教育のノートルダムだから生まれた2つのグローバルコースを展開しています。これまでノートルダム女学院が培ってきたグローバル教育を全コースに生かし、どちらのコースでも高い英語運用能力を身につけることを目指します。また英語力だけでなく、自分自身の周りや社会で起きているさまざまなことに興味・関心を持ち、主体的に行動できるグローバルマインドを育てます。

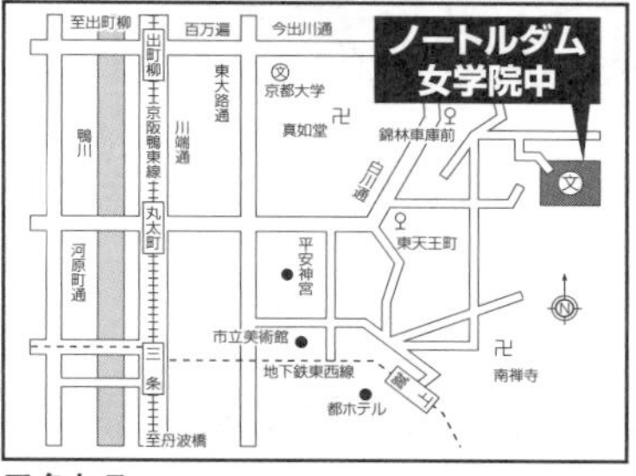

アクセス
京阪祇園四条駅よりスクールバス利用で学校まで約18分
地下鉄東西線蹴上駅よりスクールバス利用で学校まで約12分
京都市バス錦林車庫前より徒歩8分、上宮ノ前町より徒歩5分

費用

《入学手続き時》

○入学金	150,000円

《入学後》（年額）

○授業料	580,000円
○校費・施設設備費等	200,000円
○父母の会・生徒会費等	17,400円
○教育補助活動費	230,000円
○制定品（制服・制かばん・体操用品等）	約100,000円
○コース料	
○グローバル探究コース	50,000円
○グローバル総合コース	30,000円

奨学金・特待制度

奨学生制度
ファミリー特典制度
姉妹同時入学特典制度
カトリック信者特典制度

独自の留学制度

卒業年度を遅らせることなく卒業できる1年留学制度や、アメリカにある姉妹校への派遣留学制度あり

併設高校の合格実績

2024年の進学状況（卒業者数107名）
京都ノートルダム女子大学合格22名

他の私立大学合格
関西学院大6、関西大6、同志社大5、立命館大10、京都産業大8、甲南大1、龍谷大3、上智大6、明治大1、立教大1、大阪医科薬科大2、京都薬科大1、摂南大（看護医療系） 1、京都外国語大2、京都女子大3、同志社女子大2、神戸女学院大6、他。

平安女学院中学校

学校インフォメーション

制服

通学

宗教教育

長期休暇講習

習熟度別授業

図書館

人工芝グラウンド

食堂

スマホ持ち込み

カウンセラー

プレテスト

奨学生制度

中高大連携

海外姉妹校

所在地　〒602-8013　京都市上京区下立売通烏丸西入五町目町172-2

電話　075-414-8101
創立　1875年
校長　今井　千和世

生徒数　女 150人
併設校　平安女学院大学・平安女学院高等学校・大学付属こども園
WEB　https://jh.heian.ac.jp/

アクセス
京都市営地下鉄・烏丸線丸太町駅から徒歩3分
京阪電鉄神宮丸太町駅から徒歩15分、バス約7分

教育方針・特色

キリスト教精神と「なりたい自分」になるプログラムに基づき、
- グローバル社会で活躍できる知性を身につけた女性
- 人の喜びをわが喜びにできる豊かな感受性を備えた女性
- 希望に向かって諦めず励む凛とした女性
- 自分の意思で自分の道を歩んでいける自立した女性

を育てます。

スクールライフ

登校時間	8:15
週登校日	5日制
学期制	3学期
制服	あり(夏・冬)
昼食	食堂・お弁当
学校行事	イースター礼拝(4月)、団体鑑賞(5月)、体育祭(6月)、文化祭(9月)、収穫記念礼拝(11月)、クリスマス・カンタータ(12月)、姉妹校交流(過年度実績)
修学旅行	3年生 長崎・熊本
環境・施設	「チャペル」(聖アグネス教会:京都市指定有形文化財)、「明治館」(国登録有形文化財)、図書室、音楽室、ピアノレッスン室、学習室、アグネスホール、エディーホール(体育館)
クラブ活動	【運動系】体操(新体操・器械体操)、テニス、バトミントン、卓球、バレーボール、バスケットボール 【文科系】吹奏楽、コーラス、ハンドベル、箏曲、美術、UNESCO・YWCA、理科、ダンス、軽音楽、バトン 【課外活動】いけばな、茶道、韓国語、書道、クッキング

2024年度 募集要項

○募集人数　グローバル・ステップ・プラス(GS+)コース30名
立命館・ステップ・プラス(RS+)コース30名

○願書受付　12/17(日)～各試験前日23:59
すべてweb出願

○受験料　20,000円
※複数日程出願する場合は2日程目から1日程10,000円

○選抜日時　A1・自己推薦:1/13(土) 8:30　A2:1/13(土)15:00
B:1/14(日)15:00　C:1/15(月)15:00

○合格発表　A1・A2・自己推薦:1/14(日)
B:1/15(月)　C:1/16(火)
いずれも15:00web

○選抜方法　国算各100点各50分　理社英各50点各30分
自己推薦型:作文(50分800字)出願資格あり
A1:3科E型(国算英)/3科S型(国算理か社)/2科型(国算)・面接
A2・B・C:3科E型(国算英)/2科型(国算)
3科型は国算+理社英のいずれか×2の合計と2科合計×1.5のいずれか高い方で判定
2科型は合計×1.5　いずれも300点満点

2024年度 入試結果

グローバル・ステップ・プラス(GS+)コース

	日程A1(自己推薦)"	日程A1	日程A2	日程B	日程C
応募者数	8	4	5	5	8
受験者数	8	4	5	5	7
合格者数	8	1	2	1	4
競争率	1.00	4.00	2.50	5.00	1.75
合格最低点	—	129/300(換算点)	122/300(換算点)	134/300(換算点)	140/300(換算点)

立命館・ステップ・プラス(RS+)コース

	日程A1(自己推薦)	日程A1	日程A2	日程B	日程C
応募者数	8	16	88	76	44
受験者数	8	16	86	69	31
合格者数	8	6	58	24	8
競争率	1.00	2.67	1.48	2.68	3.88
合格最低点	—	210/300(換算点)	210/300(換算点)	210/300(換算点)	216/300(換算点)

※転コース合格(A1 9・A2 21・B29・C16)含まない

費用

《入学手続き時》

○入学金	100,000円
○施設費	20,000円

《入学後》

○授業料	580,000円
○教育充実費	175,000円
○保護者会費	18,000円

奨学金・特待制度

(1)自主活動奨学生(未来Way、探究Way)
(2)中高大連携奨学生(未来Way)
※(1)(2)とも対象は自己推薦入試での入学生

独自の留学制度

・姉妹校、交流校あり

併設高校の合格実績

2024年の進学状況(卒業者数140名)
平安女学院大学11名(国際観光2、子ども教育9)

他の私立大学進学115名
関西学院大4、関西大2、同志社大1、立命館大68、近畿大3、龍谷大3、佛教大1、立教大2、大阪歯科大1、摂南大2、京都外国語大1、京都女子大1、同志社女子大3、神戸女学院大2、国際基督教大1、立命館アジア太平洋大1、大谷大2、京都ノートルダム女子大4、京都光華女子大3、京都精華大1、京都看護大1、京都先端科学大1、京都文教大1、京都芸術大2、京都橘大1、大阪樟蔭女子大1、大阪体育大1、朝日大1。

短期大学進学2名

専門学校進学10名

学校PR

平安女学院は英国国教会の流れをくむ米国聖公会の女性宣教師によって1875年に創設され、以来約150年間、キリスト教教育を教育の柱として据えてきました。京都御苑横、丸太町に校舎がある、中高一貫教育校です。高校からは4コース制で一人ひとりの進路実現に向けて確かな学力を養います。多様な進路を実現する「アグネス進学(AS)コース」、保育士・幼稚園教諭・小学校教諭を目指す「幼児教育進学(CS)コース」、資格を満たした希望者全員を立命館大学・立命館アジア太平洋大学へ推薦する「立命館進学(RS)コース」全日制・普通科・単位制の「ミルトスコース」の4コースがあります。

京都教育大学附属桃山中学校

学校インフォメーション

制服

通学

ICT教育

長期休暇講習
探究授業
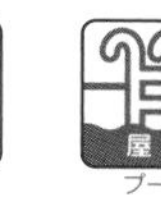
プール

図書館

スマホ持ち込み

カウンセラー

帰国生入試

中高大連携
ネイティブ教員

所在地　〒612-0071　京都市伏見区桃山井伊掃部東町16

電話　0791-58-0735
創立　1947年
校長　平石　隆敏

生徒数　男201人　女195人
併設校　京都教育大学・京都教育大学附属高等学校・附属桃山小学校・附属京都小中学校
WEB　https://momochu.kyokyo-u.ac.jp/

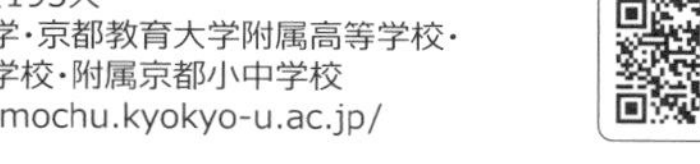

教育方針・特色

本校は、平常の授業を充実させ、確かな学ぶ力と豊かな人間性の育成を目指す。そして「豊かな感性、輝く個性、広がる共生」を合言葉に、生徒一人ひとりに活躍できる場があり、その活躍を認め合える仲間のいる学校づくりを目指す。また一般学級とともに帰国生徒教育学級を設置し、学校を上げて国際教育の推進に取り組んでいる。本校の特色ある教育活動の一つである「総合的な学習の時間」では、異学年混在型の生徒の興味・関心にもとづいた発展学習を行う。環境、国際理解、福利健康、生き方など現代的課題を視点にした学習や情報教育など、多彩な学習に取り組む。

スクールライフ

登校時間　8:40
週登校日　5日制
学期制　3学期
制服　あり(夏・冬)
昼食　弁当持参
学校行事　湖畔学習(中1・6月)、宿泊学習(中2・6月)、鑑賞教育(9月)、体育大会(10月)、文化祭(10月)、課題探求全体発表会(12月)
修学旅行　3年生5月　沖縄
環境・施設　普通教室、特別教室(社会、理科第1・第2、音楽、美術、金工木工室、家庭科室)、図書室、自習室、授業研究室、カウンセラー室など全教室エアコン完備、体育館(2階建)、グラウンド、プール、テニスコート、屋上ソーラーパネル、屋上緑化全学級菜園設置。
クラブ活動　【運動部】サッカー(男)、バスケットボール(女)、バレーボール(男・女)、ソフトテニス(男・女)、水泳(男・女)
【文化部】科学、音楽、美術、家庭、ICT、ESS

2024年度 募集要項

○募集人数　男女約40名(内部進学者除く)
○願書受付　11/27(月)～12/1(金)郵送のみ
※当日消印有効
○受験料　5,000円
○選抜日時　1/13(土)
○合格発表　1/16(火)9:00～15:00掲示
○手続締切　1/17(水)14:00
○選抜方法　学力検査(国語科・社会科・算数科・理科)および報告書を総合的に判断

2024年度 入試結果

	男子	女子
応募者数	106	91
受験者数	104	89
合格者数	21	21
競争率	4.95	4.24
合格最低点	—	—

学校PR

「豊かな感性、輝く個性、拡がる共生」をスローガンに、生徒一人ひとりの個性を尊重し、豊かな情操を培うとともに、社会や人との関わりの中で、主体的に学ぶ生徒の育成をめざしています。その実現をめざし、特色ある教育活動を多く行っています。その一例は総合学習で、生徒自ら学びたいコースを選択し、1年生から3年生が共に学習を進める学習形態をとっています。この活動で、各自が課題解決を図る力を身につけていきます。また、令和6年度より併設型中高一貫校としてより特色ある教育活動を行なっていきます。

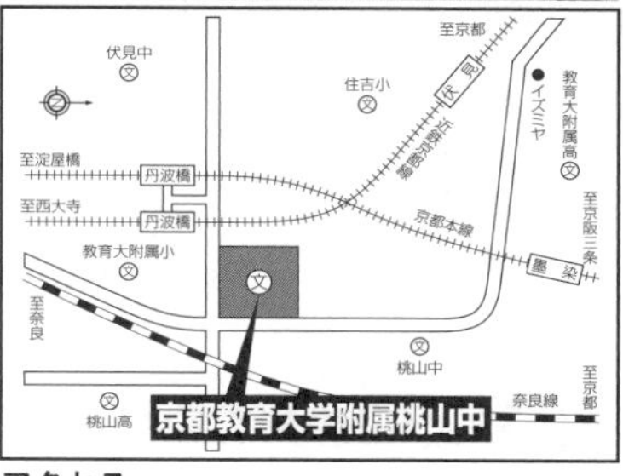

アクセス
京阪本線丹波橋駅下車徒歩3分
近鉄京都線丹波橋駅下車徒歩3分

費用

《入学手続き時》
○入学金　不要
○制定品等

《入学後》
○授業料(月額)　不要
○納付金等

奨学金・特待制度

特になし

独自の留学制度

特になし

併設高校の合格実績

2024年の合格状況(卒業者数136名)
京都教育大学合格6名

他の国・公立大学合格49名
京都大5、大阪大6、神戸大4、北海道大1、京都工芸繊維大3、大阪公立大3、兵庫県立大1、他。

私立大学合格277名
関西学院大12、関西大12、同志社大33、立命館大47、京都産業大43、近畿大25、龍谷大22、佛教大7、早稲田大2、上智大1、東京理科大3、青山学院大1、大阪工業大3、摂南大7、京都女子大4、同志社女子大8、武庫川女子大1、他。

※既卒生含む

京都府立園部高等学校附属中学校

学校インフォメーション

制服

通学

長期休暇講習

自習スペース

図書館

スマホ持ち込み

カウンセラー

中高大連携

ネイティブ教員

所在地　〒622-0004　京都府南丹市園部町小桜町97番地

電話	0771-62-0051	**生徒数**	男43人　女63人
創立	2006年	**併設校**	京都府立園部高等学校
校長	前野　正博	**WEB**	https://www.kyoto-be.ne.jp/sonobefuzoku/

教育方針・特色

生徒の個性・学力・人間性を育み、志高く創造性に富んだ未来社会の形成者を育成することを教育目標とする。

教育方針は、健全・明朗・誠実。基本コンセプトは、大志・知・創造。

高校の学習内容の一部を中学で学習することが認められている併設型中高一貫教育校の利点を生かし、6年間を見通した系統的なカリキュラムによって効率よく学習を進める。

基礎期（中学1・2年）：興味・関心を広げ、各教科の専門的内容の基礎を固める。

充実期（中学3年・高校1年）：中学・高校の学習内容を再構成し、幅広い知識の習得と論理的思考力を育成する。

発展期（高校2・3年）：興味・関心や進路希望に応じた教科・科目を選択して、発展的学習を行い、進路実現に備える。

独自の特色ある教育活動として「クリエーション」、「学びと未来」がある。

スクールライフ

登校時間	8:20
週登校日	5日制
学期制	3学期
制服	あり（夏・冬）
昼食	弁当持参
学校行事	
修学旅行	3年生11月　語学体験施設（ブリティッシュヒルズ）研修旅行
環境・施設	園部城址にあり、豊かな文化と伝統につつまれた環境にある。
クラブ活動	【運動部】陸上競技、ソフトテニス、バスケットボール、バドミントン 【文化部】美術、書道、ESS、合唱、放送、吟詠剣詩舞、茶道、華道、吹奏楽、サイエンス、写真

2024年度 募集要項

○募集人数	男女40名
○願書受付	許可申請（府外者）11/20（月）～11/27（月） 12/20（水）～12/22（金）郵送出願 ※当日消印有効
○受験料	2,200円
○選抜日時	1/13（土）
○合格発表	1/17（水）15:00～17:00掲示
○手続締切	1/17（水）～1/19（金）12:00まで
○選抜方法	適性をみる検査ⅠⅡⅢ（各50分） 面接の結果および報告書を総合的に判断

2024年度 入試結果

応募者数	34
受験者数	33
合格者数	33
競争率	1.00
合格最低点	非公表

学校PR

京都府立園部高等学校附属中学校は、総合的な学習の時間、各教科の特別授業、講演会等を通して、科学、国際交流、日本の伝統文化など、様々な学習、体験ができる学校です。京都の丹波の地から「日本を支える人材」、「世界で活躍する人材」を生み出すことを目指しています。

アクセス
JR園部駅西口から徒歩約20分、または、ぐるりんバス4分、小桜町バス停下車

費用

《入学手続き時》

○入学金	不要
○制定品等	

《入学後》

○授業料（年額）	不要
○納付金等	

奨学金・特待制度

特になし

独自の留学制度

特になし

併設高校の合格実績

2024年の合格状況（卒業者数39名）

国・公立大学合格

大阪大2、神戸大2、大阪公立大1、京都工芸繊維大2、京都府立大1、滋賀大1、兵庫県立大1、京都教育大1、他。

私立大学合格

関西大7、同志社大20、立命館大20、京都産業大7、近畿大10、龍谷大6、大阪医科薬科大1（医1）、京都薬科大1、京都女子大2、同志社女子大2、岩手医科大1（医1）、福岡大1（医1）、他。

京都

国公立

京都府立福知山高等学校附属中学校

学校インフォメーション

制服

通学

ICT教育

長期休暇講習

習熟度別授業

自習スペース

図書館

カウンセラー

所在地　〒620-0857　京都府福知山市土師650番地

電話	0773-27-2151	**生徒数**	男54人　女66人
創立	2014年	**併設校**	京都府立福知山高等学校
校長	藤田　浩	**WEB**	https://www.kyoto-be.ne.jp/fukuchiyama-hs/

教育方針・特色

福知山高校中高一貫校の特徴
①府北部地域初の公立中高一貫校
②北部地域の医療を担う人材の育成
～福高医学進学プログラム
③地域の発展を牽引する人材の育成

高校の学習内容の一部を中学で学習することが認められている併設型中高一貫教育校の利点を生かし、6年間を見通した系統的なカリキュラムによって効率よく学習を進める。

〈基礎期(中学1・2年)基礎・基本の徹底〉
学習習慣を確立し、基礎学力を確実に身につける。

〈充実期(中学3年・高校1年)先取り学習・スパイラル学習〉
中学校、高等学校の学習内容を接続し学習の深化を図る。スパイラル学習とは、反復学習により、徐々に発展的な内容に移行しながら理解を深める学習方法である。

〈発展期(高校2・3年)進路実現のための発展・応用〉
発展的な学力を身に付け、一人ひとりの進路実現を目指す。自然体験学習やフィールドワーク、大学教授による講演などにより知的好奇心旺盛で主体的に学ぶ力をつける。

スクールライフ

登校時間	8:30
週登校日	5日制(学期2回程度、土曜授業あり)
学期制	3学期
制服	あり(夏・冬)
昼食	弁当持参
学校行事	球技大会(6月)、サイエンスキャンプ(8月)、文化祭・体育祭(9月)、芸術鑑賞会(11月)、職場体験(中2・11月)
修学旅行	3年生11月
環境・施設	自習室、多目的教室、視聴覚教室、コンピューター教室、LL教室、岳南グラウンド、第1グラウンド、テニスコート、第1・2体育館、柔道場、トレーニングルーム
クラブ活動	【運動部】陸上競技(男女)、ソフトテニス(男女)、卓球(男女)、バスケットボール(男)、バレーボール(女) 【文化部】家庭科、放送、英語、吹奏楽、自然科学、美術、書道

2024年度 募集要項

○募集人数	男女40名
○願書受付	許可申請(府外者)11/20(月)～11/27(月) 12/20(水)～12/22(金)郵送出願 ※当日消印有効
○受験料	2,200円
○選抜日時	1/13(土)
○合格発表	1/17(水)15:00～17:00掲示
○手続締切	1/17(水)～1/19(金)12:00まで
○選抜方法	適性をみる検査ⅠⅡⅢ(各50分) 面接の結果および報告書を総合的に判断

2024年度 入試結果

応募者数	65
受験者数	65
合格者数	40
競争率	1.63
合格最低点	非公表

学校PR

福知山高校と併設の中高一貫教育校であり、あらゆる教育活動を通して5K力(感じる力・考える力・行動する力・向上する力・関わる力)を養い、バランス感覚のある総合的な人間力をはぐくみます。授業は少人数で行い、タブレットPCや電子黒板を使用することにより楽しみながら理解を深めることができます。また、総合的な学習の時間(みらい楽)では、仲間と調査研究することを通して成し遂げる力や考える力が身につきます。また、文化祭、体育祭など高校生と一緒に取り組むため、より高いレベルで楽しむことができ、充実したものとなります。

アクセス
JR山陰線・京都丹後鉄道宮福線福知山駅東へ約2.9km
京都交通路線バス福知山線福高前下車徒歩2分

費用

《入学手続き時》
○入学金　不要
○制定品等

《入学後》
○授業料(年額)　不要
○納付金等

奨学金・特待制度

特になし

独自の留学制度

特になし

併設高校の合格実績

2024年度の合格状況(卒業者数230名)
国・公立大学合格
東京大2、京都大3、大阪大5、神戸大5、名古屋大3、京都工芸繊維大7、大阪公立大1、筑波大2、福井大1、岡山大5、広島大3、京都府立大 7、兵庫県立大1、神戸市外国語大1、他。

私立大学合格
関西学院大10、関西大12、同志社大17、立命館大27、京都産業大36、近畿大59、龍谷大28、佛教大15、早稲田大3、慶応義塾大3、東京理科大14、中央大12、神戸学院大6、摂南大5、関西外国語大4、京都女子大1、同志社女子大7、武庫川女子大1、他。

京都

国公立

京都府立南陽高等学校附属中学校

アクセス
近鉄京都線山田川駅・高の原駅下車徒歩約16分

学校インフォメーション

制服

通学

ICT教育

探究授業

STEAM教育

海外研修

留学制度

自習スペース

図書館

スマホ持ち込み

カウンセラー

中高大連携

ネイティブ教員

所在地　〒619-0224　京都府木津川市兜台6丁目2-2

電話	0774-72-8730	**生徒数**	男59人　女60人
創立	2018年	**併設校**	京都府立南陽高等学校
校長	永井　宏和	**WEB**	http://www.kyoto-be.ne.jp/nannyou-hs/mt/

教育方針・特色

知・徳・体の調和のとれた豊かな人間性と国際性を身につけ、社会の発展に寄与する生徒の育成を目指します。

1. 基本的な生活習慣の確立
2. 学力の向上
3. 進路希望の実現につながる指導の充実
4. 人権教育の推進
5. 国際化・情報化に対応する教育の充実・発展
6. 特別活動の充実と部活動の育成

《グローバル教育》イングリッシュサファリ〈中2〉、ターム留学〈高1〉を行い、英語でのコミュニケーション能力の向上を図ります。また、授業だけでなく、Lunch Time ChatとしてAETとともに昼食をとる機会など様々な取組を通じてCEFR（セファール）B1以上を目指します。

また、本校は海外からのホームステイ受け入れ推進校であり、日本にいながらも国際交流ができる機会に恵まれています。

《STEAM教育》週2時間のダヴィンチという時間では、グループで自由に取り組む課題研究や課題解決型学習を行います。高校では、サイエンスの時間に課題研究を行います。

スクールライフ

登校時間	8:35
週登校日	5日制
学期制	3学期
制服	あり（夏・冬）
昼食	弁当持参
学校行事	新入生オリエンテーション・遠足（4月）・文化祭・体育祭（10月）・イングリッシュサファリ（中学2年10月予定）・団体芸術鑑賞（11月）・球技大会（2月）など
修学旅行	3年生10月予定　台湾
環境・施設	
クラブ活動	【体育系】陸上競技部・バスケットボール部（男女）・硬式テニス部（男女）・なぎなた部 【文化系】吹奏楽部・自然科学部・マジック部・書道部・美術部・文芸部・ESS・放送局・新聞局・伝統文化同好会（華道・将棋・かるた）

2024年度 募集要項

○募集人数	男女40名
○願書受付	12/20(水)～12/22(金)　郵送のみ ※当日消印有効
○受験料	2,200円
○選抜日時	1/13(土)
○合格発表	1/17(水)15:00～17:00
○手続締切	1/17(水)～1/19(金)12:00まで
○選抜方法	適性検査、面接

2024年度 入試結果

応募者数	100
受験者数	100
合格者数	40
競争率	2.50
合格最低点	非公表

費用

《入学手続き時》
○入学金　不要
○制定品等

《入学後》
○授業料（年額）　不要
○納付金等

奨学金・特待制度

特になし

独自の留学制度

ターム留学（高1・3学期）
2ヵ月にわたってオーストラリアにホームステイ

併設高校の合格実績

2024年度の合格状況（卒業者数36名）
国・公立大学合格18名
京都大3、他。

私立大学合格15名
※中高一貫生のみの実績

学校PR

「僕はこの学校に入って楽しかったことがあります。例えばTOEFL Challengeでは先生の言うことを頭の中で翻訳し、それにあったことを話します。最初は難しいと感じていましたが慣れていけばどんどん楽しくなっていき、没頭していくようになりました。また、ダヴィンチでは自分の興味のあることについて探求するために計画し、それに従って実験しました。そして出た結果を基に色々と考察しました。仲間とともに一つのことについて没頭できる時間はとても楽しかったです。皆さんにもぜひ体験してほしいと思います。」杉本　海翔くん（附属中出身、現高校1年生）

京都府立洛北高等学校附属中学校

学校インフォメーション

制服

通学

長期休暇講習

スーパースクール
海外研修
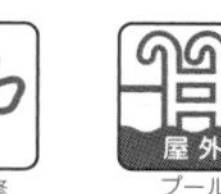

プール

図書館
食堂

スマホ持ち込み

カウンセラー

ネイティブ教員

所在地　〒606-0851　京都市左京区下鴨梅ノ木町59

電話	075-781-0020	**生徒数**	男128人　女109人
創立	2004年	**併設校**	京都府立洛北高等学校
校長	川口　浩文	**WEB**	https://www.kyoto-be.ne.jp/rakuhoku-hs/

教育方針・特色

中高一貫教育のねらいと教育理念
ねらいは、長い歴史と伝統を踏まえ、6年間の一貫した教育を通して、ゆとりの中で生きる力をはぐくみ、一人ひとりの感性を磨き、個性を伸ばし、才能を開花させることにある。
理念
・教育の目標
　未来を切り拓く強い意志
　高い知性
　豊かな感性を持つ人間の育成
・育てたい力
　深い洞察力
　論理的思考力
　豊かな創造力
・目指す生徒像
　世界に羽ばたく大きな志をもった生徒
　知的バランスのとれた生徒
　心豊かで、礼節をわきまえた生徒

スクールライフ

登校時間	8:30
週登校日	5日制
学期制	2学期
制服	あり(夏・冬)
昼食	昼食持参　ただし食堂の利用も一部可
学校行事	文化祭(9月)、体育祭(10月)、夏期スクール、冬期スクール
修学旅行	3年生11月　オーストラリア
環境・施設	実験室、コンピュータ室、図書室、コモンホール、視聴覚教室、LL教室、体育館、格技場
クラブ活動	【運動部】陸上競技、水泳、弓道、女子テニス、男子テニス、女子バレーボール、男子バスケットボール、剣道 【文化部】吹奏楽、美術、書道、囲碁・将棋、サイエンス

2024年度 募集要項

○募集人数	男女80名
○願書受付	許可申請(府外者)11/20(月)～11/27(月) 12/20(水)～12/22(金)郵送出願 ※当日消印有効
○受験料	2,200円
○選抜日時	1/13(土)
○合格発表	1/17(水)15:00～17:00掲示
○手続締切	1/17(水)～1/19(金)12:00まで
○選抜方法	適性をみる検査Ⅰ Ⅱ Ⅲ(各50分) 面接の結果および報告書を総合的に判断

2024年度 入試結果

応募者数	196
受験者数	194
合格者数	80
競争率	2.43
合格最低点	非公表

学校PR

"洛北"の魅力
①京一中から続くアカデミックな伝統と自由と責任を重んじる校風
②SCIENCE(サイエンス)を基本コンセプトにした特色ある教育活動
③高校内容の先行学習
④オーストラリアへの研修旅行
⑤「笑顔・あいさつ・思いやり」があふれる生徒たち

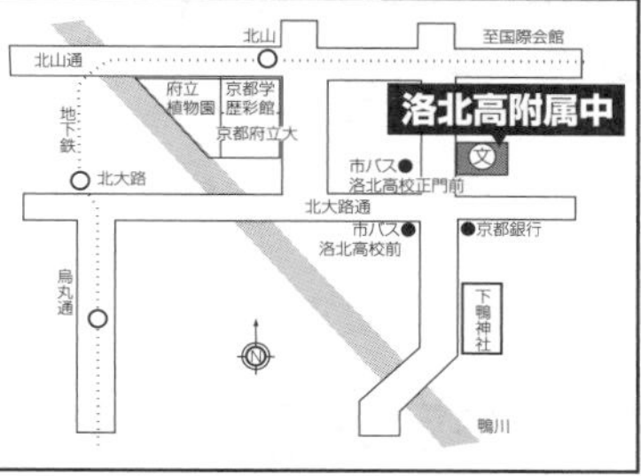

アクセス
JR京都駅より 市バス4系統　洛北高校正門前下車徒歩1分
市バス205系統　洛北高校前下車3分
地下鉄　国際会館行　北山下車徒歩12分

費用

《入学手続き時》

○入学金	不要
○制定品等	

《入学後》

○授業料(年額)	不要
○納付金等	

奨学金・特待制度

特になし

独自の留学制度

特になし

併設高校の合格実績

2024年度の合格状況(卒業者数268名)
国・公立大学合格146(128)名
東京大3(3)、京都大15(12)、大阪大5(5)、神戸大8(4)、北海道大1(1)、名古屋大1(1)、大阪公立大11(9)、京都工芸繊維大15(12)、滋賀大7(7)、奈良女子大2(2)、岡山大3(2)、広島大2(2)、京都府立大11(10)、滋賀県立大12(12)、他。
医学部医学科11(7)名

私立大学合格567(453)名
関西学院大20(19)、関西大26(20)、同志社大45(37)、立命館大125(108)、京都産業大65(54)、近畿大37(21)、龍谷大90(70)、佛教大18(16)、早稲田大1(1)、東京理科大2(1)、明治大3(1)、中央大1、大阪工業大16(12)、摂南大18(18)、京都女子大3(3)、同志社女子大27(23)、武庫川女子大2(2)、他。

※( )内現役合格内数

京都市立西京高等学校附属中学校

学校インフォメーション

食堂

所在地　〒604-8437　京都市中京区西ノ京東中合町1

電話	075-841-0010	**生徒数**	男147人　女211人
創立	2004年	**併設校**	京都市立西京高等学校
校長	岩佐 峰之	**WEB**	http://cms.edu.city.kyoto.jp/weblog/index.php?id=201605

アクセス
京都市営地下鉄西大路御池下車すぐ
阪急京都線西院駅下車徒歩10分
JR山陰本線円町駅下車徒歩8分

教育方針・特色

進取・敢為（かんい＝敢えて困難に挑戦する）・独創性にあふれた人材の育成を目指す「エンタープライズ教育」を柱とする。"enterprising"は「進取の気性に富んだ」という意味であるが、西京高等学校・附属中学校は、この「エンタープライズシップ」を6年間一貫教育の理念とし、大学を経て、未来社会のリーダーとなる有為の人材の育成を目指している。

中高6年間を、stage 1 定着（中1-2）、stage 2 充実（中3-高1前期）、stage 3 発展（高1後期-高2）、stage 4 挑戦（高3）の4段階でグローバルリーダーシップの育成を目指す。高校では、希望や適性に応じて自然科学コースと社会科学コースに分れて学習する。中学校での特色ある教科に、エンタープライジングA（総合的な学習）・B（学校選択教科・国、数・英など）を設定している。エンタープライジングAは、1年で企画力の育成、2年で問題解決能力やコミュニケーション能力の育成、3年で実践力、創造力の育成に取り組む。学校行事も充実しているが、いずれも「学びのある活動」を念頭に計画実施している。

スクールライフ

登校時間	8:25
週登校日	5日制
学期制	2学期
制服	あり（夏・冬）
昼食	弁当持参
学校行事	音楽発表会（6月）、西京祭（9月・10月）、企業訪問（中2・11月）、京都フィールドワーク（中2・1月）、スポーツ大会（3月）
修学旅行	東京フィールドワーク（中3・12月）
環境・施設	4階建ての西館は中学校専用、7階建ての本館は高校生が主に使用。校内無線LAN、バレーボールコート3面分の広さの市立高校最大級の体育館、本格的な茶室、セミナーハウス、武道場、トレーニングルーム、屋上25m ステンレスプール、憩いの場緑化テラスなど。全教室冷暖房完備。
クラブ活動	【運動部】陸上、男女バスケット、女子バドミントン、硬式テニス、軟式野球、水泳 【文化部】吹奏楽、放送、理科、日本の伝統

費用

《入学手続き時》

○入学金	不要
○制定品費等必要	80,000円

《入学後》（年額）

○授業料	不要
○研修旅行積立金	24,000円
○教材費	19,000円
○諸経費	5,000円

奨学金・特待制度

特になし

独自の留学制度

特になし

2024年度 募集要項

○募集人数	男女120名
○願書受付	12/17（日）～12/19（火）郵送出願 ※当日消印有効 窓口出願の場合12/17（日）9:00～13:00
○受験料	2,200円
○選抜日時	1/13（土）
○合格発表	1/17（水）15:00～17:00掲示およびWeb
○手続締切	1/17（水）～1/19（金）～17:00 ※1/19は12:00まで
○選抜方法	適性をみる検査 I II III（各50分） 面接の結果および報告書を総合的に判断

2024年度 入試結果

応募者数	430
受験者数	422
合格者数	120
競争率	3.52
合格最低点	非公表

併設高校の合格実績

2024年度の合格状況（卒業者数265名）
国・公立大学合格198名（医12）
東京大5(3)、京都大50(41)、大阪大36(28)、神戸大11(10)、北海道大3(1)、大阪公立大23(20)、京都工芸繊維大12(12)、滋賀大5(4)、滋賀医科大2(1)、京都府立医科大4(3)、京都府立大2(2)、滋賀県立大3(3)、諏訪東京理科大1(1)、他。

私立大学合格672名（医7）
関西学院大32(20)、関西大55(37)、同志社大150(98)、立命館大221(155)、京都産業大30(24)、近畿大35(21)、龍谷大59(24)、早稲田大8(6)、慶應義塾大3(1)、京都薬科大8(6)、同志社女子大8(8)、他。

※（ ）内は現役内数

学校PR

「進取・敢為・独創」 変化の激しい未来社会で、自らの力を存分に発揮し、果敢にチャレンジしてみたいという敢為の気概にあふれた生徒が集まり、日々切磋琢磨しています。「学校生活を『おもしろおかしく』したい！」と自ら動く仲間がいます。自由な発想と果敢な実行力を身に付け、グローバルな視点でさまざまな事象を考察し、国際社会で活躍できるグローバルリーダーをあなたも目指しませんか。

近江兄弟社中学校

学校インフォメーション

制服

通学

宗教教育

ICT教育

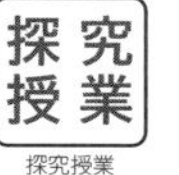

探究授業

留学制度

人工芝グラウンド

バリアフリー

食堂

カウンセラー

帰国生入試

中高大連携

ネイティブ教員

海外姉妹校

所在地　〒523-0851　近江八幡市市井町177

電話	0748-32-3444	**生徒数**	男 150人　女 215人
創立	昭和22年	**併設校**	こども園、保育園、近江兄弟社高等学校
校長	中島　薫	**WEB**	https://www.vories.ac.jp/JrHigh/

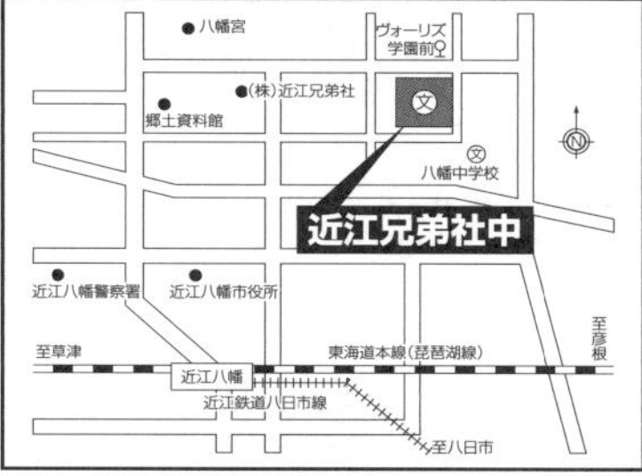

アクセス
JR琵琶湖線近江八幡駅より近江バス10分
近江鉄道八日市線近江八幡駅より近江バス10分
県内17コーススクールバス運行

教育方針・特色

「イエス・キリストを模範とする人間教育」を教育理念、「地の塩・世の光」を学園訓とし、自己統制力のある自由人、自主独立、創造力に富む人、愛と信仰を持った知性豊かな国際人を育成することを教育方針としている。創立者の理想は「生徒たちが、若い日に人類が平和に生きることを願って一身を捧げられたイエス・キリストの生き方にふれることによって、豊かな人間性を身につけ、世の中の平和を願い、友達同士が互いに助け合い、学び会うこと」であり、いまもその精神は受け継がれている。

スクールライフ

登校時間	8:10
週登校日	5日制
学期制	5term制
制服	あり(夏・冬)
昼食	お弁当持参
学校行事	体育祭(5月)・花の日礼拝(6月)・English Festival(7月)・文化祭(9月)・京都研修(1年・11月)・クリスマス礼拝(12月)
修学旅行	2年生11月　沖縄
環境・施設	普通教室、礼拝堂、体育館、武道場、弓道場、講堂、図書館、大教室、ヴォーリズグラウンド、第1グラウンド、テニスコート、雨天練習場、ヴォーリズ記念アリーナ、サブアリーナ、文化体育交流センター、メディア教室、音楽教室、家庭科室、調理実習室、技術教室、美術室、生活化学教室、日本文化教室など。(全館冷暖房完備)
クラブ活動	【運動部】バスケットボール、陸上、サッカー、卓球、女子バレーボール、軟式野球、柔道 【文化部】吹奏楽、国際交流、演劇、合唱、美術、自然科学、書道

2024年度 募集要項

○募集人数	152名(内部進学含む)(うち自己推薦A型約50名、S型約70名)
○願書受付	1次・2次:12/1(金)～1/9(火) 3次:1/24(水)～1/31(水)　すべてweb出願
○受験料	20,000円
○選抜日時	1次(推薦・専願・併願):1/13(土)　2次(専願・併願):1/21(日)　3次(専願):2/3(土)
○合格発表	1次:1/16(火)　2次:1/24(水)　3次:2/7(水)　いずれもweb
○選抜方法	国・算　各100点各45分　理・社　各50点計45分　面接(受験生、保護者の順に個別で行う)　1次推薦・専願4科、1次推薦以外は2科(国算)※英検4級以上取得者は優遇措置あり自己推薦A型・S型(専願):事前に出願資格を取得し、1次推薦枠で受験　模擬試験を受験、保護者同伴面接(A型のみ)

2024年度 入試結果

1次(専願)		1次(併願)	
応募者数	95	応募者数	3
受験者数	91	受験者数	3
合格者数	89	合格者数	2
競争率	1.02	競争率	1.50
合格最低点	専願150/300(合格ライン)	合格最低点	110/200(合格ライン)

※1次専願は・自己(87)の推薦含む

2次(専願)		2次(併願)	
応募者数	11	応募者数	23
受験者数	4	受験者数	10
合格者数	3	合格者数	10
競争率	1.33	競争率	1.00
合格最低点	105/300(合格ライン)	合格最低点	110/200(合格ライン)

3次(専願)	
応募者数	5
受験者数	5
合格者数	5
競争率	1.00
合格最低点	120/300(合格ライン)

費用

《入学手続き時》

○入学金	150,000円

《入学後》

○授業料	420,000円
○学習費	80,000円
○施設設備費	158,000円

奨学金・特待制度

入試成績上位者に対する奨学金
複数在籍者の奨学金
ファミリー奨学金

独自の留学制度

春休み2週間姉妹校へ短期留学プログラム

併設高校の合格実績

2024年の進学状況(卒業者数387名)
国・公立大学合格5(5)名
京都府立大1(1)、滋賀大1(1)、大阪教育大1(1)、島根大1(1)、香川大1(1)。

私立大学合格535(510)名
関西学院大10(10)、関西大6(6)、同志社大20(20)、立命館大11(11)、京都産業大14(14)、近畿大3(3)、龍谷大34(34)、佛教大12(12)、東京理科大1(1)、青山学院大2(2)、立教大2(2)、摂南大13(13)、神戸学院大2(2)、追手門学院大21(21)、桃山学院大3(3)、京都外国語大5(5)、関西外国語大18(18)、大阪経済大1(1)、大阪工業大6(2)、京都女子大3(3)、同志社女子大18(18)、神戸女学院6(6)、他。

※( )内現役生内数

学校PR

近江兄弟社中学校では、この3年間を「しっかり学び」、「豊かに成長」できるように、さまざまな取り組みを行っています。例えば、1年間を5つの区分に分けることによって、計画的で充実した「確かな学び」を展開する5term(ターム)制の実施や、オリエンテーション合宿をはじめとする宿泊行事や平和礼拝などの宗教行事など、心やからだを育てる様々な行事に取り組んでいます。仲間との関わりや体験の中で、共に学ぶ喜びを知り、「豊かな学び」を身につけてほしいと願っています。

滋賀

共学校

光泉カトリック中学校

学校インフォメーション

制服

通学

宗教教育

ICT教育

長期休暇講習

習熟度別授業

海外研修

留学制度

図書館

食堂

プレテスト

特待生制度

ネイティブ教員

海外姉妹校

所在地　〒525-8566　滋賀県草津市野路町178

電話	077-564-7771	**生徒数**	男 98人　女 96人
創立	昭和63年	**併設校**	光泉カトリック高等学校・幼稚園
校長	桂 幸生	**WEB**	https://www.kousen.ed.jp/

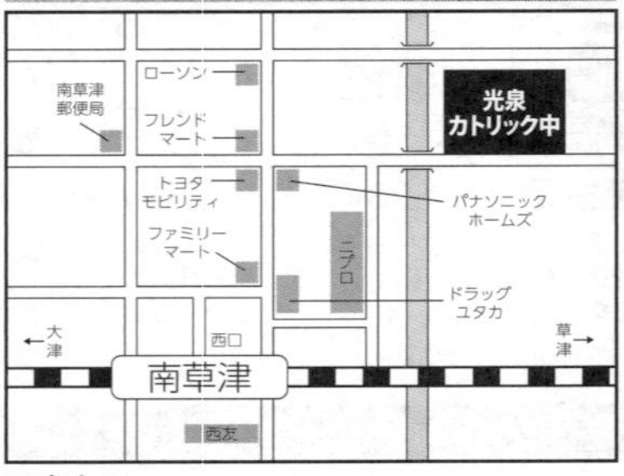

アクセス
JR琵琶湖線南草津駅下車徒歩7分

教育方針・特色

カトリックの教えに基づく教育により高い徳性を養い、自由のなかにある規律ある学園生活を通して真理を追求させる事により、優れた知性と豊かな品性を高め、あわせて人類社会に貢献し得る創造性豊かな国際人の育成を目指す。

キリスト教的倫理感や価値観を養うため、宗教教育を実施している。学習指導としては、1年生の2学期から習熟度別授業を実施。授業時数を配慮し基礎学力の定着を図っている。特に国語・数学・英語の指導時間はゆとりを持たせている。高等部への内部進学は、進路目的に合わせた5つのコースを設定し、各コースの違いをよく理解させた上で、本人の適性や進路に応じたコースへ進学させ希望の進路の達成をはかっている。

スクールライフ

登校時間	8:20
週登校日	5日制
学期制	3学期
制服	あり(夏・冬)
昼食	購買・食堂あり　弁当持参可
学校行事	光泉祭・修学旅行
修学旅行	3年生6月　2泊3日　大阪・兵庫
環境・施設	全教室冷暖房完備・全教室に電子黒板を導入・全館Wifi完備・食堂・新グラウンド(人工芝)、他
クラブ活動	【運動部】陸上、バスケットボール、テニス、バドミントン、卓球、剣道、ラグビー 【文化部】吹奏楽、英会話、文芸・漫画、将棋、放送、ボランティア、書道、華道、コーラス、茶道、自然探究・農芸、スペースロボットプロジェクト

2024年度 募集要項

○募集人数	120名
○願書受付	A・B日程:12/1(金)~1/11(木)16:00 C日程:1/16(火)~1/19(金)16:00 すべてweb出願
○受験料	20,000円
○選抜日時	A日程:1/13(土)8:30 B日程:1/14(日)8:30 C日程:1/20(土)8:30
○合格発表	A・B日程:1/15(月)　C日程:1/22(月) いずれも掲示15:00、郵送
○選抜方法	国・算・英　各100点各40分　面接(5名グループ15分) A・B日程:3科/2科(国算) C日程:2科(国算) ※3科のみ英検取得者は3級70点、準2級以上90点の英語の得点保証

2024年度 入試結果

	A日程(専・併)	B日程(専・併)	C日程(専・併)
応募者数	54	66	3
受験者数	54	66	3
合格者数	48	62	2
競争率	1.13	1.06	1.50
合格最低点	2科:専90・併100/200 3科:専135・併150/300 (合格基準点)	2科:専90・併100/200 3科:専135・併150/300 (合格基準点)	2科:専90・併100/200 3科:専135・併150/300 (合格基準点)

※A/Bの入試結果は重複受験含む

学校PR

本校の教育をとおして、誰も経験したことのない、これからの社会を自分で生きぬくチカラを身につけます。

費用

《入学手続き時》

○入学金	150,000円

《入学後》(年額)

○授業料	504,000円
○教育充実費	144,000円
○施設整備費	84,000円
○諸会費	58,200円

※入学時に制服・制定品等購入必要

奨学金・特待制度

聖パウロ学園奨学金制度

独自の留学制度

留学先　ニュージーランド　イギリスなど
内容　語学研修　オンラインでの国際交流

併設高校の合格実績

2024年の進学状況(卒業者数382名)

国・公立大学合格
大阪大5、神戸大3、大阪公立大1、筑波大2、京都工芸繊維大3、京都府立大2、金沢大2、岡山大2、広島大1、滋賀大8、山口大1、兵庫県立大1、滋賀県立大16、他。

私立大学合格
関西学院大13、関西大29、同志社大39、立命館大104、京都産業大83、近畿大79、甲南大1、龍谷大249、佛教大118、早稲田大1、明治大2、青山学院大1、専修大2、京都薬科大1、摂南大15、追手門学院大19、桃山学院大2、大阪経済大8、大阪工業大16、京都女子大7、同志社女子大5、武庫川女子大6、他。医・歯・薬・看護計45名。

省庁大学校合格
防衛大1。

短期大学合格4名

専門学校合格29名

専門職大学合格4名

幸福の科学学園関西中学校

学校インフォメーション

ネイティブ教員

所在地　〒520-0248　**滋賀県大津市仰木の里東2丁目16番1号**

電話　077-573-7774
創立　2013年
校長　冨岡 無空
生徒数　男 73人 女 68人
併設校　幸福の科学学園 関西高等学校
WEB　https://kansai.happy-science.ac.jp/

教育方針・特色

幸福の科学の教育理念をもとに創られた中学校。人間にとって最も大切な宗教教育によって、精神性を高めながら、実学も十分に重視し、「徳力・学力・創造力」を兼ね備えた人材の輩出を目指している。また、自らを律し、自由闊達に、限りない繁栄を求める精神を校風とする。教育の特色としては、【1】学力向上のためのきめ細やかな学習指導。(①英数先行型授業、②習熟度別授業、③生徒一人ひとりに合った学習サポート、④充実した補講・特別講座)【2】世界に通用する国際性。【3】創造性あふれる企業家精神の養成。

スクールライフ

登校時間	8:30
週登校日	6日制
学期制	3学期
制服	あり(夏・冬)
昼食	カフェテリア・コンビニエンスストアあり 弁当持参可
学校行事	体育祭(5月)・翔龍祭(文化祭)(9月)
国内研修	3年生10月 3泊4日 関東
環境・施設	図書館・ICT教室・グラウンド・寮併設・無料スクールバス(JRおごと温泉駅-学校)
クラブ活動	剣道部・女子ダンス部・女子ソフトボール部・男子サッカー部・バスケットボール部・バドミントン部・陸上競技部・男子軟式野球部・演劇部・かるた部・合唱部・室内楽部・吹奏楽部・美術部・未来科学部

2024年度 募集要項

○募集人数	男女計70名
○願書受付	12/25(月)～1/6(土)郵送(必着)
○受験料	20,000円
○選抜日時	1/13(土)関西校校舎・札幌・仙台・新潟・東京・名古屋・岡山・福岡・沖縄
○合格発表	1/17(水)14:00Web・発送
○選抜方法	国・算(50分100点)理・社(30分50点) 2科・4科選択 面接(保護者同伴) 国・算2科目の得点で合格候補者を決定、さらに4科目も含めた得点で合格候補者を決定 その後、筆記試験に加え、面接・出願書類を総合的に評価し、最終的に選抜 ※文化芸術・スポーツ・語学分野等に秀でている者の合格を若干名決定する場合あり ※英検5級以上を取得している場合は、若干の加点

2024年度 入試結果

一般

応募者数	57
受験者数	57
合格者数	56
競争率	1.02
合格最低点	—

学校PR

滋賀県大津市、美しい琵琶湖を一望できる風光明媚な場所にある本校は男女共学で通学も入寮も可能な学校です。京都駅からもJR湖西線で約20分と立地にも恵まれています。発展・繁栄を校風とし、宗教教育や企業家教育を通して、未来を創造する「世界のリーダー」となる人材を輩出することを目指しています。熱意溢れる教職員達があなたの夢を全力でサポートします！

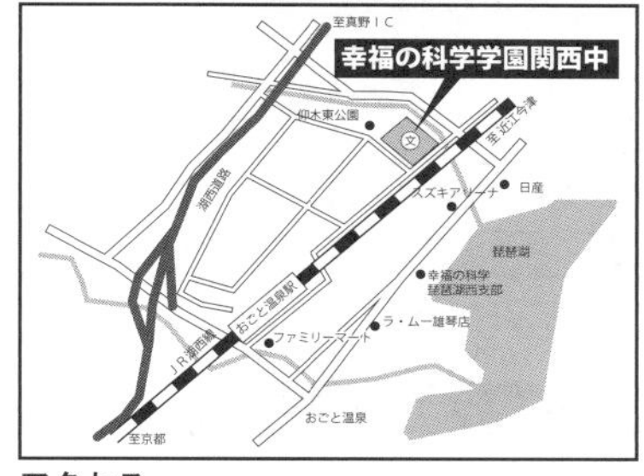

アクセス
JR湖西線おごと温泉駅から徒歩15分
または路線バス「のぞみ公園前」下車

費用

《入学手続き時》

○入学金	200,000円

《入学後》

○授業料	420,000円
○施設設備資金・教材費	180,000円
○諸費用	74,400円

寮生は、別途寮費が必要。

奨学金・特待制度

幸福の科学学園生徒を対象とする「幸福の科学学園奨学金制度」があります。詳細は幸福の科学学園関西中学校にお問い合わせください。

独自の留学制度

特になし

併設高校の合格実績

2024年の進学状況(卒業者数64名)

国・公立大学合格
東京大、京都大、一橋大、大阪大、神戸大、名古屋大、滋賀大、広島大、島根大(医・医)、富山大、鳥取大、香川大、鹿児島大

私立大学合格
関西学院大、関西大、同志社大、立命館大、京都産業大、近畿大、龍谷大、早稲田大、上智大、青山学院大、摂南大、神戸女学院大、東京理科大、南山大、愛知大、愛知学院大、京都橘大、熊本学園大、北海道医療大、松山大

高等宗教研究機関・専門学校等合格
Happy Science University、相生市看護専門学校、大阪情報ITクリエーター専門学校、大阪バイオメディカル専門学校、京都コンピュータ学院、神戸・甲陽デザイン＆テクノロジー専門学校、国際調理専門学校、セントラルトリミングアカデミー、東京ビューティアート専門学校

比叡山中学校

学校インフォメーション

制服

通学

宗教教育

ICT教育

海外研修

プール

図書館

エレベーター

カフェテリア

売店

スマホ持ち込み

ネイティブ教員

滋賀

所在地　〒520-0113　大津市坂本4-3-1

電話	077-578-0132	**生徒数**	男 88人　女 103人
創立	1873年	**併設校**	比叡山幼稚園・比叡山高等学校
校長	竹林　幸祥	**WEB**	https://hieizan.ed.jp/hieizan-jh-hs/

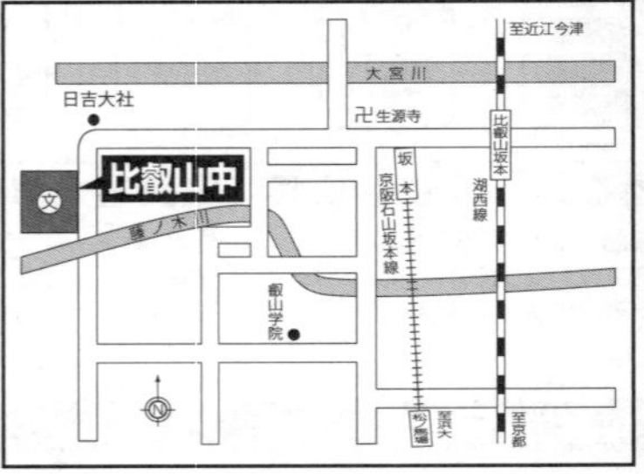

アクセス
京阪石山坂本線坂本比叡山口駅下車徒歩10分
JR湖西線比叡山坂本駅下車徒歩20分

教育方針・特色

伝教大師の「国宝とは何物ぞ、宝とは道心なり。道心ある人を名付けて国宝となす。」を基本とし、また「一隅を照らす」人・「能く行い能く言う」人・「己を忘れて他を利する」人を国宝となすという精神こそが当学園の教育方針である。日常の活動の具体的目標として、僧侶の実践目標である、「作務」「看経」「学問」をとり入れ、「掃除」「挨拶」「学問」を重視している。日々の学習環境を整えるため、清掃活動と相互のあいさつを、一日の始まりである朝礼と共に徹底している。三塔巡拝、体験合宿（1年）、宿泊研修（修学旅行3年）、海外研修なども実施している。

スクールライフ

登校時間	8:35
週登校日	5日制
学期制	3学期
制服	あり（夏・冬　オプション多数あり）
昼食	ランチルームあり（学期に1回体験）　パンと弁当注文制
学校行事	三塔巡拝（4月）・体育大会（6月）・文化祭（9月）・芸術鑑賞（11月）・体験研修（1年・3月）など 語学研修：中3の内部進学決定者と高1・2対象。希望制。ニュージーランド。3月下旬約2週間。
修学旅行	3年生（名称：宿泊研修）
環境・施設	テニスコート・第1（山上）グラウンド・第2（穴太）グラウンド・格技場・ランチルーム・ウッドデッキ・図書室
クラブ活動	【運動系】野球・陸上・水泳・剣道・バドミントン（女子） 【文化系】吹奏楽・美術・英語※華道・競技かるた・コーラスは高校の部活動に参加 【その他】サッカースクールの参加

共学校

2024年度 募集要項

○募集人数	約80名（A日程 自己推薦『一隅入試』約20名 専願約60名、B日程 併願若干名、C日程専願追試験）
○願書受付	12/1（木）～12/26（月）　web出願
○受験料	20,000円
○選抜日時	A日程（自己推薦「一隅入試」・専願）：1/13（土） B日程（併願）：1/14（日） C日程（専願追試験・新規募集）：1/27（土）
○合格発表	A・B日程：1/16（火）web9：00、郵送 C日程：1/30（火）web9：00、郵送
○選抜方法	A・C日程：国・算（各40分各100点）・面接50点（グループ）　自己推薦『一隅入試』11月に書類提出による資格確認要 B日程：国・算（各40分各100点）　理・社（計40分計100点）・面接50点（グループ） C日程新規募集：小論文・面接・書類

2024年度 入試結果

	A日程（自己推薦）	A日程（専願）	B日程（併願）
応募者数	27	36	3
受験者数	27	36	3
合格者数	27	27	3
競争率	1.00	1.33	1.00
合格最低点	115/250（面接点含）	115/250（面接点含）	200/350（面接点含）

学校PR

2019年、本校は高等学校と同一敷地になり、新しい校舎に移転しました。高校との共用施設として、空調を備えた体育館や明るく広い図書館などを利用し、充実した学校生活を送っています。2023年度より制服が新しくなりました。時代の最先端に合わせた機能的なデザインで、夏はハーフパンツを取り入れ、シャツの色も2色から選択。季節に応じて柔軟な着こなしが出来ます。

費用

《入学手続き時》

○入学金	150,000円

《入学後》（年額）

○授業料	366,000円
○維持（施設設備）費	166,000円
○教育充実費	75,000円
○その他諸費	17,400円
○年間教材費	約40,000円程度
○ICT関連費用	約40,000円
○制服	約76,000円

（オプションによって値段は変わります。）

奨学金・特待制度

○奨学金制度
①延暦寺特別奨学生
②延暦寺奨学生
③延暦寺内部進学奨学生
④延暦寺特別給費生
○授業料減免制度
兄弟姉妹授業料保護者負担分軽減制度
○比叡山幼稚園卒園児軽減制度

独自の留学制度

特になし

併設高校の合格実績

2024年の進学状況（卒業者数384名）
国・公立大学合格31名
京都大1、大阪大1、大阪公立大2、北海道大2、滋賀大3、滋賀医科大1、滋賀県立大9、京都工芸繊維大2、京都教育大1、京都府立大1、京都市立芸術大1、福井大2、奈良女子大1、愛媛大2、他。

私立大学合格706名
関西学院大6、関西大12、同志社大21、立命館大35、京都産業大51、近畿大29、甲南大3、龍谷大114、佛教大36、法政大4、大阪歯科大2、摂南大16、神戸学院大16、追手門学院大24、京都外国語大1、関西外国語大11、大阪経済大4、大阪工業大11、京都女子大14、同志社女子大3、武庫川女子大10、京都先端科学大19、京都橘大67、他。

短期大学合格6名

立命館守山中学校

学校インフォメーション

制服

通学

ICT教育

習熟度別授業

海外研修

自習スペース

図書館

人工芝グラウンド　バリアフリー

食堂

スマホ持ち込み

カウンセラー

プレテスト

中高大連携

所在地　〒524-8577　滋賀県守山市三宅町250

電話	077-582-8000	**生徒数**	男 215人　女 280人
創立	2007年	**併設校**	立命館守山高等学校
校長	岩崎　成寿	**WEB**	https://www.mrc.ritsumei.ac.jp/

教育方針・特色

建学の精神「自由と清新」、教学理念「平和と民主主義」のもと、新たな価値や希望を生み出す「Game Changer」を育成。立命館大学・立命館アジア太平洋大学への内部推薦制度がある本学の特色を生かした受験勉強にとらわれない時間を活用し、じっくりと探究学習を深めることが可能です。

スクールライフ

登校時間	8:20
週登校日	5日制
学期制	3学期
制服	あり（夏・冬）
昼食	購買・食堂あり　弁当持参可
学校行事	体育祭（6月）芸術鑑賞（7月）文化祭（9月）合唱コンクール（12月）沖縄平和学習（2月・2年生のみ）など
修学旅行	3年生3学期　世界3か所から選択（約2週間or7週間）
環境・施設	6つの理科室　吹き抜けの図書館、ホールを備えたメディアセンター　8面のテニスコート　2万2000㎡の広さを誇る人工芝のアイリスグラウンド　冷暖房完備、トレーニングルームも充実のアリーナ　第2体育館のサブアリーナ　中庭バスケットコート　メニューも豊富なカフェテリア
クラブ活動	アメリカンフットボール（男子）、サッカー（男子）、バスケットボール（男女）、ハンドボール（男女）、硬式テニス（男女）、バドミントン、陸上競技の全10部。文化系はサイテック（科学探究）、吹奏楽、美術デザイン、書道、日本文化研究、文芸、国際交流（ESS）、バトントワリングの全8部。

2024年度 募集要項

○募集人数	160名　アカデメイア（AM）コース、アドバンスト（AD）コース
○願書受付	12/5（火）10:00〜12/25（月）12:00 web出願
○受験料	〔A1・A2・B2日程〕20,000円 〔B1日程〕10,000円 ※2回以上受験する場合、2回目以降の検定料10,000円
○選抜日時	A1かがやき21・一般：1/13（土）8:45 A2一般：1/13（土）16:15 B一般：1/14（日）16:15
○合格発表	1/16（火）web13:00
○選抜方法	A1日程かがやき21（自己推薦）：作文　面接　書類審査（出願資格審査が必要）※かがやき21資格確保しADコース受験可 A1日程一般：国・算　各120点各50分　理・社・英　各80点各40分　4科/3科　国算＋理or英　4科はアラカルト判定　3科は合計×1.25 A2・B日程一般：国・算　各100点各50分

2024年度 入試結果

	アカデメイアコース A1（かがやき21）	アドバンストコース A1（かがやき21）
応募者数	50	23
受験者数	50	23
合格者数	50	23
競争率	1.00	1.00
合格最低点	—	—

	アカデメイアコース A1（一般）	アドバンストコース A1（一般）
応募者数	50	76
受験者数	50	71
合格者数	33	28
競争率	1.52	2.54
合格最低点	220/400	250/400

	アカデメイアコース A2	アドバンストコース A2
応募者数	80	195
受験者数	79	188
合格者数	49	77
競争率	1.61	2.44
合格最低点	143/200	150/200

	アカデメイアコース B	アドバンストコース B
応募者数	74	176
受験者数	67	168
合格者数	41	59
競争率	1.63	2.85
合格最低点	133/200	140/200

※スライド合格（A1 20・A2 19,B19）含む

学校PR

立命館大学・立命館アジア太平洋大学への内部進学を基本としたアカデメイアコースでは、中高大一貫教育のメリットを最大限に生かした体系的な教育体制を整備しています。もう1つのアドバンストコースでは高度な学びと多彩な体験を通じて、医学系・難関国公立大学進学への基盤となる高い学力や豊かな人間性を培います。

アクセス
JR京都駅〜守山駅は新快速で26分
JR彦根駅〜守山駅は新快速で26分
JR東海道線守山駅より近江鉄道バス10分

費用

《入学手続き時》

○入学金	120,000円

《入学後》

○授業料	630,000円
○教育充実費	240,000円
○生徒会入会金	2,000円

※入学後納入金合計は
（両コース共通）1,035,400円

奨学金・特待制度

特になし

独自の留学制度

ターム留学　など

併設高校の合格実績

2024年の進学状況（卒業者数347名）
立命館大学内部進学（内訳）
法36、産業社会28、国際関係15、文20、経営40、政策科19、総合心理13、映像5、情報理工34、経済22、スポーツ健康科8、食マネジメント9、理工17、生命科15、薬10。

立命館アジア太平洋大学内部進学（内訳）
国際経営3。

国・公立大学合格
京都大1、大阪大1、神戸大5、大阪公立大2、筑波大1、奈良女子大1、金沢大1、滋賀大3、滋賀県立大1、他。

他の私立大学合格
関西学院大7、関西大5、同志社大10、立命館大22、早稲田大2、慶應義塾大1、東京理科大2、明治大1、法政大2、大阪医科薬科大2、関西医科大1、兵庫医科大3、京都薬科大5、他。

滋賀
共学校

滋賀大学教育学部附属中学校

学校インフォメーション

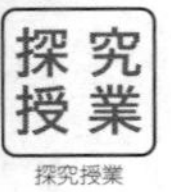

制服　通学（公共機関）　ICT教育　探究授業　プール（屋外）　昼食（給食あり）　カウンセラー　ネイティブ教員　海外姉妹校

滋賀

所在地　〒520-0817　滋賀県大津市昭和町10番3号

電話　077-527-5255
創立　1947年
校長　糸乗 前
生徒数　男149人 女167人
併設校　滋賀大学 滋賀大学教育学部附属幼稚園 附属小学校 附属特別支援学校
WEB　https://www.edu.shiga-u.ac.jp/fc/

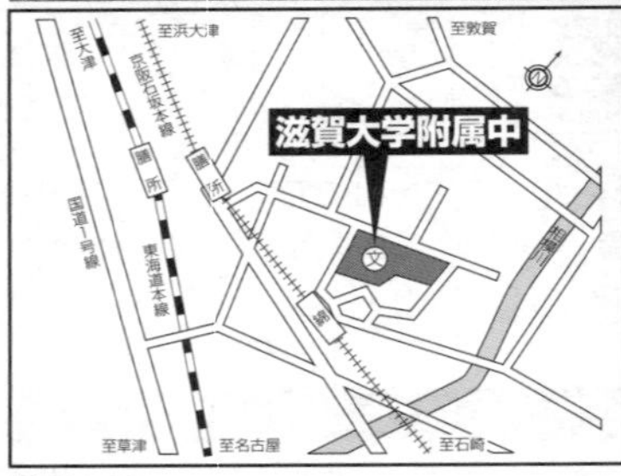

アクセス
JR東海道本線膳所（ぜぜ）駅下車徒歩約5分
京阪石坂線錦（にしき）駅下車徒歩約4分

教育方針・特色

教育には次の3つの特徴がある。
1. 学習指導要領に基づいた中学校教育。
2. 大学学部と協力して教育に関する実践研究。
・昭和57～59年度　文部省研究開発校指定
・昭和63～平成2年度　文部省研究開発校指定
・平成3～5年度　文部省教育方法等改善研究指定
・平成7～8年度　文部省環境のための地球学習観測プログラム（GLOBE計画）指定
・平成11～12年度　文部省環境データ観測・活用事業モデル校指定
・平成12～14年度　文部科学省研究開発校指定（附属四校園）
・平成13～15年度　次世代ITを活用した未来型教育研究開発事業（学校インターネット3）研究開発校指定
※研究主題　平成19～21年度　情報学に基づいた教育課程の開発
・平成22～24年度　文部科学省開発学校指定教科ならびに総合的な学習の時間における言語活用能力の向上を図るための、教科横断型「情報の時間」開設を核とした教育課程の開発。
・平成25年度　文部科学省教育課程研究指定校（総合的な学習の時間）
　平成26・27年度　国立教育研究所教育課程研究指定校（論理的思考）
　平成28年より　学校情報化先進校
　平成30・31年度　文部科学省　実社会との接点を重視した課題解決型学習プログラムに係わる実践研究指定校
3. 大学学部をはじめ、教育実習校としての役割。
・滋賀大学教育学部3回生実習　6月～10月・4週間（以上2つの実習期間中は、ほとんどの授業を教育実習生が行う）
・滋賀大学教育学部1回生観察実習　9月・1日（観察のみ）
・本校卒業生実習　5月・3週間

スクールライフ

登校時間　8:30
週登校日　5日制
学期制　2学期
制服　あり（夏・冬）
昼食　給食
学校行事　宿泊オリエンテーション（中1・4月）、体育祭（6月）、文化祭（10月）、合唱集会（11月）、百人一首大会（1月）、大学訪問学習（中1・9月）
修学旅行　2年生12月
環境・施設
クラブ活動　【運動部】野球、サッカー、ソフトテニス、バスケットボール、バレーボール（女）
【文化部】音楽、美術

2024年度 募集要項

○募集人数　男女108名（附属小学校以外から約20名）
○願書受付　11/22(水)～11/29(水)9:00～15:00
※郵送の場合必着
○受験料　5,000円
○選抜日時　1/13(土)
○合格発表　1/17(水)15:00～16:30掲示
○手続締切　1/20(土)9:30～12:00
○選抜方法　基礎学力試験（国語・社会・算数・理科の4教科）、面接
個人調査書、基礎学力試験および面接の結果について総合的な評価で合否判定

2024年度 入試結果

応募者数	20
受験者数	—
合格者数	20
競争率	—
合格最低点	非公表

国公立

費用

《入学手続き時》
○入学金　不要
○制定品等

《入学後》（月額）
○授業料　不要
○納付金等

奨学金・特待制度

特になし

独自の留学制度

特になし

併設高校の合格実績

2024年度の合格状況（卒業者数107名）
※併設高校がないため実績は中学卒業後の進路

国・公立高校など53名
京都教育大附属1、高知工業高専1、舞鶴工業高専1、膳所20、石山8、東大津8、守山3、玉川2、大津2、大津商業2、他。

私立高校54名
比叡山7、立命館守山4、光泉カトリック3、大谷10、京都女子8、東山4、京都聖母学園3、洛南2、龍谷大学付属平安2、京都先端科学大学附属2、他。

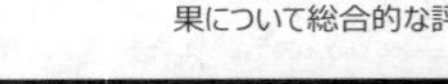

学校PR

本校では、「郷土を愛し世界へはばたく心豊かな生徒の育成」をめざして、下記の5つの具体的な努力目標を掲げ、創造的で特色ある教育活動を行っています。
○自他の人格を尊重し、連帯協力し合える人間に
○創造的な知性と正しい判断力をもつ人間に
○自然と文化を愛する心豊かな人間に
○苦難を克服し、自ら開拓しうるたくましい人間に
○国際的視野に立ち、国と郷土をきずく人間に

滋賀県立河瀬中学校

学校インフォメーション

制服

通学

ICT教育

海外研修
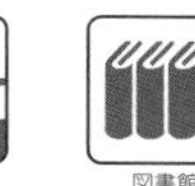
プール

図書館

食堂

スマホ持ち込み

カウンセラー

ネイティブ教員

所在地　〒522-0223　滋賀県彦根市河瀬馬場町975番地

電話	0749-25-2200	**生徒数**	男102人　女138人
創立	2003年	**併設校**	滋賀県立河瀬高等学校
校長	高田　武治	**WEB**	http://www.kawase-h.shiga-ec.ed.jp/

教育方針・特色

〈校訓〉
『志成』（志有る者は事ついになる）
〈教育目標〉
知・徳・体の調和がとれ、「志成の精神」を身に付け、地域に根ざし、国際社会に生きる生徒を育成する。
〈特色〉
中学入学時から大学入学を目指す教育課程の編成。

スクールライフ

登校時間	8:35
週登校日	5日制
学期制	3学期
制服	あり（夏・冬）
昼食	弁当持参
学校行事	宿泊オリエンテーション（中1・4月）、関西研修（中2・6月）、荒人祭（体育祭・文化祭）（7月）、映画鑑賞（10月）、スタープログラム（11月）、百人一首大会（1月）、球技大会（3月）
修学旅行	3年生　九州方面
環境・施設	ITC教育推進のため、全教室に単焦点液晶プロジェクタ、書画カメラ、スクリーンを設置。全教員に教材提示用ノートパソコンを配付。
クラブ活動	【運動部】軟式野球、陸上競技、剣道、卓球、女子バレーボール、女子バスケットボール 【文化部】ESS、放送、科学、写真、茶華道、文芸、ホームメイキング、美術、吹奏楽、書道

2024年度 募集要項

○募集人数	男女80名
○願書受付	特別出願許可申請（県外生）12/1（金）～12/14（木） 12/12（火）～12/14（木）9:00～16:00 郵送の場合12/12（火）・12/13（水）消印有効
○受験料	2,200円
○選抜日時	1/13（土）
○合格発表	1/20（土）10:00～掲示
○手続締切	1/30（火）
○選抜方法	個人調査報告書、作文、適性検査および面接の結果について総合的な評価で判定

2024年度 入試結果

応募者数	135
受験者数	134
合格者数	80
競争率	1.68
合格最低点	非公表

学校PR

・1・2年生で英数を週1時間、3年生で国数を週1時間先取り学習。
・英数全学年で少人数指導。
・ICTを活用した授業の展開
・大学教授による講義、大学や研究施設を訪問する「アカデミックプログラム」の実施。
・3年間を通したディベート学習による情報選択・整理能力、論理的思考力、コミュニケーション能力の育成

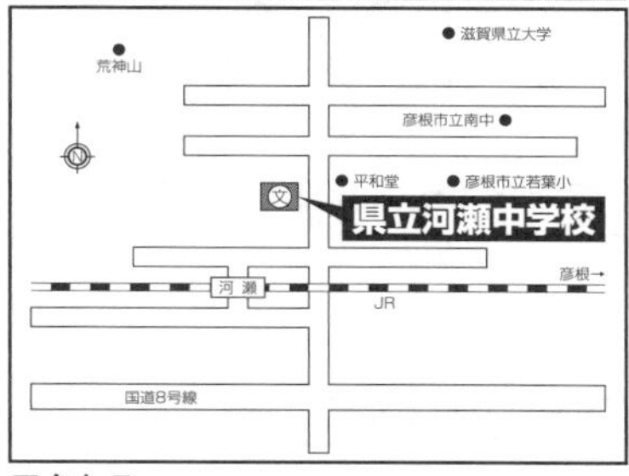

アクセス
JRびわこ線河瀬駅下車徒歩約7分

費用

《入学手続き時》
○入学金　不要
○制定品等

《入学後》（年額）
○授業料　不要
○学年費　約120,000円（2019年度実績）

奨学金・特待制度

特になし

独自の留学制度

特になし

併設高校の合格実績

2024年度の合格状況（卒業者数183名）
国・公立大学合格
筑波大1、滋賀大4、京都工芸繊維大1、大阪教育大1、他。

私立大学合格
同志社大4、立命館大12、京都産業大12、近畿大10、龍谷大24、佛教大29、大阪経済大3、関西外国語大8、摂南大4、追手門学院大12、京都女子大4、同志社女子大4、他。

滋賀県立水口東中学校

学校インフォメーション

制服

通学

ICT教育

長期休暇講習

海外研修

プール

図書館

食堂

カウンセラー

中高大連携

所在地　〒528-0073 甲賀市水口町古城が丘7番1号

電話	0748-62-6745	**生徒数**	男114人　女126人
創立	2003年	**併設校**	滋賀県立水口東高等学校
校長	太田　義人	**WEB**	http://www.e-minakuchi-h.shiga-ec.ed.jp/

教育方針・特色

中高一貫教育実践校として、ゆとりある学校生活の中で個に応じた系統的・総合的・体験的な教育活動等を通して「確かな学力」と「人として大切な心」を養うとともに、新しい時代を積極的創造的に生きていこうとする意欲と行動力のある生徒を育成する。併設の県立高等学校へは学力検査を受けずに進学できる。

スクールライフ

登校時間	8:20
週登校日	5日制
学期制	3学期
制服	あり
昼食	弁当持参
学校行事	球技大会(4月・2月)、JCMU語学研修(6月)、東風祭(文化祭・体育祭)(7月)、職場体験(中2・9月)、マラソン大会(10月)、文化発表会(11月)、カルタ大会(12月)
修学旅行	中学3年10月　長崎
環境・施設	CALL教室、CAI教室、図書館、多目的教室、格技場、体育科、セミナーハウス
クラブ活動	【運動部】卓球、サッカー、陸上競技、バスケットボール(男子)、ソフトテニス(女子)、バレーボール(女子)、剣道 【文化部】科学、吹奏楽、書道、合唱、美術

2024年度 募集要項

○募集人数	男女80名
○願書受付	特別出願許可申請(県外生) 12/1(金)〜12/14(木) 12/12(火)〜12/14(木)9:00〜16:00 郵送の場合12/12(火)・12/13(水)消印有効
○受験料	2,200円
○選抜日時	1/13(土)
○合格発表	1/20(土)10:00〜掲示
○手続締切	1/30(火)
○選抜方法	個人調査報告書、作文、適性検査および面接の結果について総合的な評価で判定

2024年度 入試結果

応募者数	120
受験者数	118
合格者数	80
競争率	1.48
合格最低点	非公表

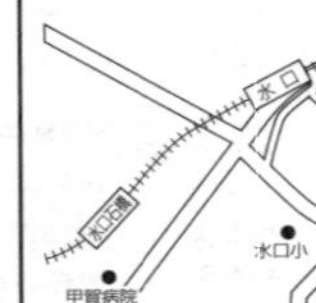

アクセス
近江鉄道本線みなくち駅下車徒歩約10分

費用

《入学手続時》

○入学金	不要
○制定品等	

《入学後(年額)》

○授業料	不要
○納付金等	

奨学金・特待制度

特になし

独自の留学制度

特になし

併設高校の合格実績

2024年度の合格状況(卒業者数191名)

国・公立大学合格

京都大1、神戸大1、滋賀大12、京都工芸繊維大1、和歌山大1、金沢大1、岡山大1、広島大1、他。

私立大学合格

関西学院大4、関西大10、同志社大1、立命館大65、京都産業大21、近畿大43、龍谷大196、佛教大16、東京理科大1、追手門学院大2、関西外国語大4、他。

滋賀県立守山中学校

学校インフォメーション

制服

通学

通学

ICT教育

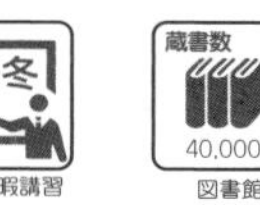

長期休暇講習

図書館

スマホ持ち込み

カウンセラー

ネイティブ教員

所在地　〒524-0022　滋賀県守山市守山3-12-34

電話　0748-62-6745
創立　2003年
校長　明吉　正知
生徒数　238人
併設校　滋賀県立守山高等学校
WEB　http://www.moriyama-h.shiga-ec.ed.jp/

教育方針・特色

「協和・進取・叡知」の校訓のもと、智慧(ちえ)と人格(こころ)を備えた、豊かでたくましい心身の育成と確かな学力の伸長につとめる。

また、年齢のちがう仲間との幅広い交流や同学年の仲間との深い交流をとおして、幅広い社会性や豊かな人間性、世界に通じる人材の育成に努める。総合的な学習の時間や、特色ある教科は次のとおりである。

○総合的な学習の時間
・人間探究学
様々な体験・討論・発表プレゼンテーションを取り入れ、人間の在り方、生き方にせまる学習。
○特色ある教科
・ディベート
論理的にコミュニケーション力を高める学習。
・サイエンス
科学的なものの見方や抽象的思考力を育てる学習。
・ソーシャルスタディ
社会と自分の関わりを考え、社会認識の基礎を培う。

スクールライフ

登校時間　8:30
週登校日　5日制
学期制　3学期
制服　あり(夏・冬)
昼食　弁当持参
学校行事　学園祭(文化祭・体育祭)(7月)、芸術鑑賞(11月)、救命講習(中3・12月)、教育懇談会(6月・2月)
修学旅行　3年生　九州方面
環境・施設　図書館、CALL教室(英語、ディベートに活用)、特別活動教育室(総合学習、学年集会、プレゼンテーションに活用)
クラブ活動　【運動部】陸上競技(男女)、軟式野球、サッカー、バスケットボール(男女)、剣道(男女)、バレーボール(女)
【文化部】吹奏楽、美術、書道

2024年度 募集要項

○募集人数　男女80名
○願書受付　特別出願許可申請(県外生) 12/1(金)～12/14(木)
12/12(火)～12/14(木)9:00～16:00
郵送の場合12/12(火)・12/13(水)消印有効
○受験料　2,200円
○選抜日時　1/13(土)
○合格発表　1/20(土)10:00～掲示・Web
○手続締切　1/30(火)
○選抜方法　個人調査報告書、作文、適性検査および面接の結果について総合的な評価で判定

2024年度 入試結果

応募者数	309
受験者数	308
合格者数	80
競争率	3.85
合格最低点	非公表

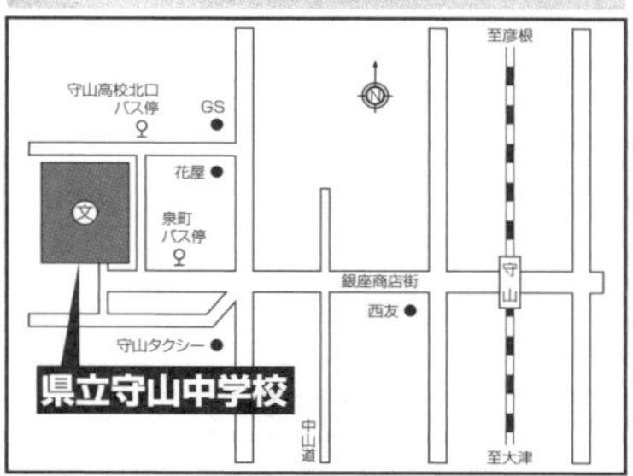

アクセス
JR琵琶湖線守山駅下車徒歩約15分

費用

《入学手続き時》
○入学金　不要

《入学後》(年額)
○授業料　不要
○学年費等諸費(初年度)　64,000円
○制服、体操服　約50,000円

奨学金・特待制度

特になし

独自の留学制度

特になし

併設高校の合格実績

2024年度の合格状況(卒業者数270名)
国・公立大学合格
京都大7(6)、一橋大1(1)、大阪大12(11)、神戸大11(9)、東北大2(1)、名古屋大3(3)、九州大2(2)、大阪公立大16(16)、京都工芸繊維大4(4)、滋賀大8(7)、滋賀県立大7(7)、滋賀医科大9(9)、他。

私立大学合格
関西学院大9(9)、関西大59(57)、同志社大101(87)、立命館大254(238)、早稲田大1(1)、慶應義塾大1(1)、東京理科大1(1)、京都薬科大9(9)、他。

※( )内は現役合格内数

滋賀

国公立

聖心学園中等教育学校

学校インフォメーション

制服

通学

ICT教育

探究授業

習熟度別授業

海外研修

自習スペース

図書館

食堂

スマホ持ち込み

カウンセラー

プレテスト

特待生制度

ネイティブ教員

所在地　〒634-0063　奈良県橿原市久米町222番地

電話	0744-27-3370	生徒数	男 125人　女 121人
創立	2003年	併設校	聖心幼稚園、橿原学院高等学校、奈良芸術短期大学
校長	荒木　保幸	WEB	http://www.seishingakuenchuto.ed.jp

奈良

教育方針・特色

(1)初心を忘れず、主体的に学び続けようとする姿勢を身に付けさせる。
(2)基礎・基本をきちんと身に付けさせ、自ら考えて行動する姿勢を育てる。
(3)何事にも感謝の気持ちを忘れず、より良い社会を創ろうとする意欲を高める。
(4)他者の生き方を尊重し、互いに理解し合い受け入れようとする姿勢を育てる。
(5)感動する心を大切にし、豊かな感受性と自己表現の能力を高める。

スクールライフ

登校時間	8:45
週登校日	6日制
学期制	2学期
制服	あり(夏服・合服・冬服)
昼食	購買・食堂あり　弁当持参可
学校行事	体験の日(年6回)、体育大会(5月)、学習合宿(8月)、セブ島語学研修(8月・希望者)、聖華祭(文化祭・10月)、修学旅行(11月)、百人一首カルタ大会(1月)、スキー実習(2月)、探究学習発表会(2月)、オーストラリア研修(3月)・セブ島語学研修(8月)
修学旅行	中等4年生11月　7泊8日　海外
環境・施設	図書館・ICT環境(一人1台:クロムブック・グーグルクラスルーム・Classi使用)など
クラブ活動	バドミントン部・剣道部・バスケットボール部・創作ダンス部・少林寺拳法部・陸上競技部・箏曲部・軽音楽部・古典芸能部・科学部・英会話部(GCC)・囲碁将棋部・美術部・書道部

2024年度 募集要項

共学校

○募集人数　英数Ⅰ類コース 40名
英数Ⅱ類コース 40名

○願書受付　A・B・C日程:12/4(月)～1/10(水)
D日程:12/4(月)～1/16(火)15:30　web出願
12/23(土)、1/9(火)、1/10(水)は学校のPCでweb出願にも対応

○受験料　20,000円
※複数の日程を受験(2回以上受験)する場合も20,000円のみ

○選抜日時　A日程:1/13(土)8:40
B日程:1/13(土)15:40
C日程:1/14(日)8:40
D日程:1/16(火)15:40
※B日程は奈良会場も併設

○合格発表　A日程:1/13(土)20:00web
B日程:1/14(日)14:00web
C日程:1/15(月)14:00web
D日程:1/16(火)21:00web

○選抜方法　国・算(各50分各100点)　理・社(各40分各50点)
A・C日程:4科型/3科型(国算理)　4科はアラカルト判定(250点満点)
B・D日程:2科(国算200点満点)

2024年度 入試結果

全コース計	A日程	英数Ⅰ類コース		英数Ⅱ類コース	
応募者数	専17・併31				
受験者数	専17・併24				
合格者数	27	合格者数	専9・併8	合格者数	専5・併5
競争率	1.52		1.89・3.00		1.21・1.85
合格最低点	—	合格最低点	専166.0・併171.0/250	合格最低点	専121.0・併142.0/250

全コース計	B日程	英数Ⅰ類コース		英数Ⅱ類コース	
応募者数	専23・併48				
受験者数	専23・併45				
合格者数	62	合格者数	専11・併22	合格者数	専11・併18
競争率	1.10		2.09・2.05		1.05・1.13
合格最低点	—	合格最低点	専150.0・併165.0/250	合格最低点	専98.3・併120.0/250

全コース計	C日程	英数Ⅰ類コース		英数Ⅱ類コース	
応募者数	専21・併46				
受験者数	専11・併35				
合格者数	40	合格者数	専5・併17	合格者数	専4・併14
競争率	1.15		2.20・2.06		1.22・1.13
合格最低点	—	合格最低点	専154.0・併169.0/250	合格最低点	専94.0・併132.0/250

全コース計	D日程
応募者数	専32・併26
受験者数	非公表
合格者数	非公表
競争率	—
合格最低点	—

学校PR

聖心学園中等教育学校は、「豊かな特性と、広く深い学識を持ち、世界的視野に立つ心身ともに明るく健康的な紳士・淑女を養成する。」という建学の精神のもと、礼節を重んじ、国際社会で活躍できる人材の育成を目指しています。基礎・基本をきちんと身につける日々の学習とそれを支える「6年一貫学力向上システム」、グローバル社会を見据えた「聖心グローバル教育」、探究学習を中心とした「聖心キャリア教育」、これらを中心に、その他、海外への修学旅行、オーストラリアでの異文化交流研修、セブ島語学研修など、多彩なプログラムを準備しています。こうした学校生活を送る中で、個々の生徒の中に内在する多様な可能性を呼び起こし、これからの社会が求める本物の実力がつく学習を進めます。

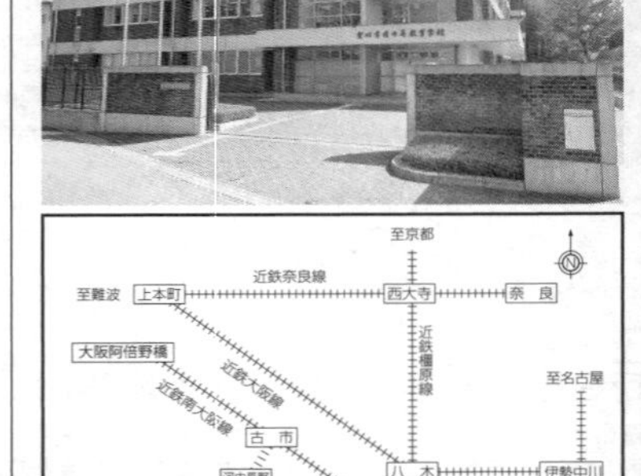

アクセス
近鉄南大阪線・橿原線 橿原神宮前駅より約1km徒歩約13分
橿原神宮西口駅より約300m徒歩約5分

費用

入学手続時	(単位:円)
○入学金	100,000円
○施設設備費	120,000円
計	220,000円

入学後	(単位:円)
○授業料	588,000円
○育友会費	21,000円
○文化体育活動費	3,600円
○学年諸費	156,000円
○学校行事積立金	165,000円
○修学旅行積立金	120,000円(中等3年生まで)
計	1,053,600円
合計	1,273,600円

奨学金・特待制度

学力の優秀な受験生を対象として「特待生制度」を設けています。
※個別にお問い合わせください。

独自の留学制度

留学先	オーストラリア(短期)
学年	中等1年～中等5年
内容	メルボルン郊外にある「ジーロンハイスクール」での異文化交流研修。
費用	約60万円

後期課程の合格実績

2024年の進学状況(卒業者数39名)

国・公立大学合格13(11)名
大阪公立大1(1)、横浜国立大1(1)、神戸市外国語大1(1)、京都府立大1(1)、和歌山大2(2)、奈良県立医科大2(1)、他。

私立大学合格100(88)名
関西学院大6(6)、関西大8(8)、同志社大3(3)、立命館大7(4)、京都産業大2(2)、近畿大4(4)、甲南大2(2)、龍谷大6(4)、東京理科大1(1)、立教大1(1)、日本大1、大阪医科薬科大1(1)、京都薬科大1(1)、神戸薬科大1(1)、摂南大3(3)、京都女子大3(3)、同志社女子大4(4)、他。

省庁大学校合格2(2)名
防衛大2(2)。
※( )内は現役合格内数

智辯学園中学校

学校インフォメーション

制服

通学

宗教教育

ICT教育

夏・冬・春
長期休暇講習

習熟度別授業

自習スペース

蔵書数 38,000 冊
図書館

バリアフリー

スマホ持ち込み

カウンセラー

プレテスト

所在地　〒637-0037　奈良県五條市野原中4丁目1番51号

電話	0747-22-3191	**生徒数**	男 92人　女 90人
創立	1967年	**併設校**	智辯学園高等学校
校長	手塚　彰	**WEB**	https://www.chiben.ac.jp/gojo/

教育方針・特色

「誠実明朗」を目標として生徒のもてる能力を最大限に開発し、大学進学を可能にするとともに宗教的情操に基づく感性を養い、健康な身体を育成しつつ、国際人たる資質を培うことをめざしている。
《知力の徹底的訓練》週単位時間数、1校時当たりの時間数を多くかけて授業をすすめる(60分授業、1日6校時)。さらに春・夏・冬季休暇を活用して、特別授業を編成し内容の定着をはかっている。
《情感を育む教育》宗教を必修とし毎月1回感謝祭を行い、四恩(父母の恩・衆生の恩・天地の恩・三宝の恩)に感謝を捧げる。

スクールライフ

登校時間	8:30
週登校日	6日制　第2土曜休
学期制	3学期
制服	あり(夏・冬)
昼食	弁当持参　弁当購入可・週2回パン販売
学校行事	球技大会(5月)・音楽鑑賞会(6月)・野球応援(7月)・校内文化発表会(9月)・校内陸上競技大会(10月)・文化講演会(11月)・ウォーキング(3月)
修学旅行	3年生11月　北陸
環境・施設	講堂・図書館・ICT環境
クラブ活動	軟式野球部、サッカー部、バレーボール部(女子)、剣道部、卓球部、ソフトテニス部、バスケットボール部(男子)、陸上部、チアリーディング部(女子)、吹奏楽部、郷土史研究部、放送部、文芸部、和太鼓部、コーラス部、理科部、写真新聞部、かるた部、家庭科部、囲碁・将棋部、ESS部

2024年度 募集要項

○募集人数	90名(S特別選抜クラス30名、AB総合選抜クラス60名)
○願書受付	自己推薦・一般A・スーパー理系・適性検査:12/18(月)～1/11(木)15:00 一般B:12/18(月)～1/15(月)14:00 すべてweb出願
○受験料	20,000円 ※自己推薦と一般Bまたは一般AとBの両方出願の場合は、20,000円
○選抜日時	自己推薦・一般A:1/13(土)8:50 スーパー理系:1/14(日)13:45 適性検査:1/14(日)15:45 一般B:1/15(月)15:45 試験会場は本校・八木会場
○合格発表	自己推薦・一般A:1/13(土)21:00 スーパー理系・適性検査:1/15(月)10:00 一般B:1/16(火)16:00　いずれもweb
○選抜方法	自己推薦(事前エントリー必要):作文(800字以内60分100点)・面接(保護者同伴)約15分 一般A:国・算(各60分各150点)理(45分100点) スーパー理系:算・理(70分100点) 適性検査:検査Ⅰ(国社)検査Ⅱ(算理)(各45分各100点) 一般B:国・算(各50分各100点)

2024年度 入試結果

AB総合選抜　自己推薦

応募者数	10
受験者数	10
合格者数	10
競争率	1.00
合格最低点	—

全コース計　一般A

応募者数	72
受験者数	70
合格者数	61
競争率	1.15
合格最低点	S特:専214・併216/400 AB:専132・併164/400

全コース計　スーパー理系

応募者数	8
受験者数	5
合格者数	4
競争率	1.25
合格最低点	S特:58/100 AB:53/100

全コース計　適性検査型

応募者数	16
受験者数	12
合格者数	9
競争率	1.33
合格最低点	S特:151/200 AB:110/200

全コース計　一般B

応募者数	66
受験者数	21
合格者数	19
競争率	1.11
合格最低点	S特:129/200 AB:75/200

※S特別合格(一般A 30、理系2、適性5、一般B 5)
※AB総合合格(一般A 31、理系2、適性4、一般B 14)

学校PR

本校は奈良県五條市という恵まれた自然環境の地にあり、全ての生徒が国公立大学進学を目指し積極的に学習に取り組んでいます。
そして、生徒一人一人の能力を最大限に伸ばすため、1校時60分授業、中3次からの高校内容の先取り、更なる学力伸長を目指して合宿や補習、林間臨海学校、また、高校段階では米国・豪州への短期留学、北海道修学旅行など、多彩な教育活動を実践しています。また、学力偏重に陥ることなく心豊かな若者に育つよう、「宗教」の授業や「感謝祭」を通して心の教育も行っています。熱心な教職員の指導の下、生徒達は伸びやかで楽しい学校生活を送り、自己の夢の実現へと努力を続ける、まさに本来あるべき教育の姿が実感できる学校です。

アクセス
JR和歌山線五条駅下車奈良交通直行バス約10分
南海高野線林間田園都市御幸辻駅・
近鉄南大阪線福神駅・橿原神宮前駅・大和八木駅・
近鉄御所線御所駅・忍海駅・新庄駅より
スクールバス約20～60分
JR和歌山線岩出駅粉河駅笠田駅よりスクールバスで50分

費用

《入学手続き時》

○入学金	200,000円
○制服・制定品代、問題集辞書代等	約160,000円

《入学後》

○授業料	450,000円
○教育補助費・育友会費等	約44,000円

※その他修学旅行費・学級費・行事参加費など必要

奨学金・特待制度

特になし

独自の留学制度

特になし

併設高校の合格実績

2024年の進学状況(卒業者数117名)
国・公立大学合格32(4)名
神戸大2、九州大1(1)、大阪公立大5、国際教養大1(1)、京都工芸繊維大1、奈良女子大2、広島大1、和歌山大1、奈良教育大2、他。

私立大学合格321(28)名
関西学院大10、関西大18、同志社大8(1)、立命館大9、京都産業大1、近畿大77(6)、龍谷大9(2)、早稲田大1、東京理科大1、大阪医科薬科大1、京都薬科大1、神戸薬科大1、摂南大14(2)、同志社女子大2、神戸女学院大3(2)、他。
※( )内は既卒生内数

奈良

共学校

智辯学園奈良カレッジ中学部

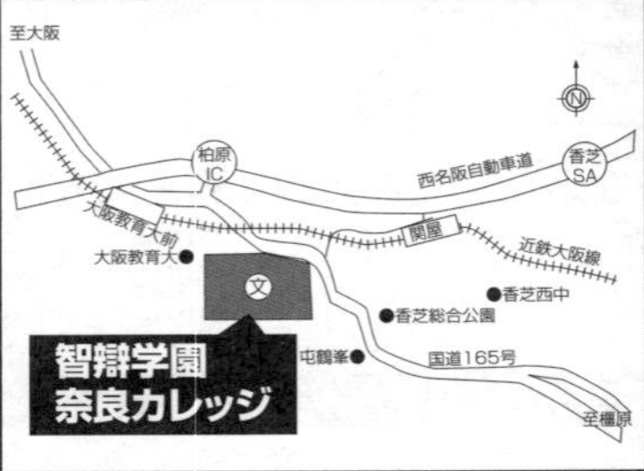

アクセス
近鉄大阪線関屋駅と近鉄南大阪線上ノ太子駅とJR大和路線高井田駅よりスクールバス

学校インフォメーション

制服　通学　宗教教育　ICT教育　長期休暇講習　STEAM教育　習熟度別授業

図書館　スマホ持ち込み　カウンセラー　プレテスト　ネイティブ教員

所在地　〒639-0253　奈良県香芝市田尻265番地

電話　0745-79-1111
創立　2004年
校長　藤田　清一朗

生徒数　男 97人　女 95人
併設校　智辯学園奈良カレッジ小学部、智辯学園奈良カレッジ高等部
WEB　https://www.chiben.ac.jp/naracollege/

教育方針・特色

智辯学園は、開校以来"愛のある教育"という教育の原点を見つめ、"誠実・明朗"－「真心のある明るい元気な子」－に育って欲しいとする親の願いを叶える教育を進めてきました。この建学の精神のもと、「それぞれの子どもが持つ能力の最大開発」と、「宗教的情操に基づく心の涵養」という二つの重点目標を掲げ、勉学・スポーツ・芸術活動を通して、「感謝」の心と、「相互礼拝・相互扶助」の精神を養い、社会に貢献できる人間を育成してきました。

スクールライフ

登校時間　8:40
週登校日　6日制　第2土曜日のみ休み
学期制　3学期
制服　あり（夏・冬）
昼食　パン販売あり・弁当持参
学校行事　球技大会（6月）・校内文化発表会（9月）・陸上競技大会（10月）
修学旅行　3年生11月　研修旅行
環境・施設　10万平方メートルの森の中の静かな校舎。グラウンド2面、ホール、2つの体育館、大講義室、図書室、メディア工房、4つの理科室、3つの音楽室、約1200人収容可能な講堂ほか。
クラブ活動　【運動部】剣道、テニス、サッカー、卓球、軟式野球、陸上競技、バスケットボール
【文化部】理科、美術、音楽、ブラスバンド、演劇、ESS、社会研究、PCロボット、囲碁将棋、園芸、クイズ研究

2024年度 募集要項

○募集人数　S選抜クラス約40名、総合選抜クラス約70名（内部進学含む）
○願書受付　特色・表現力・一般A:12/18(月) 0:00～1/11(木)17:00
一般B:12/18(月)0:00～1/15(月)7:00
すべてweb出願
○受験料　20,000円
○選抜日時　特色（専願）:1/13(土)8:45
一般A:1/13(土)15:45
表現力:1/14(日)8:45
一般B:1/15(月)9:45
○合格発表　特色:1/14(日)一般A:1/14(日)
表現力:1/15(月) 一般B:1/16(火)
いずれもweb14:00
○選抜方法　特色（事前エントリー必要）:課題型作文 100点50分・面接10分
一般A・B:国・算 各100点各50分
表現力:自然科学・人文社会科学 各150点各60分
※英語検定による加点あり

2024年度 入試結果

S選抜クラス 特色（専願）	
応募者数	2
受験者数	2
合格者数	0
競争率	—
合格最低点	85.0%（得点率）

S選抜クラス 一般A	
応募者数	54
受験者数	54
合格者数	36
競争率	1.50
合格最低点	専58.5% 併64.5%（得点率）

S選抜クラス 表現力	
応募者数	8
受験者数	8
合格者数	4
競争率	2.00
合格最低点	専58.7% 併64.3%（得点率）

S選抜クラス 一般B	
応募者数	16
受験者数	11
合格者数	6
競争率	1.83
合格最低点	専59.5% 併64.0%（得点率）

総合選抜クラス 特色（専願）	
応募者数	5
受験者数	5
合格者数	7
競争率	—
合格最低点	56.0%（得点率）

総合選抜クラス 一般A	
応募者数	12
受験者数	12
合格者数	25
競争率	—
合格最低点	専43.0% 併49.0%（得点率）

総合選抜クラス 表現力	
応募者数	6
受験者数	6
合格者数	8
競争率	—
合格最低点	専42.3% 併50.0%（得点率）

総合選抜クラス 一般B	
応募者数	6
受験者数	3
合格者数	7
競争率	—
合格最低点	専40.5% 併49.0%（得点率）

※S選抜クラスからの移行合格含む

学校PR

本校は、国定公園の中に立地し、豊かな自然と文化財に恵まれた環境にあります。学舎にはたえず小鳥のさえずりが聞こえ、落ち着いた学習環境が整っています。また、1学年の生徒数が少ない、規模の小さい学校ですので、先生や生徒同士がとてもフレンドリーで、職員室で質問がしやすいことも自慢です。
2024年には創立20周年を記念して新図書館が完成します。

費用

《入学手続き時》

○入学金	200,000円
○制服制定品	約160,000円
○書籍代等	約10,000円

《入学後》

○授業料	468,000円
○諸会費	103,400円
○修学旅行費	90,000円
○学級費	80,000円
○ICT費	24,000円
○宿泊行事費	45,000円

奨学金・特待制度

特になし

独自の留学制度

特になし

併設高校の合格実績

2024年の進学状況（卒業者数92名）
国・公立大学合格41(29)名
京都大1(1)、大阪大4(3)、神戸大6(4)、大阪公立大6(5)、国際教養大1(1)、京都工芸繊維大1、奈良女子大2(2)、三重大2(1)、和歌山大2(2)、兵庫県立大1(1)、奈良県立医科大3(3)、滋賀医科大1、東京学芸大1、静岡大1、鳥取大1、島根大1、宮崎大1(1)、琉球大1(1)、他。内医学部医学科2(1)名。

私立大学合格242(207)名
関西学院大15(14)、関西大20(16)、同志社大21(19)、立命館大17(13)、近畿大32(25)、甲南大2(2)、早稲田大4(4)、東京理科大1、明治大1(1)、青山学院大2(2)、中央大1(1)、大阪医科薬科大5(5)、関西医科大1(1)、兵庫医科大2、大阪歯科大3(2)、京都薬科大2(2)、神戸薬科大1、他。内医学部医学科5(2)名。

省庁大学校合格2(2)名
防衛大2(2)。
※( )内は現役合格内数

奈良

共学校

帝塚山中学校

学校インフォメーション

制服　通学　ICT教育　長期休暇講習　習熟度別授業　海外研修　プール

自習スペース　図書館　食堂　スマホ持ち込み　カウンセラー　ネイティブ教員　海外姉妹校

所在地　〒631-0034　奈良県奈良市学園南3-1-3

電話　0742-41-4685
創立　1941年
校長　小林 建

生徒数　男 331人 女 653人
併設校　帝塚山幼稚園・帝塚山小学校・帝塚山高等学校・帝塚山大学
WEB　https://www.tezukayama-h.ed.jp/

アクセス
近鉄奈良線学園前駅下車南口徒歩1分

教育方針・特色

別学と共学の良さを取り入れた「男女併学」。バランスのとれた人間を育てる「力の教育」（知の力・意志の力・情の力・躯幹の力）。一人ひとりの目標をコース制でサポート（男子英数コース・女子英数コース・女子特進コース）。グローバルキャリア教育で次世代のリーダーを育成。平生の授業と長期休暇中の補習で大学受験に必要な力は学校で養成。多くの行事・クラブ活動を通して人間力を鍛錬（中学ではクラブ全入制）。
2027年度より高校共学化。

スクールライフ

登校時間　8:40
週登校日　6日制
学期制　3学期
制服　あり（夏・冬）
昼食　購買部・食堂あり 弁当持参
学校行事　中学文化祭（11月）・中学体育祭（10月）、遠足（4月）、スポーツ大会（4月）など
修学旅行　2年生10月 3泊4日 九州方面
環境・施設　図書館・ICT環境・第1グラウンド・第2グラウンド・自習室など
クラブ活動　体育部15 陸上競技 卓球 剣道 野外活動・山岳 バスケットボール 野球（男子） サッカー（男子） テニス（高校男女） 水泳（中学女子、高校男女） ダンス（女子） バレーボール（女子） ソフトボール（高校女子） ソフトテニス（女子） バドミントン（女子） ワンダーフォーゲル（高校女子）
文化部23 美術 英語 書道 華道 茶道 琴 吹奏楽 コーラス 弦楽 演劇 放送 家庭 地歴 園芸 写真 図書 ボランティア 社会問題研究 数研（中学女子、高校男女） 文芸（高校男女） 日本舞踊 ギターマンドリン 理科（ロボット班・天文班・実験班）

2024年度 募集要項

○募集人数　男子英数コース（スーパー理系選抜クラス1学級、英数クラス2学級）
女子英数コース（スーパー選抜クラス2学級、英数クラス2学級）
女子特進コース 2学級
計300名（内部進学者含む）

○願書受付　1次A・B・2次A：12/5（火）～1/5（金）23:59
2次B：12/5（火）～1/15（月）11:00
すべてweb出願

○受験料　20,000円

○選抜日時　1次A：1/13（土）
1次B：1/13（土）16:00・17:30
2次A：1/14（日）
2次B：1/15（月）15:30・16:45

○合格発表　1次A・B：1/14（日）web16:00
2次A：1/15（月）web16:00
2次B：1/17（水）web10:00

○選抜方法　1次A：国・算 各150点各60分
理・社 各75点各30分
4科型/3科型（国算理）
4科はアラカルト判定（450点満点）
1次B・2次B：国・算 各150点各60分
（300点満点）
2次A：国・算 各150点各60分
理or社 75点30分 合計×1.2（450点満点）

2024年度 入試結果

男子英数コーススーパー理系選抜クラス	1次A（専）	1次A（併）	1次B	2次A	2次B
応募者数	48	14	228	166	209
受験者数	47	14	219	156	151
合格者数	10	2	93	39	38
競争率	4.70	5.00	2.35	4.00	3.97
合格基準点	340/450	360/450	226/300	専304併320/450	258/300
男子英数コース英数クラス	**1次A（専）**	**1次A（併）**	**1次B**	**2次A**	**2次B**
応募者数	40	12	126	121	113
受験者数	40	12	126	121	113
合格者数	31	9	87	75	78
競争率	1.29	1.33	1.45	1.61	1.45
合格基準点	285/450	322/450	198/300	専268併277/450	223/300
女子英数コーススーパー選抜クラス	**1次A（専）**	**1次A（併）**	**1次B**	**2次A**	**2次B**
応募者数	91	17	408	280	304
受験者数	89	15	396	272	217
合格者数	30	3	141	101	44
競争率	2.97	5.00	2.81	2.69	4.93
合格基準点	340/450	360/450	232/300	専304併320/450	258/300
女子英数コース英数クラス	**1次A（専）**	**1次A（併）**	**1次B**	**2次A**	**2次B**
応募者数	67	12	255	278	173
受験者数	67	12	255	171	173
合格者数	38	4	121	70	58
競争率	1.76	3.00	2.11	2.24	2.98
合格基準点	295/450	335/450	208/300	専270併289/450	238/300
女子特進コース	**1次A（専）**	**1次A（併）**	**1次B**	**2次A**	**2次B**
応募者数	34	8	134	101	115
受験者数	33	8	134	100	115
合格者数	22	7	106	54	80
競争率	1.50	1.14	1.26	1.85	1.44
合格基準点	240/450	270/450	175/300	専244併256/450	210/300

※第2・第3志望含む

費用

《入学手続き時》
○入学金　180,000円

《入学後》
○授業料　（年間）655,000円
○設備充実費　117,000円
○諸費用　39,100円

奨学金・特待制度

特になし

独自の留学制度

特になし

併設高校の合格実績

2024年の進学状況（卒業者数333名）
帝塚山大学合格3(2)名

国・公立大学合格195(136)名
東京大3(2)、京都大13(7)、大阪大15(13)、神戸大12(10)(医1)、北海道大10(6)(医1)、東北大2(2)、名古屋大1(1)、大阪公立大28(25)、筑波大3(2)、お茶の水女子大1(1)、京都工芸繊維大2(2)、奈良女子大9(8)、京都府立大1(1)、岡山大3(1)、広島大2(1)、滋賀大1(1)、和歌山大3(3)、山口大1、大阪教育大4(3)、滋賀医科大2(1)、京都府立医科大1、奈良県立医科大6(3)、和歌山県立医科大2(2)、他。

他の私立大学合格868(630)名
関西学院大71(62)、関西大77(64)、同志社大94(65)、立命館大109(85)、近畿大192(130)、早稲田大12(7)、慶應義塾大4(3)、上智大3(3)、東京理科大4(3)、明治大13(10)、青山学院大3(2)、中央大5(3)、法政大2(1)、大阪医科薬科大16(6)、関西医科大7(5)、兵庫医科大8(5)、京都薬科大7(5)、神戸薬科大5(3)、京都女子大1(1)、同志社女子大19(16)、武庫川女子大6(4)、他。

※( )内は現役合格内数

学校PR

近鉄奈良線学園前駅下車徒歩1分の駅前にある学校、すべての出入口に警備員を配置しセキュリティーは万全、生徒は近畿2府4県及び三重県から通学。勉強を中心にクラブ活動や行事に取り組みつつ難関大学を目指すのが「帝塚山スタイル」（中学時のクラブは全入制）。平常の授業と長期休暇中に行われる補習で志望大学合格の学力を養成。

天理中学校

学校インフォメーション

制服

通学

宗教教育

ICT教育

長期休暇講習

プール

図書館

バリアフリー

エレベーター

昼食

カウンセラー

ネイティブ教員

所在地　〒632-0032　天理市杣之内町827番地

電話	0743-63-7673	**生徒数**	男 253人　女 178人
創立	1900年(天理教校)	**併設校**	天理小学校・天理高等学校・天理大学
校長	西浦　三太	**WEB**	https://www.tenri-j.ed.jp/

教育方針・特色

本校の教育は、教育基本法及び学校教育法に則って中等普通教育を施すと共に、天理教教義に基づいた信条教育を行い、よふぼく としての資質をもつ生徒の育成を目的としています。そのために生徒一人ひとりに与えられた天分や徳分を発見し、それを伸ばす教育、そして中学生らしい健全な自立心の発達を促す教育を目指しています。教科教育はもちろんのこと、教育課程に編成されている「宗教科」の時間をコアとする天理教教義の基礎教育に加え、様々な信仰実践を通した「心の教育」にも力を注いだ全人教育を目指しています。部活動は、近畿や全国レベルの成果を挙げている部もあります。また、生徒会活動や学校行事等にも大きなウエイトをかけて指導しています。

スクールライフ

登校時間	7:50(4～10月)　8:20(11月～3月)
週登校日	6日制　第2・4土曜は休み
学期制	3学期
制服	あり(夏・冬)
昼食	給食あり　弁当持参可
学校行事	運動会(10月)　音楽会(10月)
修学旅行	3年生5月　2泊3日 九州方面(2024年度)
環境・施設	講堂・図書館・ICT環境・Wi-Fi環境・クラブ用練習場・柔道場 など
クラブ活動	野球部・ラグビー部・バレーボール部・バスケットボール部・卓球部・柔道部・水泳部・吹奏楽部・コーラス部・弦楽部・箏曲部・ESS・コンピュータ部

2024年度 募集要項

○募集人数	160名(内部進学含む) ※天理教信者の子女であること
○願書受付	1/18(月)～1/12(金)web出願
○受験料	10,000円
○選抜日時	1/27(土)
○合格発表	1/30(火)12:00web
○選抜方法	国・算・理・社 各100点各40分・面接・調査書(保護者の信仰経歴、通学条件での総合判定)

2024年度 入試結果

一般

応募者数	130
受験者数	128
合格者数	126
競争率	1.00
合格最低点	非公表

アクセス
近鉄天理線・JR桜井線天理駅下車徒歩30分

費用

《入学手続き時》

○入学金	なし

《入学後》

○授業料	390,000円
○その他納付金	70,500円
○給食費(希望者のみ)	月額5,000～7,000円

奨学金・特待制度

特になし

独自の留学制度

特になし

併設高校の合格実績

2024年の進学状況(卒業者数421名)
天理大学合格166名

国・公立大学合格36名
京都大1、神戸大1、北海道大1、名古屋大2、大阪公立大1、京都工芸繊維大1、奈良女子大1、京都府立大1、広島大1、三重大2、山口大1、兵庫県立大2、大阪教育大1、奈良教育大2、滋賀県立大1、他。

他の私立大学合格458名
関西学院大1、関西大13、同志社大10、立命館大1、京都産業大5、近畿大20、龍谷大15、佛教大2、東京理科大1、青山学院大1、中央大1、日本大2、専修大1、摂南大6、追手門学院大7、桃山学院大2、京都外国語大7、関西外国語大4、大阪経済大2、大阪工業大6、京都女子大2、同志社女子大4、武庫川女子大6、他。

学校PR

2018年に創立百周年を迎えた歴史と伝統のある中学校です。お互いに心を一つにして助け合う集団づくりのため「当初教育」「野外活動錬成会」「門出の集い」などの行事を実施。また、部活動でも礼儀、マナー、ルールの指導を大切にしています。複数担任制をとり、生徒一人ひとりに対し細やかな指導を心がけています。全教室にWi-Fi環境・大型モニターを完備し、ICT教育にも力を入れています。中学校3年間の大事な時間を、こんな学校で過ごしてみませんか。

奈良育英中学校

学校インフォメーション

制服

通学

長期休暇講習

習熟度別授業

自習スペース

図書館

人工芝グラウンド

バリアフリー

食堂　スマホ持ち込み

カウンセラー

プレテスト

中高大連携

ネイティブ教員

所在地　〒630-8558　奈良市法蓮町1000

電話	0742-26-2845	**生徒数**	男 85人　女 70人
創立	1916年	**併設校**	奈良育英高等学校
校長	米田　安男	**WEB**	https://www.ikuei.ed.jp/ikuei-jh/

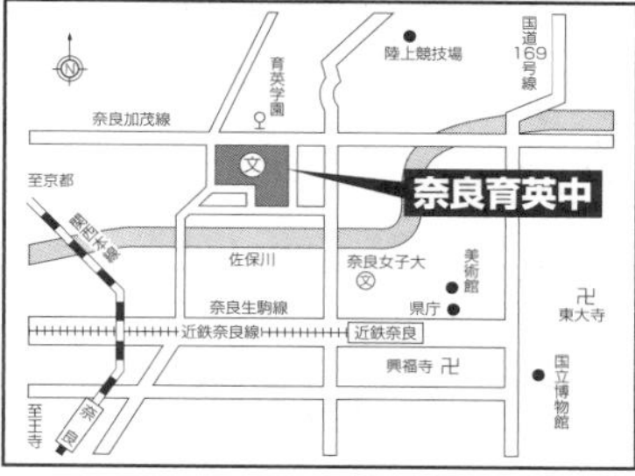

アクセス
近鉄奈良線奈良駅下車北へ800mまたはバス5分
JR大和路線奈良駅下車北へ1.4kmまたはバス10分
奈良交通バス育英学園下車

教育方針・特色

奈良育英学園は、100余年もの歴史を誇る、奈良県屈指の伝統ある私学である。創立者の一人である藤井ショウ先生の、「教育は口先の問題ではなく、人格が人格を導くのである」という言葉に、本学園の教育理念が端的に語られている。この独自の理念は、「育英誓願」で一層具体的にうたわれている。それは、「他者への誠実な敬愛の念」と「完全を目指すひたむきな向上心」を大切にして、常に勉学に励み不断に人格を高めよう、というもの。これは単に生徒にとどまらず、本学園すべての教職員の目標ともなっている。誠実に一人一人が向き合い、共に人格を高めあう。こういった「人格教育の場」としての伝統は、学習やクラブ活動にしっかりと引き継がれている。現在では、常に前向きなチャレンジ精神と結びついて数々の素晴らしい成果を生み出す原動力となっている。

スクールライフ

登校時間	8:30
週登校日	5日＋土曜プログラム（月1回程度）
学期制	3学期
制服	あり（夏・冬）
昼食	食堂あり
学校行事	体育祭・菫咲祭（文化祭）（9月）など
修学旅行	3年生　海外
環境・施設	普通教室、体育館、プール棟、AL教室、図書館、特別教室棟、コンピュータ室、生徒食堂、人工芝グラウンドなど
クラブ活動	【運動部】柔道、ソフトテニス、サッカー、女子サッカー、なぎなた、剣道、卓球、水泳、軟式野球、ゴルフ、チアダンス 【文化部】囲碁・将棋、情報技術、サイエンス、邦楽、吹奏楽、鉄道研究など

2024年度 募集要項

○募集人数	約60名
○願書受付	前期・SP（セルフプロデュース）・中期:11/26(日)～1/11(木)12:00 後期:11/26(日)～1/20(土)12:00 すべてweb出願 ※前期・SPは専願のみ
○受験料	20,000円 ※1回分の検定料で前期・中期またはSP・中期の受験可
○選抜日時	前期・SP:1/13(土)午前 中期:1/14(日)午後 後期:1/21(日)午前
○合格発表	前期・SP:1/13(日)午後 中期:1/15(月)午前 後期:1/21(日)午後　いずれもweb
○選抜方法	国・算　各100点 各45分　理　50点30分　英　50点15分　面接(専願のみ) 前期・中期:3科(国算理or国算英)/2科(国算) 後期:2科(国算) SP:基礎問題(国算融合) 50点30分、、作文25点各30分、プレゼンテーション・面接(保護者立会)50点約15分

2024年度 入試結果

前期（専願）		SP（専願）	
応募者数	48	応募者数	4
受験者数	48	受験者数	4
合格者数	46	合格者数	2
競争率	1.04	競争率	2.00
合格基準点	108/250	合格基準点	108/250

中期（専願）		中期（併願）	
応募者数	36	応募者数	24
受験者数	3	受験者数	23
合格者数	2	合格者数	21
競争率	1.50	競争率	1.10
合格基準点	非公表	合格基準点	非公表

後期（専願）		後期（併願）	
応募者数	10	応募者数	7
受験者数	8	受験者数	6
合格者数	7	合格者数	2
競争率	1.14	競争率	3.00
合格基準点	非公表	合格基準点	非公表

費用

《入学手続き時》

○入学金	170,000円

《入学後》

○授業料等（年額）	686,000円
○諸会費	45,900円
○制服・学用品等（男子）	約123,000円
○制服・学用品等（女子）	約128,000円
○タブレット代	約70,000円
○学級費（コース費）	約100,000円
○修学旅行費用（海外）	約120,000円

※2023年度以降、変更する場合があります。

奨学金・特待制度

特になし

独自の留学制度

特になし

併設高校の合格実績

2024年の進学状況（卒業者数308名）
国・公立大学合格18名
大阪公立大2、奈良女子大1、京都府立大1、和歌山大1、山口大1、大阪教育大2、奈良教育大1、奈良県立大2、他。

私立大学合格633名
関西学院大3、関西大30、同志社大6、立命館大9、京都産業大11、近畿大107（薬3）、甲南大2、龍谷大60、佛教大2、早稲田大1、日本大1、大阪医科薬科大1（薬）、大阪歯科大1、摂南大29（薬1看護1）、神戸学院大5、追手門学院大21、桃山学院大18、京都外国語大7、関西外国語大21、大阪経済大3、大阪工業大7、京都女子大11、同志社女子大5、神戸女学院大1、武庫川女子大25（薬1看護1）、他。

学校PR

本校では、中等教育前期から後期にあたる中学から高校の6年間を、成長の大きな変革期であると捉え、成長段階に応じた教育を展開しています。高校3年の卒業段階で「自立し、社会で貢献できる人材となり、希望する進路を実現すること」が目標です。その前段階として、生徒たちは生活習慣や学習習慣を身につけながら、様々な集団活動や職場体験（キャリア形成）を通し、多様な人々との人間関係を構築する経験を積んでいきます。「自分をよく理解すること」を目指し、しっかりとした自覚を持つ。高校での更なる成長に向かうため、基礎づくりを徹底します。

奈良
共学校

奈良学園中学校

学校インフォメーション

制服

通学

ICT教育

長期休暇講習

スーパースクール

習熟度別授業

自習スペース

蔵書数 50,000冊
図書館

人工芝グラウンド

食堂

売店

カウンセラー

ネイティブ教員

所在地　〒639-1093　大和郡山市山田町430

電話	0743-54-0351	**生徒数**	男 280人　女 187人
創立	昭和54年	**併設校**	奈良学園高等学校
校長	河合　保秀	**WEB**	https://www.naragakuen.ed.jp/

教育方針・特色

自然豊かな矢田丘陵に、1979年開校。建学の精神である「次世代の社会を担い、世界に雄飛し、国際社会に貢献できる有為な人材の育成」を実践すべく、「学力」「自主性」「協調性」「体力」の4つをバランス良く育成し、力強く未来を創造していく豊かな「人間力」を養う。

平成24年度からスーパーサイエンスハイスクール（SSH）指定を受けており、広大なキャンパスでは恵まれた自然環境を活かし、シイタケ栽培や棚田での稲作などの「環境研修」や「環境科学実習」等の「環境教育プログラム」を実施している。また、構内の里山を利用し「カーボンニュートラル社会の実現」のための様々な研究を進めている。

スクールライフ

登校時間	8:40
週登校日	6日制
学期制	3学期
制服	あり（夏・冬）
昼食	購買・食堂あり　弁当持参可
学校行事	体育祭（10月）・文化祭（9月）　矢田山縦走（2月）
修学旅行	中学3年生5月　2泊3日　国内
環境・施設	森の教室、図書館、人工芝グラウンド、格技場、卓球場、食堂、購買、PC教室
クラブ活動	【運動部】陸上部・卓球部・テニス部・剣道部・アーチェリー部・柔道部・サッカー部・バスケットボール部・バドミントン部・野球部・バレーボール部 【文化部】囲碁将棋部・歴史研究部・交通問題研究部・DANCE&VOCAL部・茶華道部・園芸部・室内楽部・科学部・ESS・天文部・文芸部・軽音楽部・美術部

2024年度 募集要項

○募集人数　特進コース 125名
医進コース 35名

○願書受付　12/4（月）～1/9（火）web出願

○受験料　18,000円

○選抜日時　A日程：1/13（土）
B日程：1/14（日）
C日程：1/15（月）15:45奈良県コンベンションセンター

○合格発表　A日程：1/14（日）14:00掲示、web
B日程：1/15（月）11:00web
C日程：1/16（火）18:00web

○選抜方法　A・B日程：国・算 各150点各60分 理・社各100点各40分 4科/3科（国算理） 3科は合計を4科と同じ満点に換算、4科はアラカルト判定 医進コースは理科の配点を150点満点に換算
C日程：国・算 各150点各60分

2024年度 入試結果

特進コース A日程		医進コース A日程	
応募者数	47	応募者数	106
受験者数	45	受験者数	103
合格者数	32	合格者数	22
競争率	1.41	競争率	4.68
合格最低点	272.50/500	合格最低点	389.00/550

特進コース B日程		医進コース B日程	
応募者数	83	応募者数	178
受験者数	81	受験者数	170
合格者数	53	合格者数	51
競争率	1.53	競争率	3.33
合格最低点	281.00/500	合格最低点	397.83/550

特進コース C日程		医進コース C日程	
応募者数	79	応募者数	200
受験者数	25	受験者数	89
合格者数	13	合格者数	25
競争率	1.92	競争率	3.56
合格最低点	149/300	合格最低点	209/300

※回し合格（A67、B92、C59）含まない

学校PR

本校の中高一貫教育では、豊かな自然環境のもとで真の文武両道を実践し、進学に向けた教育だけではなく、バランスの取れた人間としての基本作りを大切にしています。社会の一員として、自己の能力を最大限に発揮できる人材の育成が大切だと考えるからです。君たちの活躍する社会は、いままで以上に、一人ひとりの個性、人間性が問われる時代です。言われたことしかできないのではなく、先人の教えを踏まえつつも自ら進んで行動できる人になってください。

アクセス
近鉄奈良線学園前駅下車通学バスで約30分
近鉄橿原線郡山駅下車通学バス約25分
JR大和路線大和小泉駅下車通学バス約15分

費用

《入学手続き時》

○入学金	150,000円
○施設費	100,000円

《入学後》（年額）

○授業料	618,000円
○育友会費	12,000円
○生徒会費	4,800円
○冷暖房施設協力	10,000円

奨学金・特待制度

特になし

独自の留学制度

特になし

併設高校の合格実績

2024年の進学状況（卒業者数192名）
国・公立大学合格127（43）名
東京大1（1）、京都大10（5）、大阪大13（5）、神戸大8（3）、北海道大4（2）、九州大3（1）、東京医科歯科大1（1）、奈良県立医科大3（2）、東京外大1、大阪公立大12（3）、横浜国大3、広島大1、奈良女子大2、他。

私立大学合格464（175）名
関西学院大60（21）、関西大65（21）、同志社大53（28）、立命館大74（33）、早稲田大5、慶應義塾大5（3）、東京理科大5（3）京都薬科大6（3）自治医科大1（1）、他。

国・公立等医学部医学科合格10（6）名
大阪大1、奈良県立医科大3（2）、京都府立医科大1、東京医科歯科大1（1）、福井大1、三重大1（1）、香川大（1）、防衛医科大1（1）

私立大学医学部医学科合格7（6）名

※（ ）内既卒生内数

奈良学園登美ヶ丘中学校

学校インフォメーション

制服

通学

ICT教育

長期休暇講習

習熟度別授業

海外研修

留学制度

屋内
プール

自習スペース

図書館

食堂

昼食

プレテスト

ネイティブ教員

所在地　〒631-8522　奈良県奈良市中登美ヶ丘3丁目15-1

電話　0742-93-5111
創立　2008年
校長　安井　孝至

生徒数　男 238人　女 215人
併設校　奈良学園幼稚園、奈良学園小学校、奈良学園登美ヶ丘高等学校、奈良学園大学
WEB　https://www.naragakuen.jp/tomigaoka

教育方針・特色

建学の精神：自ら生きて・活きる
校訓：尚志・仁智・力行

学年ごとの宿泊学習や社会見学、大学や研究施設との提携講座、オーストラリア語学研修など体験を重視したプログラムを数多く用意している。それらの学びをとおして希望する進路に必要な学力をきちんと身に付ける「学び力」、自分で課題を見つけ、自分で考え、一つではない答えをチームで追い求める「探究力」、グローバル社会で活躍する「国際力」、それら全ての活動の基盤となる「人間力」を総合的に育てていく。

具体的には、中学1年生から探究学習を取り入れ、正解のない課題に他人事ではなく、自分の事として取り組む体験をさせている。4～5人のグループで取り組むことで、個々の視野を広げ、互いの良さを認め合うことにもつながっている。また、中学3年生からグローバル コンピテンス プログラムに取り組む。世界とつながり、行動できるマインドセットやスキル、知識を身につけ、グローバル人材として必要な能力を習得していく。大学入試を突破するための学力だけでなく、このような力をつけることによって、卒業時には難関大学はもちろん、海外の有力大学にも目を向けられる人材を育成する。

スクールライフ

登校時間　8:35
週登校日　6日制
学期制　3学期
制服　あり（夏・冬）
昼食　給食あり（中1～2・月～金）・食堂
学校行事　体育大会（5月）・校外学習（6月）・文化祭（9月）・木津川マラソン（2月）
修学旅行　3年生5月　沖縄
環境・施設　同一敷地内にすべての校舎が集約されており、発達段階に応じた教育が有機的につながるように配慮されている。理科実験室（5）、天体観測ドーム、芸術教室（3）、技術教室、家庭科教室、大講議室などがあり、体験を重視した授業や専門家による講演などが多数行われている。また、MYグラウンド、MY体育館、天然芝の総合グランド（テニス、サッカー、野球）など体育館施設も完備している。
クラブ活動　【文化部】室内楽・科学・弁論・競技かるた・演劇・コンピュータ・囲碁将棋・交通研究・歴史研究・文芸・茶道・書道・クイズ研究・ESS同好会・自然再生委員会
【運動部】サッカー・軟式野球・テニス（硬式）・陸上競技・バスケットボール・卓球・バトミントン・バレーボール・剣道・柔道

2024年度 募集要項

○募集人数　Ⅰ類40名、Ⅱ類120名（内部進学含む）
○願書受付　A・B日程：12/1（金）～1/8（月）
C日程：12/1（金）～1/16（火）9:00
すべてweb出願
○受験料　20,500円（事務手数料含む）
○選抜日時　A日程（専願・併願）：1/13（土）
B日程（併願）：1/14（日）16:00
C日程（併願）：1/16（火）
○合格発表　A日程：1/14（日）13:00
B日程：1/15（月）13:00
C日程：1/16（火）19:00　いずれもweb
○選抜方法　A日程：国・算　各120点各60分　理・社　各80点各40分　4科型/3科型（国算理）　4科はアラカルト判定　（400点満点）
B・C日程：国・算　各120点各60分
※A・B日程の英検4級以上取得者は加点（出願時申請必要）
※B・C日程では複数受験加点制度あり

2024年度 入試結果

全コース計	A日程（専願）	Ⅰ類		Ⅱ類	
応募者数	111				
受験者数	110				
合格者数	85	合格者数	22	合格者数	63
競争率	1.29				
合格最低点	213.75/400（換算点）				

全コース計	A日程（併願）	Ⅰ類		Ⅱ類	
応募者数	56				
受験者数	54				
合格者数	26	合格者数	16	合格者数	10
競争率	2.08				
合格最低点	252/400（換算点）				

全コース計	B日程	Ⅰ類		Ⅱ類	
応募者数	378				
受験者数	296				
合格者数	220	合格者数	50	合格者数	170
競争率	1.35				
合格最低点	125/240				

全コース計	C日程	Ⅰ類		Ⅱ類	
応募者数	154				
受験者数	105				
合格者数	57	合格者数	6	合格者数	51
競争率	1.84				
合格最低点	136/240				

学校PR

夢を大きくもつことは、人が人として生きるための根源です。私たちは、皆さんの好奇心を大切に育て、その「好き」という気持ちを夢や志をもつことへ、そしてチャレンジすることへつなげていきたいと考えています。そのために、本校では学年ごとの宿泊研修やオーストラリア語学研修など、体験を重視したプログラムを数多く用意しています。これらを通じて、コミュニケーション力、柔軟な思考力、地球規模の課題に目を向ける視野の広さを身につけてほしいと考えています。そんな新しい学びから皆さん一人ひとりの素質を花開かせ、生徒の「伸び率」日本一の学校づくりを進めていきます。

アクセス
近鉄けいはんな線学研奈良登美ヶ丘駅下車徒歩8分
近鉄奈良線学園前駅から奈良交通バス奈良学園登美ヶ丘下車すぐ、北登美ヶ丘一丁目下車徒歩3分
近鉄京都線高の原駅から奈良交通バス北登美ヶ丘一丁目下車徒歩3分

費用

《入学手続き時》
○入学金　200,000円

《入学後》
○授業料　660,000円
○施設費　40,000円
○学年費　45,000円
○生徒会費　6,000円
○育友会　12,000円
○進路指導費　3,600円
○制服・制定品等　約80,000円
※夏服・冬服・制鞄・上靴など
（カーディガン・セーター・コートなどは含みません）
○給食費（1食）　540円
※宿泊研修・PC購入の費用については別途徴収します。
学校債はありません。

奨学金・特待制度

特になし

独自の留学制度

ターム留学（オーストラリア）

併設高校の合格実績

2024年の進学状況（卒業者数126名）
国・公立大学合格52（36）名
東京大1（1）、京都大3（2）、一橋大1（1）、大阪大2（2）、神戸大4（4）、北海道大2（1）、名古屋大1（1）、九州大2（1）、大阪公立大5（5）、お茶の水女子大1（1）、京都工芸繊維大1（1）、奈良女子大2（1）、金沢大1（1）、岡山大1（1）、滋賀大1、和歌山大1、山口大1（1）、大阪教育大1（1）、他。医学部医学科計7（3）名、歯学部・薬学部・獣医学部計4（3）名。

私立大学合格
関西学院大28（16）、関西大38（28）、同志社大39（33）、立命館大35（20）、近畿大64（49）、上智大1、東京理科大1、中央大3（3）、法政大1（1）、医学部医学科計17（6）名、歯学部・薬学部・獣医学部計20（14）名。

※（ ）内は現役内数

奈良
共学校

西大和学園中学校

学校インフォメーション

制服

通学

ICT教育

長期休暇講習

海外研修

留学制度

学生寮

自習スペース

図書館

人工芝グラウンド

食堂

カウンセラー

ネイティブ教員

英語イマージョン

所在地　〒636-0082　奈良県河合町薬井295

電話	0745-73-6565	生徒数	男 503人　女 206人
創立	1988年	併設校	西大和学園高等学校、大和大学、大和大学白鳳短期大学部
校長	飯田　光政	WEB	https://www.nishiyamato.ed.jp/

教育方針・特色

本校は、教育目標である「次代を担う高い理想と豊かな人間性を持ったリーダーの育成」と校訓の「探究・誠実・気迫」を礎とした教育活動の中で、知・徳・体のバランスのとれた人間として未来を担い、リードできる逞しい人材を育成することを目指している。

スクールライフ

登校時間	8:55
週登校日	6日制
学期制	2学期
制服	あり(夏・冬)
昼食	食堂あり、弁当持参可
学校行事	体育祭(5月)・富士登山(中2・7月)・清栄祭(文化祭)(9月)・球技大会(11月)・カルタ大会(1月)・マラソン大会(2月)
修学旅行	3年生10月　アメリカ　グローバル研修プログラム
環境・施設	図書館・ICT環境・体育館・トレーニングルーム・雨天練習場・人工芝グラウンド
クラブ活動	【体育系】野球部(軟式)・サッカー部・テニス部(硬式)・バスケットボール部・バレーボール部・卓球部・剣道部・柔道部・陸上部 【文科系】吹奏楽部・数学部・自然科学部・美術部・写真部・茶道部・華道部・書道部・将棋部・囲碁部・パソコン部・新聞部・放送部・映画研究部・鉄道部

2024年度 募集要項

○募集人数	男子 約180名、女子 約40名(帰国生含む)
○願書受付	12/4(月)10:00〜1/4(木)18:00 web出願
○受験料	20,000円
○選抜日時	21世紀型特色(専願):1/13(土)15:50王寺町やわらぎ会館 4科・3科受験、英語重視型A・B:1/14(日)14:50
○合格発表	1/15(月)10:00web
○選抜方法	3科・4科受験:国・算(各60分各150点)・理・社(各40分各100点)　4科は3科(国算理)合計×5/4と4科合計の高得点の方で判定、3科は国算理合計×5/4で判定 英語重視型A:国・算(各60分各150点)・英筆記(40分100点)・英エッセイ(30分70点)・英語面接(30点) 英語重視型B:国・算(各60分各150点)・日本語面接 ※国算合計に英検得点を取得級に応じて加点(英検2級以上相当の証明書提出必要) 21世紀型特色:適性検査型の総合問題・グループディスカッション・プレゼンテーション・面接・提出書類の総合判定

2024年度 入試結果

男子クラス	21世紀型	本校入試・本校(英語重視型)
応募者数	87	979
受験者数	80	874
合格者数	9	398
競争率	8.89	2.20
合格最低点		本校入試:339/500

女子クラス	21世紀型	本校入試・本校(英語重視型)
応募者数	101	286
受験者数	101	271
合格者数	9	78
競争率	11.22	3.47
合格最低点		本校入試:344/500

県外入試	県外(東京・東海)	県外(岡山・福岡・広島)	県外(札幌・沖縄)
応募者数	490	208	104
受験者数	490	204	98
合格者数	180	104	19
競争率	2.72	1.96	5.16
合格最低点	専298・併308/500	専320・併330/500	専366・併376/500

学校PR

中学校では多くの体験学習、アメリカへの語学研修旅行、短期・長期留学。高校ではSSH、AIP、海外探究プログラムでのアジア(インド、ベトナム・カンボジア、中国)への訪問やハーバード大学での次世代養成プログラム等が君の知的好奇心を揺さぶります。

アクセス
JR大和路線・近鉄生駒線王寺駅下車徒歩18分
またはバス5分(星和台1丁目下車)
近鉄田原本線大輪田駅下車徒歩8分

費用

《入学手続き時》

○入学金	200,000円

《入学後》

○授業料	576,000円
○施設充実費	60,000円
○教育充実費	120,000円
○諸会費	19,200円

※別途、旅行積立金、個人預り金、学校指定品費等あり

奨学金・特待制度

特になし

独自の留学制度

特になし

併設高校の合格実績

2024年の進学状況(卒業者数341名)
大和大学合格37(27)名
国・公立大学合格257(154)名
東京大71(53)(内医2(1))、京都大29(17)(内医3(3))、一橋大4(1)、東京工業大3(2)、大阪大20(16)(内医2(2))、神戸大24(14)(内医2(1))、北海道大10(4)(内医1)、東北大1(1)、名古屋大1(1)、九州大6(2)(内医1)、大阪公立大24(9)(内医3)、筑波大2(1)、横浜国立大6(6)、京都工芸繊維大2(1)、神戸市外国語大2(1)、岡山大3(1)、広島大4(内医3)、和歌山大3(1)、兵庫県立大3(3)、大阪教育大2(1)、奈良県立大1(1)、滋賀医科大1(1)(内医1(1))、奈良県立医科大6(2)(内医6(2))、和歌山県立医科大4(3)(内医4(3))、他。

他の私立大学合格478(241)名
関西学院大35(23)、関西大25(18)、同志社大85(38)、立命館大39(20)、近畿大21(10)(内医4(3))、甲南大1、龍谷大5(4)、早稲田大60(35)、慶應義塾大49(19)(内医2(1))、上智大6(4)、東京理科大15(6)、明治大20(8)、青山学院大7(4)、立教大1、中央大12、法政大4(3)、学習院大1、東洋大2(2)、大阪医科薬科大9(2)(内医5(2))、関西医科大9(2)(内医9(2))、兵庫医科大2(1)(内医2(1))、大阪歯科大1、京都薬科大5(1)、神戸薬科大1、摂南大4(4)、日本女子大1(1)、他。

省庁大学校1(1)名
防衛医科大1(1)。
※(　)内は現役数内数

奈良
共学校

東大寺学園中学校

学校インフォメーション

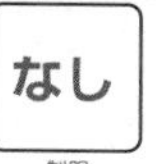

制服

通学

ICT教育

長期休暇講習

自習スペース

図書館

人工芝グラウンド

食堂

スマホ持ち込み

カウンセラー

ネイティブ教員

所在地　〒631-0803　奈良県奈良市山陵町1375番地

電話	0742-47-5511	**生徒数**	男 616人
創立	1926年	**併設校**	東大寺学園高等学校
校長	本郷　泰弘	**WEB**	https://www.tdj.ac.jp/

教育方針・特色

1 基礎学力の重視　2 進取的気力の養成　3 豊かな人間性の形成
自由な環境の中で生徒の個性を伸ばし自主性を確立させる。

スクールライフ

登校時間　8:30

週登校日　6日制

学期制　3学期

制服　なし

昼食　購買・食堂あり　弁当持参可

学校行事　教科外活動(5月)、菁々祭(9月)、中1宿泊研修(5月)、中2研修旅行(10月)、中学体育大会(10月)、中3スキー研修(3月)

修学旅行　2年生　2泊3日　沖縄　九州　東京など

環境・施設　図書館　情報教室　雑華ホール(食堂兼多目的ホール)　圓融館(ホール、視聴覚教室、陶芸教室)　人工芝グラウンド

クラブ活動　クラブ:陸上競技　野球　テニス　卓球　バレーボール　ハンドボール　バスケットボール　バドミントン　サッカー　柔道　剣道　新聞　科学　園芸　囲碁将棋　写真　百人一首　歴史　電子工作　音楽　室内楽　美術　書道　クイズ　鉄道　折紙　数学　英語
同好会:登山　マジック　MGA(ボードゲーム)　オセロ　チェス　ロケット　情報　紅茶　暗号　ドラえもん　ポケモン　観賞魚　文芸　和太鼓　地理　ラーメン　VOCALOID & 作曲

2024年度 募集要項

○募集人数　200名
○願書受付　12/5(火)〜12/14(木)24:00　Web出願
○受験料　20,000円
○選抜日時　1/15(月)
○合格発表　1/17(水)11:00校内掲示、web
○選抜方法　国・算各100点各60分　理・社 各100点各50分
4科型/3科型(国算理)
4科はアラカルト判定

2024年度 入試結果

	一般(3科)	一般(4科)
応募者数	383	587
受験者数	367	556
合格者数	187	221
競争率	1.96	2.52
合格最低点	233.3/400	233/400

アクセス
近鉄京都線高の原駅下車徒歩20分
バス(奈良交通　東大寺学園行き)6分

費用

《入学手続き時》
○入学金　200,000円
○施設充実費　100,000円

《入学後》
○授業料　662,000円
○育友会・その他諸費　47,000円

奨学金・特待制度

特になし

独自の留学制度

特になし

併設高校の合格実績

2024年の進学状況(卒業者数207名)
国・公立大学合格202(121)名
東京大35(27)、京都大71(50)(医8(7))、大阪大9(4)(医5(4))、神戸大12(2)(医2(1))、北海道大3、東北大3(3)、名古屋大2(医2)、大阪公立大17(8)(医3(2))、横浜国立大5(5)、京都工芸繊維大2(1)、金沢大1(1)、広島大1(1)(医1(1))、滋賀大2、三重大3(2)(医2(2))、和歌山大2(1)、兵庫県立大2、大阪教育大1、滋賀県立大1(1)、他

私立大学合格207(25)名
関西学院大8(1)、関西大20、同志社大50(7)、立命館大40(6)、京都産業大1、近畿大8、龍谷大2、佛教大2、早稲田大17(5)、慶應義塾大10、東京理科大7、明治大3、立教大1、中央大8(1)、大阪医科薬科大7(2)、関西医科大5(2)、兵庫医科大1、京都薬科大1、大阪工業大1、他。

省庁大学校合格5(1)名
防衛医科大4(1)、気象大1。

※( )内は現役合格内数

学校PR

本校は自由な学園と言われています。確かに制服も校則もありません。しかし、それは表面的なことに過ぎません。私たちは生徒が個性を伸ばし、自主性を確立するのに自由は不可欠だと考えているのです。だから、ひたすらに従順であることを強要しません。不合理なもので縛りつけることもしません。生徒達が自らの意思で様々な可能性を追求することを切望しているのです。

育英西中学校

学校インフォメーション

制服

通学

ICT教育

長期休暇講習

海外研修

留学制度

自習スペース

食堂

スマホ持ち込み

カウンセラー

プレテスト

帰国生入試

中高大連携

ネイティブ教員

所在地　〒631-0074　奈良市三松4丁目637-1

電話	0742-47-0688	**生徒数**	女 227人
創立	昭和58年(1983年)	**併設校**	育英西高等学校
校長	北谷 成人	**WEB**	https://www.ikuei.ed.jp/ikunishi/

アクセス
近鉄奈良線富雄駅から直通バス7分

奈良

教育方針・特色

「豊かな教養と純真な人間愛をもって、社会に貢献できる自立した女性の育成」を教育理念とし、グローバル社会で活躍できる自立した女性の育成を目指しています。
2021年国際バカロレアMYPの認定校に。各教科ではプレゼンテーションやディスカッション、レポート等を多く取り入れた双方向の授業を行い、教科の中で得た知識が、どのように実社会につながっているかを考えながら学ぶことが出来ます。世界を知るための活動や他者の為の貢献活動にも力を入れています。

スクールライフ

登校時間	8:30
週登校日	隔週5日制
学期制	3学期
制服	あり(夏・冬・合服)
昼食	弁当持参　食堂・購買あり
学校行事	文化行事(9月)・体育行事(5月)・クリスマス会(12月)など
修学旅行	3年生10月　4泊6日　オーストラリア
環境・施設	図書室・小講堂・礼法室・エウレカルーム・多目的室・食堂　など
クラブ活動	【体育系】バスケットボール、バドミントン、バレーボール、ハンドボール、硬式テニス、陸上競技 【文化系】演劇、音楽(合唱)、音楽(軽音楽)、華道、茶道、サイエンス、将棋、書道、美術、箏曲、放送、料理、EIC(英語)、百人一首かるた 【同好会】ダンス

2024年度 募集要項

○募集人数　特設コース 30名
立命館コース 30名(内部進学者含む)

○願書受付　A・B日程:12/1(金)～1/12(金)13:00
C日程:12/1(金)～1/13(土)13:00
D日程:12/1(金)～1/15(月)13:00
すべてweb出願

○受験料　20,000円
※1回の検定料で全日程の受験可能

○選抜日時　A日程:1/13(土)自己推薦・帰国生入試あり
B日程:1/13(土)16:00
C日程:1/14(日)16:00
D日程:1/15(月)16:00

○合格発表　A日程:1/14(日)11:00
B日程:1/14(日)17:00
C日程:1/15(月)11:00
D日程:1/16(火)11:00　いずれもweb

○選抜方法　A日程:国・算　各100点各50分　理・社　各50点各30分　4科/3科(国算・理or社)/2科(国算)
B日程:国・算　各100点各50分、適性検査(表現Ⅰ・Ⅱ)各100点各50分
C・D日程:国・算　各100点各50分
※英検4級以上取得者は加点

2024年度 入試結果

特設コース	専願	併願
応募者数	40	27
受験者数	31	21
合格者数	23	17
競争率	1.35	1.24
合格最低点(300点換算)	A:120/300 B:133/300	155/300 165/300

立命館コース	専願	併願
応募者数	95	197
受験者数	66	156
合格者数	35	53
競争率	1.89	2.94
合格最低点(300点換算)	A:211/300 B:210/300	222/300 229/300

※特設コースの合格最低点は、立命館コースからの振替合格者の点を含む
※特設コース振替合格（専28・併93）含まない

費用

《入学手続き時》
○入学金　170,000円

《入学後》
○授業料　686,000円～776,000円
○PTA会費等　44,000円

奨学金・特待制度

特になし

独自の留学制度

留学先	ニュージーランド
学年	3年
内容	3ヶ月留学

併設高校の合格実績

2024年の進学状況(卒業者数162名)
国・公立大学合格5名
大阪公立大1、京都工芸繊維大1、滋賀大1、奈良県立大1、奈良県立医科大1。

私立大学合格268名
関西学院大3、関西大11、同志社大1、立命館大55、京都産業大2、近畿大14、龍谷大16、京都女子大12、同志社女子大16、武庫川女子大21、他。

学校PR

「特設コース」では国公立・難関私立大学への進学をめざし、補習に力を入れ、各自の進路実現に向けた指導を行っています。また、関西大学・近畿大学・京都女子大学・武庫川女子大学との連携を活かした教育や推薦枠も豊富です。
「立命館コース」では、附属校と同様に内部進学基準のみで立命館大学に進学できます。
（立命館コースの立命館大学進学率99%以上）

奈良教育大学附属中学校

学校インフォメーション

制服

通学

ICT教育

長期休暇講習

探究授業

プール

図書館

バリアフリー

売店

スマホ持ち込み

カウンセラー

ネイティブ教員

所在地　〒630-8113　奈良市法蓮町2058-2

電話	0742-26-1410	**生徒数**	男203人　女203人
創立	1947年	**併設校**	奈良教育大学附属幼稚園・小学校　奈良教育大学 (高校は併設していない)
校長	八重　幸史	**WEB**	https://www.nara-edu.ac.jp/JHS/index.html

教育方針・特色

1947(昭和22)年奈良師範学校附属中学校として開校し、奈良学芸大学附属中学校、奈良教育大学教育学部附属中学校と改称し、大学の独立行政法人化に伴い、現在の校名となった。「佐保田の丘」と呼ばれている、大和を一望できる高台(標高約100m)にある。

附属中学校は、生徒の現実に根ざし、過去に学び、未来を見通して、日々の実践を充実・発展させることを大切にしている。また本校には、国立大学法人奈良教育大学の附属学校として3つの役割がある。

1つ目として、教育課程の研究と開発の役割。現在、附属中学校はESD(持続発展教育)の理念を踏まえた教育研究活動を行い、2008年にはユネスコスクールに加盟し、課題探究・解決能力、ICT 活用能力等の育成に努めている。特に附属中学校独自に開発しているESDカレンダーは内外から注目されている。

2つ目として、大学の教育実習校としての役割。生徒は将来教職を志す教育実習生との人間的な触れ合い、授業づくりに真摯に取り組む教育実習生の姿、加えて指導教員が教育実習生を真剣に指導しているときの眼差しなどを通して、「人間が成長するとはどういうことなのか」などの問いと向き合うことになる。

3つ目には、公立学校のモデル校としての役割。そのために、年4回「教育研修会」を開催したり、研究成果物を紀要や単行本として刊行している。研究会では、大学関係者をはじめ県内外の教師が集い、よりよい中学校教育の在り方を追求している。

附属中学校は、「すべて一人ひとりの生徒のために」という基本的な考え方のもと、「理想は高く、足取りは確かに」「ともにチャレンジ精神」の姿勢で、新たな地平を切り開いている学校である。

スクールライフ

登校時間	8:35
週登校日	6日制
学期制	3学期
制服	あり(夏・冬)
昼食	弁当持参　パン販売
学校行事	奈良めぐり、臨海実習(中2)、スポーツデイ、煌星祭(文化的行事)、平和のつどい
修学旅行	3年生5月　九州方面
環境・施設	普通教室、体育館、コンピュータ教室、グランド、プール、図書室(木質化・ラーニングコモンズ対応型)、パソコン教室、数学教室、音楽室など。ICT教育機器(iPad ノートPC 多数)完備。
クラブ活動	【運動部】ハンドボール、陸上、バドミントン、バスケットボール(男子)、硬式テニス(女子)、バレーボール(女子) 【文化部】裏山クラブ、科学、美術、料理、手芸、音楽

2024年度 募集要項

○募集人数	通常学級:男女136名(内部進学者を含む)
○願書受付	12/22(金)～1/15(月)　郵送のみ ※当日消印有効
○受験料	5,000円
○選抜日時	2/1(木)
○合格発表	2/2(金)16:00～ Web
○手続締切	2/3(土)10:00
○選抜方法	国語(40分)、算数(40分)、総合(社会・理科)(60分)、面接(10分)

2024年度 入試結果

応募者数	223
受験者数	135
合格者数	90
競争率	1.50
合格最低点	55/100 (内部進学者は除く)

学校PR

本校卒業生の言葉を紹介します。
附中の良さは、授業がありきたりではないこと、行事が多いこと、情熱を持って取り組める場所があることだと思います。スポーツが得意な人はスポーツデイで活躍できる、文化系の物事が得意な人は文化のつどいで活躍できる。これも附中の良さです。宿泊行事報告会では、中心メンバーとなって取り組むことができたので、自分の学びを深めることができました。附中には「学ぶ」環境があります。「勉強する」環境ではありません。机の上だけではできない「学び」を実現できる環境が整っています。

アクセス
近鉄奈良線奈良駅下車、奈良交通バスで教育大附属中学校下車、徒歩7分

費用

《入学手続き時》

○入学金	不要
○授業料	不要

《入学後》

○学年費(月額)	4,000円
○臨海実習費積立(月額)	3,500円
○PTA会費、生徒会費(年額)	5,000円

奨学金・特待制度

特になし

独自の留学制度

特になし

併設高校の合格実績

2024年度の合格状況(卒業者数131名)
※併設高校がないため実績は中学卒業後の進学先

国・公立高校合格
大教大平野9、天王寺1、京教大附1、奈良高専1、奈良県大附8、舞鶴高専1、大島商船高専1、奈良10、郡山10、畝傍1、一条8、堀川1、桃山1、南陽5、西城陽1、他。

私立高校合格
西大和1、奈良学園1、帝塚山11、育英西13、奈良育英39、四天王寺1、桃山学院2、近大附22、大阪桐蔭2、清風2、上宮6、洛南2、同志社1、立命館宇治1、京都女子2、大谷7、京都橘5、龍大平安3、近大高専2、飛鳥未来2、他。

奈良

国公立

奈良女子大学附属中等教育学校

学校インフォメーション

制服

通学

ICT教育

スーパースクール

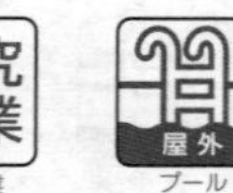

探究授業

プール

蔵書数 40,000冊
図書館

天然芝グラウンド　バリアフリー

食堂

売店

カウンセラー

中高大連携

海外姉妹校

所在地　〒630-8305　奈良市東紀寺町1-60-1

電話	0742-26-2571	**生徒数**	男368人　女357人
創立	1947年	**併設校**	奈良女子大学　奈良女子大学附属幼稚園・小学校
校長	片岡　達郎	**WEB**	https://nwuss.nara-wu.ac.jp/

アクセス
近鉄・JR奈良駅より市内循環バス10分、幸町下車すぐ

教育方針・特色

本校は、教育の理論と実践についての研究と実験を行う。「自由・自主・自立」をモットーに、生徒自らが学園祭、修学旅行等の行事を作りあげる。奈良女子大学学生の教育実習を行うほか、奈良女子大学の教授による講義を受けるなど、大学附属としてのメリットがある。6か年の教育課程に基づき、中・高一貫教育を行っている。

スーパーサイエンスハイスクール（SSH）4期連続指定（Ⅰ期5年間）であり、中学生も対象のSSH指定校として各種プログラムに参加可能。サイエンス研究会は多くの賞を受賞したり、学会で発表するなど専門家からの評価が高い。

スクールライフ

登校時間	8:35
週登校日	5日制
学期制	2学期
制服	なし
昼食	食堂、売店あり
学校行事	球技大会（5月）、SSH校内発表会（6月）、学園祭（9月）、体育大会（10月）、ブックトークコンサート（11月）、SSH講演会（12月）、SKI（3年・2月）
修学旅行	5年（高2相当）7月
環境・施設	普通教室、理科教室（4）、技術家庭科室（3）、美術教室、PC 教室（2）、多目的ライブラリー、多目的ホール、メディア教室、食堂、プール、第1体育館（アリーナA、B）、第2体育館（アリーナC、武道場）、サッカーと野球が同時にできる広さのグラウンド、テニスコート4面など。
クラブ活動	【運動部】テニス、サッカー、剣道、バスケットボール、バドミントン、バレーボールなど 【文化部】器楽、演劇、軽音楽、美術、クッキングなど

2024年度 募集要項

○募集人数　約120名（男子約60名・女子約60名）
※附属小学校からの合格者を含む

○願書受付　12/20（水）～1/4（木）Web出願

○受験料　5,000円

○選抜日時　1/18（木）

○合格発表　1/21（日）15:00掲示

○手続締切　1/24（水）

○選抜方法　表現Ⅰ・言語的表現、表現Ⅱ・数理的表現、表現Ⅲ・対話的表現

2024年度 入試結果

	男子	女子
応募者数	233	253
受験者数	195	214
合格者数	59	57
競争率	3.31	3.75
合格最低点	143/220	139/220

※内部進学（男：受23・合17、女：受17・合14）含まない

学校PR

本校は探究活動を学習活動の重要な柱の一つに位置付けており、6年間を通して探究に取り組みます。また、学園祭や生徒会、SSH、国際交流活動、復興支援活動など多様な課外活動も盛んに行われています。さらに、広いグラウンドと2つの体育館を生かしたクラブ活動も熱心に行われています。授業はもちろんのこと、生徒が自ら考え、企画し運営する行事やイベントを通して、主体的に思考し行動する姿勢を身につけています。

費用

《入学手続き時》

○入学金	不要

《入学後》（年額）

○授業料	不要
○諸経費	約193,970円

奨学金・特待制度

特になし

独自の留学制度

特になし

併設高校の合格実績

2024年度の合格状況（卒業者数115名）
奈良女子大学3（3）名

他の国・公立大学合格
東京大1（1）、京都大6（3）、大阪大8（7）、神戸大2（1）、東北大2（2）、九州大1（1）、大阪公立大6（6）、筑波大1（1）、信州大1（1）、滋賀大2（2）、京都工芸繊維大4（3）、岡山大1（1）、広島大1（1）、奈良県立医科大1（1）、和歌山県立医科大2（2）、他。

私立大学合格
関西学院大10（9）、関西大29（23）、同志社大47（35）、立命館大31（16）、京都産業大3（1）、近畿大40（30）、龍谷大10（10）、早稲田大1（1）、慶應義塾大2（1）、明治大2（2）、青山学院大2（2）、中央大1（1）、京都薬科大4（4）、他。

省庁大学校合格
防衛医科大1（1）。

※（　）内は現役内数

奈良県立青翔中学校

学校インフォメーション

制服

通学

ICT教育

長期休暇講習

スーパースクール

STEAM教育

自習スペース

図書館

スマホ持ち込み

カウンセラー

中高大連携

ネイティブ教員

英語イマージョン

所在地　〒639-2200　奈良県御所市525

電話	0745-62-3951	**生徒数**	男146人　女93人
創立	2014年	**併設校**	奈良県立青翔高等学校
校長	出口　千惠美	**WEB**	https://www.e-net.nara.jp/jhs/seisho/

教育方針・特色

【特色】
奈良県立で初の併設型中高一貫教育校として平成26年4月に開校。6年間を見通したカリキュラムを編成し、基礎的・基本的な学力の定着と、上級学年の内容の「先取り学習」で高度な学力の育成を図る。また、探究的な学習を重視し、アクティブ・ラーニングを推進している。「青翔」の名には、澄み切った青空のごとく純粋な心で世界を翔る人間に育ってほしいとの願いが込められている。併設の青翔高等学校は全国初の理数科の単科高校として平成16年4月に開校し、令和3年度から中高ともに文部科学省より3期目のスーパーサイエンスハイスクール指定を、また令和5年度にはスーパーサイエンスハイスクール科学技術人材育成重点枠に追加指定を受け、理数科、中高一貫教育校のメリットを十分に生かした学校づくりを進めている。

【アドミッションポリシー（求める生徒像）】
1. 理科、数学（算数）が好きで、自然科学に興味や関心のある生徒。
2. 自ら進んで課題を発見し、仲間と協力しながら解決できる生徒。
3. 将来の目標をかなえるために、粘り強く学習に取り組む生徒。

【教科以外の取組】
45分7限の授業に加え、「青翔タイム」を設定。また、英会話・統計などの実践的・発展的な内容を学習や、自ら課題を設定・発見してその課題を解決する「探究基礎」の時間を設けている。

【進路指導】
6年一貫のキャリア教育を通じて、生徒一人一人の個性や適性を伸ばし、将来の自己を構想する力を身に付ける指導を行う。併設の青翔高校は理数科単科高校のため、理数系大学への進学が中心となるが、文系を目指す生徒に対しては選択科目を設け、幅広い進路希望に対応したカリキュラムを編成している。

スクールライフ

登校時間	8:30
週登校日	5日制
学期制	3学期
制服	あり（夏・冬）
昼食	弁当持参
学校行事	体育大会（5月）、文化祭（9月）、職場体験（中2・11月）、かるた大会（3月）、夏期科学研修（中3・8月）
修学旅行	3年生
環境・施設	各教室電子黒板、体育館、図書館、武道場、PC室
クラブ活動	【運動部】弓道、ホッケー、日本拳法 【文化部】科学、囲碁・将棋、吹奏楽、美術、茶道、人権研究会、華道、競技かるた 【同好会】書道、陸上競技、野球、バドミントン、テニス

2024年度 募集要項

○募集人数　男女80人
○願書受付　志願許可申請書（県外志願者）
1/5（金）～1/12（金）
入学願書等の出願（郵送）
1/15（月）～1/19（金）
（持参）1/22（月）・1/23（火）
○受験料　2,200円
○選抜日時　1/27（土）
○合格発表　2/1（木）
○手続締切　－
○選抜方法　適性検査1（言語や社会）100点・適性検査2（自然や数理）150点・適性検査3（個別面接）30点・志願者の意欲や適性等を総合的に判断

2024年度 入試結果

応募者数	103
受験者数	92
合格者数	80
競争率	1.15
合格最低点	非公表

学校PR

【21世紀を担う人材の育成】
中学校から、スーパーサイエンスプログラムの一部に参加することができ、実験や実習などの体験的な学習に加え、タイのサイエンスハイスクールとの交流を通して英語力と国際感覚を身に付けるなど、21世紀の社会に貢献できる優れた人材の育成を目指す。

アクセス
近鉄御所線御所駅下車南へ徒歩約10分
JR和歌山線御所駅下車南へ徒歩約10分

費用

《入学手続き時》

○入学金	不要

《入学後》

○授業料	不要
○学級費（年間）	88,000円
○制服等	約85,000円
○修学旅行積立金（中2より）	約70,000円

奨学金・特待制度

特になし

独自の留学制度

特になし

併設高校の合格実績

2024年の合格状況（卒業者数72名）
国・公立大学合格
東京大1、大阪大1、神戸大1、東北大1、筑波大1、奈良女子大1、広島大1、三重大2、大阪教育大1、奈良教育大3、奈良県立医科大2、鳥取大2、他。

私立大学合格
関西学院大15、関西大6、同志社大4、立命館大1、京都産業大10、近畿大36、龍谷大7、早稲田大1、慶応義塾大1、京都女子大9、同志社女子大6、畿央大42、他。

奈良

国公立

奈良県立国際中学校

学校インフォメーション

制服

通学

ICT教育

海外研修

食堂

ネイティブ教員

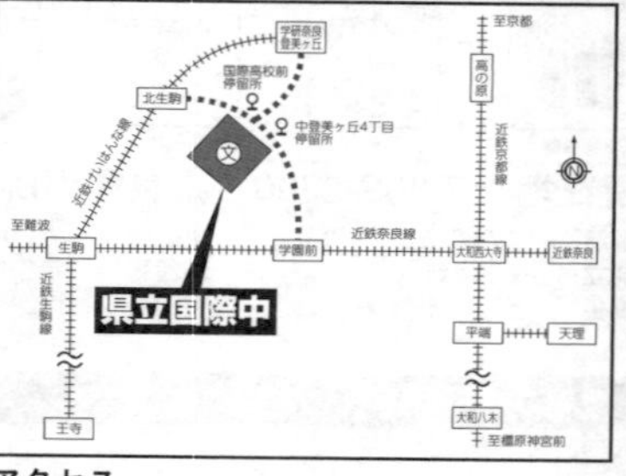

アクセス
近鉄けいはんな線学研奈良登美ヶ丘駅下車徒歩約18分
近鉄奈良線学園前駅より奈良交通バス国際高校前バス停約12分

所在地　〒631-0008　奈良市二名町1944-12

電話	0742-46-0017	**生徒数**	男133人　女420人
創立	2023年	**併設校**	奈良県立国際高等学校
校長	ガー・レイノルズ（名誉校長）	**WEB**	https://www.e-net.nara.jp/hs/kokusai/

教育方針・特色

2023年4月に開校された奈良県立国際中学校。自分で考え率先して動き、仲間と協力して課題を解決し、どんな社会の中でも自立して生きていくことができる人間を育成する。

〈グローバル教育〉
令和5年3月5日に国際バカロレア（IB）中等教育プログラムの候補校となりました。学習指導要領に基づき、検定教科書を用いて学習しますが、学習の手法は大きく異なり、探究活動を重視したものとなります。また、英語は、教員免許を所有する英語を母語とする教員が担当し、国際高校と同様、少人数・習熟度別の授業が可能となるよう調整を進めています。

〈ICT教育〉
一人一台のiPadを授業や家庭学習で活用し、個々の学習到達度に応じた主体的・協働的な学びを進めています。予習では配信された課題に取り組み、学習動画を視聴するなどして授業に備えます。授業中は授業支援ソフトを用いて、リアルタイムにクラス全員と課題を共有したり、プレゼンテーションを行ったりします。iPadをあらゆる場面で生徒が工夫して活用しています。

スクールライフ

登校時間	8:35
週登校日	5日制
学期制	3学期
制服	あり（夏・冬）
昼食	弁当持参　購買あり
学校行事	球技大会（4月）、ビブリオバトル（5・9月）、文化祭（9月）、体育大会（10月）、秋風のコンサート（10月）
修学旅行	3年生
環境・施設	
クラブ活動	【体育系】陸上部・弓道部・バドミントン部・バスケットボール部・サッカー部・テニス部 【文化系】世界のダンス部・吹奏楽部・写真部・科学部・華道部・茶道部・書道部・美術部・パソコン部・ESS・GCC

2024年度 募集要項

○募集人数　男女70人
○願書受付　志願許可申請書（県外志願者）
　1/5（金）～1/12（金）
　入学願書等の出願
　（郵送）1/15（月）～1/19（金）
　（持参）1/22（月）・23（火）
○受験料　2,200円
○選抜日時　1/27（土）・28（日）
　（国際選抜は27（土）のみ）
○合格発表　2/1（木）
○手続締切　—
○選抜方法　適性検査1（言語や社会）100点
　適性検査2（自然や数理）100点
　適性検査3（個別面接）50点
　志願者の意欲や適性等を総合的に判断

2024年度 入試結果

		国際選抜
応募者数	128	3
受験者数	122	3
合格者数	70	3
競争率	1.74	1.00
合格最低点	非公表	非公表

費用

《入学手続き時》
○入学金　不要
○制定品等

《入学後》（年額）
○授業料　不要
○納付金等

奨学金・特待制度

特になし

独自の留学制度

特になし

併設高校の合格実績

2024年度の合格状況（卒業者数182名）
国・公立大学合格
大阪公立大、鳥取大、奈良県立医科大、長野大、他。

私立大学合格
関西学院大、関西大、同志社大、京都産業大、近畿大、甲南大、龍谷大、桜美林大、摂南大、追手門学院大、桃山学院大、大阪歯科大、森ノ宮医療大、関西医療大、兵庫薬科大、大阪経済大、大阪芸術大、大阪工業大、阪南大、大阪産業大、大和大、立命館アジア太平洋大、関西外国語大、京都外国語大、多摩美術大、京都女子大、同志社女子大、甲南女子大、神戸女学院大、武庫川女子大、他。

奈良市立一条高等学校附属中学校

学校インフォメーション

制服

通学

ICT教育

探究授業

自習スペース

図書館

食堂

スマホ持ち込み

カウンセラー

ネイティブ教員

所在地　〒630-8001　奈良市法華寺町1351

電話	0742-33-7075	**生徒数**	男72人　女88人
創立	2022年	**併設校**	奈良市立一条高等学校
校長	伊東　幹子	**WEB**	https://www.ichijo.ed.jp/

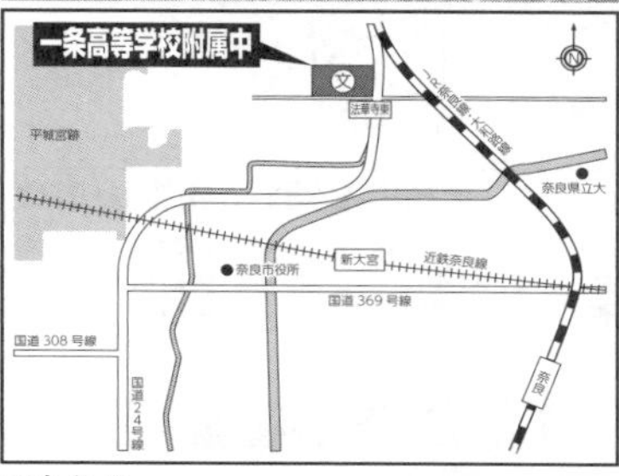

アクセス
近鉄奈良線新大宮駅下車徒歩約12分

教育方針・特色

自分で考え率先して動き、仲間と協力して課題を解決し、どんな社会の中でも自立して生きていくことができる人間を育成する。
中高一貫教育において文理統合のArtsSTEM（アーツステム）教育や、議論できる英語力の育成など、社会・世界につながる特色ある教育を研究・実践。
〈ICT教育〉
一人一台のChromebookを貸出します。各教科の授業や家庭学習などの様々な場面で日常的に使用します。ICtを最大限に活用して、一人ひとりの興味、関心に応じた学びを充実させます。

スクールライフ

登校時間	8:45
週登校日	5日制
学期制	3学期
制服	あり（夏・冬）
昼食	弁当持参　食堂・パン販売あり
学校行事	校外学習（5月）・一条祭（9月）・体育大会（10月）・研修旅行（3年・2月）など
修学旅行	
環境・施設	
クラブ活動	【体育系】ソフトテニス部・バドミントン部・陸上競技部・ダンス部・剣道部・なぎなた部・ソフトボール部・卓球部・サッカー部・体操競技部・スキー部・少林寺拳法部・硬式テニス部 【文化系】英語国際活動・吹奏楽部・絵画部・茶道部・演劇部・箏曲部・写真部・サイエンス部・書道部・料理/手芸部・華道部・文芸部・人権問題研究部・合唱部

2024年度 募集要項

○募集人数　男女80名
○願書受付　志願許可申請書（市外志願者）
1/9(火)～1/12(金)
Web出願登録
1/15(月)～1/23(火)正午
入学願書等の出願(郵送のみ)
1/15(月)～1/23(火)※当日消印有効
○受験料　2,200円
○選抜日時　1/27(土)
○合格発表　2/1(木)web
○選抜方法　適性検査Ⅰ(言語や社会)100点(45分)
適性検査Ⅱ(自然や数理)100点(45分)
集団面接30点(20分程度)・調査書20点・総合的に判断

2024年度 入試結果

応募者数	209
受験者数	187
合格者数	80
競争率	2.34
合格平均点	179.3/250

学校PR

中高一貫教育校としての特長を生かし、学習の基盤となる基礎力を育てるとともに、中高6年間の学習内容を系統的に配置しながら内容を深く掘り下げ、各教科で特色ある授業を展開します。また、高校生等幅広い異年齢集団とともに学習し、様々な活動を行います。学習場面での交流をはじめ、学校行事や部活動、生徒会活動等において、中学生と高校生が交流し学び合います。

費用

《入学手続き時》
○入学金　不要
○制定品等

《入学後》(年額)
○授業料　不要
○納付金等

奨学金・特待制度

特になし

独自の留学制度

特になし

併設高校の合格実績

2024年度の合格状況(卒業者数355名)
国・公立大学合格43(7)名
大阪大2(1)、神戸大2(1)、大阪公立大6(1)、国際教養大1、奈良女子大1、和歌山大1(1)、京都教育大1、大阪教育大3、奈良教育大8(1)、滋賀県立大1、他。

私立大学合格983(98)名
関西学院大30(3)、関西大131(18)、同志社大63(18)、立命館大41(9)、京都産業大16、近畿大159(18)、甲南大1、龍谷大163(18)、佛教大1、明治大5、立教大5、法政大4、東洋大2、大阪医科薬科大3(1)、関西医科大4、大阪歯科大1、京都薬科1、神戸薬科2、摂南大27(3)、神戸学院大1、追手門学院大18、京都外国語大11、関西外国語大29、大阪経済大5(3)、大阪工業大31(2)、京都女子大21、同志社女子大29(1)、神戸女学院10、武庫川女子大29、他。

※( )内は過年度生内数

開智中学校

学校インフォメーション

制服

通学

宗教教育

ICT教育

自習スペース

図書館　食堂

スマホ持ち込み

ネイティブ教員

所在地　〒640-8481　和歌山市直川113-2

電話	073-461-8080	**生徒数**	男 241人　女 214人
創立	1993年	**併設校**	開智高等学校
校長	高松　雅貴	**WEB**	https://www.kaichi.ed.jp/

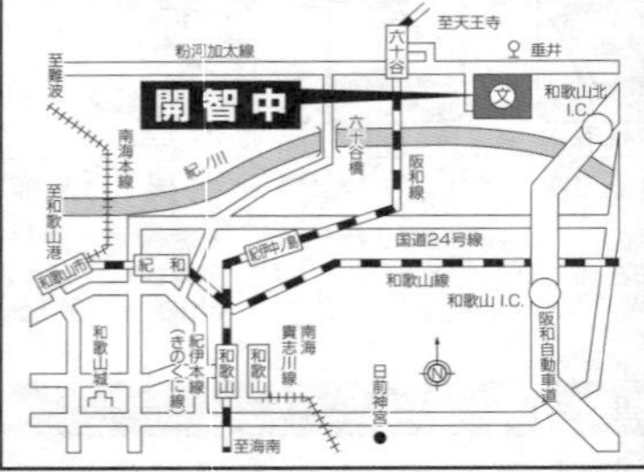

アクセス
JR阪和線六十谷駅から東へ徒歩8分
和歌山バス垂井下車すぐ

教育方針・特色

校　訓：四恩報答
教育目標：・確かな学力と創造的な問題解決力を身につける
・豊かな心と体を育み、積極的に社会とかかわろうとする意欲を高める
・学校生活のあらゆる場面で主体的に取り組み、個性を生かし伸ばす
・多様性を尊重し、協働的に国際社会に貢献しようとする姿勢を持つ
・自己をよく理解し、見通しあるキャリアプランを立て、実現する

スクールライフ

登校時間　8:50
週登校日　6日制
学期制　3学期
制服　あり（夏・冬）
昼食　食堂あり・弁当持参可
学校行事　新入生宿泊研修（4月）・花まつり（5月）・体験学習（6月・中2）・芸術鑑賞会（7月）・競書会（9月）・中学体育祭（10月）・中学文化祭（11月）・成道会（12月）・マラソン大会（2月）など
修学旅行　3年生3月　2泊3日　東京
環境・施設　全教室にホワイトボード、プロジェクターの設置・校内Wi-Fi環境の完備・開智ホール（約1000人収容の大ホール）・プラセットホール（約200人収容の階段教室）・2つの体育館（アルタジムとフェニックスジム）・生徒ホール（約350人収容の食堂）・セミナーハウス（小体育館・トレーニング機器と宿泊施設完備）・多目的教室（自習室）・コミュニティーサイト（CS）・図書館（約100座席）・理科室棟・アクティブ・ラーニング教室など
クラブ活動　【運動部】バスケット部・テニス部・卓球部・剣道部・陸上競技部・バレー部・ソフトテニス部・サッカー部
【文化部】茶道部・音楽部・箏曲部・放送部・書道部・サイエンス部・農芸部・天文部・演劇部・新聞部・写真部・ECS部・アカペラ部・美術部・囲碁部・将棋部・鉄道研究会・漫画研究会・歴史研究会・ダンス部・図書同好会・かるた愛好会・クイズ愛好会

費用

《入学手続き時》

○入学金	200,000円

《入学後》

○授業料	420,000円
○教育充実費	90,000円
○育友会費	18,000円
○生徒会費	3,600円
○体育・文化活動費	12,000円

奨学金・特待制度

特になし

独自の留学制度

留学先　イギリス
学年　3年生
内容　英国研修　3月　約2週間
費用　約400,000円

2024年度 募集要項

○募集人数　スーパー文理コース　約35名
（前期約30名、後期約5名）
特進コース　約105名
（前期約95名、後期約10名）
○願書受付　12/20（水）～1/10（水）16:00　web出願
○受験料　20,000円
○選抜日時　前期：1/13（土）　後期：1/15（月）
○合格発表　前期：1/14（日）13:00掲示、web
後期：1/16（火）13:00掲示、web
○選抜方法　国・算　各150点各60分　理100点45分

2024年度 入試結果

スーパー文理コース　前期		特進コース　前期	
応募者数	163	応募者数	34
受験者数	162	受験者数	34
合格者数	44	合格者数	22
競争率	3.68	競争率	1.55
合格最低点	279/400	合格最低点	174/400

スーパー文理コース　後期		特進コース　後期	
応募者数	245	応募者数	47
受験者数	106	受験者数	16
合格者数	28	合格者数	1
競争率	3.79	競争率	16.00
合格最低点	315/400	合格最低点	265/400

※移行合格（前99・後31）含まない

併設高校の合格実績

2024年の進学状況（卒業者数283名）
国・公立大学合格146名
京都大2(2)、大阪大7(7)、神戸大1(1)、名古屋大1(1)、九州大2、大阪公立大8(8)、筑波大1(1)、国際教養大1(1)、奈良女子大3(3)、神戸市外国語大3(3)、和歌山大38(35)、大阪教育大4(3)、奈良教育大1(1)、他。

私立大学合格903名
関西学院大31(26)、関西大56(53)、同志社大24(24)、立命館大37(37)、京都産業大54(47)、近畿大223(216)、甲南大3(3)、龍谷大38(38)、早稲田大5(3)、慶應義塾大1、上智大1(1)、東京理科大4(2)、明治大6(4)、青山学院大6(6)、法政大4(4)、他。
※( )内は現役内数

学校PR

「スーパー文理コース」では、従来の理系に特化した取り組みに加えて、国際交流や英語スピーチ、総合学習など大学入試を見据えた取り組みを充実させ、理系文系ともに特色のある教育を展開しています。現在、高校課程ではスーパー文理コース理系・文系、特進コース理系・文系の4クラスを編成し、生徒のニーズにあった、きめ細やかな教育を行っています。ベルリッツ少人数英会話授業（1グループ11～13名で実施）や理科のT・T実験授業など生徒がいきいきと活動できる授業も魅力です。部活動と勉強を両立させている生徒が多くおり、近畿大会出場の実績をあげているクラブもあります。

 近畿大学附属新宮中学校

学校インフォメーション

制服

通学

ICT教育

長期休暇講習

習熟度別授業

食堂

スマホ持ち込み

カウンセラー

プレテスト

特待生制度

中高大連携

ネイティブ教員

所在地　〒647-0081　和歌山県新宮市新宮4966番地

電話	0735-22-2005	**生徒数**	男 56人　女 77人
創立	1963年	**併設校**	近畿大学附属新宮高等学校、近畿大学・大学院
校長	池上　博基	**WEB**	https://www.shingu.kindai.ac.jp/

アクセス
JR紀勢本線新宮駅下車徒歩約20分

教育方針・特色

1963年の創立以来、本校は紀南地方唯一の私立学校として、「実学教育と人格の陶冶」という建学の精神のもと、独自性あふれる教育を実践しています。また、近畿大学と連携し、「各学部の出前授業」「イングリッシュキャンプ」など、自らの進路目標にむけた主体的な考察と、実践的な英会話学習に取り組んでいます。
さらに、"Do It First"(真っ先にやろう)を合い言葉に、「学習する生徒」から「学問する生徒」の育成を目指し、教職員が一致結束して、「生徒自身が自ら主体的に考え、自ら学問しようとする環境を作ること」を目標としています。

スクールライフ

登校時間	8:30
週登校日	6日制
学期制	2学期
制服	あり(夏・冬)
昼食	食堂あり
学校行事	近大新宮祭(体育祭・文化祭)・クラスマッチ・新入生合宿・学年行事
修学旅行	2年生11月
環境・施設	図書室・グラウンド・ICT環境・中庭(芝)・食堂
クラブ活動	【運動部】卓球部、サッカー部、ソフトテニス部、なぎなた部、空手道部、男子バスケットボール部、女子バスケットボール部 【文化部】茶道部、華道部、吹奏楽部、美術部、スーパーサイエンス部、メディア部、ダンスサークル

2024年度 募集要項

○募集人数	中高一貫コース 前期 約60名 後期 若干名
○願書受付	前期:12/11(月)～1/9(火) 後期:1/22(月)～2/13(火) すべて窓口、郵送は必着
○受験料	15,000円
○選抜日時	前期:1/13(土) 後期:2/17(土)
○合格発表	前期:1/17(水) 後期:2/21(水) いずれも郵送
○選抜方法	学科試験方式:国・算(各100点各45分)・面接(保護者同伴) 総合型試験方式:国算の基礎学力テスト(100点45分)・作文45分・面接(保護者同伴)

2024年度 入試結果

前期		後期	
応募者数	45	応募者数	3
受験者数	45	受験者数	—
合格者数	43	合格者数	2
競争率	1.05	競争率	1.50
合格最低点	非公表	合格最低点	非公表

費用

《入学手続き時》

○入学金	150,000円

《入学後》

○授業料	360,000円
○教育充実費	72,000円

奨学金・特待制度

特になし

独自の留学制度

特になし

併設高校の合格実績

2024年の進学状況(卒業者数144名)
近畿大学合格81名

国・公立大学合格
大阪大1、大阪公立大1、東京都立大1、広島大2、和歌山大2、三重大2、兵庫県立大1、和歌山県立医大2、他。

他の私立大学合格
関西学院大1、関西大3、同志社大4、立命館大8、早稲田大1、東京理科大2、明治大2、立教大2、中央大1、法政大1、大阪工業大2、他。

学校PR

先取学習や英語のアクティブ・ラーニングをはじめ、独自のカリキュラムで「主体的に学ぶ力」を養い、中学校からの6年間でゆとりを持って大学進学に臨むコースです。

和歌山

共学校

近畿大学附属和歌山中学校

学校インフォメーション

制服

通学

ICT教育

長期休暇講習

習熟度別授業

海外研修

自習スペース

図書館

人工芝グラウンド

食堂

スマホ持ち込み

カウンセラー

中高大連携

ネイティブ教員

所在地　〒640-8471　**和歌山市善明寺516**

電話	073-452-1161	**生徒数**	男 308人　女 217人
創立	1983年	**併設校**	近畿大学附属和歌山高等学校
校長	川合 廣征	**WEB**	https://www.hwaka.kindai.ac.jp/

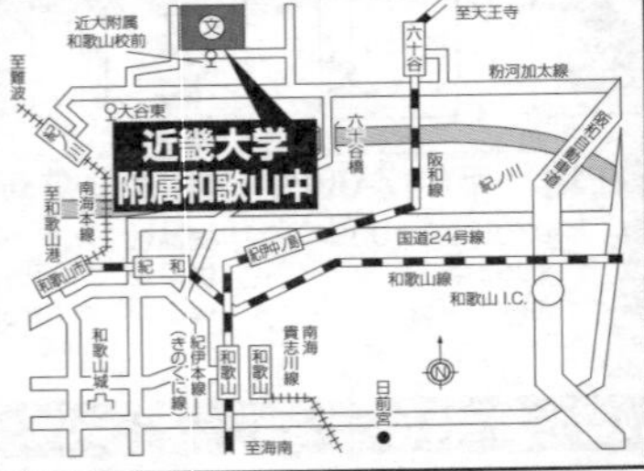

アクセス
JR和歌山駅・南海和歌山市駅・和歌山大学前から近大附属和歌山校前までバス15分、JR六十谷駅・南海紀ノ川駅から自転車で15分

教育方針・特色

校訓「人に愛される人、信頼される人、尊敬される人になろう」を土台として、知育・徳育・体育の3領域に調和のとれた教育を生徒1人ひとりに行う。大学入試や個々の大学に関する豊富な資料に基づいて、職業観や進路意識の高揚を図るとともに、生徒1人ひとりの進路希望に向けて、きめ細かい支援を行う。

スクールライフ

登校時間	8:30
週登校日	6日制
学期制	2学期
制服	あり(夏・冬)
昼食	購買・食堂あり　弁当持参可
学校行事	光雲祭(文化祭・体育祭を同時期に開催)
修学旅行	2年生10or11月　2泊3日　東京方面など
環境・施設	全教室にプロジェクター・電子黒板を設置し教育のICT化を進めている。今年度入学生からiPadを購入し授業内で活用予定。図書館をリニューアルし自習スペースを拡充。人工芝グラウンド。トイレの改修。黒板をホワイトボードに変更。English Teachers' Roomを開設しカフェのような空間でALTと英語でコミュニケーションを楽しめます。
クラブ活動	陸上競技部、サッカー部(男女)、テニス部、ソフトテニス部、バドミントン部、卓球部、剣道部、柔道部、バスケットボール部、体操競技部、書道部、茶道部、華道部、演劇部、科学部、ESS部、美術部、合唱部、吹奏楽部、パソコン部、将棋部、漫画研究部

2024年度 募集要項

- ○募集人数　スーパー数理コース、数理コース　計175名
- ○願書受付　12/8(金)～1/8(月・祝)16:00　web出願
- ○受験料　20,000円
- ○選抜日時　1/13(土)午前・午後
- ○合格発表　1/14(日)17:00　web、郵送
- ○選抜方法　午前入試:国・算　各200点 各60分　理100点40分
国・算計×1.25と国・算・理計のいずれか高い得点(500点満点)
午後入試:適性問題(国・算・理・社)各50点各25分(200点満点)

2024年度 入試結果

	スーパー数理コース A午前	数理コース A午前
応募者数	144	16
受験者数	144	16
合格者数	79	13
競争率	1.82	1.23
合格最低点	318.00/500	203.00/500

	スーパー数理コース B午後	数理コース B午後
応募者数	328	50
受験者数	328	50
合格者数	102	33
競争率	3.22	1.52
合格最低点	139.50/200	101.50/200

※移行合格(A55、B183)含まない

費用

《入学手続き時》
○入学金　200,000円

《入学後》(年額)
○授業料　529,200円

奨学金・特待制度

中等部4年生(高校1年生)から特待生制度あり

独自の留学制度

特になし

併設高校の合格実績

2024年の進学状況(卒業者数346名)
近畿大学合格311(8)名

国・公立大学合格165(12)名
東京大2、京都大2(1)、大阪大10(1)、神戸大3、北海道大1(1)、名古屋大3、九州大6(1)、大阪公立大11(1)、筑波大2、京都工芸繊維大1、奈良女子大1、神戸市外国語大2、京都府立大1、金沢大2、岡山大8、広島大1、滋賀大2、三重大7、和歌山大22(1)、山口大2、兵庫県立大6、京都教育大1、大阪教育大1、奈良教育大1、滋賀県立大2、兵庫教育大1、他。

他の私立大学合格863(41)名
関西学院大52(7)、関西大72(4)、同志社大57(7)、立命館大37(6)、京都産業大5、甲南大1、龍谷大14(3)、佛教大5、早稲田大7、慶應義塾大3(1)、東京理科大1、明治大4、中央大1、法政大1(1)、日本大2、東洋大3、大阪医科薬科大4、兵庫医科大1、大阪歯科大1、京都薬科大1、神戸薬科大4、摂南大24、神戸学院大5、追手門学院大8、桃山学院大12、京都外国語大1、関西外国語大17、大阪経済大2、大阪工業大6、京都女子大2(1)、同志社女子大8(1)、神戸女学院大、武庫川女子大1、他。

省庁大学校合格10(1)名
防衛医科大1(1)、防衛大3、水産大6。
※( )内は既卒生内数

学校PR

「人に愛される人、信頼される人、尊敬される人になろう」という校訓のもと、恵まれた教育環境の中で、豊かな人間性を育める学校です。昨年、English Teachers' Roomを開設し、カフェのような空間でALTと英語コミュニケーションを楽しめます。リニューアルした図書館にはプロジェクターを備えたアクティブラーニングスペースがあり、話し合ったり発表しあったりしてより主体的・積極的に学習に取り組むことができます。また、個別に仕切られた自習スペースも在校生には人気です。また、各教室にはプロジェクター、電子黒板が設置されており、教育のICT化を推進しています。このような恵まれた教育環境の中で6年間過ごした先輩方が、今年も東大、京大をはじめとする難関大学に合格しました。受験生の皆さん、本校で学び、先輩方のように自分の目標を達成しましょう。

智辯学園和歌山中学校

学校インフォメーション

制服

通学

宗教教育

ICT教育

習熟度別授業

自習スペース

図書館

スマホ持ち込み

カウンセラー

ネイティブ教員

海外姉妹校

所在地　〒640-0392　和歌山市冬野2066-1

電話　073-479-2811
創立　1978年
校長　宮口 祐司
生徒数　男 324人 女 299人
併設校　智辯学園和歌山小学校・智辯学園和歌山高等学校
WEB　https://www.chiben.ac.jp/wakayama

教育方針・特色

教育の目標
誠実明朗で知性あふれ将来各分野で活躍するリーダーの養成
目標達成のための二本の柱
・知力の徹底訓練を期す
・豊かな人間性を育む

スクールライフ

登校時間　8:30
週登校日　6日制 第2土曜は休み
学期制　3学期
制服　あり(夏・冬・合服)、女子はスカートかスラックス選択
昼食　弁当持参・宅配弁当購入可能
学校行事　球技大会(5月)・文化祭(10月)・体育大会(10月)
研修旅行　四国・山陽地方
環境・施設　普通教室、体育館、講堂、図書館、運動場、野球場など。
クラブ活動　【運動部】サッカー バレーボール 陸上競技 バスケットボール テニス 剣道 少林寺拳法
【文化部】新聞 ブラスバンド 美術 演劇 天文 放送 茶華道 写真 ESS 生物 書道 コンピュータ 箏曲 囲碁将棋 合唱 科学 競技かるた 文芸 クイズ研究会 数学研究会

2024年度 募集要項

○募集人数　S選抜クラス(前期40名、後期10名)
総合選抜クラス(前期約65名、後期約20名)
○願書受付　12/15(金)9:00～1/11(木)13:00
web出願
○受験料　20,000円
○選抜日時　前期:1/13(土)9:00
後期:1/15(月)15:30
○合格発表　前期:1/13(土)21:00
後期:1/16(火)12:00
いずれもweb
○選抜方法　国・算・理 各100点各60分
前期:国・算・理
後期:国・算
※第二志望として智辯学園中学校(奈良県)への移行希望可

2024年度 入試結果

全コース計 前期		全コース計 後期	
応募者数	158	応募者数	220
受験者数	153	受験者数	180
合格者数	138	合格者数	95
競争率	1.11	競争率	1.89

6年一貫コース(S選抜クラス) 前期		6年一貫コース(S選抜クラス) 後期	
合格者数	45	合格者数	34
合格最低点	206/300	合格最低点	131/200

6年一貫コース(総合選抜クラス) 前期		6年一貫コース(総合選抜クラス) 後期	
合格者数	93	合格者数	61
合格最低点	150/300	合格最低点	100/200

学校PR

1978年に開校した本校は和歌山市の南、標高40mの高台に位置し西方には和歌浦を望む恵まれた環境の中にあります。周囲は大変静かで、勉学・部活動等に落ち着いて取り組むことができます。また、毎年東大・京大を始めとする難関大学に数多くの合格者を出してきましたが、今春も東大2名、京大9名、国公立系大医学科40名、私立大医学科29名等が合格し、卒業生は自分の夢に向かって新たな道を歩み始めました。本校には高い学習意欲と大きな夢を抱く多くの生徒がいます。私たち一同、皆さんの御入学を心よりお待ちしております。

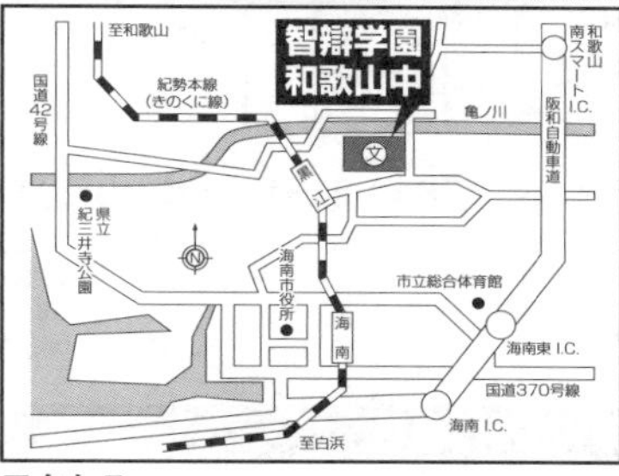

アクセス
JR紀勢本線　黒江駅下車　徒歩10分

費用

《入学手続き時》
○入学金　200,000円
○制服・制定品費　約160,000円

《入学後》
○年間授業料　456,000円

奨学金・特待制度

特になし

独自の留学制度

短期留学(高1:アメリカ・オーストラリア)

併設高校の合格実績

2024年の進学状況(卒業者数245名)
国・公立大学合格108名(既卒生含む)
東京大2、京都大9、大阪大3、神戸大8、北海道大2、名古屋大1、九州大3、大阪公立大13、和歌山大7、滋賀県立大1、滋賀医科大1、京都府立医科大2、奈良県立医科大3、和歌山県立医科大15、他。
＊国公立系医学部医学科40名(防衛医科大含む)

私立大学合格329名(既卒生含む)
関西学院大14、関西大17、同志社大29、立命館大15、近畿大43、早稲田大15、慶應義塾大8、大阪医科薬科大9、関西医科大4、兵庫医科大4、埼玉医科大2、産業医科大2、自治医科大1、他。
＊私立医学部医学科29名。

省庁大学校合格11名
防衛医科大10、水産大1。

和歌山

共学校

和歌山信愛中学校

学校インフォメーション

制服

通学

宗教教育

ICT教育

スーパースクール

習熟度別授業

自習スペース

蔵書数 30,000 冊
図書館

食堂

カウンセラー

プレテスト

特待生制度

中高大連携

ネイティブ教員

所在地　〒640-8151　和歌山市屋形町2丁目23番地

電話	073-424-1141
創立	1946年
校長	平良　優美子
生徒数	女 289人
併設校	和歌山信愛高等学校・和歌山信愛大学・和歌山信愛女子短期大学
WEB	https://www.shin-ai.ac.jp/

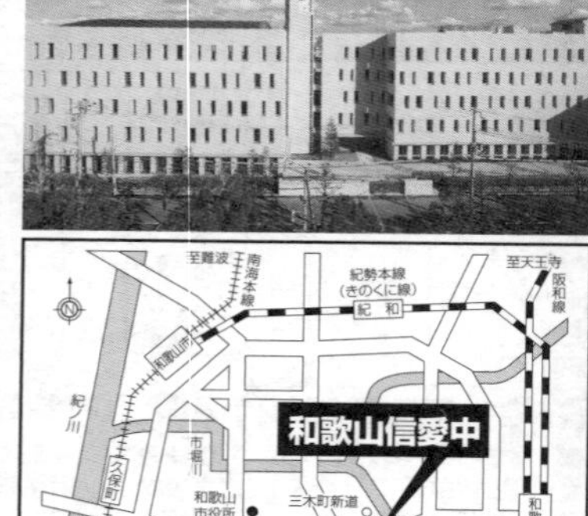

アクセス
JR和歌山駅からバス4分
南海和歌山市駅からバス10分三木町新通、三木町下車すぐ

教育方針・特色

◇教育方針
1.キリスト教の教えに根ざした教育。
2.一人ひとりを大切にする教育。
3.能力の開発を目指す教育。
4.社会貢献への態度を形成する教育。

◇教育の特色
《「人間」としてのあり方を考える教育》
　キリスト教の精神をバックボーンに人間とは何か、自分とは何かということを考える機会を常に持つようにしている。一日二回、朝夕のホームルームでのお祈りを通して自分を顧み、反省の機会を持つのは信愛教育の基本である。

スクールライフ

登校時間	8:30
週登校日	6日制
学期制	3学期
制服	あり（夏・冬）
昼食	購買・食堂あり・弁当持参可
学校行事	文化祭（5月）・球技大会（6月）・体育祭（10月）
修学旅行	2年生11月　2泊3日　長崎研修旅行
環境・施設	体育館・チャペル・多目的ホール・セミナーハウス
クラブ活動	【体育系】ソフトテニス、バスケットボール、バレーボール、合気道、サッカー、バドミントン、ボクシング、マラソン、ダンスなど 【文科系】英会話、中国語、科学、GAC、ハンドベル、軽音楽、美術、家庭、書道、茶道、華道、社会、写真、放送、アニメ研究、競技かるたなど

費用

《入学手続き時》

○入学金	200,000円

《入学後》

○授業料	420,000円
○教育充実費	108,000円
○教育後援会費	24,000円
○学用品費（タブレット代含む）	約220,000円
○学級預り金	適宜

2024年度 募集要項

○募集人数　医進コース 25名、特進コース 95名（A日程午前約70名、B日程約25名、A日程午後・C日程約25名）

○願書受付　A・B日程：12/4（月）～1/11（木）　C日程：1/15（月）～1/17（水）　すべてweb出願

○受験料　〔A日程午前・B日程〕20,000円〔A日程午後・C日程〕15,000円
※複数回（2～3回）同時出願の場合、合計で20,000円

○選抜日時　A日程午前：1/13（土）　A日程午後：1/13（土）午後　B日程：1/14（日）　C日程：1/18（木）

○合格発表　A日程午前：1/13（土）21:30
A日程午後：1/15（月）21:30
B日程：1/14（日）21:30
C日程：1/22（月）19:00　いずれもWeb

○選抜方法　国・算　各100点各60分　理70点40分
A日程午前・B日程：医進は3科、特進は3科or2科（国算）・3科合計/2科合計×1.35のいずれか高い得点で判定
A日程午後：作文・適性検査（算・理・社）各100点各50分
C日程：作文・総合問題（面接含む）各100点各50分
※A日程午後・C日程は英検取得者加点（準1級以上70点、2級50点、準2級30点、3級20点、4級10点）

2024年度 入試結果

医進コース A日程午前

応募者数	32
受験者数	31
合格者数	18
競争率	1.72
合格最低点	186/270

特進コース A日程午前

応募者数	49
受験者数	48
合格者数	44
競争率	1.09
合格最低点	103/270

医進コース A日程午後

応募者数	33
受験者数	32
合格者数	20
競争率	1.60
合格最低点	非公表

特進コース A日程午後

応募者数	37
受験者数	36
合格者数	31
競争率	1.16
合格最低点	非公表

医進コース B日程

応募者数	79
受験者数	59
合格者数	45
競争率	1.31
合格最低点	181/270

特進コース B日程

応募者数	58
受験者数	13
合格者数	10
競争率	1.30
合格最低点	171/270

医進コース C日程

応募者数	0
受験者数	0
合格者数	0
競争率	—
合格最低点	—

特進コース C日程

応募者数	2
受験者数	0
合格者数	0
競争率	—
合格最低点	—

※回し合格（A午前12・午後8、B11）含まない

奨学金・特待制度

アンティエ特別奨学制度

独自の留学制度

特になし

併設高校の合格実績

2024年の進学状況（卒業者数216名）
和歌山信愛大学合格12名
和歌山信愛女子短期大学合格5名

国・公立大学合格67名
大阪大1、神戸大1、名古屋大1、大阪公立大3、筑波大1、国際教養大1、京都工芸繊維大1、奈良女子大1、岡山大1、広島大1、和歌山大11、大阪教育大2、奈良県立大1、和歌山県立医科大6、他。

他の私立大学合格324名
関西学院大7、関西大12、同志社大6、立命館大5、京都産業大7、近畿大62、甲南大2、龍谷大10、佛教大1、早稲田大1、上智大2、大阪医科薬科大3、兵庫医科大1、大阪歯科大1、京都薬科大1、神戸薬科大1、神戸学院大4、追手門学院大1、桃山学院大6、京都外国語大3、関西外国語大5、京都女子大25、同志社女子大16、神戸女学院大22、武庫川女子大11、東京女子大1、東京医療保健大12、帝塚山学院大6、宝塚医療大15、他。

省庁大学校合格6名
防衛大5、航空保安大1。

学校PR

生徒の持つ可能性を引き出す、信愛「育成型」教育
創立以来、本校では「一つの心　一つの魂」を建学の精神とし、一人ひとりを大切に育てながら個々の持つ可能性を最大限に引き出す、「育成型」の教育を行っています。この「育成型」教育は、小さな階段を少しずつ上がっていくように、生徒たちが先生との二人三脚で着実にステップアップを図る学習スタイルです。
また、ネイティブ教員によるきめ細かい指導や海外の先生と会話をする「オンライン英会話」など、英語学習環境も充実。一人1台のiPad使用でICT教育にも力を入れています。

和歌山大学教育学部附属中学校

学校インフォメーション

制服

通学

ICT教育

プール

海外研修

図書館

スマホ持ち込み

カウンセラー

帰国生入試

所在地　〒640-8137　和歌山市吹上1-4-1

電話	073-422-3093	**生徒数**	男203人　女217人
創立	1947年	**併設校**	和歌山大学・和歌山大学教育学部附属小学校 （高校は併設していない）
校長	南　正樹	**WEB**	http://www.ajhs.wakayama-u.ac.jp/

教育方針・特色

本校は、教育基本法及び学校教育法に基づき中等普通教育を行うとともに、大学学部と一体となって下記の教育の研究に従事する使命をもっている。

・教育の理論と実践に関する研究ならびにその実証を行う。
・教育学部学生の教育実習を行う。
・他の学校と連携・協力し教育研究を推進する。

スクールライフ

登校時間	8:25
週登校日	5日制
学期制	2学期
制服	あり（夏・冬）
昼食	弁当持参
学校行事	附中杯（6月）、海外語学研修（8月）、文化芸術週間（10月）、音楽会（11月）、校内マラソン大会（12月）
修学旅行	3年生　沖縄
環境・施設	普通教室、体育館、音楽室、美術室、CALL教室、PC教室、プールなど。 普通・特別教室ともにプロジェクタ・エアコン設置済
クラブ活動	【運動部】陸上競技（男・女）、サッカー、バスケットボール（男・女）、ソフトテニス（男・女）、卓球（男・女）、水泳、硬式テニス（男・女） 【文化部】家庭、美術、科学技術、英語、音楽

2024年度 募集要項

○募集人数	男女140名（内部進学者を含む）
○願書受付	12/25（月）・26（火）10:00～15:00 窓口出願のみ
○受験料	5,000円
○選抜日時	1/6（土）
○合格発表	1/10（水）郵送
○手続締切	1/13（土）
○選抜方法	学力検査（国語・社会、算数・理科） 面接（個人面接）

2023年度 入試結果

応募者数	93
受験者数	—
合格者数	56
競争率	1.66
合格最低点	非公表

学校PR

・普通教室だけでは無く、理科室、美術室などの特別教室にもプロジェクタが設置されています。校内Wi-Fi環境もあり、ICT機器の利用環境が整備されています。
・2019年度入学生より一人一台タブレット端末を導入しています。オンライン授業についても2019年度入学生は実施済みです。
・校内には緑も多く、自然豊かで四季を感じることができます。グラウンドから和歌山城を目にすることができます。

アクセス
JR阪和線和歌山駅下車和歌山バスで真砂町下車徒歩3分

費用

《入学手続き時》
○入学金　不要
○制定品等

《入学後》（年額）
○授業料　不要
○納付金等

奨学金・特待制度

特になし

独自の留学制度

特になし

併設高校の合格実績

2024年度の合格状況（卒業者数140名）
※併設高校がないため実績は中学卒業後の進学先

公立高校合格
桐蔭高、向陽高、海南高、星林高、他。

私立高校合格
智弁学園和歌山高、近畿大学附属和歌山高、和歌山信愛高、他。

和歌山

国公立

和歌山県立向陽中学校

学校インフォメーション

制服

通学

ICT教育

長期休暇講習

スーパースクール

探究授業

プール

図書館

食堂

スマホ持ち込み

カウンセラー

海外姉妹校

所在地　〒640-8323　和歌山市太田127

電話	073-471-0070	**生徒数**	男118人　女123人
創立	2004年	**併設校**	和歌山県立向陽高等学校環境科学科
校長	松本　泰幸	**WEB**	https://www.koyo-h.wakayama-c.ed.jp/

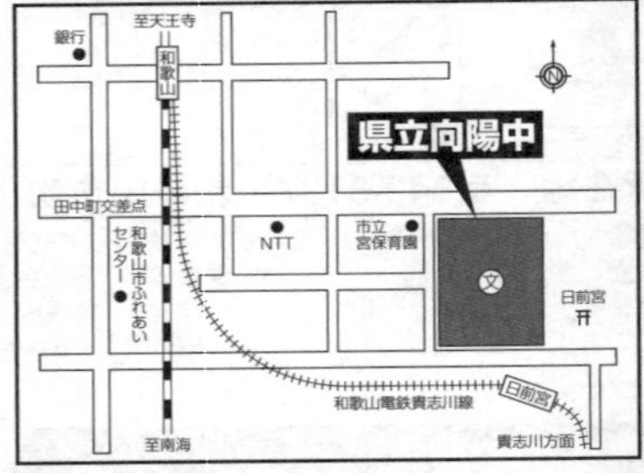

アクセス
JR阪和線和歌山駅東口から徒歩12分
JR貴志川線日前宮駅から徒歩2分

和歌山

教育方針・特色

向陽高等学校環境科学科との一貫教育で、豊かな人間性と高い知性を持つ、スケールの大きな人材の育成を目指す。中学では、次の3つのview（視点・視野）で教育を行う。

・STEAMVIEW　理数に関する系統性を重視

・環境VIEW　環境をテーマとする6年一貫学習

総合的な学習の時間には、実生活に結びつく体験的な学習を行う。

・コミュニケーションVIEW　国際化や社会生活に対抗する豊かな社会性の育成

学校独自教科として、サイエンスα、サイエンスβ、実践英語を設置、また、交流合宿、体験合宿、職業体験など豊富な体験学習で社会性を育てる。

向陽高等学校環境科学科では、数学・理科の領域について専門的に学習するとともに、英語の学習も重視。進路は、国公立大学を中心とした自然科学系学部（理・工・情報・医・歯・薬・看・農・水・獣医学部等）への進学をめざしている。

朝の読書の時間は、毎朝始業前10分文学作品を読む。教科書を離れて身近な科学を体験する「サイエンスα、β」の授業も設定している。

スクールライフ

登校時間	8:20
週登校日	5日制
学期制	3学期
制服	あり（夏・冬）
昼食	弁当持参
学校行事	交流合宿（中1・10月）、体験学習合宿（中2・6月）、文化祭（9月）、体育大会（10月）、職場体験（中3・10月）、職業ゼミ（中1・11月）、企業訪問（中2・11月）、中高マラソン大会（1月）
修学旅行	3年生5月　信州・東京
環境・施設	
クラブ活動	【運動部】陸上、剣道、サッカー、バスケット、バドミントン、ソフトテニス、卓球、水泳、軟式野球、フェンシング、少林寺拳法 【文化部】美術、合唱、演劇、吹奏楽、邦楽、茶道、理科、書道、家庭、文芸、図書

2024年度 募集要項

○募集人数	男女80名
○願書受付	1/4（木）～1/10（水）郵送出願 ※最終日消印有効
○受験料	2,200円
○選抜日時	適性検査・作文1/20（土）、面接1/21（日）
○合格発表	1/31（水）
○手続締切	2/1（木）
○選抜方法	適性検査Ⅰ・Ⅱ、作文の検査及び面接

2024年度 入試結果

応募者数	269
受験者数	244
合格者数	80
競争率	3.05
合格最低点	非公表

国公立

費用

《入学手続き時》

○入学金　不要

○制定品等

《入学後》（年額）

○授業料　不要

○納付金等

奨学金・特待制度

特になし

独自の留学制度

特になし

併設高校の合格実績

2024年度の合格状況（卒業者数266名）

国・公立大学合格者179（14）名

東京大1、京都大4（1）、大阪大5（1）、神戸大7、北海道大1、東北大1、名古屋大4、九州大1、大阪公立大19（2）、和歌山大47（2）、大阪教育大9（1）、京都工芸繊維大3、岡山大2、広島大4（1）、徳島大7、奈良女子大2、兵庫県立大8、和歌山県立医科大16、他。

私立大学合格者613（51）名

関西学院大27、関西大51（4）、同志社大31（2）、立命館大35（6）、京都産業大22、近畿大179（10）、甲南大1、龍谷大27、早稲田大1（1）、慶應義塾大5（1）、東京理科大5（2）、明治大3、中央大3（1）、法政大2、神戸学院大9、大阪経済大23（15）、大阪工業大14、関西外国語大7、京都女子大4、同志社女子大4、武庫川女子大8、東京医療保険（和歌山看護）22、他。

省庁大学校合格

防衛大2。

※（ ）内は現役内数。

和歌山県立古佐田丘中学校

学校インフォメーション

制服

通学

ICT教育

海外研修

プール

図書館

食堂

スマホ持ち込み

カウンセラー

ネイティブ教員

所在地　〒648-0065　和歌山県橋本市古佐田4丁目10-1

電話	0736-32-0049	**生徒数**	男31人　女90人
創立	2006年	**併設校**	和歌山県立橋本高等学校普通科中高一貫探究コース
校長	田中　克介	**WEB**	https://www.hashimoto-h.wakayama-c.ed.jp/jhs/

教育方針・特色

《校訓》自治と自由

《教育理念》豊かな心、確かな学力、高い志とたくましく生きる力をもち、国際社会においてリーダーとして貢献できる人材の育成。

《教育目標》心身ともにたくましく、豊かな心と確かな学力をもち、広い視野に立って社会の変化に主体的に対応できる生徒を育てる。

《指導の重点》

①基本的生活習慣や道徳的実践力を身につけた生徒を育てる。

②健康でたくましく、自ら進んで学習し、地域・学校・自分に対して誇りをもてる生徒を育てる。

③基礎基本の徹底と、思考力・創造力・判断力・表現力を培う授業の実践から、確かな学力をもつ生徒を育てる。

④自他の生命を尊重し、人や自然に思いやりをもち、人間性豊かな生徒を育てる。

⑤郷土の歴史と文化を尊重し、その素晴らしさを世界に発信していく生徒を育てる。

〈学校独自教科『リサーチ』〉

発展的な学習や個別の探究活動など幅広い学習活動を行う。

大学キャンパス訪問を実施。早い時期から進路に対する意識をもつ。

スクールライフ

登校時間	8:35
週登校日	5日制
学期制	3学期
制服	あり（夏・冬）
昼食	弁当持参
学校行事	ふるさと学習（4月）、橋古祭（6・9月）、バレーボール大会（10月）、キャンパス訪問（中3・11月頃）、金剛登山（2月）、学習発表会（3月）
修学旅行	3年生10月頃　東京方面
環境・施設	
クラブ活動	【運動部】ソフトテニス、陸上、水泳、剣道 【文化部】科学、放送、美術、邦楽

2024年度 募集要項

○募集人数　男女40名
○願書受付　1/4（木）～1/10（水）郵送出願
※最終日消印有効
○受験料　2,200円
○選抜日時　適性検査・作文1/20（土）、面接1/21（日）
○合格発表　1/31（水）
○手続締切　2/5（月）
○選抜方法　適性検査Ⅰ・Ⅱ、作文の検査及び面接

2024年度 入試結果

応募者数	49
受験者数	48
合格者数	40
競争率	1.20
合格最低点	非公表

学校PR

「自治と自由」を校訓とし、挨拶、礼儀やマナー、清掃活動などの基本的な生活習慣を大切に、「自立」への基礎となる力を育みます。 1クラス20人で編成し、少人数であることを生かした学習活動を行っており、発表活動の機会を多く設定することで「思考力」「判断力」「表現力」を伸長します。学習活動の基本となる「仲間作り」を重視し、社会における自らの役割や将来の生き方、在り方について考え、キャリア形成能力を育成します。

アクセス
JR和歌山線または南海高野線橋本駅から徒歩約10分

費用

《入学手続き時》
○入学金　10,000円

《入学後》（月額）
○教材費・校外学習費など　10,000円

奨学金・特待制度

特になし

独自の留学制度

特になし

併設高校の合格実績

2024年度の合格状況（卒業者数191名）

国・公立大学合格

東京大1、京都大1、神戸大4、名古屋大1、大阪公立大4、和歌山大12、大阪教育大4、京都工芸繊維大1、金沢大1、広島大1、兵庫県立大2、他。

私立大学合格

関西学院大3、関西大25、同志社大6、立命館大5、近畿大82、龍谷大8、早稲田大3、上智大1、青山学院大1、法政大2、摂南大7、追手門学院8、桃山学院大14、大阪経済大10、大阪工業大14、関西外国語大13（4）、武庫川女子大6、他。

※（ ）内は現役内数。

和歌山県立田辺中学校

学校インフォメーション

制服

通学

ICT教育

プール

自習スペース

図書館

食堂

カウンセラー

所在地　〒646-0024　和歌山県田辺市学園1-71

電話	0739-22-1921	**生徒数**	男134人　女112人
創立	2006年	**併設校**	和歌山県立田辺高等学校自然科学科
校長	西嶋　淳	**WEB**	https://www.tanabe-h.wakayama-c.ed.jp/

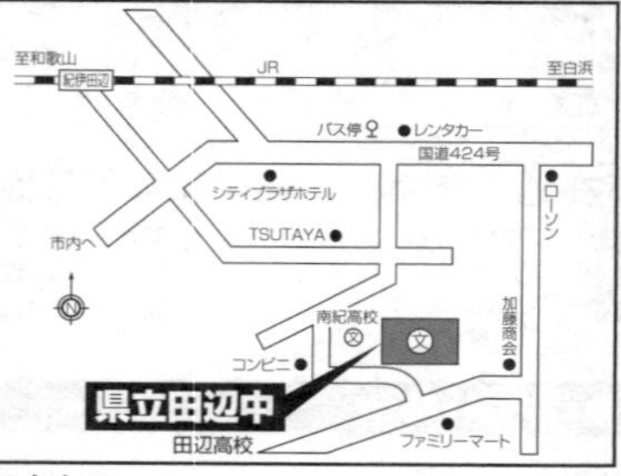

アクセス
JRきのくに線紀伊田辺駅から徒歩20分
JRきのくに線紀伊新庄駅から徒歩25分

教育方針・特色

田辺高等学校自然科学科へ接続する中高一貫教育。
・理数科を中心として基礎から専門まで充実した学習内容
・学校独自教科『表現』をとおして実践的コミュニケーション能力の育成
・総合的な学習の時間では、視点を郷土から世界へ広げ科学的なものの見方や考え方をもとに未来を考える。
・地域社会との交流をとおし、実社会でいきる科学技術への関心を高める。
・興味・関心に応じた選択教科・科目をもうけ、個性や才能を伸ばす。

進学する田辺高等学校自然科学科では、紀南地方の豊かな自然環境の中で、自然科学の探究を行うことを主な目標としている。専門科目の単位を多くしたカリキュラムでより深く学ぶことができる。

スクールライフ

登校時間	8:35
週登校日	5日制
学期制	3学期
制服	あり（夏・冬）
昼食	弁当持参
学校行事	新入生歓迎大会（4月）、体育祭（5月）、自然観察学習（中1・6月）、職場体験学習（中3・6月）、文化祭（9月）、動物飼育体験学習（中1・10月）、宿泊体験学習（中2・10月）
修学旅行	3年生11月　関東方面
環境・施設	
クラブ活動	【運動部】卓球、陸上、剣道、バスケット（女子）、サッカー、ソフトテニス、新体操 【文化部】書道、文芸、合唱、英会話、美術、生物、囲碁将棋

2024年度 募集要項

○募集人数　男女80名
○願書受付　1/4(木)～1/10(水)郵送出願
※最終日消印有効
○受験料　2,200円
○選抜日時　適性検査・作文1/20(土)、面接1/21(日)
○合格発表　1/31(水)
○手続締切　2/1(木)～2/5(月)
○選抜方法　適性検査Ⅰ・Ⅱ、作文の検査及び面接

2024年度 入試結果

応募者数	123
受験者数	116
合格者数	80
競争率	1.45
合格最低点	非公表

学校PR

・中・高の教員の連携による6年間を見通した中高一貫教育を推進します。
・学校独自教科「実験理科」「演習数学」「表現」を通して、一人一人の資質と能力の向上を図ります。
・様々な体験学習を実施し、学習への興味や関心を広げていきます。

費用

《入学手続き時》
○入学金　不要
○制定品等

《入学後》（年額）
○授業料　不要
○納付金等

奨学金・特待制度

特になし

独自の留学制度

特になし

併設高校の合格実績

2024年度の合格状況（卒業者数275名）
国・公立大学合格132名
京都大3(3)、大阪大5(3)、神戸大5(5)、北海道大1(1)、名古屋大2(2)、大阪公立大6(6)、横浜国立大1(1)、広島大2(2)、和歌山大17(16)、和歌山県立医科大6(6)、他。

私立大学合格
関西学院大34(31)、関西大20(16)、同志社大21(20)、立命館大32(27)、早稲田大9(2)、慶應義塾大3、他。

※(　)内は現役合格内数

和歌山

国公立

和歌山県立桐蔭中学校

学校インフォメーション

制服

通学

ICT教育

プール

図書館

カウンセラー

所在地　〒640-8137　和歌山市吹上5丁目6-18

電話	073-436-7755	**生徒数**	男100人　女140人
創立	2007年	**併設校**	和歌山県立桐蔭高等学校
校長	川嶌　秀則	**WEB**	https://www.toin-h.wakayama-c.ed.jp/toinjhs/

教育方針・特色

○6年間という年齢集団の中で、好ましい人間関係を育みながら長所や個性を伸ばし、責任をもって主体的に行動できる資質を向上させる。

○学校や公立の図書館、博物館など近くにある文化施設等を活用し、情報の収集や体験にもとづいた学習を進める。

○各分野で活躍する桐蔭卒業生を講師として招き、講義や講演等を通して、目的意識をもって学習することや進路に対する意識を高める。

〈学校独自教材『桐蔭キュリオ』〉

「なぜだろう?」「面白いなあ!」という気持ちで意欲的に学習できる学校独自教科、『表現』『科学』『国際』の3分野がある。『表現』は、日本語のコミュニケーション能力を育成し言語感覚をみがく。『科学』は、実験、観察、製作等の活動や数学・理科の知識を生かして課題を解決する能力を育てる。『国際』は、国際社会の問題を多角的にとらえ国際社会で生きる姿勢や態度を育てる。

〈総合的な学習の時間『キャリア桐の葉』〉

教科で学習したことを活用しながら、問題解決への筋道を考え追究。課題を見つけ仲間と解決する場。地域を調べ、地域に関わり、地域に発信する力を培う。

スクールライフ

登校時間	8:30
週登校日	5日制
学期制	3学期
制服	あり(夏・冬)
昼食	弁当持参
学校行事	新入生交流合宿(4月)、文化祭(9月)、体育大会(9月)、桐蔭キュリオ・キャリア桐の葉発表会(3月)
修学旅行	3年生5月　東京・富士方面
環境・施設	情報処理室、LL教室、図書館、体育館、剣道場、柔道場、卓球場、トレーニングルーム、プール、同窓会館
クラブ活動	【運動部】剣道、卓球、テニス、陸上、柔道など 【文化部】ESS、囲碁将棋、園芸、演劇、音楽、科学、家庭、華道、茶道、社会、写真、書道、創作、美術など

2024年度 募集要項

○募集人数	男女80名
○願書受付	1/4(木)～1/10(水)郵送出願 ※最終日消印有効
○受験料	2,200円
○選抜日時	適性検査・作文1/20(土)、面接1/21(日)
○合格発表	1/31(水)
○手続締切	2/1(木)
○選抜方法	適性検査Ⅰ・Ⅱ、作文の検査及び面接

2024年度 入試結果

応募者数	271
受験者数	239
合格者数	80
競争率	2.99
合格最低点	非公表

学校PR

「自ら人生を切り拓く人を育てる」が桐蔭のポリシーです

桐蔭は明治12年(1879年)に、和歌山県初の県立中学校として設立された旧制和歌山中学校の流れを継ぐ学校で、県内でも有数の歴史と伝統を有する学校です。

平成19年(2007年)、桐蔭高校に桐蔭中学校を併設し、6年一貫の教育を行うこととしました。桐蔭中学校には県下広範囲の小学校から、強い意志と希望を持った生徒が集っていますので、互いに磨きあい、高めあうことを通じて、可能性をより広げることが出来ます。

中学校課程終了後は、全員、桐蔭高校普通科へ進学し、そこでもまた、高いレベルで「文武両道」に挑戦する者、高こう邁まいな志と能力を備えた者、感性や創造力を高めようとする者など様々な個性と出会い、切磋琢磨することができます。

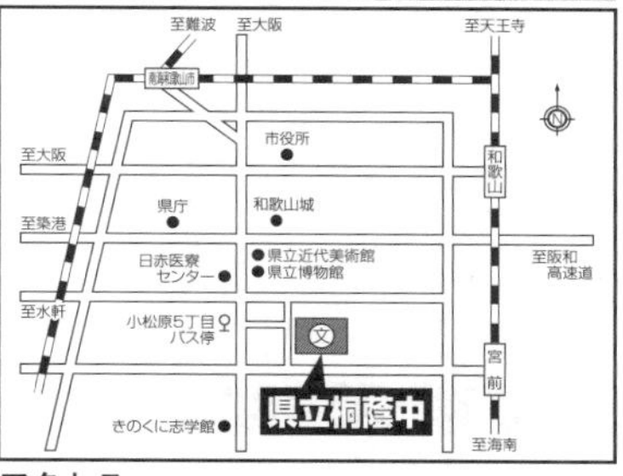

アクセス
JR和歌山駅および南海和歌山市駅から和歌山バスで小松原5丁目下車東へ徒歩5分
JR宮前駅から徒歩約25分

費用

《入学手続き時》

○入学金	不要
○制定品等	

《入学後》(年額)

○授業料	不要
○納付金等	

奨学金・特待制度

特になし

独自の留学制度

特になし

併設高校の合格実績

2024年度の合格状況(卒業者数276名)

国・公立大学合格193(39)名

東京大3(2)、京都大5(4)、大阪大15(4)、神戸大8(1)、北海道大4(1)、名古屋大1、九州大1(1)、一橋大1、大阪公立大15(1)、和歌山大36(2)、大阪教育大2、京都工芸繊維大3、岡山大7(1)、広島大10(2)、和歌山県立医科大17(3)、他。

私立大学合格731(131)名

関西学院大49(9)、関西大64(6)、同志社大43(20)、立命館大55(20)、京都産業大32(4)、近畿大168(16)、龍谷大45(25)、佛教大8、早稲田大9(5)、慶応義塾大3、明治大6、青山学院大3、立教大2、中央大2、法政大7、神戸学院大6、桃山学院大24、大阪経済大17、大阪工業大13(1)、関西外国語大13(4)、摂南大20(6)、追手門学院大45(6)、京都女子大15(5)、同志社女子大7、武庫川女子大5、他。

省庁大学校合格4(1)名

防衛医科大1、防衛大1、水産大1、気象大1(1)

※( )内は既卒生内数

和歌山

国公立

和歌山県立日高高等学校附属中学校

学校インフォメーション

制服

通学

長期休暇講習

食堂

スマホ持ち込み

カウンセラー

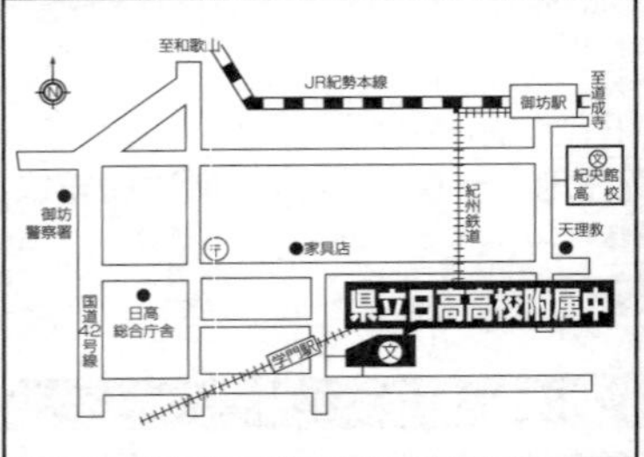

アクセス
JR紀勢本線御坊駅で紀州鉄道乗換、学門駅下車徒歩1分

所在地　〒644-0003　和歌山県御坊市島45

電話	0738-22-0500	**生徒数**	120人
創立	2008年	**併設校**	和歌山県立日高高等学校
校長	山本　直樹	**WEB**	https://www.hidaka-h.wakayama-c.ed.jp/

和歌山

教育方針・特色

基礎・基本の定着とともに、発展的な学習内容を導入する。6年間を3段階で構成することで学習内容に連続性・系統性をもたせる。
- ・中1～中2　基礎期
- ・中3～高1　充実期
- ・高2～高3　発展期

《特色ある教科学習》
学校設定教科「日高シナジー」を設置して、教科の枠を越えた発想や視点をとおして、「論理的に考える力」「深く洞察する力」「表現する力」「豊かに創造する力」を育てる。(中学校での日高シナジーは、実験科学、コミュニケーション、情報科学、高校では、ナチュラルサイエンス、実験数学、英語表現、国語総合、政治経済、地理歴史)　興味・関心に応じた選択教科・科目をもうけ、個性や才能を伸ばす。
《豊かな人間性の育成》
魅力ある道徳教育の展開・様々な体験活動(宿泊研修・職場体験等)・中高合同学校行事(体育祭・文化祭等)・自発的・自治的な生徒活動・教育相談の充実・国際理解教育と国際交流・中高連携しか部活動　等
県立日高高等学校総合科学科へ入学者選抜なしで進学できる。

スクールライフ

登校時間	8:20
週登校日	5日制
学期制	3学期
制服	あり(夏・冬)
昼食	弁当持参
学校行事	・1学期:ナビゲイト日高(中1)、職場体験(中2)、球技大会　・2学期:文化祭、体育祭、日高クエスト(中2)　・3学期:百人一首大会、ようこそ先輩(中3)、ブリティッシュヒルズ英語研修
修学旅行	3年生　東京
環境・施設	日高高等学校と共用です。
クラブ活動	【運動部】剣道、陸上、卓球、ソフトテニス 【文化部】合唱、書道、美術、英語、生物科学、茶道

2024年度 募集要項

- ○募集人数　40名
- ○願書受付　1/4(木)～1/10(水)郵送出願　※最終日消印有効
- ○受験料　2,200円
- ○選抜日時　適性検査・作文1/20(土)、面接1/21(日)
- ○合格発表　1/31(水)
- ○手続締切　2/1(木)
- ○選抜方法　適性検査Ⅰ・Ⅱ、作文の検査及び面接

2024年度 入試結果

応募者数	42
受験者数	40
合格者数	40
競争率	1.00
合格最低点	非公表

国公立

学校PR

本校では、特に重点的に、「理数教育」「国際理解学習」「地域学習」の3つについて、総合的な学習の時間や学校設定教科「日高シナジー」の授業で課題解決学習として取り組みます。生徒が主体的に学習したり、興味のある分野について突き詰めていくことで、学習に対する興味・関心を高めていくことができます。受験生の皆さん、ぜひ日高高等学校附属中学校で、一緒に学習し自分の夢をつかみましょう。

費用

《入学手続き時》
- ○入学金　不要
- ○制定品等

《入学後》(年額)
- ○授業料　不要
- ○納付金等

奨学金・特待制度

特になし

独自の留学制度

特になし

併設高校の合格実績

2024年度の合格状況(卒業者数213名)

国・公立大学合格
京都大1、神戸大1、大阪公立大3、筑波大1、和歌山大10、大阪教育大1、福井大2、岡山大3、広島大2、京都府立大1、他。

私立大学合格
関西学院大17、関西大10、同志社大5、立命館大8、京都産業大5、近畿大63、龍谷大2、佛教大3、摂南大8、神戸学院大4、追手門学院6、大阪経済大5、同志社女子大3、武庫川女子大6、他。

片山学園中学校

学校インフォメーション

制服

通学

長期休暇講習

習熟度別授業

海外研修

留学制度

学生寮

自習スペース

図書館

バリアフリー

食堂

スマホ持ち込み

カウンセラー

特待生制度

所在地　〒930-1262　富山県東黒牧10

電話	076-483-3300	**生徒数**	男 84人　女 99人
創立	2005年	**併設校**	片山学園初等科、片山学園高等学校
校長	片山　愛子	**WEB**	https://www.katayamagakuen.jp/

教育方針・特色

片山学園6つの特長
①塾が創った学校　北陸最大の学習塾「富山育英センター」が創った学校です。多くの教員は塾で長年の指導経験があり、生徒の学力を伸ばすために手厚く指導をしています。
②大学受験を見据えた充実のカリキュラム　主要教科は6年間分を高校2年までに終わらせ、高校3年時は大学受験対策に集中できます。
③ICT教育環境の充実　生徒1人に1台ずつiPadを貸与し、授業や自主学習で活用しています。楽しみながら効率的に学習し、情報活用能力を養います。
④生徒主体の多彩な学校行事　学園祭、体育大会、修学旅行（中1から中3まで毎年実施します）等学校行事が数多くあります。全員が何かしらのリーダーになり主体性、協調性を育みます。
⑤海外研修・海外交流が豊富　中学生はスイス、オーストラリアへの短期留学を希望し条件を満たせば毎年参加することができます。また、高校1年時には全員でイギリス語学研修を行います。また、オンラインで海外の生徒と交流したり、提携校の授業を受けたりしています。よりグローバルな視野を身につけられるようサポートしています。
⑥2024年度は京大医学部医学科を含め６名が国公立大学医学部医学科に合格し、これまでの全卒業生の約12%が医学部医学科に進学しています。

スクールライフ

登校時間	8:40
週登校日	5日
学期制	3学期
制服	あり（夏・冬）
昼食	食堂あり
学校行事	写生大会（5月）、体育大会（9月）、学園祭（11月）、合唱コンクール（12月）、スキー実習（1月）
修学旅行	中学1年生3月　富山・石川　　中学2年生3月　広島・京都・奈良　　中学3年生3月　東京
環境・施設	寮、図書室、家庭科室、調理室、体育館（中高別々）、視聴覚・コンピュータ室、音楽室、大自習室、教室・ワークスペースなど。
クラブ活動	【運動部】弓道、硬式テニス、バスケットボール、サッカー、陸上競技、バドミントン、ダンス、卓球、剣道、空手道、ゴルフ 【文化部】吹奏楽、放送演劇、科学、書道、美術

2024年度 募集要項

○募集人数	80名（試験種別ごとの定員は定めません）
○願書受付	推薦12/6（水）9:00～12/15（金）17:00 国内12/11（月）9:00～12/30（土）20:00 一般前期1/9（火）9:00～1/19（金）17:00 一般後期1/24（水）9:00～2/2（金）17:00 すべてWeb出願
○受験料	13,000円
○選抜日時	推薦12/17（日）本校 国内1/8（月・祝）関西会場：天満研修センター 関西A・B8:30　算数選抜14:20 一般前期1/21（日）本校 一般後期2/4（日）本校
○合格発表	推薦12/19（火）　国内1/11（木） 一般前期1/23（火）　一般後期2/5（月） それぞれ13:00Web・発送
○選抜方法	推薦：作文（20分）・面接（個人） 国内（4教科型）：国・算（各50分）・理・社（各40分） 国内（3教科型）：国・算（各50分）・理（40分） 国内（算数選抜）：算（60分） 一般前期・後期：国・算・理・社（各45分）

2024年度 入試結果

	推薦		国内 関西	国内 関東・東海
募集人数	15	募集人数	396	82
受験者数	15	受験者数	383	80
合格者数	15	合格者数	354	67
競争率	1.00	競争率	1.08	1.19
合格最低点	—	合格最低点	3科:67・4科:93	

	一般（前期）		一般（後期）
募集人数	121	募集人数	9
受験者数	118	受験者数	7
合格者数	99	合格者数	5
競争率	1.19	競争率	1.40
合格最低点	135	合格最低点	非公表

学校PR

片山学園の学生寮
　本校には学生寮が併設されており、94名の寮生（2024年4月現在）が生活しています。スタッフは寮長を含めた5名が24時間常駐しています。また、卒業生を中心とした医学部生が、チューターとして学習指導にあたります。
寮の部屋は、8畳弱の完全個室で、プライベートがしっかりと守られます。また、寮生は「自律」の精神を養うことを目標とし、日々自ら行動し、自己管理を行っています。また、協同作業により、お互いに助け合いながら、お互いを高め合うことを意識して活動しています。

アクセス
JR富山駅から車で約30分
通学にはスクールバス運行

富山

費用

《入学手続き時》

○入学金	150,000円

《入学後》（年額）

○授業料	420,000円
○施設費	240,000円

《寮》

○入寮費	50,000円
○寮費（年額）	930,000円
○施設管理費	78,000円

奨学金・特待制度

特待生A…授業料および施設費の全額免除
特待生B…授業料および施設費の半額免除

※学校側が指定する条件を満たした生徒には、授業料と寮費がともに免除になる特別特待制度があります

共学校

独自の留学制度

留学先	①BRILLANTMONT International School（スイス） ②COLLEGE DROMANA（オーストラリア）
学年	全学年
内容	短期語学留学
費用	①900,000円　②300,000円

併設高校の合格実績

2024年の進学状況（卒業者数67名）
国・公立大学合格38名
東京大1、京都大2（内医1）、東京工業大1、大阪大1、神戸大1、筑波大1、金沢大1、他。

私立大学合格
関西学院大3、関西大2、同志社大7、立命館大14、近畿大20、龍谷大6、早稲田大12、慶應義塾大1、上智大1、東京理科大3、明治大5、青山学院大3、立教大3、中央大2、法政大2、京都女子大1、同志社女子大1、他。

省庁大学校合格
防衛医科大1（内医1）。

※既卒生含む

秀明中学校

学校インフォメーション

制服

通学
中学は全寮制

ICT教育

長期休暇講習

習熟度別授業

海外研修

プール

学生寮

自習スペース

食堂

カウンセラー

奨学生制度

ネイティブ教員

所在地　〒350-1175　埼玉県川越市笠幡4792

電話	049-232-6611	**生徒数**	男 325人　女 182人
創立	1978年	**併設校**	秀明高等学校、秀明大学、チョーサー・カレッジ・カンタベリー、秀明英光高等学校、秀明八千代中学校・高等学校
校長	神原 洋	**WEB**	https://shumei.ac.jp/jhs/

アクセス
JR川越線笠幡駅徒歩5分

教育方針・特色

家庭（保護者）と学校（教員）が学習者（生徒）の天性を最大限に引き出し、先伸びさせるために「共育」（共に育てる）、「協育」（協力して育てる）、「強育」（強く育てる）することです。したがって、家庭と学校は対等の立場であり、学習者の情報の共有や意 見交換等を密にしながら教育を行っていきます。

「知は力なり、知こそ文明の原点である」という考えから、知育はもちろんのこと、 寮生活（中学校は全寮制）によって人間形成を行い、社会に貢献できる人材を育成します。「知・技・ 心」のバランスのとれた人物の育成に努め、なかでも「知」と「技」を支える「心の学習」を重視しています。

スクールライフ

登校時間	8:10
週登校日	5日
学期制	3学期
制服	あり（夏・冬）
昼食	寮で昼食
学校行事	イギリス英語研修（4月）、校外学習（5月）、体育大会（6月）、英語スピーチコンテスト（7・11・2月）、イギリス研修（9月）、文化発表会「知泉祭」（10月）、強歩大会（11月）、球技大会（12月）、演劇観賞会（3年・2月）
修学旅行	
環境・施設	メディアセンター（図書館・サウンドシアター・PCルーム）、スポーツセンター（温水プール・柔道場・剣道場・トレーニングルーム）、男子寮、女子寮
クラブ活動	【運動部】野球部、バスケットボール部、サッカー部、硬式テニス部、バドミントン部、卓球部、柔道部、剣道部、空手道部、水泳部、スキー部 【文化部】写真部、ブラスバンド部、囲碁・将棋部、美術部、演劇部、書道部

2024年度 募集要項

○募集人数　スーパーイングリッシュコース、医進・特進コース、総合進学コース　計80名

○願書受付　専願：11/10（日）～11/29（金）
一般（第Ⅰ期）：12/4（水）～1/10（金）
一般（第Ⅱ期）：1/15（水）～2/6（木）
すべてWeb出願

○受験料　20,000円

○選抜日時　専願：12/1（日）
一般（第Ⅰ期）：1/12（日）
一般（第Ⅱ期）：2/8（土）

○合格発表　専願：12/3（火）
一般（第Ⅰ期）：1/14（火）
一般（第Ⅱ期）：2/11（火）
すべてWeb

○選抜方法　〈筆記試験〉
スーパーイングリッシュコース：英語・算数・国語（各50分）
医進・特進、総合進学：英語・算数・国語から2教科（各50分）
〈受験生面接〉
保護者面談（原則として両親）

2024年度 入試結果

	専願入試		一般入試Ⅰ		一般入試Ⅱ	
スーパーイングリッシュ	男	女	男	女	男	女
応募者数	1	4	1	1	0	0
受験者数	1	4	1	1	0	0
合格者数	1	4	1	1	0	0
競争率	1.00	1.00	1.00	1.00	—	—
合格最低点	—	—	—	—	—	—
医進・特進	男	女	男	女	男	女
応募者数	14	7	12	7	0	1
受験者数	13	7	11	6	0	1
合格者数	9	7	9	6	0	1
競争率	1.44	1.00	1.22	1.00	−	1.00
合格最低点	—	—	—	—	—	—
総合進学	男	女	男	女	男	女
応募者数	38	13	9	6	2	2
受験者数	38	12	9	6	2	2
合格者数	33	10	7	5	2	2
競争率	1.15	1.20	1.29	1.20	1.00	1.00
合格最低点	—	—	—	—	—	—

費用

《入学手続き時》

○入学金	250,000円

《入学後》（月額）

○授業料	28,000円
○実験実習費	2,000円
○光熱冷暖房費	5,000円
○施設設備費（毎年）	150,000円

奨学金・特待制度

奨学金入試あり

独自の留学制度

特になし

併設高校の合格実績

2024年の進学状況（卒業者数54名）
主要合格実績（2021～2024年度）

国・公立大学合格

東京大1、北海道大1、東北大1、筑波大4、東京外国語大2、旭川医科大1、鳥取大1、岡山大1、福島県立医科大1、東京都立大1、防衛大学校1、防衛医科大学校2、他。

私立大学合格

早稲田大3、慶應義塾大2、上智大1、国際基督教大2、東京理科大3、明治大7、青山学院大2、立教大3、法政大7、中央大1、芝浦工業大3、学習院大2、成城大3、順天堂大1、日本医科大2、東京医科大3、大阪医科薬科大1、東京女子医科大7、東北医科薬科大8、岩手医科大13、藤田医科大2、聖マリアンナ医科大4、愛知医科大3、金沢医科大5、埼玉医科大15、獨協医科大11、川崎医科大7、東京歯科大6、日本歯科大16、神奈川歯科大6、大阪歯科大1、明治薬科大3、東京薬科大5、北里大11、日本大57, 明海大16, 帝京大9、他。

海外の大学

北京大1、華中科技大1、中国人民大1。

学校PR

中学校は月曜登校・金曜下校の4泊5日の全寮制中高一貫。高校は寮制・通学制を選択可で、入寮希望者は全員個室に入寮可。中学校で２週間、高校で3週間のイギリス英語研修は、自前の研修施設で行うため格安。希望者全員が参加可能です。

北嶺中学校

学校インフォメーション

制服

通学

長期休暇講習

習熟度別授業

海外研修

学生寮

図書館

食堂

カウンセラー

帰国生入試

特待生制度

ネイティブ教員

海外姉妹校

所在地　〒004-0839　**札幌市清田区真栄448番地の1**

電話	011-883-4651	**生徒数**	男 747人
創立	1986年	**併設校**	北嶺高等学校
校長	谷地田 穣	**WEB**	https://www.kibou.ac.jp/hokurei/

アクセス
地下鉄東西線大谷地駅、東豊線福住駅からタクシー20分。登下校時地下鉄東西線、南北線、東豊線方面スクールバス運行。

教育方針・特色

「目は高く足は大地に　めざすなら高い嶺」を合言葉に文武両道を掲げ、世界で活躍するグローバルリーダーの育成を行う教育を実践しています。2つの校技「柔道とラグビー」に全員が授業で取り組みます。

スクールライフ

登校時間	夏季 8:35　冬季 8:50
週登校日	6日
学期制	3学期
制服	あり(夏・冬)
昼食	食堂・購買・弁当など
学校行事	登山(6月)、学校祭(7月)、体育祭(9月)、ラグビー大会(10月)、柔道大会(11月)
修学旅行	高校1年生　アメリカ(ボストン・ニューヨーク)
環境・施設	札幌郊外の白旗山のふもとにある自然豊かな環境下、学校生活に集中して取り組むことができます。学校に連結した青雲寮には、全校生徒の約半数が生活しています。
クラブ活動	【スポーツ系クラブ】柔道、ラグビー、卓球、テニス、野球、サッカー、バスケットボール、バレーボール、陸上、剣道 【文化系クラブ・外局】美術、囲碁・将棋、科学、数楽、ディベート、放送局、図書局、新聞局、クイズ研究会、写真 【公認団体】鉄道研究会、ロボット研究会、パソコン研究会、古典かるた研究会、映像研究会、国連コース

2024年度 募集要項

○募集人数	男子120名(青雲寮コースはこのうち60名) ※特待選抜入試・一般入試あわせて120名 ※中学入試のみ(高校からの受け入れなし)
○願書受付	11月22日(金)0:00～12月23日(月) Web出願のみ
○受験料	20,000円
○選抜日時	2025年1月8日(水)9:00～
○合格発表	1月11日(土)9:00　Web発表
○選抜方法	国語・算数 各120点各60分 理科・社会 各80点各40分 大阪会場は4科受験または3科(国算理)受験を選択 3科受験者は、国算理の3科合計点を1.25倍して400点に換算 教科ごとの基準点はなし 専願・併願あり 合格最低点　212/400

2024年度 入試結果

特待選抜入試コース

応募者数	684
受験者数	671
合格者数	123
競争率	5.5
合格最低点	305/400

一般選抜入試コース

応募者数	1,303
受験者数	1,269
合格者数	1,044
競争率	1.2
合格最低点	212/400

費用

《入学手続き時》

○入学金	300,000円
○入寮施設費	100,000円
○寮費(月額)	100,000円

《入学後》

授業料(月額)	50,000円
PTA・生徒会費	16,800円
教材費・学校活動費	100,000円

北海道

奨学金・特待制度

特待選抜入試に合格者は特待生として入学
(入学金、授業料免除、毎月奨励金給付)。
※入学後は1年ごとに学業成績・人物評価を行い、特待生認定を見直す。

独自の留学制度

留学先	ニュージーランド
学　年	中2～高1
内　容	兄弟校での短期学習＋ホームステイ(1週間)
費　用	35万円

男子校

併設高校の合格実績

2024年の進学状況(卒業者数117名)
国・公立大学合格108名
東京大7、京都大3、一橋大5、北海道大15、東北大8、名古屋大1、大阪大4、神戸大1、札幌医科大15、旭川医科大3、横浜国立大1、大阪公立大3、弘前大1、秋田大1、岩手大2、筑波大1、高崎経済大1、山梨大1、新潟大1、信州大2、防衛医科大学校4、航空保安大学校1、その他27。

私立大学合格105名
早稲田大17、慶應義塾大9、上智大5、東京理科大7、明治大8、立教大1、中央大5、法政大2、青山学院大3、学習院大1、日本大2、同志社大3、立命館大2、関西学院大2、その他38。

学校PR

高校1年生全員でハーバード大学を訪問し、ハーバード大学生を講師とした英語ワークショップ・プレゼンテーションに挑みます。あわせて、ニューヨーク研修を行います。科学分野では、JAXA研修、モデルロケット研修、希望者にはNASA 研修を実施。生徒全員が９つの学問の探究型プログラムを受講することで、自己適性を知るとともに、将来の進路を見つけ出すことができます。

大阪府私立中学校　所在地MAP

■ 私立学校　● 国公立学校

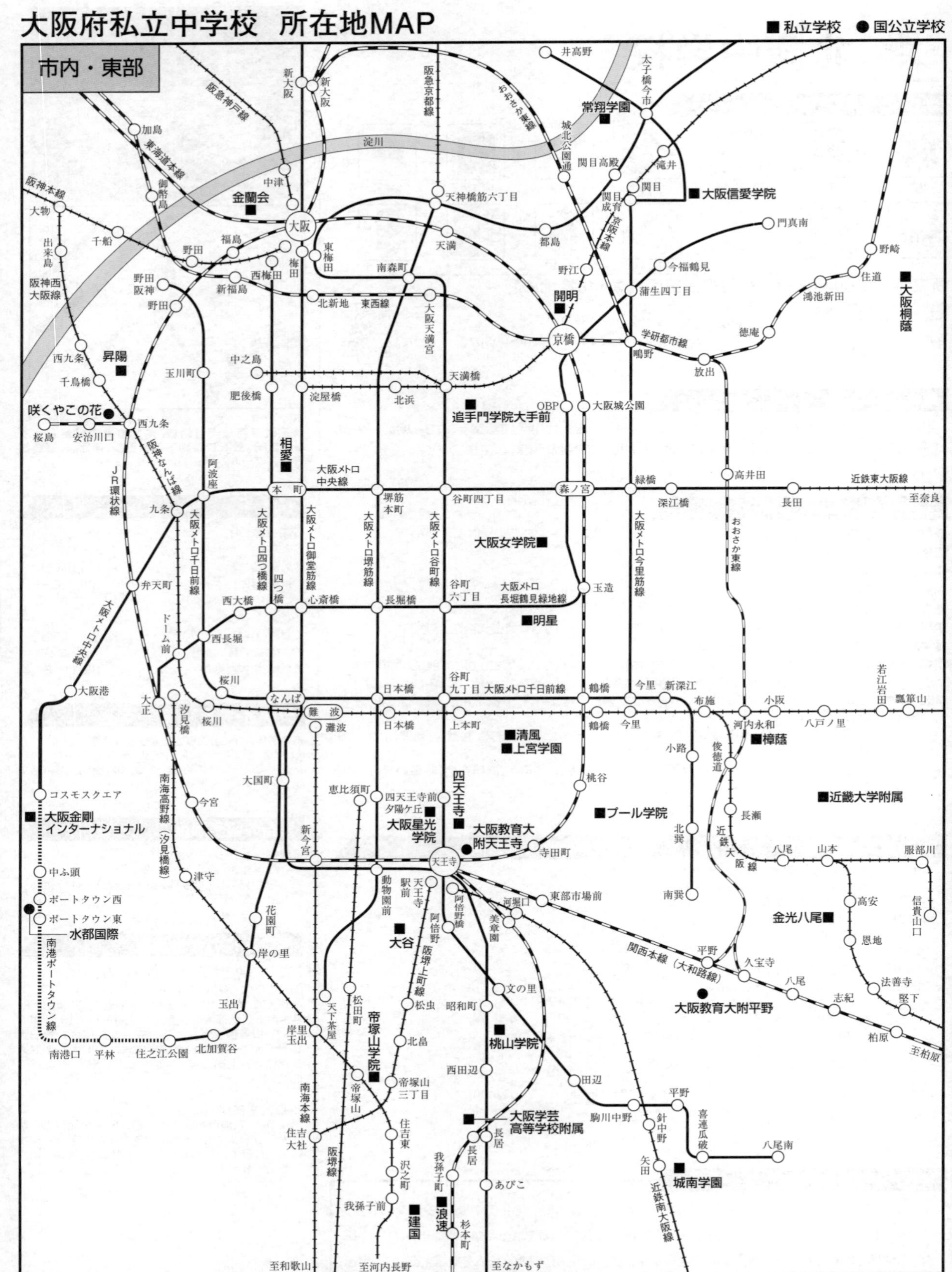

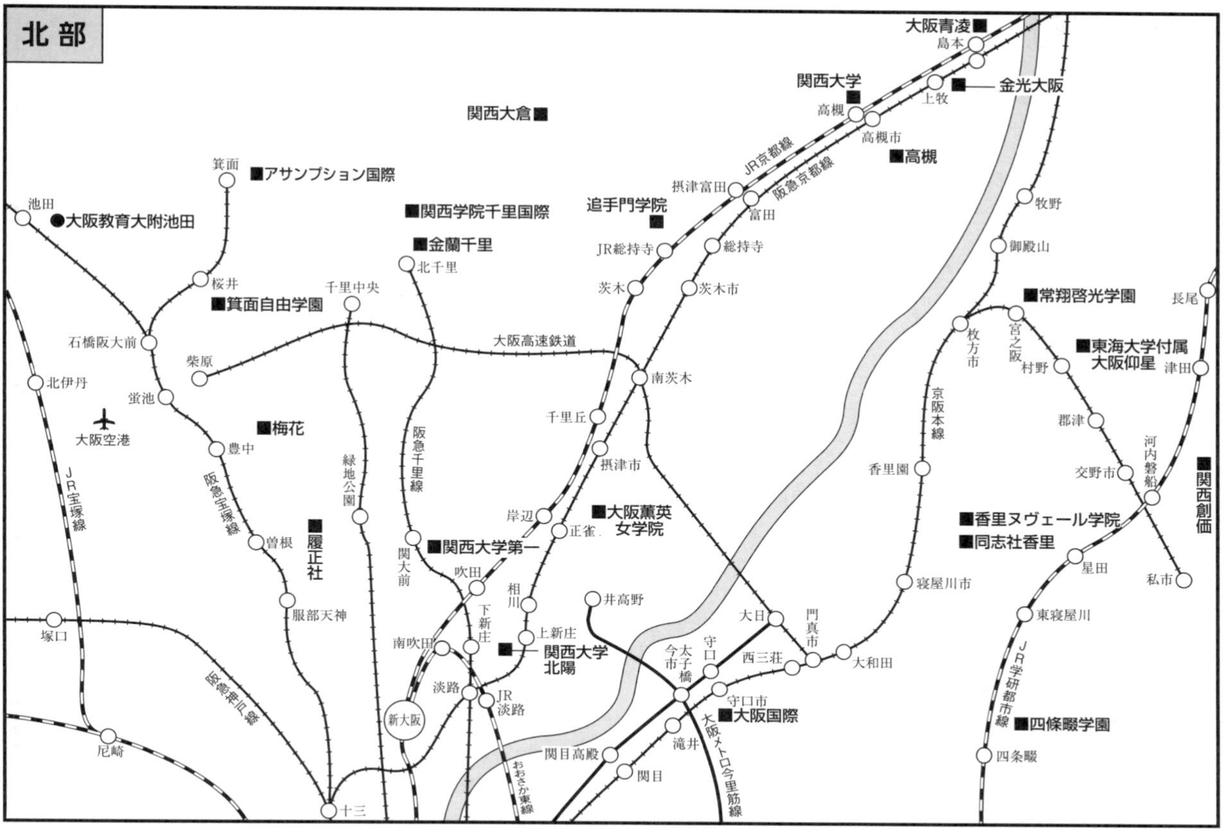

北部

大阪青凌
島本
関西大学
金光大阪
上牧
関西大倉
高槻
高槻市
高槻
JR京都線
阪急京都線
箕面
アサンプション国際
摂津富田
富田
池田
大阪教育大附池田
関西学院千里国際
追手門学院
金蘭千里
北千里
JR総持寺
総持寺
牧野
御殿山
桜井
箕面自由学園
千里中央
茨木
茨木市
常翔啓光学園
長尾
枚方市
宮之阪
石橋阪大前
大阪高速鉄道
柴原
南茨木
村野
東海大学付属大阪仰星
津田
北伊丹
蛍池
大阪空港
千里丘
梅花
郡津
豊中
阪急千里線
緑地公園
摂津市
京阪本線
JR宝塚線
阪急宝塚線
香里園
交野市
河内磐船
関西創価
岸辺
大阪薫英女学院
正雀
香里ヌヴェール学院
同志社香里
曽根
履正社
関大前
関西大学第一
吹田
星田
寝屋川市
私市
相川
井高野
服部天神
下新庄
大日
門真市
東寝屋川
塚口
上新庄
関西大学北陽
今市
太子橋
守口
西三荘
大和田
南吹田
JR学研都市線
阪急神戸線
淡路
JR淡路
守口市
大阪国際
四條畷学園
新大阪
大阪メトロ今里筋線
尼崎
関目高殿
滝井
四条畷
おおさか東線
関目
十三

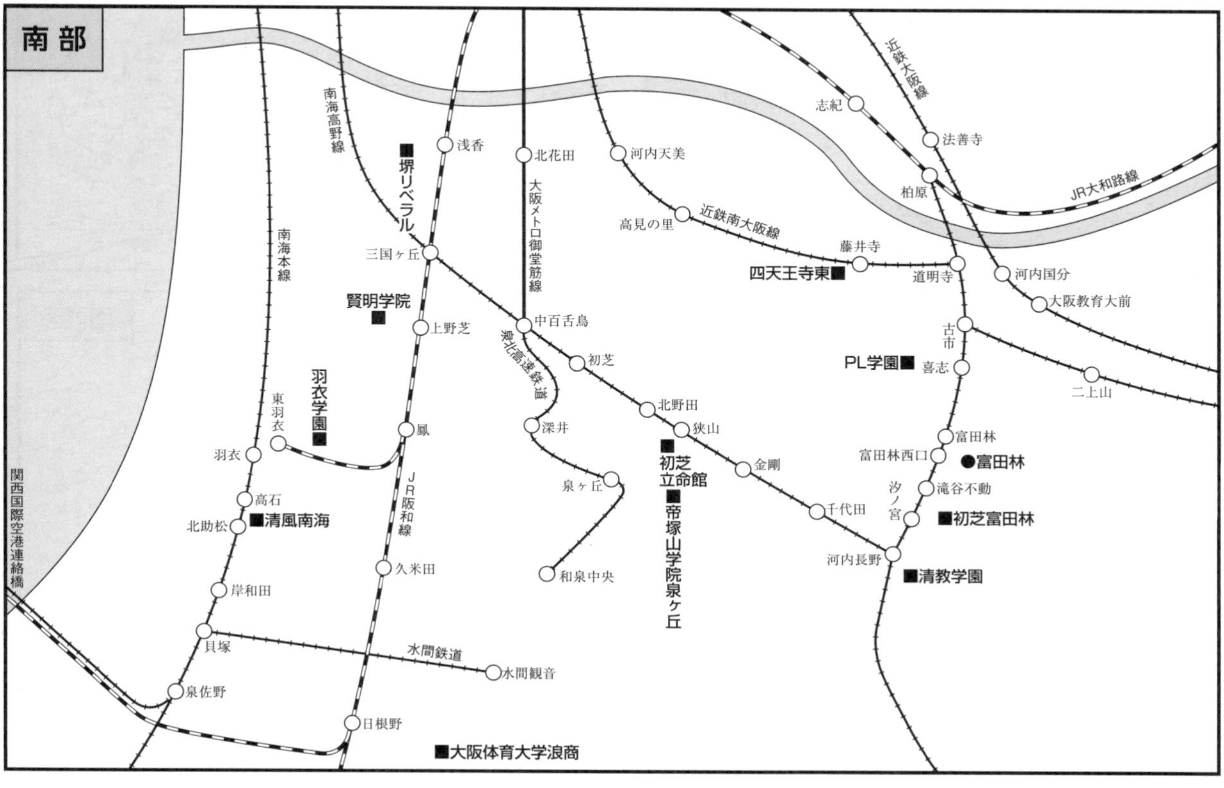

南部

近鉄大阪線
志紀
南海高野線
法善寺
浅香
北花田
河内天美
堺リベラル
JR大和路線
柏原
大阪メトロ御堂筋線
高見の里
近鉄南大阪線
藤井寺
三国ヶ丘
南海本線
四天王寺東
道明寺
河内国分
賢明学院
大阪教育大前
上野芝
中百舌鳥
古市
泉北高速鉄道
初芝
PL学園
喜志
羽衣学園
東羽衣
二上山
北野田
深井
狭山
富田林
鳳
羽衣
富田林西口
富田林
初芝立命館
金剛
高石
関西国際空港連絡橋
JR阪和線
泉ヶ丘
汐ノ宮
滝谷不動
帝塚山学院泉ヶ丘
千代田
北助松
清風南海
初芝富田林
河内長野
久米田
和泉中央
清教学園
岸和田
貝塚
水間鉄道
水間観音
泉佐野
日根野
大阪体育大学浪商

兵庫県私立中学校　所在地MAP

■私立学校　●国公立学校

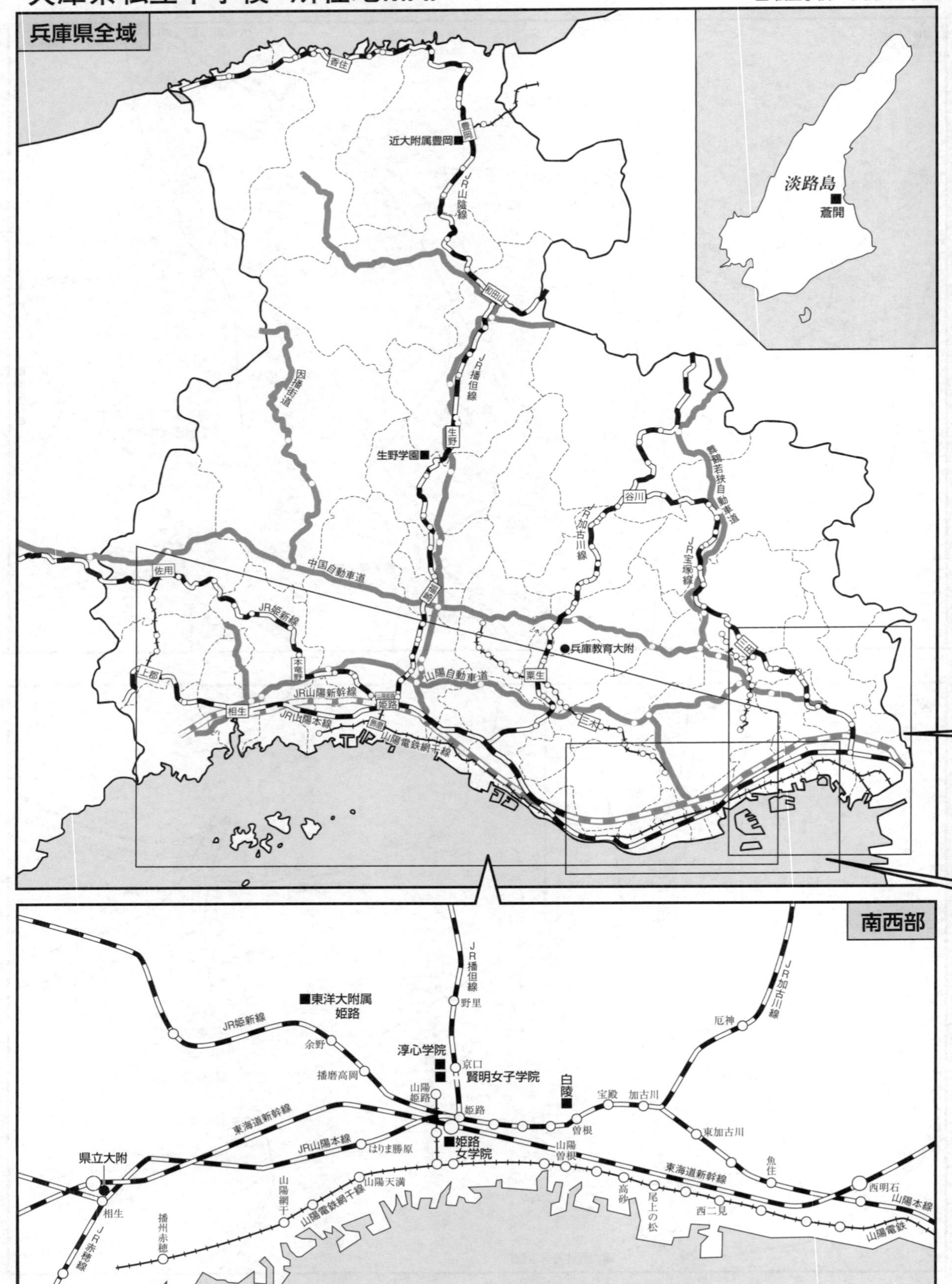

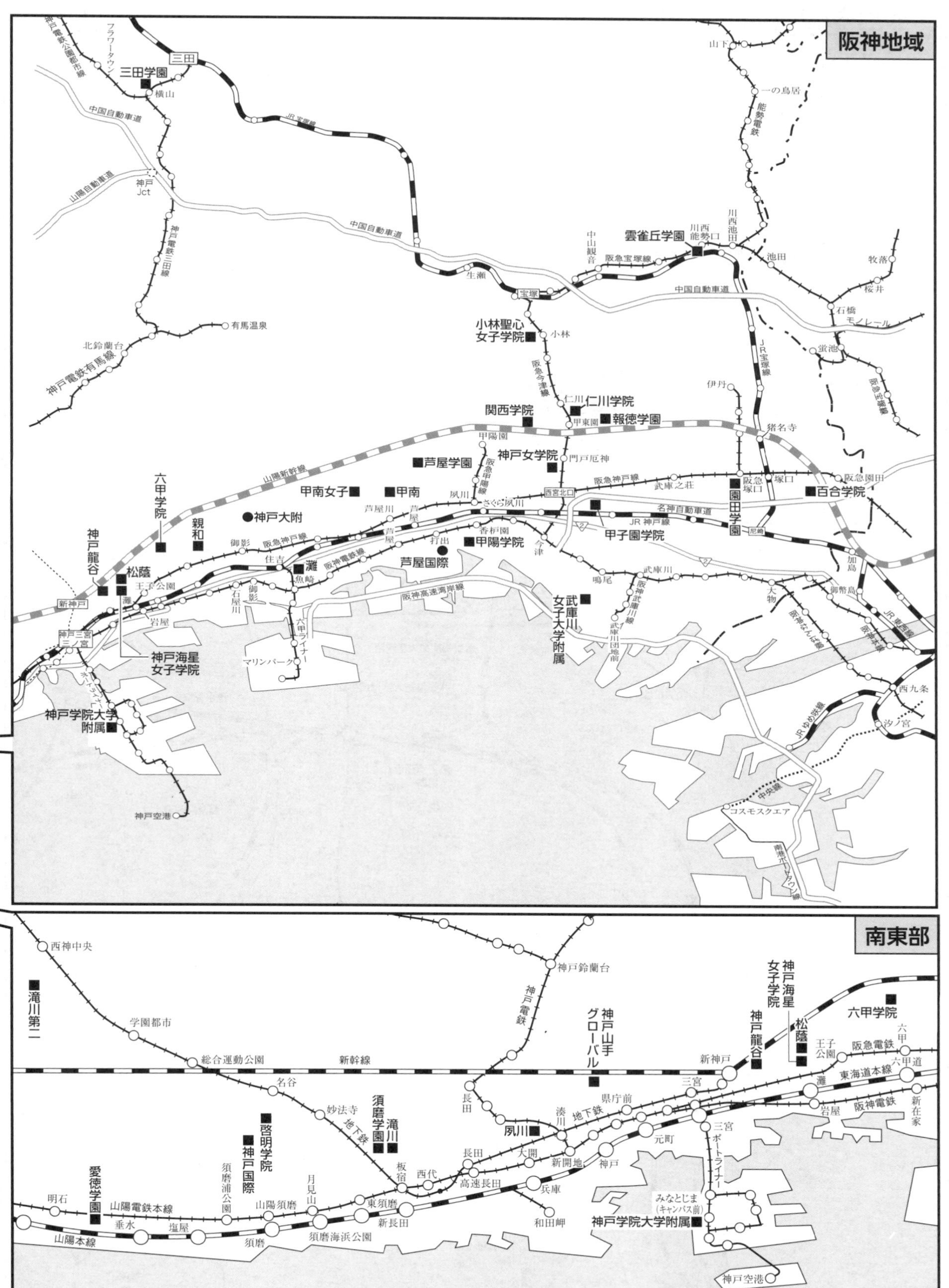
阪神地域
三田学園
雲雀丘学園
小林聖心女子学院
仁川学院
関西学院
報徳学園
芦屋学園
神戸女学院
甲南女子
甲南
神戸大附
六甲学院
親和
神戸龍谷
松蔭
灘
甲陽学院
芦屋国際
甲子園学院
園田学園
百合学園
武庫川女子大学附属
神戸海星女子学院
神戸学院大学附属
南東部
滝川第二
啓明学院
神戸国際
須磨学園
滝川
愛徳学園
神戸山手グローバル
夙川
神戸学院大学附属
神戸海星女子学院
神戸龍谷
松蔭
六甲学院
山陽本線
山陽電鉄本線
新幹線
東海道本線
阪神電鉄
阪急電鉄
神戸電鉄
地下鉄
ポートライナー
神戸空港

京都府私立中学校　所在地MAP

■ 私立学校　● 国公立学校

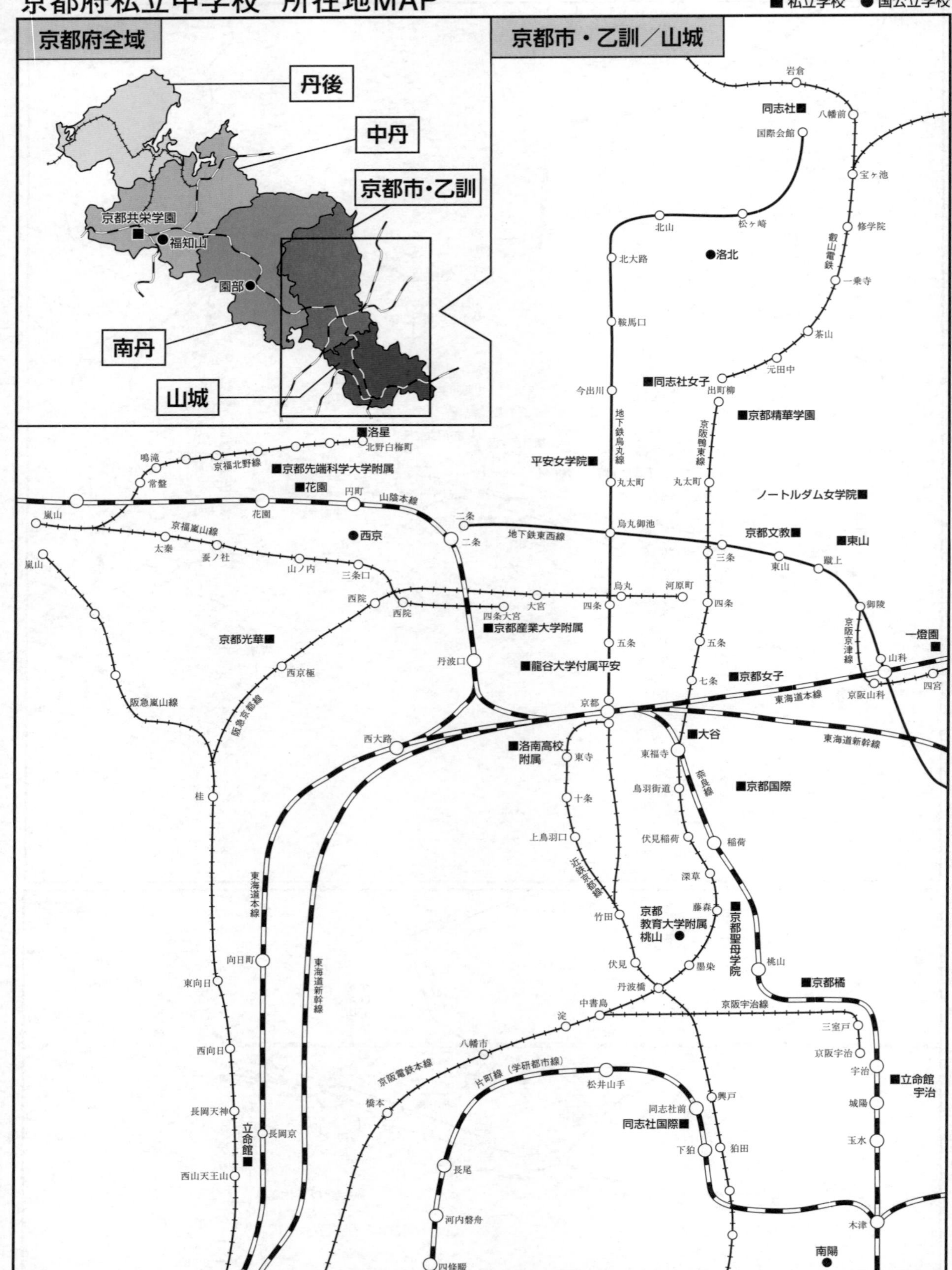

滋賀県私立中学校　所在地MAP

■私立学校　●国公立学校

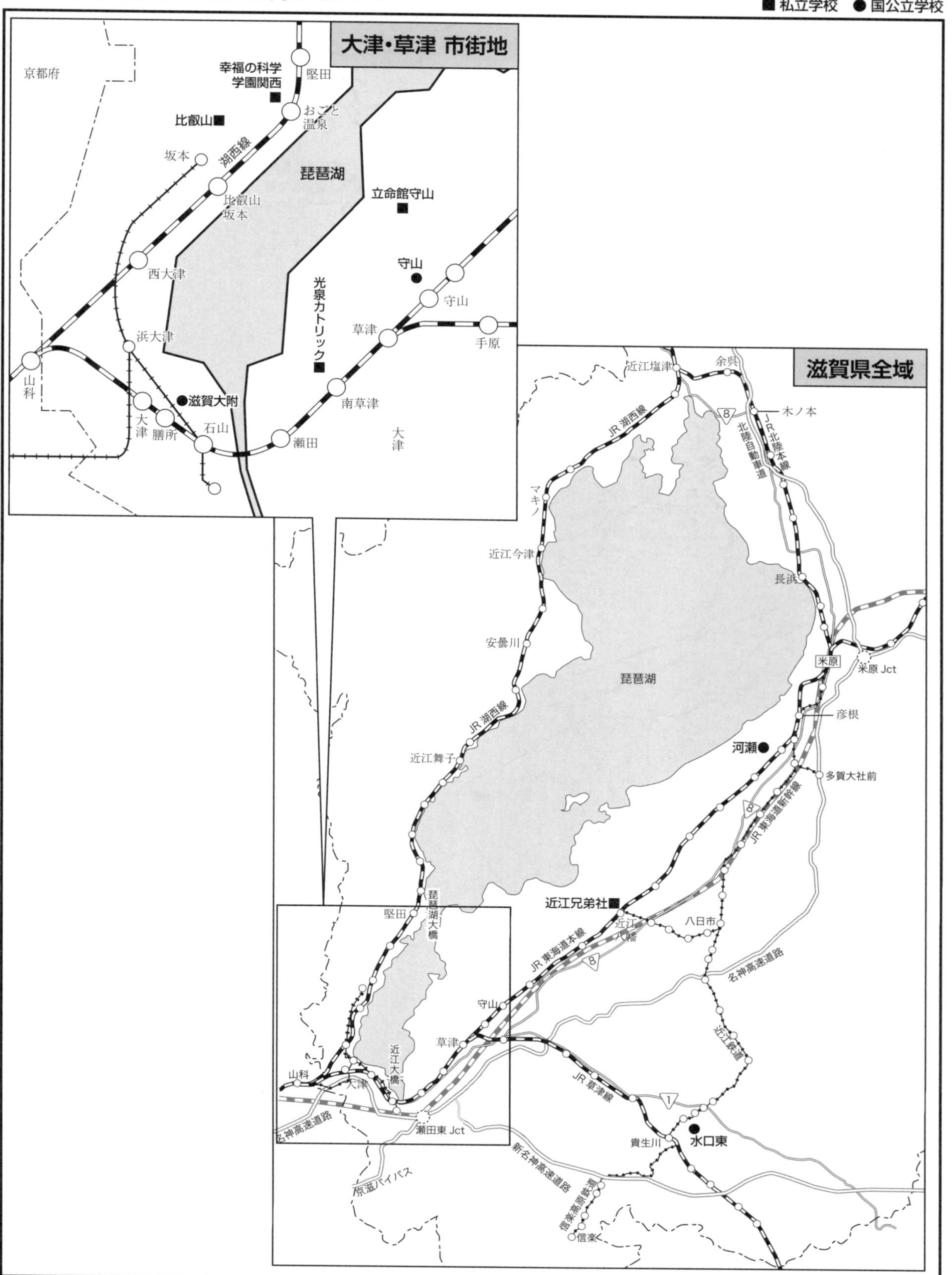

奈良県私立中学校　所在地MAP

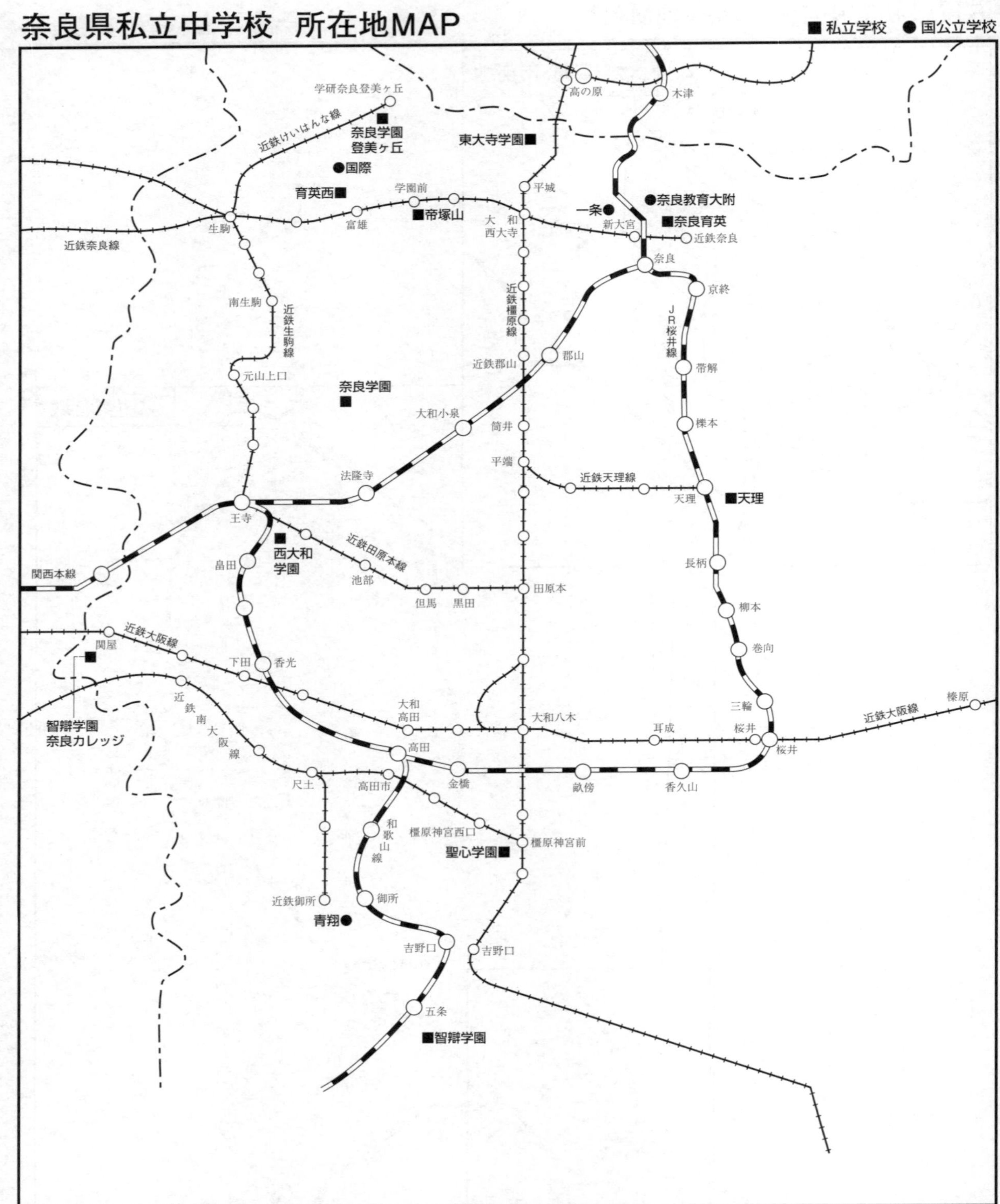

和歌山県私立中学校　所在地MAP

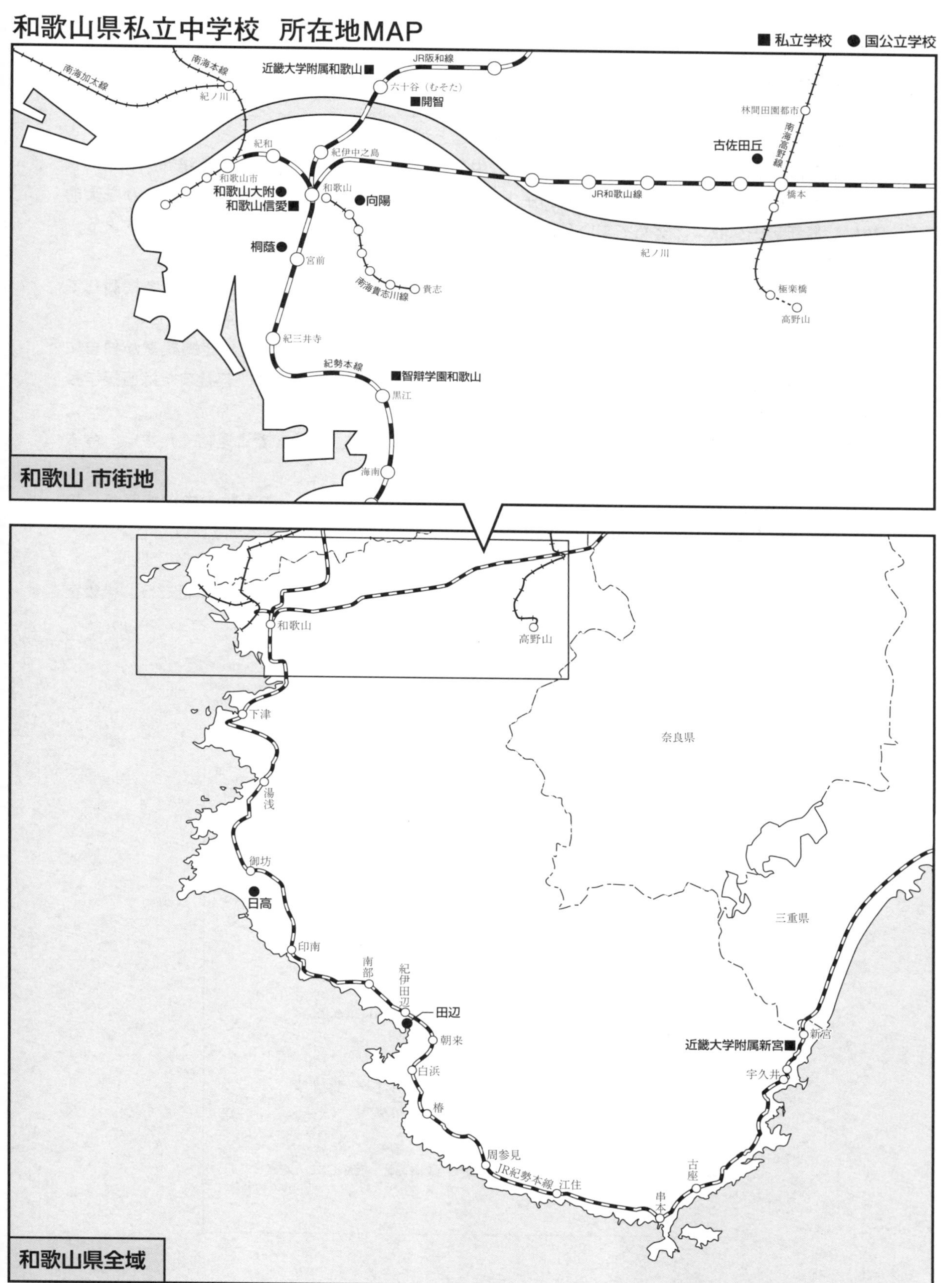

ー編集後記ー

本年も「私立中学校へ行こう」を無事発行することができました。

本書では、主に近畿圏の私立中学校と国公立中高一貫教育校の情報を掲載しています。

これから中学校の受験を目指されるお子さま、保護者の皆さまにいかにお役に立てるかを大前提に、最新データ収集に努めてまいりました。志望校の選択や受験準備の参考になりますよう、各学校の実情をお伝えすることができましたら幸いです。

本書の入試データ（募集要項および入試結果）は基本的に2024年度入試実施済分を掲載しております。従いまして、2025年度生徒募集要項は掲載しておりませんのでご注意ください。

また、本書の学校データは、2024年3月末日時点での学校側からの公表分と編集室が独自に入手した資料から成り立っております。ご不明な点や詳細につきましては、弊社または直接学校へお問い合わせください。

本書に対するご意見・ご質問・ご要望などがございましたら、弊社までご連絡ください。今後のよりよい本づくりの参考にさせていただきます。

最後に、本書の発行にあたりまして、情報や資料の提供をはじめ、ご多忙の中編集室からの問い合わせにお答えいただきました各学校の先生方に心より感謝を申し上げます。

2024年6月　「私立中高へ行こう」編集室

私立中学校へ行こう2025

発行日　2024年6月1日
発　行　株式会社 大阪朝日広告社
（私立中学・高校入試相談会事務局）
〒550-0002
大阪市西区江戸堀1-10-8
パシフィックマークス肥後橋２階
電話：06 - 6867 - 9408
E-mail：eigyou1@m.asakonet.co.jp
https://www.ksf-site.com

編　集　株式会社ＮＰＣコーポレーション
印刷製本　https://www.naniwa.com

●乱丁・落丁はお取り替えいたします。●許可なしに転載・複製することを禁じます。
Printed in Japan

学校相談会でのブースめぐりのポイント
～何を聞けばいいのか？～

偏差値や大学進学実績だけで、学校を決めないようにしましょう。

POINT 1 絞り込みすぎず多くのブースを回る

私立中学、高校が実施する学校説明会に参加すると、1つの学校だけで半日あるいは1日かかってしまいます。1か所に集まる相談会だからこそ効率よく多くの学校を知ることができます。
あえて知らない学校のブースにも行ってみましょう。

POINT 2 教育目標 教育方針

私学は、それぞれ独自の建学の精神を持っています。
校風など質問しながら、我が子に合うかどうか考えてみましょう。
もしかすると、これが一番大切な学校選択基準かもしれません。

POINT 3 在籍生徒の通学範囲

● 生徒が広範囲から来ているのか？
● 地元の支持が高い学校なのか？
データから分かることがあるかもしれません。
中学から6年間、高校から3年間通う学校です。行き帰りの通学時間も考慮に入れましょう。
高校になると、部活動や学校行事、補習などで帰りが遅くなることもあります。

POINT 4 グローバル対応について

お子様が活躍する時代は世界が舞台です。その舞台に積極的に挑戦し、活躍できるグローバル人材をどのように育てるのか聞いておきたいところです。

POINT 5 塾の必要がない学校を選びたい

勉強についていけなくなったり、つまずいたときの先生方のフォローを聞いておきましょう。学校としての学習体制も聞いておきたいところです。
特に、基礎基本から積み上げていく教科については、中学のフォロー体制は不可欠です。中学では遅れていても、高校からグンと伸びるタイプの子どももいます。
中学のときはゆっくりでも、落ちこぼれないように丁寧に教えてもらえる学校もあります。

POINT 6 生徒指導について

学校の方針は大きな方向性ですが、生徒指導は日々のことになります。兄弟姉妹でも性格は違うものです。合う合わないを考えて学校を選びたいものです。「こうなってくれたらいいな」という憧れだけではなく、中学から6年間、高校から3年間やっていけるのかを親子で考えてみてはいかがでしょうか。

POINT 7 勉強以外に何があるのか

授業やカリキュラムに工夫があるのは当たり前です。他に何があるのかを調べてみましょう。勉強だけで中学から6年間、高校から3年間は続きません。
● 入りたい部活があるのか？ ● 部活の部員数は？ ● 指導者は？（学校の教員か外部委託か） ● 厳しい指導？ ● 自主性を重んじる指導？
体罰がないのは当たり前ですが、時々ニュース等で、問題になっていることもあります。いくら聞いても聞きすぎることはありません。
また、部活動以外に何があるのか？
成績には順位がつきます。1番の子もいれば、最下位の子もいます。
勉強以外に学校で活躍できる場所があるのか？
一人一人の生徒がそれぞれ活躍できる多様性をその学校は持っているのか？
話を聞いてみましょう。

POINT 8 海外留学について

1年以上の長期留学を考えているご家庭は、留学期間中の日本の学校の授業料がかかるのか、免除されるのか確認してください。
また、留年になるのか、進級できるのかの対応も学校によってさまざまです。
一般的に、海外留学する生徒が多い学校では留学前の事前準備から帰国後の対応まで独自のノウハウがあるようです。

最終的には、子どもが行きたいと思う学校と、親が行かせたい学校が一致するのが良いと思います。
決して、親の押し付けで受験校を決定されないように、親子で充分話し合って決めていきましょう。
そして、少しでも受験する可能性のある学校には足を運ばれて、見学されることをお勧めします。

☆学校相談会開催情報についてはWEbサイトで随時更新しております。
運営：私立中学・高校 相談会事務局（大阪朝日広告社内）

https://www.ksf-site.com

関西の私立中学・高校を目指す受験生を応援

私立中学・高校に進学を希望する受験生や保護者のみなさまに、
入試相談会などの進学情報を提供します。

今後の進学相談会開催日程

2024年　開催予定日	催事名	会 場（予定）	
6月1日（土）	私立中学校・高等学校 進学フェアin枚方	大阪 ［枚方］	ラポールひらかた
6月15日（土）	私立中学校・高等学校 入試相談会in高槻	大阪 ［高槻］	高槻城公園芸術文化劇場 北館 （旧：高槻現代劇場文化ホール）
7月13日（土）	私立中学校・高等学校 進学フェアin西宮	兵庫 ［西宮］	フレンテ西宮5F フレンテホール
7月15日（月・祝）	私立中学校・高等学校 進学フェアin梅田	大阪 ［梅田］	梅田サウスホール
7月27日（土）	私立中学校・高等学校 進学フェアin奈良	奈良	奈良県 コンベンションセンター
8月3日（土）	京都私立中学校・高等学校 入試相談会	京都	京都JAビル
9月16日（月・祝）	私立中学校・高等学校 進学フェアin堺	大阪 ［堺］	堺市商工会議所
9月21日（土）	兵庫県私立中学校・高等学校 進学セミナー&相談会	神戸 三宮	神戸国際会館
10月5日（土）	滋賀私立中学校・高等学校 進学相談会	滋賀 ［大津］	ピアザ淡海
10月26日（土）	京都志望校選びのための 私立中学・高校入試相談会	京都	京都JAビル
11月2日（土）	志望校選びのための 私立中学・高校入試相談会in梅田	大阪 ［梅田］	ヒルトンプラザウエスト オフィスタワー

☆各相談会の詳細情報についてはWEBサイトで随時更新しております。

私立中学・高校へ行こう

運営：私立中学・高校相談会事務局（大阪朝日広告社内）

https://www.ksf-site.com